国家出版基金项目
NATIONAL PUBLICATION FOUNDATION

王世襄 著

中国画论研究

（下卷）

王世襄集

生活·讀書·新知 三联书店

第三十章 清代关于绘画之理论

历代论画之著，以有清一朝为最富。理论方面之言论，倘加以辑录，何止倍蓰于前代。惟其所讨论之中心问题，仍不外乎气韵逸气等数项，吾人间或可以于中窥得当时论调之特色，如谓气韵悉发于笔墨，摹拟惟古人之是从等等。若欲求异军突起之新兴问题，则了不可得。盖绘画之原理，必历久而常在，既不得如作画之方法，每因时代而转变，更不能如品评优劣，可全凭一己之主见而立论也。

本章所讨论者为气韵、逸气、品格、书画相通、笔墨、摹拟六项。各分节论之。

第一节 气韵

关于气韵，明代理论章中，曾分作何谓气韵及如何始有气韵两方面讨论。入至清代，气韵仍为画论中极重要之问题。方薰《山静居画论》有言曰："气韵生动，骨法用笔，应物写形，随类赋彩，经营位置，传移模写，此谓六法，须解得气韵生动，绕乎五者之间，原是一法。"[1] 此与明代理论章中所引汪砢玉之"气韵以下五法，皆须得气韵而后全"〔此非汪氏原文，不应有引号〕之说，如出一辙。不啻谓倘无气韵，其他五法，皆不足为法也。于此亦可觇其对于气韵之重视矣。清人对于气韵之言论，试依其性质，分为下列四子目。

（一）气韵发于笔墨

清人论气韵，有一特色。其特色为何，即认为气韵之发，实赖笔墨。前人有气韵可由笔墨表现之观念，终不若清人之时时将二者同论，而予以不可分离之关系。麓台论画即寓是意（详后王原祁之山水画派一章）。至唐静岩布啸山愈为显露。

唐静岩《绘事发微》曰：

画山水贵乎气韵。气韵者，非云烟雾霭也，是天地间之真气。凡物无气不生，山气从石内发出，以晴明时望山，其苍茫润泽之气，腾腾欲动，故画山水以气韵为先也。谢赫所云六法："一曰气韵生动，二曰骨法用笔，三曰应物象形，四曰随类赋彩，五曰经营位置，六曰传移模写。"六法中原以气韵为先。然有气则有韵，无气则板呆矣。气韵由笔墨而生，或取圆浑而雄壮者，或取顺

[1] 方薰《山静居画论》（郑实辑《美术丛书》神州国光社铅印本，依董棨手写本印）三集三辑三册 1b。

265

快而流畅者，用笔不痴不弱，是得笔之气也。用墨要浓淡相宜，干湿得当，不滞不枯，使石上苍润之气欲吐，是得墨之气也。不知此法，淡雅则枯涩，老健则重浊，细巧则怯弱矣。此皆不得气韵之病也。气韵与格法相合，格法熟，则气韵全。古人作画岂易哉？❶

是谓气韵不外乎用笔圆浑雄壮顺快流畅，用墨之浓淡得宜干湿得当耳。布颜图《画学心法问答》，答气韵生动究竟可学抑不可学一问曰：

曰："吾与汝斯问也，使汝不问，则委诸生知胶柱矣，自弃矣。庄子曰：'野马也，尘埃也，生物息相吹也。'夫大块负载万物，山川草木，动荡于其间者，亦一息相吹也，焉有山而无气者乎？如画山徒绘其形，则筋骨毕露，而无苍茫氤氲之气，如灰堆粪壤，乌足画哉？又何能取赏于烟霞之士哉？故余常诲汝以气韵生动为主。谢赫所谓生知之，知字活，盖知者鲜矣。知而为之，即用力也，用力未有不能也。知而不为，是自弃也。下手法只在用笔用墨。气韵出于墨，生动出于笔。墨要糙擦浑厚，笔要雄健活泼。画石须画石之骨，骨立而气自生。骨既生，复加以苔藓草毛，如襄阳大混点，仲圭之胡椒点等类，重重干淡，加于阴凹处，远视苍苍，近视茫茫，自然生动矣。既生动矣，非气韵而何？故余常诲汝以用力。"❷

不但谓气韵可学，气韵出于笔墨，且谓山水中苍茫之致，每假点苔之功也。

沈熙远《芥舟学画编》用墨章中，亦言及气韵。初则曰："所谓气韵生动者，实赖用墨得法，令光彩奕然也。"❸
再则曰："老墨笔浮于墨，嫩墨墨浮于笔，嫩墨主气韵，而烟霏雾霭之际，淹润可

观。老墨主骨韵，而枝干扶疏，山石卓荦之间，亦峭拔可玩。"❹芥舟必以为笔墨若得法，则气韵不求其至而自至矣。

方薰《山静居画论》曰：

墨法浓淡，精神变化，飞动而已。一图之间，青黄紫翠，霭然气韵，昔人云"墨有五色"者也。❺

盖以墨有五色为气韵。又曰：

气韵有笔墨间两种。墨中气韵，人多会得。笔端气韵，世每鲜知。所以六要中，又有气韵兼力也。人见墨汁淹渍，辄呼气韵，何亦刘实在石家，如厕便谓走入内室。❻

虽将气韵分作墨中笔端，终不曾离开笔墨也。

范玑《过云庐画论》，颇以兰坻之说为然。

用墨之法，即在用笔。笔无凝滞，墨彩自生，气韵亦随之矣。离笔法而别求气韵，则重在于墨，借墨而发者，舍本求末也。常见世之称赏气韵，而莫辨从笔发墨发。略举前人以证明之。圆照则从墨发，麓台则从笔发耳。《山静居画论》亦有谓"笔端气韵，世每鲜知"，先得吾心矣。❼

凡上诸家，皆以为气韵之发，实赖笔墨也。

（二）气韵不尽发于笔墨

清代论者，率都以为气韵发于笔墨。虽然，亦有将气韵视为极高深之境界，非尽笔墨所能为功者，但不多耳。恽南田纵有"有笔有墨谓之画，有韵有趣谓之笔墨"❽、"气韵藏于笔墨，笔墨都成气韵"❾之言，与前引诸家之言略似，但其画跋有言曰：

今人用心在有笔墨处，古人用心在

❶ 唐岱《绘事发微》（张祥河辑《四铜鼓斋论画集刻》宣统重刊本）册二 24a。

❷ 布颜图《画学心法问答》（乾隆十一年松风堂原刊写刻本）上 /21b。

❸ 沈宗骞《芥舟学画编》（乾隆四十六年冰壶阁原刊写刻本）1/12a。

❹ 同注❸ 1/13b。

❺ 方薰《山静居画论》（于海晏辑《画论丛刊》民国二十六年中华印书局）册三上 /4a。

❻ 同注❺ 上 /1b。

❼ 范玑《过云庐画论》（《画论丛刊》本）册四 2a。

❽ 恽寿平《瓯香馆画跋》（鄂官书处重刊《瓯香馆集》本）12/26a。

❾ 同注❽ 11/9a。

无笔墨处。倘能于笔墨不到处观古人用心，庶几拟议神明，进乎技矣。**❿**

盖谓古人妙处，不尽在有痕迹处逗露也。又曰：

笔墨可知也，天机不可知也。规矩可得也，气韵不可得也。以可知可得者，求夫不可知与不可得者，岂易为力哉？昔人去我远矣。谋吾可知而得者则已矣。**⓫**

笔墨规矩，皆在可知可得之例。而天机与气韵，不可知不可得。不可知不可得，则气韵有关天赋、人品诸问题，皆含寓于言外矣。

张浦山论画理，以气韵发于笔墨者为下，发于天机者为上。

气韵有发于墨者，有发于笔者，有发于意者，有发于无意者。发于无意者为上，发于意者次之，发于笔者又次之，发于墨者下矣。何谓发于墨者，既就轮廓，以墨点染渲晕而成者是也。何谓发于笔者，干笔皴擦，力透而光自浮者是也。何谓发于意者，走笔运墨，我欲如是而得如是，若疏密多寡，浓淡干润，各得其当是也。何谓发于无意者，当其凝神注想，流盼运腕，初不意如是，而忽然如是是也。谓之为足，则实未足。谓之未足，则又无可增加。独得于笔情墨趣之外，盖天机之勃露也，然惟静者能先知之。稍迟，未有不汨于意而没于笔墨者。**⓬**

李乾斋更附和其说：

山水之有气韵，张瓜田亦详论之矣，而人往往以烟云当之，不知烟云犹可迹求也，气韵不可迹求也。米家之淋漓吞吐，人知有气韵矣，而倪氏之渴笔俭墨，何尝无气韵耶？山水知有气韵矣，而花草何尝无气韵耶？花草知亦有气韵矣，而字与诗何尝无气韵耶？当求诸活泼泼

地。瓜田谓"有发于墨者，有发于笔者，有发于意者，有发于无意者"，惟无意者之说为最当。恽正叔云："今人用心在有笔墨处，古人用心在无笔墨处"，可谓善言气韵者矣。**⓭**

以上三家，又咸视气韵为画中不可捉摸，可意会而不可言宣之动态。接近古人之意。而与清代一般之论者不同也。

（三）气韵可学与不可学

关于气韵可学与不可学之说，清代论者所见亦不一致。布颜图啸山以为气韵可学，前言之矣。方兰坻亦持同说，故曰：

昔人谓气韵生动是天分，然思有利钝，觉有后先，未可概论之也。委心古人，学之而无外慕，久必有悟。悟后与生知者，殊途同归。**⓮**

恽寿平则以为不可学：

痴翁画林壑位置，云烟渲晕，皆可学而至。笔墨之外，别有一种荒率苍莽之气，则非学而至也。**⓯**
啸山、兰坻谓气韵发于笔墨，寿平谓气韵得自天机。可学不可学之学说，即基于气韵来源之不同也。

（四）邹一桂论气韵

清代画论家，对于气韵六法之观念，与前人最不相同者，为邹一桂，故特于此项之末论及之。《小山画谱》中六法前后一则曰：

明谢肇淛云："古人言画，一曰气韵生动，二曰骨法用笔，三曰应物写形，四曰随类赋彩，五曰经营位置，六曰传移模写。此数者，何尝道得画中三昧。以古人之法而施之于今，何啻枘凿。愚谓即以六法言，亦当以经营为第一，用笔次之，赋彩又次之，传摹应不在画内，

❿ 同注**❽** 11/2a。

⓫ 同注**❽** 11/5a。

⓬ 张庚《浦山论画》（《四铜鼓斋论画集刻》本）册二 3b。

⓭ 李修易《小蓬莱阁画鉴》（民国二十三年商务印书馆排印本）3/13b。

⓮ 同注**❺** 上 /1a。

⓯ 同注**❽** 11/15b。

而气韵则画成后得之。一举笔即谋气韵，从何着手。以气韵为第一者，乃赏鉴家言，非作家法也。"❶

将六法作赏鉴家与画家之划分，而各定其次序之先后，小山之前，未见有议及此者。所论虽亦自成理，究与历来六法之传统思想不同。故李乾斋《小蓬莱阁画鉴》有一则，全为谢肇淛、邹小山之言而发。最后断语曰："愚谓此六者，缺一不可，何必拘定先后。二子之论，真不可解。"❷不以小山之说为然也。

第二节 逸气

前于明代理论章中，曾辟逸气一项，以觇明代论者对于逸品之观念。明人论逸，大都以反面腾挪，或专在题左题右发挥，但此实不足为其咎。以逸也者，本难以用言语形容也。

清代画家对于逸气之议论最多者，当推恽寿平。或假景物形容，或取境界比况。辞语隽永，最耐人寻味。寿平有叔名向，字道生，后更字香山，善山水，寿平曾受其指授。论者谓其"笔墨所到，山不暇树，云不暇懒……良由胸中行书，少轻媚习气耳"❸。观其画跋，盖以逸品自期者。寿平论逸，不无受其影响，故先及之。香山题画曰：

逸品于高士之外，甚鲜其伦。然芝草胡以无根，醴泉胡以无源，请于此际参也。❹

谓逸品乃天地间之尤物，不可律以常格也。又曰：

逸品之画，其象则王明（疑昭字之误）君塞外马上也〔作明君亦不误，唐人避讳即往往作明君也。觉明先生批〕，以其意则三闾大夫之江潭也，以其笔则胡龙之舞梨花不见枪也，以其墨则庐敖之游太清，而亦

不见天也。嗟乎，乾屎橛、柏树子、青州布衫，尚不知此语是真语者、实语者，吾且不敢与言画，况逸品哉？香山、向书于雪霁后园。❺

纯以象征之法论逸品，不费力刻画，留供读者想象求之也。又曰：

蛩在寒础，蝉在寒柳，其声虽细，而能使人闻之。有刻骨幽思，高视青冥之意。故逸品之画，以秀骨而藏于嫩，以古心而入于幽，非其人，恐皮骨俱不似也。逸品变化多端，他日当为学者穷其妙。❻

虽亦有比况之辞，已较前二则为切实。秀骨数语，复与《读书录》所记，画赠周栎园山水之跋语相近。

逸品之画，笔似近而远愈甚，似无而有愈甚。其嫩处如金，秀处如铁，所以可贵，未易为俗人道也。❼

谓逸品之神趣无定向，难于捉摸，故可以玩味无穷也。《瓯香馆画跋》中一则，亦可与前二节同读：

香山翁曰："须知千树万树，无一笔是树。千山万山，无一笔是山。千笔万笔，无一笔是笔。有处恰是无，无处恰是有，所以为逸。"❽

既非树，复非山，又非笔，究竟为何，画中之逸气耳。非香山故作玄妙之辞，良以一着色相，便非逸品，故不得不玄妙也。

南田论逸气，《画跋》中不下十数见。兹择其重要者数则，分类论之。

（一）未有逸而不静净者

南田以山谷论文之语论画曰：

云西笔意静净，真逸品也，山谷论文云："盖世聪明，惊彩绝艳，离却静净二语，便堕短长纵横习气。"涪翁论文，

❶ 邹一桂《小山画谱》（《四铜鼓斋论画集刻》本）册三下/3a。

❷ 李修易《小蓬莱阁画鉴》（民国二十三年商务印书馆排印本）3/13a。

❸ 周亮工《读画录》（邓实辑《风雨楼丛书》本）1/9b。

❹ 陈撰《玉几山房画外录》（《美术丛书》本）初集八辑三册下/5b。

❺ 同注❹。

❻ 同注❹。

❼ 同注❸。

❽ 恽寿平《瓯香馆画跋》（鄂官书处重刊《瓯香馆集》本）12/25b。

吾以评画。❾

此亦反面腾挪之一法也，虽未必静净便是逸品，但未有逸而不静净者。画家颇有以为逸气当从超脱二字上作功夫，因思以流动之笔出之。殊不知不但未能超脱，直是浮躁耳。吾深信静净二字不能代表逸品，然却能为矫正因求逸而误入之歧途也。

（二）逸品无蹊径

逸品出于天机，无意而得之，故绝无蹊径可求。《画跋》中阐发此等主张者，有三则之多。

画家尘俗蹊径，尽为扫除，独有荒寒一境，真元人神髓。所谓士气逸品，不入俗目，惟识真者方能赏之。❿

不落畦径，谓之士气。不入时趋，谓之逸格。其创制风流，昉于二米，盛于元季，泛滥明初，称其笔墨，则以逸宕为上。咀其风味，则以幽澹为工。虽离方遁圆，而极妍尽态。故荡以孤弦，和以太羹，憩于阆风之上，泳于沆瀣之野，斯可想其神趣也。⓫

高逸一派，如虫书鸟迹，无意为佳。所谓脱尘境而与天游，不可以笔墨畦径观也。⓬

离方遁圆，即不受规矩之拘束，毫无迹象可求，而其绰约之姿，又远非有定法者所能企及之谓。

（三）逸气不可学

逸气无蹊径可求，适言之矣。正以其如此，故不可学，亦即南田论气韵所谓"不可知也"、"不可得也"。

高逸一种，盖欲脱尽纵横习气，澹然天真，所谓无意为文乃佳，故以逸品置神品之上。若用意模仿，去之愈远。

倪高士云："作画不过写胸中逸气耳"，此语最微，然可与知者道也。⓭

纯是天真，非拟议可到，乃为逸品。当其驰毫点墨，曲折生趣，百变千古不能加，即万壑千崖，穷工极妍，有所不屑，此正倪迂所谓写胸中逸气也。徐子有旷览人外之致，王山人因以此帧，聊供卧游。笔墨神契，遗象忘言，当自得之。⓮

第二则一起二语，最饶兴趣。南田不啻为逸品揭出定义曰："凡绝非学习所能到，而纯是天机者，即逸品也。"

（四）逸品不在笔墨繁简

逸品画家之代表，当推云林，自明初已然。云林之作，疏简为其本色，故有人误以为惟疏简乃得为逸。寿平特辩其说之不当：

高逸一种，不必以笔墨繁简论。如于越之六千君子，田横之五百人，东汉之顾厨俊及，岂厌其多。如披裘公，人不知其姓名，夷叔独行西山，维摩诘卧毗邪，惟设一榻，岂厌其少。双凫乘雁之集海滨，不可以笔墨繁简论也。然其命意，大谛如应曜隐淮上，与四皓同征而不出，挚峻在汧山，司马迁以书招之不从。魏邵入牛牢，立志不与光武交。正所谓没踪迹处，潜身于此，想其高逸，庶几得之。⓯

书之逸不逸，当辨其全幅神趣之表现，若泥定笔墨繁简，又着色相矣。设疏简即是逸，则逸正不难，岂非显有蹊径可求乎？

（五）何以逸品少许能胜人多许

逸品虽不可以笔墨繁简论，但逸品之作，终以简淡者为多。何以故，正以简淡之中，自寓有深远之意，且为繁密

❾ 同注❽ 11/11b。

❿ 同注❽ 12/11a。

⓫ 同注❽ 11/6b。

⓬ 同注❽ 12/9a。

⓭ 同注❽ 11/8a。

⓮ 同注❽ 12/24a。

⓯ 同注❽ 11/2b。

者所不能及。繁密既不能及，又奚必定取繁密乎？寿平曰：

> 山从笔转，水向墨流，得其一窍，直欲垂涎十日。妙在平淡，而奇不能过也。妙在浅近，而远不能过也。妙在一水一石，而千崖万壑不能过也。妙在一笔，而众家服习不能过也。❶

然究竟何以一水一石，而千崖万壑不能过，《画跋》又有一则，适足为上文作诠解：

> 高简非浅也，郁密非深也，以简为浅，则迂老必见笑于王蒙。以密为深，则仲圭遂缺清疏一格。意贵乎远，不静不远也。境贵乎深，不曲不深也。一勺水亦有曲处，一片石亦有深处。绝俗故远，天游故静。古人云："咫尺之内，便觉万里为遥"，其意安在？无公天机幽妙，倘能于所谓静者、深者得意焉，便足驾黄、王而上矣。❷

最易使人理会在"一勺水亦有曲处，一片石亦有深处"二语。一勺之水，曲于万壑。一片之石，深于千崖。所以致之者，远静之意境也。故恽香山亦有"画家以简洁为上，简者简于象，而非简于意。简之至者，缛之至也。而或者以笔之寡少为简，非也"之论。❸ 寿平上二节，虽绝不见逸字，然谓其句句皆为逸而发，亦无不可。

香山、寿平之外，清人论逸气者，尚不乏人。有解释何谓逸者，松小梦《颐园论画》曰：

> 画工笔墨，专工精细，处处到家，此谓之能品。如画仙佛现诸法相，鬼神施诸灵异，山水造出奇境天开，皆人不可思议之景。画史心运巧思，纤细精到，栩栩欲活，此谓之神品。以上两等良工皆能擅长，惟文人墨士所画一种，似到家，

似不到家，似能画，似不能画之间。一片书卷名贵，或有仙风道骨，此谓之逸品。若此等必须由博返约，由巧返拙，展卷一观，令人耐看，毫无些许烟火暴烈之气，久对此画，不觉寂静无人，顿生敬肃，如此佳妙，方可谓之真逸品。❹

以无烟火气而多士气者为逸品。

有论如何始能跻逸品者，唐静岩是也。

> 古云：画有三品，神也，妙也，能也，而三品之外，更有逸品。古人只分解三品之义，而何以造进能到三品者，则古人固有所未尽也。余论欲到能品者，莫如勤依格法，多自作画。欲到妙品者，莫如多临摹古人，多读绘事之书。欲到神品者，莫如多游多见。而逸品者，亦须多游。寓目最多，用笔反少，取其幽僻境界，意象浓粹者，间一寓之于画。心溯手追，熟后自臻化境。不羁不离之中，别有一种风姿。故欲求神逸兼到，无过于遍历名山大川，则胸襟开豁，毫无尘俗之气，落笔自有佳境矣。❺

欲到逸品，必须多游历，仍是玄宰论气韵，行万里路之意。"寓目最多，用笔反少"二语，更告人对于自然之景物，当知有所取舍。物体纵繁琐，当思如何能以极简练之笔，摄其全神，亦即芥舟所谓"作画笔痕，或一笔能该数笔者，或一笔能该数十笔者，行笔时但当掠取物之形神，不可刻画求似，致失行笔大意。"❻ 与云林"草草逸笔，为麻为芦"之意，正复合拍也。

小梦谓画中神品，良工即能之。至于逸品，必出于文人墨士，显与神能二品断然区分。清代画论家，有此等观念者，固大有人在，但于理实有未合。盖逸品乃自能妙神三品脱胎，而并非自成

❶ 恽寿平《瓯香馆画跋》（鄂官书处重刊《瓯香馆集》本）11/4b。

❷ 同注❶ 11/7a。

❸ 陈撰《玉几山房画外录》（《美术丛书》本）初集八辑三册下 /5b。

❹ 松年《颐园论画》（《画论丛刊》本）册四 11a。

❺ 唐岱《绘事发微》（张祥河辑《四铜鼓斋论画集刻》宣统重刊本）册二 27b。

❻ 沈宗骞《芥舟学画编》（乾隆四十六年冰壶阁原刊写刻本）2/8a。

独立之一品。方兰坻有言曰：

逸品画从能妙神三品，脱屣而出，故意简神清，空诸工力。不知六法者，乌能造此？正如真仙古佛，慈容道貌，多自千修百劫得来，方是真实相。❼

李修易亦曰：

逸格之目，亦从能品中脱胎，故笔简意赅，令观者兴趣深远，若别开一境界。近世之淡墨涂鸦者，辄以逸品自居，其自欺抑欺人乎？❽

范玑《过云庐画论》中一节，阐发此意尤详。

从来画品有三，曰神、妙、能。学者由能入妙，由妙入神。唐朱景元始增逸品，乃评者定之，非学者趋途。宋黄休复将逸品加三品之上，以故人多摹而思习，为谬甚矣。夫逸者，放佚也。其超乎尘表之概，即三品中流出，非实别有一品也。即三品而求古人之逸，正不少。离三品而学之，有是理乎？❾

神与逸，既同系画中极高深隽美之境界，自不妨相兼，不但不妨，且有称之神逸两可之画，难定其究为神，抑为逸者。明乎此，则必斤斤于神逸二者之孰高孰下，亦可以休矣（指方邵村而言）。

云林之画，非无繁密，然简淡为其本色。画家鉴赏家，见其神秀之姿，无不俯首。不意王铎竟不甚以倪画为然。《画徵录》记其论画曰：

画寂寂无余情，如倪云林一流，虽略有淡致，不免枯干尫羸，病夫奄奄气息。即谓之轻秀，薄弱甚矣，大家弗然。❿

张浦山、阮芸台，论云林闲冷之作，言外之旨，亦有微辞。《画徵录》曰：

古来画家，名于一时，传于千载，而称之为祖者，其襟怀之高旷，魄力之宏大，实能牢笼天地，包涵造化，当解

衣磅礴时，奇峰怪石，异境幽情，一时幻现而荣枯消息之机，阴阳显晦之象，即挟之而出，盖有莫知其所以然者。今观董北苑之万木奇峰图，溪山行骑图，夏山行旅图，风雨出蛰图，僧巨然之萧翼赚兰亭图，夏山欲雨图，李营邱之风雪运粮图，范华源之秋山行旅图，黄大痴之浮岚暖翠图，良常山馆图，天池石壁图，沙碛图，夏山图，富春大岭图，王叔明之丹台春晓图，夏日山居图，层峦秋霁图，林泉清集图，倪云林之溪山无尽图，惠山听雨图，吴仲圭之溪山图，烟江叠嶂图。或千岩层叠，或巨嶂孤危，一入于目，心神旷逸，若置身其间，而憺然忘反。古有观辋川图而病愈，睹云汉图而热生者，非神其说也。至若一丘一壑，片石疏林，不过偶尔寄怀，其笔墨之趣，闲冷之致。虽挹之无尽，终非古人巨胆细心之所在，学者岂可得此遗彼，当逊志以求其全也。⓫

《石渠随笔》曰：

倪画寓清腴于枯淡，元人别开蹊径者。予尝谓他人画山水，使真有其地，皆可游赏。倪则枯树一二林，矮屋一二楹，残山剩水，写入纸幅，固极萧疏淡远之致，设身入其境，则索然意尽矣。⓬

以云林之卓绝千古，尚且有如此之论，至于学倪全无似处，而自以逸品鸣高者，更不免论者之痛讦。清代论者，颇有鉴于学倪者之滥，而思有以矫其失者。虽与逸气仅有间接之关系，于本节结束之前，亦似宜略有述及也，董棨曰：

画固以逸品为上，然气息仍欲浓深沉厚。诗之疏放如摩诘，而句极高浑清澹如襄阳，而别饶神韵。高洁如左司，而体极宏敞。知画家一丘一壑，而魄力自具，坡翁谓"绚烂之极，归于平淡"

❼ 方薰《山静居画论》（于海晏辑《画论丛刊》民国二十六年中华印书局）册三上 /8b。

❽ 李修易《小蓬莱阁画鉴》（民国二十三年商务印书馆排印本）1/1b。

❾ 范玑《过云庐画论》（《画论丛刊》本）册四 4b。

❿ 张庚《国朝画徵录》（通行本）上 /21a。

⓫ 同注❿下 /15b。

⓬ 阮元《石渠随笔》（珠湖草堂刊本）4/14a。

是也。不然，世之仿率笔者，极以高士自命，此王觉斯"寂寂无余情"之诮所由来也。❶

寓浓厚深沉于平淡之中，读者乃可愈玩味而愈无穷。此诀恐必百思而后得，诚画学中之药石言也。

第三节　品格

（一）黄钺《二十四画品》，潘曾莹《红雪山房画品》

前于明代品评章中，曾论及李开先《中麓画品》，以象征之方法批评绘画。清代属于此类之著作，有黄左田及潘星斋之《画品》。

中麓之作，处处寓有铨衡高下、分别优劣之意，论其性质，重在品评，故入该章。今黄潘二氏之著，虽亦以画品之书自况（见后引自识），但仅列品格，并未涉及某家某派造诣之深浅，位置之先后，是其内容，与品评无甚关系，而显在理论范围之内也。

黄钺，字太君，号左田，当涂人，乾隆十五年生，道光二十一年卒（1750—1841年）。关于画学之著，除《画品》外，尚有《画友录》一卷。

《二十四画品》，卷首有左田自识：

昔者画绩之事，备于百工，两汉以还，精于学士。谢赫、姚最，并有书传，俱称《画品》。于时山水，犹未分宗，止及像人肖物。钺涂抹余间，乃仿司空表圣之例，著《画品》廿有四篇，专言林壑理趣。管蠡之见，曾未得其二三。后有作者，为其前驱可耳。❷

尊士大夫，重山水画，已可见其富于文人思想。更证之以其题画"须知画理通诗理"❸之句，愈可知《画品》一书之所由作。盖纯以表圣评诗之法

评画也。

今将二十四品，录引于后，❹对于其中论理各部分，试略加以诠解。至于篇中辞句，全属象征景物者，则不更妄置一辞。欲求作者之用意，惟有设身处地，潜心想象以求之也。

六法之难，气韵为最。意居笔先，妙在画外。如音栖弦，如烟成霭。天风泠泠，水波濊濊。体物周流，无小无大。读万卷书，庶几心会。（气韵第一）

左田对于气韵之观念，与前人无异。一起二句，谓气韵为画中之最高境界。三四两句，有气韵浮露于画端，可领会而不可捉摸之意。此后四句，以景物象征。再下二句，论气韵之动态。最后谓多读书有助气韵，采玄宰之说。

云蒸龙变，春交树花。造化在我，心耶手耶？驱役众美，不名一家。工似工意，尔众无哗。偶然得之，夫何可加。学徒皓首，茫无津涯。（神妙第二）

云龙变化，春花敷荣，人莫能测其所以然，只可归功于造化。画品之神妙，亦然。所谓心耶手耶，即不知不觉，人莫知其所以然，而臻绝妙之境界。夫如是，而可以不为前人所范，成规定法，不求其至，而自纷纷奔凑于笔下。"偶然得之，尔众无哗"，仍是此意。全章之意，与大涤子《画语录》变化山川两章相近。

即之不得，思之不至，寓目得心，旋取旋弃。缟金仙书，拓石鼓字。古雪四山，光塞无地。羲皇上人，或知其意。既无能名，谁泄其秘。（高古第三）

谓高古不可以语言形容，亦非刻意所可求者也。

妙化即臻，菁华日振。气厚则苍，神和乃润。不丰而腴，不刻而俊。山雨

❶ 董棨《画学钩深》（《画论丛刊》本）册四 2b。

❷ 黄钺《二十四画品》（《四铜鼓斋论画集刻》本）册四 1a。

❸ 黄钺《壹斋集》（咸丰九年芜湖许氏刊本）34/8a。

❹ 同注❷ 1a—6b。

洒衣，空翠粘鬏。介乎迹象，尚非精进。如松之阴，匠心斯印。（苍润第四）

气厚而后能苍，神和而后能润。故不假丰满而自腴，不假雕琢而自俊。气与神，本无迹象。丰满雕琢，皆着色相。以着色相者求无迹象者，终不可得。是以上章最后，以松阴为比喻。松象征苍润之品格，阴取其不落痕迹也。

目极万里，心游大荒。魄力破地，天为之昂。括之无遗，恢之弥张。名将临敌，骏马勒缰。诗曰魏武，书曰真卿。虽不能至，夫亦可方。（沉雄第五）

上章纯以景物象征，无可解释者。

暮春晚霁，颓霞日消。风语虚铎，籁过洞箫。三爵油油，毋铺其糟。举之可见，求之已遥。得非力致，失因意骄。如彼五味，其法维调。（冲和第六）

"举之可见，求之已遥"，与高古中之"即之不得，思之不至"同，皆不可以力致。冲和之画格，必须合乎中庸之道，不能使画中趣味偏重任何一方面。故后有"五味维调"一联也。

白云在空，好风不收。瑶琴罢挥，寒濑细流。偶尔坐对，啸歌悠悠。遇简以静，若疾乍瘳。望之心移，即之销忧。于诗为陶，于时为秋。（澹逸第七）

此章亦纯以景物象征。

大巧若拙，归朴反真。草衣卉服，如三代人。相遇殊野，相言弥亲。寓显于晦，寄心于身。譬彼冬严，乃和于春。在雄守雌，聚精会神。（朴拙第八）

此品即源于老子"知白守黑，复归于朴"之理。所谓巧与拙，显与晦，春与冬，皆相反者。但表面晦暗，内体未尝不可灵光四映。气候纵寒，春意仍可盎然自足。画虽朴拙，非大巧不能作。老子知白守黑，必须彻底明了白之所以

然，始返而守其黑。与董玄宰之"老而淡，淡胜工，不工亦何能淡"，原是一理也。

腕有古人，机无留停。意趣高妙，纵其性灵。峨峨天宫，严严仙扃。置身空虚，谁为户庭。遇物自肖，设象自形。如意恣肆，如馨冥冥。（超脱第九）

此品极言画家挥洒出于自然，毫无牵强之病，做作之态。有如寓古人于腕中，不假思索，而笔下自拂拂有生气也。

造境无难，驱毫维艰。犹之理经，繁芜用删。苦思内敛，幽况外颁。极其神妙，天为破悭。洞天清闶，蓬壶幽闲。以手扣扉，訇然启关。（奇辟第十）

经营画境非难，而难在将所经营之境界，形之于笔墨，现之于纸上。画家凭想象所得之景物，往往仅得其大概，便自以为腹有成稿，实则画间各景之连络关系，未必能一一思虑周赡，有具体之观念。是以及至落笔之际，背戾处，不衔接处，不妥帖处，一一显露。大凡作画之先，必须苦思内敛，再三揣测，而后幽况乃得外颁。能如是，则可以有出他人意表之画境，所谓"极其神妙，天为破悭"也。画中奇辟之境界，大半得之于此。

积法成弊，舍法大好。匪夷所思，势不可了。曰一笔耕，况一笔扫。天地古今，出之怀抱。游戏拾得，终不可保。是有真宰，而敢草草。（纵横第十一）

大涤子了法章曰："有是法而不能了者，反为法障也。"今左田亦曰："积法成弊，舍法大好。"纵横之品格，乃恣情任性，不受一丝拘束之作风。天地古今，出诸我之怀抱，是以我之法为法，而不暇问世间一切之成法。但画家必须有极厚之天赋，确有自然即我、我即自然之魄力，始能有此草草作画之资格。

不然，以游戏态度出之，即使偶尔似有触着，观其究竟，终无是处。

风驰雨骤，不可求思。苍苍茫茫，我摄得之。兴尽而返，贪则神疲。毋使墨饱，而令笔饥。酒香勃郁，书味华滋。此时一乐，真不可支。（淋漓第十二）

左田将淋漓视作苍苍茫茫之气概，此等境界，不可发挥过于尽致，必须适可而止，即所谓"兴尽而返，贪则神疲"也。淋漓每使人着重在湿字，以为水墨渗晕，已尽其能事，于是偏重用墨，而忽视用笔。实则不然，自"毋使墨饱，而令笔饥"二语参之，盖笔墨二者宜并重也。

边幅不修，精彩无既。粗服乱头，有名士气。野水纵横，乱山荒蔚。蒹葭苍苍，白露未晞。洗其铅华，卓尔名贵。佳茗留甘，谏果回味。（荒寒第十三）

上章纯以景物象征。

皓月高台，清光大来，眠琴在膝，飞香满怀。冲霄之鹤，映水之梅。意所未设，笔为之开，可以药俗，可以增才。局促瑟缩，胡为也哉？（清旷第十四）

上章亦以象征之辞句居多。惟"意所未设，笔为之开"二句，谓清旷之作，或有神来之笔，本未期其如此，而竟如此，意外之收获也。一收二语，谓矜持踌躇，迟疑不安，最为清旷之忌。

耳目既饫，心手有喜。天倪所动，妙不能已。自本自根，亦经亦史。浅窥若成，深探匪止。听其自然，法为之死。譬之诗歌，沧浪孺子。（性灵第十五）

左田将性灵视为作画之本能。人之所以能吸引外界，与外界交感，而终发之于缣素者，性灵也。画家对于大自然，耳濡目染，积之既深，心手不禁跃跃欲试，不克自制。一起数语，颇似宗少文之《画山水叙》，一笔一画，

究其原始，皆发于性灵。此言其浅显者，若深究之，又无止境。千变万化，又莫非出于性灵也。

盘以喻地，笠以写天，万象远视，遇方成圆。画亦造化，理无二焉。圆斯气裕，浑则神全。和光熙融，物华娟妍。欲造苍润，斯途其先。（圆浑第十六）

圆，为富于充沛之意味。浑为有一统之神采。于此，可上求苍润。

山不在高，惟深则幽。林不在茂，惟健乃修。毋理不足，而境是求。毋貌有余，而笔不道。息之深深，体之休休。脱有未得，扩之以游。（幽邃第十七）

画境之幽邃，由于画景及笔墨之合。画景不可一味求幽邃，而不合乎自然之理。笔墨尤须能副之，不然不足以状山之深木之健。左田有鉴于画家每每忽略后者，故特曰："毋貌有余，而笔不遒。"最后，取玄宰行万里路意。

虚亭枕流，荷光当秋，紫花的的，碧潭悠悠。美人明装，载桡兰舟。目送心艳，神留于幽，净与花竞，明净水浮。施朱傅粉，徒招众羞。（明净第十八）

上章纯以景物象征。

剑拔弩张，书家所诮。纵笔快意，画亦不妙。体足用充，神警骨峭。轩然而来，凭虚长啸。大往同难，细入尤要。颊上三毫，裴楷乃笑。（健拔第十九）

健拔不可与霸悍误而为一。霸悍为书家所忌，亦画家之病。真正之健拔，在神骨中逗露，而并不在表面上刻画。粗大之笔姿，表现健拔易，然微细之笔迹，亦自可有健拔之趣味。顾虎头为裴楷颊上添三毛，即纤细之健拔也。

厚不因多，薄不因少。旨哉斯言，朗若天晓。务简先繁，欲洁去小。人方辞费，我一笔了。喻妙于微，游物之表。

夫谁则之，不鸣之鸟。（简洁第二十）

画之幽邃，既不在山木之深茂，画之简洁，自不在景物之平易。主要在画之全幅，能表现简洁之意味。欲求简洁，其过程与璞拙同，必先自繁杂中经历。既能繁杂，而后知何者可省，何者可减。数笔或数十笔，即可以一笔备该之也。

石建奏事，书马误四。谨则有余，精则未至。了然于胸，殚神竭智。富于千篇，贫于一字。慎之思之，然后位置。使守管中，有千古寄。（精谨第二十一）

精谨为画中品格之一，自唐张爱宾以来，久经人沿用。若将精谨二字，析而言之，亦有区别。精固未有不谨，谨却未必定精。谨固人人咸能，精则谨慎之外，更当益以功力才巧，始克臻之。精谨之作，向不甚为论者重视，以其未免雕琢，而神韵或逊。但能当此二字，已非易易，亦须殚心竭智，庶几有成也。

如见真人，云中依稀。如相骏马，毛骨权奇。未尽谛视，先生光辉，气偕韵出，理将妙归。名花午放，彩鸢朝飞。一涉想象，皆成滞机。（俊爽第二十二）

左田以为俊爽乃流露发泄，扑人眉宇之一格。如天生骏骨不必注视，已奕奕逼人，光彩炫目，凡读画必须经历想象而始觉有所得者，皆不足称之为俊爽。

栩栩欲动，落落不群。空兮灵兮，元气氤氲，骨疏神密，外合中分。自饶韵致，非关烟云。香销炉中，不火而薰。鸡鸣桑巅，清扬远闻。（空灵第二十三）

空灵之画境，不宜太着痕迹，而当有氤氲之笔墨。大涤子曰："笔与墨合，是为氤氲。氤氲不分，是为混沌。"左田曰："骨疏神密，外合中分。"外合者笔墨相会，呈一统之气象。中分者，有笔有墨，打开混沌。而无恶浊之病也。

一般画家，画中高远处每用烟云拖抹，化实为虚。诚然，不问画家之优劣，烟云一律可以入画。惟妙手用烟云既空灵，不用亦空灵。非若拙手作画，拟定画中某处当虚，便染出一片烟云。以为空灵端在此处。盖妙手之空灵，正如左田所谓"自饶韵致，非关烟云"。空灵之境，画家能脱开虚处，而知如何以致之，则佳矣。

间架既立，韶秀始基。如济墨海，此为之涯。媚因韶误，嫩为秀歧。但抱妍骨，休憎面娲。有如艳女，有如佳儿。非不可爱，大雅其嗤。（韶秀第二十四）

间架既立，秀已寓焉。所谓其秀在骨是也。骨不秀而修饰其容，是媚也，嫩也，非真韶秀也。

《画品》二十四章，既已录引于上，吾人知左田所欲启示于人者，为画中之韵味及理趣，皆抽象之感觉，而不易捉摸者。分析言之，二十四品，可别为二类。气韵与性灵为一类，其余二十二品为一类。所以如是划分者，以二十四品中之神妙、高古、苍润等等，皆形容词，而气韵及性灵二者，向经人用作名词。以名词为品格，并不足奇。如司空图之《诗品》，亦有精神、实境等品。但纵有先例可循，仍不无可议之处。余越园先生《解题》曰：

此编仿司空表圣诗品之例，定为二十四品……措辞典雅清新，斐然可诵。惟以气韵性灵两端为画品，似未甚协。盖各品之画，俱不能离此两端也。[1]

越园先生诚确有所见。盖性灵即画家吸收外界、欣赏自然之本能。真正之绘画，未有一点一画，非自性灵中流出者，其本身既为绘画中最基本之元素，自不得更称之为画中之一格，至于气韵，

[1] 余绍宋《书画书录解题》（民国二十一年北平图书馆印）4/10b。

亦为佳画中所必具者。气韵二字，本为极笼统之名词，其中可包括种种不同之趣味。即以左田所列诸品而言，大多数皆可归纳入气韵之内。如神妙由于造化，非人力所能求，与古人论气韵之"不可以巧密得，复不可以岁月到"二语，正合。此等神妙之品格，何尝不可称之为有气韵。他如高古中"即之不得，思之不至"，苍润中之"气厚则苍，神和乃润"，圆浑中之"圆斯气裕，浑则神全"，空灵中之"元气氤氲，自饶韵致，非关烟云"，皆气韵之表现也。俊爽一章中，更为明显，"气偕韵出，理将妙归"，二语直将气韵二字，于一句中拈出。则俊爽为气韵之一种，左田当无异辞也。总之，气韵生动为浮露于绘画之上，不可捉摸之动态。凡如此者，即可称之为气韵。至于所表现之意味，正可家家各异，幅幅不同。分别言之，不妨加以品格之区别，总约之，咸不能脱气韵二字之范围。今二十四品中，既泰半为不同韵味之名称，则气韵本身，自不必更列为品格之一也。

潘曾莹，字星斋，吴县人，嘉庆十三年生，光绪四年卒（1808—1878 年）。有《墨缘小录》、《鸥波馆画识》、《画寄》等书行世。

《红雪山房画品》之原文为：

流水几曲，夕阳乍沉。娟娟修竹，微风吹襟。美人何处，时闻玉琴。疏花隐红，寒烟满岑。（幽秀）

寒泉清冷，古石崖崿。岩花独秀，木叶初落。空山无人，白云满壑。松风萧萧，飞来孤鹤。（高洁）

远山苍苍，中有茅屋，脱巾微吟，洒然绝俗。老梅着花，红隔修竹。苍苔满阶，时滴冻绿。（古澹）

画帘潇碧，香风乍吹，幽兰自芳，谁吟楚辞。美人婵娟，姗姗来迟。芙蓉红笑，微波写之。（清丽）

悬崖削铁，飞泉琤琮。苍龙破壁，俊鹘盘空。云梦八九，吞其胸中。划然长啸，萧萧天风。（豪放）

神仙缥缈，时结松阁。邈不可即，萧然有托。白云无心，舒卷寥廓。飘飘松巅，翩若孤鹤。（超逸）

美人独处，铅华不施。悠然清怨，手弄琴丝。微风澹澹，流水差差。群花未开，寒梅一枝。（神韵）

白云在空，吹来檐宇，时见邻屋，炊烟一缕。遥山孤青，日暮延伫。呕哑橹声，恍答烟语。（闲远）

瑶瑟初抚，幽怀邈如。好山平远，微云卷舒。抱兹蕙质，萧然独居。寒花一瓶，名香一炉。（蕴藉）

微雨初过，苍苔乍湿。墙角秋花，依依黄蝶。佳人萝屋，倚竹羞怯。冰蟾一痕，翠绡红裛。（媚润）

荒烟袅白，湿云乍紫。落叶满径，窅无人行。危亭多风，垂杨弄晴。斜日一角，寒鸦数声。（冷僻）

修竹千个，梧桐四垂。中有秋气，沁人心脾。棱棱山骨，木叶离披。西风飒然，一鹗高飞。（疏爽）❶

取星斋之作，与《二十四画品》，较有显著之不同。左田论品格，往往言及如何及为何始能达到某一境界，换言之，左田时时阐发其关于画学之主旨，修养陶冶之方法，以及画理之所以然。如气韵章中之"读万卷书，庶几心会"，苍润中之"气厚则苍，神和乃润"，淋漓中之"毋使墨饱，而令笔饥"等皆是，不胜枚举。至于星斋之《画品》，句句写景写物，纯以象征之方法形容品格，

❶ 潘曾莹《红雪山房画品》（岁可可堂刊本）6a—8b。

故只得直录其文，无从喋喋饶舌也。

黄左田以司空图评诗之法评画，潘星斋亦以左田之法为然，故有继黄之作，皆以为诗画当有相同之品格。今试比较表圣及黄、潘三家为诗画所定之品格，以视其相同者若干，微有出入者若干，迥不侔合者若干（表十）。吾人发现三家品格之中，绝对相同者甚少，大都有一字相同。欲分辨其内容之异同，颇有困难。谓其绝无关系，绎其辞旨，确有相同之趣味。谓其有关系，但又不易获

具体之实据。所以如是者，必有其故。

黄、潘二家，既沿《诗品》之体制，自不能一一直接抄袭表圣所定之品格。所有之差别，乃故意改变面貌，以冀能自成一家言也。至星斋之撰此编，其艰难必有甚于左田者，以不仅须避免与《诗品》相同，且不得与左田所定之品格重复。好在所言纯属理论，本无固定之范围。不论所定之品格为何，终可自圆其说。吾所以特揭出此点者，正欲证明其间品格之微殊，乃出有心，主要在避因

表十　司空图《诗品》、黄钺《二十四画品》、潘曾莹《红雪山房画品》所定品格表

司空图《诗品》	黄钺《二十四画品》	潘曾莹《红雪山房画品》
雄浑	气韵	幽秀
冲淡	神妙	高洁
纤秾	高古	古澹
沉着	苍润	清丽
高古	沉雄	豪放
典雅	冲和	超逸
洗炼	澹逸	神韵
劲健	朴拙	闲远
绮丽	超脱	蕴藉
自然	奇辟	嫣润
含蓄	纵横	冷僻
豪放	淋漓	疏爽
精神	荒寒	
缜密	清旷	
疏野	性灵	
清奇	圆浑	
委曲	幽邃	
实境	明净	
悲慨	健拔	
形容	简洁	
超诣	精谨	
飘逸	俊爽	
旷达	空灵	
流动	韶秀	

袭之嫌也。

最后对于黄、潘之作，似宜一评其价值。表圣《诗品》，后人议论短长，或褒或贬。清林昌彝颇不以《诗品》为然，其言曰：

> 诗之品，何止二十四。况二十四品之中，相似者甚多，试以古人之诗言之，每首中前后有数品者，每联中两句有浓淡者。❶

今亦似可引上文评诗品之言评画品。但平心而论，昌彝所云，实失诸拘凿。因批评家为诗画立品之时，本不过举诗中画中主要之趣味而已，并无括揽无遗之意。一诗一画之中，各部分虽有不同之趣味，就全篇言，或有一统之面貌。且诗属某品，画属某格，不妨仅举其显然易见者言之，原无每诗每画，皆必须为其定出品格之必要。是以吾以为画品之失，不在此，而实在后人不易于各品间，获清晰之界限。某一品格，究竟其特征在何处，此品之特征究竟与他品之特征有何分别，凡此皆不易得切实之答复。良以象征之批评，本极抽象，读者得诸词句所授者少，得诸一己之体会者多。此盖批评方法及文体性质如此，非著书者之咎也。戴醇士《红雪山房画品》跋曰：

> 天地间以物为最幻，物以画为最幻。杂毫楮水墨青红金粉于其前，以貌天地间物，貌有形之物，又貌无形之物，绝非其物也，而无物非物，是岂果有物也耶？幻矣哉画也，今星斋著十二画品，则又以天地间有形之物与无形之物以转而貌画，绝非画也，而画之幻境，画之幻情，皆于其品传之。取天下之至幻，以貌天下之至幻，而自成一幻，斯亦奇矣。盖天下非灵不幻，造化灵物故幻。今星斋自能画，则造化在手矣，造化在手，故灵，灵故幻。❷

表面虽极赞扬之能事，细辨之，仅道出一幻字耳。所谓"取天下之至幻，以貌天下之至幻，而自成一幻，斯亦奇矣"。吾人实不妨为易一字曰："取天下之至幻，以貌天下之至幻，而自成一幻，斯亦'幻'矣。"

（二）各家之片段言论

（1）郑绩《画学简明》论意篇　与黄、潘二家之画品，内容颇相似者，有郑纪常《画学简明》中论意一篇❸，兹先述知。纪常一起，先列举不同之品格。

> 作画须先立意，若先不能立意，而遽然下笔，则胸无主宰，心手相错，断无足取。夫意者，笔之意也。先立其意，而后落笔，所谓意在笔先也。然笔意亦无他焉，在品格取韵而已。品格取韵，则有曰简古，曰奇幻，曰韶秀，曰苍老，曰淋漓，曰雄厚，曰清逸，曰味外味，种种不一，皆所谓先立其意，而后落笔，而墨之浓淡焦润，则随意相配。故图成而法高，自超乎匠习之外矣。

黄、潘二家之著，为读画者对于已完成之画绩所定之品格，纪常所言，为作画者于未落笔之先，所立之意境，此其异耳。

此后论各品格用笔用墨之法。

> 意欲简古，笔须少而秃拙，笔笔矫健，笔笔玲珑，不用多皴加擦，用墨多浓，复染以水墨，设色不宜艳，墨绿墨赭乃得古意。

> 意欲奇幻，则笔率形颠，最忌平匀，布景则从意外立局，疏密纵横，不以规矩准绳较寸尺。若非人间寻常可到之处，庶可拟作奇幻。

❶ 林昌彝《海天琴思录》（《林氏丛书》光绪戊寅刊本）71。

❷ 潘曾莹《红雪山房画品》（岁可堂刊本）9a。

❸ 郑绩《梦幻居画学简明》（同治间郑氏家刊写刻本）1/23a—1/25a。

清代关于绘画之理论

意欲韶秀，笔长尖细，用力筋韧，用墨光洁，望之袅娜如迎风杨柳，丰姿如出水芙蓉，斯为得之。

意欲苍老，笔重而劲，笔笔从腕力中折出，故曰有生辣气。墨主焦，景宜大，虽一二分合，如天马行空，任情收止。

意欲淋漓，笔须爽朗流利，或重或轻，一气连接，毫无凝滞，墨当浓淡湿化，景宜新雨初晴，所谓"元气淋漓嶂犹湿"是也。

意欲雄厚，笔圆气足，层叠皱起，再三加擦。墨宜浓焦，复用水墨衬染。景不须多，最忌碎琐。峭壁乔松，一亭一瀑为高。

意欲清逸，笔简而轻，轻中有力，交搭处明白简洁，景虽少，海阔天空。墨以淡为主，不可浓密加多。

何为味外味，笔若无法而有法，形似有形而无形，于僻僻涩涩中藏，活活泼泼地，固脱习派，且无矜持，只当意会，难以言传，正谓此也。

纪常所论，皆确有所见。某种品格，宜用某种笔法，当亦为作画者所共许。惟吾终觉作一画欲求其能表现某一种隽美之趣味，至难。既须有绝顶之天赋，更不知须经过多少锤炼工夫，始克有成。请退而言摹拟，设有名画在前，供人揣拟，潜心为之，能得其一二分气息，已是高手。明乎此，可知自创画境之难矣。学者欲求画中能有种种隽美之趣味，绝非立意所能为功。意非不可立，惟恨画成之意，未必能如所立之意耳。如纪常云："简古宜笔尖而秃拙"，"韶秀宜笔长而尖细"，简古韶秀，岂仅在用笔秃拙与尖细。秃拙尖细之外，必更能使其真为简古真为韶秀者？此正画中最紧要处，亦画中最难言处也。是以吾以为定品格以评画，虽有时嫌其空泛，尚可令人知大约画中可分为若干不同之趣味，若立品格以授人学画之法，恐更难获切实之功效也。

（2）画品之难于分辨者　黑白异色，甘苦殊味，稚子即能辨之，以其对于人之器官，有清晰之感觉也。天下之物，迹象愈微，则辨别其味愈难。如画中之品格，非于此道修养有素者，未易言。有目若盲，画中之趣视若无睹者，其失尚小。强作解事，画有佳趣，竟目之为恶道，画本恶俗，而妄誉之为神奇，则未有不自误误人者。清代论者，对于画品美恶得失之间三致者，颇有人在。方兰坻曰：

画法须辨得高下，高下之际，得失在焉。甜熟不是自然，佻巧不是生动，浮弱不是工致，鲁莽不是苍老，拙劣不是高古，丑怪不是神奇。❹

李修易亦曰：

学画须辨似是而非者，如甜赖之于恬静也，尖巧之于冷峻也，刻画之于精细也，枯窘之于苍秀也，滞钝之于质朴也，怪诞之于神奇也，臃肿之于滂沛也，薄弱之于简淡也，失之毫厘，谬以千里，学者其可忽诸？❺

二家之言，鉴赏家固宜注意，学画者更须时时自惕。苛于责人，宽于责己，人之常情。对于一己作品之真正价值，尤不易得正确之认识也。

（3）画气　清代画论家，有罗列各种画气者，实即品格也。邹一桂论画忌六气曰：

一曰俗气，如村女涂脂。二曰匠气，工而无韵。三曰火气，有笔仗而锋芒太露。四曰草气，粗率过甚，绝少文雅。

❹方薰《山静居画论》（于海晏辑《画论丛刊》民国二十六年中华印书局）册三上 /3a。

❺李修易《小蓬莱阁画鉴》（民国二十三年商务印书馆排印本）3/16b。

五日闺阁气，描条软弱，全无骨力。六日蹴黑气，无知妄作，恶不可耐。❶

范引泉《过云庐论画》曰：

士夫气磊落大方，名士气英华秀发，山林气静穆渊深，此三者为正格。其中寓名贵气，烟霞气，忠义气，奇气，古气，皆贵也。若涉浮躁，烟火，脂粉，皆尘俗气，病之深者也。必痛服对症之药，以清其心。心清，则气清矣。更有稚气，衰气，霸气，三种之内，稚气犹有取焉。又边地之人，多野气，释子多蔬笋气，虽难厚非，终是变格。匠气之画，更不在论列。❷

杨翰亦曰：

画有儒者气，有节义气，有名士气，有仙佛气，有诗人气，有狂士气，有隐者气，有词人气，有孤僻气，有寒酸气，有猛鸷气，有美人气，各有妙境。若台阁气，袍笏气，金玉气，袄缛气，虽亦为人所喜，然高品所不录矣。❸

与画品主要之不同为画品只取绘画中优美之趣味，而画气则美恶兼收也。

（4）老嫩　绘画中之品格甚多，各家画品，尚不过略举其大概耳。清代论者，亦有似明唐志契之专取画中老嫩，往复讨论者。沈熙远《芥舟学画编》神韵章中有一节曰：

嫩与老之分，非游丝牵引之谓嫩，赤筋露骨之谓老，而在于功夫意思之间也。凡初学画，但求如古人笔如何运，墨如何用，布置如何停当，工夫做一年，自有一年光景，做十年，自有十年光景。骤欲几于老境，势必至于剑拔弩张，鲁莽率略，而还而观之，则仍是嫩也。故凡一切法度，皆可黾求而得，惟老到之境，必视其工夫之久暂。试取前人极缥缈轻逸之笔，用意临摹，

未尝不能似也。然其寓刚健于婀娜之中，行道劲于婉媚之内，所谓百炼钢化作绕指柔，其积功累力而至者，安能一旦而得之耶？然则似嫩者，乃不识画者之貌取，苟少识之，并未见其似嫩也。同是一帧妙迹，功夫浅薄者视之，以为平平，及少有功夫，则略能识之，至功夫渐臻纯熟，则愈见为不可及。前所似嫩者，不但不以为似嫩，且叹为老境之不可以摹拟得也……❹

夫老，佳评也，但枯朽鲁莽则殆矣。嫩，贬词也，但如香山所云"以秀骨而藏于嫩"，则佳矣。芥舟虽拈出老嫩二字，其心目中所属意者为处乎老嫩之间之品格。谓其嫩，则功夫已至老境，谓其老，则又极妍秀之致。是则究将称之为老乎，抑嫩乎，难言也。吾人心知之而存乎意中可也。读此节，愈可见纪常之立意作何品以用何等笔何等墨之非矣。

芥舟更有论学画笔致老嫩一则：

起手从事笔墨，不数年而便若得老致者，约有三等，而一则无足取焉者，如笔性重滞方幅，绝无意致可观，貌似笃茂，实则朴陋。早年纵得如此模样，晚年亦未必更佳。虽若老成，不足论也。若笔性坚重有力，在初动手时便有欲透纸背之势，是其腕出天成，自具神力，加以博览名迹，读书尚友，胸襟与识见并高，腕势与心灵日进，真名世之质也，我不能测其限量矣。更有资性灵异，不待经年攻苦，而自成气象。无事刻志摹拟，而自合矩蠖，举他人半生苦力，不消其略为涉猎，而功效过之者，若其人能还淳反朴，深自韬晦，自当享遐龄而增晚福。如其恃才睥睨，放浪自恣，恐其优于此者，未必不绌于彼也。以上三种，皆起手未几，而便得老致者也。又

❶ 邹一桂《小山画谱》（《四铜鼓斋论画集刻》本）册三下 /3b。

❷ 范玑《过云庐画论》（《画论丛刊》本）册四 6b。

❸ 杨翰《归石轩画谈》（同治十年刊《息梅居士全集》本）7/44a。

❹ 沈宗骞《芥舟学画编》（乾隆四十六年冰壶阁原刊写刻本）1/36a。

有起手甚觉柔弱，久之不脱于嫩者，亦约有三等，而一则不得有为焉者。笔气纤缓蔓延，腕弱无力，疾力攻之，但见平塌之弊，绝少卓越之观，历时虽久，依然故我，是人老而笔终于嫩者也。若其笔致柔媚，风趣有余，而骨力不足，诚能浸淫于古法，陶淑于风雅，将翩跹流逸，风态宜人，虽苍劲或不足，亦自成一种笔墨。至夫天资超妙者，始则平平无甚奇异，及乎潜窥古人之秘奥，深识画理之元微，自有会心迥异恒品，于是珊珊仙骨，凡识翻笑其伶仃，奕奕清神，俗目反嗤其单弱。兹盖品在仙逸之间，非食烟火者所得梦见。一似乎嫩，而非可以嫩律之也。❺

"貌似笃茂，实则朴陋"不足取。"笔气纤缓蔓延，腕弱无力"，亦不足取。以一仅止于老，一仅止于嫩耳。且此老此嫩，皆非佳境。必"资性灵异"及"天资超妙"者，或一学便老，或终身不脱于嫩，但其老中有嫩之趣，嫩中兼老之力，始能超凡入圣，卓尔不群也。

秦祖永因芥舟之言而引申之，假烟客、石谷二家，为其说之佐证。

画不可嫩，亦不可不嫩。画不可老，亦不可过老。此中最要体认，惟苍老中能饶秀嫩之致，乃庶得之。观前代本朝各家，系苍老者居多，于嫩之一字，均未领会。不知入门之始，笔力稚弱，宜求苍老，故不可嫩。至成功以后，如务为苍老，不失之板秃，即失之霸悍，有何生趣哉？如烟客、耕烟两大家，虽各极其妙，而烟客尤神韵天然，脱尽作家习气者，其妙处正在嫩也。观耕烟晚年之作，非不极其老到，一种神逸天然之致，已远不逮烟客矣。吾故曰："烟客之嫩，正烟客之不可及也。石谷之老，

正石谷之犹未至也。"❻

烟客之作，其秀在骨，及至晚年，神明不衰，弥觉其圆润。石谷则中年与晚年之作判然可辨，且鉴赏家无不贵其中年之画逾于暮岁，非人之好恶有偏，要其秀嫩苍老之间有别耳。

（5）一切画品原于性情　清人论画中品格，已如上述，今更引浦山论画品原于性情之说，为此节之殿。

杨子云曰："书，心画也。"心画形而人之邪正分焉。画与书一源，亦心画也，握管者可不念乎？尝观古人之画，而有所疑，及论其世，乃敢自信为非过，因益信杨子之说为不诬。试即有元诸家论之，大痴为人坦易而洒落，故其画平淡而冲濡，在诸家最醇。梅花道人孤高而清介，故其画危耸而英俊。倪云林则一味绝俗，故其画萧远峭逸，刊尽雕华。若王淑明未免贪荣附热，故其画近于躁。赵文敏大节不惜，故书画皆妩媚而带俗气。若徐幼文之廉洁雅尚，陆天游方方壶之超然物外，宜其超脱绝尘，不囿于畦畛也。记云："德成而上，艺成而下"，其是之谓乎？❼

对于松雪叔明，虽未免苛刻，画源于心，亦有其至理也。

第四节　书画相通

书画相通，自元明以来，早为人所共许之事实，本无讨论之必要。但清代画论家中，独有沈芥舟关于是项问题，论调与前人不同，不仅与前人不同，即与当代论者，亦有异。本章之有此节，直是专为沈说而设。

兹为证明沈说与当代他家不同，特自《画学钩深》、《画谭》等书中录引数节于后。董棨曰：

❺ 同注❹ 1/37b。

❻ 秦祖永《桐阴画诀》（同治三年套印本）上 /9b。

❼ 张庚《浦山论画》（《四铜鼓斋论画集刻》本）册二 4a。

书成而学画，则变其体不易其法，盖画即是书之理，书既是画之法。如悬针垂露，奔雷坠石，鸿飞兽骇，鸾舞蛇惊，绝岸颓峰，临危据槁，种种奇异不测之法，书家无所不有，画家亦无所不有，然则画道得而可通于书，书道得而可通于画，殊途同归，画书无二。❶

张式曰：

余十余岁即喜墨戏，有老生语余曰："子书法绝佳，作画用笔油滑，有妨于书。"余心知其非，年幼不敢抗言。迟二年，此老与缪云岩遇，又以斯言告云岩。云岩曰："是松劲不是油滑，油滑不是用笔，行家画铺或然，若吾侪石棱山脑笔笔领，柳线松针笔笔收。"老生讶曰："收何得尖？"云岩曰："写字撇捺趯皆尖，未尝不收也，是之谓用笔。"❷

又曰：

落笔起笔，急落急起而不乱，行笔转折，脱卸是关摋子，隔磴及混下，均非也。假晓书草体天字，篆文乃字，三曲有三脱卸，若混下去，形如死蚓，精神何以寄托。作画下笔，要有凹凸之形，全在转折中得来。转折能知脱卸，行笔之道，思过半矣。❸

又曰：

作书贵泯没痕迹，不使笔笔板刻在纸上，作画亦然。没笔痕而显笔脚，谓之书画运笔是也。没笔脚而露笔痕，谓之描画信笔是也。故画有刻剥精工，命为专门，终难免郭若虚所谓虽号画而非画者。书画盘礴，点染有神明不测之妙，即赵吴兴询钱玉潭之士夫画也。绝去画师习气，方有士气。杨子云："书，心画也"，此气即吾人之心画。画之贵，贵此。❹

以上各节，同持一论，即书画之所

以相同，在其用笔，此亦元明以来，论者对此问题之症结处也。但《芥舟学画编》穷源篇第一则曰：

六书之有形象，即画之源也。且画之为言画也，以笔直取百物之形，洒然脱于腕而落于素，不假扭捏，无事修饰，自然形神俱得，意致流动，是谓得画源。若摹写过甚，加意求工，是因刻画而循流，其去源远矣。今人作画，其于石廓树木枝干，略能见其笔迹，而于显晦远近阴阳凹凸之间，则全赖墨晕以成之，是以模糊而失其源。至于人物衣冠、桥梁、屋宇、舟车之属，但一意求工，与通幅笔墨不类，虽峰峦林木，写法极佳，反因配搭不上，致为所累。或狃于形似，故多作曲折圭角之笔，不合大体，是以刻画而失其源也。且旁观者未能皆识画理，作者动求合法，反致贻讥，任意随流，必来争赏。少不自持，即为所动，日渐日流，不知所止。师承非不真，根基非不正，或以好尚之偶偏，或以谋生之所托，始也犹不安于所屈，终则竟自护其所乘，于是声称藉甚，身甫谢而道衰，众口交推，识略高而藐尔等，是瘁毕生心力以为之，乃徒徇俗目之欣，而不为识者所赏，曾何别于髹工彩匠耶？要惟能知其源之不可斯须去以致其学力，庶不大远于古人尔。❺

芥舟首谓六书之象形为画之源，又谓作画能形神俱得，意致流动为得画源，即此二点，已不克自圆其说。盖六书之象形，字迹极为简陋，略具物体之意而已。画之初创，其简省亦如之，所谓"书画同体而未分"是也。至画之能形神俱得，是已由简陋之字形，进而具精妙之技巧，若然，则更安得将此二者混为同一之阶段而统称之曰源乎？此后芥舟又

❶ 黄钺《二十四画品》（《四铜鼓斋论画集刻》本）册四 2a。

❷ 张式《画谭》（《画论丛刊》本）册三 1b。

❸ 同注❷ 2a。

❹ 同注❷ 2a。

❺ 沈宗骞《芥舟学画编》（乾隆四十六年冰壶阁原刊写刻本）1/22a。

叁合

清代关于绘画之理论

举出所以失画源者三端：一因模糊而失其源，二因刻画而失其源，三因徇俗目之好而失其源。三者以最后一项，所包括之范围为尤广，直不啻谓一切忌病，皆由于失画源也。古人论书画相通，无不自用笔出发（《学画编》中，仅用笔章第二则，略言书画用笔皆宜结心），是以咸以不善用笔者为失画源。芥舟所论，虽亦与用笔有关，但并未着意讨论此书画相通最基本之一点。第二则曰：

> 松雪云："石如飞白树如籀，写竹最应似草书。"又云："士夫作画，当以草书奇隶为之"，可知画之与书，原无二道。今人先于作书，全废古法，其与篆隶草章，漫不加省，法非不具在，号能书者，且曾未未之识，况欲问画之源于书耶？虽运会所至，自有隆替，而好古之士，代不乏人，使尽趋时尚，不用古法，将旧迹日远而日湮，古法日废而日亡，有志之士，起而求之，当何所凭借？余故不惮齿颊之烦，百端陈说。及此论作画之源，人或以为迂者，而我窃以为最切。何者，笔墨本期古拙，而世竞尚新巧，古拙新巧之间，心术判矣。如人日诵圣贤之书，能勉行之，不过为善士年耳，若听其流而日下，不至小人之尤不止。士生古人之后，可不究心于古，以寻其源哉？且百不识者之然然，不敌一识者之否否，如近代王耕烟，其画学淹贯，师资纯正，堪媲古人，用意合作，直入宋元之室，而其所以应酬无识者之作，往往故作巧媚、纤琐之笔，殊非大家，故其生平所作绢本，佳者盖少。论其功力学问，于盛朝自当首屈一指，乃品概不得不在石师道人下也。不溯其源，而任其流，请以此观。❻

一起引前人论书画相通之说，似欲讨论书画用笔之关系。但忽又转到笔墨之古拙与新巧，反复陈说，今古心术，醇薄之不同。于是此不过专为引申前节徇俗之说而作，仍未论及用笔也，总之，不问芥舟之能否自圆其说，所论是否切合实际，其论调与他家殊别，固显而易见。此吾所以不惜专为其辟此一节也。

第五节　笔墨

清代画论家，关于笔墨之言论至多，惟按本文分配之方法，凡近于画法者，悉留置后文清代山水画法诸章中论之。沈芥舟、华梦石有《学画编》及《南宗抉秘》之著，书中以论笔墨各节为主，且理论多于方法，然本文将为二家各辟专章，以示其重要，是以今所录引诸则，不过为关于笔墨理论方面之片段文字。各章分配所剩，缀成本节，所余材料，盖不多矣。

南田之笔，幽秀高逸，独步当时，不仅其画有目共赏，读其关于气韵逸气各方面之议论，亦可想象其神趣，故其论笔墨，极主空灵，方诸明代，与竹嬾为近。

> 古人用笔极塞实处，愈见虚灵。今人布置一角，已见繁缛。虚处实，则通体皆灵，愈多而愈不厌玩，此可想昔人惨淡经营之妙。❼

南田之措辞，颇近玄妙。"虚处实"三字，几使人不能解。既曰虚，何以能实，究竟虚乎实乎？而所谓虚而兼实之虚，究奚若乎？《画跋》中另有一则，可为此作诠解。

> 用笔时须笔笔实，欲笔笔虚，虚则意灵，灵则无滞迹，不滞则神气浑然，神气浑然则天工在是矣。夫笔尽而意无穷，虚之谓也。写真今称廖谢，谢法不

❻同注❺ 1/23b。

❼恽寿平《瓯香馆画跋》（鄂官书处重刊《瓯香馆集》本）11/5a。

用一实笔，正相合，诗文之理亦然。句句实意，则易尽矣。今人诗文不佳，总只是实。❶

虚之定义，经"笔尽而意无穷，虚之谓也"一语道破。虚非画中绝不着墨处，而确有笔画在。笔画显然有迹，故曰实，然此实也，又非死墨界然，而寓有无穷意味，灵气充乎其中，故实而又虚。此趣难以言传，然不妨默对南田之画，静以求之也。

布颜图啸山《画学心法问答》论用笔用墨者，不下十则，除有专为麓台一派之画法而发者外，亦有数则纯属理论。其答笔有筋骨皮肉四势一问，原于荆浩《笔法记》之文。

曰：筋、骨、皮、肉者，气之谓也。物有死活，笔亦有死活。物有气谓之活物，无气谓之死物。笔有气谓之活笔，无气谓之死笔。峰峦葱翠，林麓蓊郁，气使然也，皆不外乎笔，笔亦不离乎墨。笔墨相为表里，笔为墨之经，墨为笔之纬。经纬连络，则皮燥肉温，筋缠骨健，而笔之四势备矣。操笔时须有挥斥八极，凌厉九霄之意。注于毫端，一笔直下，即成四势，不可复也。一笔之中，初则润泽，渐次干涩。润泽者皮肉也，干涩者筋骨也。有此四者，谓之有气。有气谓之活，如笔笔从活，即画成时，亦成活画。❷

《笔法记》流传各本，作筋、肉、骨、气，韩拙《山水纯全集》之引文，作筋、肉、皮、骨。今啸山从韩引文，而以一笔成此四势曰气，是虽似欲释荆浩之文，而实于古人之外，增一新解。作画之法，当深淡相间，干湿互用，不仅一幅一段中不可平板，即一笔之中亦宜变化。是以笔或由浓而淡，由湿而干，甚或假笔

尖笔根，含墨含水之不同，而有先淡后浓，先干后湿者。于是一笔而五色俱，斐然夺目矣。此啸山活笔有气之说，亦用笔用墨之要诀也。然原荆浩之意，只谓笔有不同之势四，未见有一笔而兼四势之意。四势之中，尤以肉骨二者之分别为显著，且处有相对之地位。但其主要之特征，不在干涩与润泽，而在线条笔画之清晰与模糊，及着纸之多寡。《笔法记》曰："项容山水，树石顽涩，棱角无硪。"若从啸山"干涩者筋骨"之定义，则项容必骨胜于肉，而荆浩竟称之谓"用墨独得玄门，用笔全无其骨"。吴道子，荆浩谓其"笔胜于象，骨气自高，树不言图，亦恨无墨"。若从啸山之定义，吴道子必用枯干之笔。但据吾人今日关于唐代绘画所有之知识测之，道子之笔，决不枯干。是以啸山之说，不过假荆浩之成说，以申其一己笔墨之运用，不足以代表古人之意也。

啸山答问用笔用墨法曰：

曰：用笔者，使笔也。古所谓使笔不为笔使者，即善用笔者也。画家与书家同。书家用笔，必须气力周备，少有不到，即谓之败笔。画家用笔，亦要气力周备，少有不到，即谓之庸笔弱笔。故用笔之用字，最为切要。用笔有起伏，起伏之间，有折叠顿挫婉转之势。一笔之中，气力周备，而少无凝滞，方谓之使笔，不为笔使也。此等笔法，当施之于山之脉络，石之轮廓，树之挺干。❸

曰：古所谓用墨，不为墨用者，即善用墨者也。笔墨相为表里，笔有气骨，而墨亦有气骨。墨之气骨，由笔而出，苍茫者山之气也，浑厚者山之体也，画家欲取苍茫浑厚，不外乎墨之气骨。墨

❶ 恽寿平《瓯香馆画跋》（鄂官书处重刊《瓯香馆集》本）补跋 /9a。

❷ 布颜图《画学心法问答》（乾隆十一年松风堂原刊写刻本）上 /9a。

❸ 同注❷ 上 /13b。

者经也，用者权也，善用墨者其权在我。练之有素，画时则取干淡之墨，糙擦交错以取之，其苍茫浑厚之势，无不随手而应，方谓之用墨，不为墨用也。不善用墨者，练之不纯，墨色驳杂，浓淡失宜。纵能得其彩泽，而不能得其天然之气骨，此反为墨用，而不能用墨者也。其用墨之正副先后，业于六彩中叙说明白，毋庸复赘。❹

"一种使笔，不可反为笔使。一种用墨，不可反为墨用"，郭淳夫语也。笔当为人使，墨当为人用，啸山注重在一气字，笔画有气充溢于内，自生动而有力。墨借笔而出，笔中有气，墨中亦自有气。啸山之言，虽有至理，但与前人无少异，似尚不及郑纪常论笔气静动二则能阐发新义也。"笔动能静，气放而收，笔静能动，气收而放，此笔与气运起伏，自然纤毫不苟。能会此意，即为法家。不知此理，便是匠习。"❺又曰："笔繁最忌气促，气促则眼界不舒，而情意俗。笔简必求气壮，气壮则神力雄厚，而风格高。"❻全幅笔姿飞舞，味之有沉穆之气。全幅笔姿静寂，即之生流动之情。或数笔动而间数笔静，或一段静而间一段动。动静之间，笔气行焉。读古人画，每使人生此想，一经纪常道破，更昭然若揭矣。

笔气墨气之外，啸山更论及练笔之法。

曰：六艺非练不能得其精，百工非练不能成其巧。如丈人之承蜩，郢人之运斤，皆由练而得也。故练必要精纯，苟不精纯，卵难必其不堕，鼻难必其不伤，所谓纤发之纰，千里之谬，练犹未练也。练之之法，先练心，次练手。笔即手也。古人有读石之法，峰峦林麓，

必当熟读于胸中，盖山川之存于外者，形也，熟于心者，神也。神熟于心，此心练之也。心者手之率，手者心之用，心之所熟，使手为之，敢不应手？故练笔者，非徒手练也，心使练之也。练时须笔笔着力，古所谓画穿纸背者是也。拙力用足，而巧力出焉。巧力既出，而巧心更随巧力而出矣。巧心巧力，互相为用，何虑三湘不为吾窗下之砚池，而三山不为吾几上之笔架哉？子欲取效于管城，只此一练字不爽。❼

读石之法，熟思自然之景，存于神而不渝，练心也。何以能使缣素之所形，似心中之所思，一试不似而再之，再试不似而三之，以至百之千之，使其似而后止，练手也。练心练手，缺一不可。东坡曰："夫心识其所以然，而不能然者，内外不一，心手不相应，不学之过也。"不学者，手之未练也。东坡天资胜于工力，故心熟而手生。常人工力胜于天资，故心生而手熟。啸山为一般画家说法，是以偏重练心之法。以此为常人所亟须，且恒为人所忽者也。董乐闲《画学钩深》曰：

作画胸有成竹，用笔自能指挥，一波一折，一戈一牵，一纵一横，皆得自如。惊蛇枯藤，随形变幻，如有排云列阵之势，龙蜒凤舞之形，重不失板，轻不失浮，枯不失槁，肥不失甜，沉不失痴，无穷神妙，自到毫颠，心闲意适，乐此不疲，岂知寒暑之相侵哉？❽

郑纪常曰：

山水形象既熟，能于笔意有会处，则当纵其笔力，使气魄雄厚，有吞河岳之势，方脱匠习。❾

一谓胸有成竹而笔病不生，一谓物不逃形，乃可放笔。骤视之，董、郑与

❹ 同注❷上/14b。

❺ 郑绩《梦幻居画学简明》（同治间郑氏家刊写刻本）1/14a。

❻ 同注❺1/14b。

❼ 同注❷上/15a。

❽ 董榮《画学钩深》（《画论丛刊》本）册四2a。

❾ 同注❺1/12b。

啸山之言，各不相涉。细辨之，皆认为倘能先练心而更益以练手，定可挥洒如意，有左右逢源之乐也。

明代理论章中，尝取中麓六要四病之说，以觇其对于笔姿劣优之观念。清张式亦曾将用笔划分为劣优二类。

画之用笔，先要领会得工拙二字。何谓拙：曰不理笔情，曰不得劲，曰滞，曰了，曰捉，曰乱，曰复，曰颠顶，曰直注，曰着迹，曰做作。何谓工：曰落笔得势，曰转折不混，曰向背合度，曰粗细相和，曰圆不直强，曰侧不匾塌，曰率不野，曰熟不甜，曰沉着，曰虚和，曰巧妙，曰浑成，曰心静神怡。心静神怡与笔何有，却是用笔之第一关口。❶

惟中麓将画之一切优劣,悉归诸用笔(详前章)，张式则并不见有此意，其不同处也。

第六节　摹拟

清代绘画之艺术，摹拟之艺术耳。此语容或言过其实，惟自画风之大体观之，并非过苛之论。就画迹言，家家固守南宗一派，不敢越雷池半步，几至千篇一律，幅幅相同。即就画论言，亦可予人同等之感觉。关于摹拟方面之议论，量之富，固为前古所未有，信仰摹拟之坚决，亦有其时代之特色。本节试按其性质类分，逐项论之于后：

（一）看画为摹拟之要务

当画家临摹前人名迹之时，精神每不能专一。何以故，以既须详察古人之画，又须顾到一己之画。且景物之大小位置，笔墨之干湿浓淡，无不须时时在心。是以古人画中之微妙部

分，或竟失焉。故麓台有"临画不如看画"之说：

临画不如看画。遇古人真本，向上研求，视其定义若何，结构若何，出入若何，偏正若何，安放若何，用笔若何，积墨若何，必于我有出一头地处，久之自与吻合矣。❷

钱松壶亦曰：

临古人画，须先对之详审细玩，使溪径及用笔用墨用意，皆存于胸中，则自然奔赴腕下。下笔不可再观，观亦不能得其神意之妙矣。❸

沈熙远《芥舟学画编》存质章有一节，较麓台、松壶之说为尤详。

凡事物之能垂久远者，必不徒尚华美之观，而要有切实之体。今人做事，动求好看；苟能好看，则人无不爱，而作者亦颇自喜，转转相因，其病遂至不可药。今学者有志于此，务当寻古人脚跟处，先将旧迹细细玩其笔痕如何结实，墨韵如何酝酿，气韵如何生动，再看上下如何交卸，层次如何明晰，山树云气如何掩映，虚实如何相生，疏密如何相间，浓淡如何相称，再看其峰峦朝揖之状，林木争让之势，沙渚映带之情，村落安顿之处，房屋向背之方，人物幽闲之致，器具陈设之所以妥适，水泉道路，桥梁舟车之出没往来，且自问我为之必不能事事停当若是，然后对之临摹，不必论古人之不能及，要论我所不及古人，其病在于何处。久而得之，即所谓脚跟处也。❹

与以上三家性质类似之言论，以方兰坻《山静居画论》中为最多。不论临摹之法，而先授人读画之法。读画之法得，乃能"会得古人精神命脉处"。❺盖兰坻深以为授人读画之法，即授人摹拟

❶ 张式《画谭》(《画论丛刊》本) 册三 2b。

❷ 王原祁《雨窗漫笔》(《四铜鼓斋论画集刻》本) 册二 3a。

❸ 钱杜《松壶画忆》(光绪十四年《榆园丛刻》本) 上 /6a。

❹ 沈宗骞《芥舟学画编》(乾隆四十六年冰壶阁原刊写刻本) 2/6a。

❺ 方薰《山静居画论》(于海晏辑《画论丛刊》民国二十六年中华印书局) 册三上 /3b。

之法也。

兰坻第一谓读古人画,须排除一己之主见。

作画论画,可申己意,看画独不可参己意。若参己意论之,则古人有多少高于己处,先见不到。❻

惟以一己之主见未易排除,故见古画宜细咀嚼之。

凡遇古人手迹,不可忽略看过。纵入眼未见佳,宜玩味之。朱子曰:"书读多遍,其义自见",读画亦然。❼

玩味久之,其义自见。兰坻尚恐人不之信,故举吴道子之轶事以为证:

画有初观平淡,久视神明者,为上乘。有入眼似佳,转视无意者。吴生观僧繇画,谛视之再,乃三宿不去,庸眼自莫辨。❽

此言古人之作,不可轻心以即之。轻心以即之,则古人妙处,终身不可得。反之,入眼似佳,亦未可遽信之为实佳。遽信之,则或终身被其祸。

画不可皮相,凡看画以其装点仿佛某家,即呼真迹,类多叔敖衣冠,学者摹得形似,便已自奇,另纸几不成画,此皆平日只是皮相古人所致。❾

兰坻所论诸节,可一言以蔽之。不读前人之画,不见前人之妙,亦不见前人之弊。前人之弊,往往于无心中沾染之。欲于无心中得前人之妙,则难之又难。是以摹拟以看画为第一要务。

(二)摹拟宜初约后博

师法古人,宜先专一家,然后博采众法,前人言之屡矣。至反复陈说,何以当博采各家以破除习气,自立门户,以得笔气,则亘古以来,未有详于沈芥舟者。《学画编》摹古章第一

则曰:

学画者,必须临摹旧迹,犹学文之必揣摩传作,能于精神意象之间,如我意之所欲出,方为学之有获。若但求其形似,何异抄袭前文,以为己文也。其始也,专以临摹一家为主,其继也,则当遍仿各家,更须识得各家乃是一鼻孔出气者,而后我之笔气,得与之相通,即我之所以成其为我者,亦可于此而见。初则依门傍户,后则自立门户。如一北苑也,巨然宗之,米氏父子宗之,黄、王、倪、吴皆宗之。宗一鼻祖而无分毫蹈袭之处者,正其自立门户而自成其所以为我也。今之模仿古人者,匡廓皴擦,无不求其绝似,而其身份光景,较之平日自运之作,竟无能少过者。此其故当不在于匡廓皴擦之际,而在平日造诣之间也。若但株守一家而规摹之,久之必生一种习气,甚或至于不可向迩。苟能知其弊之不可长,于是自出精意,自辟性灵,以古人之规矩,开自己之生面,不袭不蹈,而天然入彀,可以揆古人而同符,即可以传后世而无愧,而后成其为我而立门户矣。自此以后,凡有所作,偶有会于某家,则曰仿之,实即自家面目也。余见名家仿古往往如此,斯为大方家数也。若初学时,则必欲求其绝相似,而几几可以乱真者为贵。盖古人见法处,用意处,及极用意而若不经意处,都于临摹时,可一一得之于腕下,至纯熟后,自然显出自家本质,如米元章学书,四十以前,自己不作一笔,时人谓之集书,四十以后,放而为之,却自有一段光景。细细按之,张、钟、二王、欧、虞、褚、薛,无一不备于笔端,使其专肖一家,岂钟繇以后,复有钟繇,羲之以后,复有羲之哉?

❻ 同注❺ 上 /8a。

❼ 方薰《山静居画论》(郑实辑《美术丛书》神州国光社铅印本,依董棨手写本印)三集三辑三册 2b。

❽ 同注❺ 上 /1b。

❾ 同注❺ 上 /8a。

287 ●

即或有之，正所谓奴书而已矣。书画一道，即此可以推矣。❶

自运篇有一则，谓作画时平日所见名迹，自来凑我笔端，亦主张作画，宜荟萃各家画法之论。

经营位置，固以吾之心思运用，然平日所见名迹，自来凑我笔端，即当取之以定一局之笔意。倘更有触于他家，虽笔意不相类，而局段可采，不妨借彼之章法，以运我之笔势，但令笔法不杂，便可一气呵成。❷

同篇又曰：

有一人之笔气，即有一人之习气。习气不除，笔气亦坏。然则笔气亦可足恃哉？故学者必须觅换骨之金丹也。觅法如何？搜采之功，务令广博，合眼便历历见古人成法，又见某家法是某家所生，某家法是某家所变，分之则知其流，合之则知其源。加以淘汰之功，芟其繁芜，滤其渣滓，而独于古人精意所存之处，刻意求之功夫。既久，自然笔气现出，乃得与古人相通，此换骨之法也。如是则笔笔是自家写出，即笔笔从古人得来，更能养之醇熟，随兴所发，意致不凡，方可云笔气之妙❸。

笔气与习气之分，盖一在师心自用，一在笔笔有来历也。

（三）摹拟不可泥古

此项之意，与前者有相通处，但说法不同耳。死守一家，如石涛所谓："于何门户，于何阶级，于何比拟，于何效验，于何点染，于何韶韵，于何形势"，以求其似，甚至于死临一幅笔画之繁简长短点踢之尖圆巨细，无不斤斤学步，则未有不坐呆板泥著之病者。故芥舟深不以笔墨拘挛为然。

❶ 沈宗骞《芥舟学画编》（乾隆四十六年冰壶阁原刊写刻本）2/10a。

❷ 同注❶ 2/17a。

❸ 同注❶ 2/17b。

❹ 同注❶ 2/12b。

❺ 同注❶ 1/28a。

❻ 方薰《山静居画论》（于海晏辑《画论丛刊》民国二十六年中华印书局）册三上 /4a。

笔墨之事，最忌拘挛，丘壑之生发，局势之变换，笔墨之情态，非古人之成式，无以识其运用之妙。若前人偶如是，我亦必欲如是，则拘于墟矣。至有典赡可法者，乃其笔墨间动合法度，堪为模楷，假令仿者，必欲笔笔求似，不惟记忆为难，亦且拘苦实甚。人特患不能尽取古人之法，悬于腕下，苟能取之，无非是我之性灵，即无非是古人之眷属。今日所作，是一个样子，明日所作，又是一个样子。局局不同，而笔笔是古。乃是仿古有我。❹

作法章中一则，维主张摹拟，当逐段细临，主要之意，仍在告不可泥著。

初学作画，固欲分别许多门径法则，某物当用何法，某家当用何笔，少识笔墨道理，便宜消去，一意临摹古人，成作为要。临摹时，先取法派平正者，看其用笔大意，取其一段，细揣其法，未能即得，百遍千遍，务得其故而后及其他处。若便求之全局，恐反失逐段笔墨精巧之处，故未得其道，纵一丝不改，彼自气象万千，我则牵强满纸。如得其道，则彼多而我偶少，彼重而我或轻，无妨于大概，无害于画理，而笔墨之间，自然合拍，乃是临摹得益功夫。盖但欲求似，则所失必在笔墨之间，而规模太过，又致伤气。故必能得性情流动之处，与夫笔墨融洽之方，得寸得尺，自月异而岁不同矣❺。

他如方兰坻、盛大士、张荔门等家，莫不有类似之言论。《山静居画论》曰：

摹仿古人，始乃惟恐不似，既乃惟恐太似。不似则未尽其法，太似则不为我法。法我相忘，平淡天然，所谓摈落筌蹄，方穷至理。❻

《溪山卧游录》曰：

凡学画者得名家真本，须息心静气，再四玩索，然后含毫伸纸，略取大意。兴之所到，即彼疏我密，彼密我疏，彼淡我浓，彼浓我淡，皆无不可，不必规规于浅深、远近、长短、阔狭间也。久而领其旨趣，吸其元神，自然生面顿开。学者见古人名迹，或过眼即弃，或依样勾摹，胥失之矣。❼

《画谭》曰：

初学临时忌与古迹离，离则失形，尤忌即，即则失神。不即不离，如射中鹄的，如晶照日火。❽

倘能师法各家，则即之一病，不求其去而自去矣。

（四）摹拟不可只求形似

此项与本节二三两项，仍有连带关系，而与第三尤为密切。形似与气韵对立，宋人理论中，此等思想已甚清晰。气韵者，神气也，今所谓摹古而不求形似者，即前项所谓脱离古人画中之细节，而惟神韵之是求也。唐岱《绘事发微》曰：

凡临旧画，须细阅古人名迹，先看山之气势，次究格法，以用意古雅，笔精墨妙者为尚也。而临旧之法，虽摹古人之丘壑梗概，亦必追求其神韵之精粹，不可只求形似，诚从古画中多临多记，饮食寝处，与之为一，自然神韵浑化，使蹊径幽深，林木荫郁，古人之画，皆成我之画，有恨我不见古人，恨古人不见我之叹矣。故临古总要体裁中度，用古人之规矩格法，不用古人之丘壑蹊径。诀曰："落笔要旧，景界要新"，何患不脱古人窠臼也。❾

李修易《小蓬莱阁画鉴》，持此论者有三则之多：

名手作画，固人所乐为临摹者也，然只学其大意耳。今人于丘壑位置，不爽尺寸，而于笔墨之精微，反置之度外，甚者并其题句而亦录之。此等临画，正如王处仲在石家如厕，居然换新衣走出光景，特不免为二婢背议耳。❿

又曰：

论进境，临画决不如看画，遇古人名迹，不必留心位置，但当探讨笔墨，嘘吸其神韵，以广我之见解，所谓食古而化也。若临摹必求形似，虽神似终不离乎形似，此初学之功，非入门以后之学也。故王司农云："山水奇者，不在丘壑，而在气韵间。"今人但于丘壑求之，远矣。⓫

更有一则以临帖况临画：

学书最要得其用笔之意，不专以临摹形似为工。然不临摹，则与古人不亲，用笔结体，终不能去其本色，摹书然后知古人难到，尺尺寸寸而规之，求其肖而愈不可得，故学者悉苦之。然以为某书某书则不肖，去自书则远矣。故多摹古帖而不苦其难，自渐去本色，以造入古人之堂奥也。今之临帖者，只可谓之抄帖，不知帖之妙在何处，并不知帖中该摹几字，不知己之弊病在何处，且不知己之功夫到何等地步，茫茫然信手挥洒，帖是帖，我是我，真可叹也。学画亦然。⓬

盖自此，亦可证书画相通也。

（五）摹拟亦须有天分

凡上所引各节，吾人均可于清代以前各朝论者言论中求得之。今后两项，似可取以视作清代人关于摹拟论之特色。

自谢赫创六法，将传移模写置于末位以来，极少有人视重摹拟者。有之，

❼ 盛大士《溪山卧游录》（《美术丛书》本）三集一辑一册 1/4b。

❽ 张式《画谭》（《画论丛刊》本）册三 2a。

❾ 唐岱《绘事发微》（张祥河辑《四铜鼓斋论画集刻》宣统重刊本）册二 25a。

❿ 李修易《小蓬莱阁画鉴》（民国二十三年商务印书馆排印本）3/17b。

⓫ 同注❿ 3/17b。

⓬ 同注❿ 3/18b。

不过姚最、刘道醇一二家，以有门风及能师学舍短之作家为贵而已，至公然视摹拟为一种天赋，必须具此等天赋，始得言摹拟者，恐惟于清人著述中始克见之。方兰坻曰：

临仿摹拓之高下，虽曰功夫，深浅存乎天分。心颖手敏，便能挟入古人头目脑髓，如善射者必主其的，茫无见解，只于形迹求之，胶柱鼓瑟，未得其妙也。❶

邹小山亦曰：

临摹即六法中之传摹，但须得古人用意处。乃为不误，否则与塾童印本何异。夫圣人之言，贤人述之而固矣，贤人之言，庸人述之而谬矣。一摹再摹，瘦者渐肥，曲者已直，摹至数十遍，全非本来面目，此皆不求生理，于画法未明之故也。能脱手落稿，杼轴予怀者，方许临摹。临摹亦岂易言哉？❷

至沈芥舟，更谓摹拟必须有我之性情，有我之性灵。伪作之终不佳而未能逃识者之一望者，以其性灵泯灭耳。《学画编》摹古章中有两则曰：

时有今古之不同，而心同，手同，法同，安在古今人不相及也。且所用之法，古人已尽之矣，士生明备之后，苟能得古人所用之法以为法，则心手间自超凡轶俗矣。夫天下无离性情以为法者，无古人之成法，无以发我之性情耳。然则时虽有今古，若本性情以为法，因即法以见性情，则今古无少异也。故虽仿古，不可有古而无我，正以有我之性情也。以我之性情，合古人之性情，而无不同者，盖以古人之法，即古人性情之见端也。法同，则性情亦无以异矣。故仿古正惟贵有我之性情在耳。假舍我以求古，不但失我，且失古矣。❸

作伪者，逞其心力，仿作古人之迹，不但不知者易诳，即素识画理者，亦几莫能辨。及识破，但觉满纸牵强，不待与原迹对勘而知也。且有敝精劳神于少壮之日，及其老也，反不能自作一笔，其人未尝无心思笔气，但其仿时，不过刻求形样之似，而不究其所以然，亦不过取眩皮相之目，而无志于所得，虽日对名迹，何所裨益？盖古人自有其精气借笔墨以传之，故贵古人笔墨者，贵其精气也，乃徒取其糟粕，而精气反遗，以是言画，何异向土偶衣冠，求其笑言动作哉？且古人所作，其灵机妙绪，应腕而来，在古人亦不自知其所以者，岂后人所得而摹仿哉？故但泥其迹者，不特失古人灵妙之趣，恐汨其天机，将终身无能画之日矣。惟以古人之矩矱，运我之性灵，纵未能便到古人地位，犹不失自家灵趣也。❹

作画当有性情，当见性灵之说，并不奇，奇在画中有一己之性情及性灵，而仍称之曰摹拟。盖前代论者，不问其画中笔墨丘壑之何若，自信有一己之性情及性灵，则直称之曰自创耳。大涤子《画语录》之变化章，即足为证。芥舟对于有作者一己之性情及性灵之作品，称之为摹拟，是否有理，为另一问题。但上引二节，固足为清人重视摹拟之绝好反证也。

（六）过于服从古人

重视摹拟，与过于服从古人，有相因之关系。惟以服从古人，故重摹拟。更惟以重摹拟，故竟以为古人之外，更无画之可言。《芥舟学画编》有自运一章，自其命名观之，必专言创造，实则无一则不论摹拟。其开章明义一则曰：

❶ 方薰《山静居画论》(郑实辑《美术丛书》神州国光社铅印本，依董棨手写本印)三集三辑三册 6b。

❷ 邹一桂《小山画谱》(《四铜鼓斋论画集刻》本)册三下 /8b。

❸ 沈宗骞《芥舟学画编》(乾隆四十六年冰壶阁原刊写刻本) 2/12a。

❹ 同注❸ 2/13b。

前言仿古，必自存其为我，谓以古人之法度，运自己之心思也。此言自运，又当复必有古法，谓运我之心思，不可暂忘古人之法度也，心思虽变化而无方，法度则一定而不易，故兴会所至，解衣磅礴，曾未容偭规矩而改错也。故将欲作一画，必思笔法是取某家，章法是取某家，甚至绝不相似之笔，而取资自在，毫无干涉之作，而理会可通，果其食古既化，万变自溢于寸心，下笔天成，一息可通乎千古。信今传后，非难致矣。特是风会之流，日趋日下，太古之迹，声希味淡，不可得而摹拟矣。六朝唐初，其缣素不得传于世，间有存者，亦系传摹之作，然其高古之致，已是跻攀莫及，而细按其笔，乃不过极规矩之至。宋元递降，意思犹皆近古，至其规矩之缜密，尤非复后人所能望见。去古既远，风会日靡，规矩日废，遂至古意荡然。原其故，盖因取资未多，师心实甚，既不肯从古人吃紧处，下实际功夫。骤欲自开门面，诡形殊态，自矜自喜，甚至以讹传讹，转相仿效，而庸耳俗目，又从而扬誉之，遂至渐染一方，家弦户诵。或以古法诘之，彼且曰：古自成其为古，我自成其为我。嗟乎，安得好学深思，仔肩绝业者，拔起其间，豁彼群迷，独抽真慧，追古人之模范，为后学之津梁耶？如有知肆力于古之为益者，必且自初学以迄于纯熟，无一日不从事乎古，乃是真种子也。今有时师于此，求而习之，数年之间，便已称能，或可齐之。若欲追摹古人，今年学之，未必不似，加以数载之功，而反不能。再加数年，愈叹莫及，更有终身由之，而卒若莫能道者。乃其虚心实力，愈进而愈不足也。而自人观之，则已奂夐乎其不可及矣。以视追逐于时师，而数载可尽其道者，乌可同日语哉？❺

此则有笼罩全章之意，申说作画何以不可须臾忘古。后世画风之替，全以去古日远，师心自运，最后更取古人与时师，学习难易之别，以证明晚近画派之不足学。盖画学当师古之通论也。所谓仿古，乃以古人之法度，运自己之心思。自运，乃以自己之心思，运古人之法度。其间虽有主动与被动之不同，但其相去亦几希矣。此固不啻言，脱离古人，未可着纸一笔也。此等思想，于同章后数则中阐发尤力。论作画不可故意弄巧曰：

心之所运，日出而不穷。法之所存，一定而不易。是以胸中丘壑，原非我所固有，平时遍摹各家，渐识其承接掩映，去来虚实之故，当挥洒时，自有一重一掩，不宽不迫意思，方得大家体段，方合古人丘壑。若故意弄巧，强为牵扯，虽无碍于画理，而甚远于大方。❻

"故意弄巧"，信非所宜。至谓胸中丘壑，原非我所固有，则未敢尽信。足涉前人未经之地，神游前人未设之想，捉笔濡墨而写之，非故求新奇，亦不过写意中所有而已，而此奇竟为吾得，非敢必谓古人所绝无，要真非得诸古人，而为吾所固有。盖即芥舟所谓"至平之间，至奇出焉"。如此类之作品，未知芥舟仍将称之为"故意弄巧"否？

其论作画，不可于古人法外，另辟一径，则与上文之失同，皆由于过于服从古人，致今人觉其有步履维艰之苦。

吾人生千百名家之后，笔法局法，已为古人用尽，学者但得多见而能记忆，作画时，或将一家作主，或杂采各家之妙，即是好手。若恃己之聪明，欲于古

❺ 同注❸ 2/14b。

❻ 同注❸ 2/16b。

291

人法外，另辟一径，鲜有不入魔道者，切宜忌之。❶

千百名家，人人之面目各异，人人之丘壑有殊，以至笔法墨法，咸无一家相同者。盖宇宙之大，所示于人者不一，是以用以形之法自别。非人故欲使之有别，实有不得不别之理在。大涤子论皴法谓"山川所自具"，又曰"皴自峰生"，皆谓画者无成法，视山川所当用之法为法耳。宇宙之大，变幻无穷，决非前代画家所能尽。宇宙所示于吾者，适为前人所未见，而前人之法，又咸不足以形之，则不妨我自主张，以当用之法为法。前吾千百名家之法，皆如是得来，则今吾之得，又何疑焉？设尽信芥舟之言，则人人皆为鹦鹉秦吉了矣。

芥舟对于古人之服从，既如上述，故更有佳作必合古法之说。

静检生平所作，其最得意者，大都必有合于前古某某之法，而有意求合，翻不能得焉。然无意而合者，又非偶然撞着，实缘平日，曾有着意揣摩一番功夫，故机趣迎凑，适然而遇，此亦可见居稽之效。凡有志于斯者，断不可随手涂抹，而于古也，又不必袭其成规，但欲通其精气，由此而渐有得焉，虽未必便到古人，亦是去古不远❷。

据吾之揣测，真正画家之感想，必皆适与芥舟相反。不以有合于古法为得意，而以能跳出前人窠臼，摆脱前人矩矱为可喜。

本节之中，第五项及本项，论之最详，以自此可窥得当时对于摹拟之重视，兼可解释何以清代之画风，为摹拟所樊

囿也。

清代论者，关于摹拟之言论，尚有未经以上六项收入者，以其颇有新意，未忍割弃，特附于本节之尾言之，张浦山曰：

法固要取于古人，然所资者不可不求诸活泼泼地，若死守旧本，终无出路。古人之画之妙，不过理明而气顺，试观天之生物，如山川草木人之置物，如屋宇桥渡，何一非理，何一无气，离是二者，则无物矣。故一举目间，莫非佳画也。要在能取其意以会于古人笔墨耳。华亭云："山行遇古树，须四面观者，盖树有此面不入画，而彼面入画者"，即此意也，不宁惟是，即业之不及我者，亦有天机偶露之一节，未尝不可以启我之聪明，岂可以其不如而一概漫然置之。又如古迹赝本，笔墨气韵，虽不似，而位置犹是古人之经营也，亦当略其短而取其长。如是则大小不遗，而见闻日益，有不左右逢源乎？❸

此为他家所不屑言，实则中有至理，未可忽视。又范引泉曰：

临与仿不同，临有对临、背临，用心在彼。仿有略仿、合仿，主见在我。临有我则失真矣，仿无我则成假矣。临忌优孟衣冠，仿须善学柳惠，步队不失。诚多拘墟之谬，而我用我法，尤有脱略之弊，笔情放纵，或如仙子御风，或如伧夫醉骂，同无拘束，盍亦辨诸❹。

临与仿之间，向无清晰之界说。一经引泉树立，分别判然。越园先生称之为"发前人所未发者"❺是也。

❶ 沈宗骞《芥舟学画编》（乾隆四十六年冰壶阁原刊写刻本）2/17a。

❷ 同注❶ 2/18b。

❸ 张庚《浦山论画》（《四铜鼓斋论画集刻》本）册二 6a。

❹ 范玑《过云庐画论》（《画论丛刊》本）册四 4b。

❺ 余绍宋《书画书录解题》（民国二十一年北平图书馆印）3/24b。

第三十一章　沈宗骞《芥舟学画编》

沈宗骞，初名琪，吴兴人，字熙远，号芥舟，居乌程之砚山湾，自号砚溪老圃，《别下斋书画录》著录其水墨写意仕女册，作于乾隆庚寅（1770 年），后有费舟旭题识[1]，谓乃暮年所作，推其生当在康雍间也。

熙远著有《芥舟学画编》四卷，首二卷俱论山水，卷三为传神，卷四为人物琐论。蒋宝龄称其"痛斥俗学，详论正法，是为画道指南"[2]。余越园先生亦称"是编为熙远自抒心得之作……熙远以前论画之书，未有若是详备而雅驯者"[3]，洵不虚也。

《芥舟学画编》三四两卷，将于人物传真等章中论之。首二卷共十六篇，曰宗派、用笔、用墨、布置、穷源、作法、平贴、神韵、避俗、存质、摹古、自运、会意、立格、取势、酝酿。虽为山水而发，实可施之于任何门类，无不适合。益当时芥舟虽限之于山水一门，今日自不妨视之为一切绘画之通论也。

《芥舟学画编》之重要，既如上述，本文诚有为之辟专章之必要。但关于材料之分配，颇费周章。若专就其本身作为一章，则未能与清代他家之学说融贯，而核校其异同。若将全书一一分条析散，则又未能显示其在清代著述中有特殊之地位。今取折中之办法，将书中最主要之部分提出，组成本章之通论、修养、笔墨等三节。穷源、摹古、自运以及作法神韵等章中各则，与品格、摹拟等问题有关者，置于清代理论章中论之。布置、作法、取势等章中各则，近于方法者，于清代山水画法章中论之。为求清晰起见，特制表以明之。（附表）

第一节　通论

沈熙远《芥舟学画编》，论及绘事中极抽象之理论数端，兹将其汇为本章之第一节，以通论名之。虽经分为生气、神韵等五项，但往往有同一之归宿。盖论画而至微妙之理论，其领域遂难有清晰之界限矣。

（一）生气

《学画编》平贴章曰：

一经一纬之谓织，一纵一横之谓画，一丝不平是织之病，一笔不妥是画之累。列树而成林，一树有一树之条理，虽千百树而亦合成一条理焉。累石而为山，

[1] 蒋光煦《别下斋书画录》（江氏文学山房聚珍本）1/5b。

[2] 蒋宝龄《墨林今话》（通行本）3/12b。

[3] 余绍宋《书画书录解题》（民国二十一年北平图书馆印）3/12b。

一石有一石之脉络，虽千万石而亦合成一脉络焉。凡作一图，当以先作数笔为准式，一图之峰峦草木，不一其物，而掩映断续之间，有纤微不可夹杂，丝毫不可紊乱者，职是故也。如树枝多向上，而屈曲之干，与纷披之叶，不能无左右俯仰之异。每观林木，其繁枝叠干，至纵横历乱，不可究竟。而偃仰交错之间，天然井井，绝无一枝一叶之不相联属者，条理也。夫条理，即是生气之可见者，乱草堆柴，惟无生气，故无条理。山石之脉络，亦犹是也。天以生气成之，画以笔墨取之，必得笔墨性情之生气，与天地之生气，合并而出之于极繁乱之中，仍能不失其为条贯者，方是善画。故必先有成意于胸中，而后斟酌其轻重多寡，疏密浓淡，能有一气呵成之势，方有一丝不紊之妙。今人既漫无成见，东填西凑，密者拍塞，但见满纸烟煤。疏者伶仃，无异波漂萍藻，盖意即不联属，则气自难贯串，虽有荆关之笔，何足与论气韵之佳哉？故作者当先究心于条理脉络之间，不使有分毫扦格，务令如织者必丝丝入扣，精者为纨绮，粗者亦不失为布帛，乃可谓之画尔❶。

平贴二字，妥当无疵之谓，惟芥舟对此二字之观念，极为深奥，故看似凡庸无奇，实则极难做到。其中包含种种之要求，即谓之为画中最高境界，亦无不可。第一画中当有生气，有生气乃有条理。所谓生气，又似可划分为二。（一）自然之生气，乃画者细察自然景物结构形态，而置之于画。（二）画者一己之生气，意中创出境界，自腕下拂拂然出，所形于缣素者，亦必须有生气。一己之生气虽与自然之生气无殊，但画者必须具我即宇宙，有创造万物之权，始克生动。心中既有

生气，又须知如何能笔墨发之，更须有高深之技巧。且一树有一树之生气，多树有多树之生气，知一树之生气，只能画一树耳，多则紊乱，不能平贴。董玄宰曰："今人从碎处积为大山，此最是病。"龚半千曰："画一树要像一树，画合看亦是一丛，分而观之，其中有不像树者，由于画理不明也。"皆与芥舟之言相通。故每作一帧，其全景之条理位置，以及各物之生意，皆早具于胸中，乃得言平贴。能如是者，已不愧为卓立之大家矣，一代之中，有几人哉？

条理脉络四者，乃作画之最要。条者，统所合而分之，不使纷散也。理者，节所乱而整之，不使敧侧也。脉则贯之隐而不见者，所谓灰线也。络则贯之显而可见者，所谓纲目也。非特百物之生而自具，即笔墨间亦动而即有。故极工细而不嫌烦琐，极率易而不嫌脱略也。夫分之极其明，炼之极其精，一本万殊，自一生万，万可复归于一也。如此，则何妨于工细。常山之蛇，击首则尾应，击尾则首应，大意笕罩，笔略而神全，墨少而意多也。如此，则何妨于率略。故或一时笔误，检点所不及，如大小异形，前后反置，山水极佳，而人物未工，桥梁屋宇位置极妥，而折算不合之类，举不足为全画累。若行笔之际，有一不合法不入条贯，虽于理无大碍，而于法实属败坏，累莫甚焉。往往见古人佳画，误处正多，其所以不害通幅者，以一气所结，偶有误处，亦是小疵耳。苟大意未见出众，而细处无纤毫错误，纵招誉于拙目，终受嗤于大方，无足取也。今拟得一字诀曰便，便则无矫揉涩滞之弊，有流通自得之神，风行水面，自然成文，云出岩间，无心有态。趣以触而生笔，

❶ 沈宗骞《芥舟学画编》
（乾隆四十六年冰壶阁
原刊写刻本）1/30a。

沈宗骞《芥舟学画编》

笔以动而合趣，相生相触，辄合天妙，能合天妙，不必言条理脉络，而条理脉络，自无之而不在。惟其平日能步步不离，时时在手，故得趣合天随，自然而出。无意求合，而自无不合也。❷

前节论平贴，即注重画之生气条理，盖谓脉络贯串，有一统之表现也。此节更拈出条理脉络四字，而逐一解释之，阐明何以工细率略，皆不足为病。不问其为工细为率略，但能于平贴中见生气，固无可无不可也。入后论画中忌病，有不足为全画累者，有一犯而不可救药者，与荆浩《笔法记》无形有形二病之言近。最后论画中之便字，极为新颖。谓画中之平贴，不必刻意求之，信手所之，无不臻妙，斯为功夫到境，故特置于最后言之。

（二）神韵

神韵二字，前人大都以之论画中之品格，芥舟亦然，但其主旨，则在告人如何始得称神韵，其问题之重心，遂移至画家之性情。换言之，即因画中意味之表现，进而溯其源于绘画未着缣素之先，画家内心之研究也。芥舟首曰：

未解笔墨之妙者，多喜作奇峰峭壁，老树飞泉，或突兀以惊人，或拿攫以骇目，是画道之所以日趋于俗史也。夫秋水苍葭，望伊人而宛在，平林远岫，托逸兴而悠然。古之骚人畸士，往往借此以抒其性灵而形诸歌咏，因更假图写以寓其恬淡冲和之致，故其为迹，虽闲闲数笔，而其意思，能令人玩索不尽。试置尺幅于壁间，顿使矜奇炫异之作。不特瞠乎其后，亦且无地自容。故吾尝谓因奇以求奇，奇未必即得，而牛鬼蛇神之状毕呈。董北苑空前绝后，其笔岂不

奇崛，然独喜大江以南，山泽川原，委蛇绵密光景，且如米元章、倪云林、方方壶诸人，其所传之迹，皆不过平平之景，而其清和宕逸之趣，缥缈灵变之机，后人纵竭心力以拟之，鲜有合者，则诸人之所得臻于此者，乃是真正之奇也。诸人之后，作者多矣，千态万状，无所不有，而独董思翁为允当。余见思翁之迹，何止佰什，而欲寻其一笔之矜奇炫异者，不可得也。独其笔墨间奇气，又使人愈求之而愈无尽。观乎此，则知动辄好奇，画者之大病，而能静按其笔墨以求之而得者，是谓平中之奇，是真所谓奇也。非资学过人，未易臻此。❸

于上节之中，与丘壑相提并论者，笔墨也。芥舟虽曾有丘壑、笔墨二者并重之言（指布置章中"画须要远近都好看，有近看好而远不好者，有笔墨而无局势也。有远观好而近不好者，有局势而无笔墨也"），仍不免偏重笔墨。盖丘壑虽不可全置不顾，但至画中之紧要关头，仗以焕然惊人，即所谓神韵也者，则当求之于笔墨，而不宜求之于丘壑。求之于丘壑，其奇在表，不耐久观，且易入恶道。求之于笔墨，其奇在质，质可致远，而绝无流弊，此芥舟之意也。

虽然，笔墨如何始能奇，此则基于人之性情。

古人之奇，有笔奇，有趣奇，有格奇，皆本其人之性情胸臆，而非学之可致也。学者，规矩而已。规矩尽而变化生，一旦机神凑会，发现于笔酣墨饱之余，非其时弗得也，过其时弗再也，一时之所会，即千古之奇迹也。吴道子写地狱变相，亦因无借发意，即借裴将军之舞剑以触其机，是殆可以神遇，而不可以意求也。今人之奇者，专于状貌之间，或

❷ 同注❶ 1/31b。

❸ 同注❶ 1/33a。

反其常道，或易其常形，而曰我能为人所不敢为也。不知此特狂怪者耳。乌可谓之奇哉？乃浅虑者，群焉附之，遂与正道万里睽隔，终身为之，而不知古人之所以为画者，岂不可叹？❶

又曰：

一切可惊、可愕、可悲、可喜之事，或旷世而追慕，或异地而相感，或应征雷雨，或孚及豚鱼，其足以致此者，岂非大奇事哉？然考其实，不越乎性情所发。人人自具性情，又人人日在性情中周旋，性情有何奇处。人诚能尽性情之正，则可传不可泯之事以成，可知至平之间，至奇出焉，理固然也。若离却性情以求奇，必至狂怪而已矣，尚何足以令人相感而相慕乎哉？今人既自揣无以出众，乃故作狂态以惑人，若俗目喜之，便矜自得，昧者转相仿效，不知所止，因而自树门派，以误来学，在有识者，固不直一笑，而有识者几人哉？嗟呼，正道衰微，邪魅将白昼迷人矣。❷

今当更问，笔墨与性情，究竟有何关系？当浓当淡，当干当湿，当隐当现，当粗当细，全在用笔用墨之技巧，与性情何涉？但芥舟所谓笔墨，并不如是之简单，试观其"清和宕逸之趣，缥缈灵变之机"二语可知，盖深信画中之笔墨，于浓淡干湿隐现粗细之外，别有微妙之表现。正如会意章中所云："平直高深，山之形也，而意固不在于平直高深。勾拂点染，画之法也，而意复不在于勾拂点染。然则所谓大意者，乃谓能见真意之大处，虽不关乎平直高深勾拂点染，而亦未尝不寓于平直高深勾拂点染之间。"❸盖此微妙之表现，虽假笔以传，实基于作者之性情，据此点或可以解释何以清人有

气韵发于笔墨之论也（参读第三十章第一节气韵发于笔墨一项）。

（三）灵气

天地间有真意，得其真意而再现之者，画也。何以能得之，由于人有灵气以造画，有如天地之有灵气以生物也。会意章之第一则，所阐发者即此。

两间之形形色色，莫非真意之所呈。浅者见其小，深者见其大，为文词，为笔墨，其用虽殊，而其理则一，岂仅求之规模形似，便可谓已尽画道哉？论画者谓以笔端劲健之意，取其骨干，以活动之意，取其变化，以淹润之意，取其滋泽，以曲折之意，取其幽深，固也。然犹属意之浅而小者，未可论于大意之所在也。盖天地一积灵之区，则灵气之见于山川者，或平远以绵衍，或峻拔而崒嵂，或奇峭而秀削，或穹窿而丰厚，与夫脉络之相联，体势之相称，迂回映带之间，曲折盘旋之致，动必出人意表，乃欲于笔墨之间，委曲尽之，不綦难哉？原因人有是心，为天地间最灵之物，苟能无所锢蔽，将日引日生，无有穷尽，故得笔动机随，脱腕而出，一如天地灵气所成，而绝无隔碍，虽一艺乎，而实有与天地同其造化者，夫岂浅薄固执之夫，所得领会其故哉？要知在天地以灵气而生物，在人以灵气而成画，是以生物无穷尽，而画之出于人，亦无穷尽，惟皆出于灵气，故得神其变化也。今将展素落墨，心所预计者，不过何等笔法，何等局法，因而洋洋洒洒，兴之所至，毫端毕达，其万千气象，都出于初时意计之外，今日为之而如是，明日为之，又是一样光景，如必欲若昨日之所为，将反有不及昨日者矣。何者？必

❶ 沈宗骞《芥舟学画编》（乾隆四十六年冰壶阁原刊写刻本）1/34b。

❷ 同注❶ 1/35b。

❸ 同注❶ 2/21a。

欲如何，便是阻碍灵趣，右军书兰亭叙为生平第一得意笔，后复书数十本，皆不能及，其亦必欲如何故耳。若夫浅薄固执之夫，今日为之如是，明日为之亦如是，即终身为之，而亦不过如是者，印板画也。印板者，不灵之谓，工匠之为也。若士大夫之作，其始也曾无一点成意于胸中，及至运思动笔，物自来赴，其机神凑合之故，盖有意计之所不及，语言之所难喻者，顷刻之间，高下流峙之神，尽为笔墨传出，又其位置剪裁，斟酌尽善，在真境且无有若是其恰好者，非其能得大意之所在，何以若是耶？夫平直高深，山之形也，而意固不在于平直高深。勾拂点染，画之法也，而意复不在于勾拂点染。然则所谓大意者，乃谓能见真意之大处，虽不关乎平直高深，勾拂点染，而亦未尝不寓于平直高深，勾拂点染之间，且必由乎读书闻道，鉴古入神，意之所动，已自迥出凡表，而后形诸笔墨，乃能独得其大也。故等是画也，局同法同形体亦未尝少异，而彼则气味不醇，底蕴易量，此则愈玩而无穷，深藏而弥出，是故求之形迹者，固属卑浅，即局于流派授受之间，而未识古人措意之大，亦毕生莫得预于高深之诸也已。❹

此等议论，与长蘅先生我为造化之主，及石涛《画语录》山川章之"山川脱胎于予也，予脱胎于山川也"纯属同调，而其异仅在发言主位之不同耳。长蘅、石涛，有绝大之自信及魄力，告人曰，造物之权，我与宇宙共之，发言自居主位。芥舟此章，则详细解说，何以画家能具此无上之威权，何以此等态度，不为夸饰，而正与天地之至理相合。发言居客位。

与天地之至理相合者为何，宇宙与人同有斯灵气，宇宙以灵气造物，而人以灵气造画。根据此原理，又进而解释何以往往作画，其笔墨及气象，有出乎初意所料者。日日为之，日日不同，兴会出于灵气，故变化无穷。日日为之，日日相等，复有何灵气可言？画匠也，印板也，活动之印刷机耳。吾读芥舟此节，不禁为近代作家，以画展受顾客重订而沾沾自喜者，三叹息也。

（四）气势

天下之物，本气之所积而成，即如山水，自重岗复岭，以至一木一石，无不有生气贯乎其间，是以繁而不乱，少而不枯，合之则统相联属，分之又各自成形，万物不一状，万变不一相，总之统乎气以呈其活动之趣者，是即所谓势也。论六法者，首曰气韵生动，盖即指此。所谓笔势者，言以笔之气势，貌物之体势，方得谓画。故当伸纸洒墨，吾腕中若具有天地生物光景，洋洋洒洒，其出也无滞，其成也无心，随手点拂，而物态毕呈。满眼机关，而取携自便。心手笔墨之间，灵机妙绪，凑而发之，文湖州所谓急以取之，稍纵即逝者，是盖速以取势之谓也。或以老杜十日五日之论，似与速取之旨相左，不知老杜但为能事不受迫促而发，若时至兴来，滔滔汩汩，谁可遏抑？吴道子应诏图嘉陵山水，他人累月不能就者，乃能一日而成，此又速以取势之明验也。山形树态，受天地之生气而成，墨渖笔痕，托心腕之灵气以出，则气之在是，亦即势之在是也。气以成势，势以御气，势可见而气不可见，故欲得势，必先培养其气，气能流畅，则势自合拍，

❹ 同注❶ 2/19a。

气与势原是一孔所出，洒然出之，有自在流行之致，回旋往复之宜，不屑屑以求工，能落落而自合，气耶势耶，并而发之，片时妙意，可垂后世而无忝，质诸古人而无悖，此中妙绪，难为添凑而成者道也。❶

芥舟置此则于取势章之后半，前此诸则，以其专论位置，将于本文山水画法章中论之，此则虽与位置局势有关，实纯属抽象之理论。

芥舟之主旨，在解释气与势二者互相之关系。胸有是气，而画之势以成，画有是势，又导胸之气以发。能如是，则画成自能有一统联属之表现。

芥舟同时又涉及其他之理论问题，如统乎气以呈活动之趣为气韵生动。山形树态，受天地之生气而成，墨渖笔痕，托心腕之灵气以出。前者为宇宙之生万物也，后者为画家之以灵气造画也，复与前项之说相通。

（五）机神

机神所到，无事迟回顾虑，以其出于天也，其不可遏也，如弩箭之离弦，其不可测也，如震雷之出地，前乎此者，杳不知其所自起，后乎此者，宜不知其所由终，不前不后，恰值其时，兴与机会，则可遇而不可求之杰作成焉。复欲为之，虽倍力追寻，愈求愈远，夫岂知后此之追寻，已属人为，而非天也。惟天怀浩落者，值此妙候恒多，又能绝去人为，解衣磅礴，旷然千古，天人合发，应手而得，固无待于筹画，而亦非筹画之所能及也。或难之曰，机神之妙，既尽出于天，而非人为之所得几，固已。今者吾欲为之心，独非属人乎？曰：盖有道焉，所谓天者，人之天也，人能不去乎

天，则天亦岂长去乎人。当夫运思落笔，时觉心手间有勃勃欲发之势，便是机神初到之候。更能迎机而导，愈引而愈长，心花怒放，笔态横生，出我腕下，恍若天工，触我毫端，无非妙绪，前者之所未有，后此之所难期，一旦得之，笔以发意，意以发笔，笔意相发之机，即作者亦不自知所以然，非其人天资高朗，淘汰功深者，断断不能也。夫非天资高朗，淘汰功深者，不能不迟回顾虑，于是毕生并无天机偶触之时，始因不能速，以至不得势，继且因不得势，而愈不能速，囿于法中，动辄为规矩所缚，拘于象内，触处为形似所牵，释家所谓俱钝根者也，其于兹事，何啻千里。❷

兴会之勃发，于刹那间倾出，有如天授，非由人力，东坡论之详矣。芥舟称此等境遇曰机神，其所以能如是者，由于天人合发，触机而出，盖即会意章中所逗露之意，人天各有灵气，相合而流为画也。更证之以"复欲为之，虽倍力追寻，愈求愈远"之言，亦与会意章中"右军书兰亭叙为生平第一得意笔，后复书数十本，皆不能及"相通。观此，又可悟其所论，仍属一事也。

第二节　修养

画家当注重修养，历代论者，每言及之，至于议论之透彻详尽，芥舟当推首席。画家不可无修养，约可分下列数端。

（一）有修养而后可以避俗

芥舟论如何避俗之先，首论雅俗之种类：

画与诗，皆士人陶写性情之事，故凡可入诗者，皆可入画。然则画而俗，

❶ 沈宗骞《芥舟学画编》（乾隆四十六年冰壶阁原刊写刻本）2/32a。

❷ 同注❶ 2/33b。

沈宗骞《芥舟学画编》

● 298

如诗之恶，何可不急为去之耶？夫画俗约有五，曰格俗、韵俗、气俗、笔俗、图俗，其人既不喜临摹古人，又不能自出精意，平铺直叙，千篇一律者，谓之格俗。纯用水墨渲染，但见片白片黑，无从寻其笔墨之趣者，谓之韵俗。格局无异于人，而笔意窒滞，墨气昏暗，谓之气俗。狃于俗师指授，不识古人用笔之道，或燥笔如弸，或呆笔如刷，本自平庸无奇，而故欲出奇以骇俗，或妄生圭角，故作狂态者，谓之笔俗。非古名贤事迹，及风雅名目，而专取诔颂繁华，与一切不入诗料之事者，谓之图俗。能去此五俗，而后可几于雅矣。雅之大略，亦有五。古淡天真，不着一点色相者，高雅也。布局有法，行笔有本，变化之至，而不离乎矩矱者，典雅也。平原疏木，远岫寒沙，隐隐遥岑，盈盈秋水，笔墨无多，愈玩之而愈穷者，隽雅也。神恬气静，令人顿消其躁妄之气者，和雅也。能集前古各家之长，而自成一种风度，且不失名贵卷轴之气者，大雅也。作画者，俗不去则雅不来，虽曰对董、巨、倪、黄之迹，百摹千临，亦自无解于俗，盖日逐逐于时俗之所为，而欲去俗，其可得乎？故惟能避俗者，而后可以就雅也。是以汩没天真者，不可以作画；外慕纷华者，不可以作画；驰逐声利者，不可以作画；与世迎合者，不可以作画；志气堕下者，不可以作画。此数者，盖皆沉没于俗，而绝意于雅者也。作画宜癖，癖则与世俗相左而不得累其雅，作画宜痴，痴则与世俗相忌而不致伤其雅；作画宜贫，贫则每乖乎世俗而得以任其雅；作画宜迂，迂则自远于世俗而得以全其雅。如欲避俗，当多读书，参名理，始以荡涤，继以消融，须令方

寸之际，纤俗不留，若少着一点滞重挑达意思，即痛自裁抑，则笔墨间，自日几于温文而雅矣。❸

画而俗如诗之恶，又是诗画相通之一证。芥舟所举画之五俗，亦自前人论诗之理化出。诗中亦有俗格、俗韵、俗气、俗笔，至画中之俗图，在诗则为俗题耳。芥舟以"平铺直叙，千篇一律"为格俗，清代画者，自四王而后，固守前人面目，虽自谓摹古，笔墨趣味，全未得到，与杜撰无异，是俗格也。《学画篇》用墨章曰："所谓气韵生动者，实赖用墨得法。"❹片白片黑者，不解用墨也，故谓之曰韵俗。"格局无异于人者"谓他人用此格局作画，未觉其俗，今某家亦用此格局而觉其俗者，是其俗必不在有形之格局，而在无形之气味，郭若虚论笔三病曰板、刻、结，即芥舟俗笔之说所出。图俗则如蓬莱仙岛，为人祝寿所绘者，亦犹诗之为人祝嘏，难几于雅也。

俗既备列之矣，更举五雅，以示雅者，俗之反。若论其界限，实不及五俗之清晰。曰高，曰典，曰隽，曰和，曰大，皆形容词而非名词。譬如云林之作，谓之高，谓之典，谓之隽，皆无不可，究竟何属，未易断言也。愚意论雅仍不妨以格、韵、气、笔、图等五者分之，岂芥舟以既用之于俗，不屑更用之于雅邪？

大涤子《画语录》脱俗章有"愚去智生，俗除清至"之论，至于究竟如何始能去愚除俗，则未之言。吾人读芥舟此则，当注意之事即为其对于避俗就雅种种方法之建议。换言之，画家所应有之修养也。汩没天真者，外慕纷华者，驰逐声利者，与世迎合者，志气堕下者，

❸ 同注❶ 2/1a。

❹ 同注❶ 1/12a。

皆不可以画，此言俗之当去者。作画宜癖，宜痴，宜贫，宜迂，此言雅之当具者。以五不可照应篇首之五俗，四宜照应篇首之五雅，此虽其行文之机轴，亦正为有志于此道者标明是非之途径，俾知所适从也。

或有以为五不可与四宜，皆出诸本性，本性生而有之，终身不可移，非修养所为功。此言不为无见，但非芥舟之意。试读同章第二则即知。

笔墨之道，本乎性情，凡所以涵养性情者则存之，所以残贼性情者则去之。自然俗日离而雅可日几也。夫刻欲求存，未必长存，力欲求去，未必尽去。彼纷纷于内，逐逐于外者，亦思从事于兹，以几大雅，其可得乎？故欲求雅者，先于平日平其争竞躁戾之气，息其机巧便利之风，揣摩古人之能恬淡冲和，潇洒流利者，实由摆脱一切纷更驰逐，希荣慕势，弃时世之共好，穷理趣之独腴，勿忌勿助，优柔渐渍，将不求存而自存，不求去而自去矣。或曰：画直一艺耳，乃同于身心性命之学，不綦难哉？曰，天下实同此一理，画虽艺事，古人原借以为陶淑心性之具，与诗实同用也，故长于挥洒者可资吟咏，妙于赋物者易于传写，即如丹家炼形之道，亦是假外丹以征内象，所谓外丹成，即内丹成也。明此理以作画，自然出风入雅，轶俗超凡，不仅玩物适情已也。试观古之作者，如郭恕先、黄子久、方从义相传皆属仙流，虽不足据，要非凡品可知。夫品诣若此，尚何区区存雅去俗为哉？❶

儒家有人性本善之说，人生自少而壮，性情亦随其经历之岁月而渐确定。故芥舟特着重在平日二字，以示去俗求雅，不在一时，而在平日之修养也。若

超其性情已坚定，则雅者固不必虑其更俗，而俗者亦万无祛之之方矣。是以芥舟又曰：

市井之人，沉浸于较量盈歉之间，固绝于雅道，乃有外慕雅名，内深俗虑，尤不可与作笔墨之缘。山谷谓惟俗不可医，以其根之深而蒂之固也。人自知识渐开以来，凡所以诱之者，无非耳目口体之欲，就傅而后，或巧于名势之捷径，或导以声色之移情，迨出而接物，又但以揣测往复相尚，则俗之蟠固于中者，已久而不可解矣。一旦思效骚人墨客之所为，信手而涂，乃曰此披麻，此斧劈，侈口而谈，乃曰若董巨，若倪黄，其在贫贱者，方汲汲于糊口，将日徇时好之不遑，既难与语六法之奥，其为富贵者，偶亲笔砚，甫涉丹青，学识未深，而自许实甚，于是知者掩口而不言，谀者交声而日进，虽有妙质，未有不形格而势禁者也。若夫通人才士，寄情托与，非不雅趣有余，而不能必其出入于规矩，动而辄合，是谓雅而未正，至若师门授受，胶固已深，既自是而人非，复少见而多怪，欲非之而未尝乖乎绳尺，欲是之而未见越乎寻常，是谓正而未雅。夫雅而未正，犹可也。若正而未雅，其去俗也几何哉？是在天资敏妙者，能于规矩中寻空阔道理，又当于超逸中求实际功夫。内本乎性情，外通乎名理，奇处求法，僻处合理，理之所有，不妨古人所未为，不必目中所经见，识之所定，不必虑举世之我非，但当存知希之我贵，超超物表，遗世独行，不须求如何得雅，而自与俗日相远矣。❷

盖俗有二等，有望而知其为俗者，有貌似雅而内实俗者。望而知其为俗者，尚有真性情，貌似雅而内实俗者，最不

❶ 沈宗骞《芥舟学画编》（乾隆四十六年冰壶阁原刊写刻本）2/3a。

❷ 同注❶ 2/4b。

可救药。芥舟此节，所谓"外慕雅名，内深俗虑者"，即指此等人也。后半芥舟又举出雅而未正，正而未雅之画家。正者即画中之技巧，一切之规矩也。其中亦含有行家利家之分。雅而未正者，人品甚高，惜于画法未谙，每多乖误。正而未雅者，则技巧虽熟，终无清气。雅而未正，益以功力，可臻上乘。正而未雅，虽白首穷年，亦未能脱俗。故芥舟宁取雅而未正，不取正而未雅。芥舟此说，与平贴章中论画病一节通，大小异形，前后反置，忌病不足为全画之累者，为雅而未正者所恒有。至于"大意未见出众，细处无纤毫错误，纵招誉于拙目，终受嗤于大方"者，则为正而未雅者之痼疾也。

凡市井之人，富贵之人，以及正而未雅者，皆与雅之缘已绝，更不必与之论修养。以其入世已深，终难自拔。至于未入世者，正宜立定脚跟，看清途径，胸有主见，知所适从。此芥舟避俗章之所以作，循循以平日修养诱人。设芥舟以为雅俗全基于画家之本性，非人力所能移其分毫，则固不必为此喋喋空言矣。

（二）有修养而后可以存质

《学画编》存质章中有一则曰：

所谓质者，并非方幅拙实之谓，能不事挑剔点踢及虚浮不着实际之笔，即有得于质之道理。盖作画笔痕，或一笔能该数笔者，或一笔能该数十笔者，行笔时但当掠取物之形神，不可刻划求似，致失行笔大意。更于剪裁形势，连贯脉络之间，无不合度，乃是大方家数。又能出之以平实稳重，方是质也。若直而无致，板而不灵，

又是病矣。故欲存质者，先须理径明透，识量宏远，加之以学力，参之以见闻，自然意趣近古，波澜老成，以是言质，乃质中藏得无穷妙趣，令人愈玩而愈不尽者。境之极而艺之绝也。非参透各家，穷究万变，而后复归于朴者，曷足以语此？ **❸**

质者，美之中藏者也，亦即画中景物形神之所以寄。是画而无质，不足为画，质之重要可知。何以存之，芥舟归之于"先须理径明透，识量宏远，加之以学力，参之以见闻。"是存质又端在修养也。

（三）有修养而后能有见识

立格章中有一则曰：

学画者，最难恰好，其高瞻远瞩者，全未知规矩法度，已早讲性灵如何，气韵如何，任笔所之，无不自喜。到后来，竟漫无所得，因而渐渐废弃，此过之病也。其甘于小就者，但解描摹形似，不问笔墨道理，少成片段，足以应求者，便自满愿。前迹之妙，束而不观，绪言之深，置而弗论，以至穷年莫得，皓首无闻，此不及之病也。岂知人之为学，贵在立志。志者，犹射之的也，焉有射而不树的以为准者乎？始学射者，中者不得什一，久之则能有百发而百中矣。果能立志，做第一等功夫，循序渐进，勿忘勿助，逐时自有成效。若先隳其志，不如其不为之逸矣。病在过者，吾惜其资禀之徒高，在不及者，吾惜其功力之枉费，甚矣恰好之难也。 **❹**

所谓恰到好处者，谓学画者对于一己资质之期许，不宜过高或过低，亦即谓画者之宜有自知之明也。大涤

❸ 同注❶ 2/8a。

❹ 同注❶ 2/26a。

子曰："得其授而不尊，自弃也"，是不及之病。芥舟于同章另一则中，曾详言之。其言曰：

今人大患，是学得几笔，辄曰便可应酬。岂知古人直以己之身份，现作笔墨，以示后世。后之人，因其迹以摹其品，而如见其人者，夫何可忽也。且笔墨本通灵之具，若立志不高，则究心必浅，徒足悦小儿之目，而见麾于作者之堂，若是则有累于笔墨者，亦大矣哉？❶

至于过之病，更为普遍，良以好高骛远，越级蹶等，尤为学者所不免。

未知规矩，先讲气韵，自知者所不为。少成片段，便自满足，亦自知者所不为。究竟何以能自知而恰到好处，全在见识，而见识之得，又在修养。

芥舟又论世人之画未能格高者，有不敢为与不肯为二等。其病皆由于无识。

格高者，落落大方，或气焰凌人，或风神绝世，几令学者河汉无极，及细寻其踪迹，但觉其意愈简而愈多，态愈老而愈媚，至其所以致此高绝者，则又令人所断不肯为。其故何居，胸无卓识，笔习恒溪，见之所不到，力之所不能，非不叹慕于平时，不能得之于腕下，是不敢为也。安于鄙陋，狃于平庸，鄙陋日深，则天机已泪，平庸既惯，必俗虑多拘，若见高古之迹，非但不愿仿效，且必惊其悬绝，而怪其不类，是不肯为也。夫不敢为者，倘幸遇明师开示，知其过而改辙焉，则尚可为也。若不肯为者，已自定其成见，其于高古道理，方将非之笑之，纵取宋元名迹，指出妙绪以告之，彼必掩耳却走。盖其心思耳目，已与兹理隔绝，直是无药之病矣。有志者于此，务断除此二项，稍涉凡近，猛

力以攻，求古人之所以高绝者以致力焉，得尺得寸，庶几无负。❷

不敢为者无论矣，其病尚浅，惟不肯为者最难医。何以致此，以其习于凡鄙，受其沾染，而不自知。颠倒黑白，反以高者为卑，卑者为高，其病愈深，自新愈难。会意章中，芥舟亦曾详论之：

习于凡鄙者，固难与语高远，习之既深，并不知何者之为高远，故下士闻道，乃大笑之也。今时好手绝响，有志笔墨者，几有欲济无梁之叹。一遇能者，不暇计其凡鄙与否，而相见恨晚，纵有性灵，翻为泪没，渐染已久，一遇高远之致，将反呀然笑之矣。是即所谓少所见多所怪者也。要之万事，同此一理，但以品诣识见，观之画道，虽其工力尚浅，而凡鄙高远之别，先须判然于心。初学者，其必以此作入门之首务。❸

此等人毫无见识，而反自以为有见识，强不知以为知，不但终身无进益，必每况而愈下。画家之稍知注重修养者，必不致此。

芥舟于存质章中，论及画之媚态。媚近于俗，有识者所深恶，学者欲免此，亦惟修养是赖。

丹碧文采之谓华，亦画道所不废，而我所欲去者，乃是笔墨间一种媚态，俗人喜之，雅人恶之，画道忌之，一涉笔端，终身莫浣。学者能定识力，知其深以为害，不使渐染，则后此功夫，皆属有用。然初学见之，鲜有不悦而为之惑者，故防之不得不严也。前古士人，通画理者，十人恒九，其间美恶，皆能辨之，今则弁髦置之矣。偶有雅慕者，漫任己意以为之，雅俗不能甄别，趋向无过妍媚，稍成片段，众口交推，遂尔诩诩自得，以为是矣，迨至识者嗤之，

❶ 沈宗骞《芥舟学画编》
（乾隆四十六年冰壶阁原刊写刻本）2/28a。

❷ 同注❶ 2/27a。

❸ 同注❶ 2/22b。

鉴者魔之，而始知向者之所趋，皆误也，岂不惜哉？然一经识者鉴者之嗤魔，便能幡然改辙，未始不可登作者之堂也，亦视其识力何如耳。❹

此又与避俗之说不期合也。

（四）有修养而后可以立格

有修养而后可以有见识，有见识而后知画格之高下，故吾人直不妨谓画家有修养，始足以言立格。芥舟论格高一则，举出何以致之四道。理明意透，得未曾有，真使后人无从更置一词。

笔格之高下，亦如人品，故凡记载所传，其卓乎昭著者，代惟数人，盖于几千百人中，始得此数人耳。苟非品格之超绝，何能独传于后耶？夫求格之高，其道有四。一曰清心地以消俗虑。二曰善读书以明理境。三曰却早誉以几远到。四曰亲风雅以正体裁。具此四者，格不求高而自高矣。请申其说：笔墨虽出于手，实根于心，鄙吝满怀，安得超逸之致。矜情未释，何来冲穆之神，郭恕先、黄子久人皆谓其仙去，夫固不可知，而其能超乎尘埃之表，则有独绝者，故其手迹，流传后世，得者珍逾珙璧，苟非得之于性情，纵有绝世之资，穷年之力，必不能到此地位，故一曰清心地以消俗虑。理无尽境，况托笔墨以见者，尤当会其微妙之至，以静参其消息，岂浅尝薄植者所得预？若无书卷以佐之，既粗且浅，失隽士之幽深，复腐而庸，鲜高人之逸韵。夫自古重士夫之作者，以其能陶淑于书册卷轴之中，故识趣兴会，自得超超元表，不肯稍落凡境也，故二曰善读书以明理境。松雪云："乳臭小儿，朝学执笔，暮已自夸其能，是真所以为乳臭也。要知从事笔墨者，初十年但得略识笔墨性情，又十年而规模粗备，又十年而神理少得，三十年后乃可几于变化，此其大概也。而虚其心以求者，但觉病之日去而日生，张皇补苴，救过不遑，何暇骤希名誉？及至功深火到，自有不可磨灭光景，足以信今而传后，故三曰却早誉以几远到。古人左图右史，则图与史实为左右，故作者既内出于性灵，而外不得不更亲夫风雅，吮墨闲窗，动合风人之旨，挥毫胜日，时抽雅士之怀。味之而愈长，则知其蕴之深也；久之而弥彰，则知其植之厚也，蕴深而植厚，乃是真正风雅，亦是最高体格。南宋院体，且薄之如不屑，若刻画以为工，涂饰以为丽，是直与髹工彩匠，同其分地而已矣，故四曰亲风雅以正体裁。四者备矣，而犹不得入古人之室者，吾不信也。在学者当先立卓识操定力，不务外观，不由捷径，到得功夫纯熟，自成一种气象。吾固不能降格以从人，人亦无不甘心而俯首矣。❺

细究之，此四事固无一不关修养也。

（五）酝酿即修养

关于酝酿，芥舟有毕生及一时之说。大胆落笔、细心收拾者，一时之酝酿也。

一切位置林峦高下，烟云掩映，水泉道路，篱落桥梁，俱已停当，且各得势矣。若再以躁急之笔，以几速成，不但神韵短浅，亦且暴气将乘，虽有好势而无闲静恬适之意，何足登鉴者之堂。于是停笔静观，澄心抑志，细细斟酌，务使轻重浓淡，疏密虚实之间，无丝毫不惬，更思如何可得深厚，如何可得生

❹ 同注❶ 2/8b。

❺ 同注❶ 2/23b。

动，如何可得古雅堪玩，如何可得意思不尽，如何可得通幅联络，如何可得上下照应。凡此皆当反复推究，而非欲速者所得与也。且同是一人手笔，其出于闲静之时者，自有闲静之致，出于躁急之候者，兴会虽高，而一段轻遽之意，不足为观者重矣。试观古人传作，初展时见其笔势飞动可喜，未足以尽其妙也，当细玩其深厚浑融之气，不知几经蕴蓄陶淑而后得此者。乃今学者，或自喜才情富有，或自矜笔意飞扬，任意挥扫，不自顾惜，到后来不觉入于油滑佻佌，其弊一成，毕生莫挽，虽有过人才情笔气，终难到古人地位。吾所谓酝酿云者，敛蓄之谓也。意以敛而愈深，气以蓄而愈厚，神乃斯全，暴著者能敛蓄，则将反乎退藏；轻易者能敛蓄，则将归乎厚重。能退藏则神长，能厚重则神固。夫神至能固而且长，又何患乎不望见古人？❶

此虽近于画法，但芥舟将其病归诸"自喜才情富有，自矜笔意飞扬，任意挥扫，不自顾惜，不觉入于油滑佻佌"，是仍与画者之修养有关。至于毕生之酝酿，则酝酿二字，直是修养之代名词矣。

有毕生之酝酿者，有一时之酝酿者。少壮之时，兼收并蓄，凡材之堪为吾用者，尽力取之，惟恐或后，惟恐不多，若少缓焉，其难免失时之叹。及至取资已富，别择已精，则当平其心气，抑其才力，以求古人之所以陶淑其性情，而自成一种气象者，又不在于猛烹极炼之功，是则一生之酝酿者也。因有所触，乘兴而动，则兔起鹘落，欲罢不能。急起而随之，盖恐其一往而不复再觏也。若其迹象既成，林壑毕现，又当静检其

疏失，细熨其矜暴，聚之以致其坚凝，融之以至于熔化，粹然以精，穆然以深，务令意味醇厚，咀嚼不尽而后已，是则一时之酝酿者也。要之速以取者，始之事也；缓以凝者，终之事也。若既能速其所当速，而复能缓其所当缓焉，安有不足观者乎？❷

画家必至纯青之候，始敛尽火气，穆然深厚，此与明代论者之生熟等问题，皆相连属。亦即玄宰所谓"绚烂之极，归于平淡"也（芥舟存质章有一则曾论及）。陶淑性情，非毕生不为功，亦犹避俗之当于平日作功夫，盖二者原是一事也。

第三节　笔墨

清代论用笔用墨最透彻者，得二家，沈熙远及华梦石是也。《芥舟学画编》中，笔墨各有专章，试逐则论之于后。

（一）用笔

是章凡七则。

笔行纸上，须以腕送之，不当但以指头挑剔，则自无燥烈浮薄之弊。用之既久，渐臻纯熟沉着，而笔画间若有所以实其中者，谓之结心。其法始为迟钝，后乃迅速。纯熟至极，无事思虑而出之自然，而后可以敛之为尺幅，放之为巨幛，纵则为狂逸，收则为细谨，不求如是而自无不如是者，乃为得法。古人谓笔墨若刻入缣素者，用此道也。犹作书之入木三分也。❸

吾友张文鱼论书，尝有结心之言，余乃用以论画，深有妙义，可见书画无二道，第俗学者未知究及引耳。❹

包慎伯论书有双钩及画有中线之说，余越园先生谓其说乃本陈槱《负暄野录》篆法总论中"常见（李阳冰）真迹，

❶ 沈宗骞《芥舟学画编》（乾隆四十六年冰壶阁原刊写刻本）2/35a。

❷ 同注❶ 2/36b。

❸ 同注❶ 1/5a。

❹ 同注❶ 1/5b。

沈宗骞《芥舟学画编》

其字画起止处，皆微露锋锷，映日观之，中心一缕之墨倍浓，盖其用笔有力，且直下不敧，故锋常在画中”[5][6]数语。今读《学画编》，所谓中线者，即芥舟结心二字。是慎伯不特因陈氏之说，且后于芥舟借论书之说论画也。笔画结心，非中锋不为功，中锋必以腕运之，此所不当以指头挑剔也。

昔人谓笔力能扛鼎，言其气之沉着也。凡下笔当以气为主，气到便是力到，下笔便若笔中有物，所谓下笔有神者此也。古人工夫，不过从此下手，而有得焉，则以后所为，无不头头是道。若不先于此筑基，纵极聪明敏悟，多资材料，而驰骛挥霍焉，卒必至于嚣凌浮滑，而于真正道理，反致日远，岂不可惜？故志学之士，且勿求多，先鼓定力，从此著脚，便无旁门外道之虞矣。[7]

“笔力能扛鼎”，倪元镇誉王叔明语也。画中之笔，或有迹或无迹。有迹之笔，力寓于迹；无迹之笔，纯以气行。叔明之作，往往极繁极密，郁然浑厚，不能见每笔之起讫，而其气之沉着，允为元四家之冠，然其极繁极密，亦由累笔积墨而成。盖无一笔不经千锤百炼者。芥舟上文，承其前二节谓用笔得法，不期气之沉着而自沉着也。

树石本无定形，落笔便定，形势岂有穷相，触则无穷。态随意变，意以触成，宛转关生，遂臻妙趣。意在笔先，趣以笔传，则笔乃作画之骨干也。骨具则筋络可联，骨立则血肉可附，骨之不植，而遽相尚以文饰，亦犹施丹雘于粪土，外华而内腐；缀秾华于枯朽，暂艳而旋凋。故古人作画，专尚用笔。用笔之道，务欲去罢软而尚挺拔，除钝滞而贵轻隽，绝浮滑而致沉着，离俗史而亲风雅，爽然而秀，苍然而古，凝然而坚，淹然而润。点画萦拂之际，波澜老成，磬控纵送之间，丰姿跌宕，此固非旨趣未深者之所能及也。学者当首法古人用笔之妙，始于黾勉，渐臻圆熟，圆熟之极，自能飞行绝迹，不落窠臼。揎袖摩挲，有动不逾矩之妙，解衣磅礴，有凌厉一切之雄，矫乎若天际游龙，黝乎若土花绣戟，有笔若此，更何虑古今人之不相及哉？[8]

前半言用笔乃画中之要素，后半论各种美丑之笔姿。去其丑者，则美者至。去之之道当于古人之作中悟之。

笔着纸上，无过轻重疾徐，偏正曲直。然力轻则浮，力重则钝，疾运则滑，徐运则滞，偏用则薄，正用则板，曲行则若锯齿，直行又近界画者，皆由于笔不灵变，而出之不自然耳。万物之形神不一，以笔勾取，则无不形神毕肖。盖不灵之笔，但得其形。必能灵变，乃可得其神。能得神，则笔数愈减而神愈全。其轻重疾徐，偏正曲直，皆出于自然，而无浮滑钝滞等病。[9]

用笔过于轻重疾徐、偏正曲直皆病生。芥舟之意，在告人用笔当适其中也。然究竟何为适中，则殊难言，以其间无绝对之标准，要不故轻、故重、故疾、故徐、故偏、故正、故曲、故直，而笔之姿态悉具，所谓“不求如是而无不如是者”，可谓出于自然矣。大涤子《画语录》“运腕”一章，有“腕受实则沉着透彻”一节，与芥舟之意等，惟一归诸用笔，一归诸用腕耳。郑纪常有《论用笔》一则曰：“生怕涩熟怕局，漫防脱，细忌稚弱，粗忌鄙俗，软避奄奄，劲避恶恶，此用笔之鬼关也，临池不可不醒。”[10]盖源于芥舟此节。

无前无后，不倚不因，劈空而来，

[5] 陈樵《负暄野录》（邓实辑《美术丛书》神州国光社铅印本）初集三辑四册上 /4b。

[6] 包世臣《安吴论书》越园先生解题曰：“上卷首为述书三篇，讨论执笔之法，颇为详尽，惟所谓双钩及画有中线之说，慎伯澡自矜诩，使人亦指为慎伯所创。今按此说，实本于陈氏《负暄野录》篆法总论……”余绍宋《书画书录解题》（民国二十一年北平图书馆印）7/3a。

[7] 同注[1] 1/6a。

[8] 同注[1] 1/6b。

[9] 同注[1] 1/7b。

[10] 郑绩《梦幻居画学简明》（同治间郑氏家刊写刻本）1/14a。

天惊石破。六丁不能运巨灵不能撼，骤然现相，足骇鬼神，挟风雨雷霆之势，具神工鬼斧之奇。语其坚，则千夫不易，论其锐，则七札可穿；仍能出之于自然，运之优游；无跋扈飞扬之躁率，有沉着痛快之精能。如剑绣土花，中含坚质；鼎包翠碧，外耀光华。此能尽笔之刚德者也。柔如绕指，软若兜罗，欲断还连，似轻而重，氤氲生气，含烟霏雾结之神；摇曳天风，具翔凤盘龙之势；既百出以尽致，复万变以随机；恍惚无常，似惊蛇之入春草，翩翩有态，俨舞燕之掠平池。顾天外之游丝，未足方其逸；舞窗间之飞絮，不得比其轻。方拟去而忽来，乍欲行而若止，既蠕蠕而欲动，且冉冉以将飞，此能尽笔之柔德者也。二美能全，固称成德，天资所禀，不无偏枯。刚者虑其燥而裂，柔者患其罢而粘，此弊之来，盖亦有故。或师承偏执，狭守门风；或俗尚相沿，因循宿习。是以有志之士，贵能博观旧迹，以得其用笔之道。始以相克则病可日除，终以相济而业堪日进，而后可渐几于合德矣。❶

上节入手，以两大排偶，并辔而下，形容用笔之刚柔二德，可称淋漓尽致。芥舟之意，贵在刚柔相济，以臻画中绝诣。后之郑纪常即从其说，所谓"写画不可专慕秀致，亦不可专学苍老。秀致之笔易于弱，弱则无气骨，有类乎世上阿谀；苍老之笔每多秃，秃则少文雅，有似乎人间鄙野。故秀致须有气骨，苍老中必寓文雅，两者不偏，方为善学"❷是也。惟吾以为前代画家，虽有善于刚柔互用，亦自有刚自刚而柔自柔者。即或不然，吾人至少可谓有以刚见长者，有以柔见长者。如马夏之劲峭，倪黄之松秀是也。近人裴伯谦亦曰："书画一道，

柔者易伪，刚者难伪。南北宗诸家，下笔便见分晓，不能隐藏修饰，名眼人最易寻求。至元人全用柔笔、屈笔、短笔。功浅力弱者，亦易从事"，❸讵非谓用笔有刚柔之别乎？此实非芥舟之意，读其后节拈出石田、思翁二人可知（按：论思翁一节与《南田画跋》中语颇相近）。其言曰：

唐宋之迹，不得数见，不能概其人生平资学何如。惟元季与有明石田、思翁诸公，去今未远，其迹犹得多见，而知其皆因质而济以学，因学以成其质，可快然无憾者也。黄、王、倪、吴无论已。石田天资刚健，平日临云林，动笔便过，若任其质，则燥裂之弊，其能免乎？而其读书敏求，既足以变化其气质，加以临摹不辍，日肆力于古法以充拓之，故其笔森然如剑戟，莫敢撄其锋者，而典册古泽之致，又足令人悚然而起敬。其重如金，其润如玉，不论山水人物以及草木昆虫，一涉其笔端，便不可方物，不特为有明巨手，即上列诸宋元恐亦难其匹者。盖始也量资以学，继也因学而见资，所谓能济以优柔，而尽刚德者也。若思翁则天资历秀美而柔和，苟任其质，将日流于妍媚之习，而无以自振其气骨矣。乃能祖述董巨，宪章倪黄，绍绝业于三百年之后，而为吾朝画学之祖。余尝论每见思翁妙迹，不必问其所作何体，但就其笔情墨态，的是两间不可磨减之物。其致也缥缈而欲飞，其神也优渥而常润，而生秀之气，时复出其间，所谓能尽笔之柔德，而济以刚者也。两公惟能以学之力，济其质之偏，故能臻此神妙。苟得中行而与之，所造更当何如耶？❹

此节专为申前节之说而设。石田能以柔济其本质之刚，思翁能以刚济其本

❶ 沈宗骞《芥舟学画编》（乾隆四十六年冰壶阁原刊写刻本）1/8a。

❷ 郑绩《梦幻居画学简明》（同治间郑氏家刊写刻本）1/14b。

❸ 裴景福《壮陶阁书画录》（民国二十六年中华书局聚珍仿宋本）7/43a。

❹ 同注❶ 1/9a。

沈宗骞《芥舟学画编》

质之柔，故各能卓绝千古。实则吾以为芥舟论画，偏重南宗，对于北派不免有歧途之目，故作是论。其论石田曰："若任其质，则燥裂之弊，其能免乎？"不啻谓幸其能守南宗之派，不然必到犷狞恶习俗矣。平心而论，既论用笔之刚柔矣，北宗之刚，自宜踞有一席，未可绝口不谈，而专言南宗画家中之能刚柔相济者也。

（二）用墨
是章凡五则。

墨着缣素，笼统一片，是为死墨。浓淡分明，便是活墨。死墨无彩，活墨有光，不得不亟为辨也。法有泼墨破墨二，用破墨者，先以淡墨色定匡廓，匡廓既定，乃分凹凸，形体已成，渐次加浓，令墨气淹润，常若湿者，复以焦墨破其界限轮廓，或作疏苔于界处。泼墨者先以土笔约定通幅之局，要使山石林木照映联络，有一气相通之势，于交接虚实处，再以淡墨落定，蘸湿墨一气写出，候干，用少淡湿墨笼其浓处，如主山之顶，峰石之头，及云气掩断之处皆是也。南宗多用破墨，北宗多用泼墨，其为光彩淹润则一也。❺

一起数语，已为死墨活墨定出界说。有浓淡，有光彩，活墨也。此后数节，未有能脱离"浓淡光彩"四字者。

北苑、大痴，皆有《浮岚暖翠图》。曰浮，曰暖，皆墨为之主。思翁尝题其自作画云："川原浑厚，草木华滋"，亦言墨法之妙。唐王洽始有泼墨法，其迹不可得见。米氏父子，高房山，方方壶，董思白，其所以得烟云变灭、岚光吞吐者，非皆其用墨之臻于微妙乎？❻

上节注重在浮暖二字。浮者容光焕发，奕奕欲动之谓；暖者淹润蒸蔚，山川与日光嘘吸相通之谓。古人作图命名，其用意深矣。芥舟列举各大家之作，而悉归其妙由于用墨，亦欲使学者体会用墨之重要为何如耳。

天下之物，不外形色而已。既以笔取形，自当以墨取色，故画之色，非丹铅青绛之谓，乃在浓淡明晦之间。能得其道，则情态于此见，远近于此分，精神于此发越，景物于此鲜妍，所谓气韵生动者，实赖用墨得法，令光彩奕然也。今以一局作二帧，一帧用墨，一帧用重青绿色，其青绿重处，即是用墨浓处，是色且仿墨而为之，墨非即画之色乎？乃知纯墨者，墨随笔上，是笔为主而墨佐之。傅色者，色居笔后，是笔为帅而色从之。以二帧并置远而望之，要色之分两，与墨之分两，若相等者，而后色即是墨，墨即是色也。第纯墨者，不可使墨浮于笔，若墨浮一分，便是一分黑气，不是墨矣。傅色者，不可使笔混作墨晕。若笔作墨晕，便是混侵色位，不是笔矣。苟能参透墨色一贯之理，则着手便成光彩，缣素有败坏之时，而滋润融浃之态，虽千载而如新也。❼

墨分五彩之说，由来尚矣。芥舟取青绿水墨二帧，由其深浅相同，证明设色画乃仿墨画而成者，实则由中国绘画之过程观之，水墨画后于设色、用墨之法，悉自设色之法得来。惟水墨而仍具有浓淡明晦之观，始不愧称之为色也。芥舟复曰："纯墨者墨随笔上"，虽曰墨为笔佐，笔与墨何尝须臾或分，是故傅色者"笔为帅而色从之"，色所从者，仍是墨也。此所以沈朗倩有"作画不可作水墨设色想"之论。后半所拈出二病，墨浮于笔，即荆浩所谓"肉胜于骨"，

❺ 同注❶ 1/10b。

❻ 同注❶ 1/11b。

❼ 同注❶ 1/11b。

致有软浊之讥，墨笔不侵色位，即麓台所谓"色不碍墨，墨不碍色"也。

墨色光华，其妙无极，不善用者，纵极佳制顶烟，但觉薰煤满纸而已，岂复是画哉？因分号用墨之法，曰嫩墨，曰老墨。嫩墨者，盖取色泽鲜嫩，而使神采焕发之喻。先以笔贮水，量墨当用多寡，蘸入笔尖，和水搅匀，拂于纸素，则墨晕和润而有光彩，如云山隐现，烟树迷离，遥岑浮黛，夜色苍凉，阴凹阳凸之间，日光云影之际，林密则浓阴锁麓，山高则薄雾横腰，云生成蓊郁之观，泉出助溯腾之势，以及悬崖邃谷，疑鬼疑神，绝壑幽岩，如风如雨之处，胥于是乎得之。老墨者，盖取气色苍茫，能状物皴皱之喻。此种墨法，全借笔力以出之，用时要飒飒有声，从腕而来，非仅指头挑弄，则力透纸背，而墨痕圆绽如临风老树，瘦骨坚凝，危石倚云，奇姿卓荦，以及霜皮溜雨，历乱繁枝，鬼斧神工，几莫能测者，亦胥是乎得之。老墨笔浮于墨，嫩墨墨浮于笔。嫩墨主气韵，而烟霏雾霭之际，淹润可观。老墨主骨韵，而林干扶疏，山石卓荦之间，亦峭拔可玩。笔为墨帅，墨为笔充，有妙笔乌可无妙墨以充其用耶？且笔之所成，亦即墨之所至，老杜诗"元气淋漓障犹湿"，盖善言用墨者矣。❶

以老嫩形容画之品格，有之；形容笔画之趣味，亦有之；以之形容墨色，芥舟之前，盖无闻也。实则所谓论墨之老嫩，未能与用笔方法，脱离关系。嫩墨之法，以墨入水，拂于纸素，此非染时调墨之法乎？且所以施之之处，不外乎云山烟树，夜色遥岑，凡此景色，皆必须染而后能工。至于老墨，全借笔力，用以画山石枝干，筋骨开张之处，即笔

法中之皴皱点划也。芥舟之立论虽甚新颖，亦全自前人画法中化出也。

笔墨二字，得解者鲜，至于墨，尤鲜之鲜者矣。往往见今人以淡墨水填凹处，及晦暗之所，便谓之墨，不知此不过以墨代色而已，非即墨也。且笔不到处，安得有墨。即笔到处，而墨不能随笔以见其神采，尚谓之有笔而无墨也。岂有不见笔而得谓之墨者哉？欲识用墨之妙，须取元人或思翁妙迹，细参其法。大痴用墨浑融，山樵用墨洒脱，云林用墨缥缈，仲圭用墨淋漓，思翁用墨华润。诸公用墨妙谛，皆出自笔痕间，至其凹处及晦暗之所，亦犹夫人也。即如米老房山、烟云满幅，实其点笔之妙，而以墨晕助之。今人为之，全赖墨晕以饰其点笔之丑，犹自以为墨气如是也，将毕生不能悟用墨之妙者矣！❷

上节备言笔墨二者关系之密切，作法章中有一则，与此义同。"盖言行笔之际，有陶镕一切之意，虽不言墨，而墨固已在其中，然不妨更申用墨之妙，俾识笔经而墨纬者，有交相济而互相成之实焉。墨之用也，层层而上，其随笔而至者，可谓之墨。若不因笔而薰成一片者，乃墨黯耳，乌得谓之墨哉？故其淡处如薄雾依微（原本作"微"，误），焦处如双眸炯秀，干处有隐显不常之奇，湿处有浓翠欲滴之润，明如秋水，泽如春山，灼如晨花，秀如芳草，岁已久而常湿，素欲败而弥新。变化无穷，作者固因之而靡尽，光华莫掩，鉴者亦味之而愈长。是则所谓墨化也，此特形容墨之态耳。至其用法之所以然者，已具述于用笔之间也。故即笔以求墨，则法有所归，而头头是道。离笔以求墨，则骨之不植，而靡靡成风。如近代有武林派者，蓝瑛始之。

❶ 沈宗骞《芥舟学画编》（乾隆四十六年冰壶阁原刊写刻本）1/12b。

❷ 同注❶ 7/14a。

云间派者，陆曦始之。始之者固未尝全离笔以求墨，但笔自为笔，因而墨自为墨，亦且笔之不备，将赖墨以助其气局，学者从而附和，遂并其不备之笔而失之，日流日下，不知所届矣。故欲求墨者，断断不可离笔以相寻也。苟能识即笔以求墨，以渐至笔熔而墨化，则何必更问其形神之得与不得耶？吾非令人竟舍形神以言画也。笔墨既精，则形神且当在离即之间，古人所谓相赏于牝牡骊黄之外者，其复有形之说者在，亦岂复有神之说者存耶？"❸正宜取以参读。

"诸公用墨妙谛，皆出至笔痕间"，及"故欲求墨者，断断不可离笔以相寻也"二语，皆可令人深省，一切墨彩无不因笔而生，故无笔而求墨，必不可得。惟自前节"即笔到处，而墨不能随笔以见其神采，尚谓之有笔而无墨也"，及作法章最后一则中之"初学者先看是笔不是笔；是笔矣，再看是墨不是墨"❹数语测之，笔与墨似仍可分立。实则吾人不妨为芥舟更推进一层曰：笔到处，墨不能随笔以见其神采，不但无墨，亦复无笔。盖笔之主要任务，即在有墨以见其神采。设墨无神采，笔必颓萎，颓萎之笔，不足称为笔也。如此解释，笔与墨二者之间关系，乃愈牢不可分。

今吾虽为芥舟广其说，但所有之见解，仍悉得诸芥舟，盖芥舟对于笔墨间关系，论之最精。即以此为芥舟论笔墨之特色，亦未尝不可也。

❸ 同注❶ 1/26b。

❹ 同注❶ 1/29b。

沈宗骞《芥舟学画编》

第三十二章　华琳《南宗抉秘》

华琳，字梦石，天津人，著《南宗抉秘》一卷。梦石之名，不载画史，据其侄元孙靖跋称：

> 高叔祖梦石公，生余家繁盛时代。好读书，不求闻达。精音律，善南北宫词。花木竹石之外，时以丝竹自娱。尤精六法，然不轻为人作画，求者非至契，虽尺绢寸纸不易得。终岁以笔墨消遣，每一画出，悬之壁间，静观自赏，数日后，纸幅则投诸汉洗，谓云烟可付东流，绢幅则浣而再画，至不能浣始弃去。仆人有窃售于京华厂肆者，公见之，以原价四十金购还，浣而弃之，其不求名如此。家中存画，仅十余帧，兵燹之后，都成过眼云烟矣。著有《南宗抉秘》三十则，专论六法中用笔用墨之精要妙诀，发古人所未发，为后来精研六法者，度出金针。公生乾隆五十六年，卒道光三十年，年六十岁。侄元孙靖谨识。❶

盖不以艺事自彰，而隐于画者也。

梦石书中虽不分篇目，各条先后，经其手订，按性质排比，固显然易见。自第一则至第九则❷，论用笔。第十则至第十八则❸，论用墨。以下论画法。

梦石论笔墨各则，理论方法，互相掺杂，今已不容更为划分，悉置此章中论之。至山石画法部分，则并入本文第三十六章《山水片段画法》中。

（一）用笔

梦石论用笔，先举忌病：

> 夫作画而不知用笔，但求形似，岂足论画哉？作画与作书相通，果如六朝各书家，能学汉魏用笔之法，何患不骨力坚强，丰神隽永也。其在北宗画曰笔格遒劲，亦是浑厚有力，非出筋露骨，令人见而刺目。不然，大李将军岂得与右丞比肩，而以宗称之乎。特蒋三松、张平山辈，变乱古法，以惊俗目，效之者又变本加厉。相传有以木工之墨齿作画者，且以为美谈，抑何可笑。若夫南宗之用笔，似柔非柔，不刚而刚，所谓绵里（疑裹字之误）针是也。其法不外圆厚。中锋则圆，出纸即厚，初学不能解此，见前人之画，秀润天成，绝无剑拔弩张之态，因而以柔取之，腕弱笔痴，殊无生气，类小女子描花样者，乃自矜其韶秀，不减于古，奚翅婢作夫人耶？然从此平心静气，纯正练笔，毋求速成，其造就亦未可量。乃不此之务，而又自嫌

❶ 华琳《南宗抉秘》（于海晏辑《画论丛刊》民国二十六年中华印书局）册四 7b。

❷ 同注❶ 1a—2b。

❸ 同注❶ 2b—5a。

其笔力孱弱，不足骇众人之观瞻，急思一捷径，将笔横卧纸上，加意求刚，而枯骨干柴，污秽满纸，自诧为铁笔，流俗亦从而啧啧称其功力之大。抑思作画亦雅事，岂可作此伧父面目向人哉？尤有可异者，其笔既弱，乃欲效古人之圆，及其画出，状似豆茎，或笔之左右有两线，中间塌陷，又一种专取秃笔蘸浓墨，向纸上涂鸦，毫无主见，故意上下其手，顿挫出许多瘿瘤，视之如以竹枝嚼破其末，濡墨而抹之者，此皆画道之蟊贼，万不可误犯。惟先不存自欺之心，亦不存欺人之心，终日操管作工夫，执笔紧，运腕活，久之又久，气力自然运到笔颖上去，不觉用力，而力自到，所谓能入纸能出纸，笔笔跳得起也。彼歉于用力，外腴中干，偏于柔之病也。猛于用力，努目黎颜，偏于刚之病也。妙矣古人之画，菩萨低眉，正是全神内敛，金刚怒目，迥非盛气凌人。

腕弱笔痴，毫无生气，柔之病也。枯骨干柴，污秽满纸，加意求刚之病也。一笔两边界然，中间塌陷者，求圆之病也。故意顿挫，妄作瘿瘤者，秃笔之病也。柔与刚，圆与秃，处相对之地位。梦石有用笔宜适乎中庸之意，尤以最后偏于柔偏于刚数语为明显。或曾受沈芥舟之影响，故作此论也。

何谓执笔紧，运腕活？当搦管之时，只觉吾之手乃执笔之具，他无能事。使手与笔，合为一物，若吾指上天然有一支笔者，然后运吾之臂以使吾之腕，运吾之腕以使吾之手，初若不知有笔焉，则执笔紧、运腕活之诀得矣。右军不云乎："手知执而不知运，腕知运而不知执。"

此即谓用笔之不宜以手指挑剔也。诀曰："执笔紧，运腕活。"执笔者，手指也。执之既紧，则自不许其有何动作。于"使手与笔合为一物"一语，亦可悟出执笔之法。言其微妙，则手与笔合成一体，心忘笔之在手。言其浅显，则不以手指运笔耳。手不运笔，运之者在腕，腕故宜活。"手知执而不知运，腕知运而不知执"，言手与腕，各有专司，其用不容滥也。

初学用笔，规矩为先，不妨迟缓，万勿轻躁，只要拿得住坐得准，至纯熟已极，空所依傍，自然意到笔随，其去画无笔迹不远矣。若徒见古人之画，笔笔有飞舞之势，而不揣其功力之深，猥以急切之心求之，反为古人所误矣，其实自误耳。

梦石于第一则中谓初学作画，腕弱笔痴，殊无生气，实不妨事。倘能从此平心静气，纯正练笔，毋求速成，其造就亦未可量。至于其他三病，则悉足为终身之害。岂痴弱之可尚耶？非也，实以其笔虽不佳，尚在规矩之内。潜心探讨，终有成功之日。倘越乎规矩，便坠恶道而难自拔矣。

以笔作画，何以要无笔迹，此说似为难解。夫笔迹，即笔痕也。若满纸笔痕，岂复成画。然则何以去之，学者当于一出笔即要有力，不可使虚头略有一些软处，亦不可使煞笔略有一些软处。如作书左去吻、右去肩者，先就笔之有形之痕而去之，然又非硬抹一笔，使无虚锋，即可谓之无痕。果尔，则孤另一笔，其痕更重，愈不可救。何不见端石之鸲鹆眼乎，其与石合者，活眼也，即无痕也。其与石不合者，死眼也，即有痕也。要使笔落纸上，精神能充于中，气韵自晕于外，似生实熟，圆转流畅，则笔笔有笔，笔笔无痕已。昌黎之《咏石鼓文》曰："快剑斫断生蛟鼍。"平原之论书法曰："如锥画沙，如印印泥"，胥得之矣。

前则谓学者用笔至纯熟已极，空所依傍，则去画无笔迹不远，似以之为用笔之最后阶段。此则专解释何谓笔痕迹。第一须有力而不软，第二不可孤另，以端石之活眼喻之。最后谓如锥画沙印印泥。其间惟第二义未经人道，测其义，殆谓一笔与邻近之各笔能融洽有情也。

画到无痕时候，直似纸上自然应有此画，直似纸上自然生出此画。试观断壁颓垣，剥蚀之纹，绝似笔而无出入往来之迹，便是墙壁上应长出者。画到斧凿之痕俱灭，亦如是尔。昔人云："文章本天成，妙手偶得之"，吾于画亦云。

此即所谓虫书鸟篆，自然成文也。梦石归之于笔无痕迹，吾恐不尽在此。必须全画平帖，无一丝不妥处，天然浑成，似不假人力而成，虽仗用笔，局势亦占极重要之成分也。

旧谱于画石之法，授人以一字金针曰"活"。岂惟画石之笔当活？何笔不当活，但不可止取形活。如止取形活，则躁率轻浮之病皆生，究之仍非活也。惟笔尖刺纸，向下锥着用，又要提着用，弗任副毫摊在纸上，则运腕运肘运臂，俱有气力。即笔墨之极虚处，亦活泼泼地。故学者欲出纸，先入纸，则跳脱有日矣，活矣。

石者丘壑之小者，故石形之活，即丘壑不平之谓。梦石重画石用笔之活，而不以止取形活为然，是与麓台、芥舟等家同重笔墨而轻丘壑也。笔尖刻纸，言其沉着。提着用，言其超脱。此源于石涛《画语录·林木章》中"其运笔极重处，却须飞提纸上"二语。

画之善者曰巧匠，不善者曰拙工。

人也孰不欲巧哉？不知功力不到，骤求其巧，则纤仄浮薄，甚有伤于大雅。学者须笔笔皆着实地，不嫌于拙，迨至纯熟之极，此笔操纵由我，则拙者皆巧。吾故曰："欲巧先拙，敏捷有日矣。"敏捷有不巧者哉？

此即用笔以规矩为先之意。必先拙而后能巧，不拙而巧，是终不巧。与明董玄宰、顾凝远等论生熟工拙，其理一也。

画之用正锋，既谆谆言之矣，乃忽曰侧锋亦不可少，则似语涉两歧。然欲为作画者说法，正不敢以大言欺人也。书之用中锋，自蔡中郎至唐之徐浩、邬彤、颜平原诸公，二十四传而绝。赵宋之家，已渐用侧锋，观坡公之偃波，即其明证。唐宋画不可见矣，元则云林纯用侧锋，他家亦兼用之，正自有说。吾以为画中之山头、山腰、石筋、石脚以及树杪树根，凡笔线之峭立崚嶒而外露者，定当以正锋取之。昔人之论画者，有云：作画用圆笔，方能深远，为其四面圆厚也。此说非善学者，亦不易解。他若山石之阴面阴凹等处，用墨宜肥。夫肥其墨，必宽其笔以施之，笔宽则副毫多着于纸，正是侧锋。如于此处必欲笔笔正锋，则恐类鱼骨，难乎其为画矣！学到极纯境界，自悟侧中寓正之意，非余自相矛盾也。

用笔正侧锋相兼，古人多主是说。山水中，有宜用正锋处，有宜用侧锋处，自其所举各景物观之，与芥舟偏笔行正局、正笔行偏局之法相反，而适与李修易之"山之正面，皆宜正峰，如遇巉岩峭壁，则须偏笔以转机局"[1]相近（参阅第三十六章沈芥舟论画法之文）。芥舟之意在笔画之正偏，当与景物之正偏相左，以

[1] 李修易《小蓬莱阁画鉴》（民国二十三年商务印书馆排印本）6/37b。

调剂其趣味。而梦石之意，以为笔线之峭立者，非正峰不足以取其形，山石阴处，非侧峰不足以逼其似，各有所持之理也。

晓山先生好学魏晋人书，一日为余言疾涩二字诀。余初以为分解，晓山曰："不然。"余乃豁然顿悟曰："得毋涩为疾母，疾从涩生乎？"相与大笑。此虽余二人之臆断，然非苦心于用笔者，或亦理会不到。

上则全论作书，未及绘事一字，然"涩为疾母，疾从涩生"二语，与画理正合。作画用笔，亦须经历涩之阶段，始克疾也。不涩而疾，终归油浮。

（二）用墨

用笔之法得，斯用墨之法亦相继而得。必谓笔墨为二事，不知笔墨者也。今试使一能书者与不能书者，同于一方砚上用墨，及其书就，彩色迥不相侔，此人人所易见而易知者，何必更疑于墨法乎？昔人八生之说，有生水生墨，其意盖谓用新汲之清水，现研之顶烟，毋使胶滞，取助气韵耳，非谓未能用笔反有能用墨者。然作书只用黑墨，作画则又不然。洪谷子曰："吴道元有笔而无墨。"道元亦画中宗匠，何至不知墨法。彼精于用笔，略于用墨，即不免为洪谷子所不足。墨法又何可不与笔法并讲哉？墨有五色，黑浓湿干淡五者，缺一不可。五者备，则纸上光怪陆离，斑斓夺目，较之着色画，尤为奇恣。得此五墨之法，画之能事尽矣。但用笔不妙，五墨俱在，俱无气焰。学者参透用笔之法即用墨之法，用墨之法不外用笔之法，有不浑合无迹者乎？"重若崩云，轻如蝉翼"，孙过庭真写得笔墨二字出。

笔墨不可分为二事，故当即笔以求墨，不可离笔以求墨，芥舟言之详矣。芥舟置此说于用墨章之末，今梦石置之于论墨各则之端，至各欲示学者斯义之不可忽则一。梦石所持笔墨不可分之理为墨有五色，非得用笔之法不足以发之而呈绚烂之观。不然，纵令各色俱在，俱无气焰，是仍芥舟所谓活墨死墨，"死墨无彩，活墨有光"也。

读古人书而不信古人，是欲诬古人也。尽信古人，则又为古人所诬。苟我之理胜，虽六经有可删可革之文，岂可拘拘于古人之言，而不反求其理哉？前人曰五墨，吾尝疑之。夫干墨固据一彩，不烦言而解。若黑也，浓也，淡也，必何如而后别乎湿。湿也，又必何如而后别乎黑与浓与淡。今何不据前人之画，摘出一笔，曰：此湿也，于黑与浓与淡有分者也。吾以为此离娄所不能判，宰我、子贡所不能言。盖湿本非专墨，缘黑与浓与淡皆湿，湿即借黑与浓与淡而名之耳。即谓画成有湿润之气，所谓苍翠欲滴，墨沉淋漓者，亦只谓之彩，而不得谓之墨。学者其无滞于五墨之说焉可耳。

梦石疑前人五墨之说，以为湿非专墨，不宜居五之一。愚意所谓五者，亦不过举其大概耳。严格言之，墨之色，岂五所能概括。就深浅言，曰淡，曰浓，曰黑。但画中墨色，宁无介乎淡与浓之间，浓与黑之间者乎？岂但无介乎其间者，介乎其间者正不知尚有多少等差也。且淡与黑，原无一定之标准。故淡者宁无更淡，黑者宁无更黑？是淡于淡者与黑于黑者，又不知可分多少等差也。细分析之，千百之数尚嫌其少，岂仅淡浓黑三者。前人以既千百数所不能限，故不得已而简以约之耳。至于干及湿二者，于五色中实属同一系统，皆形容墨色水分之含量，与淡浓黑三者之形容墨色深浅者分立。梦石取湿而欲求其与黑浓淡之别，是根本不知湿为何物，而与黑浓淡混为一事也。盖黑墨可以湿，浓墨可以湿，淡墨亦可以湿。黑墨可以干，浓墨可以干，淡墨亦可以干。干与湿之间，亦犹黑与淡之间，不知可分出多少等差。黑与淡间之千百等差，加以又各有干湿间之千百等差，于是墨之色彩乃无穷尽矣。明乎此，又奚必求湿与黑浓淡之别乎？盖古人五色之说，泥执之则仅五，活解之正不知包括多少墨彩。梦石自谓无滞五黑之说，吾正恐其自滞而未活解之也。

五墨既欲去其一矣，即此四者，仍恐有所混同。何则？淡与黑固大有别，浓则正当斟酌。不然浓之不及者将近于淡，浓之太过者即近于黑。介乎淡与黑之间，异乎淡与黑之色，凡石之阴面，山之阴凹，视之苍苍郁郁，有云蒸欲雨气象，其浓之尽善而尽致者乎？

梦石以"介乎淡与黑之间，异乎淡与黑之色"者曰浓墨。又以为石之阴面，山之阴凹处，宜用浓墨，皆良确。然谓浓墨正当斟酌，不然将与淡墨黑墨相混，一若画中非有此浓墨不可，至于介乎浓与淡及浓与黑间之各等墨，似可从略，又失诸拘执。盖画家作画，本无分别各色墨彩之念存于中。心手相忘，自呈奇彩，笔与墨会，自成氤氲。读画者即其画而分之，墨有黑浓淡干湿千百之不同，若问画者作画之时，固未尝虑及何为黑，何为淡，更必如何调墨始与黑淡不混杂而为浓也。

用浓墨专在一处，便孤而刺目。必从左右配搭，或从上下添设。纵有孤墨，顿然改观。且一幅丘壑，亦断无一处阴凹之理。如将浓墨散开，则五色斑斓，高高低低，望之自不能尽。"文似看山不喜平"，当从此处参之。

丘壑林木，浓淡相间，干湿相因，而画成有渐浓渐淡者，有骤浓骤淡者。究以渐浓渐淡者为多。盖浓墨之左右，必有渐渐淡下去之淡墨，而此淡墨又渐渐浓上来，俾与他处极浓之墨相接。浓淡起落之际，墨气潜焉。郑纪常曰："如初下一笔结实，须放松几笔以消一笔之余气，然后再叠第二笔，如此笔气庶免逼促，乃得生动。"[1]虽专论用笔，实自此用墨道理中悟得。

淡墨浓墨，皆可多用，独黑墨不过略用些须，即苍郁可观。黑墨之用，俟画毕相之，其过迷离处，以此墨醒之，或不起处，以此墨提之，谓之点睛。如全身点睛，世间焉有此物？况黑墨视之最真，如多着则是一幅丘壑皆在面前，便无淡远幽深之趣。

梦石之黑墨，即焦墨擦笔，芥舟所谓"以少浓之干笔，酌其多寡轻重之宜，渐渐醒出"，亦即李乾斋之"至画毕时，遇有不足处，再以焦墨飞皴几笔"。[2]论其功用，在醒眉目，却与点苔同功。故南田称苔点譬之人有眼，通体皆灵。梦石亦以点睛喻黑墨，山水点苔，不可周身点满，虑远近之不分也。于此可悟何以黑墨不宜多着。

太仓派与古法有不同处，如初立骨法，先正多用淡干墨，王麓台以淡湿为之。麓台岂乐于变古哉，其救弊也深矣。古人笔力坚切，虽用淡干墨，亦能力透纸背。后人腕力本弱，乃曰干笔易老，彼但以干笔着纸，无论若

❶ 郑绩《梦幻居画学简明》（同治间郑氏家刊写刻本）1/13b。

❷ 李修易《小蓬莱阁画鉴》（民国二十三年商务印书馆排印本）4/22a。

何柔脆，终不致有浮烟涨墨溢于纸上。若一用湿墨，则满纸臃肿，笔笔抛荒，未及加皴，已自痿痹不起，是以借干淡以自匿其短，究竟无真实力量，干淡岂能掩其稚气。以之欺门外汉则可，以之瞒个中人，则断断不能。明知其非，甘心蹈之而不悔。麓台大惧，恶习不除，贻误匪浅，乃以淡湿墨立骨，笔笔犀利，使拖泥带水者一笔不敢落。学者从此争关夺隘，则于炼骨法时，已自造成铜墙铁壁，何患画之不佳。谓麓台之为救弊也，余岂左袒。

清初大家，烟客、湘碧，皆太仓人，画派复相近，后人遂统称之曰太仓派。南宗画法，自子久创淡墨起，可改可救之说，多自干淡入手。麓台上承家学，以笔端金刚杵自诩，用笔乃愈干，此固为论者所共许之事实。今梦石竟谓麓台变古法而以淡湿为之。不但其弟子无斯记录，麓台所著之画论画跋，无一语道此独得之秘，即其留传之画迹中，亦未见有下手用湿笔之痕迹，真不知梦石之根据安在？浦山《画徵录》载闻人克大观麓台作画一节，叙述甚详（详后章），未尝言其用湿笔。所谓小熨斗熨干，专言其渲染耳，非谓其起手树石之轮廓。梦石此节，正似其论五墨之湿，吾未敢与其苟同也〔温纪堂受业于麓台，尝述其师训曰："勾勒处笔锋须若触透纸背者则骨干坚凝。皴擦处须多用干笔，然后以墨水晕之，则厚而有神。"《画徵录》下/15a〕。

然则麓台无干墨乎？有之，最后方用，更觉苍秀浑脱。干之所以居六彩之一也。学者如未能用，只可阙此一彩，以待将来。若欲用之，必于依轮加皴，既熟之后，不必为法所拘，皴足宜用干墨以迷离之，能于发笔处不见笔痕，然

笔处不见住笔痕，沉着痛快，跳出纸上，方尽干笔之妙。若徒以模糊燥墨，盘旋往复，涂成一片墨烟，其去画道，不更远哉？虽云迷离，却自分明。吾观前辈之画，笔繁处用之，繁而不繁，简法寓焉。墨合处用之，合而不合，破法在焉。干笔之用，诚非一端。

上节谓麓台至最后用干墨，实则麓台自始至终，除渲染设色外，无不干干非不佳，画中之趣，有非干不足以发者，但干亦自有其流弊。梦石不仅言其借干所发之神采，兼及因干所生之俗态，持论尚称公允。

黑、浓、湿、干、淡之外加一白字，便是六彩。白即纸素之白，凡山石之阳面处，石坡之平面处，及画外之水天空阔处，云物空明处，山足之杳冥处，树头之虚灵处，以之作天，作水，作烟断，作云断，作道路，作日光，皆是此白。夫此白本笔墨所不及，能令为画中之白，并非纸素之白，乃为有情，否则画无生趣矣。然但于白处求之，岂能得乎？必落笔时气吞云梦，使全幅之纸，皆吾之画，何患白之不合也。"挥毫落纸如云烟"，何患白之不活也。禅家云："色不异空，空不异色，色即是空，空即是色"，真道出画中之白。即画中之画，亦即画外之画也。特恐初学未易造此境界，仍当于不落言诠之中，求其可以言诠者而指示之。笔固要矣，亦贵墨与白合，不可用孤笔孤墨，在空白之处，令人一眼先觑着他。又有偏于白处用极黑之笔界开，白者极白，黑者极黑，不合而合，而白者反多余韵。譬如为文，愈分明，愈融洽也。吾尝言有定理无定趣，此其一端也。且于通幅之留空白处，尤当审慎。有势当宽阔者，窄狭之则气促而拘。

有势当窄狭者，宽阔之则气懈而散。务使通体之空白，毋迫促，毋散漫，毋过零星，毋过寂寥，毋重复排牙，则通体之空白，亦即通体之龙脉矣。凡文之妙者，皆从题之无字处作来，凭空蹴起，方是海市蜃楼玲珑剔透。

墨分六彩之说，悉本《绘事发微》(见第三十七章)，但解释白字，静岩竟远不及梦石之详尽。画中之白，为缣素不着笔墨处，纸地绢质之本色也。若取一幅净绢，而告人曰，此墨色之一也，岂不可笑。盖白本非墨色，惟与墨相遇相遭而后成色。是则画之空白处本非画，必因画之有笔墨处成画，而空白处亦成画，明矣。故戴鹿床有言曰："山石以画而得，云水以不画而得，山石成，则云水自在。岂所谓名者实之宾乎？"❶与梦石"使全幅之纸，皆吾之画，何患白之不合也"，正有相通处。由此观之，画中之白，正当于其他之五彩，细心体味，始有所获。《南田画跋》有一则，似与此理忤。"今人用心在有笔墨处，古人用心在无笔墨处。"❷若从其说，似不必更于画中之实处着意。但南田又曰："宋人谓'能到古人不用心处'，又曰'写意画'。两语最微，而又最能误人。不知如何用心，方到古人不用心处。不知如何用意乃为写意。"❸是则有笔墨处，又岂可以轻心即之哉？

古人作文，本有变体。凡文中所不可犯之病，偏故犯之，而为他人所不敢犯，亦他人所不能犯。如拉杂重复疏漏，左、史中多有之，翻成奇绝。此固精能之极，然后能遗貌取神，以成此游戏三昧之诣，非貌为怪诞也。文固如是，画亦有之。如用墨不宜专彩，而竟有通幅用焦墨者。方其初落笔也，旁观者深以

墨黑为嫌，而作者任意直挥，无所顾虑。山石之面貌，色几如铁，极有情致，推原其故，笔线先能如铁，其用焦墨，方不生不硬，不浊不癫，不突不恶滥也。又有通幅用干墨者，似轻云之晻蔼，薄雾之冥濛，却笔笔有力，并非一味模糊，于极燥中，不湿而湿，较之湿墨尤觉苍润，岂枯槁之笔所能效颦者耶？且用笔贵圆熟，贵秀润，而反有以破笔用破墨者，信手挥毫，头头是道，非绚烂之极归于简略、化千万笔为三五笔者，何能绳以理法，不粘不脱，而自饶天趣也。陶靖节之荷锄，张志和之垂钓，潇洒出尘，固非草野人所能仿佛。更一种用宽笔行浓墨，近于泼墨，实非堆墨，令人见之不解所作何物，及墨迹干足，或合或分，不数笔即灿然成象。人以为真能点铁成金，不知其方落墨时早有成算在胸，非孟浪无知、敢于东涂西抹者比也。凡此数种墨法，似有法而无法，似无法而有法，乃大成后之戏笔。偶一为之，谓之有意也可，谓之无意也亦可。彼世之江湖客，每假此数种变格墨法以欺人，固无足怪。学者当先认其笔，次辨其墨，不可不知，不可妄作。

梦石详论各种笔法墨法之后，乃以变体殿之。变体者，通幅焦墨，通幅干墨，破笔破墨及宽笔浓墨是也。梦石虽未明言意究何属，不妨试代举例言之。如半千之以黝黑见凝厚，垢道人之以干涩见苍拙，石涛之以破墨见氤氲，恽香山之以浓湿见淋漓，咸非初学者所敢一试。即使试之，亦终归恶俗而已。且学者更当有见有识，能辨别高远凡鄙于一介之间。故梦石特曰："彼世之江湖客，每假此数种变格墨法以欺人。"良以毫厘之失，每有千里之谬也。

❶ 戴熙《习苦斋画絮》(光绪十九年惠氏刊本) 8/17b。

❷ 恽寿平《瓯香馆画跋》(鄂官书处重刊《瓯香馆集》本) 11/2a。

❸ 同注❷ 11/4a。

第三十三章　清代南北宗论

有清三百余年之画坛，尽属南宗之天下，造成之者，玄宰一人之力也。

玄宰官至礼部尚书，书画之名，早驰宇内，年登大耋，神明不衰，风流蕴藉，独步当时，学者仰望，俨然泰山北斗之尊，故其画风言论，自足左右世人之好尚，而太原、琅玡两王先生（烟客、圆照）崛起承之，又为清代画苑领袖，绪沫流传，曼衍实蕃。是以论画史者，无不以为玄宰有开继之功。王石谷[1]、王麓台[2]、张浦山[3]、李乾斋[4]、叶郎园[5]等家，皆言及之。至于从事撰述者，如秦祖永，更于《桐阴论画》中，将玄宰置于一篇之首，不受朝代之限制，以显示画史当有其自具之段落〔秦祖永《桐阴论画》例言曰："董思翁载在明史似乎不应阑入此编，然思翁于画学实有开继之功焉。明季画道之衰，端赖振起，文、沈虽为正派大家，而其源实出梅道人、倪、黄一派，至思翁独得心传，开娄东正派，故必以思翁冠首……"套印本例言1a〕。盖确有所见，始有斯创举，宜乎越园先生称之为"具见特识"[6]也。

本章论清代关于南北宗之言论，即援秦氏之例，自玄宰之后沈灏等家始，庶可与明代一章衔接。不受朝代之拘束，首先列举各家分宗之说，以及诋诽北宗，显受玄宰之影响者。此为清代画家普遍之论调，亦可谓为画学中之主流。平心而论，各家未尝不因有先入为主之观念，致酿成褊狭自尊之见解。清代画坛之所以不振，南宗画派亦不可尽辞其咎。反之，有主流必有逆

---

[1] 石谷题赠周梁园画曰："……文沈而后，吴门之派兴焉。董文敏起一代之衰，抉董巨之精……"周亮工《读画录》（《风雨楼丛书》排印本）2/7b。

[2] 麓台题画曰："……明季一代惟董伯得大痴神髓，犹文起八代之衰也……"《王司农题画录》（《甲戌丛编》本）上/13b。又曰："……明季三百年来，惟董宗伯为正传之派，继之者奉常公也……"（同上本）下/13b。

[3] 张浦山曰："……宗伯（指董玄宰）综揽古今，阐发幽奥，一归于正，方之禅室，可备传灯一宗，真源嫡派，烟客实亲得之……"《国朝画徵录》（通行本）上/2a。

[4] 李乾斋曰："我朝画学不衰，全赖董文敏把持正宗，其后烟客、麓台、图照、渔山辈，皆文敏功臣，至樗鑫蒙泉，则又遥接衣钵。虽一艺之微，父敏实有开继之功也。"《小蓬莱阁画鉴》（民国二十三年商务印书馆再版）1/3b。

[5] 叶郎园曰："……文敏于鼎革之世，有开继之功，二王于建国之初，实开山之祖……"《游艺卮言》（叶氏观古堂刊本）上/5a。

[6] 余绍宋《书画书录解题》（民国二十一年北平图书馆排印本）4/9a。

流，主张南北并重，甚至北优于南者，亦自有人在。其中或有失诸偏激，但惟以吾人处于南宗势力之下已久，今日观之，转觉其平洽公允，自具卓见，而今后吾国绘画，欲求自拯于南宗疲弱至极，其议论正有可资借镜也。

第一节 董其昌南北宗说对于后代论者及画风之影响

（一）从玄宰分宗之说者

自玄宰创画有南北宗唐时始分之说，首先附和之者为沈灏。《画麈》中分宗一则曰：

禅与画，俱有南北宗，分亦同时，气运复相敌也。南则王摩诘，裁构淳秀，出韵幽澹，为文人开山。若荆、关、宏、璪、董、巨、二米、子久、叔明、松雪、梅叟、迂翁，以至明之沈、文、慧灯无尽。北则李思训风骨奇峭，挥扫躁硬，为行家建幢。若赵干、伯驹、伯骕、夏（当是马字之误）远、夏珪，以戴文进、吴小仙、张平山辈，日就狐禅，衣钵尘土。❶

孙炯《砚山斋杂记》有《恽氏说画小记》，盖与南田论画，而笔之于书者。读此可知南田对于南北宗说，亦仍董氏之旧。

南宗以唐王摩诘维、荆洪谷浩为祖，开文人笔墨游戏法，后至董源号北苑，南唐人，高逸沉古，元四大家皆宗之。黄公望，字子久，号大痴，又号一峰，最近巨然。巨然北宋僧，亦师北苑者也，故今称董巨。但一峰用正锋长皴数笔，则得自北苑也。倪瓒元镇，号云林，又号迂翁，学北苑，兼洪谷意，所以独逸，在三家上。吴镇仲圭，号梅花道人，独得北苑墨叶，兼巨公之长，最为沉郁。黄鹤山樵王

蒙叔明，初师北苑，后兼摩诘，细麻皮皴，极郁密浑厚，其用墨意不离北苑。要之，黄、倪、吴、王四家，总出北苑，而各不相似，所以能高自立家。若如出北苑一手，纵极，肖已落第二乘矣，岂能与北苑并传不朽者乎？如近世王绂、杨基、张羽、徐贲，皆以笔墨游戏，得元人意致，亦各成家。文徵明、沈周、仇英、唐寅，未尝相袭，而董宗伯其昌，复宗北苑，绘苑风流，赖以复振云。北宗以南宋刘、李、马、夏为标表，刘松年、李唐、马远、夏珪四家，各有奇妙。李晞古境界极险，然命笔太刻画，至于开辟奥僻一路，使人不可到。刘极精工，然不及李、马远画，人间传者绝少，澹荡萧旷之趣，间于残轴断幅中得之。夏禹玉笔墨最为深沉，又极灵秀，创境亦高奇，但所画皆浙中山水耳。世传北宗以唐李思训昭道父子为祖，即世号大小李将军者，俱极工整丽密之致，由刘、李、马、夏辈观之，岂复有二李遗意耶？故北宗以李将军论，则可谓衣钵失传者矣。余因断自刘、李、马、夏始。近人言北宗者，惟唐、仇。仇不及唐之高秀，而精工之极，又得士气，此最不易得。在浙则戴静庵文进，远宗马、夏，然视仇又千里矣。因叹息久之。暇日偶与正叔论画，遂纪其语。❷

徐沁撰《明画录》，于山水一门序论曰：

自唐以来，画学与禅宗并盛，山水一派，亦分为南北两宗。北宗首推李思训、昭道父子，流传为宋之赵干及伯驹、伯骕，下逮南宋之李唐、夏珪、马远。入明有庄瑾、李在、戴进辈继之，至吴伟、张路、钟钦礼、汪肇、蒋嵩，而北

❶ 沈灏《画麈》（于海晏辑《画论丛刊》民国二十六年中华印书局）册一 1a。

❷ 孙炯《砚山斋杂记》（四库本）2/36b。

宗熸矣。南宗推王摩诘为祖，传而为张藻、荆关、董源、巨然、李成、范宽、郭忠恕、米氏父子、元四大家。明则沈周、唐寅、文徵明辈，举凡以士气入雅者，皆归焉。此两宗之各分支派，亦犹禅门之临济、曹溪耳。今鉴定者不溯其源，止就吴浙二派，互相掊击，究其雅尚，必本元人。孰知吴兴松雪，唱提斯道，大痴、黄鹤、仲圭，莫非浙人。四家中，仅一梁谿迁瓒。然则沈、文诸君，正浙派之滥觞，今人安得以浙而少之哉？❸

分宗之说，固本董氏，即最后论浙派，主张当上溯其源，而求诸元人，不可止就吴浙二派，互相掊击，亦全自玄宰之"不知赵吴兴亦浙人，若浙派日就澌灭，不当以甜斜俗软者，系彼之中也"数语得来。

吴升《大观录》，著录之作也，然往往因论画家而及宗派。

按山水画，至唐始变古法。李思训王维两宗并立，王之传为荆、关、李、范、董源。若惠崇者，崛起建阳，大开右丞生面。虚和萧散，一洗刻画之习。江南春图，其最著也。大年北面惠崇，得其潇洒空灵之韵，直绍南宗香火。❹

唐静岩为麓台弟子，麓台承奉常之余绪，奉常固获亲炙于思翁者，渊源所自，其持论可知：

唐李思训、王维始分宗派，摩诘用渲淡，开后世法门，至董北苑则墨法全备，荆浩、关全、李成、范宽、巨然、郭熙辈，皆称画中贤圣。至南宋院画，刻画工巧，金碧焜煌，始失画家天趣。其间如李唐、马远，下笔纵横，淋漓挥洒，另开户牖，至明戴文进、吴小仙、谢时

臣，皆宗之，虽得一体，究于古人背驰，非山水中正派。此亦如庄、列、申、韩诸子，虽各著书名家，可同鲁论邹孟耶？元时诸子，遥接董巨衣钵。黄公望、王蒙、吴镇、赵孟頫，皆得北苑正传，为元大家。高克恭、倪元镇、曹知白、方方壶，虽称逸品，其实一家之眷属也。明董思白衍其法派，画之正传，于焉未坠。我朝吴下三王继之。余师麓台先生，家学师承，渊源有自，出入蹂躏于子久之堂奥者有年。每至下笔得意时，恒有超越其先人之叹。❺

安麓村岐，收藏甚富，鉴别至精，论画悉以士气院体，为优劣之轩轾，盖其受王石谷、顾维岳等之熏陶深也。❻

山水自唐李将军，王右丞，分有南北二宗，至荆、关、董、巨后，北宋始为全盛。其卓然杰出者，皆法右丞，浑厚天成，兼多士气。逮至政和间，裕陵究心绘事，专以形似为工，传之南宋，二赵、马、夏、李唐辈，山水皆宗李将军一派。其人物、花卉、宫室、鸟兽、虫鱼，院人曲尽精思，各生新趣。虽极一时之选，实乖古意。是时如米元晖、江贯道，独法董巨，杨补之赵子固，又为超轶者也。至元赵文敏，天资高朗，学问渊深，而留心翰墨。不独书法追宗汉魏晋唐，其于绘事，一扫院体习气，故释道人物法唐人，画马学韩干，山水师董源，皆能深得旨奥。其兰蕙竹石，小景之属，清韵拔俗，所谓书画之集大成者。他如高房山，黄子久，王、吴、倪及元末诸公，寄情画道，高妙绝尘，虽其各立堂户，然多发脉董元，故称画品中之神韵高逸者。入明徐幼文、王孟端、刘完庵、沈石田、文征仲皆宗之，则又远接衣

❸ 徐沁《明画录》（邓实辑《美术丛书》神州国光社排印本）三集七辑一册 11b。

❹ 吴升《大观录》（民国九年武进李氏圣译楼排印本）13/30a。

❺ 唐岱《绘事发微》（张祥河辑《四铜鼓斋论画集刻》宣统重刊本）册二 1b。

❻ 安麓村《墨绿汇观》于巨然雪图下曰："……忆甲午岁十二月，余在吴门时久雪初霁，顾维岳从玉峰携来，与王石谷同观于吴江舟次。"（翰文斋排印本）名画卷上北宋 12a。维岳，苏州人，精鉴赏。叶德辉《郋园藏书志》曾言及之。

钵矣。 明末董文敏□起华亭，秀润天成，不落蹊径，宗风为之一变。❶

布颜图论画法，力主干笔多皴，虽曾从张振岳游，必系私淑麓台者，故其论画派曰：

东晋以来，有顾长康、陆探微、张僧繇为画家三祖，虽有尺山片水，亦只画中衬贴，而无专学。迨至盛唐，王右丞与友人裴迪，诗酒盘桓于辋川之别墅，思图辋川，以标行乐。辋川四面环山，其巉岩叠嶂，密麓稠林，排窗倒户，非尺山片水所能尽，故右丞始用笔正锋，开山披水，解廓分轮，加以细点，名为芝麻皴，以充全体，遂成开基之祖，而山水始有专学矣。从而学之者，谓之南宗。唐宗室李思训，开钩砍法，用笔侧锋，依轮惹而起之，曰斧劈皴。装涂金碧，以备全体，其风神豪迈，玉笋琳琅，便与右丞鼎足互峙，媲美一时。其子昭道，号小李将军，箕绍父业，一体相传，皆成开基之祖，从而学之者谓之北宗。惟宋室赵家诸辈，少得其仿佛，而南宋之刘、马、李、夏以及明之张、戴、江、汪辈，皆纵笔驰骋，强夺横取，而为大斧劈，遂致思训父子之正法心学，沦丧其真，而杳失其传矣。师法南宗者，唐末洪谷子荆浩，将右丞之芝麻皴，少为伸长，改为小披麻，山水之仪容已备，而南唐董北苑，更将小披麻再为伸长，改为大披麻，山头重加墨点，添以渲淡，而山水之全体备矣。至北宋之关全、巨然、李成、范宽、郭河阳诸辈群起，各舒己长，扩而充之，而山水之学始大成矣。若元之黄、王、倪、吴，谨守南宗，师法北宋，虽学力不逮，其墨质干淡，笔势浑沦，而云烟之变灭，

山水之苍茫，由是出矣。盖山水画学，始于唐，成于宋，全于元。❷

沈熙远之《芥舟学画编》，颇以维正法、斥俗学自许。所谓正法，自当时观之，非南宗莫属。

……自王右丞李将军父子各擅宗派，乃始有南北之分。王之后，则董、巨、二米、倪、黄山樵，明季董思翁，是南宗的派。李之后则郭熙、马远、刘松年、赵伯驹、李唐，有明戴文进、周东村，是北宗的派。其不必以南北拘者，则荆、关、李成、范宽，元季吴仲圭，有明沈、文诸公，皆为后世模楷。吾朝初年巨手累累，其尤者为烟客，廉州接其武者，石谷、麓台、黄尊古、张墨岑诸人，盖皆绍思翁而各开门径，恪守南宗衣钵者也。北宗一派，在明代东村实父以后，已罕有绍其传者，吴伟张路，且属狐禅，况其下乎？百年以来，渐渐不可究诘矣。❸

王谔《今画偶录》后，附《菊庄论画》，凡三篇。首论山水，开章明义，即言宗派。

山水一门，有南宗北宗之分，南宗则自唐之王摩诘始，若王洽、张璪、荆浩、关仝、董源、巨然、二米、房山、子久、叔明、云林、仲圭、征仲、启南、思白、文度，以至本朝之烟客祖孙。北宗则李将军父子、赵氏千里、希远、马远、夏珪、戴进、吴伟、张路，流弊而至蓝瑛、王山嵊，此夫人知之者也。❹

南北宗说，论者不绝于口，数百年来，已成陈腐，而晚近之鉴赏家，仍有不厌言之者。裴氏伯谦，其一也。

山水自六朝以来，已开青绿浅绛两派。青绿至大小李将军，集北宗之大成，浅绛至王右丞，集南宗之大成，均为宋元人始祖。❺

❶ 安岐《墨缘汇观》（翰文斋排印本）序 /1a。

❷ 布颜图《画学心法问答》（乾隆十一年松风堂写刻本）上 /4a。

❸ 沈宗骞《芥舟学画编》（乾隆四十六年冰壶阁原刊本）1/2b。

❹ 王谔《菊庄论画》（《今画偶录》附刻本）1a。

❺ 裴景福《壮陶阁书画录》（民国二十六年中华书局聚珍仿宋本）15/13b。

以上随手节录，已不下十家，此外尤以沈大成、李葆恂之言，最饶兴趣。沈氏《学福斋集》曰：

画如禅，亦有南北二宗，吾乡董文敏为南宗之慧能，得其传者，若赵文度、宋石门诸君，皆一时之秀。❻

李氏跋烟客《仿古山水册》曰：

窃尝以禅喻国朝画派。明之香光，譬达摩东来，西庐则二祖也。三王、吴、恽，并获传衣，得正法眼。其后东山、南华、篁邨、瓜田、铁生、谷原、鹿床、琴隐，镫镫相续，不坠宗风，其南岳石头之俦匹邪？若石涛八大，虽神通狡狯，终是教下别传，拟诸寒山拾得，或其伦耳。❼

此等笔墨，近于游戏，似不必严格以理律之，视其是否尽当。顾二家之妙处在以玄宰向所喻右丞者喻玄宰。若论在画史中所踞地位，玄宰处于明清之际，其开继之功，实较生于五代诸大家前之右丞为显著。不仅相去未遥，其言行画迹，历历有征，即风靡所至，支派流传，今亦了若指掌。不意沈李二家，袭玄宰之说，又以之归玄宰，而允洽竟能过之，此讵当初玄宰意料所能及？惟玄宰昔日以禅论画，本属附会，沈李殆又因其附会而附会者。南北宗说，影响后世之巨，恐亦未必玄宰当日所能知也。

（二）贯彻玄宰重南轻北之主张者

前项所引各家之言，皆寓有卑视北宗之意。何则，玄宰之创南北宗，原为提高文人之身价，故凡从其分宗之说者，已高自标置于院体行家之上。此项所引则为未论分宗，而对北派画家有微辞者也。

朱竹坨有《论画绝句》，为和宋牧仲之作。中有一绝曰：

白下钱唐画作林，残山剩水树无阴。若令此辈流传远，不合良工苦用心。❽

白下钱唐，虽未必专指浙派，然"残山剩水"❾固前人所用以诮马遥父者。此等作风，竹坨直谓其不足传世也。又有一绝曰：

谈艺何人公道存，每因憎爱昧昭昏。不应唐沈同时在，吴伟翻呼画状元。❿

吴小仙为明成化间仁智殿待诏。孝宗宏治元年，命画称旨，赐印章曰"画状元"。竹坨此诗，为六如石田等之文人画家不平也。吴修《青霞馆论画绝句》，复为竹坨之诗转注脚。

吴小仙称画状元，一时专指院中言。名家唐沈文人笔，院本如何与并论？⓫

乍读之，不过解释何以唐沈竟无此荣遇。实则思亭，显谓竹坨比喻之不伦不类。小仙院画，根本不可与文人相提并论。卑视北宗之观念，较竹坨尤为刻露。文人院体间阶级之等差，亦更为分判清楚，万万不容涍混者也。

麓台《题画录》中，有《画家总论题画呈八叔父》一则：

画家自晋唐以来，代有名家，若其理趣兼到，右丞始发其蕴。至宋有董巨，规矩准绳大备矣。沿习既久，传其遗法，而各见其能，发其新思，而各创其格。如南宋之刘、李、马、夏，非不惊心炫目，有刻画精巧，与董巨老米之元气磅礴，则大小不觉径庭矣。⓬

麓台以"元气磅礴"及"刻画精细"为二宗之判，是不啻就画中之神趣，为南北二宗树立定义。方兰坻有"书画贵

❻ 冯金伯《国朝画识》（墨香居刊本）7/1b。

❼ 同注❺ 13/53a。

❽ 朱彝尊《论画绝句》（《美术丛书》本）初集五辑一册5a。

❾ 汪砢玉《珊瑚网·画录》："评画者谓远画多剩水残山，不过南渡偏安风景耳……"（张氏《适园丛书》本）5/13b。

❿ 同注❽ 4b。

⓫ 吴修《青霞馆论画绝句》（光绪二年葛氏啸园刊本）22b。

⓬《王司农题画录》（《甲戌丛编》本）上/16a。

有奇气,不在形迹间尚奇,此南宗义也"❶之论。王谔亦谓:"写山水之神者,即是雅笔,即是南宗",❷咸与麓台所见相近。即使无一语贬北宗意,已不言而喻矣。

沈芥舟宗派章中之第一则,持论似极平允,并不偏袒南宗,作优劣之轩轾。

天地之气,各以方殊,而人亦因之。南方山水蕴藉而萦纡,人生其间,得气之正者,为温润和雅,其偏者则轻佻浮薄。北方山水奇杰而雄厚,人生其间,得气之正者,为刚健爽直,其偏者则粗厉强横,此自然之理也。于是率其性而发为笔墨,遂亦有南北之殊焉。〔迮万川曰:"画法淡处见精神,而淡必以水为血脉。凡干皴者往往枯槁乏生动之味,职是故耳。南宗多风神,多用水,故雅淡也。北宗少姿韵,少用水,故浓重也。"(琐言5/24a)〕惟能学则咸归于正,不学则日流于偏,视学之纯杂为优劣,不以宗之南北分低昂也。其不可拘于南北者,复有二。或气禀之偶异,南人北禀,北人南禀是也。或渊源之所得,子得之父,弟得之师也。第气象之闲雅流润,合中正和平之道者,南宗尚矣。故稽之前代,可入神品者,大率产之大江以南。若河朔雄杰气概,非不足怵人心目,若登诸幽人逸士、卷轴琴剑之旁,则微嫌粗暴,故佳者,但可入能品耳。苟质虽禀此,而能浸润乎诗书,陶淑乎风雅,泽古而有得焉,则嵚崎磊落之中,饶有冲和纯粹之致,又安得以其北宗也而少之哉?盖学画之道,始于法度,使动合规矩以就模范,中则补救,使不流偏僻以几大雅,终于温养,使神恬气静,以几入古。至于局量气象,

关乎天质,天质少亏,须凭识学以挽之,若听之而近于疲软沉晦,虽属南宗,曷足观赏哉?至徇俗好,以倾侧为跌宕,以狂怪为奇崛,此直沿门;娄黑者之所为矣,何可以北宗概之乎?❸但只须看"南宗可入神品","而北宗但可入能品耳"二语,可知画中之最高诣境,终非南宗莫属,是芥舟又岂能脱离以往之文人传统思想哉?

披览清人之著述,类似上引之言论,触目皆是,书不胜书,偶举数家,亦可觇其大概矣。

(三)玄宰画风之流弊

余越园先生尝有言曰:"画风变迁,关乎时会,有非人力所能左右者。其前者不必论,明画至文、沈、仇、唐而后,已极刻画绵密之能事,其不能不思变者,势也。香光特应运而兴,遂开宗派,其推崇元季四家,而趋于简淡萧疏者,亦势也。四王一派,百年以来,流于疲弱,几成印板,无复生机,矫之者,乃以粗笔率笔为高古,所谓江湖恶习,亦已渐为人所厌,时至今日,盖又有不得不变之势矣。"❹玄宰提倡南宗,其影响之巨,声势之大,原非当日所能预知。追踪董巨,一变晚明之刻画,未始非其功。而蔓衍所至,终归卑靡,又讵可谓非其咎。吾人设欲详论玄宰对于后代画风之影响,实不妨草一编近代绘画史,以玄宰开宗,即就南宗之流变,为全书之中心,盖远非本章区区之篇幅及范围所能尽。兹不过择取论者对于专门固守董氏一派者之非议,以示玄宰之画风,确有流弊而已。

范允临与玄宰同时,其跋沈子居山水长卷曰:

❶ 方薰《山静居画论》(《画论丛刊》本)册三上/9a。

❷ 王谔《菊庄论画》(《今画偶录》附刻本)2b。

❸ 沈宗骞《芥舟学画编》(乾隆四十六年冰壶阁原刊本)1/1a。

❹ 余绍宋《书画书录解题》(民国二十一年北平图书馆排印本)3/28a。

吾松有一董玄宰先生，笔笔从古法中来，此亦吾松画家之开山斧也。乃松人坚不肯摹仿，必欲追求其先辙，务凌而上之，此所以各自成一家，毫无习气，或董北苑、董巨然、范宽、关、荆、倪迂、大痴、叔明辈，笔笔师之，而又不拘拘拟之，如沈子居先生此卷，层峦叠嶂，雄浑巨丽，彼何尝不师古人，而又安可以古人名之哉？即古人且不肯落其藩篱，而又安知有玄宰先生哉？乃苏人曾不见古人面目，而但见玄宰先生之画，遂以为松江之派，真可叹可哀耳。苏人胸中有松江派三字，所以画再不得精耳。请观此卷，何尝有玄宰先生一笔，而乃谓之松江派，不亦冤哉？**❺**

按是跋题于崇祯四年辛未，玄宰年七十七，尚健在，可知在先生生前，松江派已深入人之耳目，坠其藩篱而不能自拔者，已大有人在矣。

南田《瓯香馆画跋》尝因论书而及画。

……故书无点画，不可以言书，画无笔墨，不可以言画。自文沈创兴，遗落笔墨，而笔墨之法亡。云间崛起，研精笔墨，而笔墨之法亦亡。何则，衍其流者忘其故，渐靡滥觞，不可使知之矣。**❻**

既曰画无笔墨，不可以言画，何以精研笔墨，而笔墨之法反亡。盖学玄宰者之笔墨，必非玄宰所研之笔墨也。

张瓜田《浦山论画》亦曾言及松江派：

松江派，国朝始有，盖沿董文敏、赵文度□□之习，渐即于纤□甜赖矣。**❼**

读范允临沈子居山水卷跋，可知"松江派国朝始有"一语，殊不尽然，要其结习，必愈久愈深，至清斯滥耳。瓜田于《画徵录》顾昉传中，论之尤详。

华亭自董文敏析笔墨之精微，究宋元之同异，六法周行，实在于是。其后士人争慕之，故华亭一派，首推艺苑，第其心目为文敏所压，点拟拂规，惟恐失之，奚暇复求乎古？由是袭其皮毛，遗其精髓，流而为习气矣！**❽**

吴荷屋论玄宰，语颇抽象，但能揭其流弊之源。跋玄宰《秋兴册》曰：

香光以禅语悟书画，有顿证而无渐修，颇开后学流弊，然其绝顶聪明，不可企及……**❾**

惟以玄宰聪明绝顶，故玄宰或可顿证，而学玄宰者，不可顿证。自南北宗之说兴，而习董巨及元四家者，皆以为不须渐修，咄嗟可致，竟不知南宗画亦必须有绝大功力。其流于疲软稚弱者，自许太高，无自知之明也。

李乾斋《小蓬莱阁画鉴》亦有二则，论及南宗之流弊。

董思翁墨法，全师海岳，用笔则似嬾瓚，蹊径纯学大痴，合萃三家之精蕴，而跃出绢素，遂成清韵绝世之品。至今日不知谁为沿习，遂有松江派之目，带累文敏不浅也。**❿**

又曰：

山水之有酝酿，南宗固胜于北宗，平淡天真，自饶奇趣。若北宗非工致之极，难见雅驯。然今之学南宗者，不过大痴一家，大痴实无奇不有，而学者又仅得其一门。盖耳目为董尚书、王奉常所围，故笔墨束缚，不能出其藩篱。**⓫**

前则谓学玄宰者无复玄宰之观，后则谓南宗一派面目之狭。夫狭尚不妨，约而精，犹胜博而泛。但狭而仍不能到笔墨之精微处，则真毫无可取矣。

❺ 陆时化《吴越所见书画录》（怀烟阁原刊写刻本）5/85a。

❻ 恽寿平《瓯香馆画跋》（鄂官书处重刊《瓯香馆集》本）补 /5b。

❼ 张庚《浦山论画》（《画论丛刊》本）册二1a。

❽《国朝画徵录》（通行本）中 6/a。

❾ 吴荣先《辛丑消夏记》（叶氏重刊本）5/73b。

❿《小蓬莱阁画鉴》（民国二十三年商务印书馆再版）1/3b。

⓫ 同注**❿** 1/1b。

第二节　不专左袒南宗之论者

本章一起，曾以受玄宰影响，诋諆北宗者，为清代画学之主流；此节所论，其逆流也。逆流之学说，其声势自远不及主流之盛，但吾人对其注重之态度，实当超轶主流而过之。此并非谓今后之画风宜提倡北宗，而对于董巨一系之画派有所贬抑。盖玄宰等三百余年来之见解既失诸偏，则未来画风之转变，诚有如越园先生所谓"关乎时会"，恐势有不得不如是者。

（一）泛论北宗之不可偏废者

陈撰《玉几山房画外录》记恽香山画跋一则曰：

> 南北派虽不同而致，各可取而化。故予于马夏辈，亦偶变而为之，譬如南北道路，俱可入长安，只是不走错路可耳。❶

"不走错路"一语，极可玩味，画北宗而沾染其粗犷习气，便是走错路径。然南宗又何尝无误人之歧途？纤弱甜软，亦非识者所取，故香山此语实双关，非专指北宗言也。

宋牧仲《论画绝句》后有王渔洋、朱竹垞、邹青门三家跋。渔洋曰：

> 近世画家，专尚南宗，而置华原、营邱、洪谷、河阳诸大家，是特乐其秀润，惮其雄奇，余未敢以为定论也。不思史中迁固，文中韩柳，诗中甫愈，近日之空同大复之皆北宗乎？中丞论画，最推北宋数大家，真得祭川先河之义。足破聋瞽，予深服之。其诗之工，又无论已。士正评。❷

以诗文家地域之南北，喻画之南北，又是附会（按玄宰并不以画人地域之南北分宗

〔详前章〕，沈熙远《学画编》宗派章第一则〔见本章前节〕，亦附和是说）。然其重视北宗之态度，固表白甚显。渔洋不喜论画，上文所云，想不过录引牧仲平日之议论耳。牧仲当时最负精鉴之名，尝云："暗中摸索，可别真赝。"❸其好尚取舍，自不容忽视。

钱梅溪论画，只问笔墨，不问派别，几欲摒去南北二宗间之鸿沟。

> 画家有南北宗之分，工南派者每轻北宗，工北派者亦笑南宗，余以为皆非也。无论南北，只要有笔有墨，便是名家。有笔而无墨，非法也。有墨而无笔，亦非法也。❹

与梅溪之论相近者为宋葆淳芝山，及李修易乾斋。芝山题画有诗曰：

> 思翁论画学，如禅分南北。后人遵其言，此伸彼或抑。纷纷嗜好殊，有若以耳食。画虽一艺事，要须造其极。致思既精专，摭写皆心得。神妙绝畦町，意象超笔墨。造化俱吾师，渲染有遗则。南北宁异派，佛祖各努力。此中本性情，无事别畛域。妄生拘虚见，或恐成结刻。❺

蒋宝龄称其"神识超迈"，❻以其能不为时习所囿、成说所限之故。乾斋之论则为：

> 近世论画，必严宗派，如黄王倪吴，知为南宗，而于奇峰绝壁，即定为北宗，且若斥为异端。不知南北宗由唐而分，亦由宋而合。如营邱、河阳诸公，岂可以南北宗限之。吾辈读书弄翰，不过抒写性灵，何暇计及某家皴某家点哉？老子曰："上德不德，是以有德，下德不失德，是以无德。"吾愿学者勿拘拘于宗派也。❼

前代大画家中，有根本非南北二宗所能范者，究将重之耶，抑黜之耶？南

❶ 陈撰《玉几山房画外录》（《美术丛书》本）初集八辑三册下 /5b。

❷ 宋荦《论画绝句》（《美术丛书》本）初集五辑一册 3b。

❸《国朝画徵录》（通行本）续录上 /5a。

❹ 钱泳《履园画学》（《美术丛书》本）初集一辑四册 1b。

❺ 蒋宝龄《墨林今话》（通行本）7/9b。

❻ 同注❺。

❼《小蓬莱阁画鉴》（民国二十三年商务印书馆再版）1/1a。

清代南北宗论

北宗之说，不击自破矣！

戴醇士先生之画，冲挹平淡，信是南宗正则，但其论画，绝不诋諆北派。自题画册曰：

……吾浙画法，在国初时多宗家静庵蓝田叔诸公，大抵法律矜严，笔墨简重……❽

又见其题古木竹石小帧曰：

家静庵写意之作，墨法深厚，满纸士气，后人率以浙派轻之，是又谢庭循之用心矣！❾

是帧今藏邓叔存先生家，细玩味之，无一笔北宗意，岂先生心知其劲爽之趣，而狃于南宗之柔媚笔姿，故未能形之耶？若然，则先生固尝自言之。

士大夫耻言北宗，马夏诸公，不振久矣。余尝欲振起北宗，惜力不逮也。有志者不当以写意了事，刮垢磨光，存乎其人耳。❿

盖至嘉道时，南宗早已疲弱不堪，画风之当有转变，预料为不可免之事，亦为有识者所深悉。惟应运而兴，居领导之地位者，必须具有绝大之魄力，先生自谓惜力之不逮，语甚坦白，非自逊也。吾人今日虽不能于画中见先生对于画派，有毅然之改革，然其平夙之志趣，及对于南北宗之观念，固可知也。

迄有清末叶，画风愈卑靡，而攻击南宗之说者，辞语愈激烈，其人伊何，即越园先生称其不免于偏激之叶德辉郎园是也。兹自其论画诗中，录引数节，以见一斑。《观画百咏》中有诗曰：

荆关董巨振南宗，元四家追二米踪。我欲作文非大写，天潢祭酒妙谈锋。

自注曰：

……按思翁推重南宗，由其天姿高妙，不耐为北宗刻苦细致之笔耳。其实

北宗重规叠矩，人物衣冠，可考古制，楼台界线，必准折算，乃至动植飞潜之物，亦必象形惟肖，极体物之能事。是固非南宗诸家，仅以云山为供养也……⓫

又诗曰：

南北宗风两派分，前人门户闹纷纷。眼中那有河阳笔，得见朱唐亦虎贲。

自注曰：

《画禅室随笔·画源》云："元季诸君子，画惟两派，一为董源，一为李成。成画有郭河阳为之佐，亦犹源画有僧巨然副之。然黄倪吴王四大家，皆以董巨起家，成名，至今只行海内。至于学李郭者，朱泽民、唐子华、姚彦卿辈，为前人蹊径所压，不能自立堂户，此如五宗子孙，临济独盛，当亦绍隆祖法者，有精灵男子耶？"按思翁此论，未免有意抑扬。大抵此二派中，亦各有趋向。盖一为法古，如两汉经师，笃守家法，不肯有所出入。一为逢时，如魏晋人，清谈，全袭老庄，有时亦畅玄风，但苦不得其归宿。故论画，北宗如汉人解经，一字一句，皆有考据。南宗如魏晋人注老庄，虽玄箸超超，要未必是老庄本旨。如朱唐姚三家之画，其视元季四家之画，亦如汉晋人之有异同。朱唐画，吾皆有之，于元季四家，大约与王蒙一家气息相近。其皴法细润如毛发茸茸，与王蒙之羊毛皴，实同出辋川大小李将军而微有变化。思翁谓元季四家皆以董巨起家成名，吾则以为黄鹤山樵多袭王李（思训）李（成）郭，不尽师法董巨。赏鉴家试取王画细玩而静取之，当知吾言之异于思翁，固确有所见也。⓬

又诗曰：

画禅笔下有禅机，南北分宗各是非，三百年来轻浙派，无人能解石门围。

❽ 戴熙《习苦斋画絮》（光绪十九年惠氏刊本）3/10a。

❾ 同注❽ 6/8b。

❿ 同注❽ 6/3b。

⓫ 叶德辉《观画百咏》（叶氏观古堂刊本）1/5a。

⓬ 同注⓫ 3/5a。

自注曰：

自思翁持论尊南而抑北，自是三百年海内，靡然向风。康、雍、乾、嘉四朝，内廷供奉，尚有工北宗之人，其他士大夫殆无有能为大小李将军金碧楼台者矣。夫文人以烟云为供养，以山水为墨戏，诚不必如扬子云作赋，浣吐肠脏，李长吉作诗，呕出心肝。亦何必如讲学家朱陆异同，角立朋党。张庚作《画徵录》，于蓝瑛传云："画之有浙派，始自戴进，至蓝瑛为极，故识者不贵。"又云："余少时闻乡前辈论画至宋旭蓝瑛，辄深诋娸之，后见宋所画辋川图卷，不袭元本，自出机杼。皴擦则用黄鹤山樵法，恣极浚邃，而一出自然，实为有明一代作手，不独不可诋娸，乃学者所当亟摹者也。奈何与田叔一例抹倒，故当亟辨其冤者也。"按宋旭固不可轻肆菲薄，即田叔亦未可妄下雌黄。田叔画师石田，晚年乃与宋人血战。吾藏蓝瑛画轴多幅，以仿元柯丹邱及梅华盒二轴为最精。舍弟点庵藏青绿巨幅，画青山白云红树。青山用绿色堆成，白云钩粉，红树若火齐，似曾见大痴秋山图真迹者。此又安得遽以浙派限之哉？❶

《消夏百一诗》中有一绝曰：

梅谿画笔一时雄，知己平生樊会公。强媚南宗轻北派，世间都是应声虫。

自注曰：

按宗玉画宗北宗，余又藏其山水册，气韵秀逸，绝似唐六如。对幅有郑板桥题语，称其"胸中丘壑之多，尺幅云山，几数百里，又复细秀姿媚，非但信今，实可传后。"观板桥倾倒如此，乃知赏鉴家动诋北宗，真耳食也。❷

扼要言之，数语可尽：（一）玄宰之推重南宗，畏北宗之难而避之耳。（二）元四家有出自北派者，南北宗说，根本不能成立。（三）不仅唐宋之北宗不可蔑视，即北宗末流之浙派，浙派殿军之蓝瑛，亦未可厚非。（四）凡重南轻北者，皆不免有耳食之病。

为南宗倾轧数百载之北派，一旦而得郋园为之吐气，纵有过甚之辞，亦诚大快人意。越园先生谓其尊北黜南，或亦时会之所趋，吾则谓郋园处于画风久不振作之际，忿激积于胸膈，盖有骨鲠在喉，不吐不快之慨也〔罗振玉《永丰乡人稿·雪堂书画跋·尾》、《巨然〈唐人诗意图〉跋》曰："何子贞太史题此帧云：'南宗如龙，北宗如虎。合而一之，惟有老巨。'又自注谓'南宗中沉厚朴远之处全从北派而来'。此大误也。古人作大帧小幅全不同法，如书家之作小楷与擘窠大字然。南北两宗各有沉厚朴远之处，不得以沉厚朴远为北宗所专擅。试观北苑大帧，何一不沉厚朴远，惟不如北宗马夏以后之峭厉峻削而一出之以清润粹穆耳。太史盖观南宗小幅多平远幽旷而罕见巨制，遂谈为此言为附正于此，顾兴宇内明画之士共参证之。"稾丁 25b〕。

（二）就画法论北宗之不可偏废

泛论画派之得失易，就画法而论其得失难。以一藉空言，一尚实据。但倘能以实据证明某派之得或失，必较泛论愈为可信，更有价值。

钱松壶以南宗正派自许，疾视北宗，有如仇忾，至谓宋人如马夏辈，皆画中魔道。不意于此后一转曰："然丘壑结构，亦自精警，不妨采取用之。"❸清人论画，每以笔墨与丘壑相对（阅《芥舟学画编》神韵一章〔第三十一章第一节〕及沈狮峰、盛大士之说〔第三十五章第九节位置一项〕）。凡重笔墨而轻丘壑者，即失于偏。状景之浅近无奇者，以笔以墨。

❶ 叶德辉《观画百咏》（叶氏观古堂刊本）3/23a。

❷ 叶德辉《消夏百一诗》（叶氏观古堂刊本）下/4a。

❸ 钱杜《松壶画忆》（光绪十四年《榆园丛刻》本）上/6b。

❹《小蓬莱阁画鉴》（民国二十三年商务印书馆再版）1/1b。

❺ 邵梅臣《画耕偶录》（刊本）1/1a。

❻ 同注❹ 1/1a。

状景之深邃多趣者，亦以笔以墨。何以只许谓浅近者为有笔墨，而深邃多趣者，竟不许有分，此诚有令人不可解者。吾人只可谓学南宗者，自惭其丘壑过于平庸，故专借笔墨以解嘲耳。

李乾斋作画，经营位置，取法与松壶同。其论曰：

余每喜以北宗丘壑，运南宗笔墨，盖恐流于率意也。山水自画禅室说法，人皆奉为圭臬，迄今未变。若能于营邱河阳两家，准酌古今，定其指归，画法当变而愈上。知其解者，不易得也。❹

此皆确有鉴于南宗丘壑之枯窘，而思有以补救之也。

邵梅臣香伯更于笔墨间论南北宗之难易。

唐以前，画家无分宗之说。笔墨一道，各有所长，不必重南宗轻北宗也。南宗渲染之妙，著墨传神，北宗钩斫之精，涉笔成趣。约指定归，则传墨易，运笔难。墨色浓淡，可倚于法，颖悟者会于临摹，此南宗之所以易于合度。若论笔意，则虽研炼毕生，或姿秀而力不到，或力到而法不精，此北宗之所以难

于专长也。故伯驹彦之，亦自超象入冥，浑脱蹊径，能入其室者盖鲜矣。❺

渲染之法，墨重于笔，钩斫之法，笔重于墨。用笔难于用墨，故北宗难于南宗。设画者善于用墨渲染，而更兼精用笔钩斫之法，必能超越一般南宗画家之上，其论信含至理，又以画法证实北宗之不可偏废也。

至于就画中之一事一物而详论之，则又莫有过于乾斋者。

或问均是笔墨，而士人作画，必推尊南宗，何也？余曰："北宗一举手即有法律，稍觉疏忽，不免遗讥。故重南宗者，非轻北宗也，正畏其难耳。约略举之，如山无险境，树无节疤，皴无斧劈，人无眉目，由淡及浓，可改可救，赭石螺青，只稍轻用，枝尖而不劲，水平而不波，云渍而不钩，屋朴而不华，用笔贵藏不贵露，皆南宗之较便也。"❻

侃侃而言，尤率直可喜。细按之，固无一语不确。清代千百画家中，如此坦白者，吾只得一乾斋。又不尽为彼深自隐讳者长叹息矣。

第三十四章　清代论者对于西洋画之意见

西洋绘画，唐代画籍，已见记载[1]〔第一句有语病。唐以前中国画籍所著录之画家大都籍隶天竺，与后来所称之西洋不能混为一谈。觉明先生批〕，惟历时辽远，已罕信征。迨至明季，西方艺术，乃随历算格致诸学，相继输入中土，数百年来，对于中国画坛，竟有相当之影响。布谢尔之《中国美术》，福开森先生之《中国画史》，皆曾述之。德人洛孚[2]及法人伯希和[3]亦各有专文，而民国十九年《东方杂志》美术号，载向觉明先生《明清之际中国美术所受西洋之影响》[4]一文，旁征博引，详论中西美术之关系，尤称合作。本章所划定之范围，偏重在吾国论者对于西洋画理画法之认识，以及所具之态度。但事先似宜对其输入吾国之经过略有论及。以是颇有取材于觉明先生之文者。

第一节　西画东渐述略

万历二十八年庚子（1600年），利玛窦进天主像一幅及天主母像二幅于神宗。此类图绘，当时顾起元纪之于《客座赘语》中，味其语气，似曾目睹者。

利玛窦，西洋欧罗巴国人也。面皙虬须，深目而睛黄如猫，通中国语。来南京，居正阳门西营中，自言其国以崇奉天主为道。天主者，制匠天地万物者也。所画天主，乃一小儿，一妇人抱之，曰天母。画以铜板为帧，而涂五彩于上，其貌如生。身与臂手，俨然隐起帧上，脸之凹凸处，正视与生人不殊。人问画何以致此？答曰："中国画，但画阳不画阴，故看之人面躯正平，无凹凸相。吾国画兼阴与阳写之，故面有高下，而手臂皆轮圆耳。凡人之面正迎阳，则皆明而白，若侧立，则向明一边者白，其不向明一边者，眼耳鼻口凹处，皆有暗相。吾国之写像者解此法用之，故能使画像与生人无异也。"……[5]

汪砢玉与顾氏同时而略晚，《珊瑚网》跋西士作曼倩采桃图跋中，亦尝言及。

大西洋利玛窦所携诸画像，俱蜡地，重着色，人物俨映冰壶间，是六法别传异派。今西士在漳南者，以此为生涯矣。尝见月上女图佛光，所摄处摩登佳作横陈光景，殊幻绝。此采桃曼倩，亦颇神采生动。余更有准提像，则纸上设色，不但妙相庄严，抑亦宝光焕发。虽吴道子运笔，谅莫能过，允宜冠亚墨利加也。[6]

[1] 陈姚最已将吉底俱摩罗菩提等收入《续画品》，但未及其画法。尉迟乙僧、朱景玄《唐朝名画录》谓其善凹凸花，叙事较详。《历代名画记》中乙僧亦有传〔书中此节据向氏引文，与赖古堂藏书本不符，或改此注，或改前文，以期核实〕。

[2] B. Laufer, *Christion Art in China*, 1910.

[3] P.Pelliot,*La Peinture et le Gravure Euro-péennes en Chinè au Temp de Mathieu Ricci* (T' oung Pao 1922,1—18).

[4] 向达《明清之际中国美术所受西洋之影响》(《东方杂志》第二十七卷第一号《中国美术号》民国十九年一月十日) 19—38。

[5] 顾起元《客座赘语》(《赖古堂全集》附刻《赖古堂藏书》本) 16a。

[6] 汪砢玉《珊瑚网·画录》(张氏《适园丛书》本) 18/31a。

此后更见于姜绍书之《无声诗史》。记西域画曰：

利玛窦携来西域天主像，乃女人抱一婴儿，眉目衣纹，如明镜涵影，踽踽欲动。其端岩娟秀，中国画工无由措手。❶

利玛窦所进呈之画像，今日虽难获见，但程君房刊入《墨苑》之四帧，颇能存其本来面目，尚可借以想象当日之彩绘也。

西人之入东土，弘教为其主要目的。图画之义易见，而好之者复众，故为宣传之绝好工具。1615年，金尼阁所刊拉丁文利玛窦著《中国布教记》❷，1629年毕方济所著《画答》❸，皆言西洋画及雕版画，于推进传教之工作，有莫大之辅助也。

清初，钦天监多西洋教士，其中不乏精绘事者。中国人士，斟酌其法，于是景物乃与透视光学诸理合，此当是国画真正显露西洋意味之始。当时以焦秉贞为领导，名亦最著。浦山《画徵录》称其：

焦秉贞，济宁人，钦天监五官正，工人物。其位置之自近而远，由大及小，不爽毫毛，盖西洋法也。❹

秉贞入直内廷，供奉画院，颇能称旨。后之冷枚、唐岱、陈枚等，皆习西洋画法，盖又受秉贞之影响为多也。

康熙五十四年（1715年），郎世宁至北京，入值内廷，此为西人供奉画院之始。艾启蒙、王致诚、潘廷璋、安德义等，相继而至，乾隆一朝，为其最盛时期。

西画之东来，大都以人物为主，故吾国人物画及传真，受其影响，自在意中。明代传真画家中，莆田曾波臣鲸，当推独步。姜绍书《无声诗史》称之曰：

曾鲸，字波臣，莆田人，流寓金陵，风神修整，仪观伟然，所至卜筑以处，回廊曲室，位置潇洒，磅礴写照，如镜取影，妙得神情。其傅色淹润，点睛生动，虽在楮素盼睐，颦笑咄咄逼真，虽周昉之貌赵郎，不是过也。若轩冕之英，岩壑之俊，闺房之秀，方外之踪，一经傅写，妍媸惟肖。然对面时，精心体会，人我都忘，每图一像，烘染数十层，必匠心而后止。其独步艺林，倾动遐迩，非偶然也。年八十三终。❺

综其所记各点，波臣画法之特色，在烘染至数十层而后至，邓叔存先生，藏有曾波臣为吴允兆作小像，胡可复补景。逼视之，面部墨骨极工，上敷朱粉，果经积累而成者。诚如张浦山所云："墨骨既成，然后傅彩，以取气色之老少，其精神早传于墨骨中矣。"❻夫墨骨精工不足奇，以此乃吾国之传统画法。至烘染至数十层，不仅前于波臣之画像中所未见，即求诸王绎《写像秘诀》，所论衬染诸法，亦不可得。按波臣是帧，作于万历三十五年丁未，在利玛窦入中国十余年后。是则陈师曾《中国绘画史》曰："传神一派，至波臣乃出一新机轴，其法重墨骨，而后傅彩加晕染，其受西画之影响可知"，❼似非尽出臆测也。

虽然，波臣之写照，不过略参西法，仍以吾国固有之墨骨为主。至满洲之莽鹄立，乃尽弃吾国所有，而专致力于阴阳光影，浦山所谓"其法本于西洋，不先墨骨，纯以渲染皴擦而成"❽是也。读浦山论曾氏画派末流之言，更可知其与莽鹄立之纯采西法，不出同源。

写真之法，闽中曾鲸氏墨骨为正，

---

❶ 姜绍书《无声诗史》（观妙斋重刻本）7/23a。

❷ De Christiana Expedition è apud Sinas.

❸ P.Fnanciscus Sambiaso.

❹ 张庚《国朝画徵录》（通行本）中/7b。

❺ 同注❶ 4/19a。

❻ 同注❹中/14b。

❼ 陈师曾《中国绘画史》（民国十四年济南翰墨缘美术院排印本）39b。

❽ 同注❹续录上/11a。

江左传之，第授受既久，流落俗工，莫有能心悟以致其功者，故徒法虽存，而得其神者寡，反逊西洋一派矣。❾

波臣一派之传人有谢彬、郭巩、徐易、沈韶、刘祥生、张琦、张远、沈纪等家，莽鹊立之西洋派，《画徵录》仅载其弟子金玠一人，论其声势，恐不及曾派流传之盛且久也〔沈韶尚有弟徐璋。《画徵录》称其"写真不独神肖，而笔墨烘染之痕俱化"。续录上/8a〕。

第二节 中国论者对于西洋画之认识及态度

西洋绘画，输入中国，自明历清，为时不为不久。参酌其法者，民间有写照之画师，内廷有画院之供奉，受其影响者，亦不为不众。吾国论者，对其作风之态度及认识，究何若乎？自各家之著述观之，称许之者盖寡。

前引汪砢玉之跋及姜绍书之纪西域画，固为推崇备至者，余惟阮芸台❿、陈文述⓫、葛嗣彤⓬、陈夔麟⓭等数家，尚有赞美之辞。此外，论者咸持非议，且有诋欺甚力者。

郑纪常《画学简明》及松小梦《颐园论画》，各有论及，可称对于西洋画法之通论，亦足代表一般论者之观念。纪常曰：

或云夷画较胜于儒画者，盖未知笔墨之奥耳，写画岂无笔墨哉，然夷画则笔不成笔，墨不见墨，徒取物之形影，像生而已。儒画考究笔法墨法，虽或因物写形，而内藏气力，分别体格，如作雄厚者，尺幅而有泰山河岳之势。作淡逸者，片纸而有秋水长天之思。又如马远作关圣帝像，只眉间三五笔，传其凛烈之气，赫弈千古。论及此，夷画何尝

梦见耶？⓮

小梦曰：

西洋画工，细求酷肖，赋色真与天生无异。细细观之，纯以皴染烘托而成，所以分出阴阳，立见凹凸。不知底蕴，则喜其功妙，其实板板无奇。但能明乎阴阳起伏，则洋画无余蕴矣。中国作画，专讲笔墨勾勒，全体以气运成。形态既肖，神自满足，古人画人物则取故事，画山水则取真境，无空作画图观者。西洋画皆取真境，尚有古意在也。⓯

又曰：

昨与友人谈画理，人多菲薄西洋画为匠艺之作。愚谓洋法，不但不必学，亦不能学，只可不学为愈。然而古人工细之作，虽不似洋法，亦系纤细无遗，皴染面面俱到，何尝草草而成。戴嵩画百牛，各有形态神气，非板板百牛，堆在纸上。牛傍有牧童，近童之牛眼中，尚有童子面孔，可谓工细到极处矣。西洋尚不到此境界，谁谓中国画不求工细耶？⓰

盖西洋画主张处处与自然之光线切合，即阴阳有纤微深浅明暗之不同，亦求于画端表现，是以难于以笔断然直取。一经直取，便界然分明，而与自然所予人光线之感觉殊别。至吾国绘画，以线条为要素，气力意味，全寄于斯。经数千年之传习，已坚不可移，迨见西画，自格格不能入也。

利玛窦携画东来事，张浦山亦曾记之。所堪注意者，为最后之断语。

白苎村桑者曰：明时有利玛窦者，西洋欧罗巴国人，通中国语，来南都，居正阳门西营中。画其教主，作妇人抱一小儿，为天主像，神气圆满，彩色鲜丽可爱。尝曰："中国只能画阳面，故

❾ 同注❽。

❿ 阮元《石渠随笔》称："郎世宁，西洋人，其画皆洋法，设色取径，有异中法，而一种精气神采，无与敌者。非独写生之工，即山水大有士气。"（珠湖草堂刊本）7/13a。

⓫ 陈文述《画林新咏》称："西洋画曾于京师天主堂见之。人物屋宇，深得阴阳向背之理，即中国界画法而更精。中国自元人变为写意，以界画为小家，究心者少，宗派高而古法失矣。其实西士画法，亦从中国出也。"（西泠印社吴氏聚珍版本）2/31a。

⓬ 葛嗣彤《爱日吟庐书画续录》称："历代工大禽兽者，虽时有其人……惟清初郎世宁写兽，精致有味，但供奉内廷，流传者绝少。"（宣统二年当湖葛氏刊本）续录5/24a。

⓭ 陈夔麟《宝迂阁书画录》称："此轴（骏马图）画松石，支离奇崛，色古光坚，颇似张君度。马则瘦而兼白，骨壮神奇，迥立生风，意匠惨淡，世宁擅中西法，以画马得名，此当是内廷进奉之作，故精妙乃尔。"（石印本）3/25a。

⓮ 郑绩《梦幻居画学简明》（同治间郑氏家刊写刻本）1/25a。

⓯ 松年《颐园论画》（于海晏辑《画论丛刊》民国二十六年中华印书局）册四14a。

⓰ 同注⓯14b。

无凹凸，吾国兼画阴阳，故四面皆圆满也。凡人正面则明，而侧处即暗。染其暗处稍黑，斯正面明者，显而凸矣。"焦氏得其意而变通之，然非雅赏也，好古者所不取。❶

浦山上文，全为焦秉贞而发。是所谓非雅赏者，指焦之画明矣。

秉贞入值内廷〔焦秉贞当是天主教徒，教名□□有巴黎藏康熙四十一年七月十七日誓□□可据。chin6ís1332 觉明先生批〕，在康熙初，故胡以庄敬《国朝院画录》置之于篇首黄应谌之后。其对于秉贞之按语，亦堪玩味。

海西法，善于绘影，剖析分寸，以量度阴阳向背斜正长短，就其影之所著而设色分浓淡明暗焉。故远视则人畜花木屋宇皆植立而形圆，以至照有天光，蒸为云气，穷深极远，均粲布于寸缣尺楮之中。秉贞职守灵台，深明测算，会悟有得，取西法而变通之。圣祖之奖其丹青，正以奖其数理也。❷

秉贞邀前朝睿赏，故以庄未宜有所指摘。但谓圣祖奖其丹青，正以奖其数理，措辞极为吞吐。夫数理为数理，丹青为丹青，二者未容混为一途。若于言外求之，岂以庄隐有秉贞之丹青，不足赏之意耶？

乾隆御制诗三集，有命金廷标摹李公麟《五马图》法画爱乌罕四骏诗。中有句云：

泰西绘具别传法，没骨曾命写褭蹄。着色精细入毫末，宛然四骏腾沙堤。似则似矣逊古格，盛事可使方前低。廷标南人擅南笔，摹旧令貌锐耳批。骢骝骐骏各曲肖，卓立意已超云霓。副以于思服本色，执靮按队牵駃騠，以郎之似合李格，爰成绝艺称全提。❸

❶ 张庚《国朝画徵录》通行本）中 /8a。

❷ 胡敬《国朝院画录》道光二十三年崇雅堂刊本）上 /1b。

❸ 据胡敬引文引。同注❷上 /14a。

❹ 同注❷上 /14b。

胡以庄亦引入《画院录》，并附按语曰：

世宁之画本西法，而能以中法参之，其绘花卉，具生动之姿，非若彼中庸手之詹詹于绳尺者比，然大致不离习气。观爱乌罕四骏，高庙仍命金廷标仿李公麟笔补图，于世宁未许其神全，而第许其形似，亦如数理之须合中西二法，义蕴方备。大圣人之衡鉴，虽小道必审察而善择两端焉。❹

高宗之诗，初谓西洋之画为没骨，缘其不见勾勒之笔。再则谓虽形似，而格制不古。终则谓必须有郎之似，复益以李龙眠之格，始无遗恨。是专就郎之本色论，固未尝无缺憾。设不然，奚必更命廷标别摹此本哉？

以上所引，为清代帝王及画论家对于画院供奉用西法作画者之批评也。

吾国传神一道，曾受西洋画法之影响，前已言及，惟传神之画家中，颇有不以西法为然者。如丁鹤洲所著之《写真秘诀》，后附《退学轩问答》八则，其七曰：

诚又问曰："传真大意，端不外于阴阳乎？"曰："然。"曰："诚如是，则阴阳之法，无过于西洋景矣。染成楼阁，深可数层，绘出波澜，远涵千里，即或缀之彝鼎，列以图书，无不透漏玲珑，各极其妙。"岂非阴阳虽一，用法不同。夫西洋景者，大都取象于坤，其法贯乎阴也。宜方宜曲，宜暗宜深，总不出外宽内窄之形，争横竖于一线，以故数层千里，梁深穴隙而成。彝鼎图书，推重影阴而现。可以从心采取，随意安排。借弯曲而成透漏，染重浊而愈玲珑，用刻画线影之工，自可得远近浅深之致矣。夫传真一事，取象于乾，其理显于阳也。如圆如拱，如动如神，天下人之面宇虽同，部位五官，千形万态，辉光生动，变化不穷，总禀清轻浑元之气，团结而成于此，而欲肖其神，又岂徒刻画穴隙之所能尽者乎？**⑤**

鹤洲以坤喻西洋景，乾喻传神，即二者根本不同道之意。当时所见之西洋画，以楼阁等建筑为多，愈远而愈深，所谓外宽内窄者是。因此遂使国人以为西洋画实止于刻画穴隙而已。至于传真，面部之中心向前突出，与西洋景之凹入完全相反，且具生气，断非曲直方斜之线所能拟议。实则不问为凹为凸，当无违于光线之原理则一。鹤洲此等见解，自属谬误。然其不以西法为贵，亦可见矣。

沈宗骞《芥舟学画编》第三卷，论传神用墨一章中，亦涉及西洋画法。

……其法当以淡墨渍过，然后再以淡墨笼之，务要墨随笔痕，色依墨态，成后观之，非色非墨，恰是面上神采。欲寻墨之所在而不可得，不知皆墨之所成也。又今人于阴阳明晦之间，太为著相，于是就日光所映有光处为白，背光处为黑，遂有西洋法一派。此则泥于用墨，而非吾所以为用墨之道也。**⑥**

读芥舟上节，可知中西传真法之分别，并不仅在一用墨骨，一纯以渲染皴擦，且在光线之运用。西法黑白，过于分明，又不为国人所喜也。

邹一桂撰《小山画谱》，卷下有西洋画一则：

西洋人善勾股法，故其绘画于阴阳远近，不差锱黍。所画人物屋树，皆有日影。其所用颜色与笔，与中华绝异。布影由阔而狭，以三角量之，画宫室于墙壁，令人几欲走进。学者能参用

一二，亦具醒法，但笔法全无，虽工亦匠，故不入画品。**⑦**

此诚与郑纪常松小梦之言无异，为国人对于西洋画之通论。然小山固以工花卉著，且其画谱，亦专为花卉而作，是其议论又足为当时花鸟画家之代表也。

吾国山水画家，相传曾受西法之影响者为吴渔山历。叶廷琯《鸥陂渔话》称：

道人入彼教久，尝再至欧罗巴，故晚年作画，好用洋法。**⑧**

此后言及渔山者，往往沿袭叶氏之说。如《清史稿》谓其"作画每用西洋法，云气绵渺凌虚，迥异平时"。**⑨**李玉棻谓其"晚年肆力西法，尤精青绿"。**⑩**叶郋园《观画百咏》亦有"利玛窦与郎世宁，西法直授焦秉贞，渔山奇逸不可学，海水云气披图生"**⑪**之句。第各家咸泛言之，并未指明其西洋画法究竟于某帧某部可见。即陆时化《吴越所见书画录》著录其珊瑚钩诗话意立轴，亦仅谓"画法仿叔明，此中年以后笔，渲染带西洋法派"**⑫**，语殊模棱。就吾所见渔山之作，真迹以及珂罗版影印者，不下数十幅，并未见其有参取西法者。

按渔山远游，仅至澳门，未尝莅欧罗巴。《墨井画跋》中有一则，论彼土之礼文俗尚，兼比较中西书画之异同。

澳门一名濠境，去澳未远，有大西小西之风焉。其礼文俗尚，与吾乡倒行相背。如吾乡见客，必整衣冠，此地见人免冠而已。若夫书与画，亦然。我之字以点画辏集而成，然后有音，彼先有音而后有字，以勾画排散横视而成行。我之画不取形似，不落窠臼，谓之神逸，彼全以阴阳向背、形似窠白上用功夫。

⑤ 丁皋《写真秘诀》（《芥子园画传四集》金陵抱青阁刻本）38a。

⑥ 沈宗骞《芥舟学画编》（乾隆四十六年冰壶阁写刻原刊本）3/10b。

⑦ 邹一桂《小山画谱》（张祥河辑《四铜鼓斋论画集刻》宣统重刊本）下 /19a。

⑧ 叶廷琯《鸥陂渔话》卷一《吴渔山入耶稣会》（清刊本）。

⑨ 《清史稿》卷五百四列传二百九十一《艺术》二《王翚传》吴历。

⑩ 李玉棻《瓯钵罗室书画过目考》（光绪丁酉刊本）1/17a。

⑪ 叶德辉《观画百咏》（叶氏观古堂刊本）4/7a。

⑫ 陆时化《吴越所见书画录》（怀烟阁原刊写刻本）6/54b。

● 吴历《墨井画跋》（秦祖永《画学心印》光绪四年刊套印本）4/47a。

● 向达《明清之际中国美术所受西洋之影响》（《东方杂志》第二十七卷第一号《中国美术号》民国十九年一月十日）28。

● 陈文述《画林新咏》（西泠印社吴氏聚珍版本）1/30b。

即款识，我之题上，彼之识下，用笔亦不相同。往往如是，未能殚述。●

读此可知西洋画风，为渔山所不满，岂有更从而效之之理。觉明先生据此而称"所谓晚年作画好用西法者，毋亦耳食之辞耳"●，信非武断。且不仅此也，吾以为清初之山水画家，设处于渔山之同等环境，得备览泰西之作品，其所生之感想，所具之态度，必与渔山等，甚且有过之者，亦未可知。今日若取渔山之论，为一般文人山水画家之代表，当无不可。

渔山之外，画史中更绝少记载，山水画家参用西法者。惟陈文述《画林新咏》称："吴南芗，名文征，歙人，善画山水，参用泰西人法，前此所未有也。为余写《翠岩春瀑》、《秋声赋》二帧，极工。"●南芗之作未之见，是否参用西法，尚不能遽断。惟自"前此所未有"一语测之，即使果曾用之，亦属创格，又可为渔山之未受西画影响，作一反证。

中西之美术，根本不同。思想背景以及其中心之物质咸异。国画中，尤以山水一科，最足为吾人思想之代表。换言之，与西洋画之相去亦最远，而受泰西之影响，亦自当以此科为最难也。

觉明先生于其文中最后综论一节，列举西洋美术在中国不能滋长，至乾隆而后反归沉寂之原因。一曰当时中国美术对于西洋美术之不满。二曰当时西人对于中国之西洋教士所画参合中西之新画不满。三曰当时供奉画院之西洋画家于其所自画者之不满。西洋艺术，传至中国，至乾隆时已有二百年之历史。中国人士，若果好之，不但可置西人之批评于不顾，即西洋教士不屑为之，亦不妨由吾国人自为之。故三者之中，自当以第一条为最主要之原因。试读上列各家之言，当可知其然矣。

第三十五章 清代关于山水画法之论述

吾国画论，自量之方面言，有清一朝，逾历代著述总数之半；清代著述中，关于山水画法者，又逾该代数之半。本文先取其特别重要者，写成此章，已有十一家之多。方诸明代，殆四倍之。

此十一家，对于山、水、树、石、点缀、时景等问题，每多论及，于山水画法文字内容分类一表可见（附表）。据是亦可证其性质颇多似处，将其汇集成为一章，原以此也。

第一节 恽寿平《南田画跋》

恽寿平，武进人，初名格，以字行，又字正叔，别号东园草衣，云溪外史，晚号南田老人，崇祯六年生，康熙二十九年卒（1633—1690年），享年五十八，有《瓯香馆集》《南田画跋》等行世。明亡时，寿平虽未及冠，而怀念故国，终生不忘，诚明代之遗民也。兹以论者咸以四王恽吴为胜国画家领袖，是以列寿平为此章之首，非敢夺古人之志也。

先生论画之语，见于《南田画跋》者为多，今所习见诸本，卷数内容，多不一律（表十一）。容希白先生曾论其异同曰：

《南田画跋》，有四本不同：一、《借月山房汇钞》本一卷，《题画诗》一卷，有乾隆四十九年周文鼎跋，每段标题，所收至少。《啸园丛书》本同，无《题画诗》。二、古歙叶钟进辑本四卷，卷一画筌，卷二画鉴，卷三画品，卷四画余，复分上下，乃题画诗也。刻于道光十一年。《翠琅玕馆丛书》本同。将"古歙叶钟进编辑，吴县潘遵礼校字"一行删去，补入"武进恽正叔南田著"一行。钟氏每卷之首所标题及所作小序，变为恽氏所作，是其大失。《美术丛书》第四集第六辑本从《翠琅玕馆》本出，以正叔非名，乃改正叔为格。三、海昌蒋光煦辑《瓯香馆集》十二卷，其中卷十一、十二为画跋，后附补遗画跋，辑于道光二十四年。所收以此为最富。四、《瓯香馆画跋》、《画学心印》本，刻于光绪四年。余绍宋《书画书录解题》（卷五页十三）谓其"与集本大同小异，约多三十余则，亦有九则为集本所有，而《心印》本所无者。其集本补遗数条，则《心印》皆未载"……❶

❶ 容庚《颂斋读书记》（民国三十年六月《文学年报》第七期燕京大学国文学会）153。

表十一　恽寿平《南田画跋》各本比较表

	一		二				三	四
版本	《借月山房丛书》本	《啸园丛书》本	叶氏刻本	《翠琅玕馆丛书》本	《美术丛书》本	《画论丛刊》本	《瓯香馆集》本	《画学心印》本
卷数	不分卷	不分卷	画跋三卷,题画诗一卷	同上	四卷	不分卷	二卷后附补遗画跋	不分卷
体制	画跋各则有标题	同上	画跋三卷,曰画筌、画鉴、画品,题画诗一卷曰画余,卷前各有序引,无标题	同上			无标题	无标题
内容比较	此本所收最少,但亦有为集本所无者		有数则为集本所无者				此本最全	有三十余则为集本所无者,但亦有集本所有而此本所无者
备注	画跋之外尚有题画诗	与左本同但将题画诗删去		将叶氏编辑之名删去	易题画诗之名亦称之曰画跋,故共得四卷	将叶氏之画跋三卷合并,题画诗经删去		

四者要皆后人所辑，而最全之本，尚待比较汇抄也。

南田先生家传，谓先生"既与常熟王翚交，曰'君独步矣，吾不为第二手也'，遂兼用徐熙、黄筌法作花鸟，自为题识书之，世称南田三绝"❶。后世论者，多不以是说为然❷。先生山水不特不在石谷下，抑且过之，即以《画跋》而言，题花鸟者，不过十之一二，余悉论山水者。精辞妙义，冠绝古今，可知先生之致力于此道深矣。本节特辑其论山水画法之言，分类录之于后，凡六项。曰水、曰树、曰时景、曰皴、曰点、曰设色。

（一）水

壬戌之秋，曾于虎林获观《海门图》。洞心骇目，惊湍激风，排山倒岳，对峙石壁峭立，上为远岸，沙路微茫，深曲可入。奔涛触石，盘涡谷转，以至轻波细溜，于一笔间能分浅深，真神妙之迹。观其画水法，益见规模，董仲翔当时无与敌者，王山人缩本，能尽其妙，置之几案间，当如嘉陵江画壁，夜闻水声也。❸

上跋为记石谷《海门图》之文，图中精警处，全在画水之得势，南田跋中，以写景状物为主，不足称为画法也。独其中"于一笔间能分浅深"一语，实能拈出画水之三昧，吾人自当潜心玩味而静参之。此语所予人之感觉有二：一生动之势，二激滟之光。笔之摆折有力而生动之势生，墨之渲染得法而激滟之光现。董香光曰："古人云：'石分三面'，此语是笔，亦是墨。"今南田之语亦然。盖有笔有墨，有轮廓，有渲染，而后可以分浅深。若泥定一笔二字，又失诸固矣。

（二）树

云林树法，分明如指上螺，四面俱有。❹

云树为山之衣裳，云树不秀洁，则山光垢秽，与童山同。❺

迂老画树极简贵，独踪高轨，淡然天真，在黄、吴上。今人率意当之，徒足令大方掩口尔。❻

南田论画树，实少独得之见。所谓"指上螺，四面俱有"，讵非饶自然之树有四枝。"云树为山之衣裳"，略同韩纯全论山之仪貌。谓学倪之不可以简率求之，又与唐敷五之意近也。

（三）时景

春山如笑，夏山如怒，秋山如妆，冬山如睡。❼

魏云如鼠，越云如龙，荆云如犬，秦云如美人，宋云如车，鲁云如马。画云者虽不必似之，然当师其意。❽

此景摹营邱寒林晓烟，极苍茫有深曲意。余谓画雾与烟不同。画烟与云不同。霏微迷漫，烟之态也。疏密掩映，烟之趣也。空洞沉冥，烟之色也。或沉或浮，若聚若散，烟之意也。覆水如纩，横山如练，烟之状也。得其理者，庶几解之。五峰创意新鲜，可称独步。❾

四时之山，古人言之屡矣，兹不复赘。各地之云，有其肖似，语失之凿，一时题画，兴至之文，不足为学者法。论画烟景，状物于象外，摄得其神情，虽无具体之言，熟参之，亦可进而悟其道。

北苑雾景横幅，势极浑古，石谷变其法为风声图，观其一披一拂，皆带风色，与时俗工人写风，惟作树枝低亚震

❶ 恽寿平《瓯香馆集》(鄂官书处重刊本) 家传 1a。

❷ 余越园先生曰："南田以写生名，而编中题写生者绝鲜，谁谓南田不多作山水耶？"(《书画书录解题》民国二十一年北平图书馆印) 5/14a。

❸ 恽寿平《瓯香馆画跋》(《瓯香馆集》附刻本) 12/8b。

❹ 同注❸ 11/2a。

❺ 同注❸ 12/24b。

❻ 同注❸补遗 /4a。

❼ 同注❸ 11/2a。

❽ 同注❸ 11/4b。

❾ 同注❸ 11/13b。

荡之意者稍异。其妙在画云以状其怒号，得其势矣。❶

绘风易，绘声难。昔人画树，多作偃枝低亚，以状风势，此图独画云流奔涌，与岩林石泉相激荡，万窍怒号之态，洒然洞目。若闻吹万之声，出指腕间，可以补前人所未备也。❷

论画风二节，实道前人所未道。昔人之状风也，以树之飞叶战枝，水之偃蒲低苇，人之飘带扬裾。非无以云状之者，未尝以云为风景之主也。石谷以绝世之资，画风景自雾景中化出，于怒云寄风之精神，于是全幅景物，无不得风之势。南田复能觇其秘而尽泄之，宜乎其自谓可以补前人所未备也。

今人画雪，必以墨积其外，粉刷其内，惟见缣素间着粉墨耳，岂复有雪哉？❸

偶论画雪，须得寒凝凌兢之意。长林深峭，涧道人烟，摄入浑茫，游于沕穆，其象凛洌，其光黯惨，披拂层曲，循境涉趣，岩气浮于几席，劲飙发于毫末。得其神迹，以式造化，斯可喻于雪矣。❹

尝读李长蘅先生题《林峦积雪图》，与南田之语颇多契合。其言曰："古人画雪，以淡墨作树石，凡水天空处，则用粉填之，以此为奇，予意此与墨填者，皆求其形似耳。下笔飒然有飘瞥掩映于纸上者，乃真雪也，愿与知者参之。"❺二人皆不斤斤于雪之形似，而求其神者也。

（四）皴法

麻皮细皴，破笔点刷，如丝如发，无韵无趣，今之所为山樵，非予之所为山樵也。然则为山樵者，当何如？盖亦不出麻皮细皴，破笔点刷，得其解者于毫忽间辨出性情，便欲与山樵同旦暮耳。❻

作米山，须善用五色墨。能知五色墨法，则米山不难工矣。然予虽知之，殊未尽其妙也。❼

南田善麻皮细皴，得山樵之神，于语气味之，自负在米氏云山之上。云山之诀在五色墨（玄宰谓淡、浓、泼、破、积、焦、亦各色之谓），以米氏山水，设色者少，非氤氲其墨而浅深之，不为功也。学山樵之诀为何？南田未能道之。盖心能知之，手能出之，而语言未能形之也。能与不能者，骤观之，同一破笔点刷，而其神貌自有判然迥异者在。以画法论，南田实未尝以法授人也。但自知其不能授人而彰彰告人曰，吾不能授，请于毫忽间玩味之，讵可谓其非画法乎？

陆叔平作石骨，枯淡峭劲，独辟奇险之境。其用笔从洪谷营邱高峭中来，但转折处多作意，棱角太露，便与古人藏锋浑厚之旨相背耳。此图小变其法，皴擦枯劲，不为棱角。世有赏音，当不以吾言为河汉。❽

包山之皴劲峭枯涩，于故宫所藏蔡嘉对题册可以见之。虽能自成一家，别饶韵味，而学之者每易遗其善而染其恶。南田变而化之，善于师古者也。以斯类推，岂仅限于陆氏一家之皴而矣哉？

（五）点

画有用苔者，有无苔者。苔为草痕石迹，或亦非石非草，却似有此一片，便应有此一点。譬之人有眼，通体皆灵，究竟通体皆灵，不独在眼，然而离眼不

❶ 恽寿平《瓯香馆画跋》（《瓯香馆集》附刻本）11/16b。

❷ 同注❶补遗/2a。

❸ 同注❶11/7a。

❹ 同注❶11/7a。

❺ 李流芳《檀园集》（崇祯己巳谢象三刻《嘉定四先生集》本）12/7a。

❻ 同注❶补遗/2a。

❼ 同注❶补遗/3a。

❽ 同注❶补遗/3b。

可也。❾

画中之苔，究系何物，唐志契已详言之。所谓"近处石上之苔，细生丛木，或杂草丛生，至于高处大山上之苔，则松耶柏耶，未可知？"南田之论，更为超脱。盖不必斤斤于所表现者为何物，只意中觉其当有此一点，便着此一点。有则灵，无则滞。既灵矣，奚必问其为草为木为松为柏哉？究竟何以有则灵，无则滞，南田亦不能道。不仅此也，设有以究竟苔点当落在何处为问，南田恐亦不能道。盖心手相应，一气呵成，不容思索而笔已落，不待定视而神已全。大涤子之"法无定相，气概成章"二语，庶几近之。

陆天游、曹云西渲澹之色，不复着第二笔。其苔法用石竹三四点掩映，使通幅神趣，通幅墨光俱出，真化境也。❿

陆、曹二家，画山水以石竹掩映，状如墨叶之介字点，所以状石罅崖根之丛竹也。所画虽为竹，而在画中之功用，与苔等，所以清眉目而见精神，故亦为苔之一种。正如唐敷五之于远山松柏，亦谓之为苔也。

泼墨作横点，纷沓遝满笺素，便谓是梅花道人，岂知吴生墨叶，绝不尔也。此弊自文、沈以来然矣。⓫

梅道人墨叶，龚野遗最为擅长，论说已详前章。其诀在"中锋圆点"四字，南田之不以学仲圭点叶为然者，恐在一横字也。

（六）设色

俗人论画，皆以设色为易，岂知渲染极难。画至着色，如入炉韝，重加锻炼，火候稍差，前功尽弃。三折肱知为良医，画道亦如是矣。⓬

青绿山水，近代擅长，惟十洲仇氏，今称石谷王子，予观其青绿设色，亦数变，真从静悟得之，当在十洲之上。⓭

前人用色，有极沉厚者，有极澹逸者，其创制损益，出奇无方，不执定法。大抵秾丽之过则风神不爽，气韵索矣。惟能澹逸而不入于轻浮，沉厚而不流为郁滞，傅染愈新，光晖愈古，乃为极致。石谷于设色法廿年静悟，始窥秘妙。每为予言如此，因记之。⓮

青绿重色，为秾厚易，为浅淡难，为浅淡矣而愈见秾厚为尤难。惟赵吴兴洗脱宋人刻画之迹，运以虚和，出之妍雅，秾纤得中，灵气惝恍，愈浅淡愈见浓厚，所谓绚烂之极，仍归自然，画法之一变也。石谷子研求廿余年，每从风雨晦明、万象出没之际，爽然神解，深入古人三昧。此三百年来所未有也。⓯

山庄早春，昔惠崇郭熙皆有早春图，称为人间名迹。乌目山人此卷，虽宗辋川，略兼惠崇遗法。岚容树色，云影川光，一点一拂，皆带早春风气，至于设色之巧，极为浅淡，愈浅淡而愈见沉深，见其沉深，而不知以空灵澹荡出之也。若用色渲染，一入秾厚，则非早春景色。惟澹极而沉深，盖能运其神气于人所不见之地。其经营苦心，至此无余憾矣。⓰

第一则为设色之通论，后四则俱为石谷之作而发。其间往复申述、再三致意者，可以一言以蔽之曰：设色贵淡逸，当于淡逸中见其秾厚。石谷积数十年之精力，设色自有其独到之处。淡而不轻浮，反呈浑厚之观，南田非虚鉴也。石谷画迹之中拟唐宋者，今日尚得见之，厚设色者，不多觏也。盖其未尝不以静悟所得，施于摹古诸作，以见新意。张

❾ 同注❶ 11/1a。

❿ 同注❶ 12/12a。

⓫ 同注❶ 补遗/4a。

⓬ 同注❶ 12/9b。

⓭ 同注❶ 12/9b。

⓮ 同注❶ 12/5b。

⓯ 同注❶ 12/22b。

⓰ 恽寿平《瓯香画跋》（秦祖永辑《画学心印》光绪四年套印本）6/42a。

丑有言曰："古今画流不相及处，其布景用笔不必言，即如傅色积墨之法，后人亦不能到。细检唐宋大着色，画高、米水墨云山，皆是数十百次积累而成，故能丹碧绯映，墨彩晶莹，鉴家自当穷究底里，方见良工苦心。慎毋与率易点染、淡妆浓抹者，同类而视之也。"❶青父去古未远，鉴赏精而收藏富，其语当有所据。元明而后，重设色之法，日就陵替。石谷虽号称集古今之大成，于设色之道，未尝复古而还旧观。王椒畦《山南论画》曰："青绿一道，王耕烟尝自谓静悟三十年，始尽其妙，此为深于甘苦之言，就余所见，唐之小李将军、宋之王晋卿画，觉耕烟之作犹逊一筹，盖小李之青绿作千年计，晋卿亦可六七百年，若石谷亦可三四百年，此其别也。"❷盖以石谷一身之造诣论，自是成就。以画之流派言，恐自石谷后，学者更一意宗之，而古法去人愈远矣。

第二节　笪重光《画筌》及汤贻汾《画筌析览》

历来画法之书，文辞之华美，议论之精微，未有胜笪江上《画筌》者，顾其法虽兼备，论未条分，一气呵成，中无片段。汤贻汾谓其"读者犹苦其章段联翩，论说互杂，如睹珍贝于波斯市中，逢林麓于山阴道上，目不暇穷，而意靡专属"❸是也，于是《画筌析览》❹作焉

❶ 张丑《清河书画舫》（光绪乙亥有竹人家藏版本）酉/21b。

❷ 王学浩《山南论画》（张祥河辑《四铜鼓斋论画集刻》宣统重刊本）册四3a。

❸ 笪重光著汤雨生编《画筌析览》（《翠琅玕馆丛书》本）自序2a。

❹ 同注❸6a—27b。

［谢兰生《画筌析览跋》曰："《画筌》一书综括大要，随笔所之自成片段，善悟者领取意致，莫不心解，而初学，时或茫如。雨生骑尉条析之，复以己见诠补焉，其原书如巨幅帷裳，雨生立劈绩加口缝，俾适于用其诠补针工绵密益熨贴耳……"常惺惺斋书画题跋，抄本1/1a］

重光，字在辛，号江上外史，丹徒人，明天启三年生，康熙三十一年卒（1623—1692年）。贻汾，字雨生，号若仪，武进人，乾隆四十年生，咸丰三年卒（1775—1853年）。《画筌》成于康熙庚申（1680年），《画筌析览》自序于嘉庆甲子（1804年），相去约一百二十年。

所谓析览者，取《画筌》之文，按类划分，以期学者便于览读。首以缘起为冠，后分十项：论山第一，论水第二，论树石第三，论点缀第四，论时景第五，论勾皴染点第六，论用笔用墨第七，论设色第八，杂论第九，总论第十。杂论盖辑一偶中兼及数事，而不得分者。总论则汇泛论而无专指之言也。至于浅而尽晓，冗而非要之言，则尽删之。每项之后，又附以己论，皆前人所未详，而与笪氏之说，可互相发明者。一经董理，如河水澄清，纤微毕现，层次井然，不见割裂之迹。雨生诚笪氏之功臣，岂仅剪裁之妙手而矣哉！

本文处理前代画法之作，凡段落不明者，即依雨生析览之例而类分之，梁元帝之《山水松石格》、王维之《画山水诀》等篇是也。今笪氏之书，雨生已竟其工，则吾之所可从事者，不过录之于篇，而以一得之见，为之诠释，附缀于后。微雨生，吾诚恐篇什繁富、词义精妙如《画筌》者，将为吾割袭无完肤矣！

缘起与总论二项，中多涉及理论，非本章范围所当及，不录，余悉仍之。

论山第一

夫山川气象，以浑为宗，林峦交割，以清为法。（原评：画家最重章法、清浑二语，始两得之。）

张伯雨称黄大痴画曰："峰峦浑厚，

草木华滋。"❺八字形容气象，最为肯切，洵是定评。江上此文，一起便拈出一浑字，自具卓识。与浑相对者为清，盖先生为初学者说法，浑厚之境，非一蹴可及。欲跻浑厚，必自清显。即已跻浑厚，细玩味之，其理路交割，何尝不清。数语实已尽山水之能事。

　　形势崇卑，权衡大小。景色远近，剂量浅深。

　　此言用笔用墨之法也。前二句以笔为主，后二句以墨为主。体画中山水形势之崇卑，以定其何处当大，何处当小，所以显之者在笔。依景物位置之远近，以定其何处当浓，何处当淡，所以显之者在墨。严格言之，则用笔时已具用墨，用墨时亦具用笔。何则，画中之大者，用墨当淡，小者，用墨当浓。近者，用笔当实，远者，用笔当虚。虽未必一律，固常理也。

　　山之旁胁易写，正面难工。山之腰脚易成，峰头难立。主山正者客山低，主山侧者客山远。众山拱伏，主山始尊，群峰互盘，祖峰乃厚。土石交覆以增其高，支陇勾连以成其阔。一收复一放，山渐开而势转，一起又一伏，山欲动而势长。（原评：起伏收放，括尽纵横运用之法。）

　　一起四语，言画山之峰峦，而尤以正面之山为主。雨生附之中，阐说颇详，后当再及。次言主山与客山之关系，殆自《林泉高致》大山堂堂，山水先理会大山二节，衍绎而得。一收一放，一起一伏，山脉连绵之势乃成。吾人注目当在一动字，不然便如驼峰排列，无灵活之致矣。

　　背不可睹灰，其峰势恍面阴崖。坳不可窥郁，其林丛如藏屋宇。山分两麓，半寂半喧。崖突垂膺，有现有隐。近

阜下以承上，有尊卑相顾之情。远山低以为高，有主客异形之象。（原评：山头山足，俯仰照顾有情。近峰远峰，形状勿令相犯。此章法要紧处，学者勿轻放过。）

　　"恍面阴崖"，"如藏屋宇"，此山水中见不到处，使读画者想象而得之感觉也，即唐敷五所谓丘壑之藏处。山麓山崖之各处不同，言作画之贵有变化。后四语仍道尊卑宾主之关系。

　　危岩削立，全倚远岫为屏。巨岭横开，还借群峰插笋。一抹而山势迢遥，贵腹内陵阿之层转。一峰而山形崒嵂，在岭边树石之缤纷。山实虚之以烟霭，山虚实之以亭台。树大毋作高山，山浅莫为悬瀑。瀑乱泻者源长，岩倒悬者脚隐。麓拖沙而势匝，背隐树而境深。原巇交回，起空岚而气豁。云岩耸矗，互修坂而势悠。数径相通，或藏而或露。诸峰相望，或断而或连。山从断处而云气生，山到交时而水口出。

　　上文首尾数联，皆论点缀之文也，但与寻常所谓之点缀不同。雨生有言曰："山水树石而外，凡物皆点缀也。"今所谓点缀者，泰半以山水为山水之点缀。其中且有涉及画忌者"树大毋作高山"，疑是倒装句，盖言大树宜生在近坡俯丘之上，设于高山之巅图之，则不觉山之高。莫为悬瀑及瀑乱泻者流长二语，与饶自然水无源流一忌之理相通。山既浅薄，细流不过涓涓，安得有瀑布高悬。水若乱泻，来源必定奋涌，乃有急湍之腾沸。倒悬之崖，势若自天下垂，非无脚也，其脚在垂崖之后，隐其脚则突兀之状显，而前后之位定。

雨生附论

前人论画山之法，初下正面一笔为

❺董其昌《容台别集》（崇祯间刊本）4/37a。

鼻准，结顶嶂盖一笔为颅骨，中间起伏转折处为脉络，固矣，而初下一笔，亦不必拘定何处，可从正面而积累至上，亦可从嶂盖而层折至下，总以有脉为当。

江上曰："山之正面难工"，不及切实之方法，雨生此节，谓画正面山，下手可自上而下，可自下而上。起迄既明，复有气脉连贯之念在心，则其难亦迎刃而解矣。

前人三远之说，曰：高远之势突兀，深远之意重叠，平远之致冲融。又曰远欲其高，当以泉高之。远欲其深，当以云深之。远欲其平，当以烟平之。此不易之论矣。然有能高深平而不能远者，其病在笔墨太痴。砭之只一字，曰：松。

雨生所引，王概《芥子园画传》之说也。画山既高，既深，既平，而人不觉其远，学画者确有是病。雨生以一松字救之。松之反曰结。结之病在实，实则笔笔摆在目前，自不能求其远矣。

尊有时而宾，卑有时而主，大有时而下，小有时而高，近有时而寂，远有时而喧，深有时而呈，浅有时而匿。尊而宾者偏，卑而主者正，大而下者迤，小而高者遥，近而寂者荒，远而喧者冶，深而呈者明，浅而匿者晦。高锐曰峰，高小曰岑，高险曰岩，低圆曰峦，峭直曰壁，遏曰崖，列屏曰嶂，有坡曰岭，出脊曰冈，夹水曰峡，有穴曰岫，深通曰洞，湍激石曰矶，在水曰岛，卑于此者原、隰、陂、陇、阜、碛、丘、墟，概难枚举。大抵皆夷险异形，土石殊质，画家形质不辨，品类莫标。概名曰山，固无不可，然或题拟图险而貌夷，又或画已是土而题石，则画既不免鹤凫之消，题亦难辞鹿马之欺也。

江上言山之尊卑大小远近寂喧，画

之常也。雨生之所补者，画之变也。常变相因，而画之面目无穷。学画之能守而不能化者，读之可以开其蔽塞。后半论山石之名目，犹是王维、荆浩《山水论》、《笔法记》之陈言，惟较翔实耳。

论水第二

山脉之通，按其水境，水道之达，理其山形。（原评：水道乃山之血脉贯通处，水道不清，则通幅滞塞，所当刻意研求者。）众水汇而成潭，两崖逼而为瀑，濑层层如浪卷，石泛泛似鸥浮。无风而涧平，触石而湍激，折洌如倾沸，浪涌若腾骧。派流远近，为断续之分。波纹有无，由起灭之异。水涨阔而沙岸全无，水烟浮而江湖半失。平波之行笔容与，激湍之运腕回旋。浪花迅卷而笔繁，涛势高掀而笔荡。（原评：五代北宋诸公，多工画水，溪涧江湖，画法迥异，玩此不特取势之法，明折无余，而运笔之妙，发挥略尽。）

画曰山水，山与水，实未能分。一起两联，言山水相辅之理，盖画水之总论也。雨生取冠论水之篇，江上之本意，乃得愈显。其中论水之体势，实近于名目，惟最后四语，论用笔运腕，轻重徐疾，繁简旋荡之法，诚学者所当体味。

雨生附论

水性至柔，是瀑必劲，水性至动，是潭必定。江海无风亦波，溪涧有纹亦静。水色难绘，旁渍色而水自明。水声难图，四无声而水可听。

水有常性，因地而移。画者当审地而察其变，不可循性而拘其常。借地为水，渍染其旁而衬托之，有形之法，夫人而知之矣。画境岑寂，以无声而衬托水之声，无形之法，前雨生者，未尝揭其秘也。

长泉莫直，直泉莫连，短泉少曲，曲泉少掩，明泉勿单，隐泉勿歧，小泉不妨石碍，大泉少使流壅，平泉忌在直冲，叠泉贵乎气贯。云泉似隔不隔，雨泉宜奔愈奔。泉源由分而合，合处多在峰腰。泉支由合而分，分处尤宜石脚。

画泉之法，雨生言其然矣，所以不可如此如此者，盖各有理在。长泉直则山如平削，直泉连则画境平易，短泉曲则拗水洄旋之性，曲泉掩则气脉不畅，明泉单则势孤，隐泉歧则来去之源紊，大泉流壅则水不活，平泉直冲则势迫促，叠泉气不贯则如架上悬巾，云泉显则云失，雨泉不奔则无雨意。山以水为血脉，画泉之法，不外由分而合，由合而分。分合有其当分当合之处，未可妄为之也。

论树石第三

挺然者树容，木本毋同草本。油然者树色，生枝休似伐枝。榆柳茂于村舍，松桧郁乎岩阿。坡间之树扶疏，石上之枝偃蹇。短树参差，忌排一片，密林翳翳，尤喜交柯。密叶偶间枯槎，顿添生致，扭干或生剥蚀，愈见苍颜。枝缀叶而参伍错综，弗生窒碍，叶附枝而横斜纤直，欲使联翩。菀枯或因发叶之早迟，舒屈多由引干之老稚。一本之穿插掩映，还如一林，一林之倚让乘承，宛同一本。正标侧杪，势以能透而生，叶底花间，影以善漏而窈。透则形胅而似长，漏则体肥而若瘦。（原评：作画，树居其半，诸家画法，变态多种，不过为造化传神，若非静观，难得其理。此段洗发，曲尽元微。一本一林，透漏之法，画树秘要，前人所不传，今于江上先生发之，令人玩索不尽。）

龚半千论画树之法曰："笔法要遒劲。遒者，柔而不弱，劲者，刚而不脆。弱则草，脆则柴。草则薄，柴则枯矣。"与江上之措辞虽迥别，而意却相埒。树木之生，因地而异，不仅种类不同，其态亦殊。王维《山水论》曰，"生土上者根长而茎直，生石上者拳曲而伶仃"，亦即江上坡间石上二语也。"密叶偶间枯槎"，董玄宰曾言之，所谓"枯树最不可少，时于茂林中间出"。"枝缀叶而参伍错综"，又同董氏之"四面参差，一肥一瘦处"。江上未必因袭各家之陈说，画树虽难，其理原未能逃斯要律也。

透漏之说，前人未尝以之言树，江上乃自画石悟出。如此则树石之画法，又有相通者矣。

烟中之干如影，月下之枝无色。雨叶暗而淋漓，风枝亚而摇曳。木皮之层理如生，蟠根之植立宜固。春条擢秀，夏木垂阴，霜枝叶零，寒柯枝锁。幽岩古卉，老状离奇，片石疏丛，天真烂漫。

历来画法，论山之时景者多，论树之时景者罕。"春英夏荫，秋毛冬骨"，梁元帝言之，韩纯全进而释之，至此而分烟、月、风、雨之不同，更为完备矣。

众沙交会，藉丛树以为深。细路斜穿，缀荒林而自远。林麓互错，路暗藏于山根，岩谷遮藏，境深隐于树里。树根无着，因山势之横空，峰顶不连，以树色之遥蔽。近山嵌树，而坡岸稍移，便使柯条别异。密树凭山，而根株叠露，能令土石分明。

此言山与树二者之互为点缀也。或以山为主，或以树为主，或以山补树之罅，或以树填山之缺。重林厌乱，以山破之，两山嫌复，以树分之。古人论树，向未有于此再三致意者，真江上独得之秘也。

土无全形，石之巨细助其形。石无全角，石之左右藏其角。土载石而宜审重轻，石垒石而应相表里。（原评：山水中画石与寻常画法不同，须令土石浑成，虽极奇险之至，而位置天然，方为合格。）石有剥藓之色，土有膏泽之容。半山交结，石为齿牙，平垒逶迤，石为膝趾。山脊以石为领脉之纲，山腰用树作藏身之幄。树排踪以卫峡，石颓卧以障虚。沙边水荡，偶借石防，峰里云生，还容树影。峰棱孤侧，草树为羽毛，坡脚平斜，石丛为嵌缀。树惟巧于分根，即数株而地隔，石若妙于劈面，虽百笏而景殊。石看三面，有圭端刀错、玉尺、银瓶、香案、琴墩、虫窠、鱼砌、覆盂、鼓帽、缺斨、蹲兽、蚌壳、螺躯、鸟罩、犀首之异状，须离象而求。树分单夹，有散蝶、聚蜂、蛇惊、鸦集、鸡翎、燕剪、珠缀、冰凌、竹个、棕囷、帘垂、穗结、飘缕、簇角、攒针、叠纨之殊形，贵相机而作。（原评：形容树石之法，不离此种种，而其妙处，全在笔墨脱化。）

土以载石，舍土石无所附，此土石相连之理也。石复叠石，大小相间，此雨生附论中所以详言石之当自应也。树之生根，当分前后，得其法则远近错落，蹑步似可徘徊其间。石之开面，不宜一律，善于用皴，则各呈神趣，画者臻此，树石之能事毕矣。至于谓树石之形，各有象肖，联篇满幅，又不免有巧立名目之嫌。恽、王之评，谓当笔墨脱化，或即恐学者泥各物之形，而坐板滞之病也。

雨生附论

石为山之子孙，树乃石之俦侣，石无树而无庇，树无石而无依。不两画者其暂，合一处者其常。故山水未工，树

❶ 王概《芥子园画传》（康熙十八年原刊本）2/11a。

石先讲。工一本即工千林，工一拳即工万仞。然写树必宜顾石，写石仍当应树。果能两不相失，各得其宜，则积而万仞千林，无不相顾相应矣。

江上曰："一本之穿插掩映，还如一林，一林之倚让乘承，宛同一本。"雨生是论，即为上联而发也。龚半千曰："画一树要像一树，树画合看亦是一丛，分而观之，其中有不像树者，由于画理不明也。"半千于句中着一亦字，最有意致。其旨可于言外求之，盖言似是一丛，而究竟非是，何以使其然，画理不明，一本之法未工也。树石相顾，江上未尝明言之，惟既详言树石之互为点缀，则相顾之意，亦在其中矣。

树石既必相顾而自顾不待言矣，故一树有一树之顾，一林有一林之顾，四歧之说，不可执。有直上而难得一歧，有在根而已发千歧者。枝法不一，叶式多门，各用其长，勿求其备。工于叶者多图春夏，能于枝者仅作秋冬。切勿讳短而强长，就生而舍熟。故子久多春，而云林多秋，松年多冬，而南宫多夏。兼长固为能品，不如专习之尤能。专习果已化工，庶可兼长而俱化。

树之发生，古曰四枝，《芥子园画传》，易枝为歧❶，意虽与古有别，于义无伤。雨生是论，似与王概所云，略有径庭。原饶自然之意，在树干生枝，须面面皆有。四言四面，本不拘四之数。难得一歧，无论矣，发为千歧，以方向言，仍可以四歧括之。雨生之言，稍失诸凿。叶式多门，宜专不宜博，与玄宰诸家树法可通用之言亦异。雨生为初学说法，故不作过高之论也。

石之自为应，亦犹树之自为顾耳。阴阳相成，大小相间，人尽知矣。阴必

由阳而生，小必因大而破，由阴而存阳者，阳已晦而难明。由小而积大者，大则碎而弗整。然阴中亦复有阳，有宜由阴而存者，阴中之阳也。小中亦复有大，有宜由小而积者，小中之大也。至乎沙边山脚，仅一笔而不完，岭畔林间，即万笔而可益，石虽同而各境，不徒关小大之形，石既别而殊情，亦不外阴阳之理。故石法虽在于皴，而不皴亦得为石。皴而尚未觉其为石者难药，不皴而识其为石者可师也。

树之相顾在叶之浓淡，一出一入，枝之发生，参伍交亚。石之相应在阴阳大小，盖变化端在此也。虽然阴阳大小其变仅四，但作画时曰：此大石也，彼小石也，此阴石也，彼阳石也。守此四变则拘而滞。崖壁排空，大石也，其中仍有大中之小。磊砢依岸，小石也，其中仍有小中之大。岩底树根，阴石也，其中仍有阴中之阳。山巅岭脊，阳石也，其中仍有阳中之阴。大之中可分大小，小之中犹可分大小。阴之中可分阴阳，阳之中犹可分阴阳。推而至于一笔，其中仍有阴阳大小之分，于是变化无穷尽矣。是以善皴者于一笔见阴阳，大小石形已具。不善者皴虽多，而浑沌不分，不过一团黑气耳。

论点缀第四

江湖以沙岸芦汀，帆樯凫雁，刹杆楼橹，戍垒渔罩为映带。村野以田庐篱径，荔堵柳堤，茅店板桥，烟墟渡艇为铺陈。（原评：野景以赵大年为宗，江景则江燕诸公为妙，观此点缀，画法尽矣。）近淑鹭飞，色明初霁。长川雁度，影带沉晖。云拥树而林稀，风悬帆而岸远。平沙渺渺，隐葭苇之苍茫，村水溶溶，映垂杨之历乱。沙堤桥断，水屋轮翻，石负竹以斜通，林带泉而含响。两崖峭壁，倒压溪船，一架危桥，下穿岩瀑。溪深而猿不得下，壁峭而鸟不敢飞。危磴栏扶，孤亭树覆，宫殿郁盘而壮丽，寺观清邃而嵯峨。园林之屋幽厂，旅舍之屋骈阗。渔舍荒寒，田家朴野。山居僻其门径，村聚密其井烟。仙宫梵刹，协其龙沙，村舍草堂，宜其风水。山门敞豁，松杉森列而成行。水阁幽奇，藤竹萧疏而弄影。农夫茅舍，当依陇亩以栖迟，高士幽居，必爱林峦之隐秀。春萝络径，野筱萦篱，寒鹜桐疏，山窗竹乱。柴门设而常关，蓬窗系而如寄。樵子负薪于危峰，渔父横舟乎野渡。临津流以策蹇，憩古道而停车。幅巾杖策于河梁，披褐拥鞍于栈道。宿客朝餐旅店，行人暮入关城。骚人湖畔春行，贾客江头夜泊。摊书水槛，须知五月江寒。垂钓砂矶，想见一川风静。寒潭散网，曲径携琴，放鹤空山，牧牛盘谷。寻泉声而蹑足，恋松色以支颐。濯足清流之中，行吟绝壁之下。登高而望远，临水以送归。卧看沧江，醉题红叶，松根共酒，洞口观棋。见丹井而如逢羽客，望浮屠而知隐高僧。看瀑观云，偶成独立，寻幽访友，时见两人。人不厌拙，只贵神清，景不嫌奇，必求境实。

论画之点缀，实类于郭熙《林泉高致》中之画题。画者读之，可知画中所常取用之景物，不致境界枯窘耳。写景之文，与此颇有同功，不必专于画论中求之。其收效端在画家平时读画读书，游览行路，处处用心，否则满篇妙文，说得如画，然究竟莫知如何能将文字变为图画，于事何补哉？凡论点缀，其间要可以一理字尽之。合于理者物物妥帖自然，乖于理者处处不堪入目。换言之，此处当有此景此物而有之，必通于人情而不怪。或他人意中所未有而能图之，亦须于理无亏，方为佳构。不然即令虽能使人惊绝，亦为有意造作，识者所不取。此理正与李长蘅先生论诗之语通也（见前章）。

雨生附论

山水树石而外，凡物皆点缀也。是山水树石其主，而点缀其余也。然一图有一图之名，一幅有一幅之主。使名在人，则人外非主。主在屋，则屋外皆余。故有时以山水树石为余，而以点缀为主者，此点缀之不可不讲也。

吾以为雨生之言，实不尽然。点缀虽不可不讲，然宾主却不必斤斤计较。何则，画之有名，人为也。同一画也，或可以人名之，或可以屋名之，或可以山水树石名之。况古人作画如作诗，虽惨淡经营，而未尝有题，比比是也。宾主之定，岂由于名哉，当视画中之位置气势，格局轻重之。

既有时为主而终日点缀，以主者偶一，而余者恒多也。顾名而后定主，主定可以求余。主既宜于经营，余亦当知安顿。屋忌散布，人忌歧行，寺每翳于深林，桥必因夫断岸。帆须顺树，塔贵凌虚，幽人既已寻来，远近必有佳境。野艇虽无定处，往来定有归墟。鸟则云雁林鸦，此外休贪着笔，兽则耕牛征骑，其间略要求工。盖凡为点缀，固不皆应有而有，亦当知可无则无。山亭设而观瀑，水阁构以迎凉。篱护丛萱，栏防绝涧。类此皆收束景光而应有者也。渔火映于芦汀，吟鞭袖于驴背，琴边香鼎，瓶里疏花，类此皆描写细微而可无者也。故惟圭角妄生，无异佛头着污。断勿有心，

悦俗，遂为刻意修容也。

雨生论点缀，仍可以一理字括之。按类敷陈，当无止境。画者应自为搜讨，论者无从备举。其最有价值之论，允推拈出一俗字，诚为药石之言。画家每喜求工，点缀景物，博采广收，工则工矣，不知已堕于俗。大家如郭熙者，其《秋山行旅图》中，人物四五见，尚为其全幅之累。张彦远曰，"不患不了，而患于了，……若不识其了，是真不了也"，言作画之不宜细谨刻画，吾谓点缀亦然。虽然，亦有善于运用者。或图渔火驴鞭，疏花香鼎，而自雅者。是必笔墨特超，而于繁琐之外，别有荒率之观也。

论时景第五

云里帝城，山龙蟠而虎踞，雨中春树，屋鳞次而鸿冥。爱落景之开红，值山岚之送晚。柔云断而还续，宿雾敛而犹舒。散秋色于平林，收夏云于深岫。危峰障日，乱壑奔江，空水际天，断山衔月。雪残春岸，烟带遥岑，日落川长，云平野阔。雨景霾痕宜忌，风林狂态堪嗔。雪意清寒，休为染重，云光幻作，少用钩盘。晓雾昏烟，景色何容交错，秋阴春霭，气候难以相干。

此即《林泉高致》中之四时画题也，第其中言画法有甚肯切者，未可以画题忽之。雨景之墨痕直扫近于俗，风枝狂舞近于犷，雪景重染无清逸之致，云光拘盘失缥缈之态，皆时景所忌也。

雨生附论

春夏秋冬，早暮昼夜，时之不同者也。风雨雪月，烟雾云霞，景之不同者也。景则由时而现，时则因景可知。故下笔贵于立景，论画先欲知时。

画家依天地四时之景而作画，是先领略自然之景而生画景，凭观察所得而现之于画也。观者味画中之景而辨其时，是先领略画中之景，而后证之于自然，盖由画中所得之感觉，而知画家之用意也。画家之意于画达之，论者之意由画得之，是以画家贵立意，而论者贵知时，始足以知画家之立意。

时景既识其常，当知其变，盖一物之有无莫定，由四方之气候不齐。如塞北多霜，岭南无雪，是景以地论，不以时分。画虽小道，亦欲兼达夫地气天时，而后可以为之也。

疏树染霜，长林积雪，此画中之所习见，秋冬之常景也。惟塞北之雪八月已飞，岭南之林，经冬不瘁。是北地秋景若冬景，而岭南冬景似秋景，此其变也。虽然此宁非南北两极气候之常，何以雨生谓之曰变。盖画家作画，不能仅绘岭南，亦罕固守塞北。以画之取景言，变格也。

状风于树，状雨于山，易也。状雪与烟雾云霞，于无笔墨之间，亦易也。难者惟日与月。日不可图其形，月无从绘其色也。即日而绘色，仅可作朝旭夕晖，月而图形，亦无补波光林影。然终如何而可？曰：画日中之景微者，必明，当明中而更分阴晦。画月下之景大者亦晦，在晦中而须发空明。使能心明此理，笔称其心，则日可遗色而得形，月可遗形而得色矣。

时景之中，惟日与月最难捉摸，雨生言之明矣。其诀在"明中更分阴晦，阴晦须发空明"，亦即顾凝远"影中生影，光外含光"之意。更当与论画石阴阳相成一节参读，亦有相通处。

论勾皴染点第六

勾之行止，即峰峦之起跌，皴之分搭，即土石之纹痕。山以分按脊生，石用重勾面出。山脚伏而皴侧，坡脊起而皴圆。

勾沿石界，皴施石中，故勾之高低，即山之起伏。山有脉，不问其如何蜿蜒曲折，中有气息贯通。作山之时，目中先有此气脉，勾即据此而两分，山脊出矣。皴之重者，亦同勾也。石面重皴数笔，其形立显。皴之行笔，每依轮廓。山脚轮廓斜，故皴侧。山脊轮廓弯，故皴圆。

麻皮虚脚而山空，兼让长林之得致。钉头露额而石嶜，又资丛树以托根。解索动而麻皮静，烂草质而牛毛文。钉头萃于木梯，长短同施。豆瓣泼于芝麻，小大易置。卷云雨点各态，乱柴荷叶分姿。斧劈近于作家，文人出之而峭。鬼脸易生习气，名手为之而道。大劈内带凿痕，小劈中含锈迹。石凌面而隐叠千层，山没骨而融成一片。灰堆乃砚头之变境，叠糕即斧劈之后尘。（原评：从古画家各立门户，皆由皴法不同。自唐五代南北宋以至元明，其笔法有如方枘圆凿之难入者，然其中自有一贯通之理，故能精于一家法而得其变化离合处，则诸家画法，一以贯之，更无凝滞。今人之敝，只在不能专攻一家，故诸家皆无入处也。观此论皴法精详，开墨妙之元秘，补前人之缺略，真六法之微言也。画中惟皴法最难，所宜急讲，各家画法，未易兼综，然须画北宋勿使一笔入南宋法。画南宋，勿使一笔入元人法。画元人亦勿使入南宋诸家法。诸家各有门庭，勿相混淆，惟通其理而化其偏。读此可以豁然开悟。）

上节论各色之皴，多为前人所未道者，试先分别论之。

1. 钉头皴　当即丁字皴（见龚半千山水图谱章）。

2. 烂草皴 烂草与牛毛之不同，一以质，一以文。牛毛松细，此皴必较粗实。仍是披麻系中之变体。

3. 木柹 按柹，同梀，音肺。《说文》："梀，削木札朴也。"[1]徐锴《说文系传》曰："削下木片也。"[2]又按柿，音侍，俗作枾。《说文》："赤实果，从木，朿声，鉏里切"[3]，即今习用之柿字。柹（即梀字）与柿形相近，故一讹而为柿。柿俗作枾，故柹（即梀字）再讹而为枾。枾复与柹形相近，故柹（即梀字）三讹而为柹。此木柹（或木梀）变为木柹，其间之过程也。是以木柹皴，当作木柹皴，或木梀皴，言皴之似削下木片也。其状类玉屑，当属纵点系。

4. 荷叶 解说已详唐志契《绘事微言》一节中。

5. 灰堆 韩昂《图绘宝鉴续编》[4]称高松善灰堆山，此名自明代已有之。尝见日人金原省吾《线之研究》引《古画备考》，谓"云山，即灰堆皴"，并注曰："米元章"[5]。是灰堆当属横点系。

6. 叠糕 叠糕始见于玄宰《画旨》，喻石状也。至此始以之为皴之名。

林植于山麓，山麓无皴，避与林复。树生于石巅，石巅无皴，防与根乱。

勾多圭角而俗态生，皴若团栾而清韵少。皴之俯仰，披似风芦而垂如露草，皴之缜密，明同屋漏而隐若纱笼。墨带燥而苍，皴间夫擦。笔濡水而润，渲间以烘。衬复而内晕，勾简而外工。勾灵动似乎皴，皴细碎同于擦。

用笔生圭角，郭若虚所谓刻之病。勾之不宜刻，明矣。皴若团栾，必俗，拙手师郭熙，以为云头皴皆圆，不知正为其所误。风芦露草，状皴之势。屋漏纱笼状，皴之迹。皆妙喻也。

用笔之法曰：勾，皴，擦，渲，烘，染。善用笔者，信乎之所之，未尝念何笔为勾，为皴，为渲，为擦，为烘，为染也。实则无可无不可，而自能笔笔合拍，恰到好处。宜乎江上谓皴擦渲烘可相同，而勾皴复同趣也。

顿挫乃勾劈之流行，深浅为渲染之变化。虚白为阳，实染为阴。山面皴空，多是阳光远映，山坳染重，端因阴影相遮。劈而不皴，知烘染之有法。皴而不染，知勾劈之意全。着笔为皴，留空痕以成廓。运墨为染，间溜迹以省勾。勾之漫处，可以资染，染之着处，即以代皴。复染于勾内而石面棱棱，增染于廓外而石脊隐隐。皴未足，重染以发其华。皴已足，轻染以生其韵。盖山容凭皴淡以想象，无泥皴淡而着其伪。树态假点抹以形容，勿拘点抹而失其真。

此言皴与勾及染之关系，盖三者互有假借之处。善用者自生灵趣，未可拘泥，以致自贻刻板。其理与上节本无二致。

劈而不皴，以烘染已足，无须更皴，是以烘染代皴。皴而不染，以皴意已足，无须更染，是以皴代染。如斯类推，皴染亦可以代勾，勾可以资染。染可以代皴，皴不足重染以辅之，皴太足，轻染以救之。盖无往而不从心所欲，面面生机。此诚画家之化境，而作画之于必须如何勾，如何皴，几遍皴，几遍染，多一遍少一遍，便以为于法未合者，读此亦可以悟矣。

皴之沉酣视染匪异，点之圆活与皴无殊。点分多种，用在合宜。圆多用攒，侧多用叠。秃笔用钝，破笔用松。掷笔者芝，按笔者锐。含润若渴，带渴为焦。细等纤尘，粗同附石。淡以破浓，聚而

[1] 许慎《说文解字》（商务印书馆摹印藤花榭刊本）6上/7b。

[2] 徐锴《说文系传》。

[3] 同注[1]6上/1a。

[4] 韩昂《图绘宝鉴续编》（商务印书馆《国学基本丛书》本）12b。

[5] 金原省吾《绘画における线の研究》（昭和十三年古今书院三版）83。

随散。繁简恰有定形，整乱因乎兴会。（原评：浓淡聚散，点法要诀更须以各家法参之。）千笔万笔易，当知一笔之难。一点两点工，终防多点之拙。

不仅勾皴渲染烘擦之关系，如前所述，即皴与点，何尝不然。其间亦有相因相成之趣。点之法多端，究其源仍在作者之兴会，亦犹其他之笔法，一切惟心造。

一笔难于千万笔，多点拙于三两点，此言简之可以胜繁，全篇之总论也，颇可与雨生之"皴而尚未觉其为石者难药，不皴而识其为石者可师"二语同读。

龚半千题画尝曰："苔助染，染助皴，皴助勾，勾似皴，皴似染，染似苔，理有可借，道实相因，知而不言，其用如神，所谓造化，久久不分，天地之秘，勿浪语人。"❻与江上之言，颇多合处。特录于此，以供参证。

雨生附论

勾皴染点之于画，犹点画撇捺之于字也。点画撇捺，合之为字，分之固各有其法，惟画亦然。不徒此也，曰斡，曰渲，曰画，曰刷，曰擦，曰抹，曰衬，曰烘。名多随笔而更，法亦因名而异。独举其四而言者，以其先且要也。诸法不徒用之于石，用于树一也。树大腹必加皴，身必施点，或勾或染，偏废不能。

雨生上一节仅于勾、皴、染、点、擦、烘、渲诸称外，复益斡、画、刷、抹、衬诸法耳，无他发明。

勾法不过灵活停顿，染法不过浓淡浅深，非若皴与点之法为多也。然合勾皴染点一切法而论，要皆不外乎阴阳二字。明乎阴阳，无可无不可。必曰某家皴，

某家点，是终不过成其为皴与点而已矣。

阴阳不可不讲，皴染以及一切笔法之足与不足，够与不够，悉以阴阳为准则。阴阳分而山水丘壑之精神出。阴以显阳，阳以显阴，是以往往阳处用淡墨笼一遍后，阴处又觉不足，复须于阴处重染一遍，始得调剂。画家之跻化境，无可无不可，左右逢其源，正以其阴阳二字，了了在心，处处合乎阴阳，不令与其乖戾也。

论用笔用墨第七

山川之气本静，笔躁动则静气不生。林泉之姿本幽，墨粗疏则幽姿顿减。（原评：画至神妙处，必有静气，盖扫尽纵横余习，无斧凿痕，方于纸墨间静气滞结。静气今人所不讲也，画至于静，其登峰矣乎。）山隈空处，笔入虚无。树影微时，墨成烟雾。笔中用墨者巧，墨中用笔者能。墨以笔为筋骨，笔以墨为精英。笔渴时墨焦而屑，墨晕时笔化而熔。人知抢笔之松，不知松而非懈。人知破笔之涩，不知涩而非枯。笔有中锋侧锋之异用，更有着意无意之相成。转折流行，鳞游波驶。点次错落，隼击花飞。拂为斜脉之分形，碟作偃坡之折笔。石圆似弩之内抿，沙直似勒之平施。墨之倾波，势等崩云。墨之沉凝，色同碎锦。宜浓而反淡则神不全，宜淡而反浓则韵不足。

关于用笔用墨之言论，可按其性质作理论及方法之划分，前已言之屡矣。江上论笔墨，或涉玄妙，或合实际兹以其篇什不广，不复区别，统列于此言之。

山水清幽，或因笔墨之粗躁而减色。所以致之者，神未能专，不注精之过。推而论其病源，已越出方法之范围，可

❻龚贤《树木山石画法册》〔旧题奚冈〕（民国八年中华书局影印本）页三十。

划入理论之区域。

山隈树影，画之最微妙处。设知微妙处用笔之法，则其余固不待言。

一字恒有数义，每因连属之字更易，而义亦迁改。如松活，善评也。幽涩（幽涩二字不妥），美词也。易松活为松懈，幽涩为枯涩，则殆矣。是皆作画者所当分辨。着意之笔墨易学，无意之笔墨难言。李日华谓"意之所忽处，盖非有心于忽，不得不忽"。今更为下一转语，非不得不忽，不知其忽而已忽也。不得不忽，局于画之势，犹出有心。不知其忽而已忽，由于物我之两忘，斯真出于无意也。

画中用笔之法：曰拂，曰磔，曰弩，曰勒。《辍耕录》曰，"姜白石先生禊帖偏傍考云，'事字脚斜拂不挑'"❶，可知拂即永字八法左下之掠。论画用笔，而即取自论书之笔法，是亦可证书画之相通矣。

雨生附论

作字偏锋者，画多不能为中锋。字中锋者，画不难为偏锋。中锋偏锋，固各自有妙，而中锋较能浮出纸上也。

味雨生之言，作画固当以中锋为主，然偏锋亦未尝尽废。《芥子园画传》曰："云林石仿关仝，然仝用正锋，倪多侧笔，乃更秀润，所谓师法舍短也。"❷云林皴用折带，非偏锋无以出之。中锋侧锋，犹工匠所用不同之器具，亦视其所宜，分别而施之，然后能善其事也。

画砚画笔，每用必洗，而干皴又用败管宿墨乃老，旧纸旧墨相入，始和，而渲染须加新墨藤黄乃润。画，象也，象其物也。今人每画，必曰仿某法某，

❶ 陶宗仪《辍耕录》（光绪乙酉刊本）6/4a。

❷ 王概《芥子园画传》（康熙十八年原刊本）3/3b。

故一搦管即以一古人入其胸，未尝以造化所生之物入其胸。以造化生物入其胸则象物，以古人入其胸，则仅能象其象。故画成而不见其笔墨形迹，望而但觉其为真者，谓之象。斯其功自有笔有墨而归之于无笔无墨者也。

字与画同出于笔，故皆曰写。写虽同，而功实异也。今人知写之同，遂谓字必临摹古哲，而画亦然。夫字无质，故不得不临摹造字之人，物有质，临摹物可已，何必临摹夫临摹之人。人知欲学兰亭则竟学兰亭，不屑临松雪所临之兰亭。造化生物，兰亭也。古画虽佳，松雪之兰亭也。何独于画而甘自舍真就假耶？

以上二节，其意相若，实一节也。其旨在贱摹古人，贵师造化，虽附于江上论用笔用墨之后，内容似有不同。意必雨生以为摹古人在摹其笔墨，象自然亦必须以笔墨，舍笔墨外更无可以象之者。亦可取为雨生重视笔墨之证。

论设色第八

墨以破用而生韵，色以清用而无痕，轻拂轶于浓纤，有浑化脱化之妙。猎色难于水墨，有藏青藏绿之名。盖青绿之色本厚，而过用则皴淡全无。赭黛之色本轻，而滥设则墨光尽掩。粗浮不入，虽浓郁而中干。渲晕渐深，即轻匀而肉好。间色以免雷同，岂知一色中之变化。一色以分明晦，当知无色处之虚灵。（原评：此言一色中变化，已造妙境。至论及无色处，精微之理，几于入道。）学山樵之用花青，每多蠟齱。访一峰之喜浅绛，亦涉扶同。乃知惨淡经营，似有似无，本于意中融变。即令朱黄杂沓，或工或诞，多于意

外追维。

清代设色以澹逸为工，南田之言，已足实吾说。江上《画筌》持论亦复相若，盖一代画风使然也。初则曰色以清用无痕，再则曰宜轻拂而有浑化脱化之妙，三则曰青绿不宜厚，不然皴将为其所掩，而终则谓一色中有变化。一色中之变化为何，深浅之变化也。何以显深，以浅显之。何以显浅，以无色处显之。设色至此，极虚灵之能事，亦至神妙，非习此道有素者不能为，非于斯道有深悟者不能言。然其所道之法，固知其偏重澹逸一派也。

雨生附论

自古画多设色，然山水家恒用，惟赭，靛，藤黄。赭靛为君，黄为使。赭深浅得二，入墨入黄，又得二。靛深浅得二，入墨为深浅墨青，入黄为深浅绿，又各得二。是色虽三，而君使相因，亦已用之无尽。余非必需，可无论矣。

雨生谓山水家恒用之色，惟赭、靛藤、黄三者，其间浅深变化，已无穷尽，是石青石绿二色，殆置于非必需之例。清代画派，自初季以至嘉道间，又有一变。浅绛为设色山水之正宗，重青重绿知之者愈罕。读雨生之《析览》，亦可略窥前后之异也。

设色多法，各视其宜。有设色于阴而虚其阳者，有阳设色而阴止用墨者，有阴用纯用赭而青绿点苔者，有阴阳纯用青绿而以墨渍染者，有阳用赭而阴用墨青，有阳用青而阴用赭墨者，有仅用赭于小石及坡侧者，有仅用赭为勾皴者，有仅用赭于人面树身者，有仅用青或仅用绿于苔点树叶者，有仅用青绿为渍染

者，盖即三色，亦有时而偏遗，但取其厚，不在其备也。

前节言赭靛黄三者调色之变化，此言画中以此三色为限，设色亦大有变通。雨生约略言之，已得十余法。其间不易之理，要可以阴深阳浅四字尽之。设色于阴而虚其阳者，有色深于无色也。阳设色而阴止用墨者，墨深于色也。阳用赭而阴用墨青者，墨青深于赭也。阳用青而阴用赭墨者，赭墨深于青也。其他阴阳俱用色者，阴之色亦必深于阳之色。大凡设色必以墨作底，墨底既成，阴阳深浅之势已判，至于设色，不过因其势而已。

杂论第九

山本静，水流则动。石本顽，树活则灵。地廓村遥，树少参天之势。山巍脚远，水无近麓之情。树动则清，水柔则秀。水分双岸，桥蜓蜿以分通。山隔两崖，树攲斜而援引。悬坪叠石，即作山峦，低岸交沙，便成津浦。作山先求入路，出水须定来源。择水通桥，取境设路。地势异而成路，时为夷险。水性平而画沙，未许攲斜。沙势勿先来，背峰头而后定。远墅勿先作，待山空而徐添。石旁有沙，沙边有水，水光自爱空濛。树中有屋，屋后有山，山色时多沉霭。沙如漂练，分水势而复罗村势，树若联栅，围山足而兼衬山峦。山拥大块而虚腹，木攒多种而疏颠。山面陡面斜，莫为两翼。树丛高丛矮，少作骈肩。树影欲高，低其余而自耸。山形欲转，递其势而后旋。山外有山，虽断而不断，树外有树，似连而非连。山别阴阳，须识渲皴之诀，树分表里，当知隐见之方。树早生根，无从转换，水迟引道，难以

奔流。瀑水若同檐溜，直泻无情。石块一似土坯，模棱少骨。坡宽石巨，崇山翻似培塿。道直沙粗，远地犹同咫尺。（原评：此下论绘事中疵病，洗剔略尽若，不细加体认，即蹈其弊辙，犹尔茫然。）坪憎桶案之形，山厌瓜棱之状。地薄崖危未贴，峰高树壮非宜。近山平田，患其壁立。离村列树，勿似篱横。峰峦雄秀，林木不合萧疏。岛屿孤清，屋舍岂宜丛杂。

凡一隅之中，兼论二物，不克细分者，雨生置之于杂论。今就其间性质言，可分为点缀及画忌二类。自水分双岸，以至树分表里，当知隐见之方，皆点缀之文，与论山第一中危岩削立一节相近，余则多为画忌而发。读者每可取笪、汤二氏前则所论，先究病源，更进而矫其弊。如泉源当知分合，檐溜直泻，悟分合之法，可以济之。画石贵开生面，形似土坯，悟重勾面出之法，可以救之。如斯类推，则不仅笪氏所列各忌可得尽除，即笪氏所未及者，亦不难举一反三也。

雨生附论

画以树石为筋骨，以径路为血脉，以烟云为裳衣，以人物为眉目。筋骨不可不强，血脉不可不通，裳衣不可不楚，眉目不可不朗。

雨生以山水树石为画之主，全幅之格局，自宜由其支撑，犹人之有筋骨。画中之径路，曲折萦纡，穿插贯串，与水同工。烟云缥缈映带，有人物画中长袖轻裾之妙。人物虽为山水之点缀，但似人之眉目，最先入览。雨生所言，悉受前人之启示，但一经其荟萃，意乃愈醒豁矣。

沙势贵平，仍须曲折。坡侧似削，

等有阴阳。乱山休碎，列屋忌齐。平路亦有高卑，而逶迤莫直，山径非无夷坦，而逼侧难宽。杂树最忌束薪，丛竹尤嫌编帚。芦苇无风亦偃，蕉桐有屋方栽。松不与众木齐肩，柳必向横塘顾影。楼阁宜巧藏半面，桥梁勿全见两头。远帆无舟，而去来必辨，远屋惟脊，而前后宜清。景散须收，高可收于一亭，平可收于一艇。景隔须通，近则通以一径，遥则通以一桥。盖景惟求雅，不在争奇，然境或太庸，又嫌无味。

是节与雨生所集江上之杂论同，仍不外点缀忌病二类。

第三节　唐岱《绘事发微》

唐岱，长白人，字毓东，号静岩，一号默庄，顺治中生人，工山水，乾隆时曾祗内廷，颇蒙睿赏，著《绘事发微》一卷。

《绘事发微》凡二十四篇❶，曰：正派、传授、品质、画名、丘壑、笔法、墨法、皴法、着色、点苔、林木、坡石、水口、远山、云烟、风雨、雪景、村寺、得势、自然、气韵、临旧、读书、游览。其间首尾诸篇，或为理论或涉宗派，惟自丘壑至得势等十五篇，纯属画法。今复按其类别，纳入山、水、树木、点缀、时景、位置、皴法、点苔、用笔、设色等十项。至于墨法一篇，以静岩得麓台之嫡传，所论尽是乃师画法，置于王原祁画法一章中论之。

一、山

静岩《坡石篇》曰：

坡石与土石相间，石须大小攒聚。山之峦头岭上出土之石，谓之矶头，其棱面层叠。山麓坡脚，有大小相依相辅

❶ 唐岱《绘事发微》（《四铜鼓斋论画集刻》本）册二 1a—28a。

之形，有平大者，有尖峭者，横卧者，直竖者，体式不可雷同。或嵯峨而楞层，或朴实而苍润，或临岸而探水，或浸水而半露。沙中碎石，俱有滚滚流动之意。画石以攲斜取势，要见两面三面，而坡脚与石相连。石嵌土内，土掩石根，崒屼嶙峋，千状万态。石纹多端，皴法随亦尽变，今人作画，不知古人格法，任己意落笔，从山脚画起，以碎石攒成大石，以大石叠垒成山，直至垒到山头，方始住手，是所谓堆砌也，乌睹所谓雄浑崔巍者哉？画山大病，最忌山脉不连络，气势不贯串。古法布局，起稿先勾大山之轮廓，其矾头坡脚石块，是随手相衬增补耳。石乃山之骨，其体质贵乎秀润苍老，忌单薄枯燥。画石之法，不外此矣。

静岩上篇，首论石之大小相间，再论石之形态，皆前人所屡道者。论山石不宜堆砌，以董玄宰"今人从碎处积为大山，此最是病"之语为最早。唐志契《绘事微言》碎石一则，已是拾人牙慧，至此更成滥套。末论气脉不贯串，仍采陈说。惟其文气与上文连属，颇能使人悟气脉之所以不贯串者，正以堆砌之故。静岩论画石，虽无独得之秘，于前人之成说，固能融会贯通而知忌病之所以然也。论远山曰：

远山为近山之衬贴，要得稳妥，乃一幅画中之眉目也。画远山或尖或平，染之或浓或淡，或重叠数层，或低小一层，或远峰孤耸，或云遮半露。古人亦有不作远山者，为主峰与客山得势，诸峰罗列，不必头上安头故也。凡此俱在临时相望，增添尽致，不可率意涂抹。今人以画远山为易事，所见只用染法，而无笔意。不知染中存意，兼有笔法。

似此画出远山，才有骨格。古画中远山，或前层浓，后层淡，或前层淡，后层反浓者。今人不解其意，乃是夕阳日影倒射也，而远山之大小尖圆，总要与近山相称，不可高过主峰，使观者望之，极目难穷，起海角天涯之思，始得远山意味。凡信手染出，似近山之影，又两边排偶，峰头对齐，皆是远山之病。如此者，画师岂易为哉？

静岩上篇，取唐志契之说，约十之五。远山宜安放妥帖，有如画中眉目，以及夕阳倒影，淡墨远山之外，复见浓墨远山，皆见《绘事微言》。论古人画或不作远山、远山要有笔法、远山忌病三事，此篇中之精粹也。古人画中，确有不作远山者，而吾人望之，只觉其气象充沛，余味无穷，若强设遥峰，便成蛇足。远山有笔法，更为画家所不可不知。佳手作远山，处处见笔，即令缥缈无痕，亦自具笔意。盖细心涂抹，虽一毫不苟，刻刻矜持，终不能掩其拙而见嗤于识者。善用笔者，纵或意有所忽，适足增其妩媚。远山似近山之影，画忌也。其弊在远山信手染去，复袭近山之形态，不知变化以取势，故如形影之相依。至于排隅对齐，更忌病之显著者也。

二、水

静岩论水，仅水口一篇。

夫水口者，两山相交，乱石重叠，水从穿峡中环绕湾转而泻，是为水口。巉岩峻岭，一水如匹练，从上直垂于万仞之下，怒涛腾沸者瀑泉也。山麓之下，回互缓流，伏而复出，滩泥纵横，沙脚穿插，碎石滚滚者，溪水也。若溪水澜漫，其中则有沙汀烟渚，芦草茸茸，凫雁水禽，栖飞其上，小艇荡漾其中，有水阔天空之状，此山水家每用之。画水口垂瀑，须从流水之两旁皴染，使阴凹黑暗，以显石面凸出。水向峡中流出，水口之上，垂瀑源头，宜加苔草遮映，一派一滴，皆要活泼似有潺湲之声，故宋人多作波纹，有法沄之态。元人点缀碎石沙痕，有流动之形，皆得水之容貌也。今人有未见真山水面目者，辄画波纹风浪，则板刻不舒畅，沙脚碎石，则凝碍不流动，画瀑泉从山顶挂下，或向石面垂流，总于古人背驰，不免观者一笑。

唐志契《绘事微言》论画水，亦仅水口一则，静岩此篇，仍有所本。顾其篇曰水口，进而论沙汀烟渚、芦草水禽舟楫之属，殆注意山水画中所常见之水景，不仅限于水口也。瀑布两旁，宜用墨衬，唐人已有此法，詹东图著录李昭道《桃源图》，言之独详。画波纹忌板刻，与董迪书孙知白画水图跋中语有相似处。

三、树木

静岩有林木一篇，乃辑古人之说而成者。点叶深浅，半千之说，用笔曲折，玄宰之说，笔有四势，荆浩之说，树生于石，生于土，王维《山水论》之说，林中似有禽兽，亦玄宰之说，树为山衣，韩纯全之说。一经分析，静岩之言殆寡，不录。

四、点缀

《绘事微言》中，丘壑、村寺两篇，皆言点缀者也，其中本纯全、重光之文为多。间有异于前人之言辞，实未能越出前人之意境。并载附录。

五、时景

静岩论时景，凡三篇。论云烟曰：

夫云出自山川深谷，故石谓之云根。又云："夏云多奇峰"，是云生自石也。石润气晕，则云生。初起为岚气，岚气聚而不散，薄者为烟，烟积而成云。云缥缈无定位，四时气象，于是而显。故春云闲逸和而舒畅，夏云阴郁浓而暧靆，秋云飘□浮而清明，冬云玄冥昏而惨淡，此辨四时之态也。凡画须分云烟，且云有停云、游云、暮云。烟有轻烟、晨烟、暮烟。烟最轻者为霭，霭浮于远岫遥岑，霭重阴昏则成雾，雾聚则朦胧。云烟雾霭，散入天际，为日光所射，红紫万状，而为霞。霞乃朝夕之气晕也。王右丞《山水诀》云："闲云切忌芝草样。"今人画云，勾勒板刻，往往犯此病。又以云烟遮山之丘壑不妥处，每画来龙，穿凿背谬，以云烟遮掩，殊不知古人云烟取秀，云锁山腰逾觉深远，非为遮掩设也。画云之诀在笔，落笔要轻浮急快，染分浓淡，或干或润。润者渐渐淡去，云脚无痕，干者用干笔以擦云头，有吞吐之势。或勒画停云以衔山谷，或用游云飞抱远峰，笔墨之趣，全在于此。总之，云烟本体，原属虚无，顷刻变迁，舒卷无定。每见云栖霞宿，瞬息化而无踪，作者须参悟云是臻巧而成，则思过半矣。

四时之云，以及云烟雾霞之名称，皆韩纯全之语。"云忌芝草样"，又袭唐敷五之意，设无后半，此篇又不足录也。古人画云烟，所以取秀，不得以之遮掩丘壑之不妥处，此说尚新颖可喜。但丘壑设画得不妥，必已落痕迹，而是处又安得改为烟云？是其所谓遮山之丘壑不妥处，岂即遮山水丘壑之不知措手处，而借以藏拙之意耶？

清代关于山水画法之论述

画云用笔，轻浮急快，或干或润，其法多端，终以不着痕迹、不落板刻为尚。《风雨篇》曰：

> 大块之噫气为风，起于巽方，以应四时之节候，故春为和风则暖，夏为薰风则温，秋为金风则凉，冬为朔风则寒。又有迅风、暴风、清风、微风。风虽无迹，要看云头雨脚，草木飞扬，遇物而无阻碍者，皆顺也，反此则逆矣。凡画清风微风，树杪柳梢，摇曳多姿；画迅风暴风，拔木偃草，山摇海沸，有疾拂千里之势。雨随风作，亦有急骤微细之判。然雨有迹，画无迹，但染云气下降以随风势，湿气上蒸，烟雾杳冥，野水涨溢，隔岸人家，在隐现出没之间，林木枝叶离披，丰草低垂，总在微茫缥缈之中，一一点呈露，斯为有得。凡画雨景者，须知阴阳气交，万物润泽，而以晦暗为先。次看云脚风势，总要阴晦气象。历观往迹，余为米海岳首屈一指焉。

上篇首言四时之风，次言风之各别，皆于画法无甚补益。物须顺风之势，韩纯全之意，亦不足道。其论画雨法，实能详于前人，未可忽视。"然雨有迹，画无迹"二语，尚欠醒豁，其意谓吾人观雨可见点滴之迹，此画中所无从落笔者，不能画也。无已，将何以画之？曰：上半随风势以染云气，下半染湿气以状冉冉上升之象，此画雨之法也。尝见古人作雨景，每用墨笔斜扫，染出倾泼之势，或称之为霾痕，笪重光非之，以其不文而近于俗，岂以北宗多用此法，而谓其近于作家习气耶？江上之论，恐不无门户之见，且明代如石田作雨景之犷悍之气概，或减北宗，至其画法，实无大殊，未尝觉其俗也。静岩以南宗为画之正传，于正派一篇中可见，今论画雨及此法，愈可知重光之言不尽然也。前于《画筌》一节中未克详论，特于此假静岩之言而发挥之。《雪景篇》曰：

> 雪景之作，王右丞有《辋川积雪》，巨然有雪图，至李营邱画雪景，曲尽其妙所作《枯木寒林图》，深得严冬凛冽之状。许道宁亦有《渔庄雪霁图》，后虽有作者，各得一体，不能出营邱之范围也。凡画雪景，以寂寞黯淡为主，有玄冥充塞气象。用笔须在石之阴凹处，皴染在石面高平处留白。白即雪也。雪压之石，皴要收短，石根要黑暗，但染法非一次而成，须数次染之，方显雪白石黑。其林木枝干，以仰面留白，为挂雪之意。松柏杉桧，俱要雪压枝梢，或行旅踏雪，须戴毡笠毳衣，有冲寒冒雪之状。陡壑绝壁，用栈补樵路，危桥相接不绝，山寺人家，须静掩柴扉，尘嚣不至。雪图之作无别诀，在能分黑白中之妙，万壑千岩，如白玉合成，令人心胆澄澈。古人以淡墨积雪为尚，若用粉弹雪，以白笔勾描者，品斯下矣。

静岩一起，记载前代名家之以画雪擅名者，近于著录，几于画法无涉。雪压之石皴要短数语，疑本唐志契论雪景"其画石当在凹处与下半段皴之"而来。石根要黑暗，当数次染，染所以显雪之白，一定之法也。而《画筌》却曰："雪意清寒，休为染重。"二者骤视，似迥相径庭，惟江上注重在境之清，静岩注重在石之显。往往见雪景水天以墨水重染，鲜有不坠于俗者，故不宜重。至于石根，自宜显，否则眉目难辨，故又不得不染。且石根稍重，亦无害于境之清。二家所言，一指染天而言，一指染石而言，未可据之为争执之端也。

读静岩画雪之法，吾人可知其纯系以水墨渍出，借绢纸之白地为雪，绝不用粉，尤以最后"古人以淡墨积雪为尚，若用粉弹，以白笔勾描者，品斯下矣"数语为显著。然古人岂真绝不用粉者？东图《玄览编》曰："王右丞辋川雪景，藏金陵胡编修家者……其山与石皆先用银泥涂染，后于银泥上用粉点雪。"[1] 邓椿《画继》曰："山水家画雪景多俗，尝见李营邱所作雪图，峰峦林屋，皆以淡墨为之，而水天空处，全用粉填，亦一奇也。……"[2] 王叔明、陈惟允合作《岱宗密雪图》，以"小弓夹粉笔，张满弹之，粉落绢上，俨如飞舞之势，皆相顾以为神奇"。[3] 黄公望《写山水诀》亦有"冬景借地为雪，要薄粉晕山头"。浦山《画徵录》曰："王奉常购李营邱《山阴泛雪图》，费至二十镒。"[4]《图画精意识》谓营邱是幅"其雪痕处，以粉点雪，树枝及苔，俱以粉勾粉点"[5]。陶元藻亦曰："古画原多用粉，郑虔专工山水，少陵诗云：'郑公粉绘随长夜'，已非水墨是尚矣。又画鹘行云'粉墨且萧瑟'，薛少保画鹤诗云'佳此志意远，岂惟粉墨新'，粉绘历历可证。"[6] 是则古人不特未尝以用粉为下品，且为画士所重也。雪景施粉，古人恒用之。宋之画院，明之浙派，以及蓝田叔、刘度辈，尤所夙习。惟运用不佳，难免刻画。南宗画家之有门户之见者，遂有所借口，以俗诋之。唐志契称董文敏竟不作雪景，惧不文也。然雪景非不可作，"只用淡墨作影，不用先勾，后随以淡墨渍出者，更觉韵而逸，何尝不文？"此言亦为董而发，正讥其因噎废食也。不论如何，南宗之画家，确有视雪景为畏途者，既虑不能工，复虑自蹈素以诋人之俗也。

是则画家之力主墨积，绝不施粉，岂欲自拔于俗而求异于北宗耶？此志契、静岩二人之论所由来也。然谓古人仅以淡墨积雪为尚，岂通论哉？

六、位置

静岩有得势篇。夫位置不当，乌能得势。得势者，论位置之法也。其中主要者凡两节。前者论山之形势，处处变换，悉本郭熙"山行步步移"之说，后者论主山如大君之尊，复是《林泉高致》中"大山堂堂"一节之意。兹亦不录。

七、皴法

夫皴法须知本源来派，先要习成一家，然后皴山皴石，方能入妙。昔张僧繇作没骨图，是有染而无皴也。李思训用点攒簇而成皴，下笔首重尾轻，形似丁头，为小斧斫皴也。王维亦用点攒簇而成，皴下笔均直，形似稻谷，为雨雪皴也，又谓之雨点皴。二人始创其法，厥派遂分。李将军为北宗，王右丞为南宗，荆、关、李、范、宋诸名家，皴染多在二子之间，惟董北苑用王右丞渲淡法，下笔均直，以点纵长，变为披麻皴。巨然继之，开元诸子法门，至南宋刘松年画石，少得李将军之糟粕，李唐近之。夏珪、马远，一变其法，用侧笔皴，以至用卧笔带水搜，谓之带水斧斫，诋为北宗，实非李将军之肖子也。又有解索皴、卷云皴、荷叶筋之皴。古人作画非一幅，画中皴染，亦非一格。每画到意之所至，看山之形势、石之式样，少变笔意。郭河阳原用披麻，至矾头石，用笔多旋转似卷云；王叔明喜用长皴，皴山峦准头，用笔多弯曲似解索。赵松雪画山分脉络似荷叶筋，此三家皴，皆披

[1] 詹景凤《玄览编》(据故宫博物院图书馆藏抄本抄) 51b。

[2] 邓椿《画继》(王世贞辑《王氏画苑》本民国十一年泰东图书局印) 8/35a。

[3] 张丑《清河书画舫》(光绪乙亥有竹人家藏版本) 戌/37b。

[4] 张庚《国朝画徵录》(通行本) 上/2a。

[5] 张庚《图画精意识》(《美术丛书》本) 三集二辑二册 3a。

[6] 陶元藻《越画见闻》(《美术丛书》本) 三集五辑二册中/11b。

麻之变体也。盖皴与染相洽，皴用干湿，染分浓淡，山水全凭皴染得苍润嵯峨之致。或云多皴多染则腻滞，皴染少则薄而不厚，非也。皴染之法，仍归于落笔，落笔轻松，用意闲雅，则不腻不薄也。总之，皴要毛而不滞，光而不滑，得此方入皴染之妙也。

静岩所列皴法名称，均见前人之著述中，无足论者。南北分宗、二派流传，皴法各异，其说悉本玄宰。明清以来，自谓得南宗正传者，无不作是论。古人作皴染非一格，每随兴致变其笔意，知言。较诸必以为某家用某皴者，通达多矣。作画不在皴染多少，而在用笔，语亦中肯，惟不及江上《画筌》中之一节，能洞澈底蕴也。

八、点苔

点苔之法，未易讲也。一幅山水，通体片段，皴染已完，要细玩搜求，何处墨光不显，阴凹处不深，加之以苔，有可点不可点之妙，正在意会点之。恰当如美女簪花，不当如东施效颦。盖点苔一法，为助山之苍茫，为显墨之精彩，非无意加增也。古画有不点者，皆皴染入妙，石面棱层，无光滑之病，墨色神彩不暗，故无所事乎苔。点苔之诀，或圆、或直、或横。圆者笔笔皆圆，直者笔笔皆直，横者笔笔皆横，不可杂乱颠倒，要一顺点之。用笔如蜻蜓点水，落纸要轻，或浓或淡，有散有聚，大小相间，于山又添一番精神也。山头石面，当点之处，微加数点，望之愈觉风致飘逸。近有率意加点，不知当与不当，使观者望之如鼠粪堆积。大点者如瓜子铺陈几案，更有如小谷米形，工致细点，如石之轮廓。或山头石面，周遭点之，笔墨

之趣，尽被掩没，望之似蝾背蚁阵，皆不知点苔之法也。不知其法，妄以点苔为遮石面之丑，不知石之筋纹画就，其败笔臃肿之病已成，愈遮而丑愈出矣。学者其微参之可也。

点苔如美女簪花，不善点者如鼠粪堆积，以之遮石面之丑，愈遮愈丑诸说，皆本敷五《绘事微言》。详前人所未及者，"圆者笔笔皆圆，直者笔笔皆直，横者笔笔皆横，不可杂乱颠倒，要一顺点之"数语也。古人笔墨尚变化，画树石往往笔转换，独于点苔，一幅之中用不同之点法者已罕，至一攒一簇之中，更未见有笔法错杂者。良以苔之所生，即一幅精神聚蓄处、焕发处，笔法杂则神散漫而不警策也，山石周遭点之，大是诟病，前人亦未尝有言之者。

九、笔

静岩笔法篇曰：

用笔之法，在乎心使腕运，要刚中带柔，能收能放，不为笔使。其笔须用中锋，中锋之说，非谓把笔端正也。锋者笔尖之锋芒，能用笔锋，则落笔圆浑不板，否则纯用笔根，或刻或偏，专以扁笔取力，便至妄生圭角。昔人云："用笔三病，一曰板，二曰刻，三曰结。板者，腕弱笔痴，全亏取与，物状平褊，不能圆浑也。刻者，运笔中凝，心手相戾，勾画之际，妄生圭角也。结者，欲行不行，当散不散，与物凝碍，不得流畅也。"此千古不易之法。近有作画，用退毫秃笔，谓之苍老。不知非苍老，是恶赖也。但能用笔锋者，又要练笔。朝夕之间，明窗净几，把笔拈弄，或画枯枝夹叶，或画坡脚石块，如书家临法帖相似，不时摹仿树石式样，必使枝叶生动飘荡，

坡石磊落苍秀，方可住手，此练笔之法
也。学力到，心手相应，火候到，自无
板刻结三病矣。用笔之要，余有说焉：
存心要恭，落笔要松。存心不恭，则下
笔散漫，格法不具。落笔不松，则无生
动气势。以恭写松，以松应恭，始得收
放用笔之诀也。

静岩论用笔，坚持中锋，与董玄宰
及笪江上之中侧锋并用者不同。其对于
中锋之解释，复与前人有别，以为凡能
用笔尖之锋芒者即中锋，不问笔颖之是
否端正。昔人除沈灏之说与此略近外，
皆不同也。如李竹嬾曰："锥画沙，锥
锋铦锐，所当沙特毫末耳，而沙性疏拥，
受锥处，润有余，宛如善用笔者，笔锋
正行而姿肉满茂……"所谓中锋，确限
于正行之笔锋。若用锋便是中锋，则侧
锋何尝无锋，严格言之，静岩仍是偏正
并用也。

秃笔谬称苍老，可砭时病。平日拈
笔练习，信画家所不可荒殆者。恭松二
字，亦甘苦之言也。

十、设色

《绘事发微》着色篇曰：

山有四时之色，风雨晦明，变更不
一，非着色无以像其貌，所谓春山艳冶
而如笑，夏山苍翠而如滴，秋山明净而
如妆，冬山惨淡而如睡，此四时之气象
也。水墨虽妙，只写得山水精神本质，
难于辨别四时。山色随时变现呈露，着
色正为此也。故画春山，设色须用青绿，
画出雨余芳草、花落江堤，或渔艇往来、
水涯山畔，使观者欣欣然。画夏山亦用
青绿，或用合绿、赭石，画出绿树浓荫，
芰荷馥郁，或作雨霁山翠、岚气欲滴，
使观者俏俏然。画秋山用赭石或青黛合

墨，画出枫叶新红、寒潭初碧，或作萧
寺凌云汉，古道无行人景象，使观者肃
肃然。画冬山用赭石或青黛合墨，画出
寒水合涧、飞雪凝栏，或画枯木寒林、千
山积雪，使观者凛凛然。四时之景，能
用此意，写出四时山色，俨在楮墨之上，
英英浮动矣。着色之法，贵乎淡，非为
敷彩炫目，亦取气也。青绿之色本厚，
若过用之，则掩墨光，以损气致。以至
赭石合绿，种种水色，亦不宜浓，浓则
呆板，反损精神。用色与用墨同，要自
淡渐浓，一色之中，更变一色，方得用
色之妙。以色助墨光，以墨显色彩，要
之墨中有色，色中有墨，能参墨色之微，
则山水中之装饰，无不备矣。

静岩以为水墨仅能写得山水精神本
质，欲辨四时，必须设色，其言恐未必
尽然。古人水墨之作，或题或不题，吾
人读之，不难知其所作为何景。岂有笔
墨能摄山水之精神，而反遗其景候者？
画手不佳，时景亦不知将何以表现之，
始不得已而假丹粉之力也。

时景点缀之文，全自《林泉高致》、
《山水纯全集》二书中化出，后半青绿
不宜厚，赭绿不宜浓，以及一色中之变
化等语，皆本笪江上。"墨中有色，色
中有墨"，则麓台之语。静岩于设色之道，
自此篇观之，未尝有特殊之心得也。

第四节　布颜图《画学心法问答》

布颜图，名不彰，清代画家史传
中，仅《读画辑略》（《清画传辑佚三种》）
及《八旗画录》有传，前者较详。据称：

布颜图，字啸山，号竹溪，以蒙古
入籍镶白旗满洲先为部属，后官至绥远
城副都统。能诗，好画，善琴。山水学
于张振岳。论画最重章法，所谓勾锁连

环，务求脉络分明，故其画繁而不乱，简而能厚。尤好用渴笔淡墨，层层皴染。尝奉使湖南，归，追忆其风景，作潇湘图一卷。山水树石，人物城寺，舟车桥宇，无所不备，而烟云洲渚，飞瀑急滩，皆奔赴笔端。观此卷，殆不信世间有难写之情状矣。自书小跋，嘱藏于家者。慎王题为必传之作。淮阴戴德乾，以善琴游京师，啸山授以画学，因其问答，作为《画学心法》，刻以行世。❶

《画学心法问答》，上下二卷，松风堂原刊写刻本，前有乾隆十一年自序。上卷问答三十七则，下卷为集古，汇辑王维、荆浩等说，皆习见之文。此书流传甚罕，余越园先生据国立中央大学图书馆目录著录，入未见门。上卷旋经于氏海晏，收入《画论丛刊》，但所据者为绍兴周氏藏抄本。曾取与原刊本校勘，讹夺甚多。

啸山生卒年月不详，卷后施克洪跋称乾隆十年乙丑，在绥远建威将军署，从啸山习画，并有"年高德劭，内养功深"❷语，是其生当在康熙间也。

上卷三十七则外，前有问答小引，后有戴、施二跋。其间论画理者约十之三，画法者约十之七。今分类论之，得山、树、点缀、时景、位置、皴、渲染、笔、墨、设色等十项。

一、山

《画学心法问答》中，关于画山者仅问山环抱法一则，取郭熙"主山要顾盼有情"一节意，文亦寥寥，不过数十字，无录引之价值。

二、树木

画树之法，凡三则。首曰问画树法，通论也。

曰：凡画山水，林木当先，峰峦居后。峰峦者，山之骨格，林木者，山之眉目。未见骨格，先见眉目，故林木须要精彩。譬诸人形，骨格匀停，而眉目俗恶，乌得成佳士？譬诸军旅，前锋不扬，何以张后队？故古人未练石，先练树。况山林非园林可比，园林木植，栽培修理，梃干端直，枝叶葱茂，故绘之者易。山林木植，深岩无主，听其荒滋，小者杯棬，大者嶙峋，不凿其真，无伤其直。阴森鲺向，径挂空潭。云栖之，雾袭之，纵横而出，无不顺适其性，克全其天，故绘之者难。夫惟胸涤尘埃，气消烟火，操笔如在深山，居处如同野墅，松风在耳，林影弥窗，抒腕探取，方得其神，否则虽绘其形，如园林木植，而不能得其天然之野态。且树法非石法可比，石有皴擦点染，犹可藏拙。树则筋骨毕露，少有背逆，人即见之，故绘之者必用笔法。或用钉头鼠尾，或用蜂腰鹤膝，务要道劲，一笔数顿，即成梃干，不可回护，一笔要当一笔用，如一笔气力不到，则败矣。一笔败，则通身减色，而烟火市气，由是而出，子其慎之。❸

画树先于画石，龚半千曾言之。山林与园林之树木殊观，与董氏《画眼》画树木各有分别一节，意相仿佛。一笔要当一笔用，凡画皆然，画树尤宜注意，以其难于藏拙，遮掩无术也。次问生枝法，并生根法，论画树身也。

曰画枝用力，与画干同，笔笔不可放松。枝有丁香枝，有鹿角枝，有螳螂枝，有蟹爪枝。学时当以丁香枝为先，要干脆，须用笔尖正锋，着力直下取之。其端楷道劲，如写字然，一笔不可草率。发干固当左繁则右简，

❶ 洪业辑《清画传辑佚三种》（民国二十三年哈佛燕京学社）19b。

❷ 布颜图《画学心法问答》（乾隆十一年松风阁写刻原刊本）上/62a。

❸ 同注❷上/16a。

右繁则左简,不可排对而出。生枝亦须左密则右疏,右密则左疏,不可齐头而列。树木露根须抓拿有力,盘结坚牢不可强曲暴突,妄滋无状。树本出土,须高低离异,远近间隔。或根交亦须体错,不可排行而立。❶

汪砢玉《珊瑚网》称树枝有四等,曰丁香、雀爪、火焰、拖枝,与此略异。鹿角蟹爪,殆取自《芥子园》者。丁香枝,自上画下,起顿而收略锐,画中所最习见者,宜乎人手以此为先。树枝左右生发及树根高下等画法,悉见龚氏画谱中。其答问画叶法曰:

曰:叶有墨叶、夹叶。画夹叶要有笔法,端楷遒劲,亦与写字同,不可草草而就。画墨叶要有笔意,须将浓淡干湿四彩,作一笔用。初则湿浓,渐次干淡。墨尽不可复,务要浓处浓,淡处淡,湿处湿,干处干。如重云薄霭,泼泼欲动,此欲动者笔意也。若无笔意,单用浓墨湿墨,浑而成之,不但墨不生动,而易入浙派。❷

龚半千论点叶最详,此则视之有逊色也。

三、点缀

《画学心法问答》中有一问曰:"画中境界无穷,敢请夫子略示其目。"其答数百言,性质与前人论点缀及画题之文字无殊。行文逐段排比,谓作某种景,必令观者如身入其境,有见景生情之慨,而最后将情景之妙,归诸天机,悬缣楮于璧上,以神会之,自生奇境,盖采宋迪之说。复谓天机由中而出,非外来者。实则终仗画者以往日之经验现之于画也。

四、时景

啸山有论南宗不可渲染一则,涉及

雨景雪景之画法,特节出之而置于此。

盖雨雪二景,非湿墨烘染,无以取其神理。然用之亦要审雨雪之情形,不可一例而施。雨有盆倾墨澍,有风卷雷车,有空濛湿翠,有雨脚遮山。雪有玉龙鳞甲,有六出三白,有形云界岭,有冷艳糁蹊,种种分别,情形各异。绘之之时,其用墨之浓淡浅深,亦各有法,难以言传。须烘染运笔之际,学者目击之,方见细理,大概不可浑同一色。雨景天地暝晦,须上重而下轻。雪景天水一色,须上轻而下重。染时用排笔将画幅通身润湿,徐徐染之,不可太急,若一气染之,则死板矣。须待干后再染,须二三次染之,而墨色始能生动有致……❸

所论亦悉见前人著述中,惟对于染水天之法,言之颇详耳。

五、位置

关于位置,共两问,首问布置之法。

曰:所谓布置者,布置山川也。宇宙之间,惟山川为大。始于鸿蒙,而备于大地,人莫究其所以然,但果局于石法树法之间,求长觅巧,其为技也,不亦卑乎?制大物必用大器,故学之者当心期于大,必先有一段海阔天空之见,存于有迹之内,而求于无迹之先。无迹者,鸿蒙也。有迹者,大地也。有斯大地,而后有斯山川,而后有斯草木,有斯草木,而后鸟兽生焉,货财兴焉,黎庶居焉,斯固定理昭昭也。今之学者,漫无成见,不求其本,遽从其末,未营山川,先营树木。或三株,或两株,式定之后,方觅石以就树,复依树以就山,其峰峦冈岭,无不随笔杂凑,零星添补,失其天然之趣,遂致格势不顺,脉络不通,气懦而逼促矣。且其堆茸豆丁之痕,室

❶ 布颜图《画学心法问答》
(乾隆十一年松风阁写刻原刊本)上/17b。

❷ 同注❶ 上/18b。

❸ 同注❶ 上/37a。

碍涩滞之弊，更成烟火尘埃，遂敝隙而败露矣。此为画家一大病根。欲除此病根，必须意在笔先，铺成大地，创造山川，其远近高卑，曲折深浅，皆令各得其势而不背，则格制定矣，然后相其地势之情形，可置树木处则置树木，可置屋宇处则置屋宇，可通人径处则置道路，可通行旅处则置桥梁，无不顺适其情，克全其理，斯得之矣，又何病焉。❹

又问六法中之经营位置法：

曰：余固不敏，为汝略言之。画学有底止，而丘壑无底止。学画精进易，经营位置难。何也？盖混溔以前，二气未判，寂寥何有，至精感激而生真一，真一运行而天地立，万有生，山川居万有之中，无因而生，故无定形，要于无定形中取法乎有形，是以难矣。吾重慨夫广大之基，秘密之旨，画史不载，师询无从。纵宋元诸辈，间或言之，且不自解，又安能垂训于人乎？吾于此道，孜孜三十年，始悟经营二字不爽。试思鸿蒙之开辟山川也，千峰万岉，嶙嶙峲峲，纵横而出，皆各得其势而不背者，似造物之预为经营也。故古人千朽一墨，王宰十日一山，五日一水，信不谬矣。予少时学画，只熟记数幅丘壑，临期通用之，左移右，右移左，如搬居然，日久自觉无味，而又无术以扩充之。后出使四方，历览名山大川，憬然使觉从前之陋，讵数幅丘壑而能尽之者？然后始学经营位置，而难于下笔，以素纸为大地，以炭朽为鸿钧，以主宰为造物，用心目经营之。谛视良久，则纸上生情，山川恍惚，即用炭朽勾取之，转视则不复得矣。有片刻而得者，有一日而得者，有数日而不得者，盖神使然也，非人力所能也。此易之所谓"寂然不动，感而遂通"者此也，子其勉夫。❺

上引二节，所阐发之理为一，兹故合而论之。经营位置之法，古人之言，指不胜屈，尚未见透彻精到如斯者。

龚半千曰："学画先画树，后画石。"此诀由来已久，龚首著之于书，其说未必自龚始，而不解者往往为其所误。盖此为学画之诀，不可视作经营位置之诀也。若以学画必自树石起，因而以为经营大局亦必自位置树石起，则吾知其去画之道远矣。

夫树石，画中物体之小者也，近我者也。山川，物体之大者也，远我者也。习者始小而终大，固学画之常程，至若面壁凝视，筹划已周，山川之形势既现，树石之位置亦安，炭朽释手，惟待一罢，画者始近而终远，亦作法之常序。独其运思想象之际，不得狃于学画作画之习而循其程序。

啸山之言曰："存于有迹之内，而求于无迹之外。"又曰："制大物必用大器，故学之者当心期于大。"盖画者缣素在前，当思何以自无迹而生有迹，其诀无他，先大而后小，先整而后碎，此经营位置所不可不知也。董玄宰论画山曰："山之轮廓先定，然后皴之，今人从碎处积为大山，此最是病。古人运用大轴，只有三四大分合，所以成章，虽其中有细碎处甚多，要之取势为主……"所谓轮廓先定，则一山之形势已了了在心，然后皴擦以分石面。此讵非自大而及小之法。反之，从碎处积为大山，坐堆砌之病矣。今读啸山之文，愈信董言之当。不仅此也，更可悟画中物体，无不皆然。设画乔柯，心无全木，先自细枝画起，可乎？

啸山之言，诚足发人深省，不为画

❹ 同注❶ 上 /6a。

❺ 同注❶ 上 /11a。

中某体某物所限，而原画于无形无迹之先，是则不问画之何若，安能越此定理，较诸玄宰仅就山石立论，巨细轻重，又何如耶？此吾之所以称其透彻精到也。

玄宰论画山，显系画法，啸山所论，亦不过画中布局取势诸事。惟其冥思深远，竟能抉其元微，实属画理。此又大凡方法，研讨其原，必终归理论之明证也。取与道济之"太古无法，太朴不散，太朴一散，而法立矣"相参证，二家于画，皆能有所会心，于未落笔之先，直以造化自居而不疑者也。

关于位置，除上引二则外，尚有画中隐现法一问，本唐志契丘壑藏露之意而铺陈之，不录。

六、皴

关于皴法，其问曰："夫子尝教门人熟练披麻皴，其勾砍、折带、雨雪等皴，讵不足学耶？"

曰：非也。学画有先后，躐等则不进。夫山川，至大者也，其来龙去脉，脊骨连绵，非披麻皴无以成其全体，其山间或有巉岩峭壁，怒石横矶，始用勾砍折带等皴以取之。若非此等皴法，无以得其峻嶒之势，然画家偶一为之，非画海之要津也。况披麻皴顺行而不悖，不但易于入手，亦不致坏手。若不先练熟披麻皴，遽纵横其笔，而学勾砍折带等皴，则非但不能即得其法，且恐心手放纵，一时难收，而沦于浙派，则无救矣。故先练熟披麻皴，诸皴皆由披麻而出，先后有序，方无流弊。且南宗诸家画法，皆不外乎此。❶

上文所载，皴法之名，皆前人之屡道者。勾砍恐非皴之专称，指斧劈类之皴法而言也。

董玄宰论树木曰："画中山水位置皴法，皆各有门庭，不可相通，惟树木则不然。"其意以为一幅画中杂树交错，柳则不妨学赵千里，松则不妨学马和之，枯树则不妨学李成。至于山石，必须全幅用同一之皴法。今啸山曰，山之来龙去脉，脊骨连绵，非披麻皴无以成其体，而巉岩峭壁，怒石横矶，当以勾砍折带等皴取之，是二家之见左矣。究以何者为可信乎？吾以为董似失诸泥，而不及唐岱之"古人作画非一幅，画中皴染亦非一格，每画到意之所至，看山之形势，石之式样，少变笔意"数语，婉达成理。啸山之意，与唐近矣。〔与204页之语自相抵触，当思如何自圆其说〕盖一地之山石虽貌多相似，亦不过言其大体耳，至于山脚数叠之石与山半下垂之岩，其貌亦自有殊别之可能，岂用同一之笔法所能形者？观夫此，愈可知必谓某幅用某种皴，甚而谓某家只用某种皴之谬矣。

末谓诸皴皆由披麻而出，吾尚有说。夫勾砍雨雪，是否果从披麻皴出，为另一问题，姑置不论，其与开章明义，论南北宗一答，有自相矛盾处。其言曰："右丞始用笔正锋，开山披水，解廓分轮，加以细点，名为芝麻皴，以充全体，遂称开基之祖，而山水始有专学矣。从而学之者，谓之南宗。唐宗室李思训，开勾砍法，用笔侧锋，依轮惹而起之，曰斧劈皴。……从而学之者，谓之北宗。……唐末洪谷子荆浩，将右丞之芝麻皴，少少伸长，改为小披麻，山水之仪容已备，而南唐董北苑，更将小披麻再为伸长，改为大披麻。山头重加墨点，添以渲淡，而山水之全体备矣。……"❷据其所云，则芝麻斧劈，为右丞、思训二家开宗对峙所用之皴法，而披麻则显

❶ 布颜图《画学心法问答》（乾隆十一年松风阁写刻原刊本）上／12b。

❷ 同注❶ 上／4a。

自芝麻演变而出，讵可谓斧劈出于披麻。布颜图关于宗派之见，俱自董玄宰得来，沿明末清初之画家自以南宗鸣高者之旧说。若果笃信之而不疑，则不当称诸皴皆由披麻出。不然，设于皴法之源流及其支分，自有确据，则又不当固守陈言，无一语以矫前人南北分宗之失也。

七、渲染

此则于麓台画法章中详之。

八、笔

论用笔者凡三则，俱于清代之理论章法中详之。

九、墨

论用墨亦三则，用墨法一则，已于理论章中述及，论墨六彩及无墨求染二则，将于王原祁画法一章中论之。

十、设色

啸山答问着色法曰：

绢宜着色，纸宜淡墨。绢发色彩，纸发墨彩。故绢画必要着色，纸画必要淡墨。如宣纸、库纸、皮纸、蜀纸，皆可着色。其色彩与绢上同。但旧纸渐少，且价昂，购之不易得。近日一切新纸俱有竹性灰性蜡性，不但难于着色，即画淡墨亦属违心。无可如何，只得将白鹭纸拣其绵料无竹性者，先用白水浸一二次，去其灰性，晾于暗处阴干，再用平扁石子，将纸面遍研一次，使纸质坚实，而受墨不走，然后量其大小，截成画方，或于当风处悬挂，谓之风矾，或于当烟处悬挂，谓之烟矾，须一月半月后，视其纸色微黄，取而用之，庶可画淡墨。切不可着色，恐伤墨彩，亦不过红土之

代朱砂耳。即绢上着色，亦要得法，须审色之轻重，不可一例涂抹。如染山头，须上重而下轻，以留虚白，以便烟云出没。如染坡陀、石脚，须下重而上轻，灵顶凸，明显以分阴阳，此绢上之着色也。若纸上着色，必先将林木屋宇，人物舟艇之属，一一着色完毕，然后再着山色。着山色时，须用排笔蘸清水，将画幅通身润湿，徐徐染之。墨须一笔轻，一笔重，轻重相间，方能色泽氤氲不滞，否则涩滞板而无情，且易于涉俗。❸

前半言绘事之纸绢材料，及宜墨宜色之不同，后半始言画法。其间可注意者为纸上作画，当先将林木屋宇人物舟艇之属，一一着色完毕，然后再着山色数语。何以当如此，则阙而不详。意必画中林木及其他点缀之属。设色当重于山，始为合法。惟山色过轻，而林木等过重，亦有未当。每每设色，先山头而后林木，迨林木既成，山头之色又嫌不足。啸山之法，所以矫此弊耶？林木等之色既定，则山色可斟酌深浅，而得之宜矣。

啸山后有答四季树木着色之异同一问，其中涉及山头石坡之设色法，是以不列入树木一项，而置于此。

曰不同。如春山着色，宜先将赭色轻轻染于石面，次将极细石绿青标，微微加于赭色之上，切不可重。盖石绿翠色，轻则雅，重则俗，用之须在有无之间，望如草色遥铺，方好。春树不可画墨叶，须作条枝，似有摇曳之状，再将浅色草绿汁加于枝梢，以成新绿。其桥边篱侧，或参以小树，用胭脂和粉，点缀枝头，以成桃杏。望之新红嫩绿，映满溪山，非春而何？至夏山着色，宜先将赭色轻重相间，遍染石面，次用石绿

❸ 同注❶ 上 /38a。

365 ●

青标，加于山顶山坡，望如草木畅茂，用色比染春山少重，但不可过重，以惹俗恶。其林木柯干，皆不得作枯枝。墨叶夹叶，随意成之，叶上用深色草绿汁染之，以着浓阴，夹叶或用石绿亦可，望之郁郁蒸蒸，一碧无穷，非夏而何？若秋山着色，其山之峰头坡脚，亦宜先用赭色染之，但染时须审山之向背，以分阴阳。向处宜轻，背处宜重，而又不宜过重，盖秋容缟素，用色宜淡，不宜重。于山头峰顶突兀处，则用花青淡汁覆之，以润赭色，使不枯涩。秋树不可作蔚林，或作墨叶，亦不过加于树之丫叉枝梢上，用深沉草绿汁染之，使有衰残之意。若夹叶用藤黄胭脂调和染之，即成黄叶。用漂过极细朱砂染之，即成红叶。总之用色不可太重，诸处染毕，望之山黄树紫，水白江空，非秋而何？独冬山着色，与春夏秋山不同。盖春夏秋山皆有像有气，冬山则天气上升，地气下降，闭塞不通，有像而无气。且万物收藏，虽有色而无所施，是以着色不同。染法，须将赭色七分，黑青三分，调和以染峰峦石面，但不可遍体俱染。其山岩突兀处，须留白色，以带霜雪之姿。然白色只宜微露。若太露，则成雪景矣。染冬树法，宜将赭色墨青，平兑用之，使树木枝干，蠢色而无生意，然其树之丫叉生枝梢处，岂无将脱未脱之残黄剩叶。即或用色染之，亦不过略施意耳，不可着相。着相即成全叶，无是理也。染毕望之，荒山冷落，曲径萧条，野艇无人，柴门寂闭，草瑟瑟，石崚崚，非冬而何？[1]

论设色，按四时之景物而述其异同，始于静岩。惟静岩之文中，杂画题，而切实论设色之法反少。不及上则之详尽也。各时之树石，所用颜色，今不更

赘复。其间四时设色相同之点，不外乎二：一设色不宜太重，二设色当显深浅分阴阳，不可一律。前者画风使然，曾屡及之。后者固作画一定之理，千古所同恪守者也。

第五节　方薰《山静居画论》

方薰，字兰士，号兰坻，浙江石门人，雪屏方梅之子，《墨林今话》谓其幼游三吴，即以笔墨称，后居桐乡金鄂岩家。鄂岩富收藏，兰士日夕临摹，于是山水人物花鸟，无不臻胜，著《山静居画论》行世。乾隆元年生，嘉庆四年卒（1736—1799年）。

《山静居画论》有《知不足斋丛书》本，《四铜鼓斋论画集刻》本。二本同，上下两卷。《美术丛书》所据者为董乐闲抄本，不分卷，后有野残跋云：

秀水董石农橥，号乐闲，善山水花卉翎毛，得方兰坻真传，此本出其手写，故与流传刻本，字句时有异同，章段次第，又复前后多寡互异。盖此为兰坻原著之真本，未经考订者……[2]

越园先生《书画书录解题》称董氏写本与《知不足斋》本微有同异。[3]吾曾取二本逐条细较，计董写本共一百四十四则，其中约有二十则为《知不足斋》本所无者。《知不足斋》本共二百四十五则，其中为董写本所无者，数逾百，相差实甚巨。且段落亦多异，转疑《知不足斋》本为兰坻初稿，而董写本为经删定者。野残未取详校，以致误断，而余氏偶疏，因误而误。今汇集二本各条，详略则斟酌采之，庶免遗漏。

兰坻论画，不主固守法度，故其说每详于理而略于法。其言曰：

画法无一定，无难易，无多寡。嘉

❶ 布颜图《画学心法问答》（乾隆十一年松风阁写刻原刊本）上／40a。

❷ 方薰《山静居画论》（《美术丛书》本）三集三辑三册23a。

❸ 余越园《书画书录解题》（民国二十一年北平图书馆印）3/23b。

陵山水，李思训期月而成，吴道子一夕而就，同臻其妙，不以难易别也。荆、关笔墨稠密，倪、米疏落，为图各极其致，不在多寡论也。画法之妙无穷，各有会而造其境。至谓笔之起倒先后顺逆为定法，亦不然也。古人往往有笔不应此处起而起，有别致。有应用顺而逆笔出之，尤奇突。有笔应先而反后之，有余意。❹

又曰：

有画法而无画理，非也。有画理而无画趣，亦非也。画无定法，物有常理，物理有常，而其动静变化，机趣无方，出之于笔，乃臻神妙。❺

虽然，其于画法之心得，亦往往不吝示人。兹择其与山水画法有关之言，辟为山、树、点缀、时景、勾皴、笔墨、设色等项以论之。

一、山

兰坻论远山曰：

画后涂远山，最要得势，有画已佳，以远山失势，而通幅之势为之不振，有画全以远山作主者，不可不知。❻

论画中远山，自明詹东图、唐志契后，画者恒道之，可知其已尽为论者所注视。唐静岩更详申之，义亦精警。至谓画有全以远山为主者，兰坻之前，无闻也。平远之景，画之下端，则平沙浅濑，疏林修竹，上端则遥山叠叠，远接长天，其所占之面积，恒逾全幅之半，如此者不得不谓远山为画中之主也。或有树石充塞篇幅，实景郁结，而画之取势，端赖远山出没掩映取姿，读画者骤视或未察其重要，试掩远山而观，将哑然失笑矣，如此者亦未尝不可谓远山为画中之主也。兰坻历尽甘苦，愈知古人何以于淡淡数笔染抹，不轻放过，更进而道破画中有以远山为

主者。后之学者，当更知其重要矣。赵松雪之重江叠嶂图卷，即全幅以远山为主者。

二、树

董氏写本之第一则，自序也，末曰"阅前修之手迹，味诸家之绪论，颇得旨趣，窃为削繁就简，不自谫陋，别缀琐语，使览者了然耳"❼云云。故兰坻录引他家之说，直言不讳。论画树时节董思翁语，惟此外亦有其独抒己见处。

凡写树无论远近大小，两边交接处，用笔模糊不得。交接处，用笔神采精湛，自分彼此。❽

画林一丛数株，不得混杂不清，是以或点叶间夹叶，或圆叶间尖叶，或圆点间扁点，避相连也。佳手为之，无可无不可，往往两树邻比，点法相同，视之判然，其气自清。卑乎纵以不同之点法为之，仍不能免于涌杂，此何故欤？盖郭熙所谓不注精之病也。用笔要在有神采，有神采，则神气充沛，一树俱一树之神，各挺然而呈秀矣。

昔人谓画丛树，必插枯枝以疏通之，意为林木塞实，不疏通不易布景也。然画丛树，亦必须有交插疏密之势。山溪村落，亦易于隐显出之。❾

茂林中杂枯枝，亦思翁之说，笪江上曾道之，皆言其然而未言其所以然。枯枝用以破茂林之实，所以生变化而有灵趣，皆吾人所思而易得者。至于以便山溪村落之隐显，则非善经营精位置，于此道有深悟者不能道也。

画树无他诀，在形势位置相宜而已。昔柘湖僧出画树一卷，自一树至数树，皆以画法识之。仆谓此死法矣。即以一树论，形势各有不同，何论多树。卷中树法虽善，如其势一图再图可乎？若形势既得，位置

❹ 同注❷ 4a。

❺ 方薰《山静居画论》（于海晏辑《画论丛刊》本）册三上 /2b。

❻ 同注❺ 上 /8a。

❼ 同注❷ 1a。

❽ 同注❺ 上 /4b。

❾ 同注❺ 上 /5a。

变化，随处生发得宜，则妙矣。❶

兰坻所云之树法卷，性质颇似半千之《画法册》。兰坻不以死守规矩为然，前已言之，宜其有此论也。一图不可再图，其言不为无见，然初学者欲进无阶，设即此而无之，更茫然无头绪矣。吾人读此，当知久为法囿，不能摆脱之非，但未可持之以责初学者也。

古人画图，松柏多者，皆取平正之势，以林间可布屋宇桥亭，曲折位置也。如作离奇盘曲之势者，只可旁以奇石，俯以湍流而已。❷

画中松柏成林者，势多平正，其言诚确。良以林木之下，每以屋宇桥梁为点缀。松柏之态若奇诡，必有下垂之枝，则屋宇桥梁，将避之乎，抑与之重叠乎？与之重叠，则眉目易紊，避之则失方正之形，岌岌欲倾矣。此与茂林中间枯枝一条之义，有相近处，皆为画之全局计划也。至于奇石湍流，本无定形，不违常理即可矣，不妨随人之意，曲折高低，使之与奇松怪柏，相得益彰也。

画柳不论疏密，用笔不论柔劲，只要自然。自然之妙，得之熟习，无他秘也。世人画柳，知难于枝条，不知势在株干。发株出干，不宜匀整，要虚实参差为之，尤宜随株出干，随干发条，次第添补，宜多宜少，以势度之，方得其妙。❸

历来论画柳，未有详于半千者，兰坻之说，与龚颇有出入。龚谓先画短身长枝古树，然后添条。方谓随株出干，随干发条，龚谓枝宜长。方谓要参差为之。二家所画之柳，面貌实不相似，故作法亦殊也。

三、点缀

兰坻论画中屋宇等物，《知不足斋》

本及董氏写本中，各有一则，并录于后。

古画中楼观台殿，塔院房廊，位置折落，刻意纡曲，却自古雅。今人屋宇平铺直界，数椽便难安顿。古今人画，气象自别，试从屋宇楼观看，知大悬绝处。❹

山水中点缀屋庐桥亭及舟舆车骑，必须熟习古式，方得雅致。今人动以己意为之，往往未称其制。试取古画物色之，便知。❺

二则皆尊古人之制，是其同处。论时人之失，则后略于前，至于率直告人，当熟古法，前者又不及后者之切实。其大意恐自唐志契之"画楼台寺屋，须宗前人旧迹"一语化出。然亦微有殊别，志契所言，近于界画，非后代山水中所常有者。兰坻所指，偏重人家屋宇。其意以为数椽尚难安顿，矧论崇楼高阁，自更觉有师法古人之必要矣。

四、时景

时多高自位置，弊屣古法，随手涂抹，便夸士家气象，无怪画法不明矣。如朝暮晦明、春秋荣落、山容水色，与时移异。良工苦心，消息造物，渲染烘托，得之古法，概可废乎。张询绘三时风景，子久写屡变山容，皆经营惨淡为之，非漫然涉笔而能神妙也。❻

山光水气，顷刻变化，笔墨状之，良非易事，此时景之通论也。

画云不得似水，画水不得似云，此理最微。入手工程，不可忽之也。会得此理后，乃不问云耶水耶，笔之所之，意以为云则云矣，意以为水则水矣。❼

云水之为物，皆流动而无定形，所以状者，惟笔与墨，故二者往往难分。或曰，云有云之位，水有水之位，山在下而云在上，不待笔墨之异而已分。又

❶ 方薰《山静居画论》(于海晏辑《画论丛刊》本)册三上/4b。

❷ 同注❶上/5a。

❸ 同注❶上/5a。

❹ 同注❶上/6b。

❺ 方薰《山静居画论》(《美术丛书》本)三集三辑三册6b。

❻ 同注❶上/3b。

❼ 同注❶上/6a。

曰，云水之画法多端，或水用衬剔而云用勾勒，或水见笔纹而云惟渲染，亦易辨判，然此皆非兰垞之意。山水中有云水微茫相接处，此处云耶水耶，固不可知，而可分处仍当云是云，水是水也。画云画水，故用不同之笔法以别之，必有做作态。善画者，不假思索，无相混杂之虑，信手所之，而波光潋潋，云气冉冉，各俱妙态，其意自殊，不斤斤于用笔用墨之痕迹。此在得心应手，非仅法度所能诲人也。

画云人皆知烘熳为之，勾勒为之，粉渲为之而已，古人有不着笔处，空濛软碟，蓬勃之为妙也。张彦远以为画云多未得臻妙，若能沾湿绢素，点缀轻粉，从口吹之，谓之吹云。陈惟寅与王蒙斟酌画岱宗密雪图，雪处以粉笔，夹小竹弓弹之，得飞舞之态。仆曾以意为之，颇有别致。然后知笔墨之外，又有吹云弹雪之妙。**❽**

古人画雪景多用粉，唐静岩《绘事发微》一节中，已言之矣。兰垞之言，与静岩等异，不以用粉为画中下品。张彦远记吹云之法，以其不见笔踪，不称之为画。王蒙之弹雪，亦不见笔踪，而元人目为神奇，据此亦可知唐代论画，专讲用笔，至元代而转变矣。雪景用弹粉，明清之浙派画家喜用之，兰垞不讳言之，越园先生称其有"冲挹之怀"**❾**，其斯之谓乎。

石翁风雨归舟图，笔法荒率，作迎风堤柳数条，远沙一抹，孤舟蓑笠，宛在中流。或指曰："雨在何处？"仆曰："雨在画处，又在无画处。"**❿**

见笔见墨，是画处。不见笔不见墨，是无画处。画处固是画，无画处亦是画。画中惟天地间不可捉摸之物，常借无画处画之，此画时景者所当熟悉，非仅画

雨也。读此一则，举一反三，可启悟不少。

五、勾皴

画石则大小磊叠，山则络脉分支，而后皴之也。叠石分山在周边一笔，谓之勾勒。勾勒之，则一石一山之势定，一石一山妍丑，亦随势而定。故古人画石，用意勾勒，皴法次之。勾勒之法，一顿一挫，一转一折，而方圆椭角之势，纵横离合之法，尽得之矣。古人画石，有勾勒而不设皴者。**⓫**

此极言山石轮廓之重要也。举凡石之形态，山之络脉，势之妍媸，莫不视轮廓而后定。龚半千曰："文人之画有不皴者，惟重勾一遍而已。重勾笔稍干，即似皴矣。"**⓬** 又曰："重一遍，皴之半。言重勾一遍，已得皴之半矣，此后照石纹略皴数笔，便有眉眼。"**⓭** 是仍有疏疏数笔皴也。今兰垞直谓古人勾勒而不设皴，是其对于轮廓之重视，尤有过于半千者。

丘壑之妙，勾勒之妙也。无丘壑则不得勾勒之法。**⓮**

上则语气不甚畅达，或有讹夺。试为解之，得二说焉：一曰，心中蕴有丘壑，勾勒始能妙，心无丘壑，则落笔皆不得其法。二曰，画中丘壑之妙，惟勾勒足以致之，画中丘壑不佳者，勾勒不得其法也。二者皆不违于理，而兰垞之意，似属第二。

赵松雪、王叔明间作勾勒一法，如飞帛书者，虚中取实，以势为之，本自唐人青绿法。陈道复之不耐皴，即此意也〔近于国华堂见道复浅绛长卷，皴法极简率，惜未能摄影为本文插图〕。**⓯**

青绿厚色，每掩笔痕，况唐人多重用画地不显。松雪、叔明以是法作山水，其取意于唐人之山石轮廓多矣。董玄宰

❽ 同注**❶**上／6a。

❾ 余越园《书画书录解题》（民国二十一年北平图书馆印）3／24a。

❿ 同注**❶**下／5b。

⓫ 同注**❶**上／5b。

⓬ 龚贤《树木山石画法册》〔旧题奚冈〕（民国八年中华书局影印本）页十五。

⓭ 同注**⓬**页十三。

⓮ 同注**❶**上／5b。

⓯ 同注**❶**上／5b。

曰："画家右丞，如书家右军，世不多见，余昔于嘉兴项太学元汴所见雪江图，都不皴擦，但有轮廓耳……又余至长安得赵大年临右丞湖庄清夏图，亦不细皴，稍似项氏所藏雪江卷，而窃意其未尽右丞之致。盖大家神品，必于皴法有奇。大年虽俊爽不耐多皴，遂为无笔，此得右丞一体者也……"❶阅此节，愈可知古人有勾而不皴者。所谓不耐皴，当即画山石不宜加皴之法。陈淳以花卉著，山水虽佳，究不及其花卉之擅场，惜兰坻未详言之，举出道复之某帧为代表，今日遂不知其究竟也。

皴之为法，无浓淡疏密，笔到意足而已。有浓密而笔意未足，疏淡而已足者。❷

汤贻汾《画筌析览》中附论曰："皴而尚未觉其为石者难药，不皴而识其为石者可师也。"似与兰坻之意有相似处。

皴法之有繁简也，浓淡也，湿笔燥笔也，各宜合度。如皴繁笔宜检静，皴浓笔宜分明，皴简笔宜沉着，皴湿笔宜爽朗，皴燥笔宜润泽（即无墨求染也）。❸

皴法之用笔浓淡燥湿不一，其易坐之弊亦不一。皴笔繁者其画易喧炽，皴笔浓者其画易混沌，皴笔简者其画易浮佻，皴笔湿者其画易模糊，皴笔燥者其画干涩。故知兰坻所言宜如何如何者，皆皴法中易坐之弊也。知矫弊去病之方，则其画臻妙境矣。

皴法如荷叶、解索、斧劈、卷云、雨点、破网、折带、乱柴、乱麻、鬼面、米点诸法，皆从麻皮皴法化来，故入手必自麻皮皴始。❹

论皴法名称一则，与布颜图之说近，惟于勾斫、折带、雨雪等皴之外，复加荷叶、解索、斧劈、卷云、雨点、破网、乱柴、乱麻、鬼面、米点等诸皴。是直可谓之为一切皴法，无不自麻皮化出矣。

六、笔墨

运笔潇洒，法在挑剔顿挫。大笔细笔，画皆如此。俗谓之松动，然须辨得一种是潇洒，一种是习气。❺

潇洒、习气，皆属松动，而分辨实难。一有门户之见，评论便难准确。如戴文进之作，有极松动、极潇洒者，论者竟多目之为习气。兰坻不以世之诋毁他家宗派为然，持论或甚平允，且自其造诣观之，评画自当别具只眼。惜未详潇洒与习气，究竟当分别在何评。若仅凭用笔挑剔顿挫四字，恐未足为判断潇洒与习气之具。至其以挑剔顿挫，为用笔之要法，固可断言也。

作一画，墨之浓淡焦湿无不备，笔之反正虚实旁见侧出无不到，却是随手拈来者，便是功夫到境。❻

墨之当浓当淡，当焦当湿，笔之当正当反，当虚当实，皆法也。若一有当如何用之之法在心，仅可谓为知之者，未可谓为娴之者。善于画法者，固未尝斤斤以法为念，随心所欲，不越规矩，此所以兰坻论画每谓其无定法也。

用墨浓，不可痴钝，淡不可模糊，湿不可混浊，燥不可涩滞，要使精神虚实俱到。❼

此则可与论皴法浓淡繁简一则参读。

昔人谓二米法用浓墨、淡墨、焦墨、尽得之矣。仆曰直须一气落墨，一气放笔，浓处淡处，随笔所之，湿处干处，随势取象，为云为烟，在有无之间，乃臻其妙。❽

兰坻论二米用墨法，所本者玄宰之

❶ 董其昌《容台别集》（崇祯间刊本）4/25b。

❷ 方薰《山静居画论》（于海晏辑《画论丛刊》本）册三上/5b。

❸ 方薰《山静居画论》（《美术丛书》本）三集三辑三册3a。

❹ 同注❷上/5b。

❺ 同注❷上/7b。

❻ 同注❷上/3a。

❼ 同注❷上/4a。

❽ 同注❷上/5b。

说。兹又自有所得，特为引申之。画米家云山，用各色墨，不可存何处必须浓，何处必须淡等等想于心。放乎一气为之，而浓淡干湿无不具，中有一气贯串，墨彩自融洽。墨彩融洽，自然浑厚，此固玄宰所未言者也。

作画自淡至浓，次第增添，固是常法。然古人画，有起手落笔，随浓随淡成之，有全图用淡墨，而树头坡脚，忽作焦墨数笔，觉异样神采。❾

画山水自黄子久曰"先从淡墨起，可改可救"，遂为南宗画派之常法，而北宗固不如是也。随浓随淡，不拘定法，最见本领。南宗画家，功夫到境，乃克如是。全图淡墨，忽见少许焦墨，正是出奇制胜，吸人注睛处，亦不拘定法，偶然拾得者也。兰坻此节所论，大抵指南宗画派而言者。

七、设色

前人谓画曰丹青，义以丹青为画，后世无论水墨浅色，皆名丹青，已失其义。至于专事水墨，薄视金粉，谬矣。❿

此则所以正丹青二字之名也，与张浦山之"画，绘事也，古来无不设色"⓫二语，意颇相近。顾名思义，可知古代以设色画为主。兰坻之所以作此论者，盖欲提高设色画之地位。吾国绘画之演变，前后甚巨，未可取古以衡今，若只知水墨，鄙视设色，固属非当。反之，以古人名画曰丹青，而后世之水墨遂不得称为画，亦未可也。

画有欲作墨本而竟至刷色而至刷重色，盖其间势有所不得不然耳。沈灏尝语人曰，操笔时不可作水墨刷色想，正可为知者道也。仆亦谓作画起首布局，

却似博弈，随势生机，随机应变。⓬

朗倩之意，与兰坻所云，略有不同。一以墨骨为画中之主，凡设色均须墨骨先具，然后施以章彩，若先有设色之想存于心中，则墨骨必不足也。一以画无定法为主旨，水墨既佳，设色亦佳，兴之所至，皆得其趣，从其势之所至而已。

设色妙者无定法，合色妙者无定方，明慧人多能变之。凡设色须悟得活用，活用之妙，非心手熟习不能。活用则神采生动，不必合色之工，而自然妍丽。⓭

合色者，颜色之调合也。几分黄，加几分蓝，成何等绿，一色之调和。山头青，而山腰赭，色与色之调和。调一色当活用，调数色，尤当活用，非成法所能囿。

设色不以深浅为难，难于彩色相和。和则神气生动，否则形迹宛然，画无生气。⓮

设色虽漫无定法，贵在活用，而其间自有所企望之标准，非滥涂颜色便得称之为活。其标准为何？曰"彩色相和"而已。色彩相和，则一幅之中，呈一统之观，令人生欣悦之感。或极简淡而不嫌其朴，或极妍绚而未觉其炽，欲求合乎吾人美之观念，端在斯也。

痴翁设色，与墨气融洽为一，渲染烘托，妙夺化工，其画高峰绝壁，往往勾勒轮廓，而不施皴擦，气韵自能深厚。⓯

色与色宜调和，岂可与墨相背戾。况设色之画，先有墨底，后加颜色，不独上笼之色，与下衬之墨相和，即与他处仅见墨而不施色者，亦宜融洽。麓台之"墨中有色，色中有墨"，唐岱之"以色助墨光，以墨显色彩"，皆此意也。

青绿山水，异乎浅色，落墨务须

❾ 同注❷ 上 /4a。

❿ 同注❷ 上 /9a。

⓫ 张庚《国朝画徵录》（通行本）续录上 /13a。

⓬ 同注❸ 4b。

⓭ 同注❷ 上 /6a。

⓮ 同注❷ 上 /8a。

⓯ 同注❷ 下 /4b。

骨气爽朗，骨气既净，施之青绿，山容岚气霭如也。宋人青绿，多重设。元明皆用标青头绿，此亦唐法耳。近世惟圆照石谷擅长。石谷尝曰："余于青绿法，悟三十年，乃妙。" ❶

前于皴法一项中，引兰垞谓松雪、叔明用唐人青绿法作勾勒一则，可知唐人作画，往往仅有轮廓，而无皴也。惟以山石无皴，故其一切形态，端赖轮廓表现，此所以墨骨不可不爽朗也。此盖提醒画者，当于设色之前，对于墨骨之注意。

第六节　钱杜《松壶画忆》

钱杜，初名榆，字叔美，号松壶，仁和人，乾隆二十八年生，道光二十四年卒（1763—1844 年），享年八十二。工诗。人物花卉靡不精，山水尤胜。擅细笔，能掉臂独行，无所依傍，精微闲雅，自具妙趣。程庭鹭纪其轶事甚详，载《榆园丛刻》本《松壶先生集》之前。

先生著有《画赞》《画忆》二书。《画赞》为题画之作，《画忆》论绘事之理法。明通圆澈，最有功后学。

《画忆》凡二卷，卷上记其作画所体验之方法。卷下叙其历年寓目之前人名迹，往往详其作法位置及用笔用墨之妙，亦非知画者莫能道也。

本节将《画忆》上卷所论之画法，加以类分，计为山、水、树、点缀、时景、皴法、点苔、笔墨、设色等九项。

一、山

松壶述画远山法共二则，论形势为前人所熟道者，不录。论设色曰：

青绿山水之远山，宜淡墨，赭色之远山，宜青，亦有纯墨。山水而用青赭

两种远山者，江贯道时有之。❷

青绿山色，其色绚烂，不设色而用墨者，层次易显也。不用深墨而用淡墨者，易与色彩调和也。赭色山水，除墨之外，惟青赭二色。近景多以赭色笼罩，远山用墨用青，自均无不可。一幅之中，而远山用青赭两色为之，尤饶意致，惜未能得江贯道之真迹，依色制极，作为插图，以证其说。后人画远山，更有用数色为之者，当自此化出也。

二、水

画水势欲速，笔欲缓，腕欲运，意欲安，大旨如此。水有湖、河、江、海、溪涧、瀑泉之别。湖宜平远，河宜苍莽，江宜空旷，海宜雄浑，溪涧宜幽曲，瀑泉宜奔放。勿论何种水，下笔总宜佐以书卷之味，方免俗。❸

画中物体所呈之情态，往往与作画时之动作异趣。如枯木疏竹，意其简易，作者不得以率笔出之。画水亦然。其势湍急，而作者不得于瞬刻成之，非从容不迫，不足以取一泻千里之势。亦犹非精练之笔，不足以得枯木疏竹之神也。至于画水之用腕存意，亦自有殊，各种之水，有涌瀼腾沸喷溅流荡之异。笔与腕当折踢顿挫，尽运用之能事，而心中存意，不问其态之何若，惟一安字当之，庶能造景奇警，画尽意在。一起四语，实画水之诀。后半与韩拙之《山水纯全集》同。

网巾水，赵大年最佳，其后文五峰可以接武。其法贵腕力长而匀，笔势软而活。❹

前则为画水之通论，此则专论网巾水。网巾水者，平湖浅濑，激潋微波，恒用之，上笔起伏，与下笔之起伏，交错成文，取其像网巾之状也。赵大年工

❶ 方薰《山静居画论》（于海晏辑《画论丛刊》本）册三上 /6a。

❷ 钱杜《松壶画忆》（光绪十四年《榆园丛刻》本）上 /5a。

❸ 同注❷上 /5b。

❹ 同注❷上 /6a。

江村平远之景，自擅胜场。画之局势广阔，笔自宜长，更宜匀以得平静之态，软以生萦纡之致，活以取流动之神。笔势软，非笔力软，此固不待言而人尽知者也。

郭忠恕画《清济贯浊河图》，一笔贯四十丈，安能有若是之长笔。大抵笔墨相接处，泯然无痕耳，此即画水之法。❺

郭忠恕之《清济贯浊河图》，今日不得见。画水是否用网巾法，亦未可知。想一笔四十丈，松壶亦得之于传闻。自其语气窥之，意在示人于此可悟水之画法，山水大幅，水波不克一笔横贯之，不妨有接处，但要在匀而无迹，泯然若一笔成之耳。

瀑泉甚难大痴老人，亦以为不易作，须两边山石参差错落，天然凑合而成为妙。略有牵强，便落下乘。水口或用碎石，或设水阁桥梁，皆可借藏拙。此为初学者言之耳。❻

水口不易作，自子久言之，唐志契复详其所以然。惟前人仅言画水之难，而无一语道及所自流出之山石。夫水，柔物也，随物以定其形，决之东流则东流，决之西流则西流，或缓或急，亦端视山石涧峡，陡窄平阔之异势。以此，画泉瀑鲜有先画水者，当自两边山石起手。山石既定，则水之急缓曲折之情，不着笔而意已俱，随手画去，无不得势。是故画者设能将山石位置妥帖，则画泉之道，已思过半矣。松壶此论，直道本源，而前人未尝注意及此，洵属可贵。

三、树

《画忆》之中，论画树者凡六则，兹择其未经人道者三则录之。

空勾叶，各家所作不同，总须静穆古雅。如设色，空勾者多，不妨留一株，

竟不着色，亦赵法也。❼

松壶画杂树，颇多空勾填色者，于道光壬午所作仿古一册可见。间有一株不着色者，杂于丹枫翠柏之间，颇晓逸趣。此为先生画秋林之惯法，特载于《画忆》之中，以备后人采用。赵法不知何指，自山水中松最难画一则观之，当是赵大年。原书次序，本则在该则后，中间仅隔一则耳。

山水中松最难画，各家松针凡数十种，要惟挺而秀，则疏密肥瘦皆妙。昔米颠作海岳庵图松计百余树，用鼠须笔剔针，针凡数十万，细辨之，无一败笔，所以古人笔墨贵气足神完。柳亦颇不易写，谚云"画树莫画柳"，信然。然山水陂塘间，似不可缺。前人所写，亦有数十种。王右丞能作空勾柳，其法柳叶须大小差错，条条相贴，逐渐取势为之，自有一种森沉旖旎之致。至赵大年之人字，徐幼文短剔如松针，皆秀绝尘寰，并可师法。❽

上文论画树，以松及柳二种为主。松针种类虽多，宜挺宜秀则一。册中有仿赵丹林一页，松三株，针鬣繁而不紊，笔笔精到。于此可知本则所言，即其平日习用之画法也。画柳用双勾，王概谓辋川有此法。唐画不存，存亦真赝莫辨，吾人但知古有此法已足，果否为辋川似无争论之必要。册中有仿刘松年一页，勾叶柳六七株，条条相贴，密不露隙，亦有古拙之致。惟叶颇一律，未见有大小之判。松壶画树，精谨严密，为其特色。取其论与其画参读，颇可互相发明也。

小山树，种数不一。有细攒点，有剔松针，有横点，有细横画。细攒点及松针，并宜青绿山水。中横点宜赭山。细横画是秋景，只宜加赭。盖山树所以

❺ 同注❷上 /6a。

❻ 同注❷上 /5b。

❼ 同注❷上 /4b。

❽ 同注❷上 /4a。

间山石峰峦，使深厚而分层次。云气中略露尖顶，则倍灵活有致。黄鹤翁与吴仲圭，以淡墨大点，加以焦墨，沉郁苍浑之极。高房山亦间有之。❶

前所言者，近景之树，兹又论山腰山脊，树之较远者。得其画法，可使山有深远之致，云有掩映之姿，诚为画中所不能忽者。所举画法，凡五种，其间除横点、淡墨大点为浅绛及房山雨景所常用外，他如细攒点、剔松针、细横画，似不必限于青绿抑秋景，浅绛又何尝不用之。松壶仅曰，宜如何如何而已。设泥为坚执之辞，则谬矣。

四、点缀

松壶论山水，颇重点缀，尝与朱野云同撰点缀专谱，以便后学。《画忆》中纪之曰：

前人画谱无佳者，盖山水一道，变态万千，寻常画史，尚不能传其情状，况付之市井梓工乎？尝与朱山人野云言，画中之可付梨枣者，惟人物鸟兽，屋宇舟车，以及几榻器皿等，宜各就所见唐宋元明诸家山水中所有，一一摹出，分别门类，汇为一书，庶几留古人之规式，为后学之津梁。野云欣然，于是广搜博采，共相临摹，两年而成十二卷。即篱落一门，自唐以下，得七十余种，他可类推。欲梓行，以工巨未果，今稿本不知散失何所矣。❷

山水难形，物器易状，其言信是。汇集成编，不仅明法度，兼可穷源变，其意至善。即篱落而得七十余式，搜求不为不备，惜梓板未成，原稿又佚，为画苑一大损失。然观此亦可知先生于点缀一道，致力之勤矣。是以《画忆》中对于点缀之论，必有可取者。书中共有七八则之多。

山水中屋宇甚不易为，格须严整，而用笔以疏散为佳。处处意到而笔不到，明之文待诏足以为法。❸

房屋文衡山最精，皆自赵吴兴得来，而吴兴则全自唐人画中酝酿而出。❹上二则实即一事，论文衡山所作屋舍，皆宗松雪，最可师法。

吴升《大观录》记衡山赏真斋图曰："古柏离奇，点叶青翠，园亭湖石，位置楚楚，又酷类赵文敏。"❺可知松壶之言不诬也。龚半千论屋舍曰："画屋不宜板，然须端正。"松壶曰："格须严整，笔当疏散。"二家措辞不同，意正相若。

更有一种粗枝大叶，及米家烟岚香霭之境，石田翁是其所长。其中屋宇篱落，当以羊毫秃颖，中锋提笔写之，意态自别。❻

极写意之山水，以前二则所云之屋舍置于其中，则不称，须有拙厚之致，始与全幅配衬。秃颖中锋，芒刺不生，自然沉着有力。但古人未必定用羊毫，此或松壶之法也。

山水中如佛塔经幢，以及人家灶突，水碓机杼鱼罾，当于唐宋名人画中摘取，时时临摹。务使纯熟存于胸中。以上诸物虽小道，然必佐以书卷之味，乃佳。❼

佛塔经幢，灶突水碓等等，点缀中之最微末者，犹须笔笔有所本，不可杜撰。所谓书卷气者，想即取古人之典雅者为师也。

园亭中湖石，须灵瘦。凹处皴之，凸处染之，只淡墨、石青、赭色三种。交互处，以细草分之。❽

画中点缀之石，须灵透，前人屡言之矣，至于以何色为宜，自松壶先生始。三色之中，淡墨尤常见，赭次之，石青最少用。且一幅中之石只用一色为之，

❶ 钱杜《松壶画忆》（光绪十四年《榆园丛刻》本）上 /4b。

❷ 同注❶ 上 /2a。

❸ 同注❶ 上 /2a。

❹ 同注❶ 上 /5a。

❺ 吴升《大观录》（民国九年武进李氏圣译楼排印本）20/36a。

❻ 同注❶ 上 /2a。

❼ 同注❶ 上 /5a。

❽ 同注❶ 上 /5a。

三色全俱者极少见。石脚每缀以细草，交互处，指石与石之间，以太湖石每丛植也。然一石之中，亦有其交互处，玲珑卷折，草沿其轮廓之凸凹而生，亦可于仿赵丹林一页中见之。

山水中马牛虽写意，然必使神气宛肖，而有笔意乃妙。他若鹤鹿鸡犬，皆备点缀，总须于唐宋人本中，留意摹之。❾

画动物与其他之点缀同，亦须于古画中摘取。

山水中人物，赵吴兴最精妙，从唐人中来。明之文衡山，全师之，颇能得其神韵。凡写意者，仍开眉目，衣褶细如蛛丝，疏逸之趣，溢于楮墨。唐六如则师宋人，衣褶用笔如铁线，亦妙。要之，衣褶愈简愈妙，总以士气为贵。作大人物，须于武梁祠石刻领取古拙之意。❿

松壶山水中写人物，与当时诸家不同，诚如其所云，眉目毕具，衣褶细如蛛丝，而简略殊甚。王概《芥子园画传》曰："山水中点景人物诸式，不可太工，亦不可太无势……"⓫《画传》图式，虽开眉目，精谨则不逮松壶，衣纹亦全异。笔有顿跌，非若其起终如一，不见粗细之迹。推此派之源，恐自顾恺之始，尚在唐之前也。六如之人物，衣褶转折劲峭，虽亦为松壶所心折，然仅偶或效之，非其本色也。

五、时景

写云运笔须圆，用笔宜断，多萦回交互处，或再以淡墨水渲染之。胸中先具飞动之意，自然笔势灵活流走，望而知非庸手也。⓬

画云用笔须圆，人尽知之，断笔之诀，向无逗露者。一笔转折联绵不断，刻画太甚，必生俗态。云性流动，缥缈无据，

笔踪不连，正所以状其欲断欲续之意。

画中写月，最能引人入胜，全在渲染衬贴得神耳。如秋虫声，何能绘写，只在空阶细草，风树疏篱，加以渲染得宜，则自然有月，自然有虫声盈耳也。他可类推，学者当深思之。⓭

绘影易，绘声难。唧唧寒蛩，中宵啼月，一纸岑寂，何得而聆之。夫人同此心，心同此理，画者只须将平时听蛩所处之境地画出，则读画者可因画而忆及其已往之经历，而虫声已宛然在耳。《画忆》下卷有一则，纪徐贲之画曰："徐幼文秋虫月榭小卷，极精，淡设色，对之洒然如秋声在几案间也。"⓮松壶对于幼文之画，作如是观，生如是想，聆如是声，则其自绘之画，设能得其神韵，亦可更使后人得如是感觉，不难推得也。于此可知古人所论画法，往往自前人画中悟得也。

六、皴法

皴大小峦头，先将匡骨勾定，静看良久，自然有落笔处。先淡后浓，先润后燥，再加渲染，不患不厚矣。⓯

上则论勾皴方法，皆前人所曾道者，本不足引据。惟其先润后燥一语，似与以往之论者谓"作画自干淡入手"不同，特书之以备考。

右丞画诀有石分三面之说，分则全在皴擦勾勒，皴法又有简有繁，繁简中又有家数。如大痴善破皴法，可简可繁，云林似简而繁，山樵似繁而简，要之披麻、折带、解索等皴，总宜松而活，反是则谬矣。至北宗之大小斧劈，亦不离松活两字也……⓰

皴法有繁有简，当松当活，为上则中之要旨。大痴之皴，无一定法，有时繁，

❾ 同注❶上 /5a。

❿ 同注❶上 /2a。

⓫ 王概《芥子园画传》（康熙十八年原刊本）4/1a。

⓬ 同注❶上 /5b。

⓭ 同注❶上 /7a。

⓮ 同注❶下 /8b。

⓯ 同注❶上 /2a。

⓰ 同注❶上 /1b。

375

有时简，有目共赏，无足议者。至于云林、山樵、松壶，谓其似简而繁，似繁而简，然揆诸事实，云林确简而不繁，山樵确繁而不简，岂松壶之言，未可置信耶？当为下一转语曰，云林虽简而不嫌其简，与繁同功。山樵虽繁而不嫌其繁，有简之趣。良以用笔松活，则一笔纵简，而元气弥漫于四周。多笔纵繁，而灵气动跃于空隙。是故不问为披麻，为折带，为解索，为斧劈，为繁为简，无不以松活为宜也。

米家烟树山峦，仍是细皴，层次分明，然后以大润点点之，时能让出少少皴法，更妙。❶

米家山水，不宜模糊，王安节曾言之。松壶亦深以是弊为学者戒。画法初以细皴，然后大点，设细皴尽为大点所掩，则何必先有一番细皴哉？故画者当注意何处可掩，何处当让也。《画赞》载题金粟庵图诗有序曰："米礼部沪南峦翠，其山峦树石，人物楼阁，皆极细秀，绝似范华原，盖世传米氏云山，持海岳庵一种耳，遂以泼墨模糊，为米家宗派，不亦慎乎？……"❷王麓台曰："山水苍茫之变化，取其神与意。元章峰峦，以墨运点积点成文，呼吸浓淡，进退厚薄，无一非法，无一执法。观米画者止知其融成一片，而不知条分缕析中，在在皆灵机也。"❸孙退谷亦有记米画之言曰："山峰圆秀，点法笔笔生润，林木阴翳，又稠叠而不杂乱，至人物、楼阁、屋宇、桥梁、渔艇，极其纤秀，似唐人小界画。后人仿米者，浓墨涂洒，曰：'此懵懂云，无根树也'，岂不可哂哉？"❹皆可与松壶之言相印证。

山樵皴法有两种，其一世所传解索皴，一用澹墨勾石骨，纯以焦墨皴擦，使石中绝无余地，望之郁然深秀。此翁胸具造化，落笔岸然，不顾俗眼，宜乎倪元镇有扛鼎之誉也。❺

松壶有言曰："元明以来，善变者莫如山樵，不善变者莫如香光。"❻解索及焦墨皴擦二法，不过山樵所常用者，恐尚不足尽其变。兹择青卞隐居雅宜山斋二图为例，以觇其皴法面目之异。

七、点苔

赵文敏之细攒点，文衡山全师之，用之青绿山石甚宜。水墨者，亦深秀可喜。❼

大痴披麻皴，苔多横点，碎石处不过七八点，峦上四五点而已，此洪谷子法也。❽

李希古山石不点苔，只以焦墨别细草，此亦分清山石之一法。❾

以上三则，论各家点苔法之不同。李希古虽不点苔，而以细草分山石之界。既与点苔之功用相等，直可称之为苔，有如恽正叔之列云西天游之石竹为苔之一种也。

八、笔墨

唐子畏云，米家法要知积墨破墨，方得真境。盖积墨使之厚，破墨使之清耳。米颠山水，何尝一片模糊哉？❿

松壶谓米家皴法，不可模糊，前及之矣，但未尝言绝无模糊处，盖以当时之学米者，过于模糊，故有前论以砭之也。此则所称之积墨，是其模糊处。破墨，是其清晰处。亦可与前则参读。

作书贵中锋，作画亦然。云林折带皴，皆中锋也。惟至明之启、祯间，侧锋盛行，盖易于取姿，而古法全失矣。⓫

玄宰论用笔谓"作云林须用侧笔"。又曰："倪云林、黄子久、王叔明，皆

❶ 钱杜《松壶画忆》（光绪十四年《榆园丛刻》本）上 /6a。

❷ 钱杜《松壶画赞》（光绪十二年《榆园丛刻》本）下 /11a。

❸ 王原祁《王司农题画录》（《甲戌丛编》本）上 /14b。

❹ 孙承泽《庚子销夏记》（鲍氏《知不足斋别刊》本）3/14b。

❺ 同注❶上 /6b。

❻ 同注❶上 /7a。

❼ 同注❶上 /3a。

❽ 同注❶上 /6b。

❾ 同注❶上 /4b。

❿ 同注❶上 /6a。

⓫ 同注❶上 /6b。

从北苑起祖，故皆用侧笔，云林其尤著者也。"折带皴法，非侧锋不足以成之，其理及法，皆显而易见，未知何以松壶竟谓云林折带皴皆中锋。吾当以玄宰之言为据，对于松壶未敢置信。岂以明末侧锋太甚，专以媚态悦人，松壶矫枉过正，至乃论云林而亦失实耶？

九、设色

《画忆》中论设色者共七则，"世俗论画，皆以设色为易事"一条，与《南田画跋》所载极似，不录。

设色每幅下笔，须先定意见，应设色与否，及青绿淡赭，不可移易也。**⑫**

设大青绿，落墨时皴法须简，留青绿地位，若淡赭，则繁简皆宜。**⑬**

《山静居画论》曰："画有欲作墨本，而竟至设色，而至重设色，盖其间势有所不得不然耳。"其言与松壶之说全异。松壶以为不独设色水墨，下笔时须分，即同系设色之青绿及淡赭，亦宜于下笔前规定，不可移易。其理安在，阅第二则即可知之。以青绿山水之皴须简，不若淡赭之较无拘束。设有人问曰，青绿宜简，而淡赭繁简皆宜，若下笔时本拟定青绿作简皴，而设色时复改为澹赭，可乎不可乎？青绿之简皴，与淡赭之简皴，究有何不同乎？吾恐松壶必仍以为二者不容淆混。盖淡赭之皴纵简，或不须存留青绿地位之想。兰坻论画，力主无定法。画臻化境，固宜如此，或繁或简，或设色或否，无可无不可，而松壶论画每为初学者说法，此所以未宜二家并论，而断其孰是也。

青绿染色，只可两次，多则色滞，勿为前人所误。**⑭**

张青父论设色谓有数十百次积累而成者，松壶曰"青绿只可两次"，且曰"勿为前人所误"，似专谓青父而发。重设色，宋后渐无能之者，青父去古未远，必有确据，松壶之言，未敢尽信。

凡山石用青绿渲染，层次多则轮廓与石理不能刻露，近于晦滞矣。所以古人有勾金法，正为此也。勾金创于小李将军，继之者燕文贵、赵伯驹、刘松年诸人，以及明之唐子畏、仇十洲，往往为之，然终非山水上品。至赵令穰、张伯雨、陈惟允后之沈启南、文衡山，皆以淡见长，其灵活处，似觉转胜前人。惟吴兴赵氏家法，青绿尽其妙，盖天姿既胜，兼有士气，固非寻常学力所能到也。王石谷云："余于是道参究三十年，始有所得。"然石谷青绿近俗，晚年尤甚，究未梦见古人。南田用淡青绿，风致萧散似赵大年，胜石谷多矣。用赭色及汁绿，总宜和墨一二分，方免炫烂之气。**⑮**

上则所论凡三事：（一）金碧山水。唐志契曾论之曰："画院中有金碧山，自宣和年间已有……盖金碧者，石青石绿也，即青绿山水之谓也，后人不察，于青绿山水上加以泥金，谓之金笔山水……一幅工致山水，加以泥金，则所谓气韵者，能有纤毫生动否？且名山大川有此金色痕迹否？……"据唐所云，画中直不当有勾金之法也，然古人实有之。明刘黄裳有题小李将军画诗〔刘黄裳诗应移至明唐志契节中论之〕曰："画中何得用金碧，小李将军创其迹，近来仅数仇十洲，笔法虽工损气格。当年传说文皇时，阴山之旁陈六师，连峰叠嶂出大漠，金碧照面光参差。马上大叫龙颜喜，世间山色无如此，天阁图画北海间，小李将军笔法是。乃知将军之画有所传，即如此幅何工妍……"**⑯** 其说虽得

⑫ 同注**❶**上 /3a。

⑬ 同注**❶**上 /3a。

⑭ 同注**❶**上 /3b。

⑮ 同注**❶**上 /3b。

⑯ 陈邦彦辑《历代题画诗类》（殿本）15/15a。

之传闻，要为画家得见天地之幻变而为之，非故为怪谲，以灿炫惊人者。其为设色之一体，固不待言。志契之言，未免武断。（二）论石谷之设色，南田于其画跋中，对于石谷设色，推崇备至，已详前章，兰坻亦以为然，故论设色，曾引南田语。至松壶独谓石谷青绿近俗，不及南田远甚。石谷晚年多酬应之作，迫于世情，以鲜妍取姿，或不能免。松壶当有所见而言也。（三）论以墨入赭入绿，祛浮薄之气也，细辨古人设色，确每用之。但不得其法，难免秽浊，学者不可不慎。

赭色染山石，其石理皴擦处，或用汁绿澹澹加染一层，此大痴法也。❶

唐子畏每以汁丝和墨，染山石，亦秀润可爱。❷

此二则论大痴、子畏设色法，惜过简略耳。

第七节　盛大士《溪山卧游录》

盛大士，太仓人，字子履，号逸云，又号兰簃外史，乾隆三十六年生（1771年），嘉庆庚申（1800年）举人，卒年待考。

先生著有《溪山卧游录》四卷，自跋云："始于嘉庆丙子，成于道光壬午。自壬午距今，又十寒暑矣。曩者持论，犹未尽允洽，所遇画家，亦宜增补，因复删润一过，厘为四卷，嗣后纂述，当为续编。癸巳嘉平十有二日，大士呵冻又识。"❸可知是书为随手辑录，积成卷帙者。先后易稿增删，历十有八年，始有今本也。

《溪山卧游录》前二卷，多论画理画法，后二卷则为当时画友酬赠交游之记载。《墨林今话》称先生之画"大约以奉常司农为宗而加脱略，落落有大家风格……娄江画学，得君复振"❹。书

中所论画法，一以麓台之宗派为归，即论画取人，亦持之以为铨衡之准则。后更将于麓台画法一章中论之，兹不述及。本节自《溪山卧游录》所辑出之论山、水、点缀、时景、皴法、设色各项，为一般画家所习用者，非仅限于麓台一派者也。

一、山

画山或石戴土，或土戴石，须相辅而行，若巉岩峻岭，壁立万仞，固须石骨耸拔，然其冈峦逶迤处，仍须用土坡以疏通其气脉。盖有骨必有肉，有实必有虚，否则峥嵘而近于险恶，无缥缈空灵之势。❺

山头戴土戴石之说，始见于郭熙《林泉高致》，其意不在告人山头之画法或土与石之关系，而在指明林木之托根于土山石山者，姿态必异，物理使然也。明龚半千取是说而引申之，以为画中当土石相间，骨肉方得停匀，纯石者不过施之于深山大壑耳。今子履之言，又据龚说进而推论之，曰："冈峦逶迤处，仍须用土坡以疏通其气。"是不啻谓画中绝无纯石而无土者，此二家之异也。

二、水

画泉须来源绵远，曲折赴壑，惟于山坳将成未成时，视其空白可置泉者，先引以淡墨，山坡渐浓，则泉自夹出。若有意为画泉地步，恐画成终欠自然也。泉不可无来源，亦不可无去路。或屋宇鳞次，而其上乃有飞泉冲激，或悬崖瀑布，而其下又无涧壑可归，此皆画家所忌。❻

尝见画泉水者，发源于远山之坳，远山不见笔，泉亦不见笔，惟用墨烘出，中留白痕为水而已。泉下落，入烟际，山亦与之俱淡，此为最远景。烟云之下，

❶ 钱杜《松壶画忆》（光绪十四年《榆园丛刻》本）上 /3b。

❷ 同注❶上 /4a。

❸ 盛大士《溪山卧游录》（《美术丛书》本）三集一辑二册 4/14b。

❹ 蒋宝林《墨林今话》（通行本）13/5a。

❺ 同注❸一册 1/2b。

❻ 同注❸一册 1/3a。

突兀起山势，崖石确莘中，泉水喷泻，至是泉石皆见笔，然尚非近景也。水下流，有归壑之意，忽又掩以丛林，障以磐石，或隐或现，要有脉络可寻，至水口而大显。急湍溅跃于碎石间，争流而下，至平衍处，犹有荡漾之意，是为近景。人立画前，每觉画外局势，较画中尤为宽阔，水流平缓，畅行而气舒，无迫塞之病，此泉之去路也。子履论泉，与吾于画中所见者颇相吻合。叙画之景，所以释子履之语也。历来论画水当有来源，屡见不鲜，于水之去路三致意者，恐自子履始。

画平沙远水，须意到笔不到，且渔庄蟹舍，白蘋红蓼，映带生情 或卧柳于桥边，或停桡于渡口，或芦花之点点，或莲叶之田田，皆不可少之点缀也。若必细勾水纹，即非大方家数。❼

上则论点缀，多于论水。惟所论者，皆为远水之点缀，故特置此言。吾意殊未敢与子履尽合。夫渔庄蟹舍之属，非不足为画中之远景，设以之为不可少之点缀，则固矣。董逌论画水曰："唐人孙位画水，必杂山石为惊涛怒浪，盖失水之本性，而求假于物以发其湍瀑，是不足于水也。"水遇阻则激，是尚不失水之本性，必假种种点缀而为远水，是真无水矣。平波渺渺，远势接天，不仅无一笔画点缀，且无一笔画水，而水之意自足，不知子履以此为善画水者否？

三、点缀

《溪山卧游录》中论点缀之文，凡四则。高桥、石桥、小桥、板桥一则，与龚半千之说极似，不录。

画屋宇或招远景，或工近游，或琳宫梵宇，意取清幽，或镂槛雕甍，体宜宏敞。邮亭候馆，羁旅之所往来，月榭风台，

名流之所觞咏。云扃岫幌，隐者之所盘桓，茅舍枳篱，野老之所憩息。须一一配合，不可移置他处，而屋之正侧转递，左右回环，高下萦绕，尤当运以匠心。❽

郭熙曰，"山水有可行者，有可望者，有可游者，有可居者"，言其所宜之有别也。画中之屋宇，亦视其所宜而安置之而已。丛山荒邃，隐者之所遁迹，以镂槛雕甍为点缀则不称；古道垂杨，长亭之所当设，以月榭风台为点缀则不称。子履之意，仍愿学者画点缀时，于理无违，体其宜而造其景，乃可左右逢源，而无枯窘怪谲之病矣。

画江海大船，须有风樯奔驶之势。若渔边垂钓，一叶扁舟，只以一二笔了之。至于载酒嬉春，携琴放鹤，夕阳箫鼓，明月笙歌，皆宜勾摹工细，不可草草。❾

各种舟楫画法，《芥子园画传》谱之甚详，取象繁简之别，虽于图谱中可见，而子履独彰彰言之，亦足提醒初学之失察者，助其悟何等画题宜工，何等画题宜写。其间笔法有异也。

画帆影须随风色。葭蒲杨柳，落雁飞凫，皆风帆之衬笔也。若帆向东而草树沙鸟皆向西，是自相矛盾矣。以上数条，为初入门第一要义，神而明之，用法而能得法外意。阳施阴设，离奇变幻，非可以一格论也。❿

上则亦自龚半千论风帆一节得来，后半一总，谓以上数条为初学之要义，盖此则于《溪山卧游录》列诸画法则之后。本节将各则加以类分，故未能循其原序。

四、时景

画云有大勾云小勾云法。凡叠嶂重冈，深林杳霭，必有云气往来。画山头

❼ 同注❸一册 1/3a。

❽ 同注❸一册 1/3b。

❾ 同注❸一册 1/3b。

❿ 同注❸一册 1/3b。

半截中断处，即云气也。又恐过于空廓，故随其断处，略勾数笔，以见神采，此即工致画，亦不可过于细勾。若仿米家父子及高房山，则尤要活泼泼地。每见近人于山腰树杪突起白云，重重勾勒似花朵者，望而知为俗手。❶

画云之法，自董玄宰谓当以墨渍出，令如气蒸冉冉欲堕，唐志契因之，主墨渍，主渲染。顾凝远亦曰："善云者不画云，墨痕断处即成云。"是皆不用笔勾者，与子履所称随其断处略勾数笔异。子履之画法，殆以笪江上之"云光幻作，少用勾盘"二语为本也。至于重重细勾似花朵者，即古人谓画云忌芝草样。大勾云小勾云二称，取自《芥子园画传》。此则之中，实无独得之见。

近人写雨景多仿米氏父子及高尚书法，往往淋漓濡染，墨有余而笔不足。不知元章画法，出自北苑，清刻透露，笔笔见骨，性嗜奇石，每得佳者，曲意临摹，惟恐不肖，鉴别精审，纤细不遗，今古推为第一。元晖早得家学，其山水清致可掬，略变乃翁所为，成一家法。意在笔先，神超象外。房山书画宗董、巨，中年专师二米，损益别自成家。评者至有真逸品之目。尝为李公略作夜山图，览之者觉重山岑寂，万籁无声，龙漏将残，兔魄欲沉时也。然则此数公者，精意深造，夫岂仅以濡染为能事乎？方元晖未遇时，士大夫易得其笔墨。及其既贵，深自秘重，非奉睿旨，概不染翰。朝士作诗嘲之曰："解画无根树，能为濛潼云。如今供御也，不肯为闲人。"此特因其不妄应酬而讥笑之耳。今之学米者，则全是无根树、濛潼云而已。❷

画米家山，不宜模糊，钱松壶力主之，子履亦然。此则特举出米派之主要画家

三人，详论其渊源造诣，愈足证后之一味濡染黑气，以混沌为学米者之非也。

五、皴法

画家各种皴法，以披麻、小斧劈为正宗。画固不可无皴，皴亦不可太多，留得空际，正以显出皴法之妙。❸

子履论皴，仅此一则。皴不可多数语，已经前人屡道，本不足录，惟独讶其全书纯以麓台之家法为师，而竟肯将小斧劈与披麻同列，为皴法之正宗，似与其所持之主旨不合。《卧游录》中多采龚半千之说，此则或本《画诀》"皴法名色甚多，惟披麻豆瓣小斧劈为正经"一语而来。豆瓣皴以其不为人所习用而去之耳。袭用成言，或出无心。为当时之师友见，恐将呵之为不经矣。

六、设色

画以墨为主，以色为辅，色之不可夺墨，犹宾之不可混主也。故善画者青绿斑斓，而愈见墨彩之腾发。❹

上则前半本沈灏之言。其《画麈》论设色曰："操笔时不可作水墨刷色想，直至了局，墨韵既足，则刷色不妨。"待墨韵既足而设色，则色自不能夺墨矣。后半乃自麓台"色中有墨，墨中有色"二语化出。

各种颜色，惟青绿金碧画中，须用石青、朱砂、泥金、铅粉，至水墨设色画，则以花青、赭石、藤黄为主，而辅之以胭脂、石绿，此外皆不必用矣……以花青和藤黄，即成草绿色。花青重者为老绿，花青轻者为嫩绿。藤黄中加以赭石谓之赭黄，亦可加以胭脂，以之画霜林红叶，最得萧疏冷艳之致。胭脂中加以花青，即成绀紫，夹叶杂树亦可点缀也。

❶ 盛大士《溪山卧游录》（《美术丛书》本）三集一辑一册1/3a。

❷ 同注❶二册2/7a。

❸ 同注❶一册1/2a。

❹ 同注❶2/1b。

石绿惟山坡及夹叶或点苔用之，却不可多用。雪景可用铅粉，然不善用之，顿成匠气。❺

上则中有论制色法一节，删去不录。水墨设色，即浅绛。浅绛所用颜色及调和法，前人论之甚详，惟多不及胭脂、石绿二色。二者纵非浅绛山水中之主色，施于夹叶苔点，亦自清新可喜。雪景不以用粉为诟，但不善用则俗，语甚允当。较静岩之言为圆通也。

第八节　戴熙《习苦斋画絮》

戴熙，钱塘人，字醇士，号榆庵，又号莼溪，井东居士，鹿床居士。嘉庆六年辛酉生，咸丰十年庚申殉节死（1801—1860 年）。

先生著有《习苦斋诗集》八卷，附集外诗、笔记、杂考、题跋各一卷，《赐砚斋题画偶录》一卷，《习苦斋画絮》十卷。

诗集中，题画之诗不甚夥，题跋一卷，皆为题前人之书画以及碑帖之属。《题画偶录》及《画絮》二书，辑录其历年作画所题之诗跋，其中多论及画理画法处。

《题画偶录》，沈树镛初刻于咸丰己未，先生殉难之前一岁。葛元煦再刻于光绪三年丁丑（1877 年）。《画絮》为光绪十九年癸巳，惠年所刊，据先生道光辛丑迄咸丰己未之日记而按卷册等另加分类、编辑者。《画絮》卷帙较繁，多于《题画偶录》不啻倍蓰。越园先生曾指摘惠氏废原著纪年体裁之失，并标明《题画偶录》所有，而《画絮》所无者六条，见《书画书录解题》。❻

本节将先生论画法者各条，自《画絮》中辑出。分为山、树、时景、皴、点、设色、纸等七项。

一、山

平远山不可令如石堆，须有望不尽之意。"平远山如蕴藉人"，可谓善貌平远者矣。❼

"平远山如蕴藉人"❽，放翁句也。山既平远，必无惊心骇目之致。世间之味，淡恒弥永。是以云林之疏简，对之竟日不厌，时时萦绕心目。其中人之深，重峦叠嶂所不及也。淡而能有含蓄不尽之意，斯为贵矣。此固作平远山之不可不知者。先生曾跋画曰："云林积墨，至数十百层，而淡不可收。含蓄之味，使人心醉。闲则功力厚，静则智慧足，淡则旨趣别，远则气味长。四美具，谓之画。"❾四美者，其蕴藉之谓乎？

远处尤贵浑。远人无目，远水无波，则远山可知。❿

平远之山，何以而能有蕴藉之味，是诚未易道。趣在言外，难以文字形容也。不得已而言之，浑字诚为必要之条件。山以石堆砌而为之，人只见磊磊之石，不见凝重之山，其有浑之可言乎？是以此则之浑字，正可以解释前则之何以远山不可令如石堆也。

叠石要变换，又要浑融，打成一片，则山势现。⓫

山之宜浑融明矣。顾浑融未可误作混沌也。要浑融中有眉目，有理路，有变化。不克如此者，必致一团糊涂，索然无味。此非真浑融也。山石之浑融及变化，似相背戾，而实当相兼。此"又要"二字之所以设也。

古人最重画沙，谓山之坡脚，气象厚薄所系，⓬

沙乃山之坡脚，仍与山连属，是以

❺ 同注❶ 2/5a。

❻ 余越园《书画书录解题》（民国二十一年北平图书馆印）5/17a。

❼ 戴熙《习苦斋画絮》（光绪十九年惠氏刊本）2/25b。

❽ 陆游《剑南诗稿》卷十二《登拟岘台》（清刊本）。

❾ 同注❼ 3/7a。

❿ 同注❼ 2/25b。

⓫ 同注❼ 2/25b。

⓬ 同注❼ 2/25b。

亦置于此言之。郭熙《林泉高致》曰："李成子孙昌盛，其山脚地面，皆浑厚阔大，上秀而下丰，合有后之相也。"以画相人，及其后裔，未敢置信。至于山脚之画法，与其画趣之厚薄，自是有关。古人横拖数笔，有莫大力量，见至深之功力。龚半千论点叶曰，画师用功数十年，异于初学者，只落得一厚字。移之以论画沙，亦然。

二、树

柳之体轻而神重，故画柳丝到梢处，便直如悬绳。不直，则轻而不重矣。❶

醇士论画柳，与半千之言，有相通处。半千曰："干未上而枝已垂，一病也。"何以当先向上？盖不先向上，则无以显柳梢之垂，亦顾凝远论取势，"或下者势欲上耸"之意也。先上而后下，垂之势乃显。垂之势显，重之神得矣。此非画家所造之法，实天地间之物理。柳条细而长，以其细，故弱不任重。吾人观柳下垂而觉其重者，亦惟以柳条之本身轻耳。

时史画竹，俱云效南田，称之曰"恽竹"。余所睹恽小竹，以十数，而莫有同者焉。不知恽竹当作何体。窃谓心无定形，任笔所之，位置却宜者，乃恽体也。执一定法以求之，隘矣。❷

竹与树石殊科。《宣和画谱》，徐沁《明画录》，皆为辟专篇。然今所论非墨竹，非勾勒，而为山水作点缀之丛竹，与树木同功。且画谱如《芥子园》、《费氏画式》、《梦幻居画学简明》等，皆列之树谱之中，今正可循其例也。南田笔墨穷极变化，天际真人，无从揣测。于今日所得见之画迹中，颇可领略其位置用笔取势，各各不同。醇士先生所论，纵未能将切实画竹之法授之读者，然读

❶ 戴熙《习苦斋画絮》（光绪十九年惠氏刊本）2/26a。

❷ 同注❶ 9/20b。

❸ 同注❶ 8/17b。

❹ 同注❶ 2/20a。

❺ 同注❶ 6/23a。

❻ 同注❶ 8/2b。

❼ 同注❶ 2/25b。

❽ 同注❶ 3/25b。

❾ 同注❶ 9/16b。

此而知对于恽氏之作，潜心研究，亦学画者之南针也。

三、时景

山石以画而得，云水以不画而得。山石成，则云水自在，岂所谓"名者实之宾"乎？❸

效云气施墨，而无墨处却成云气，此中大有参悟。❹

经营岩岫林木，瀹以云气，所肆力在实处，而索趣乃在虚处。有为者为天下用而不足，无为者用天下而有余。微白云，吾谁与归？❺

耕烟世最多赝本，凡耕烟所能者，世人无不能之，或且有过之者矣。独其笔墨间一段烟云气，世人断梦不到此也。余所云烟云气，非刻画形迹之谓。南田所谓"实处皆虚，虚处皆实"是也……❻

烘云气，须和。和则云气冉冉欲堕。❼

"寒潭摇树影，峭壁闪云光。"画，不动者也，而妙处却在动。惟吾巨师能之，余子未易数耳。❽

古人作云，多以粉填，久之变为墨渍，云气已冉冉欲堕。至巨师则有神无迹，但觉满纸云气，而不能指云气所在，是能得诗人味外味之旨者。❾

上引七则，皆论云气者也。树石有常形，烟云无定迹，树石之体固，烟云之质空。质空者无以形之，惟可形有形以显无形，是故山石画成，无墨处自成云气。一二两则，尤不愧为简明之画法。

简明之法得，当进而论虚实。树石实，烟云虚，人尽知之矣。实处紧要，当知虚处更紧要。在实处用一分力气，正是在虚处增一分气象。能于虚处求画

趣，方理会看山水之妙，画山水之诀。此第三则之主旨也。

虚处有虚处之妙，讵可谓虚处非画乎？明目者观之，虚实相因而相辅，融浑一片，满幅神行，直可废除虚实之观念，而无辨别之心。南田"实处皆虚，虚处皆实"之言，盖有悟于此也。此义较以前诸则，又推进一层。

画烟云而能与山水融浑一片，满幅神行，则冉冉欲堕之势出矣，画之动态生矣。此诗家"摇"字、"闪"字之所由来，而此二字，亦画家山水中所当同具者也。能臻斯境，即画中之最高境界。读者对之，莫究其起讫，莫辨其笔墨，但觉处处是烟云，又觉处处不是烟云。南田"实处皆虚，虚处皆实"之言，愈觉其允洽矣。

童时戏墨，谓画月最易，淡墨一晕即得，此正坐不知笔墨之外，大有事在。缥缥缈缈，落落寞寞之境，非石谷不从此中着手，非南田亦不从此中着眼也。❿

此则论画月景。淡墨一晕，为月之形。缥缥缈缈，落落寞寞，为月夜之情境。绘形最简易，绘情境最难。钱松壶读徐幼文秋虫月榭卷，而似聆唧唧之声，以画之情境胜也。若情境果能烘托得出，则人之器官所能感觉之观念，画间应有尽有矣。

四、皴

皴法简处，要令不可加。 山得势，石开面，则不可加矣。⓫

昔人论文曰：一字不可易，盖增一字则嫌其赘，减一字则嫌其略，言洽到好处也。醇士论皴，有同斯旨。其惠人处在说明洽到好处之标准。山未得势，石未开面，则假皴之力以现之。殆其势

既得而面既开，多一笔便为赘疣。此张彦远"既知其了，亦何必了"之意也。

五、点

指山之一草而问焉，曰山则不可；山也者，举一草而括之。指石之一苔而问焉，曰石则不可；石也者，举一苔而括之。画苔固画石分内事也。⓬

唐志契论点苔曰："近处石上之苔，细生丛木，或杂草丛生，至于高处大山上之苔，则松耶柏耶，未可知。"是苔为苔而石为石，其体非一，其质有异也。惟此为原画中点苔之理，而画家点苔之时，往往不作是想。南田曰："却似有此一片，便应有此一点。"盖画家皴染已毕，择山石之当点处点之。何谓当点处，即点后能使山石之生气蓬勃，全幅之精神焕发，如人之有瞳子。在画者视之，苔乃石之一部，不容分离，何尝思其为木为草，为松为柏耶？醇士曰："苔固画石分内事"，即此意乎？

六、设色

《画训》云："墨韵既足，设色可，不设色亦可。"此专为涂泽者说法，以词害志，则丹碧为剩物矣。墨韵亦有借色而显者，知墨韵借色而显，斯为善体《画训》。⓭

第一则与方薰"前人谓画曰丹青"一节之意近。《画训》一书，不详所本。越园先生谓其当系误引。吾则直疑其引沈灏《画麈》之文，偶将尘字误作训耳。

朗亭沈三兄，以旧楮属画，戏作八叶。余画懒设色，此楮不适于墨，假色以助其韵，遂无不设色者。而画意即从色生，譬如鸿踏雪泥，虫蚀木叶，因雪而显，借叶以成者也。未知朗翁以为何如？⓮

❿ 同注❶ 2/18b。

⓫ 同注❶ 2/25b。

⓬ 同注❶ 2/7a。

⓭ 同注❶ 1/3a。

⓮ 同注❶ 2/34b。

雪印鸿爪，鸿本无心。叶上虫文，虫非有意。醇士借斯二者，以喻其设色，与兰坻作墨画竟至设色二节之意同。本不求其工而工，醇士之自负深矣。

友人俞少甫，平生作画不设色。尝语我曰："古人设色，专取其沉，与时左，已故不为耳。"予自此设色，必宗少甫语。夫时亦岂有定哉，我求我趣可也。❶

古人设色，凝重浓厚，与清代异，前已屡言之。先生自谓以沉为宗，今自其所传画迹中观之，实未见其有能言行一致者。岂末曰"我行我趣"，故其本色，仍以清代设色淡逸之风为归耶? 惟淡设色亦有沉着者。淡而沉，较浓而沉，为尤难耳。

七、纸

书因乎笔，画因乎楮。楮有涩滑之不同，画乃有苍茫淹润灵妙朴古，各种皆因其势而利导之，行乎不得不行者也。❷

醇士又曾曰："涩笺易于沉厚，难于超妙。滑笺易于超妙，难于沉厚。"可知工具之限人，有不得不如此者。若欲拗纸之性而强为之，非达人也。

古人书画多用熟纸，胜国以来，间有用生纸者，然百不得一二也。今人以生纸为能，失古意矣。是犹作书者，狃于用软笔，而不知古人贵用健毫也……❸

论作画当用熟纸，鲜有坦白如醇士者。盖熟纸所能表现者，往往非生纸所能。若清代之一般画家，只用生纸，则不啻自甘为有数面目所缚束。宜乎其千篇一律，令人生厌矣。

第九节　李修易《小蓬莱阁画鉴》

李修易，字乾斋，号子健，海盐人，善花卉，山水尤工。曾得其仿墨井道人一帧，虽未必肖似渔山，然笔力浑厚，极苍茫之致。嘉道时有画名，颇为戴鹿床先生所重。生卒年代待考，当与鹿床先生同时而略晚。

乾斋著有《小蓬莱阁画鉴》一书，其孙开福，民国二十二年跋称："先大父遗著，除《小蓬莱阁诗钞》等待梓外，有《画源画法》等数卷，为先君宣谋公于洪杨兵燹时携出者。此系先大父一生研画精微之心得，惜当时不过随笔记录，未经整理。清季徐次云乡前辈见之，谓此书为画学津梁，自当传之久远，亟劝先君编订成书，并愿代出刊资，不料徐公撰序未竟，遽赴道山，遂将此稿携归，然目录中已有徐公篡改之处。后在杭州为黄岩王漱岩君所见，谓可名为《画鉴》，并将古玩一卷，改称《猎古集》。今蒙张菊生、王云五两先生之鉴赏，由商务印书馆代为出版。"❹是此书曾经人董理，屡历波折，乃获刊行者。前贤著作，几历百年，始得行世，亦可慨流传之不易也。

《画鉴》共七卷，曰：宗派、鉴赏、画学、画法、画友、自述、题跋。后附鉴赏骨董之作《猎古集》一卷。先生论画，持论允洽，理法兼备，洵是清代佳著，论南北宗章中已言及之。兹再汇集其论画法各则加以讨论，共得山、树、点缀、时景、位置、皴、点、笔、设色、纸等十帧。

一、山

画山水至打远山，万事毕矣，然亦不可造次，须审其位置，然后落墨。凡远山愈远愈浓，古人竟有以焦墨为之，而意趣益古。今人于山凹处着笔，最为落套。尚有恐淡墨痕迹，参以胶水，殊

❶ 戴熙《习苦斋画絮》（光绪十九年惠氏刊本）3/38b。

❷ 同注❶1/15b。

❸ 同注❶3/39a。

❹ 李修易《小蓬莱阁画鉴》（民国二十三年商务印书馆排印本）58a。

不雅观。余以为峰峦至好，不画可也。倘淡墨痕迹，亦可改作米山。惟先青后墨，只宜绢本，若生纸将来青退，墨山必孤悬矣。❺

远山愈远愈浓，峰峦好，远山可不画二说，见《绘事微言》及《绘事发微》中，毋庸更论。以胶入墨，防生纸之吸水过速，生痕迹也。《画鉴》卷二鉴赏中，记徐青藤花卉卷曰："画中墨气之酣畅，固不待言，惟青藤乃放达之士，而用墨皆掺以胶，为不可解耳。余所见青藤用墨皆然，向以真赝莫辨，不暇深究。此卷书画既佳，鉴赏亦众，似确凿可信，岂青藤亦不免庸工之见耶？"❻乾斋以为此法为工匠之下技，非士大夫所宜用，即生痕迹亦无妨，可加米点以掩之。吾以为此仍非上策。何则？其理有二。米家有米家之景，经营位置以及下笔之时全未作米山想，忽以远山有痕迹而点之，必与全局不合。偶一为之，或见新奇，岂可以此为惯技乎？山有远近，所以分层次也。米家山水中，近山有点，而远山无点，亦犹他家山水之近山皴，而远山无皴也。倘远山之碍于痕迹而不得不点，将何以分远近乎？是米家山中亦有绝不可点之远山也。尝见古人远山，有痕迹而听之不见其妩，而反足增其妩媚，此画中之上乘。岂先生为初学者说法，故不作高深之论耶？

远山之先青后墨者，盖以青打底，而山尖复以淡墨笼罩。墨愈下愈淡，与青混化，至最下则只见青而不见墨。先生于卷四画法中论颜色之性质曰："石青石绿，滞重质也。胶不清，受烟气必变；靛花藤黄，草木之滋也，遇生纸见风日必退。"❼是以生纸上以先青后墨之法画远山，他日青退，仅余山头之淡墨，

下半毫无色泽，便同孤悬也。

二、树

董香光谓画树之窍，只在多曲。李咸熙千曲万曲，无一直笔。余少时颇服膺此说，谓暗室禅灯，公不惜举以示人也。不知树之穿插，从曲得势，而画之习气，亦由曲而生矣。盖香光笔致秀绝，剑拔弩张之气，苗发不能犯其毫端，若天性纵横，未有不妄生圭角也。张瓜田于蓝蝶叟、王补云二人，辄深诋欺之，亦以用笔多曲耳，愿同志者共勉之。❽

凡事有利必有弊。创者天资卓绝，学之者其才不逮，则弊生。前人恰到好处，后人矫枉过直，则弊生。玄宰论画树，窍在多曲，自有至理，后人画树，坐多曲之病者，或以资质驽下，或以行之太过，不可为玄宰咎。瓜田《画徵录》确有诋蓝田补云之语，第未尝有一字言其用笔多曲；所以诋二人者，以其为浙派北宗耳。即使彼二人用笔不曲，亦必不为瓜田所重。然乾斋先生之言，亦非无见者。世之执笔便思转折，落纸便思顿曲，满幅圭角，倔强错结者，当以此为之针砭。

画以枯树为最难，非一株二株之难，其十株八株而望似千株万株者之难。盖杂树可兼用黑，而枯树则专重用笔。笔不可不匀，而亦不可太匀。枝不可不接，而又不可太接。古人称营邱、河阳、道凝（凝，疑"宁"之误）、华原为擅长，余实未睹奇绝也。❾

画之佳者，每以少许胜人多许。枯树十株八株而似千株万株者，与此同理。其要在笔不可不匀，又不可太匀，枝不可不接，又不可太接。斯四语者，谛观佳画中之枯树，所得之感觉也。乾斋实

❺ 同注❹24a。

❻ 同注❹72a。

❼ 同注❹26a。

❽ 同注❹22b。

❾ 同注❹23b。

未尝以究竟之画法告人，非故秘之，难托之于言辞耳。无已，乃言其感觉如此。学者能于此潜心体会，随时操笔，旦暮求之，或有豁然贯通之一日也。

画杂树不妨留一二枯枝，画枯树不妨留一二秀干，欲令其捉摸不定也。古人画杂树竟有不作小枝者，正欲于点叶时做工夫伸缩耳。❶

董玄宰曰："枯树最不可少，时于茂林中间出，乃见苍秀。"今乾斋先生乃曰："画枯树不妨留一二秀干。"杂树留枯枝，所以见变化，枯树留秀枝，亦所以见变化。此正举一反三，自玄宰之语悟出也。先生可谓食古善化者。杂树不作小枝，亦因玄宰之说而发者。玄宰曰："树之妙处在点叶之一出一入、一肥一瘦处。"若先画小枝，后点叶，叶必随之，不免受其拘束。不若不作小枝，处处可生叶，易于取势也。

董文敏谓画中衬贴小树最不可少，余谓远树中多作枯枝，亦是一病。❷

此则与第一则之理同，非不可无枯枝，不宜过多耳。读者于多字上着眼，庶几得之。

凡画杂树，即不可多点叶子，若顺手画完，则无可增减矣。即画茂林，亦须由渐加密，使墨色浓淡不匀，此千古不传之秘诀也。❸

密林点叶，由淡加浓，半千言之详矣。乾斋所谓不顺手画完者，似谓画叶不一气点足，俟全幅山水眉目呈现后，点叶再加。其理不难思得。半千论点叶曰："树浓而山淡者，非理也。"又论皴石曰："以树之浓淡为浓淡。"是树之墨色，与全幅山水之墨色，有融浑和洽之必要，关系至为密切。若墨叶上手便点足，山石必用多量之墨以应

之，殆画成，则嫌太黑矣。是以宁使墨叶不足而再多加一番点子，勿使过黑而为全幅累也。

画松树必具两种笔墨。如写群松图，枝干须交架，点叶须茂密，使蓬蓬松松，一望无际，如入翠幕，乃尽其妙。画孤松则不然，须离奇倔强，笔笔简贵，如端人正士，凛凛有不可犯之色。若枝叶稍繁，即乏古趣。❹

先生谓画松树必具两种笔墨，毋宁谓画法有群松孤松，远景近景之不同。大抵群松以一林为单位而取势，孤松以一株为单位而取势。群松若取势如孤松然者，不特不能悦观者之目，适足害一林之势。孤松若不取势，则又平淡乏趣矣。且松在远处，即使其姿态甚奇，未必人目所能察。近松则其枝干诘曲，虬鳞毕见，此亦自然之理也。是说与《山静居画论》"松柏多者皆取平正之势……如作离奇盘曲之势者，只可旁以奇石，俯以清流也"之言，有相通处。一自画中之位置立论，一自画景之远近参理，究其源，则同归也。

画中衬贴疏柳，如垂鬟雏姬，弱不胜衣，有楚楚可怜之态，方称好手。❺

画柳之说，乾斋与半千大异。半千曰："画树惟柳最难，惟荒柳枯柳可画，最忌袅娜娉婷，如太湖石畔之物。"山水之中，自有若干门类，园林之景，与山村驿路荒寒之景迥殊。弱柳枯柳，当视其宜而画之，未可执此，以定孰是孰非也。

三、点缀

画谱谓："桥梁屋宇，必须淡墨润一二次，不润即单薄不浑。"不知统用两遍，亦见板实，惟以淡墨画之，不醒处润之可耳。曾见金（疑"奚"字之误）

❶ 李修易《小蓬莱阁画鉴》（民国二十三年商务印书馆排印本）23a。

❷ 同注❶23a。

❸ 同注❶23a。

❹ 同注❶22b。

❺ 同注❶23a。

蒙泉画屋宇，纯以单笔写之，其直如界，反见生趣，故六法未可执一论也。❻

上则乾斋先生引《芥子园画传》重润渲染一篇中之言❼，并指出其画法未可尽信。统润两遍，板刻自所不免，精于画道之所不为。惟王概画屋宇所用之墨，据臆测之所得，或较乾斋为浓黑。何以知之？以王概只谓润时用淡墨，而未尝谓画时亦用淡墨。设然，则势有不得不再以淡墨润者。以界划过于分明，反不浑厚。至于用笔之灵活，变化之多端，吾从乾斋矣。

四、时景

米氏山水，其画云喜用李将军勾斫之笔，气象蒸蒸，其白如絮，写楼阁亦工整不苟，拘宗派者或疑其杂，所谓下士闻道，如苍蝇声耳。❽

詹东图论米氏山水曰："想云山亦不自米元章始，殆唐人已有此法。"〔引詹东图论米氏山水出自唐人，殊为有见。千佛洞C213窟原是魏窟，唐人重修，窟内北壁下方有山水楼阁。近山有点颜色，微用青绿，颇似米家画法。就南壁下方供养人像、衣饰视之，盖唐初作也，窃疑宋人画家数多自唐人脱化而出，而为之发挥光大。觉明先生批〕画云用勾斫，楼阁工整，唐法也。元章云山，既自唐人化出，岂有不谙工细画法之理。李竹嫩亦曰："世人乃以粗手腕率意作米山，止堪呕哕耳。余昔有句云'虎儿若到精微处，仍落营邱意地中'。盖蓄意欲与襄阳雪屈，非创论也。"❾更证以孙退谷之题米元章小幅，钱松壶之题金栗庵图诗序，愈可知米氏固有精谨一派。惟玄宰论画云，谓不可用勾染，其法亦自米画中悟出。读其《画旨》中"画家之妙，全在烟云变灭中"一节可知。今乾斋谓米氏勾斫云亦有气象蒸蒸之致，是此则岂专为玄宰而发耶？

五、位置

画山水之于蹊径，末务耳。笔墨板滞，虽倪黄章法犹然俗品。然亦不可舍蹊径而言笔墨也。布置失宜，开合无法，即笔有秀韵，墨具五色，亦复无益。盖画之有蹊径，如书之有结构，文之有柱意也。学者其可忽乎哉？❿

此言位置与笔墨之当并重也。沈狮峰曰："画有以丘壑胜者，有以笔墨胜者。胜于丘壑为作家，胜于笔墨为士气。然丘壑停当而无笔墨，虽自谓作家，总不足贵。故得笔墨之机者，随意挥洒，不乏天趣。"⓫盛子履于《溪山卧游录》曾节引之。二家之意，显重笔墨，而轻位置。北宗之丘壑，布局精严，幅幅自具面目，为南宗所不及。二者所以轩轾，中有宗派之成见在。乾斋不轻视北宗，持论平允，前已备言。宜乎其有蹊径笔墨并重之论，而与他家异也。

作画无论山水、人物、花鸟、兰竹，布置之最忌者，左右相对也。人苟有志于此，未有不知趋避者。然未经古人道破，偶蹈之，辄不觉耳。余谓就一物而论，有一物之不可对。就通幅而论，有通幅之不可对。就有笔墨而论，有笔墨固不可对。就无笔墨而论，无笔墨亦不可对。就不对而论，有不对之不可对。无墨池研血之工，蹈拙匠血指之讥。古人作画，点题必不点于画中者，何也？盖正谓此也。⓬

画中景物相对，位置之大忌，前人论画，尚未有于此再三致意如乾斋者。兹更为举例以明之。譬如画之左端有树，右端复有树，姿态种类、高低浓淡约相等，一物之对也。左半之丘壑与右半之

❻ 同注❶ 23b。

❼ 王概《青在堂画学浅说》曰："画桥梁及屋宇，须用淡墨润一二次，无论着色与水墨，不润即浅薄。"王概《芥子园画传》（康熙十八年原刊本）1/10a。

❽ 同注❶ 23b。

❾ 李日华《竹嫩画媵》（《李君实先生杂著》明刊本）2/19b。

❿ 同注❶ 17b。

⓫ 沈宗敬《双鹤老人画说》（《画学三昧》抽抄本）1b。

⓬ 同注❶ 20a。

丘壑相等，或上半之景色与下半之景色相等，通幅之相对也。处处见笔见墨，一石之轮廓皆清晰如界，或如前项论屋宇之通用墨润，有笔墨之相对也。山分两麓，皆以云气瀜淡之，更无深浅远近之殊，无笔墨之相对也。右端石下小草两丛，分高下，本不相对，而左端石下复有两丛，如此位置，此不对之相对也。至此直当左端相对，以破右端之不相对。盖仅自右端而言，以一丛草为单位，就通幅言，便以各端所有之草丛为单位也。画法之中，此最显而易见。乾斋此节，有惠后学不浅。

虽然，亦尝见前人论古画之不忌相对者。唐宋人之遗迹中，或可见之。阮元《石渠随笔》曰："宣和柳雅芦雁图……画法极工秀，左方芦岸上四雁，右方柳枝间四鸦，正中画押，似相对待者，此北宋画翎毛法，不避板滞。南宋画院，即布置取势矣。"[1]岂其纯以古拙胜，竟不以板滞为病耶？后人笔墨格调不逮，固未有敢故违者。

作画之于布置，如登州海市，或时而有，或时而无。昔宋迪作画，以绢素张苍藓破壁上，恍惚若有冈峦林木者，以淡笔约略勾出之，取其浑然高古，莫测端倪。他如郭恕先以墨渍缣绢，徐就水涤去，想其余迹。朱象先于落墨后复拭去，再次就其痕迹图之，皆好奇之蔽，不可为法也。余近来喜画旧纸，遇有瘢点小疵，就借此以发思路。其布置往往入匪夷所思，及画成毫无点瑕，亦一大快事。[2]

诗与画通，人所共许。乾斋就旧纸之疵以发画思，试以诗为喻。纸上有疵，画以掩之，作画所受之拘束也。亦犹诗之和作，所受韵脚之拘束。然和作往往易成，且有佳句。何以故，以韵脚既定，

可用心搜索，专在一处着想，不似翻开诗韵，字字可押，如入宝山，目眩而不知意究何属。素纸在前，银光玉洁，平远深远，听君经营，山水树石，任君落墨，转觉踌躇难决。此虽与画法之宏旨无关，亦可悟运思立意之理。

画之远近，非浓淡之谓也。今人必以浓为近，以淡为远者，拘矣。余谓看画能推得开，即是近远。试观四王、恽、吴画树，第一株先从淡起，浓者反在后面。即此，浓淡非近远可见。[3]

画中之景物，近者浓，远者淡，常法也。画所予人远近之观念，不尽仗浓淡以表现之。前后之交搭，状物之详略，比例之大小，咸足以表现远近者也。推得开则层次分明，如身临实境，蹀步可入。设能如此，即令近者淡而远者浓，读者自觉其远者远而近者近，固未暇计其色泽之浅深也。惟学者当熟思如何始能推得开为难耳。沈芥舟论人物位置，曾有言曰："画近处要浓重，远处要轻淡，固是成说，然又不当故以轻重为远近，要识远近之法，在位置不在浓淡。攒而能离，合而能别。"[4]乾斋所云，其本此乎？

六、皴

皴法无论宗派，从披麻入手，便是正宗。愈皴愈熟。其卷云、折带、荷叶、芝麻、斧劈、解索、乱柴、乱麻，皆可随手带去，若先由斧劈、折带起手，未有不妄生圭角，误入魔道者。石谷云："皴擦不可多，厚在神气，不在多也。"真真言无等之咒。至画毕时遇有不足处，再以焦墨飞皴几笔，尤觉苍秀。[5]

此则无新意，本可不录。惟最后焦墨飞皴数语，尚新颖。焦墨色浓，笔必干，是所谓飞皴者，与擦无殊也，其江上"墨

❶ 阮元《石渠随笔》（珠湖草堂刊本）2/2b。

❷ 李修易《小蓬莱阁画鉴》（民国二十三年商务印书馆排印本）20a。

❸ 同注❷24a。

❹ 沈宗骞《芥舟学画编》（乾隆四十六年冰壶阁写刻原刊本）4/11a。

❺ 同注❷22a。

带燥而苍，皴间夫擦"之谓乎？

七、点

昔人云："画之有苔，如人之有眼，通体皆灵。"又云："苔所以掩皴之漫乱，既无漫乱，何必挖肉做疮。"二说皆是。盖树根石侧，非草非土，似应有此数点，以醒眉目，愈少愈妙，古人竟有不点苔者，不肯掩其皴耳。今人不研究皴法，徒恃点苔以分层次，其不蹈做疮之讥者鲜矣。若屋后山凹，潆起一丛，名为苔草，而实当远树者，又不可以此论也。❻

此节前半皆引前人之说，无足述者。徒恃点苔以分层次一语，颇能道出面病。宋元画派中有沿石之周遭悉加密点者，得其法者未尝不蓬勃莽苍，郁然深厚，惟效之者，不仅皴法不佳，点笔不圆，且只知在深浅上用功夫，以为借此便可分出远近，误矣。

山水点苔，约有四种。扁点，圆点，攒点，尖点，各随其皴法而用之。余见石谷每有上幅作扁点，下幅作圆点者，于理极通。盖扁点易取远神，圆点意在蓬勃。反是，即碍眼矣。时史之画山与石，同此笔法，亦是一病。❼

山水点苔，视皴法而异，前人罕言之者。乾斋所云，恐亦言其大概耳，若必谓某种皴只能用某种点，则古人之变格正多，必难得肯定之结论。其所以未一一枚举皴点相联之用法，以前人之名迹为例而作进一步之论述者，或以此也。一幅用不同之点法，上扁下圆，即詹东图记董源龙绣交鸣之"远山有皴，与近山山顶苔，通密密横点，至山半则稍稍点点，又用中锋"。石谷盖亦自古法中得来。扁取远神，圆能蓬勃，二语极得神趣。物之远者，不能窥其

深度，近者之体毕呈，揆诸物理，亦当如是。最后二语，似不显豁。或谓时史每幅点苔，皆上扁下圆，千篇一律，积习成病之意也。

八、笔

笔无论羊毫兔颖，要必令其出锋。若用秃笔，必至板硬，去渐习不远矣。而今人之喜用秃者何也？盖尖笔难老，秃笔易古，且可惜石田老人顾野渔以自护其短。虽然，士各有志，人各异能，未可执一论也。❽

唐岱论笔法曰："近有作画用退笔秃笔，谓之苍老，不知非苍老，是恶癞也。"华翼纶《画说》亦曰："笔不佳，不可画。笔宜尖硬圆肥，断不可秃。用笔之老嫩在吾手下，非必秃笔而后能老也。墨全在笔尖运用，以一尖笔与一秃笔试之，同一墨而精彩异矣……"❾〔"墨全在笔尖，运用"应在"用"字断句。觉明先生批〕二家之论，与乾斋上节，正复相似。

九、设色

浅绛山水，设色最难一定，约略举之，有仅以赭石着树木屋宇人面者，有以浓赭着坡脚卵石，淡赭着山之阳面者。或以淡赭稍杂藤黄着阳面，有以赭石着山石阴面，以淡墨着山石阳面者。或以淡绿着阳面者。或墨青着阳面者。有仅以赭墨着坡脚，淡赭着茅屋者。有以赭石着坡脚山石，以淡赭再皴者。至坡面或苦绿，或赭绿，或淡墨青者。点苔或纯以青，或间入藤黄者。因地制宜，移步换影，不可枚举。最忌山石将赭石着到不留空白。王司农谓"用墨如设色，设色如用墨"，正欲破着到之病。又藤黄总以淡用为妙，重则俗矣。❿

❻ 同注❷ 22a。

❼ 同注❷ 22b。

❽ 同注❷ 26a。

❾ 华翼纶《画说》(《美术丛书》本) 三集十辑一册 7a。

❿ 同注❷ 21b。

乾斋上节，列举浅绛设色不同之方法。往往阴面用某色，而阳面有数种不同之着色法，阳面亦如之，故总计之不下十数种之多，与汤雨生《画筌析览》设色附论之文，极相似，详尽有过之无不及。取以逐句细校，除"有仅以赭石着树木屋宇人面"一语内容相同外，余皆异。其中且有与雨生之言完全相反者，"以赭石着山石阴面，淡墨青着阳面"一语是也。浅绛山水，设色之变化最多，于此可见。若据此而欲定孰是孰非，便失诸凿。赭石染石，不留空白，显是大忌。即以墨渲染，尚不可处处染到，况用色乎？处处染到，便无分别，无分别便无阴阳，要之设色之法多端，阴阳终仅一理。

山石墨色之妙，有单用而得出者，有套用而始出者。单用者偶然之妙也，套用者功夫之妙也。惟解得套用之法，而后能得于偶然。凡作画人，谁能落手便是，一笔不借修饰哉，甚矣，学力之难到也！❶

墨色二字连缀，其义有二。

（一）墨有墨之色，所谓黑、浓、湿、干、淡是也。（二）墨与颜色相对而言。自上节语气观之，似属后者。单用者墨染后本须用色套，竟有毋庸再套，而神趣已足之处。或意有所忽，墨未染到，着色之后，弥觉妍茜处。此盖本不期其然而然，所谓偶然之妙也。偶然之妙，惟可偶然得之，此所以必解得套用之法，始有神来之异也。

大青绿山水，古人皆画于绢本，似非生纸所宜。余近日作青绿山水，往往先设色而后皴之，亦取巧一法也。然究非意中所乐，不敢多作。❷

青绿色厚，皴笔不显，前人屡言之。

绢且如此，生纸尤甚。先设色而后皴，前人罕有用之者。清代画家自乾嘉以来，竟以用生纸为尚，能北宗之所不能以自尊大也，而青绿设色之法亦微矣。夫器不利者不能善其事，强于生纸上作青绿，非智者也。乾斋自谓取巧，自谓非意中所乐，盖亦深知青绿惟绢与熟纸为宜，而皴后于色，终非善策也。

凡画之沉雄萧散，皆可临摹，惟一冷字，则不可临摹。而今人竟以倪高士一丘一壑当之，不知青绿泥金，何尝不可作冷画观哉？但看其人之胸次何如耳。❸

画中之用铅粉，近世皆以薄施为尚，乃历观古画，从未有薄用者。重则精神丰满，色泽和腴，愈旧愈显。薄则纸色一醐，同归乌有，只悦一时之目耳。❹

唐志契论金碧山水曰："一幅工致山水，加以泥金，则所谓气韵者，能有纤毫生动否？"钱松壶亦曰："终非山水上品。"画雪景，唐静岩曰："若用粉弹雪，以白笔勾描者，品斯下矣。"至于论用青绿以澹逸为贵，更指不胜屈。乾斋独不为诸说所移，能领略重设色之妙，殆嗜古而精鉴者也。青绿泥金，仍具有倪迂之冷，厚粉之妙，在精神丰满，是皆一般以南宗正传自许者所不肯道。此二节正可与先生论北宗画法，难于南宗诸言共读，诚平允无私之论也。

十、纸

画山水遇纸性生涩，切不可落手即求好看。求好看，势必处处着力。树上枝叶已写尽，石则皴擦无余地，而笔端圭角顿挫之习，已不可救药矣。惟墨则由淡及浓，笔则由简及繁，纸虽生涩，亦属可观。❺

❶ 李修易《小蓬莱阁画鉴》（民国二十三年商务印书馆排印本）21b。

❷ 同注❶21b。

❸ 同注❶16b。

❹ 同注❶26b。

❺ 同注❶25b。

上节专为用生纸作画而发者，前人未尝言之。即言之，亦未尝揭破此为生纸之画法。麓台论画曰："作画但须顾气势，轮廓不必求好。"❻又曰："由淡入浓，磊落者存之，甜俗者删之，纤弱者足之，板重者破之。"❼正与乾斋之言不期而合。于此亦可知麓台所云之画法，施之于生纸，最宜也。清代后叶之画家，奉麓台之论为无上法门，耳濡目染，无非生纸之画法，宜乎其不以画熟纸为然矣。

第十节 郑绩《梦幻居画学简明》

郑绩，字纪常，新会人，画人传中，多不载其名。《岭南画征略》称其"知医能诗，善画人物，兼写山水。张维屏属绘菊谱图，具有野趣。寓粤秀山麓，辟园曰梦香，有三丑石，颇怪伟，著有论画二卷"❽。

《画学简明》，所见有二本。一为山水、人物、花卉、翎毛、畜兽等五卷。题画诗及各家题句，各一卷。一与上本同，无题画诗，而山水等五卷，各附图谱。疑先有论著，而图谱为后增者。于海晏据绍兴周氏抄本，收入《画论丛刊》，取与对较，段落起讫，略有出入，错夺之处亦不少。原本写刻甚精，而流传不广。汪氏或未见原书，致有二卷之误耳。《画学简明》自序于同治三年甲子（1864年），卷五之末有同治甲戌之题识，可知其书编纂历时甚久。卷一论设色篇中，有"至今年近五十，乃穷究深悟中，试而得之"等语。则其生当在嘉庆末也。

清代论画法之书，范围之广，未有过于《画学简明》者。不仅论述图谱兼备，且门类亦多。为适合本文有清一代论画方法之体裁，计将此书分别配置各章中。此节所论，仅其山水方法之论述耳。

《画学简明》卷一，专论山水，后附山石、树两谱。文字为山水总论、山水述古、论形、论忌、论笔、论墨、论景、论意、论皴、论树、论泉、论界尺、论设色、论点苔、论远山、论题款、论图章等十七篇。

总论语多空泛，述古即王维《山水论》，可置勿论。论忌一篇，已见《绘宗十二忌》一节，论皴一篇，以其与图谱有密切之关系，将于后章言之。题款图章二篇，不在本文范围之内，不述。此节之材料，即自所余之十一篇中提取。其中间有论皴篇之外与图谱可互相发明者以及极抽象之议论、当归入理论一类者，皆分别划清，各不淆混。至于其论设色、点苔，往往视皴法之不同为转移，是乃无从再作文字与图谱之划分者，端赖读者之前后参阅矣。

本章论纪常对于山水画法之贡献，不循其原有之篇目，而按以前诸节之类分方法，定为山、水、树、点缀、时景、位置、点苔、笔、墨、设色等十项。

一、山

《画学简明》论形篇中有一则，实论画山法之重要文字。

凡山石结顶一笔，乃是中分前后笔也。盖此边见者是前，那边不见者即是后。是以山后有山，须自结顶处想至其后，复从其后计至彼前，应到某处起方能再叠。故笔要分间，墨须空淡，乃合自然之理。若山后之山，忽自此山结顶中分处连叠而起，则前山之后，与后山之前，两相逼塞，是两山俱得半边，成大笑话，可不察欤？❾

此绘画中之透视学，吾国画家极少

❻王原祁《雨窗漫笔》（《四铜鼓斋论画集刻》本）册二3a。

❼同注❻4a。

❽《岭南画徵录》原书未见，据于海晏辑《画论丛刊》作家事略引。册一8b。

❾郑绩《梦幻居画学简明》（同治间郑氏家刊写刻本）1/6a。

言之者。画中之山，不问其千叠万叠皆画在平面之纸上，而其所予人之感觉，当有远近之分。换言之，当思何以能在平面之纸上，表现出两山之间相隔之距离。试以极浅近之几何学言之。今有一山，其前后两坡，与地平线成为等腰三角形。自山巅画一垂直线至地平线，而中分之。是山前坡之斜度，与山后坡之斜度，恰相等也。吾人设不欲于山坡安置景物而愿位之于山麓之前，自当将前坡之地位，全部让出。至于山后安置景物，何独不然，亦当将后坡之地位让出也。设山后更画远山，所露者远山之巅耳，则不仅当让出前山之后坡，还须让出后山之前坡以及两山山脚间之距离。此即所谓"须自结顶处想至其后，复从其后计至彼前"也。

纪常论远山篇，三条之中，最后一条，即根据以上之论说而成者。

凡画成加远山，世人往往忽略，以为末外功夫，多不经意，不知最关紧要。常见山水画成，通幅皆妥，惟远山失宜，反为破绽，即不入赏，岂可慢不讲究哉？夫皴山之后加远山，谁人不晓，若失位置，即远山之后，有皴山矣。如一幅布局，这一边写崇山峻岭，层叠而上，那一边空旷跌低，作平远景，一高一低，甚为合法。其峻岭上加远山，无所不宜，但平远低处，要向这边峻岭上后层，岭脚应在低下某处，计度岭脚后一位，乃加远山方合画中界尺也。若不明此界尺，则那边远山，实在这边岭脚之前。这边峻岭，皆在那边远山之后。树石虽佳，亦无可救药。世人犯此不少，学者尤宜深究焉。❶

本项第一则言远山在近山后者之画法，此则言远山在近山侧之画法。近山

后之远山易画，近山侧之远山难工。以近山后之远山，只露峰尖，近山侧之远山，时或全形毕露，毫无遮掩。惟其现露者多，度计浅深，不得其法，往往反在近山之前。是远者反近，而近者反远。若然，近山竟模糊不见笔痕，而远山反见皴擦，于画理背谬矣。虽然，吾以为非无例外。如在右近山欲雨而多云气，在左远山以晴霁而澄澈，则亦不妨远者似近，而近者似远，当模糊者反清晰，而当清晰者转模糊也。

远山篇中所余两条，均有录引之价值：

凡画皴山之外，应有远山，远山无皴，或墨或蓝或赭，用色洗染，或于山凹处闪露半面，或于山脚外突出全体。其尖峰圆峦，照应皴山形势，远近皆同一脉。若水上远山，要见山脚与水分间一笔，浓后化淡，以接顶气。而山顶一笔，更浓，亦化淡洗落，照应山脚。其中间必空淡以留云影，方得灵动。❷

前半论用色及气脉，古人尚有言之者，后半专论水上远山，颇为新颖。与水邻界处当深，不然无从分辨。山顶亦当深，不然不醒目。中间虚以云气，可得远之神，而所有笔墨之吞吐变幻，悉在是处。但亦尝见远山一虚到底，与水茫然相接，更无从分辨山与水交界之处。善作此者，亦极灵动。

前人有山愈远愈浓之说，纪常驳之，以为不经。

如一幅皴山，形势宜层叠远山，以收远景者，则用墨水、墨赭、墨蓝层层分染。初一层略浓，最后一层更淡，愈远愈杳，天地自然一定不易之理。予少年读《芥子园画传》云："远山愈远者，得云气愈深，故色愈重。"此一重字，

❶ 郑绩《梦幻居画学简明》(同治间郑氏家刊写刻本)1/49a。

❷ 同注❶1/47b。

于心不能无惑。后游山观海，历览远景，每留心分别远山为真画谱，所见皆是愈远愈杳，从未见山远而色反重也。盖近山无云遮蔽，故皴纹毕露，而见绿色，绿色，乃山草本色也。云气色白，白色愈深，则山色愈浅，故近山深绿，由深绿至于浅绿，而远山则白云色深，绿为白掩，故绿变蓝，由深蓝而至浅蓝，由浅蓝而至不见蓝，岂不是愈远愈杳乎？重字改作淡字，乃妥。❸

按山愈远愈浓之说，始于唐志契，其意原在说明自然中有此景，古人画中有此格，非每幅皆必须如此。詹东图记杨士贤雪景，雪山之外，复用浓淡墨水渍成衬出，亦是愈远愈浓。所以特地揭出此法者，以其为画中所未有，新奇可喜也。至安节论远山，虽袭志契之说，而易其语气，遂一若画远山必用斯法者，与志契之意，未必尽合。纪常未读敷五之书，专就《芥子园》之说而论，自有可议之处。吾以为天地之广大，自然之诡谲，实无奇不有，执定远山之画法，必须愈远愈浓，或必须愈远愈淡者，皆有未当。

二、水

论泉篇❹中共五条，今录其三：

飞瀑千寻，必出于峭壁万丈，如土山夹涧，惟有曲折平流，决无百尺高悬之理。凡画两峰层层对峙，山顶虽高，而山脚交蟉，积润成泉，亦是蜿蜒平出，岂可以后层山脚作高处，将前面山脚作低处，奔流直下耶？

汤雨生论画泉曰："长泉莫直，直泉莫连。"盖泉瀑自后山流至前山，不问其中间露与不露，皆须中间经过多少曲折，有多少酝酿，亦犹论画山所谓

"前山之后，后山之前"，中有一段距离。即令在画上不占地位，可使读者存于想象之中。画泉若自后山一跃而跳至前山，是犯雨生泉长而直之忌也。

写泉有两叠三叠四叠不一，而层层石体，叠叠要变，左旋右转，或短或长，连断参差，上下照应。

善写泉者，一叠有一叠之变化，变化不外乎流长流短，石巨石细，遮与不遮，或阔或窄，左折右折，但又切不可漫无照应联络，下叠与上叠若无关系。雨生所谓"叠泉贵乎气贯"是也。

凡水中见石，是石从水底生上，露半浸半，故清流激湍之际，点写大小黑石，其石脚皴笔，要与水纹起伏相逼贴，方为水淹石。若石底下一笔，反收廓向上，则石已露脚，石浮水面矣。

凡画泉流，必先画石，后画水，此一定之法，而画石之时，已有水意在矣。善画者，石与水有如天然凑合而成，石不牵就水，水不牵就石，水当怒处石已作势而激之，水当流处石已敛势而让之，画成天衣无缝，浑然无迹，此为最上乘。石之位置已妥，水势随之，大致不差，细节有不甚惬意处，或添小石以足其势，或石根稍加皴擦烘染，补各处之原为水留空白，而不知何以水竟未能流到是处者。细心收拾，终亦无疵可击，此尚不失为能手。心手漫无把握，而落笔沉重，石下轮廓明显，既不能强水就之，复不能假擦染以弭其迹，此则疮痍满目，无可救药，技斯下矣。半千论水中石，亦曾逗露此意。

三、树

论树篇❺有十条之多，其中有三条与图谱有关，将于后章述及。"凡作树

❸ 同注❶ 1/48a。

❹ 同注❶ 1/39a—1/40a。

❺ 同注❶ 1/34b—1/38b。

多在山石之前"，"一树中前枝后叶"，及"晴树平正，雨树下垂"三条，并无新意，皆不讨论。

前人有云，山有家法，树无家法。凡写山水，必先写树，树成之后，诸家山石，俱可任意配搭，此论似是而实非。盖作画贵意在笔先，意欲照某家皴山，必先仿某家皴树，方得如法一律。若专求山石，不讲究树，岂一幅中独取山石为画，而树非画耶？推之屋宇桥梁，人物舟楫，皆分家法，与山石同，丝毫不苟，方是高明，勿因前人一言之错，自错一生也。

所谓前人者，指董玄宰也。此则痛论其言之不当。古之大家，其山及树，皆自成一种面目，其所以以某种树配某种山者，或以天然之景物如此，或以二者趣味融洽，要之必有其所以然者在。后人若妄从玄宰之言，任意配搭，其结果自有不堪想象者。《画学简明》主旨在引导初学，力诋此说，不为无见。至于天才高逸如玄宰者，自可随手挥洒，不为法缚。然如玄宰者，古今又有几人哉？

或问树法与山法相配合，理固然矣，但山皴多而树皴少，恐分之甚难。不知树之配山，不徒以皴合，贵用笔同。如荷叶皴山而写蟹爪树，胡椒点树而配芝麻山，乱柴石而衬鹿角枝，凡此犹以貌取而已。总要在树秀则山秀，树古则山古，凡焦苍淋漓，笔长笔秃，与夫筋韧骨劲，用如是之笔写树，即用如是之笔写山，一幅毋出两格，斯言尽之矣。世有写树用笔，固与山法不同，更有落笔之山与收笔之山各别，皆非就范者也。

此条引申上条之说，而不免失诸偏。蟹爪树与荷叶皴山同用之说，始于王安

节，但亦不过曰可相配而已，未尝谓非蟹爪不可配荷叶，更未尝谓每种皴必须有笔法相同之树法配之。设然，则皴法之笔法，有树法所绝无者，树法之笔法，亦有皴法所绝无者，将于何处用之耶？此所以纪常于胡椒与芝麻、乱柴与鹿角之后，以"凡此犹以貌取而已"，极含混之笔一统，便算塞责了事，盖不能自圆其说也。总之，佳手画山画树，用同一笔法，而观者觉其相映成趣，味之弥永，即不用同一笔法，亦未尝不可。庸手作画，不问同与不同，咸不堪入目，是则画之优劣，岂可仅于此区区行貌中分辨之哉？

树头要放，株头要敛。树头者，树根下头，故宜放开，俗语所谓撒脚也。必撒脚方得盘根错节，担当枝叶，气势稳重。株头者，大枝小枝分歧处，故宜收敛。若株头不敛，则枝软无力。加叶重赘，便有屈折之势，殊失生气。至分前后左右四枝之法，已详具十二忌中，当参观之。

一起两语亦引董说，惟董曰"枝头要敛不可放，树头要放不可紧"，不知何以竟将枝字误作株字。董语已于明代画法章中详加解释。纪常将树头当作树根，实不敢与其说苟同。树根非每株皆有者，龚半千曰："三株一丛……俱有根俱无根不得"，如纪常所云，岂不树皆将有根乎？

远山须用远树。远山无皴，有皴亦当从略。远树无枝，有枝亦宜从简。故写远树但一干直上，多加横点以成树影，不分枝叶，此宜于远不宜于近也。世人每于近树下，每用远树法参补其中。作者以为大树脚下之小树，不作远树看，不思大树之根株枝叶，纤毫可数，岂树

脚之小树，独见直干，而枝柯杳然耶？孟子所谓足以察秋毫而不见舆薪矣，奈习多不察，以讹传讹，是画学一大憾事。

纪常曰，世人每于近树下用远树法参补其中，实则岂仅晚清如此，古人以此入画者，曷可胜数。经纪常揭出，于理似确有不合，但吾人未尝以之为病，其中殆有不可解者在。吾只得归之于习惯而已。

四、点缀

关于此项，仅论景篇中有二条。一言山林野景，一言富贵台阁。其意皆可于前人画论中寻得，不录。

五、时景

论景篇[1]共十一条，兹论其与时景有关者于后，凡五则。

雨景多用米点，亦不必拘泥。如写别皴，无不可以写雨者，但笔须湿润，墨须浑化，而皴法不宜太分明，要隐现即离之间，以意为之，决不宜工细显明也。盖山石树林，既有雨水淋漓，雨云遮蔽，岂尚见山纹树叶，纤细玲珑耶？

画雨景不执定米家山，此论最为通达。米山用横笔大点，可以含水多，得湿之趣耳，若用他家皴作雨景，或难于雨点，但古人自出手眼，不依傍米家门户者正多。且米点宜于写远山，如欲作近处人家以及行旅慌张之景，米氏家法中，或少此一格也。

雪景山石皴法，宜简不宜繁。然有大雪、微雪、欲雪、晴雪之分。大雪则山石上俱作雪堆，一片空白，应无纹理可见，但于山石之外，以水墨入胶，随山形石势，渍染成雪，而山脚石底，雪不到处，不妨见些皴纹。树身上边留白，下边少皴，枯枝上亦渍白挂雪，凡亭屋瓦面，桥梁舟篷，皆有雪意。关津道路，当无行人矣。若写微雪，则山石中疏皴淡描，于轮廓外渍墨逼白而已。欲雪则天云惨淡，晴雪则白气仍存，至用粉为雪，加粉点苔，是亦一法。只宜用于绢绫金笺之中，于生纸不甚相宜也。

雪景区为四种，前人尚未见有如此类分者。论各法以大雪为最详，其中有一事为一般画家所不言或讳言者，以胶入墨是也。墨中有胶，可防止渗溢，生出晕痕。雪景染天，墨须重，而动辄占全幅之半，墨中无胶，殊难匀洁。惟画家每不屑用此法。张浦山论边寿民、张雨曰："两人用墨皆掺以胶，不能不减价矣"[2]，李修易亦谓画远山若掺以胶水，殊不雅观，复记徐文长之墨花谓"竟以胶入墨，为不可解"。推其不屑用者之理，以其近于工匠也。但吾正恐历代画家用之者颇众，皆讳莫如深，秘而不宣耳。

月景阴处染黑，阳处留光，山石外轮以墨蓝洗出月色，如写雪法，但渍雪纯用水墨，以见雪天黯淡，而衬月则于水墨中少加蓝靛，以见月明天朗，不失彼苍也。树法皴法，皆宜湿润，皓皓明月，必有湛湛露滋之意，其点景或弹琴弄笛，酌酒赋诗，庶不负此月夜佳趣。尝见人写春夜宴桃李园图，于树林中灯笼高挂，大失题主。作者意为秉烛夜游句发挥，反轻写飞羽觞而醉月。不思太白之意重在醉月，而秉烛不过引古人以起兴耳，非此时之事也。既有月色，何用灯光，所谓画蛇添足矣。然于笔砚杯盘之处，近点桌灯一二，未尝不可。至高悬桃李树上，与月争光，则断乎不宜。故曰学画贵书卷，作画要达理。

月景之画法，论者每喜用抽象之文

[1] 郑绩《梦幻居画学简明》（同治间郑氏家刊写刻本）1/18a—1/23a。

[2] 张庚《国朝画徵录》（通行本）续录上/14a。

395

字形容之。如钱松壶题徐幼文秋虫月榭卷，及鹿床《画跋》是也。纪常之言，则较具体，尤要在墨中入蓝，授人染天之方法。吾尝见前人无款梧桐秋月小帧，不仅明月用墨蓝烘托，即梧桐草屋，俱微微有蓝色拖过，秋意月意夜意俱足，今见纪常之说，颇可两相印证。

风景论树叶之外，人物以及一切其他点缀，皆当有风意，前人已备言之，不录。论夜景曰：

夜景与月景，大相悬绝，人多不辨。夫独云夜字，则无月可知矣。或问曰，夜既无月，则黑如漆，一物无所见，又从何着笔而成画耶？予答云：无月光照耀，虽山石凹凸，树木交加，不能分别玲珑，而注意作景之间，亦有树石影子。故或茅檐旅店，剪烛谈心，小阁芸窗，青灯照读。火光透映，只见左右近处，仿佛有是景象而已。余外远影，亦不可见，全幅用水墨或浓或淡，渲染渺茫，暗黑连天，斯得夜中真景矣。

深夜毫无光亮，目无所见，更何从画之，是以凡画夜景，若无皓月，定有灯烛。纪常告人，火光左右，可少清晰，余外远影而已。是则一幅之中，深浅虚实，已应有尽有，善画者正可假此明暗之变化，以生动见长也。吾读上节，忽忆及《湘管斋寓赏编》所著录石田纪游卷，西湖夜雨泛舟之跋语："庚申八月初十日，偕子雅就南屏文长老谈，相携放舟中流，夜大雨，湖中汹汹若水斗，湖上诸山，若一夕为人负去。夜半雨益甚，舟人皆惧，缩颈拳足，交相枕藉，惟一二小僕行酒。余既酒酣，展纸作画，忽推窗见烛光射雨，森森若银蒜，湖气纯黑，了不可辨。子雅问余：'观此茫茫，如泛墨海中，君如何下手？'余曰：

'须唤老颠泼墨为之，乃得仿佛。'是夕酒政不苟，文朗时佐以雅淡，意思甚适，而一段恍惚诡怪光景，尤为骇观。虽涂抹成幅，尔时亦不见其妙。迟明纵观之，恍如西湖夜雨图矣。三人复畅饮，赏之不释。"❶画吾虽不得见，而陈焯曰"一舟湖中演漾，四顾无人，想此老张灯在内，兴趣豪迈，所谓空濛灭没，呼之欲出者也"❷，想必篷窗左右尚历历可见，此外渐黑渐迷，茫然难辨矣。石翁之跋，与纪常所论，于画理有相通处，故特录之。

六、位置

《画学简明》有论界尺篇，仅一条，骤视之，似论界画楼阁者，实则论画中景物大小比例及位置之规矩。

文人之画，笔墨形景之外，须明界尺者，乃画法界限尺度，非匠习所用，间格方直之木间尺也。夫山石有山石之界尺，树木有树木之界尺，人物有人物之界尺。如山石在前，其山脚石脚，应到某处，而在后之山石，其脚应在某处，如树在石之前，则树头应在石前，而石脚应在树后。如人坐石上，脚踏平坡，则人脚应与石脚齐。人坐亭宇，门檐可容出入。近人如此大，远人应如此小，推之楼阁船车，几筵器皿，皆然，所谓界尺者此也。至云"丈山尺树，寸马分人"，亦界尺法。但非写一丈高山，一尺高树，一寸大马，一分大人也。盖山高盈丈，树宜数尺，不宜盈丈。马大成寸，人可几分，不可成寸云尔。故读古人书，要揣情度理，勿以词害意，方善取法，此文人作画界尺，即前后远近大小之法度也。❸

纪常所言，与郭熙山有三大一节，

❶ 陈焯《湘管斋寓赏编》（《美术丛书》本）四集八辑四册178a。

❷ 同注❶178b。

❸ 郑绩《梦幻居画学简明》（同治间郑氏家刊写刻本）1/40a。

有相近处。其理本极浅显，但吾国画家，犯此种忌病者，不知几凡。一时兴会所至，着纸生趣，天才卓越者，固不当斤斤以此规矩律之，为取舍之标准。在学画者，又不当不细心考究，求其切合物理也。且各物之大小，影响位置至巨。譬如树当二尺高，竟画成一尺，则原或仅须二株便够者，必画三株或四株始够。设画房屋若按与人之比例当占二方寸之面积，而屋左屋右，花木竹篱之属，正可与之交搭掩映。若画得太小，则两旁之空隙，又须以其他景物添补。总之，物体之大小，与物体之多寡繁简，有直接之关系。此吾所以将界尺一条置于此项之内也。

论景篇❹中除点缀及时景外，尚有属于位置者。

凡布景起处宜淡平，至中幅乃开局面，末幅则接气悠扬，淡收余韵，如此自有天然位置，而无浅薄逼塞之患矣。故予常谓作画布景，犹作文立局，开讲从浅淡起，掌股虚提，中段乃大发议论，末笔不过足其题后之意耳，不必敷衍多辞也。所以画要通文，有书卷气，方不入匠派，即此之谓矣。

上条所云，有不无可疑者。首先当问一幅山水，何处为起处，何处为中幅，何处为末幅。以作画步骤之惯例言，先近而后远，故当以最下为起处，中幅末幅，一一向上推，然平远之景，竟有从远处先画起者，是则起处与末幅是否将颠倒其次序耶？此犹其次者，画之布置，变化无穷，有下幅平淡，愈向上而愈繁炽，至结顶一笔，戛然而止，有千钧之力。有一起突兀，气象万千，而愈上愈平淡，余味不尽者。即以文法论，何尝必须循一定之方式。纪常之言，不过位置章法

之一格耳。

布景欲深，不在乎委曲茂密，层层多叠也。其要在于由前面望到后面，从高处想落低处，能会其意，则山虽一阜，其间环绕无穷。树虽一林，此中掩映不尽。令人赏玩，游目骋怀，必如是方得深景真意。

纪常对于画中透视，颇为注重，读以前各节可知。何以使其然，以画境之深度，端赖透视以表现之也。位置得法，一坡一石、一草一木之间，深度寓焉。位置不得法，虽层层高叠，自以为委曲茂密，徒增紊乱而已。以所加者只落于一点，不能予人远近之感觉也。纪常论画山之忌："后山自此山结顶中分处连叠起"，又曰"两山俱得半边"，讵非数重景物，落在一点之明证乎。沈芥舟、李乾斋皆有论说，与此意邻近。

纪常论取疏旷及浓密之景曰：

景欲疏旷，树宜高，山宜平，三两长松，必须情趣交搭，远山几笔，不可散漫脱离，山与树相连，树与山相映，疏处不见其缺，旷处不觉其空，方得疏旷秘诀。

世人写疏旷之景，非疏旷也，有如搬取画谱中之树石峦头，二三式，置于同幅而已，盖各不相涉。大涤子曰："每每写山水，如开辟分破，毫无生活，见之即知分疆三叠者，一层地，二层树，三层山，望之何分远近，写此三叠，奚翅印刻。"纪常亦深痛是病，因将此点拈出，以"情趣交搭"四字为针砭。山树相连而相映带，处处有顾盼之情，乃得。非仅将景物散开，遥遥各无照应，便可称为疏旷也。

景欲浓密，则树荫层层，峰峦叠叠，人皆知之。然照此写去，每见逼塞成堆，

❹同注❸ 1/18a—1/23a。

殊无趣味者，何也？盖意泥浓密，未明虚实相生之故。不知浓处必消以淡，密处必间以疏。如写一浓点树，则写双勾夹叶间之，然后再用点叶。如写一浓黑石，则写一淡赭山以间之，然后再叠黑石。或树外间水，山脚间云，所谓虚实实虚，虚实相生，生生不尽。如此作法，虽千山万树，全幅写满，岂有见其逼塞者耶？

李日华论虚实曰："虚实者，各段中之详略也。"天地间物，移之画中，简笔即能表现者，在画曰虚。繁笔始能表现者，在画曰实。如云水天之属，或寥寥数笔，或直不用笔，即能现于纸上。山树石之属，必以较繁之笔，始足以形之。避实就虚之法无他，择省笔墨之物置于画而已矣。虽然，犹有不可不知者。同斯物也，或可以繁笔为之，或可以简笔为之。如叶之在树，密点则实，双勾留白则虚。石之在坡，色浓黑则实，以淡赭写之则虚。是在临时之变化，视画者之运用耳。景之浓密，与逼塞为二事。欲求浓密而同时无逼塞之病，其法无他，实写虚写，参互为之耳。纪常上节，信有至理。

七、点苔

论点苔[1]一篇，有三条，皆有新意。

山水画成，设色后，则点苔之法最要讲究。前人有云：点苔原为盖掩皴法之慢乱，既无慢乱，又何须挖肉作疮，此以点苔为不宜矣。又有云：山石点苔，如美女插花，女虽美而无花衬艳，终为失色，此以点苔为必需矣。两说皆是，亦皆不是。此各执一偏之见，不可以概论成法也。夫画山水，守法固严，变法须活，要胸罗万象，浑涵天地造化之机，

[1] 郑绩《梦幻居画学简明》（同治间郑氏家刊写刻本）1/45b—1/47b。

故或简或繁，或浓或淡，得心应手，随法生机。时作笔简墨淡，山石明净，布景疏旷，虽欲多皴一笔尚且不可，而况点苔乎？如美女之淡妆素服，自见幽娴，岂可以无花失色而论之哉？时作笔繁墨厚，布景幽深，山石重叠，必于轮廓分间处，层层加苔点缀，庶不混乱，而山脊接连处，亦须点出气脉，一起一伏，势若游龙，虽千点万点，不嫌为多，岂以盖掩皴法慢乱而论之哉？

李修易论点苔一则，起处与上条所引之二说，大致相同，亦谓二说皆是，但仅分为疏疏数点与绝对不点二种，未言有当层层密点者，此其异也。山水确有以密点苔取胜者，未可置于不论，废此一格也。

苔固有宜点，有不宜点者，还有应点在未着色之先，有应点在已着色之后。如写北苑披麻法，笔墨之迹交融，淋漓浑化，要点与皴两相和会，则点苔应在未着色之先。若着色后，则纸为色水胶结，墨不能入，而前之皴与后之点，格不相食矣。如写子久马牙法，刚劲老苍，着色后乃加浓墨点苔，以取醒凸，若点于未着色之先，则墨渗纸背，反见平匀，殊不醒目。其余斧劈、乱柴、荷叶，凡苍劲要醒凸者，点苔宜着色之后。如雨点、芝麻、鬼皮、牛毛、折带、云头、解索，凡秀润要浑化者，点苔宜未着色之先。然此特为写生纸而言，至写矾纸矾绢，又不在此论。

着色与点苔，孰后孰先，前人无言之者。詹东图谓董北苑于一幅画中，用扁、圆两种点法，李修易谓扁点易取远神，圆点意在蓬勃，用不同之点法，内含不同之用意。设然，则纪常将点苔分作在着色先与在着色后，不为无见矣。

至于矾纸矾绢，则点苔皆在设色之后。以点多焦墨，凸起如漆，点后复以含水之色笔拖过，表面光滑，水分上浮，墨必四溢也。

点苔之法，其意或作石上藓苔，或作坡间蔓草，或作树中薜萝，或作山顶小树，盖其名曰点苔。不必泥为何物，故其圆点、横点、尖点、秃点、焦点、湿点、浓点、淡点、攒聚点、跳踢点，皆从山石中皴法生来，又从树叶中点法化出。是幅应点之苔，不能混用于别幅。夫如是，庶几臻乎道矣。

李乾斋曰："山水点苔，约有四种，扁点、圆点、攒点、尖点，各随其皴法而用之。"今纪常更据其说而引申之，将皴法与点法之间，构成极密切之关系，但终未能将某种皴应用某种点之名，一一列出。以其中自颇有变通之余地，难得具体而一定之法。分别点法，细而每幅各各不同，绝不假借，无乃太严乎？

八、笔

论笔篇[2]共十一条，有于前理论章中论及者，有将留置画谱章中与图式对照者，归入此项者凡六条。

用笔以中锋沉着为贵，中锋取其圆也，沉着取其定也。定则不轻浮，圆则无圭角，所谓活泼者，乃静中发动、意到神行之谓耳，岂轻滑浮躁、笔不入纸者哉？若体认不真，则趋向大错，学者当细参穷究，以归正学。

中锋沉着，用笔之法。中锋可去圭角，沉着可免轻浮。妄生圭角，及沉着痛快，宋人皆有言之者，纪常更进而将活泼与轻浮之区别辨明，并谓轻滑浮躁、笔不入纸者，不得谓活泼。是活泼与沉着，正可相兼。

用笔贵不动指，以运腕引气，盖指一动，则腕松而弗能引丹田之气矣，是以有轻佻浮躁之弊。可知有力由于有气，有气由于能运腕，欲能运腕则不动指是为秘诀。作书固然，作画亦然也。

沈芥舟曰："笔行纸上，须以腕送，不当但以指头挑剔，则自无燥裂浮薄之弊。"今纪常将用笔当运腕，归之于引丹田之气，其说未免玄妙。但即以浅近之物理解之，亦有不得动指之故在。手腕靠定纸上，凭手指用笔，可活动之范围不过径寸耳。以肘靠定纸上，以腕运笔，则其活动之径必逾尺，推而至于丈二大匹，更有必须探身悬肘，全臂运动，始克挥洒者。唐志契论大小所宜，所谓"小字用手，大字用肘，细小运指"是也。活动范围者，指一被限定之面积内，用笔可从心所欲，无所牵制也。无所牵制，则轻重徐疾，弯屈圆直，悉本目之所见，心之所思，一一现之于纸上。张爱宾所谓"意存笔先，画尽意在"也。能如此则气脉贯串，笔笔见力，吾人作画，岂得为径寸之范围所缚束，则当运腕而不当动指之理，彰彰明矣。

纪常论用笔，主张一幅之中，有不同之笔致，于下引之二条可知。

形像固分宾主，而用笔亦有宾主，特出为主，旁接为宾。宾宜轻，主宜重，主须严谨，宾要悠扬，两相和洽，勿相挩抗也。

山水用笔，最忌平匀。如结笔而通幅皆结，放笔而通幅皆放，如是之谓平匀也。盖结必须放，放必要收，故于着眼主脑处构思工致，此是结也，而于四边衬映，必要不即不离，此是放也。于景外天空海阔处，必用远山关锁全局，此是放而收也。总之有起有收，有实有虚，有分有合，一幅之布局固然，一笔之运用亦然。如初下一笔结实，须放松几笔，以消一笔之余气，然后再叠第二笔。如此笔气庶免逼促，乃得生动，随意着手，便有虚实矣。不然则神困气死，虽有铁铸笔力，叠实不化，徒成板煞，何足贵哉？

一幅画中，山有宾主，树亦有宾主。主山有堂堂之威仪，主树有宗老之神情。郭河阳曰："山水先理会大山，名为主峰。"龚半千曰："根在下者为主树，主树者，近树也。"是以画中之主，恒为景物中之最近者，最易见者，故每以实笔写之。画中之宾，恒为景物中之较远者，较不易见者，故每以虚笔写之。此所以宾主虚实之间，有直接之关系在焉。以言用笔之虚实，宾主亦有此同等之关系。譬如画石开面正中一笔之鼻准，笔之主也，用墨下笔，宜浓宜重，若仅此一笔，必嫌其孤另唐突，华琳所谓"用浓墨专在一处，便孤而刺目"是也。旁当别有疏疏皴笔，以破之，此笔之宾也。用墨下笔宜淡宜轻，譬如画树本，正面直下连根一笔为主，左右亦当有虚笔以助其势，此即纪常所谓放松几笔，以消一笔之气也。

纪常以为不仅一幅之中当有不同之笔致，即一笔之中，亦须有轻重行驻之别。

用笔之道，各有家法，须细为分别，方能用之不悖也。一笔中有头重尾轻者，有头轻尾重者，有两头轻而中间重者，有两头重而中间轻者，其轻处则为行，重处则为驻，应驻应行，体而用之，自能纯一不杂。

上条所云，信有至理，第谓各有家法，似尚欠醒豁，一若其意谓某家专用头重尾轻之法，另一家专用头轻尾重之法然者。吾则谓一家之画，往往各种笔法咸备，每视其所作物体之不同而改换之。譬如山用斧劈，头重尾轻也，及至画水纹，尖笔顿踢，便为两头轻而中间重矣。凡古人作画，细分析之，即同一物体之中，其用笔皆各各不同，学者当辨之于锱铢毫发之间，潜心体会，岂可认定某家专用一种笔法，泥之而不知变化哉？

九、墨

此篇❶有六条，今录其五：

白芒桑翁谓作画尚湿笔，近世用渴笔，几成骷髅，似此未免偏论。盖古人云"笔尖寒树瘦，墨淡野云轻"，又何莫非法耶，未可执一端之论，故薄今人。何也，彼尚湿笔者，视渴笔成骷髅，其爱焦笔者，岂不议润笔为胕肿耶？如好咸恶辛，喜甘嫌辣，终日诤诤，究谁定论？不知物之甘苦，各有所长，画之湿干，各自为法，善学者取长舍短，师法补偏，各臻其妙，方出手眼，毋执一偏之论，而局守前言也。

观此论可知纪常主张干湿互用者。实则浦山早年极力崇尚干笔，晚年乃知干湿互用之方，非认为渴绝不可用者。王原祁画法一章将详论之，兹不复赘。

山水墨法，淡则浓托，浓则淡消，乃得生气，不然竟作死灰，无可救药。

此说与用笔之虚实相间之理通。

山水用墨，层次不能执一，须看作某家法与用意浅深厚薄，随类而施。盖有先淡后浓，又加焦擦，以取妥帖者。有先浓后淡，再晕水墨，以取湿润者。有浓淡写成，略加醒擦，以取明净者。

❶郑绩《梦幻居画学简明》（同治间郑氏家刊写刻本）1/16a—1/18a。

有一气分浓淡墨写成，不复擦染，以取简古者。有由淡加浓，或焦或湿，连皴数层，而取深厚者。有重叠焦擦以取秋苍者。有纯用淡墨而取雅逸者。古人云：能于墨中想法，于法亦思过半矣。

纪常列举各种浓淡干湿先后不同之画法于上，俾学者知用墨之法，变化多端，不可执一，较一般画家为四王所囿，认定非自干淡入手不可者，见解高妙多多。惟吾仍与前项所引"用笔之道，各有家法"一条，不无相同之感。盖一幅画中，其用墨之浓淡先后，亦往往视其所作之物体不同而改换也。

作山石如法皴完，再加焦墨醒笔，复用水墨渍染，向山石阴处落笔，逼凸托阳，或半边染黑，或顶黑脚白，或上下俱黑而托中间，随眼活取之，不拘琐碎，皴纹俱从轮廓大意染出，待干则宜赭宜绿，逐一设起。趁色尚湿时，又向阴处再渗水墨，层层接贴，此法极润泽明朗，又不失笔意也。此予闲墨试法，悟而得之，因并记之。

前半所云，皴毕以墨水渲染，然后设色，为画家习用之常法。后半谓设色已完，趁其未干时，再以墨水接贴，此纪常悟得之新法也。往往墨骨竣事，神气似已充沛，及待设色干后，又嫌不够，此时再刷墨水，大费踌躇。二者既格格不相入，且颜色表面有墨气笼罩，殊不鲜洁。纪常趁其未干时便染，或可免此弊也。惟亦宜十分留意，不得其法，不但不明朗，反易恶浊也。

用墨之法，有误笔成趣，法变意外者。如初欲作湿润而落笔反焦，即当用焦写成。欲作干焦而落笔反湿，宜即用湿写去，不可有一毫勉强拘滞。故写各体各皴，亦然。此乃临时变法也。

前人论画，有谓不期其然而然者，正纪常上节之意也。方薰有言曰："古人往往有笔不应此处起而起，有别致。有应用顺而逆笔出之，尤奇突。有笔应先而反后之，有余意……"不应如此如此者，后人读画时所见也。在古人或以为正当如此，亦未可知。但又安知其非误笔成趣者？能笔误而不惊，无慌张失措之态，从容不迫，以不救救之，斯真须具绝大本领，绝大涵养，始得臻此也。

十、设色

论设色共八条[2]，除前两条论四时设色，与布颜图答树着色四时同乎异乎一问，及《芥舟学画编》卷四人物琐论中四时设色一则，大致相同，不再录引外，余皆见后。

大披麻皴与小披麻皴，多是面赭背绿，惟赭与绿交搭之处，每现两色，殊失自然，必由深赭而至淡赭，由淡赭而至淡绿，由淡绿而至深绿，两色浑化，不见痕迹为妙。其法当用湿饱赭笔，先向阳中之阳处，重笔按下。其笔将渴，即趁渴笔拖落阴处，留绿地步，然后以湿饱绿笔，从阴中之阴处，重笔托上，至笔将渴，亦用渴笔接连赭色，将见前之渴赭，混入后之渴绿，两色交融，绿中有赭，赭中有绿，且前后渴笔，合而为一，则不渴矣。若以饱笔用于交搭处，则两相逼撞，必不相入，焉能浑化，此正是精微心法，一笔不苟，勿以设色为余事，竟不讲究。

尝观黄子久真迹，写马牙皴，横竖倒插，石壁嶙峋，先用墨水染出背面，后加润色，一石全赭，一石全绿，一石全墨，一石全蓝，而蓝墨绿赭之外，又有赭入绿、绿入墨、墨入赭、赭入蓝、蓝入墨，互相兼色，分别相间，通幅嶙峋中，层次显然，或竖或插，片块不齐，甚觉苍古。

王叔明画云头皴，用赭墨笔，依墨皴笔加皴，勾出背面，俟干然后以赭黄连面兼背，一笔染过。其赭黄之笔，虽不分背面，而赭墨先有阴阳，便不见板。此法明净苍秀可爱。况墨皴与赭皴，笔笔玲珑，不为色掩。予岂目睹叔明用色用笔而知耶？但见叔明多是此体，予初时临摹，屡不如法，至今年近五十，乃穷究深悟中，试而得之，故笔之于书，以待来学。

曹云西写牛毛皴，多用水墨白描，不加颜色。盖牛毛皴，干尖细幼，笔笔松秀，若加重色渲染，则掩其笔意，不如不设色为高也。有时或用赭墨尖笔，如山皴纹，层层加皴，不复渲染，作秋苍景，或用墨绿加皴，作春晴景，如此皴法玲珑，不为色掩，亦觉精雅。所谓法从心生，学毋执泥。若依常赭绿之法染之，则皴之松秀，变成板实矣。

文衡山画小披麻，夹小斧劈皴，多用赭墨染山背，用草绿染山顶，上绿下赭，随山石分间处，顺笔染之，又不是板执背面，逐层分间，是亦一体。

以上五则专论各家之设色方法，其中论披麻及云头二皴之设色法，穷其层次，极为切实。纪子久画中各色山石，亦至详审。牛毛皴，有白描与设色之分，要以色不掩皴为主。衡山又专依山石分间处设色，又与前法不同。凡是皆与学者大有裨益，清代画论，如是简明扼要者，信不多也。

最后一条论大青绿。

凡画大青绿，用于生纸最难。每见旧画，其青绿化如油痕，殊失画意。

皆因石青石绿，粗则艳，幼则淡，人多喜其艳而忘其粗。况阳处石绿，阴处草绿，其草绿原是靛入藤黄，相和成色，藤黄味酸，石绿质铜，铜见酸则腻。石粗则易脱，久而绿脱，徒留腻痕，故生纸作大青绿，必须研极细幼，方无此弊。

生纸上作青绿，前人视为畏途。吾以为既不相宜，何如避之，专用熟纸矾绢，有何不可。良以清代画家，相沿成习，以不能生纸为可耻，是以纵不相宜，亦勉强而为之，捉襟见肘之态，自所难免。如纪常所云，青绿色脱、化作油痕之病，熟纸亦所不免。此又须在研色对胶上作工夫，非仅关画艺也。

第十一节　戴以恒《醉苏斋画诀》

戴以恒，字用柏，醇士先生从子。道光乙酉生，光绪辛卯卒（1825－1891年），年六十六。

用柏著有《醉苏斋画诀》❶一卷，俱为七言歌诀，凡总论画法、论枯树法、论远近结林法、论点树法、论柳松法、论勾山石法、论皴法、论各种点苔法、论泉法、论山草水草法、论构景避实法、论房屋桥梁法、论宝塔法、论用墨法、论署款法等十五篇。自序于光绪六年庚辰，盖晚年所作。中云："年来问业者多，辄以甘苦之言相告，因随笔作俚语以与之，求人人通解。"❷末一篇复云："此是初学大诀门，诸法刺刺连篇陈，皆为初学来问津。若既入门法古法，此种呆语用不着。"盖全为初学者说法也。

十五篇中，除总论及署款二篇外，分作山、水、树、点缀、位置、皴、点、墨等八项论之。

❶ 戴以恒《醉苏斋画诀》（《画论丛刊》）本）册四 1a—5b。

❷ 同注❶序 1a。

一、山

画诀中勾山石法一篇，所论皆山之画法，并不限于勾之一途。是以未循汤雨生《画筌析览》之例，与皴点等合为一篇，而置于此。

勾山勾石笔转侧，若不转侧肥无力。勾山勾石忌十字，十字相交山脉死。山脚叠石须要大，树大屋大坡亦大。高山顶上须要小，渐高渐狭心了了。上石大如下幅石，远近高低无分别。下层狭于上层山，高低远近无处参。勾山切忌多正峰，正峰山脉无由通。正峰顶上碎块重，譬如眼目在当中。正峰卓立水村中，下脚浸水左右空，淡淡拖脚画几重，毫无龙脉意久通。荆浩久传画法工，山顶俱见插云中。平岭上有峦头透，一平一直势相凑，平坡俯仰有结构，中夹碎石不嫌碎，平坡两叠三叠够。长短相间头莫平，莫作方头条石形。又忌坡面圆如钲，面圆最俗要留心，最为恶劣十二分。长岭横面峰峦生，庶几山脉像龙身，左抱右抱曲而深。山脊不擦最有情，好似日光照眼明。山有阳面亦有阴，左右高低切忌匀，莫使两面一式生。勾好一笔嫌分明，燥后擦来未能浑，乘其未燥先用皴。皴上一笔再勾来，带勾滞皴记胸怀。

詹东图记董源《龙宿郊民图》曰："一笔过必有起伏。"用柏上诀一起二语，即此意。笔笔用意，有转有侧，其趣便不枯窘。惟过于用意，妄生圭角，适是忌病，不可不慎。

山石形态，有来龙去脉，气贯其中。笪江上曰："勾之形止，即峰峦之起伏"，是则山之气脉，全仗勾以出之，勾成十字之形，上下左右，扭成一团，不见开展之势，惟呈迫促之形，山脉死矣。

"山脚叠石须要大"以下八语，言山石远近之比例也。树屋坡脚，与山脚叠石，俱属近景。近景之中树屋皆大，而石独小，便与比例乖戾。且近大远小，画之常律，近处之石不大，无以显远处山石之小，远近不分，高低难辨，诸弊悉自此生也。

"勾山切忌多正峰"等八句，极言正峰之不宜多作。所具之理由为：（一）正峰突出画前，左右山势难于生发。（二）正峰上之碎石不易作。不得其法，便瞚瞚然如人目。（三）正峰之下部难画，尤以与水邻接处，纵有沙脚平拖，而山无凝重之势。王维所谓"忌为浮泛之山"是也。窃意此亦用柏为初学者说法，古人佳作之中，正峰正多也。

再后四语，言一横一直之理。平岭上露峦头，固是一横一直。山顶透出云际，亦是一横一直。

言平坡之画法者，亦有八句，其说有三：（一）两坡不可各不相涉，中宜有情势，其间不妨夹碎石，碎石所以分眉目而破板刻也。（二）平坡数层，长短须参差，且坡头须斜，不可齐直如刀切成。齐直便似阶前条石。（三）坡面忌圆，以既曰坡而见其侧面，必不能更令其平面全露，亦犹杯盘之在几，吾人视之其口为椭圆形，是以即使坡面有圆如钲者，必非画中所能见。

此后八语，言山岭画法也。左右环抱，阴阳宜分，高低有别，皆前人陈言，无足议者。惟山脊不擦一语，似不尽然。远山之脊，信以勾笔为多，但亦有皴擦兼施者，未可执一也。

最后论勾皴之法，意宜趁轮廓未干时加皴，易融浑而无痕迹，盖连勾带皴之法也。

二、水

《画诀》画泉法曰：

后无高山莫画泉，瀑布切忌乱石添，旁有低缺须留心，泉水须要一样平。左右夹住如有门，一道流水曲折喷。若不临着大水边，出水之路留在先。远泉高泉须要狭，渐近渐阔是要法，塞然出路大失着。

上篇无甚新意，不过申说泉水之当有来源去路而已。

三、树

《画诀》中论枯树法、论远近结林法、论点树法、论柳松法四篇，皆归入此项。

恽向说画莫学树，我说画树为要事，初学从头枯树开，勾山皴法渐渐来。树以枯树为胚胎，夹叶各点层层挨，枯树枝头须夹紧，枝头放开松了劲。枯树枝头须生牢，根贴着根莫差毫。枯树细条忌三叉，若遇三叉左右加，上尖下粗好发芽。一树几穗品字式，或像梅花穗五出，或向左边右边歇。单画右边亦去得，须要记着用侧笔。老根双勾要转侧，软笔弯弯用不得。淡梗须要接淡笔，浓根须要接浓笔，上浓下淡最合式。单笔接着双勾末，双勾收尖方接得，不然细条接着白，粗细陡变不合式。双勾大梗要装式，粗笔一边用细笔，细笔一边配粗笔，合成一梗华而实，自然好看多赏识。枝头分开法亦通，要装夹叶树枝松，树叶双勾干莫浓，枝叶分明法始工，叶浓梗淡树树同。

上篇一起六语，即龚半千所谓"学画先画树起，画树先画枯树起"。入后论树枝之画法，枝头须夹紧，与玄宰之"枝头要敛"无殊。枯枝复须生牢，"根贴着根"即枝枝相接之谓，此意似与前人不甚合，李乾斋即谓"不可不接，又不可太接"。惟初学作画，自当先自枝枝相接入手。枝忌三叉，画病之至显者左右加，所以破之也。品字式、梅花穗，皆树枝生发之状。左边右边，授人树枝之当偏重一边以取势，忌团栾如伞盖。树枝必须用侧笔，未详其意，岂向一边生发，便不宜用中锋耶，抑凡是树枝皆当以侧笔出之也。要之，皆以往画论中所未曾见者。

论画枝之事既毕，进而论树干树身树根。树根用双勾，笔宜劲挺，以状其诘屈之势。"淡梗须要接淡笔"等三语，通论也，不限定树之某部而言。凡用墨不宜骤浓骤淡，顷刻生变，徒刺人目。上浓下淡，画之定法，明乎此，便无陡然浓陡然淡之弊。

树根、树身、树干三者，咸属双勾，树干愈高愈细，有双勾与单笔相衔接处，必使人觉其天衣无缝，一若自当于是处相接者。盖虽相接，而只觉其浑然为一体也。此固须斫轮老手，方克于不假思索中成之。然初学绘事者，亦当知入手之诀。此无他，双勾之两笔必相邻近，始可以单笔接之，不然只见两竖，中夹白痕，一笔在上堵塞，天地间必无此等之树枝也。此虽极浅显之法门，前人竟无及之者，岂以过于简易而不屑道之耶？

树干双勾之两笔，不可配匹停匀，宜一边粗，一边细，处处求有变化也。

末论夹叶树之树枝画法。枝头与枯树适相反，宜松散，所以容夹叶也。树干不可浓，浓与树叶无分别，叶浓于干，夹叶树之定律也。

论远近结林法曰：

平点远树要浓淡，树根斩齐不可犯，三枝短干一长干，短中有长长有短。枝枝相并莫排匀，若是排匀像木城，平点慎毋一直落，头上收敛脚开拓，如同高桥档档踏，一步一步可容脚。偶然着枝枯树妙，肉中有骨出林杪，结成一林杂树法，枝枝见根莫藏煞。树树枝枝要出头，将头压煞拘如囚。当布干时须留心，有争有让头莫平，枝枝拆开要有情。头若平时何法救，中加一枝枯树透。疏疏点着松而秀，单叶夹叶随意凑。

此篇前半论远树，后半论杂树，所谓近结林是也。远林画法，其要不外乎根须错落，叶有浓淡，干有长短，际有疏密，点缘树干，上收下放，如阶步之斜行。偶出枯枝，亦见挺秀。

杂树画法中之枝头，须有揖让顾盼之情，忌塞迫不条畅、茂林中出枯枝等，皆与前人符合，惟"枝枝见根莫藏煞"一语，与龚半千之说异。半千曰："三株一丛，或二株有根，一株无根，或一株有根，二株无根；三株俱有根俱无根不得。"就画贵变化而论，以龚说为可信。

论点树法曰：

点树最难介字式，介字分中莫竖直，竖直相接如界格。介字顶上莫分开，四笔五笔驾上来，一树点成鸳鸯墨，左右上下毋一色。若作双勾宜一色，有浓有淡用湿笔，墨光浮动最恶劣。此是但指一树说，若各一树浓淡别，树梗总要淡一色。若讲双勾画树叶，燥笔开花奇动目，湿笔万万用不得。平点须要青果式，庶几肥瘦均相得，要有燥锋用枯笔，笔尖向里向下得。着意平字用功夫，左高右高静气无。

上篇先论介字点，其忌有二：（一）忌正中一笔，将两旁之笔画界开。（二）忌顶上分离，笔笔散漫。此亦当为初学说

法，熟于此道者，可任意为之，不受此等拘束也。

一树之双勾叶，用墨宜一色，一株以上，又须株株各别。"树梗总要淡一色"者，亦非指各株之梗同用一色之淡墨，指每株树梗与树叶间之墨色差别而言。树叶墨色，若株株不同，树梗墨色，亦自株株有别矣。墨宜燥，不宜湿。

平点要两端尖，中间阔，间用燥墨，笔锋须藏。点宜平排，若两端有上下之分，便不耐观。

论柳松法曰：

柳条下垂须要直，忌细忌浓忌捺撇，不但捺撇交加乱，而且微风东西别。倘作风柳须避直，捺全用捺撇全撇。柳丝穗穗各自开，莫使上层拖落来。落使拖落丝丝接，上穗下穗分不得，又恐上疏下层密，柳树分穗用何术。一穗共用五六笔，先用一穗当中立，左右各向如辅弼，譬如飞鸟张两翼，起笔分了用何式，除去三叉便用得。一穗五笔六笔集，虽说难画能事毕。大干上升细枝及，细枝弯弯硬不得，一枝一枝鱼鳞式，然后尖头接出直。直条不宜用侧笔，淡墨中锋最动目。安置柳树亦有方，树背须映水中央，背后莫将树石藏，柳丝背后如有光，远远蓄意云气良。最好画在杂树旁，或在树顶露几行，若枸树石贴柳旁，将柳让出恐相妨，古人无此须要防。若作松针须要肥，一松上加半松宜，左右半松各东西，中锋直落心毋齐。中心苦齐遇生纸，中心结成一团子。若不肥则细而长，虬枝老干不相当，况且杂入众树中，大笔小笔各不同。树根画圈须避中，似圈非圈莫太工，张节切忌一边同，有横有直慎勿浓，虬枝老干所宗。

戴醇土论画柳曰："柳之体轻而神

重，故画柳丝到梢处，须直如悬绳。"用柏承其余绪，故遵此说。捺与撇，画风柳所用，捺者向右笔，撇者向左笔，据实言之，风柳之向左向右，俱为线条，与作书用笔之捺撇无涉，不过假行笔之趋向而名之耳。柳丝极轻，遇风则偃，千条万条，必同所向。或东或西，定无此理，全捺全撇，意即在此。

"柳丝穗穗各自开"以下十四语，言柳条宜有组织，各成单位，不容紊乱。上层归上层，下层归下层，否则便漫无头绪。各单位之结构，可以一笔为中心，再向两旁参差增添。单位画得好，一树都能好，画柳之难迎刃而解矣。

柳条之法，言之于后，据用柏所云，柳条与直干之间，尚有细枝弯弯如弓处，一一邻比，故以鱼鳞状之，并曰"然后尖头接出直"，是则不啻将细枝与柳条分为两部。弯处一笔，直处一笔，共以两笔出之。然前人画中，实以弯笔带下直条为多，用柏之言，恐非笃论。

此后论柳论安置法，宜近水，宜在他树之上，背后不可再有树石堵塞结实，以一片空明衬出绰约之姿为尚，皆有至理。

龚半千曰："松叶在上半，不得拥身到根"，殆用柏之"一松上加半松宜"之所由来。松针宜肥，不然，与虬枝老干不相称。松针聚处，不可交在一点，以生纸吸墨，各笔交聚处，所吸之墨必多，积成墨球，似甚拖沓，有害秀洁。此二点恐亦不尽然，古人遗迹中，尽有松针细如丝发者，以秀劲之韵胜。亦有生纸上，一任其渗积成团而不顾者，以深郁之韵胜，未可执一也。

松鳞似圆非圆，疤节忌两两相对，咸可于前人画论中寻之。

四、点缀

论房屋桥梁法曰：

房屋须要出檐长，初画初学房屋方，莫使雨淋檐柱旁。画楼不可画下层，用树遮隔最浑沦，若画下层出檐深，最为笨拙不得神。庙宇重檐无他奇，上层下层一刀齐，江水河水水面大，久晴久雨平平过。对面只作平平山，北苑格局见一斑。山家着个渔家村，盖瓦房作比邻，须记此是大水面，河房脚高水嫌浅，河房桩脚形势扁。若作硬笔奇险石，曲折流水喷溢出。石脚石壁重重叠，上水有船奇费力。船中撑篙人不一，山上纤路多曲折。溪狭山高逢雨涨，溪水陡涨非意想。沿山房屋靠山脚，须记此是水面狭。桩脚高高水中插，不然河房傍山脚，一逢大雨便浸着。山桥水桥意不同，小港平桥芦草丛，环桥三眼五眼通，大水河房各西东。塘上大河现风篷，收帆进港景无穷，此是水桥画法工。若是山桥溪水急，桥面不必如弓突，桥下无船通进出。桥下桩脚多根立，高如狭水河房式，亦为雨大泉冲出，此是山桥须记得，反此画法便碍目。

上诀可分为三节：（一）泛论房屋楼阁庙宇。（二）邻水人家。（三）桥梁。第一节泛论之中所列举之要点有三：房屋当出檐，出檐不长，如人之科头秃顶。画楼当以树掩蔽，庙宇重檐上下宜斩齐。除第二点唐志契曾言之外，余尚未经人道。惟重楼之檐，上下斩齐者，实未尝见，且恐与建筑之格式不合，未敢深信。

邻水人家有两种，因其所处之地不同，而有构造之异。江河水阔，水之涨落，深浅差别甚微，是以河房桩脚不必过高，若山峡急湍，石壁对峙，一朝山洪奔泻，水势必骤涨，河房桩脚自当高插水中，以备不虞。此二者最显著之区别也。

所论之桥梁有四种。小港者，多孔者，大港高耸者，山溪背平者。桥背之或高或平，视其有无帆樯而设，其意盖脱胎于王维《山水诀》。

论宝塔法曰：

宝塔须在高山顶，四面河路见远近，造此往往为用兵，塔下可以着大营。正当险要路所经，矢石好打着敌人，若是山凹露几层，四面是山遮眼睛，不解画理被人憎。若在平地须近城，岸路水路之要津，亦为守城看贼军，此意须要记在心。

前人画论中，尚未见有论宝塔之专篇者，吾独讶用柏所论之宝塔，纯为烽火御寇而设，竟与佛氏之浮屠绝无干系，是塔之为用，自用柏观之，亦与前人殊矣。《芥子园画传》曰："塔铃语月，寺钟吼霜，于万籁俱寂中，有此清冷声响，空林古径，点缀其间，使人生世外想。"❶唐静岩曰："浮屠插云，在高岩绝壁之处，松杉掩映，似有高僧隐士，栖止其上，使观者纯生世外之想。"❷画中宝塔，以王唐二家之意为之，可发山水之幽情；以用柏之意为之，恐不无风声鹤唳之感。静躁之间，相去实远。用柏所云，非山水中所习见者也。

论山草水草曰：

山草钝于水中草，要肥要短自然好，若是中间交两笔，两旁两笔如辅弼，此是十全大败象，恶俗不可以言状。若说画草交不得，此是因噎而废食，有意无意交几笔，草势在山要凹凸。水草尖于山头草，要瘦要软随风倒。远短近长须要晓，败象切切记怀抱。

山草肥短，水草瘦长，此其大别。

笔忌相交，亦犹竹忌之有鼓架。其间凹凸远近长短诸字，为读者所当注意。草之取势，端赖此也。

五、位置

论构景避实法一篇，全为位置而发，其诀曰：

初学贪多嫌景实，实而能空便救得。能空之法有何说，我为细详其要诀。若嫌景实枯树列，树背有水便空阔。若嫌景实双勾叶，双勾夹叶有空白。若嫌景实求变格，古树风帆林稍出。若嫌景实求妙术，石登曲折着山石，或用瀑布层层折。若嫌景实画长林，长林背后一片云，中有几枝枯树长，一群飞鸟着中央。若嫌景实在山乡，平坡法宗子久黄，平坡层层有低昂，均属景实之要方。

《画学简明》中有论景要欲浓密一条，与用柏之言，颇多似处。纪常成书，略早于《画诀》，未知用柏有所取材否。《画筌》中有言曰："众沙交会，借丛树以为深。细路斜穿，缀荒林而自远……林麓互错，路暗藏于山根。岩谷遮藏，境深隐于树里……树根无着，因山势之横空。峰顶不连，以树色之遥蔽。"亦与用柏所论之问题相同，或经江上之启发，而有上诀也。

六、皴

用柏论皴法篇曰：

皴笔须要讲疏密，有疏有密层次出。浓淡得宜显凹凸，疏密浓淡能事毕。正山抱皴最切实，侧山偏皴法无别，山石皴成上面黑，外山下脚须要白。最忌勾山里外白，里外皴法无一笔，自己相信是山石，其实只有一条墨。总要淡淡擦一擦，只有远山外面黑，近山里圈不

❶ 王概《芥子园画传》（康熙十八年原刊本）4/37b。

❷ 唐岱《绘事发微》（《四铜鼓斋论画集刻》本）册二20a。

皴擦，曾记古人有此法。若是山石上面
淡，外层宜浓不宜淡，总之黑白各浓淡，
淡须接浓浓接淡。叠石不可向上擦，块
块凌空不生脚，初学总是向上擦，历试
多人一笔抹。皴笔煞根用何术，紧贴下
勾是要诀。由浓渐淡山势凸，向上不是
皴不得，远山插云上须黑。皴法宜短不
宜长，淡笔燥笔笔忌光，笔笔离开是要
方，一片糊涂须要防。暗取坎卦离卦方，
譬如将砖来砌墙，一进一出笔笔镶，要
留白缝在中央。再淡一层皴法良，淡里
有浓笔要苍，外圈笔势要相当。勾笔擦
浑柔而刚，要用燥笔切莫忘。抱皴何以
为之抱，两边圆如水面泡。上面不皴下
面到，紧贴下勾便得窍。侧山如坡尖角
肖，有陡有坦分两号，偏皴一边容易好，
内外浓淡记其要。皴依外勾守须坚，再
为细解其真诠，譬如外勾石面尖，皴笔
里圈势须尖。外勾石面形若圆，皴笔依
势亦须圆，推之凹凸无不然。仰上垂下
形虽奇，皴笔里圈莫差池，倘将外圈既
勾齐，皴笔档档平如梯，皴撞外勾字像
非，如写白字形最奇，此种皴法被人批。
所有由浓渐淡说，犹恐初学不明白，要
师开染牡丹式，又如缂丝机上织，由浓
渐淡要记得。皴笔笔势须要侧，笔笔相
离要用力，将笔竖直用不得。若笔竖直
便无力，一条一条芽豆式。初学皴山与
皴石，总用中锋最恶劣。云林本学关全
笔，师法舍短古人说，下勾下字要看活，
却不专指下面说。侧山若在正山侧，正
山外勾笔较直，侧山傍看在间壁，正山
外勾紧相贴，亦算下勾下字活。皴用偏
皴须紧贴，紧贴二字须记得，皴依侧山
外勾笔，正山傍在侧山侧，偏皴紧贴亦
无别。
　　一起四语，言皴法之要在疏密浓淡
四字。
　　正山抱皴等九句，谓山石皴成之
后，其邻近轮廓之内部必较黑，而轮廓
之外，即外山下脚，必较淡。若只见轮
廓一条，轮廓之内外皆白，便不成为山
石矣。
　　邻近轮廓之内部，亦有不加皴染者，
其外必有以墨染成之远山为衬托。以轮
廓之外既黑，则轮廓之内，淡亦无妨也。
总之，阴阳相生，黑白相间，黑白尚可
随意变化，定律不可背戾。
　　半千曰："石下宜平，或在水中，
或从土出，要有着落，今人画石，皆若
倒悬，可笑可笑。"郑纪常论水口画石，
亦曾及此。用柏叠石不可向上擦六句，
盖取诸半千及纪常者。但最后"紧贴下
勾是要诀"一语，实能道出适当之做法，
非信手直抄者可比。
　　凡以上所云，皆就皴法所着山石
之地位而言。自"皴法宜短不宜长"起
十三句，始论皴法之结构。用笔宜短宜
毛，一一相间，不可相挨，有如卦画之
长短错落，复以垣砖纵横之文以喻之，
可谓显浅之甚矣。
　　"抱皴一语"之后，复转回至皴笔
之地位问题。侧山仅有一面轮廓，靠近
一边皴，固为画中所常见，进而言不问
其山石作何形态，或方或圆，或凹或凸，
无不缘轮廓而皴之，此亦画者所当共
晓。皴笔之里圈外圈，及非字白字，皆
费解。意二字必象形，纵为轮廓横为皴
笔。岂皴笔不宜与轮廓横直相抵，致为
人所嗤耶？然古人宁无如此用笔者，靠
近直壁之轮廓，向上斜踢作小斧劈者，
尤为习见。南宗画家亦用之，固不仅限
于北派也。
　　"所有由浓渐淡说"诸语，重复前

半已详之义，不必再述。

"皴笔笔势须要侧"九句，为全书立论最奇特处。前者枯树法篇中已言画树枝当用侧笔，而此处更再三致意，皴笔非用偏锋不可，并直诋中锋为无力，为恶劣，用柏之外，未见有疾之如是之深者。

"下勾下字要看活"六句，意又欠显豁。自最后数语测之，仍在申说皴法之当贴近轮廓也。

用柏全书以此篇为最长，条理亦以此篇为最紊。所论无一定次序，且有为韵语所缚，不得畅达处。此所以余越园先生谓其未能言简意赅，而《画法要录》仅摘录其中之一节乎？

七、点

论各种点苔法曰：

点苔势聚画宜散，一堆一堆最难看。点苔平点最有味，平点须详其妙谛。平点有左亦有右，若将尖势山头构，左边坦则右宜陡，左陡右坦莫信手。平点步步点下来，顺着笔势匀匀排，上紧下松云气来。笔头笔根尖圆别，右边若坦笔根出，燥笔微拖便有力，若是右边陡壁立，笔根直排乃去得。况且山忌斗篷式，不忌一边势较直。若将平方山头构，疏疏平点法难究，加而又加嫌不够。着笔最难得其位，此种画法教不会。自谓云林法最难，初学不必心力殚，到得渐熟胆不寒，此种点法有处安。若用直点平山石，须要暗像梅花式，短笔硬笔挺且拙，尖尖细细用不得，看准方向当中立，梅花中心作起笔。扁形大字梅五出，各边点完密不得。介字点山如一辙，圆点形势亦无别。亦有尖长直点笔，宜在秋深与冬日，燥笔满山如林立，此是贯道

江氏法。山用燥皴最合格，若将烟润山头湿，长针高矗不如式。点有浑沦用何法，要淡要散先作脚，再用此法重一遍，融洽自然成一片。散字最为有识见，若不散则最讨厌。

上诀一起二语，与一收六语，点法之总论也。点之得势，在聚散。聚者谓一簇之苔当聚，散者就全幅观之，苔当疏疏落落，不可东数簇西数簇，一纸之中只见几团黑气也。取势之法，先以淡点打底，复以焦黑之墨提神。

诀中论平点之法最详。点依轮廓为之，山头既两边俱有轮廓，于是点有左右之说。左边右边缘轮廓而上，犹助之以成山之形，所谓若将尖势山头构也。山坡斜度，不宜两边相等，相等便成斗篷式。一坦一陡，乃是常格。坦之点法，与陡之点法异。陡则点笔直排而上，上点之两端，与下点之两端齐直，几无参错出入。坦则一点较一点缩进，以成斜势，而每点之笔根易见，燥笔微拖，愈见苍厚。至于点笔宜上紧下松，山腰似有云气出没，则不问在左在右，咸宜如此。费汉源论点法曰："着于边道之上，不可缩进伸屈，以均齐为主"❶，似与此说异。实则费氏之齐，乃指随边道轮廓而言，与此说毫无出入也。

次论平顶山头之点苔，云林每作之。苔中以此为最难，必熟习而后有所悟，殆难以言传也。

再后论直点、梅花点、介字点及圆点四种。点法颇多相通处，要以劲拙之笔出之。尖尖细细，定坠弱病。且每簇皆有一笔为中心，为主干，余笔因之以成势，"各边点完密不得"颇堪注目，各点围匝中心，不可匀，不可密，盖一

❶ 费汉源《费氏山水画式》（天明己酉日本江户书肆重刊本）中／22a。

簇之中，亦有一簇之聚散也。

最后论泥里拔钉法，皴似麻皮，上加纵点，此种点法，只宜加于干皴之上。以既系冬季，气候无润湿之理也。

八、墨

论用墨法：

用墨湿燥两相同，燥来颜色分淡浓，何为湿燥两相同，纸上已燥墨色浓，湿墨上纸颜色同，到燥之后淡一重。层层湿燥递相加，人墨枯燥我独华。倘嫌浓时将水加，上面醮膘取精华。若再嫌浓水再加，加到极淡法不差。笔嫌繁时笔放大，淡墨大笔先搭架。醮膘二字要留心，用笔之法论最真。画到成功嫌模棱，总由淡浓不分明。少许浓墨加一层，须用燥笔如睡醒，略略几笔便有情。譬如画人要点睛，围棋点眼死活分，燥笔浓墨略有痕，或加枯树或加皴，或加苔草须要轻，初学加浓法未明，无处着手费经营。检一空处须看真，加枝浓树便得神，不嫌太淡振全身，此法初学若能遵，加浓之法已入门。点树初点须留心，点好之后加不成。加点团团棉花形，毫无松爽之气生。点上加点大不兴，点树不加记在心。

此篇可分为四段。首段八句，论墨色干燥之不同。纸上着墨，干后色褪，必较湿时为淡，此固略习绘事者所共知。设以同深浅之燥墨湿墨作画，则燥墨干后所褪之墨色甚微，湿笔干后所褪之墨色必多。在画时或相等，画毕必顿殊也。能悟此理，燥湿并用，墨笔生矣。

第二段论用淡墨，其法无他，以水入墨而已。醮字虽与蘸字无相通之说，自语气测之，其义同。膘者，肥也，言物之上浮者。淡墨体轻，以膘名之，是醮膘者，其以笔蘸取淡墨之谓乎？

第三段论以焦墨作醒笔，其意有与点苔相通者。一幅精神散漫，借此数笔以聚其神耳。李乾斋曰："至画毕时遇有不足者，再以焦墨飞皴几笔，尤觉苍秀。"华琳《南宗抉秘》论之更详，已于前章及之。用柏敷陈之而成今诀。越园先生《画法要录》置此于梦石之说后，意亦示其所自也。

末段论树木点叶，一遍便了，绝不可加。此说与前人大异，龚氏有三遍五遍七遍之说，《小蓬莱阁画鉴》亦谓画杂树不可多点叶子，若顺手点完，则无可增减。半千之浑厚，蒇以加矣，乾斋之苍浑，亦有奇致，恐用柏未得其中之三昧也。

第三十六章　清代关于山水画法之片段言论

前章汇集清代关于山水画法之著述，共得十一家。今所辑录，乃各家之片段言论也。所谓片段者，并不专就其篇幅之长短而定，如本章中之沈芥舟、华梦石等家，关于画法之言论，皆非一二纸所能尽。惟其范围仅限于山石位置等一二事，不及前章诸家之备耳。

本章自清初孙承泽始，迄松小梦止，共得十六人。

（一）孙承泽　承泽字扶桑，号退谷，原名曙，常熟人，清初之大收藏家也。所撰《庚子销夏记》，内多烜赫之迹，虽纯属著录性质，间杂议论，颇为精到，尤以论文衡山雨山图一则，读之可悟画法。

雨山图纸本小幅，山峦一围，林木苹秀，一人坐茅亭看雨。余旧题之曰："景色空濛，树石如沐"，此雨山真面目也。他人写雨山，但以浓墨相衬贴，视此奚啻千里，见者以为知言。先生自题一诗云："隔溪绿树荫溙溙，啼鸟春来意思闲。最是高人茅屋底，推窗独对雨中山。"❶

寻常画中，景分远近，画雨景亦当分远近。第远景易作，而近景难工。远景可假饱墨衬贴，近景贵在笔墨分明，

而仍饶雨意。设避难就易，远近一律以缥缈微茫之态取之，则岂得谓善状雨景者。退谷之"景色空濛，树石如沐"八字，上一句是远景，下一句是近景，而尤以"沐"之一字，最难措手。其中寓有清鲜之色，复具湿润之趣。非如退谷之读画别有会心者，不能著。学者于此细心体味之，当有所得。

（二）吴历　历字渔山，常熟人，明崇祯五年生，康熙五十七年卒（1632—1718 年）。有《墨井画跋》一卷。跋中论及画法者不多，录其三则于后。

云林写山，依侧取势，不两合而成。米家山如积米，骤然而就。子久山真皴带染，林麓多转折。三者皆宗北苑而自成。❷

上节寥寥数语，能将云林等三家之特色揭出。所谓特色者，不仅与北苑不同，三家亦复各异，寓有师古当变之意。

痴翁有画隔岸作数笔，遂分晴雨。如此手笔，高出于前人也。❸

画中远处，以数笔作雨景，或以数笔作晴景，能之者已艺臻绝诣。谓渔山之所以叹服大痴者，盖能于数笔中晴雨互见。吾人若欲作黄梅气候，南村鸠唤

❶ 孙承泽《庚子销夏记》（鲍氏知不足斋别刊本）3/25a。

❷ 吴历《墨井画跋》（秦祖永辑《画学心印》光绪四年套印本）4/38b。

❸ 同注❷ 4/39a。

雨、北村鸠唤晴之情景，当熟思渔山之言，更进而想象大痴之妙迹也。

梅道人深得董、巨带湿点苔之法。每积盈篋，不轻点之，语人曰，今日意思昏钝，俟精明澄澈时为之也。前人绘学功夫，真如炼金火候。❶

带湿点苔，取其淹润苍郁。惟吾所不解者为既俟精明澄澈而点之，则画安得犹湿。岂未点之先，又以水墨染一遍耶？意梅道人每积盈篋而加点之说，渔山亦得诸传闻，偶与带湿点苔法连缀言之，遂不无语病。梅道人虽善湿点，但其积于篋中者，未必尽湿点也。

（三）**王翚** 翚字石谷，号耕烟，常熟人。明崇祯五年生，康熙五十九年卒（1632—1720 年）。《清晖画跋》一卷，乃后人所辑录，仅十六则。秦祖永收入《画学心印》中。跋语殊简显，然皆历尽甘苦之言。如论用笔云：

凡作一图，用笔有粗有细，有浓有淡，有干有湿，方为好手。若出一律，则光矣。❷

主张一幅中宜有多种之笔姿变化，始百出不穷。论皴曰：

皴擦不可多，厚在神气，不在多也。❸
气之厚，难以言传，自当于迹象之外求之。专事皴擦堆砌，愈工转远。

石谷论画中之气更曰："气愈清则愈厚。"❹故其设色之法，力求轻清。

凡设青绿，体要严重，气要轻清。得力全在渲晕。余于青绿法静悟三十年，始尽其妙。❺

南田画跋中曾论及石谷设色法。今又可取上文与其印证。

（四）**孔衍栻** 衍栻，字懋法，号石村，曲阜人，圣裔六十五代孙，孔尚任从子，著《石村画诀》一卷。张潮收

入《昭代丛书》，与潮为同时人。凡十则。卷首石村有自识曰：

古今画家，用水渲染，不易之法也。渴笔瀺染，古人未辟此境。余幼师石田，一树一石，必究其用意处。久之，似稍有所得。因静心自思，笔笔石田，终在古人范围，乃穷夜日之思，忽结别想。偶以渴笔瀺染，似觉别有意趣，脱却俗态，久乃益精，幸不为鉴赏家所鄙。实由苦心未忍自泯，因书画诀藏篋中，俟同心云。❻

可知其对于渴笔瀺染，自许之高。十则中，亦以论渴染一节为最详，复可代表其特殊之画法，故特录之。

墨少着水重磨，用秃湖颖，不着水即蘸焦墨。先用别纸试，微润，轻拂画上，笔笔勾起，可染二三次，惟无笔痕为妙，颇有秀色。凡点叶树，俱用渴笔实染，双勾叶白着不染。房舍有瓦草处染，无瓦草处白染。室内人物器具俱空白，周围俱用渴笔剔清。每一石止渴染皴处，石顶空白。石根宜重染，大山平坡皆然。远山先用炭为轮廓，外用渴染，渐与天气相接。远山空白，山根用渴染。坡水溪江俱用平直笔，密密画去，有聚有散，皆用渴染。树石、房屋、桥梁、舟楫凡外空处，皆用渴染托出。云烟断续，须轻染，渐渐不见乃妙。非有定体，惟画者自裁。有墨画处，此实笔也。无墨画处，以云气衬，此虚中之实也。树石房廊等，皆有白处，又实中之虚也。实者虚之，虚者实之，满幅皆笔迹到处，却又不见笔痕，但觉一片灵气，浮动于上。❼

石村之法，诚与前人尽异。干笔蘸焦墨，复于纸上擦过，其干可知，惟恐其有笔痕故也。其尤可异者为树石、房屋、桥梁、舟楫等物，内多留白，而外以极渴之笔烘托剔清，直类他家画雪景

❶ 吴历《墨井画跋》（秦祖永辑《画学心印》光绪四年套印本）4/38b。

❷ 王翚《清晖画跋》（《画学心印》本）4/33a。

❸ 同注❷ 4/33b。

❹ 同注❷ 4/33b。

❺ 同注❷ 4/33b。

❻ 孔衍栻《石村画诀》（于海晏辑《画论丛刊》本）册二 1a。

❼ 同注❻ 1b。

之法。但其外所衬贴者，又非湿墨耳。尝见其山水一小帧，画法确与上则所云合。不独琐碎，且恨无笔。越园先生谓"渴染之法，程孟阳派似已用之，其时代略先于石村，岂石村尚未得见，故自以为心得耶？"[8]孟阳虽用枯墨，但笔颇爽朗，且远山点缀诸景，亦绝不中间留白，在外倒染。二家画法，实不相同，至于石村之法，是否可师，吾人但观其后竟无以继其法闻者，亦可知矣。

《画诀》中更有避俗一则曰：

画中人物房廊舟楫类易流匠气。独出己意写之，匠气自除。有传授必俗，无传授乃雅。[9]

清代画家中，如方兰坻、钱松壶论画点缀诸景，皆谆谆以师法前贤名迹诲人。今石村乃谓有传授必俗，当出己意写之，是轻古人之法度，而重一己之杜撰也。传授二字，含义甚广。从市井老画师学画，以及当代名家，甚而至私淑古人，皆不妨谓之为传授。倘石村之意，偏重在工匠之授受，则自宜更加一番说明，不得以传授二字了之。但不论如何，点缀绝不宜出于杜撰。论点缀而以避俗二字冠之，标题亦有未当。

（五）蒋骥　骥字赤霄，以能写照著。关于山水画法，有《读画纪闻》一卷，共十五则。其中多撷拾前人成说，自不及《传神秘要》之精深。兹择其论时景点缀等二则于后。雪月一则曰：

雪景中人物，帏幔设以淡色，最有生趣。间用粉笔松梢石隙等处亦妙。雪之水与天一色，则添雪舟，而水见矣。昔王思善以薄粉笼山头，其法可鉴。

月下之景，宜梧桐疏竹，用墨不可浓，其章法纸端空处宜高，见高旷绵邈之意。笔以轻烟，层层相积。若布置局促，则大旨先失矣。[10]

画雪景不废粉染，颇存古法。人物帏幔设淡色，前人尚无言之者。雪景多水墨，深着色则刺眼孤另，不着色又嫌太不醒目，自以淡色为宜。薄粉笼山头，黄子久语，赤霄归诸王思善，盖因伪托之《六如画谱》，而有此误也。

画月景，不可用墨太浓。上端空隙宜多，以见敞朗，意亦新颖。人物屋宇一则曰：

村居亭观，人物桥梁，为一篇之眼目。如房舍有当用正者，有当用侧者，或几面有窗牖者，或反露村居之后面者，以及亭观之高下，人物之往来，皆有一定区处。譬之真境，以我置身于其地，则四围妙处，皆可领略，如此方有趣味。盖古人画中人物，未尝不寓意在我。[11]

此亦源于郭熙山水有可居可游之意，惟论屋舍之正侧及窗牖等等，除于前人图谱中可见外，未尝有托诸言辞者。

（六）费汉源　《费氏山水画式》中有论设色一节颇详，以其与图谱无涉，特置此论之。《画式》究出谁手，今无确据，今姑仍其原题费汉源之名。

设色之妙，莫妙于浑化，丑莫丑于浓浊。生纸着青绿，古来有此法，胜国以生纸落笔矾过再着色，温润奇雅，真夺化工之妙巧。其浅淡者，用淡墨水染凹处，分别高低，候干，始用淡赭石涂山顶不皴点处，染下，以无形迹为化。次用草绿少许，和匀以墨，从下染上，亦以无有形迹谓之浑化。坡坂用赭石从脚底染上，次用墨绿从上染下。小石多用纯青涂之，间以纯赭石涂之。树叶用草绿，加墨少许涂之，要清出路径，断岸矾头，淡赭石加黄丹少许涂之。干用浓赭石加墨少许染之，方见精彩。点苔

[8] 余绍宋《书画书录解题》（北平图书馆排印本）2/29a。

[9] 同注[6] 1b。

[10] 蒋骥《读画纪闻》（蒋和辑《蒋氏游艺秘录》潘氏写刻原刊本）上 /4a。

[11] 同注[10]上 /3b。

用草绿数点，重于醮墨之上，又有用大绿，重数点于醮墨点上亦可，其大淡色，亦先墨水染过，干用赭石涂山头。又有用砂碌涂者，染法同前，再用石绿碌涂染。干定再用草绿，如点法点之。坡坂如前染法，小石多用大青碌涂，间以朱碌涂，枝叶亦用石绿碌涂过，干用草绿点出。干用赭石加墨匀出，地用石绿涂，清出蹊径。矶头岸崖同前。云泉烟雾，乃借纸绢素色为白，以淡草绿渍染，分别浅深。天用至淡靛青涂。远山微浓靛染，次近远者，又用墨绿，又近远者用赭石加墨染，雨景夜景，不宜染青。夫并远青山，宜用淡墨水染之。屋舍上先用淡墨水于屋上，脊处染上，又有淡檐边染上者。茅屋用藤黄加赭石少许涂之。瓦屋用墨水加靛青少许染之。寺观墙壁，用淡砂碌染，村舍墙亦用淡墨水染过，再以赭石加墨停匀，为本色涂之。干再用石勾，不勾亦可。石桥用靛青加墨少许涂之，板桥木色，船亦木色，船篷墨绿色，幔帐宜用青黄二色。人物面身手足用赭石加藤黄少许涂染，冠用□绿碌二色，巾用青墨二色，衣宜青白红黄紫五色，不可用绿。童子从人衣，不可用红紫二色，宜绿淡青大青色。凡衣纹浅色用淡墨水染凹处，如红用浓砂或胭脂染，青色用浓靛青染，余皆效此。几案宜淡黄色木色，书套宜青色，卷皮宜青紫黄绿皆可。琴囊宜紫色，用粉用绿。古铜者用墨绿赭为之，茶灶瓦色，或赭墨色，酒樽铜色，或瓷者白色，淡绿碌色，而种种器具，当随类傅色，以肖为主。临设之际，水必要新，胶必要清，笔必要细，染必要赭，矾纸绢易设，生纸难设。矾赭染笔宜干，水多反渗，生纸染笔宜湿。若色渗出边道，即用水笔摅之，

自然缩进，而设色之秘，尽在斯矣。❶

一起以浑化浓浊相对，设色之通论。"生纸着青绿，古来有此法"数语，未能尽信。实则古人多以矾纸设色，生纸之用，至清始盛耳。此后论浅淡者之设色层次，山石、坡坂、小石、树叶、矶岸以及苔点等等，无不详明。辨其所云，盖浅绛之设色法也。其"大淡色，亦先墨水染过"一语中之淡字，疑设字之误。以入后言及石绿大青，前人固有称青绿山水曰大设色者。所论景物，与前节浅淡设色同。后复叙述云泉远山雨景夜景之着色法。设色无论轻重，当均通用，非仅限于青绿大设色者。

后半专论点缀各景之设色法。"于屋上脊处染上"之上，疑下字之误。既曰屋脊，脊上更无屋顶，且后复有檐边染上一语，愈足为证。前人论山石设色，尚有层层叙其步骤者，至于点缀，更无详悉过于是者，洵可供学者参考。

最后授人生熟纸设色笔头所含水分之多寡。"矾赭染笔宜干"中之赭字，必是纸字之误。纸与楮通，而楮赭二字之形，又相去不远，致有传抄之误也。

（七）蒋和　和字仲淑，号醉峰，金坛人〔醉峰位置当芥舟之后〕。衡之孙，骥之子。有《学画杂论》一卷，凡十六则。画法中关于时景位置两项，颇有心得。论日影曰：

《尔雅》山西曰夕阳，山东曰朝阳，朝阳旦见日出，夕阳暮见日入。如画暮景，当面有山，从山旁平远窥后日落，则正面之山便不得有返照，只于近处边旁烘染一角耳。朝阳景意亦如之，故画朝阳夕阳景，必先位置画日处。❷

醉峰所持之理极明显，由日出日落之地位，推知画山当于何处见返光耳。

❶ 费汉源《费氏山水画式》（日本江户书肆重刊本）下/18a。

❷ 蒋和《学画杂论》（《蒋氏游艺秘录》本）下/3b。

国画不重光学，故论者罕有及此者。

论树石虚实曰：

树石布置，须疏密相间，虚实相生，乃得画理。

近处树石填塞，用屋宇提空。远处山崖填塞，用烟云提空，是一样法。

树石排挤，以屋宇间之。屋后再作树石，层次更深。知树之填塞间以屋宇，须知屋宇亦是实处。层崖累积以烟云锁之，须知烟云之里亦是实处。❸

第一则为老生常谈，人尽知之。第二则以屋宇作虚用，发前人所未发。时见画中屋顶留白，无瓦无茅，窗棂亦极简省，与繁柯密林相间，颇有虚实相生之妙。第三则论虚以间实，而此虚处，实即实处，与南田之"实处皆虚，虚处皆实"，及鹿床之论时景数则，意殊相近。

论水村图：

山水篇幅，以山为主，山是实，水是虚。画水村图，水是实，而坡岸是虚。写坡岸平浅远淡，正是水之阔大。凡画水村图之坡岸，当比之烘云托月。❹

此条不啻为前则举例而引申之。知水是实，而坡岸是虚，愈可知"虚即是实，实即是虚"矣。

（八）沈宗骞　熙远《芥舟学画编》中，亦有切实之画法，对于山石之勾皴，及位置之要诀，论之尤详。

（1）石　芥舟论画石法各则，皆在作法一章中。

……今与初学入门者，先论起手用笔之法，所用之笔，即作书之笔，不论新旧，但要无宿墨者，以水开足笔头，蘸墨和水搅匀，抠干，要笔头紧敛如未著水者，方用于纸上，盖以宜干不宜湿故也。其笔痕不宜故多作曲折，亦不宜呆用鬈挺之笔，要以腕力用意而出之。

如作窠石矶头，先将匡廓用活笔落定，谓之勾，勾取其石之大略而已，尚未有层次破碎处也。再于中间空处，或横或直，或斜以笔划开，谓之破。盖以破其囫囵也。既经破后，石已分出为顶为面，为腰为脚，而其凹处，天光所不到，石之纹理，晦暗而色黑，至其凸处，承受天光，非无纹理，因其明亮而色常浅，当以干笔就一边凹处略重，渐开渐轻，依石之纹理而为之，谓之皴。皴者，皱也，言石之皮多皱也。皴笔已下，则石之全体已具，再于皴笔处，用极干短笔拭之，令凹处黝然而苍者，谓之擦。至此石之形神已俱得矣，犹以其未能明湛也，复以少浓之干笔，酌其多寡轻重之宜，渐渐醒出，要令处处见笔画起落往来踪迹，而又无纤微浮滑板滞之弊，盖以淡墨润浓墨，则晦而钝，浓墨破淡墨，则鲜而灵。故必先淡而后浓者为得，此即所谓破墨法也。❺

上文论南宗画派画石之层次最详，即半千、安节诸谱，视之尚有逊色，他家更无论矣。由勾而破而皴而擦，以至醒染等法，无不备具。盖前于用墨章中，论及破墨法，语有未尽，而又于此申其说也。

芥舟复论学画当自画石始，与半千之说不同。

……凡学画先宜作石，盖用笔之法，莫难于石，亦莫备于石，能于石法精明，一切之物，推而致之裕如矣。如学行文，先于虚字口气轻重转折之间，都已明白，布置色泽，自然水到渠成矣。作石全在行笔有神，用墨有度，有功夫者打一圈子，便得石之神理。功夫尚浅，法度未纯，虽用意摹写，神理愈失。可知画理之得失，只在笔墨之间矣。❻

❸ 同注❷下 /4b。

❹ 同注❷上 /5a。

❺ 沈宗骞《芥舟学画编》（乾隆四十六年冰壶阁写刻原刊本）1/25b。

❻ 同注❺ 1/29a。

半千主张学画先画树，而未及其所以然，愚意测之，或以有树而无他景，尚不害为画，若只有石而无树，则终难成局。至于笔法之备，则石固多于树。芥舟所云，非无见也。

芥舟论画石皴纹曰：

画石皴破之笔痕，当如流水中苻带之梢，又如写墨兰花瓣笔法，但用墨宜干淡，如苻带兰瓣，而少加道润，不宜太多，须于短笔中参差跳出两三长笔，须识两三长笔，乃是石之面纹也。❶

华琳《南宗抉秘》中有一则，似与芥舟之说相左："……学者矜心作意，笔笔画去，及至皴完，笔笔出头，长者形似钉板，短者状类狼牙，大非雅观。至此必甚悔皴法之笔笔见笔矣。然由出头笔之上，或横或斜，添一二笔，碎小处，或添一二点，便可将以下无数出头笔皆归皴内。行文患头绪过纷，难归纪律，只用一二锁笔，自能收束严紧，即是此法。此在画中，则为以添为减，最是吃紧要著。"❷实则全无跳出之笔与出头之笔太多，皆足为病。芥舟授人短笔中见长笔，梦石授人如何能以添为减，补救长笔之过多。盖笔笔皆长则皆不长，笔笔皆短则皆不短。于短者添长而使其不尽短，于长者减长而使其不尽长，复有何异乎？

（2）位置 《学画编》中布置取势两章，皆论位置，但前者偏重局势，后者偏重开合。其间有一二条次序不得不移动者，实为便于注解，非敢将古人文字妄加割裂也。

凡作一图，若不先立主见，漫为填补，东添西凑，使一局物色，各不相顾，最是大病。先要将疏密虚实大意早定，洒然落墨，彼此相生而相应，浓淡相间

而相成，折开则逐物有致，合拢则通体联络，自顶及踵，其烟岚云树，村落平原，曲折可通，总有一气贯注之势。密不嫌拍塞，疏不嫌空松，增之不得，减之不能，如天成，如铸就，方合古人布局之法。❸

上节居布置一章之首，有概括后文之意。所言悉可于前人议论中见之。但既为一篇之泛论，自不得求其脱尽成说，未可以因袭撏拾责之也。

通体大局，当顷刻便定。安顿节目，须动笔时细细斟酌。凡作画局势，要时时远望，以求稳妥。有论张缣素于败壁，观壁上斑驳映出缣素，隐若山水林木，高下疏密，以意会之，急以土笔约定亦取势之活法也。❹

此即宋迪授陈用之败壁张素之法，兴会既至，奋笔直追，至其细节，又在临时经营，所谓大胆落墨，细心收拾也。知此不致有漫为填补、东添西凑之病矣。取势章中有一则，可与此参读：

布局先须相势，盈尺之幅凭几可见，若数尺之幅，须挂之壁间，远立而观之。朽定大势，或就壁，或铺几上，落墨各随其便。当于未落朽时，先欲一气团炼，胸中卓然已有成见，自得血脉贯通、首尾照应之妙，上幅难于主山，下幅难于主树，水要有源，路要有藏，幽处要有起面，下半少见平阳，脉络务须一串，山树贵在相离，水口必求惊目，云气足令怡情，人物当简而古，屋宇要朴而藏，偏局正局，俱应如是。❺

芥舟论画中清气曰：

一树一石，以至丛林叠嶂，虽无定式，自有的确位置，而不可移者。苟不能识布局之法，则于彼于此，犹豫之弊必生，疑是疑非，畏缩之情难禁，纵不

❶ 沈宗骞《芥舟学画编》（乾隆四十六年冰壶阁写刻原本刊本）1/29b。

❷ 华琳《南宗抉秘》（于海晏《画论丛刊》本）册四 5b。

❸ 同注❶ 1/15a。

❹ 同注❶ 1/15b。

❺ 同注❶ 2/31a。

失行笔用墨法度，亦不得便成佳画也。要在平日细揣前人妙迹，于笔韵墨彩之外，复当求其布置之道，而深识其所以然之故，到临作时，刻刻商量避就之方，到纯熟之极，下笔无碍，映带顾盼之间，出自天然，无用增减改移者，乃可称局老矣。又通幅之林木山石，交柯接影，掩映层叠之处，要令人一望而知，不可使人揣摩而得，否则必其气有不能清晰者矣。或以模糊为气，但可得迷离之态，而终虑失之晦暗，晦暗则不清。或以刻画求工，仅可博精到之致，而究恐失之烦琐，烦琐亦不清，二者欲除，莫若显其骨干以破模糊，审其大方以消刻画，则气不求清而自清矣。忆余始时嫌笔痕显露，任意用淡墨渲润，方自诩能得烟霭依微之致，因禾中张瓜田先生庚，评一晦字，遂痛以自艾，始知清气。遂念今人思欲作画者甚多，而能猛力加工者复少，如或有之，则无不因其刻至之心以流于烦琐晦暗之极，一经点拨，而后得郁极而开，塞极而通，烦闷顿释，清气豁然。通此一关，无所窒碍矣。❻

芥舟此节，悉自李竹嬾论空灵"佛云：众生怖空，以其莽荡无着落"一节得来。竹嬾亦谓读古人名迹，于气韵笔法之外，尤当留心其布置。后半亦谓布置当"支分缕析，无一丝之棼"，即芥舟所谓之气清也。竹嬾之文，已于明代理论章中论及，可参阅。

画须要远近都好看，有近看好而远不好者，有笔墨而无局势也。有远观好而近不好者，有局势而无笔墨也。卷册小幅，仅于几案展玩，虽于局势未尽，亦不至触目便见。若巨障大幅，须要于十数步外，一望便觉得势，故必先斟酌大局，然后再论笔墨也。石田先生，学

力突过前人，然必待年四十后方作大幅，可见局势之难。虽古人于此，不肯轻率便为也。❼

张风论画曰："画要近看好，远看又好。近看看小节目，远看看大片段。画多有近看佳，而远看不必佳者，无他，大片段难也。昔人谓北苑画多草草点缀，略无行次，而远看烟村篱落，云岚沙树灿然分明，此是行条理于粗服乱头之中，他人为之，茫无措手。画之妙理，尽于此矣。"❽芥舟上节，与此意颇近，惟较张风之论尤详，更说明远看易见其局势，近看易见其笔墨，是不啻谓笔墨与局势当并重也。清代论者，每有轻局势而专重笔墨者，非允论也。

一幅之山，居中而最高者为主山，以下山石多寡，参差不一，必要气脉连贯，有草蛇灰线之意。一幅之树，在近而大者谓之当家树，以上林树，疏密老稚不一，必要渐远渐小，有迤逦层叠之势。布局之际，务须变换，交接之处，务须明显，有变换，无重复之弊，能明显，无扭捏之弊。且日求变换，则心思所至，生发无穷。日求明显，则理路所开，爽朗可喜。每作一图，必立意如此，久之纯熟，自然潇洒流利之中，不失中规中矩之妙。❾

上节前半沿郭熙之说，后半谓作画贵有变化也。

作画之道，大类弈棋，低手扭定一块，所争甚小，而大局之所失已多。国手对弈，各不相争，亦各不相让，自始迄终，无一闲着，于此可悟画理。夫画虽一人所为，而与得失相争之故，一若与人对垒，少不谨慎，便堕误失，及至火到工深之候，如高手饶人而弈，纵横驰骋，无不如意矣。❿

❻ 同注❶ 1/15b。

❼ 同注❶ 1/17a。

❽ 陈撰《玉几山房画外录》（《美术丛书》本）初集八辑二册上 /33a。

❾ 同注❶ 1/18a。

❿ 同注❶ 1/18b。

作画扭定一块,信是学者通病,究其由,不外乎:一、非不欲顾全大局,胸中实无大局。二、急求入目好看,或全幅轮廓未勾,而此处已皴擦都毕。殊不知专画此处时不自觉,自全幅观之,此处浓淡繁简,不宜如此也。

天下之物,本无偏正,而自人观之,从其旁者为偏,从其面者为正,故作画有偏局正局之分焉。正局者,主山如人主端坐朝堂,余山如三公九卿鹄立拱向,其下幅树石屋宇则如百官承流宣化,皆要整齐严肃之中不失联属意思,又如端人正士,庄敬自强,令人望之俨然而生敬者,此局为最难。偏局者,如舞女敧腰,仙人啸树,又如飞鸢下水,骇兽奔原,或疾如风雨,或变若云霞,其恍惚幻化、奇横纵肆之趣,有不可拟议究诘者,而于行笔落墨之际,又复和雅蕴藉,不失风人之旨,则此格亦非易易。第学者务当先究心于正格,盖手足官骸,一任其侈泰敧邪,虽无板滞之弊,久之恐流于散漫而无约束,抑或趋于巧捷而易涉于滑,与邻于史,俱是大病,故行布正局,已能周正厚重,而绝无倾敧欠缺之处,然后留意偏局。偏局之道,须通幅山峦林木,皆不必写其正面,其用笔亦须侧锋流逸而出之,如元诸家,大痴、山樵梅苐,皆以正局,若云林方壶,多以偏法取意,然偏与正,又有互相为济者。但能正而不能偏,易失于滞,故于接应映照之处,不妨少带偏侧以破其板,略存流利以动其机,但能偏而不能正者,易失于滑,故于筋节显露之际,务欲常植正骨,以存梗概,时顾本根以防流轶。若工夫极熟,而能变通在手,造化因心,偏而不陂,正而不执,忘乎偏正之见,而动不逾矩焉,方可谓之有成。❶

❶ 沈宗骞《芥舟学画编》(乾隆四十六年冰壶阁写刻原刊本)1/19a。

芥舟之言,确有所见。山水格局有偏正之分,但文中仅言何家善用正局,何家善用偏局耳。兹更举前人名迹为证。范宽之溪山行旅,大山巍然屹然,画中凝重之景,未有过之者。巨然之溪山问道,披麻长皴,左右到脚,夹出鼻准,极饶沉厚之致。王蒙之秋壑鸣泉,峦头间杂坡石,郁郁苍苍,不见转折,直摩天际。左披瀑泉,亦一泻而下,中无掩蔽,此皆正局也。至如马远之对月图,夏珪之探梅图,山非不高,景非不邃,皆自侧面取势。更如云林之画,吴渔山谓其写山多依侧起势,此皆山水中之偏局也。

虽然,山水之偏局正局,指画中大体之感觉而言,固无绝对之偏或绝对之正,不若画几案之陈置,或为人物传真,画者与画题,相去不遥,景物所收不广,对于各物视线之角度几相等。若山水,主峰正矣,客峰或不得不偏。主峰以偏局写之,而树下之石,或又须以正取开其面。严格言之,正局之画,细节必具偏格。偏局之画,细节亦必具正格。如范宽之溪山行旅图,大道后之坡石,何尝不偏。马远探梅图,下端正中,去人最近一石,何尝不正。是故芥舟"偏局之道,须通幅山峦林木,皆不写其正面"之言,不无可疑。稍后,"然偏与正,又有互相为济者"诸语,始圆通无语病。盖偏正互相为济,非人为之,自然所具之景,无不如此也。

上有重峦复嶂,下有密树箐林,中有云气洞道,往来隐现,此是厚重拍塞之局,固应体势周正,然一涉板实,气味索然。故其皴破之笔,要靠定一边,且宜处处变换。妙于此者,吾得之于麓台。麓台妙处,正在能以偏笔行其正局,故愈实愈妙,此于正局,而济以偏势之道也。奇峰如削，飞瀑悬空，老树撑云，藤萝缘走，山石有森然欲搏之势，林木有拿空相攫之形，全要偏侧，乃能得势。然著一点刚暴之气，便是跋扈，故用笔当直起直落，如书家之作篆籀。妙于此者，吾得之于石田、六如，以其能以正笔，行其偏局，故偏而不跋。此偏与正有互用之妙焉。约而言之，境平则笔要有奇趣，境奇则笔当无取险，斯得矣。千岩万壑，不必定为正局，峰峦高下，烟云吞吐，奇情幻想，出而不穷，千态万状，变而无尽，皆须行以偏法，乃可极其转换之方。一树一石，不必定为偏局，直干凌霄，奇峰插土，孤松独秀于云中，峭石当空而特立，皆宜运以正法，乃足显其挺拔之概。若不解此，则繁局必至重复，简局必至单薄。细看古人名迹，求其所以偏正之故，当不外是矣。❷

芥舟之意，极为明显。以偏笔行正局，正笔行偏局，取其意味各殊，有如画者之能以刚柔相济也。方薰《山静居画论》中有一节，原芥舟之说："气格要奇，笔法须正。气格笔法皆正，则易入平板。气格笔法皆奇，则易入险恶。"❸虽然，云林作画，依侧起势，不待渔山之言而知之，而云林用笔，侧锋固多于正锋。不知芥舟将何以解之？

李修易《小蓬莱阁画鉴》中亦有一节曰："作画用笔有偏正二法，山之正面皆宜正峰（当是"锋"字之误），如遇巉岩峭壁，则须偏笔以转机局。麓声（当是"台"字之误）司农，常以偏笔行正法，独得偏而不陂，正而不执之妙，此太仓王茜石为余说也。茜石为司农来孙，论画颇有识见，记之以助用笔法门。"❹惟所可异者为一起数语与后文不合。既曰山之正面用正锋，巉岩峭壁用偏笔，

何以后又谓司农以偏笔行正法。岂前者为修易所习用之画法，而后者乃得诸茜石者乎？设前者为茜石之言，则与芥舟所云，适相抵触。茜石为麓台五世孙，芥舟又自谓其偏笔行正局之法，得诸麓台。所出同源，不当相左也，不可解矣。

凡作林木，众木俱干霄，则必以横斜者穿插之。众木多槎枒，则必以直上者透领之，不但脉络连贯，亦且气韵深远。凡作山石，形势既已平直，其皴破当用偏斜流逸之笔，使其庄而不滞。形状若涉诡异，其勾勒当以平正稳重之笔，使其奇而有法，此谓正不废偏，偏不失正。❺

此节仍本前说。林木干霄，以横者穿插，林木槎枒，以直者透领，即论画者所谓一横一竖之道也。

布置章中有论开合一则，今置之于取势章诸则之首。

千岩万壑，几令流览不尽，然作时只须一大开合，如行文之有起结也。至其中间虚实处、承接处、发挥处、脱略处、隐匿处，一一合法，如东坡长文，累万余言，读者犹恐易尽乃是此法。于此会得，方可作寻丈大幅。❻

开合者，一幅画中局势之一翕一张也。疏柳平沙，其景可为简矣，竟有数开合。层峦叠嶂，其景可谓繁矣，或仅一大开合。虽然，开合全在读书者之体会，书者不于画端注明某处为开某处为合也。若细分析之，往往一大开合中包含无数小开合，其所以能虚能实，能承接，能发挥，能脱略，能隐匿，诸法悉备而具种种之趣者，未始非各处之开合使其然也。若仅拘于一开一合，则固矣。故芥舟取势章中论开合曰：

❷ 同注❶ 1/20b。

❸ 方薰《山静居画论》（《画论丛刊》本）册三上/9a。

❹ 李修易《小蓬莱阁画鉴》（民国二十三年上海商务印书馆排印本）37b。

❺ 同注❶ 1/22a。

❻ 同注❶ 1/17b。

天地之故，一开一合尽之矣。自元会运世，以至分刻呼吸之顷，无往非开合也。能体此，则可以论作画结局之道矣。如作立轴，下半起手处是开，上半收拾处是合。何以言之？起手所作窠石及近处林木，此当安屋宇，彼当设桥梁，水泉道路，层层掩映，有生发不穷之意，所谓开也。下半已定，然后斟酌上半，主山如何结顶，云气如何空白，平沙远渚如何映带，处处周到，要有收拾而无余溢，所谓合也。譬诸岁时，下幅如春，万物有发生之象，中幅如夏，万物有茂盛之象，上幅如秋冬，万物有收敛之象。时有春夏秋冬自然之开合以成岁，画亦有起讫先后自然之开合以成局。若夫区分缕析，开合之中复有开合，如寒暑为一岁之开合，一月之中有晦朔，一日之中有昼夜，至于时刻分晷，以及一呼一吸之间，莫不有自然开合之道焉。则知作画道理，自大段落，以至一树一石，莫不各有生发收拾，而后可谓笔墨能与造化通矣。有所承接而来，有所脱卸而去，显然而不晦，秩然而有序，其于画道庶几矣。今捉笔者既不识起讫，复不知操纵，满纸填塞，直是乱草堆柴，局势之谓何，而犹自以为是笔墨耶？❶

其论开合中之开合详矣。惟谓立轴下半起手处是开，上半收拾处是合，似不尽然。有合在下而开在上者，有中间开而上下合者，有上下开而中间合者，变化莫测，未可定言。设有一画，下以密林锁往，中幅峰峦逦迤，上有远景，淡写江天，沙碛横拖，征帆明灭，愈远而愈开展，目穷千里，余势不尽，此讵非合而上开乎？下半林峦葱郁，中间局势开展，而上幅以大山一笔戛然收住，有如张浦山《图画精意识》中所纪之李

营邱《山阴泛雪图》（详后章），讵非中间开而上下合乎？下作山溪乱石，景愈近而水愈缓，诚如盛大士所云："能为水留出去路"，中幅两峰危峙，仅留一线，再上松杉杂生，白云映带，讵非上下开而中间合乎？若必拘定下半必开，而上半必合，又太拘泥矣。

笔墨相生之道全在于势。势也者，往来顺逆而已。而往来顺逆之间，即开合之所寓也。生发处是开，一面生发，即思一面收拾，则处处有结构而无散漫之弊。收拾处是合，一面收拾，又即思一面生发，则时时留余意，而有不尽之神。朽笔一下，大局已定，而中间承接之处，有势虽好而理有碍者，有理可通而势不得者，当停笔细商，候机神凑会，一笔开之，便增出许多地面，且深且远。但于此，不即为商所以收拾，将如何了结，如遇绵衍拖曳之处，不应一味平塌，宜另起波澜，盖本处不好收拾，当从他处开来，可免平塌矣。或以山石，或以林木，或以烟云，或以屋宇，相其宜而用之，必势与理两无妨焉乃得。总之，行笔布局，无一刻离得开合者，故特拈出，申诸同志。❷

"停笔细商，候机神凑会"者，思如何以取其势也。势须顺笔而生，故每与本所拟定，全不相同。周栎园《读画录》记高蔚生与法门道昕商略作画曰："予尝在松风阁见岑与公，永夜静谈，商量位置。两人舌本间即具一佳画，蠕蠕欲见之素壁。岑每以舌本所得，急落于纸，然甫落纸，或半竟，两人舌本触触相生，别多幽绪。追成时，乃无初商一笔，以此镂精刻骨，益入微妙。"❸与芥舟所云，有相通处也。

作书发笔，有欲直先横，欲横先直

❶ 沈宗骞《芥舟学画编》（乾隆四十六年冰壶阁写刻原刊本）2/28a。
❷ 同注❶2/29a。
❸ 周亮工《读画录》（郑宾辑《风雨楼丛书》本）3/9b。

之法。作画开合之道，亦然。如笔将仰，必先作俯势。笔将俯，必先作仰势。以及欲轻先重，欲重先轻，欲收先放，欲放先收之属，皆开合之机。至于布局，将欲作结密郁塞，必先之以疏落点缀，将欲作平衍纡徐，必先之以峭拔陡绝。将欲虚灭，必先之以充实。将欲幽邃，必先之以显爽。凡此皆开合之为用也。学者未解此旨，断不可任意漫涂。请展古人所作，细以此意推之，由一点一拂，以至通局，知其无一处不合此论，则作者之苦心已得，然后动笔摹仿，头头是道矣。❹

上文原于顾青霞论位置"凡势欲左者，必先用意于右"一则（见前章）。

此章以后，尚有论气势机神二则，已详前章。

（九）张洽　洽字月川，号青筿古渔，毗陵人，张篁村从子。《墨林今话》纪其论画云：

余赴试白门，入山访之，时正据案伸纸作巨幅，叩以画法曰："细画粗收拾，粗画细收拾，此吾诀也。"又询用何笔，曰："软纸用硬笔，硬纸用软笔。"余仅得其仿梅道人一幅，墨晕淋漓，勾勒圆劲，盖用纯羊毫画者。❺

按上节本不足录引，惟蒋宝龄谓月川以纯羊毫作画，可知当时用软笔之风。古人咸重狼毫紫颖、锋尖劲挺者，至清代而以生纸羊毫为能矣。

（十）谢兰生　兰生字佩士，号里甫，南海县人，嘉庆壬戌进士。乾隆庚辰生，道光辛卯卒（1760—1831年）。著《常惺惺斋书画题跋》二卷。

里甫善书画，精鉴赏，越园先生称其持论"多独到之谈，鲜肤泛之语"。兹录其论枯木竹石❻二则于后。

古人多有以枯木竹石写作大幅幛子者，此是画家一大局面，不得以小技目之。黎二樵先生尝有此言，正与予合。

写枯木竹石，未下笔前，须先定所主。如以木为主，则竹石切勿过强，慎毋喧宾夺主。如以竹石作主，亦然，此一定不易之法也。宾主既定，自然合眼，或间有空缺处，即补以人物花草亭宇桥梁，及云水平坡远山，亦无不可，惟在位置得宜耳。

世人之写枯木竹石者，每未能佳，以视之为画中之小局面，先存轻易之心耳。里甫画法，先定宾主，其经营位置，与大幅巨幛林峦繁密者无殊，此其所以能工欤。

（十一）邵梅臣　梅臣字香伯，吴兴人，乾隆四十年（1775年）生，卒年待考，有《画耕偶录》四卷，皆其题画之作，以及各家投赠之篇什。标榜之习既深，且议论亦多狂诞，诸家画史，不载香伯之名，或以此欤？惟其论画法，自有可传者。画树云：

每见近人画树，大率春作绿叶、秋作黄叶而已，不知枝干亦有别，在神与笔会耳。❼

春日树之枝条柔嫩，秋日树之枝条苍劲，确有分别，但读詹东图记李伯时莲社图，可以悟春秋树枝之画法。

香伯有跋山水一则，颇与点缀画法有关。

余浙楚往返六千余里，遇好山水，必留一稿。桥梁屋宇，皆对景为之。两三月后，检阅章法，颇不合意，不得不更改。又两三月后，更改者亦不佳，仍用初稿，转觉妥适。知人不能胜天也。❽

点缀之属，初则对景为之，继欲翻陈出新，以己意写之，终至仍依初稿，

❹ 同注❶ 2/30b。

❺ 蒋宝龄《墨林今话》（通行本）4/4a。

❻ 谢兰生《常惺惺斋书画题跋》（据刊本抄）28a。

❼ 邵梅臣《画耕偶录》（刊本）1/3b。

❽ 同注❼ 2/7a。

421

是以写实为贵也。兰坻、松壶力持点缀宜师古人之说，实则古人亦不过写耳，二说仍相通也。读此愈可知孔石村主张杜撰之不当。

论用墨法曰：

昔人妙论曰：万物之毒，皆主于浓。解浓之法，曰淡。淡之一字，真绘素家一粒金丹。然所谓淡者，为层层烘染，由一道至二道，由二道至三至四，淡中仍有浓，有阴阳，有向背，有精神，有趣味，亦有必须用浓墨者。如树木之老枝，人物之须发，勾斫落墨莲之刺，兰之心，以及石之苔木之节，无论粗笔细笔，皆不可淡。此言由墨之法，着色亦大略相同。挽回补救之功，非淡则无处着手，却不可以淡墨一扫，即谓之淡。❶

上文虽一味主张用淡，然并非全幅皆淡，正有极黑极浓之墨在，不然更何以显其淡。且其浓淡皆由数层之墨积成，吾人即取用墨最深厚之半千，画法亦未尝与香伯相背谬。浓淡相生，阴阳相间，乃用墨之正道。专主用淡，或专主用浓，皆非允论。

香伯论用纸用笔曰：

古人作画，从无分别生熟纸之说。今画工往往以纸之生熟辨笔墨之优拙，此欺世语也。所谓熟纸，即矾纸也。近来纸料恶劣，不得不借胶矾略解灰性。荆关果在，生纸佳，熟纸亦佳。客有谓余作画可惜用熟纸者，余答曰："先生妙人，可惜吃熟饭。"相与大笑。❷

沈某为余言曰："我画竹能用纯羊毫软笔。"余曰："昨有客到敝斋，言其能用左牙嚼肉。"某曰："只须肉烂耳，何必分牙之左右。"余曰："只须画佳耳，何必分笔之软硬。"❸

古人所用画具，究以熟纸硬笔为多。

香伯作画，用纸不分生熟，用笔不择软硬，虽未必尽合古法，然与当时专以用羊毫生纸自诩者，相去不可以道里计矣。

（十二）华琳 华梦石《南宗抉秘》，自第十九则以下❹，皆言画法。其论勾轮廓谓之初落墨一则，源于半千之"外为轮廓，内为石纹"及麓台之"磊落者存之，甜俗者删之"诸语。"凡山石轮廓，皆笔笔相搭而生"，"轮廓既定，相通幅之远近浅深，递次加皴"二则，自玄宰"今人从细处积为大山"一节悟出。依轮加廓、深厚为要一则，因半千"重不可泥前笔，亦不可离前笔"之说。"天上浮云如白衣"、"作画贵古质"二则，论变化及取势，与芥舟取势章中"笔墨相生之道"一节相近。论"作画惟丘壑为难"一则，主张笔墨丘壑并重，亦见诸家论述中。"皴法中用过宽之笔"一则，授人加皴以添之减之法，已见前芥舟画法一节中，皆不录。

梦石论画石曰：

轮廓一笔即见凹凸，此笔不可以光滑求俊，又不可以草率为老，既有凹凸，则笔之转折处自然便有宽窄，何事容心挫衄，以取峭劲乎？

"容心挫衄，以取峭劲"，即坐郭若虚论用笔之刻病。原其病之生，由于存心做作。若学者知不须做作而笔势自有变化，其病自去。梦石将此点拈出告人，颇知对病源下药。

或曰：画事竣，轮廓全然不见者有之，何必于此数笔切切言之也。余曰：人身之骨，有外露者，忽然无骨，岂复成人乎？此数笔虽全然掩去，亦必求其雄强有力，画成方能立得起，不然刍灵刍狗，亦具人物之形，学者万勿自争欺。

❶ 邵梅臣《画耕偶录》(刊本) 2/17a。

❷ 同注❶ 1/33a。

❸ 同注❶ 4/25a。

❹ 华琳《南宗抉秘》(于海墨《画论丛刊》本)册四 5a—7b。

梦石之意，轮廓虽不外露，必须有真气内充，故不可草草。此固限于南宗画法，北宗则有轮廓全无遮掩、历历在目者。虽然，南宗之轮廓，亦岂可全部模糊。画石上留白而皴其下，上部之轮廓较下部为清晰，常法也。倘言变化，更有下部亦极清晰者。随手画去，何处让出轮廓，何处以皴笔掩住轮廓，原无定法。是以轮廓更须笔笔好，不论何处露出，皆能耐看，始是高手。

论山之三远：

旧谱论山有三远云：自下而仰其巅曰高远，自前而窥其后曰深远，自近而望及远曰平远，此三远之定名也。又云：远欲其高，当以泉高之。远欲其深，当以云深之。远欲其平，当以烟平之。此三远之定法。乃吾见诸前辈画，其所作三远，山间有将泉与云与烟颠倒用之者，又或有泉与云与烟，一无所用者，而高者自高，深者自深，平者自平，于旧谱所论，大相径庭，何也？因详加揣测，悉心临摹，久而顿悟其妙，盖有推法焉。局架独耸，虽无泉而已具自高之势。层次加密，虽无云而已有可深之势。低褊其形，虽无烟而已成必平之势。高也，深也，平也，因形取势，胎骨既定，纵欲不高、不深、不平而不可得。惟三远为不易，然高者由卑以推之，深者由浅以推之，至于平，则必不高，仍须于平中之卑处以推。及高平则不甚深，亦须于平中之浅处以推。及深推之法得，斯远之神得矣。但以堆叠为推，以穿研为推，则不可。或曰：将何以为推乎？余曰：似离而合四字，实推字之神髓。假使以离为推，致彼此间隔，则是以形推，非以神推也。且亦有离开而仍推不远者，况通幅丘壑，无处处间隔之理，亦不可

无离开之神。若处处合成一片，高与深与平，又皆不远矣。似离而合，无遗蕴矣。或又曰：似离而合，毕竟以何法取之。余曰，无他，疏密其笔，浓淡其墨，上下四傍，晦明借映，以阴可以推阳，以阳亦可以推阴，直观之如决流之推波，睨视之如行云之推月，无往非以笔推，无往非以墨推，似离而合之法得，即推之法得，远之法亦即尽于是矣。乃或又曰：凡作画何处不当疏密其笔，浓淡其墨，岂独推法用之乎？不知遇当推之势，作者自宜别有经营，于疏密其笔，浓淡其墨之中，又绘出一段斡旋神理，倒转乎缩地勾魂之术，捉摸于探幽扣寂之乡，似于他处之疏密浓淡，其作用较为精细，此是悬解，难以专注。必欲实实指出，又何异以泉以云以烟者，拘泥之见乎？

梦石不以《芥子园》之说为然，乃有上节反驳之文。按安节以泉高之，以云深之，以烟平之诸法，各有至理。雨生尝称之为"不易之论"。盖山水大致如是，原不足以画一切之变化。梦石悟出推法以致三远，更拈出"似离而合"四字，亦可称为将其独得之秘，公诸来者。若细辨之，与雨生之松（见第三十五章第二节论山一项），仍有相通处。后半超出画法之范围，而近于理论，越园先生谓其"稍涉玄妙"❺是也。

《南宗抉秘》中有点苔一则，颇具新意。

苔形不一，相体（原作"使从"，退耕堂排印本作"体"）点缀，宜多宜少，酌量安排，不得随手乱点，以取疵累。至若笔有脱节，苔可以接也。皴有遗漏，苔可以补也。合者欲其分，苔即可以分也。连者欲其断，苔即可以断也。借宾以成主，苔虽数点，而取助匪轻。俗手辄谓

❺ 余绍宋《画法要录》（民国二十五年中华书局三版）11/8b。

点苔为作画之末事，何异俗医不知甘草之有大用，动于方末缀书，谓其能合群药。夫甘草岂仅合药之用哉？知此，可与言点苔。

上则专就点苔之功用设论。半千虽有"苔助染，染助皴"，江上有"点之圆活，与皴无殊"之说，皆不及梦石之详。惟过于借重点苔，便有流弊，不免贻愈遮愈丑之讥。其可与否，全在画者之态度。设无意中偶有脱节遗漏，假苔补接，不但泯然无痕，且别饶生趣。一存颓惰之心，专恃苔以救之，必反为苔所累。

（十三）华翼纶　翼纶号篆秋，道光二十三年举人，金陵人。山水师麓台，著《画说》一卷，共二十六则。

《画说》中以论时景一则最为精彩。

山林有烟霭，无之便是俗笔，而烟霭非但由烘染勾勒而得其形似也，贵求其神韵焉。盖用笔得法，自然有烟霭。余九州历其七，行路几及万里，所过千山万水，到处参悟画理，知天阴则烟霭重而轮廓宜轻，天晴则轮廓稍重，而盖顶一笔，必明朗有势，如突出者然。山坳则赤日中无不有烟霭，且觉天愈晴则烟霭愈深也。大雨山势模糊，云气蒸蔚。小雨云烟淡荡，山色霏微。晓则山坳烟积，轮廓渐分。山顶穿雾而出，如初起者然。晚则烟霭自上而下，轮廓轻微，如欲睡者然。大风云气如将飞出，挟山而行。和风则林木渐动，山色晴明。晴云有瑞气，湿云有痴气。欲雨之云，充积弥满。将晴之云，游行无几。春山之云明媚，秋山之云洁净，夏山之云蒸蔚，冬山之云寒凝。烟则有寒暖深浅，而无时无地不有。木树一枝一叶必有烟气，多则必有积烟。烟者，山之气也，林之气也，有气则生，无气则死。善画者着

意于烟云，艺进乎道矣，又能着意于非烟之烟，非云之云，则更神妙矣。❶

各时景色，篆秋全自然中体会而得，故与一般专就画法而论时景者不同。其佳处更在不作模糊影响，笼统空淡之词，时时能与画法打通一气，告人何时云之轮廓当轻，何时山之顶盖一笔当显，故与前人四时画题等文字，又不得同日而语。赤日中无不有烟霭，将晴之云游行无几，诸说尤为发前人所未发。

关于用笔，篆秋主张废除正锋，用墨谓宜干湿相间。

北苑用笔稍纵，而云林纯用侧笔，此以知作画尚偏笔也。偏非横臣欹邪之谓，乃着意于笔尖，用力在毫末，使笔尖利若芒刃，竖则锋尝在左边，横则锋尝在上面，此之谓以笔用墨，投之无不如志，难以言语形容。若用正锋，非卧如死蚓，即秃如荒僧，且条条如描花样，有何趣味。善悟者但观北海之字，即知画矣。❷

观古人用笔之妙，无有不干湿互用者，虽北苑多湿笔，元章、思翁皆宗之，然细视亦干湿并行，干与枯异，易知也。而湿之中，非慧心人不能悟，盖湿非积墨积水于纸之谓。墨水一积中溃如潦，四围配边，非俗即滞，此大弊也。须知用墨二字，确有至理，墨固在乎能用也。以笔运墨，以手运笔，以心运手，干非无墨，湿非多水，在神而明之耳。❸

专用侧笔，务去正锋，未免偏见，后之戴用柏，深疾正锋，恐即受篆秋之影响。至于用墨解干湿互用之方，较其他之师麓台而一味干笔皴擦者为高矣。

此外《画说》中涉及画法者尚有论设色当"墨本求工"，"用笔宜尖硬圆肥，断不可秃"二则。前者层经古人论及，

❶ 华翼纶《画说》(《美术丛书》本）三集十辑一册4a。

❷ 同注❶3a。

❸ 同注❶3b。

清代关于山水画法之片段言论

叁古

后者已于第三十五章《小蓬莱阁画鉴》一节中及之，皆不录。

（十四）张式　式字抱翁，号荔门，善书法，工山水，无锡人。为文恪公泰开族孙，著《画谭》一卷。江阴县志称其侨居华墅砂山东麓，刻苦励学，为孙原湘高弟。大吏罗致不就，翁文端李兆洛激赏之。著有《经义疏证》及《荔门全集》、《纪游》诸书。❹

《画谭》中有论作画程序一则，颇可作为学者入手法门。

画山水以气韵生动为主，才能使笔墨。未下笔时，全幅局势先罗胸中，然后从树起。树先从中心分干发枝处下笔，次及干及枝，次及根及叶，疏密向背、曲折参差而文从理顺。树之大概如此，次坡石山岚轮廓，次桥彴宇舍人物及远树，次山石布皴，次渲当染设色，次点苔，反复渐进，衬浅提深，气色墨晕，随在寓焉。一幅之大概如此，虽各体画法不同，总之以主为先，所谓宜于大处落墨，勿于碎处积起。或从局面约略措置，或用炭条朽笔先规形势，或分三截，一层一层画入，或深淡交加叠润，或落笔不再加笔。说者不能凿空，学者亦不可凿空，详审古人墨迹，自有分晓，断不可依俗平为入门路径。先入者为主，既入退出最难。全幅局势先罗胸中者，下笔时是笔笔生出，不是笔笔装去。至结底一笔，亦便是第一笔。古所称一笔画也。气韵虽曰天禀，非学力不能全其天。老杜诗云："读书破万卷，下笔如有神。"读得破古人墨迹，则触处透空，自然生动。使笔墨者，借笔墨以寄吾神耳。❺

前人论画，就画中每事每物之先后而告人者，盖不多也。

荔门论位置曰：

展纸下笔，理会章法，为一大事。布置经营，如着棋下子，格格可下子，格格不可乱下子。纸素上处处可落墨，处处不可乱落墨，棋有棋路，画有画理，一着失当，势即败矣。一幅画，凡中截下截上截，无一定之势，却有一定之理。巉山树木，与浅埠者不同，地势使然也。三尺纸，画一尺画，余纸虽无画，却有画在。如将三尺纸折就一尺画之拽直审视，则此外皆余纸，不在画内。纵使应笔再画即分合如宜关锁合法，气机必不完固。气机完固，经营章法之枢矣。❻

上节主要在说明实处是画，空处亦是画。但空处必须本经画者划入在局势之内，非画毕再行接出者。一经荔门假纸作画解释此理，乃极明显。论上中下三截无一定之势数语，亦较芥舟泥定立轴，下半为开、上半为合之说为圆通。

（十五）范玑　玑号引泉，常熟人，瞿翠岩麟弟子。嘉庆间生人，有《过云庐画论》。凡山水、花卉、人物等三篇。

论虚实曰：

画有虚实处，虚处明，实处无不明矣。人知无笔墨处为虚，不知实处亦不离虚。即如笔着于纸，有虚有实，笔始灵活，而况于境乎？更不知无笔墨处是实，盖笔虽未到，其意已到也。瓯香所谓虚处实，则通体皆灵。至云烟遮处谓之空白，极要体会其浮空流行之气，散漫以腾，远视成一片白，虽借虚以见实，此浮空流行之气，用以助山林深浅参错之致耳。若布置至意窘处，以之掩饰，或竟强空之，其尖甚大，正可见其实处理路未明也。必虚处明，实处始明。❼

❹ 卢思诚辑《江阴县志》（光绪戊寅刻本）18/46b。

❺ 张式《画谭》（于海晏辑《画论丛刊》本）册三3a。

❻ 同注❺ 3b。

❼ 范玑《过云庐画论》（于海晏辑《画论丛刊》本）册四 2a。

戴鹿床曰："山石以画而得，云水以不画而得。"华梦石曰："使全幅之纸皆吾之画，何患白之不合也。"皆先实而后虚。今引泉曰"虚处明，实处无不明"，盖先虚而后实也。前章论鹿床之言，曾引南田"实处皆虚，虚处皆实"二语。据是，则先虚先实，原是一事，要在二者之能相生耳。作画不可以云烟掩饰，意窘处，自唐静岩论烟云一节（第三十五章第三节）脱胎。

论用笔曰：

画以笔成，用笔既误，不及议其画矣。画笔本即书笔，其奈学书者有误认笔根著纸以为中锋，画亦因之而误，其病非浅。书之锥画沙，印印泥，谓用力也。折钗股截笔也，屋漏痕收笔也，截则不使笔根著纸，收则笔尖返内，故曰提得笔起，便是中锋。又悬针者，笔尖往而不返也。古人论书，专在笔尖先行，验颜书之转折及柳书之挑剔撇捺易明。颜书转折，其角圆削，笔若不偏行，工必溢墨。柳之撇捺与剔，皆左齐，挑笔与捺，不从中放也。诚悬寓谏之言曰："心正则笔正。"笔正者，谓不作容悦之态，与今之所尚中锋绝异。若使笔运如植，墨聚于中，又何难乎？篆书中玉筋铁线，在缚笔之前，隶已不然矣。如上皆梁溪、邹敬夫明经主此说，诚为卓见。予初不解，继与反复辩驳，因悟画中北苑之侧纵，倪黄相继，无不皆然，始服膺而守。曾镌小印曰"遇邹后笔"，识不忘所自也。❶

前人论中锋者甚多，引泉自学书中悟出其法，取作书之笔划而详解之，故其说颇亲切而合乎实际，有非他家所能及者。

（十六）松年　松年字小梦，蒙古镶红旗人。官汶上知县，著《颐园画论》一卷。初从冠如山游，后自成家。山水花鸟人物，无不能，故其论书法之范围亦至广。书前有光绪丁酉自序，是时年已下十左右，推其生，当在道光间也。

小梦论画瀑泉曰：

瀑布水有三等，自山上直下方谓之瀑布，因其似布形耳。由山之幽壑曲折而出谓之流泉，必须曲曲弯弯，似断仍连，似连而断，气脉贯通活泼而下。古人以水口为难画，实不易也。余读古今名画，水口好者不多见，独许蓝田叔为得法。妙处则在用笔含蓄，有气有势，大忌极弱迟滞。乱石夹水，水在石上，贵水吞石，勿使石浮水上，则得法矣。平远乱流，杂石激成波澜水花，此等最难着笔。必须平铺生动，乱中有条有目，有条目之中，仍须浑含不痴呆，听之似有声。古人所谓"绘影绘声"者此也。学者宜虚心体会，拭目参观而善悟之，勿视为细故也。如画江海潮汐，或浪花翻激喷雪，此等画，精神气力，统由笔端锋利圆活，始能见水之起伏澎湃、奔腾万里之势。水之起伏波浪，皆是一气鼓荡而成，画家但将此理洞晓，目中有水，胸中有水，从灵台运化而出，方见水之真形显于纸上。初画笔路多板滞之病，久纯熟，乃有流动自如，无阻无隔。每于下笔之初，心想波澜汹涌，自然活泼天机。❷

蓝田叔画中每喜以流泉穿插，幅幅有变化，而无一幅不妙。细察之，其画流泉法极为简单，水口留白，点出碎石，水纹不过两三笔，平曳斜折，而潺湲之势已具，与一般南宗画家画泉用笔多圆者绝异。明末画家中，除师法蓝田者如刘度、章谷父子诸家外，未见更有以此法画泉者。盖此即蓝田画中之特色也。

❶ 范玑《过云庐画论》（于海晏辑《画论丛刊》本）册四 1b。

❷ 松年《颐园论画》（于海晏辑《画论丛刊》本）册四 3a。

清代关于山水画法之片段言论

《颐园论画》中有论点苔多则,兹录其一。

山之点苔,必须由淡湿而淡干,由淡干而少加浓干,再加焦墨干点,毛毛茸茸,浑然无败笔,无痴墨,只见蕴藉苍茫,松活雄秀,树点如含烟雾之濛,如含露水之润,大忌真切平板,恶笔拙墨,虽米氏父子,亦当施以夏楚。总之,画山画云画远树,皆须渐渐由轻而重,由淡而浓,非匆促立成之事。❸

关于点苔,小梦别有一则曰:"皴山点苔,由渐而积厚,似非耐性不可。"❹此则即论积之法。先淡湿,次淡干,次浓干,终以焦墨,"毛毛茸茸"四字,由此而致。前人点苔,亦有先浓而后淡者,读小梦上则,亦可知点苔之变化多端也。

用笔之动作,自宋郭熙举出干、淡、皴、擦等八种名称后,后人罕有言之者。今复于小梦画论中见之。其十字诀曰:

勾:直为画曲为勾。

斫:侧笔勾画取锋为斫。

皴:干笔重画为皴。

擦:侧笔托拉为擦。

染:用淡墨设色铺匀为染。

渲:分轻重为渲。

烘:用水晕开为烘。

丝:细花草竹为丝。

点:山上树木名苔为点。

托:背后设色为托,生纸免此,烘染纸地亦用托字。❺

小梦又曰:"皴擦勾斫丝点六字,笔之能事也。藉色墨以助其气势精神。渲染烘托四字,墨色之能事也,藉笔力以助其色泽丰韵。"❻谓其中有以笔为主者,有以墨为主者,丝托二字,不见淳夫论中,丝笔必细而长,画水恒用之。托恐为人物及传真画中所习用。《颐园论画》,不专限于山水,故不妨将托列于最后也。

❸ 同注❷ 4a。

❹ 同注❷ 4b。

❺ 同注❷ 3a。

❻ 同注❷ 2b。

第三十七章　王原祁之山水画派

有清一代，左右天下画风者，娄东、虞山二派也。娄东自烟客开山，麓台为其杰出。虞山以石谷为宗，杨晋、徐溶皆其后劲。日后学者众专事摹拟，毫无新意，积久而弊生矣。方薰曰："海内绘事家，不入石谷牢笼，即为麓台械杻，至款书绝肖，故二家之后，画非无人，如出一手耳。"❶其流弊之中人，诚非鲜浅。

试论二派在画坛之实力，固势均力敌，未容轩轾。若自画论方面观之，则麓台一派之声势，竟远在虞山之上。良以石谷之作，每熔南北二宗于一炉，青绿金碧，水墨浅绛，无所不备，而丘壑之经营，尤见匠心，非于绘事极有根柢，穷年累月，不易成就。士大夫往往视之为畏途，舍难求易，而麓台一派乃盛。擅文墨者既多取法麓台，则论画之作，自非虞山画派所能企及。

本章主要之点在论麓台画派之画法。第何以不曰娄东画派而曰麓台，是有不得于第一节中先加说明者。此章之子目凡四：（一）麓台与烟客画法之不同；（二）麓台所论之山水画法；（三）宗麓台者所论之山水画法；（四）麓台画派之弊病。

第一节　麓台与烟客画法之不同

娄东者，娄江之东也。娄江为太湖之支流，湖水自鲇鱼江入鬶塘，北流经吴县城葑门外，合盘门之水入运河，经城东为娄门湖，东经昆山太仓城南，又东入扬子江曰刘河口。奉常先生，太仓人，同里王廉州圆照，亦以绘事驰誉海内，而先生累代皆有工绘事者，世遂有娄东画派之说。是娄东一派，以烟客为主，所概括之画家至多，不指麓台一人而言也。

周栎园《读画录》载石谷画跋，更可证娄东派一说之成立，实在麓台享名之前。其言曰："琅玡、太原两王先生，源本宋元，媲美前哲，远迩争相仿效，而娄东之派又开。其他旁流绪沫，人自为家者，未易指数。"❷是跋即题以赠栎园者，画作于康熙八年己酉，石谷年三十七，麓台仅二十七耳。综上以观，谓麓台为娄东画派中之嫡子，固属甚确，若取麓台一家之画法，而谓之娄东，实有未当。

烟客麓台虽属一家，其画法显有殊别，概括言之，约有三端：

❶ 方薰《山静居画论》（于海晏辑《画论丛刊》本）册三下 /7a。

❷ 周亮工《读画录》（《风雨楼丛书》本）2/7b。

（一）自烟客麓台所言之画法以推测之　烟客作画，以子久为师。其论子久之言，可移而论其自作。题自画赠何省斋宫允曰：

> 子久画，全师董巨，用笔以苍润秀逸，布景以幽深浑厚为主。凡树枝转折，石面向背，山形分合，扶疏迂回，各尽其态，而远近浓淡，一以皴法运之，故杰构渊思与笔墨气韵相映发于尺幅片楮间，有斐亹不穷之致。余生平所见大小卷轴，不下数十幅，无一相同，盖其灵机独诣，纵横变化，无辙迹可寻。学者能从此处深参冥悟，斯得其真，决非规规形似所能几及万一……❶

跋中语虽无多，颇能尽大痴山水之神趣。今吾人所注意有二点：（甲）用笔苍润秀逸。（乙）变化极多，数十幅皆不相同。所以揭示此二端者，正以非麓台所能也。麓台用笔用墨，一味求拙求燥，正与秀润背道而驰，而丘壑千篇一律，绝少变化，更为人人首肯之事实。倘取《雨窗漫笔》及《司农题画稿》中之言论，以证吾说，当更有据。第二节中当一一论及，似不必于此更占篇幅。总之，麓台所学之大痴，绝非烟客所学之大痴。即使此言太过，则麓台所学，仅大痴所有面目之一种，未能若乃祖之博学咸能，固敢断言也。

（二）自烟客麓台之画迹以断之　烟客麓台之画，今皆易见，试取二家画迹，作为比较，似更切实。欲求完备，自非列举一二图帧所能尽。兹仅取烟客丁亥所作之山水，及麓台之南山积翠图为证。烟客一帧披麻长皴，虽师董巨，仍参大痴之意，麓台自题，则纯仿一峰老人。一以华滋取胜，一以凝重见长，意味笔墨，皆不相同也。

（三）自前人之言论以证之　吾之反复申述烟客麓台二家之异，盖非创论。前人画论中，颇有言及。如方兰坻云：

> 西庐麓台，皆瓣香子久，各有所得。西庐刻意追摹，一渲一染，皆不妄设。应手之作，实欲肖真。麓台壮岁，参以己意，干墨重笔皴擦，以博浑沦气象。尝自夸笔端有金刚杵，义在百劫不坏也。❷

邵松年曰：

> 尝谓西庐老人画法，得力于子久富春山图。然太常运腕虚灵，布墨神逸，得子久一种清空之气，而仍笔笔沉郁，譬之书法唐之褚登善也。司农虽承家学，师法子久，独能自辟蚕丛，魄力雄杰，尽得子久古隽浑逸之趣。其秀在骨，一洗娟媚之习，譬之书法唐之颜平原也。不为古法囿，不为家法囿，故能卓然成家，与奉常公共有千古。❸

兰坻之画，颇有取法麓台者，故于干墨重笔，未有微词。松年于麓台有偏嗜，推崇未免过甚。若吴子修则直谓麓台为干皴所累。《青霞馆论画绝句》中附七古曰：

> 太常六法妙无敌，国初以来推第一。平生专学黄大痴，不徒深入能险出。当时名手颇不少，竟画大痴谁入室。华亭琅琅岂不好，那似太常守勿失。峰峦浑厚草木滋，气韵不难要荒率。后来文孙爱干皴，非不苍老逊野逸。❹

戴醇士题大横幅为戚子作题云：

> 烟客落笔冲澹，而自见雄浑，此如房杜无赫赫之功。麓台便觉费力其涂抹处，亦未免魏文贞故作妩媚也。❺

平心而论，自以子修、醇士之言，较为允洽。

烟客、麓台画法之不同，既如上述。此节之本旨，即在为麓台之画派，划一

❶ 王时敏《王奉常书画题跋》（李氏瓯钵罗室刻字）上20b。

❷ 方薰《山静居画论》（于海晏辑《画论丛刊》本）册三下/7a。

❸ 邵松年《古像萃录》（石印本）10/5b。

❹ 吴修《青霞馆论画绝句》（光绪二年葛氏啸园刊本）34a。

❺ 戴熙《习苦斋画絮》（光绪十九年惠氏刊本）5/3b。

王原祁之山水画派

范围。本章第三节所论之画家，皆师守麓台家法，所阐述用笔用墨诸说，在清代画论上，成一独立之系统。不仅与其他之南宗画派有殊，即与娄东派之领袖烟客圆照，亦未容淆混也。

第二节　王麓台之画法

王原祁，字茂京，号麓台，康熙庚戌进士。崇祯十五年生，康熙五十四年卒（1642—1715年）。论画及题跋之作，有《雨窗漫笔》、《麓台题画稿》等行世。

《雨窗漫笔》仅十则，各本无异同。《题画稿》，《昭代丛书》、《画学心印》、《美术丛书》皆经收入，而以《甲戌丛编》中王保谌所辑之《王司农题画录》为最备，共二百一十四则。据称其家藏有稿本，合丛书本所载，及搜辑各家著录而成者。

麓台论画法，可分三项论之：

（一）体用

所谓体用者，实画山水之布势也。《雨窗漫笔》第四则曰：

画中龙脉开合起伏，古法虽备，未经标出。石谷阐明，后学知所矜式，然愚意以为不参体用二字，学者终无入手处。龙脉为画中气势源头，有斜，有正，有浑，有碎，有断，有续，有隐，有现，谓之体也。开合从高至下，宾主历然，有时结聚，有时澹荡，峰回路转，云合水分，俱从此出。起伏由近及远，向背分明，有时高耸，有时平修，敧侧照应，山头，山腹，山足，铢两悉称者，谓之用也。若知有龙脉而不辨开合起伏，必至拘索失势。知者开合起伏，而不本龙脉，是谓之顾子失母。故强扭龙脉则生病，开合逼塞浅露则生病，起伏呆重漏

缺则生病。且通幅有开合，分股中亦有开合。通幅有起伏，分股中亦有起伏。尤妙在过接应带间制其有余，补其不足，使龙之邪正浑碎，隐现断续，活泼泼地于其中，方为真画。如能从此参透，则小块积成大块，焉有不臻妙境者乎？❻

秦祖永《画学心印》，曾为是节注解。其释体用二字曰："龙脉有一定气势，其章法天然，不妨随手布置者，斯画之体也。其境界互异，必须量为变通者，斯画之用也。"❼据上所云，体与用，为断然不同之局势。体为信手拈来，合于自然之章法。用为刻意经营，思索而得之境界。是则一幅山水，可尽属体，亦可尽属用，视其局势若何而已。吾恐麓台之意，未必若是也。自原文语气测之，体似为一山一脉之形貌，故有斜正浑碎断续隐现之分。用似为山脉间相对而生之情态，故有宾主远近向背照应配称等等之关系。其意无甚奥僻，不过谓不仅画一山一脉当体其神形，更须顾及全幅中之呼应联络。《题画录》中仿大痴墨笔李彩求曰：

画须分阴阳，合体用。若阴阳体用，不得其源头，则转折布置处，必有些子蒙混。积微成巨，通幅笔气墨彩，何从着落。虽云仿古，终是背驰矣。❽

阴阳体用，不得其法，布置乃生蒙混之病。蒙混者，即画中之气势不舒，呼应不灵，理路不清也。其与混沦适为相反，亦犹大涤子所谓之细缊与混沌，貌近而神殊。"小块积成大块"，便是混沦。一片糊涂，便是蒙混。体用与山水之影响若是，愈可知逸芬之言为误解也。

（二）笔墨

兰坻论麓台之画曰"壮岁参以己

❻ 王原祁《雨窗漫笔》（《四铜鼓斋论画集刻》本）册二2a。

❼ 秦祖永《画学心印》（光绪四年套印本）7/2b。

❽ 王原祁《王司农题画录》（《甲戌丛编》本）上/5a。

意",其用笔用墨之法,自其所论观之,确与前人不同,固不待见其画而后知也。

用笔忌滑,忌软,忌硬,忌重而滞,忌率而混,忌明净而腻,忌丛杂而乱,又不可有意着好笔,有意去累笔,从容不迫,由淡入浓,磊落者存之,甜俗者删之,纤弱者足之,板重者破之,又须于下笔时在着意不着意间,则觚棱转折,自不为笔使,用墨用笔,相为表里。五墨之法,非有二义。要之气韵生动,端在是也。❶

麓台所论用笔之忌病太多,初学读此,必致敛袖逡巡,不敢着笔。然设将所列之笔忌悉除,麓台心目中所认为适当之笔法,亦不难想象得之。正其自炫力透纸背,沉着、浑厚,所谓"笔端金刚杵"也。作书不得重描,书画用笔相通,绝无重描之理(焦墨醒笔,古人偶用之,不在此例)。讵知麓台山水之画法,不特不忌,且非若是不足以现其面目。其言曰:"磊落者存之。"存之者,此笔既惬心意,一遍便了,不再有他笔重叠之也。"甜俗者删之。"删之者,嫌其笔之不雅,上加较墨较重之笔以掩之也。"纤弱者足之。"足之者,力有未充,更为添饰以辅之也。"板重者破之。"破之者,或傍增圭角,或中生转折,以化其板刻之势也。存之,删之,足之,破之。一而再,再而三,层层皴擦,自淡入浓,而麓台之面目生矣。作画重描,前人所诟病,而讳莫如深者,麓台竟彰彰授诸学者。法之当否,姑置不论。毅力之强,自信之坚,实可钦佩,此其画之有百折不挠之势,魄力雄健,为人所不可及欤?

张浦山《国朝画徵录》,有纪闻人克大语。克大曾面对麓台作画,故能言之历历。

翌晨折简,招克大过从。曰:"子其看余点染。"乃展纸审顾良久,以淡墨略分轮廓,既而稍辨林壑之概,次立峰石层折,树木株干。每举一笔,必审顾反复,而日已夕矣。次日,复招过第,取前卷少加皴擦,即用淡赭入藤黄少许,渲染山石,以一小熨斗,贮微火熨之。干,再以墨笔干擦石骨,疏点木叶,而山林屋宇,桥渡溪沙,了然矣。然后以墨绿水疏疏缓缓,渲出阴阳向背,复如前熨之干。再勾,再勒,再染,再点,自淡及浓,自疏而密,半阅月而成。发端混沦,逐渐破碎。收拾破碎,复还混沦。流濑气,粉虚空,无一笔苟下,故消磨多日耳。❷

麓台诚为言行一致,语无矫枉者。读上文,正与其论画法之言,一一吻合。其作画之步骤为:先分轮廓,次画树木,次加皴擦,次设赭色,次又皴擦,次设墨绿,次再加皴擦,而尤以末一次之皴擦,更不知其为若干遍。统计之,少必数次,多可至十数次。非若是,不足以为麓台也。宜乎其有言曰:"作画但须顾气势,轮廓不必求好。"❸不是不要求好,盖即使下笔时果佳,待画成时,又不知其上加若干笔,更无从知本来面目。是则初落笔之美恶,又奚必斤斤计较之哉?

麓台论笔墨一节,最后有"要之气韵生动,端在是也"二语,亦颇值吾人注目。端在是也,果何在?在干笔重墨皴擦耳。气韵之为物,难言。历来论之者,或归诸天生,或归诸人品,或归诸笔墨与气势之合,尚未见有肯切简约如麓台者,谓气韵端在用笔用墨也。至清而唐静岩、布啸山等,皆以为气韵发于笔墨(见前清代理论章第一节),而唐、布皆宗麓台。吾正恐彼等受麓台之影响

❶ 王原祁《雨窗漫笔》(《四铜鼓斋论画集刻》本)册二 4a。

❷ 张庚《国朝画徵录》(通行本)下 /3a。

❸ 同注❶ 3a。

为多也。

《题画录》中有学思翁仿子久一跋：

董宗伯画，不类大痴，而其骨格风味，则纯乎子久也。石谷子尝与余言："写时不问粗细，但看出进大意。繁简亦不拘成见，任笔所之，由意得情，随境生巧，气韵一来便止，此最合先生后熟之意。"余作此图，以斯言弁其首。❹

一画之有无气韵，固当辨之于既成之后。然亦有略加点拂，而已神采奕奕者，张爱宾所谓"笔才一二，像已应焉"。惟麓台之画，轮廓既不求好，必待皴擦数遍，存之，删之，足之，破之，之后乃渐有混沦气象。此混沦者，非即麓台心目中之气韵耶？气韵既来，不必更事皴擦矣。"气韵一来便止"，其斯之谓乎？

以个人学画临摹之经验言，石谷之画，貌似繁而其成也速。不问山石大小，一遍皴，一遍染，而形已具，实不容人于层次上作功夫，以期气韵之降临。良以层次愈多，气韵愈远。是则石谷之言，岂专对麓台而发耶？不然《瓯香馆画跋》记石谷之言至多，何以石谷未尝以之告南田也？

吾人自本节第一项体用观之，麓台对于位置，似甚重视者。孰知一论气韵，则位置无复重要矣，此亦麓台画法之特色也。题丹思代作仿大痴曰：

六法之妙，一曰气韵，二曰位置，若能气中发趣，虽位置稍有未当，亦不落于俗笔也。余长夏消暑，偶作是图，东涂西抹，自顾无稳妥处，取其粗服乱头中，尚有书卷气，存之以俟识者。❺

麓台之画，丘壑极少变化。一层地，二层树，三层山，一二开合，便是一幅。若为大涤子见，必谓其"奚翅印刻"也。盖麓台之意，专在笔墨混沦上见功夫，

不以位置丘壑，见赏于世人。其意或在独树一帜，以矫浙派金陵末流之弊。然千篇一律，厌其平淡寡味者，亦自大有人在也。

（三）设色

《雨窗漫笔》中曰：

设色即用笔墨用意，所以补笔墨之不足，显笔墨之妙处。今人不解此意，色自为色，笔墨自为笔墨，不合山水之势，不入绢素之骨，惟见红绿火气，可憎可厌而已。惟不重取色，专重取气，于阴阳向背处，逐渐醒出，则色由气发，不浮不滞，自然成文，非可以躁心从事也。至于阴阳显晦，朝光暮霭，峦容树色，更须于平时留心。淡妆浓抹，触处相宜，是在心得，非成法之可定矣。❻

《题画录》中亦有一跋可与上则相表里：

画中设色之法，与用墨无异。论大候不在取色，而在取气。故墨中有色，色中有墨。古人眼光，直透纸背，大约在此。今人但取傅彩悦目，不问节腠，不入窾要，宜其浮而不实也。余作此图，偶有所感，遂弁数语于首。❼

其主要之点，即在色与笔墨相融洽，一片浑成，处处有色有墨，而不能分辨何处是色，何处是墨，故若有气行于其间也。

综观以上所论，三项之中，当以笔墨最为重要。以其非用干墨重笔，不能现麓台画派独具之面目。若体用，不仅与玄宰之"今人从碎处积为大山"一节意颇相近，即与麓台同时而略早之笪江上《画筌》中论山，措辞纵异，意实仿佛。至于设色，亦为各家所共许之方法。二者咸不足以代表麓台之特殊画法也。

❹ 王原祁《王司农题画录》（《甲戌丛编》本）上 /14a。

❺ 同注❹上 /2a。

❻ 同注❶ 4b。

❼ 同注❹上 /11b。

第三节　宗麓台者所论之山水画法

　　清代士大夫之习绘事者，多宗麓台，是以画论之作，属于此派者独多。前后相因，画法自成一特殊之系统，为有清一代各派中所仅见。今与其尤著者五人，约略言之于后。

（一）唐岱

　　静岩为麓台入室弟子，所著《绘事发微》，已于前章详之。立论颇遵古法，尚非纯为麓台所囿者。惟其中墨法一篇，多采乃师之说。

　　用墨之法，古人未尝不载，画家所谓点染皴擦四则而已。此外又有渲淡积墨之法。墨色之中，分为六彩。何为六彩，黑、白、干、湿、浓、淡是也。六者缺一，山之气韵不全矣。渲淡者，山之大势，皴完而墨彩不显，气韵未足，则用淡墨轻笔，重叠搜之。使笔干墨枯，仍以轻笔擦之，所谓无墨求染。积墨者，以墨水或浓或淡，层层染之，要知染中带擦。若用两支笔，如染天色云烟者，则错矣。使淡处为阳，染之更淡则明亮。浓处为阴，染之更浓则晦暗。染之墨色带黄，方得用墨之铿锵也。画树石一次就完，树无蓊蔚葱茂之姿，石无坚硬苍润之态，徒成枯树呆石矣。故洪谷子常嗤"吴道子画有笔而无墨，项容画有墨而无笔"。盖有笔而无墨者，非真无墨也，是皴染少，石之轮廓显露，树之枝干枯涩，望之似乎无墨，所谓骨胜肉也。有墨而无笔者，非真无笔也，是勾石之轮廓，画树之干本，落笔涉轻，而烘染过度，遂至掩其笔损其真也，观之似乎无笔，所谓肉胜骨也。墨有六彩，而使黑白不分，是无阴阳明暗。干湿不备，是无苍翠秀润。浓淡不辨，是无凹凸远近也。凡画山石树木，六字不可缺一。然用墨不可太浓，浓则失其真体，湮没笔迹而落于浊。亦不可太淡，淡则气弱而怯也。须要自淡渐浓，不为墨滞。古云"惜墨如金"，是不易用浓墨也。过与不及，皆病耳。惟循乎规矩，本乎自然，养到功深，气韵淹雅，用墨一道，备于此矣。❶

　　麓台论画，道及五墨。余越园先生《画法要录》曰："按五墨之说，不知起于何时，盖谓干、黑、浓、淡、湿也。"❷愚以为此说当以张爱宾之运墨而五色俱为创。第二人俱未确言五者为何耳。静岩六彩，想当就五墨引申而得。上篇释何谓有墨无笔，有笔无墨，及六彩之对于画之阴阳、苍翠、秀润、凹凸、远近之影响，皆极中肯綮，为学画者所当共晓。至于渲淡积墨二法，则纯系麓台之家派。如淡墨轻笔，重叠搜之，必干笔无疑。积墨法以墨水染中带擦，仍干笔也。笔不干，则仅有染，安得兼而有擦。更观其"画树石一次就完，树无蓊蔚葱茂之姿，石无坚硬苍润之态"诸语，是其作画亦必层层递加而成者。

　　设吾人取静岩之作而读之，则其渊源所自，不待言而立见。其论画虽尚平允，至于其画，恐已于不知不觉中，有过干及皴擦太多之倾向也。

（二）王昱

　　昱字日初，号东庄，又号云槎山人，原祁族弟，师事之，颇得其传，有《东庄论画》❸一卷。前有小序，自称甲子长夏，追忆师传，偶有所触，随笔漫书。甲子为乾隆九年，1744年。

　　日初所论，悉为追忆师传。是以拈其片辞只字，俱不难知其为麓台弟子。

❶ 唐岱《绘事丛微》（《四铜鼓斋论画集刻》本）册二 8a。

❷ 余绍宋《画法要录》（民国二十五年四版中华书局排印本）5/13a。

❸ 王昱《东庄论画》（《四铜鼓斋论画集刻》本）册二 1a—7a。

墨笔

王原祁之山水画派

其论正派大家曰：

画有邪正。笔力直透纸背，形貌古朴，神彩焕发，有高视阔步，旁若无人之慨，斯为正派大家。若格外好奇，诡僻狂怪，徒取惊心炫目，辄谓自立门户，实乃邪魔外道也。初学见识不定，误入其中，莫可救药，可不慎哉！

"笔力直透纸背"数语，全是为倾服麓台笔端金刚杵而发。吾深信其所目为格外好奇、诡僻狂怪者，未必尽属恶道。凡能自辟蹊径，意境新颖者，皆在诋呵之例。是直不容人露一分性灵，透一分新意，而惟矻矻以三层两叠为事，顾不大可耻乎？更有一则云：

尝闻夫子有云："奇者不在位置，而在气韵之间。不在有形处，而在无形处。"余于四语，获益最深。后学正须从此参悟。

麓台所谓之气韵，端在笔墨，前已言之。只重笔墨而置丘壑于不问，必致幅幅面目相同。东庄自谓其于此受益最深，吾谓麓台一派画家，实于此受制最酷！

日初以上二节，为论他事而以笔墨为归宿。下引两则，为论笔墨而兼及他事，仍不外乎以笔墨为绘事之主。

作画先定位置，次讲笔墨。何谓位置，阴阳向背，纵横起伏，开合锁结，回抱勾托，过接映带，须跌宕欹侧，舒卷自如。何谓笔墨，轻重疾徐，浓淡燥湿，浅深疏密，流丽活泼，眼光到处，触手成趣。学者深明乎此，下笔时自然无美不臻。

气骨古雅，神韵秀逸，使笔无痕，用墨精彩，布局变化，设色高华。明此六者，觉昔人千言万语，尽在是矣。非坐破蒲团，静参默悟，腕底岂能融会斯旨？

第一则位置与笔墨作为两排，无一语出麓台范围。第二则六语之中，笔墨居其四。位置设色各居其一，是又不能脱吾前节麓台画法所列之三项。"使笔无痕"，亦乃师意。读麓台之仿大痴笔一跋，"古人用笔，意在笔先，然妙处在藏锋不露"，知其所由来矣。

《东庄画论》中，复有一则，吾以为借之可觇得麓台画派用笔过于枯干之弊。其言曰：

画之妙处，不在华滋，而在雅健。不在精细，而在清逸。盖华滋精细，可以力为。雅健清逸，则关乎神韵骨格，不可强也。

夫"峰峦浑厚，草木华滋"，为张伯雨论大痴语。八字宛得神情，向有定评之目。麓台画法，专师大痴，而东庄又师麓台，渊源有自，本当一脉相承。孰知东庄竟不以华滋为高，而以雅健为贵。华滋者万木欣欣，得天地之雨泽，勃然有生趣也，非以秀润之笔，不足以出之。今麓台画派，视湿如仇，一味干擦，以沉着为雅健，宜乎华滋为之敛迹，设自立一格，而以雅健为标帜，原无不可。惟幅幅皆曰学大痴，竟不知华滋为大痴精粹之所在，吾有数典忘祖之叹矣。

关于设色，日初亦有言论：

青绿法与浅色有别，而意实同，要秀润而兼逸气。盖淡妆浓抹间，全在心得浑化，无定法可拘。若火气炫目，则入恶道矣。

麓台夫子尝论设色画云："色不碍墨，墨不碍色"，又须"色中有墨，墨中有色"。余起而对曰："作水墨画，墨不碍墨。作没骨法，色不碍色。自然色中有色，墨中有墨。"夫子曰："如是，如是。"

第一则论设色之不可火气炫目，即麓台所谓"惟见红绿火气，可憎可厌而已"。第二则似略见新意。水墨画，墨外无他色。用墨若有深浅浓淡阴阳之不同，望之光彩绚烂，不施色而似有色矣。没骨画不以墨打底，是以颜色为主者。用色若一笔有一笔之意致，一处有一处之浓淡，亦可免板刻之病矣。其论盖自麓台设色法中悟出者。

（三）布颜图

啸山山水，学于张振岳。振岳师法何家，画史不详，其画亦未能见，不知其面目究何若。至于啸山则前人称其"尤好用渴墨淡笔，层层皴染"。证之以《画学心法问答》中论用墨及渲染各则，盖亦以麓台为宗者也。

其答问用墨有黑、白、浓、淡、干、湿六彩，如何用法曰：

曰墨之为用，其神矣乎。画家能夺造物变幻之机者，只此六彩耳。如巨灵之斧，五丁之凿，开山劈水，取烟光云影于几案，其效灵岂细事哉？但用之善与不善耳。善用墨者，先后有序，六彩合宜，则峰峦明媚，而岩壑幽深，令观者兴栖止之思，而悦心生焉，则护惜随之。不善用墨者，先后失序，六彩错杂，虽峰峦罗列，亦必穷山恶水，令观者蹙额，憎心生焉，而弃掷随之。吾以干淡白三彩为正墨，湿浓墨三彩为副墨。墨之有正副，犹药之有君臣。君以定之，臣以成之。经营位置既妥，先用淡墨勾其轮廓，次用干淡白三墨，依轮加皴。皴不厌烦，重重腻皴，旋旋渴染。盖皴不多则石不厚，气韵何由而生？诸处淡墨皴足，则画定矣。但如梦如雾，率无真意，始用湿浓黑三墨以成之。迎面山顶石准，用黑墨开其眉目，次用湿浓润其阴坳，务审阴阳向背，左浓右淡，右明左暗，实处愈实，虚处愈虚，悬壁谛观，焕然一山川矣。❶

啸山论墨色六彩，与静岩之说尽合。其中复有正副之分，以干淡白为主，是湿浓黑三者，画中不多见也。湿墨本为麓台画派所忌，多用淡墨，正以皴擦层次既多，非浓墨所宜。若以浓墨黑墨作多层之皴擦，未有不漆黑一片，眉目不分者。其加皴不厌烦，否则石不厚，气韵不生诸说，悉见《雨窗漫笔》。啸山之画，不受麓台之影响，吾不信也！

更有一则答无墨求染之问：

曰："山水画学，能入神妙者，只此一法最为上上。所谓无墨者，非全无墨也，干淡之余也。干淡者，实墨也。无墨者，虚墨也。求染者，以实求虚也。虚虚实实，则墨之能事毕矣。盖笔墨能绘有形，不能绘无形。能绘其实，不能绘其虚。山水间烟光云影，变幻无常，或隐或现，或虚或实，或有或无，冥冥之中有气，窈窈之中有神，茫无定象，虽有笔墨莫能施其巧，故古人殚思竭虑，开无墨之墨、无笔之笔以取之。无笔之笔，气也。无墨之墨，神也。以气取气，以神取神，岂易事哉？吾故曰：'上上。'尔当于此法着力焉！"❷

无墨求染，静岩曾言之，即渲淡之法也。自其语气测之，必用之于画山石无疑。山之大势既成，而墨彩不显，乃施。今读啸山上节，若有不尽然者。主要在绘写山光云影，无常形之物。盖笔墨干淡之尤者，几无痕迹可寻也。其神气虚实诸说，颇涉玄妙，且置之于画法上上，以为不娴此道，不足臻山水之妙境，其为啸山所重视可知。二家所以

❶ 布颜图《画学心法问答》（乾隆十一年松风阁写刻原刊本）上/7b。

❷ 同注❶上/10a。

王原祁之山水画派

施之之处，自此节视之，似有不同。惟吾后更将证二家实无大别。溯其本源，恐俱不能脱麓台画法之范围。

啸山有论南宗不可渲染一则。南宗不问何派，未有绝不渲染者，骤观之，颇讶其说之异。读竟乃知其非不可渲染，特以湿染为然耳，是又循麓台之蹊径矣。

答画成之后不可渲染一问曰：

曰：吾所谓画成之后，不可渲染者，非一概而言也。画有南北之分，若北宗画法，墨洒淋漓，挥毫简略，一笔只作一笔用，笔尽而格定，无复加矣。若不用湿墨渲染，何以取其气韵。至于南宗，画法，用笔如针，用墨如金，与而惜之，舍而庇之，一笔要作数笔用，气韵随皴而出，又何用渲染？故画成不可渲染者，特为南宗而言，北宗不与焉。且湿墨初染未干时，未尝不苍润生动，及待干后再看时，则墨色板而偏浅，不能深厚。用之之际，深亦不可，浅亦不可。深则晦暗胡突，浅则暴露浮薄。只有雨景雪景，不得已而用之……但除雨景雪景之外，别景断不可湿墨渲染。即或于岩穴阴坳处，林麓渝郁处，欲借烘染，以取苍奥之气，只可用渴墨渴染。渴墨者，干淡墨也。以干墨少许，蘸于毫端，旋旋干刷以染之，此之谓渴染。随皴随染，务使皴染一气而成。其深厚苍茫，泼泼欲动，较之湿墨湿染，则霄壤矣。吾故常诲汝湿墨狠墨，不可擅用，以惹俗赖。初落笔时，须十分羞涩，日久便得十分通脱。❸

北宗湿染，固是常法。南宗湿染，何尝无之？与其谓南宗无湿染，奚若谓麓台画派无湿染之为愈。其染之法，在淡而渴，"以干墨少许，蘸于毫端，旋旋干刷以染之，此之谓渴染"。设然，试问与无墨求染何异？啸山以无墨求染，施之于山光云影，而以渴染施之于岩穴阴坳，是又与静严之法无异也。得此证据，谓啸山画法属于麓台一派，夫复何疑？

全书之中，惟答笔墨情景一则，与麓台画派之传统思想，颇有不同，特录之于后。

曰：山水不出笔墨情景。情景者，境界也。古云"境能夺人"，又云"笔能夺境，终不如笔境兼夺为上"。盖笔既精工，墨既焕彩，而境界无情，何以畅观者之怀？境界入，而笔墨庸弱，何以供高雅之赏鉴？吾固谓笔墨情景，缺一不可，何分先后。❹

麓台画派，重笔墨而轻丘壑，言之屡矣。啸山则二者兼重。阅此则乃悟其对于布置之法，能有独得之见，非偶然也（见前章）。啸山之画，吾尝求之而未能得。意其笔墨皴擦之法，当与麓台极相似。所异麓台者，或在丘壑位置之多见新意。今所臆断，悉凭其论画为依据。他日得睹画迹，当可为予释疑也。

（四）盛大士

蒋宝龄谓：子履之画，以麓台为宗。吾则曰：岂仅宗之，其倾服之甚，信仰之笃，麓台画派中，恐未有过于子履者。今试自下列数点，以证吾说：

（甲）录引麓台之言论 麓台画派之特征，本不外乎干笔多皴，在子履前，已经人一再论及。若更取而重复之，反不如直录创者之论，可免因袭之讥。《卧游录》多采麓台语，必此意也。计其所录有笔忌，理气趣三到，意在笔先，设色所以补笔墨之不足四则。不仅是

❸ 同注❶上 /36a。

❹ 同注❶上 /25a。

437

也，卷一之末，及卷四之首，各载麓台画跋十余则之多。子履且曰："余既临摹一遍复录其跋语，以志绪论于勿忘，且深以得见为幸也。"❶其尊重麓台，有如是者。

（乙）录引同派之画法言论　王昱，麓台族弟，且亲承指授。子履视之，自不同凡响。是以《东庄论画》，亦有作画第一要平等心，气骨古雅，麓台夫子尝论设色画云等三则为子履录引。

沈宗敬狮峰，山水略受麓台影响，而不尽为其所囿。著有《双鹤老人画说》，中有言曰："画有以丘壑胜者，有以笔墨胜者。胜于丘壑为作家，胜于笔墨为士气。然丘壑停当而无笔墨，虽自谓作家，总不足贵。故得笔墨之机者，随意挥洒，不乏天趣。若能士气作家兼备，直可入元大家之室矣。"上节亦经采入《卧游录》❷。惟耐人玩味在狮峰持论平允，端赖最后二语。孰知竟为子履抄录时删去。是强易大家当兼顾丘壑之论，为画惟笔墨为贵，以就麓台画派之主张。岂欲借此为麓台解嘲，而兼自解耶?

（丙）子履一己之言论　《溪山卧游录》中论用笔用墨，并非录引他人者，有下列数则：

用墨须有干有湿，有浓有淡，近人作画，有湿有浓有淡，而无干，所以神采不能浮动也。古人大家，荒率苍莽之气，皆从干笔皴擦中得来，不可不知。❸

……凡作画先讲丘壑，亦犹作文之先讲篇段也。丘壑分明，则篇段成就矣。即宜进之以烘染，而气韵之生动，骨采之苍秀，则全从干笔皴擦中得来。善用干笔，则画之能事，思过半矣。❹

作画起手，须宽以起势，与弈棋同。若局于一角，则□□无生路矣。然又不

可杂凑也，峰峦拱抱，树木向背，先于布局时安置妥帖。如善弈者落落数子，已定通盘之局，然后逐渐烘染，由淡入浓，由浅入深，自然结构完密。每见今人作画，有不用轮廓而专以水墨烘染者，画成后但见烟雾低迷，无奇矫笋拔之气，此之谓有墨无笔，画中之下乘也。❺

前二则论干擦之益，后一则论湿染之弊，三则所言，实一事也。

（丁）论画以麓台派为准则　子履既坚持麓台之画法，其权衡他家，悉以是否同派为劣优之轩轾。

吾州向推画家渊薮，自廉州太守、烟客奉常后，继之以麓台司农，海内论六法者，必翕然称娄东。其亲受司农之枕秘者，东庄居士也。其渊源家学，克绍宗风者，蓬心太守，暨小蓬贰尹也。其私淑司农者，则有毛宿亭主事，暨其子双桥上舍。顾容堂农部，瓣香麓台，笔意凝重，有气骨。陆子若孝廉，溪山小景，其秀在骨，不食人间烟火。李晓江明府，宗法既正，而笔随心转，动合自然，卓然名家风范。❻

早于子履者，如东庄蓬心，固毋庸论。与其同时者，如顾容堂陆子若辈，亦皆取法麓台，故能为其称许乃尔。至于王椒畦，直当赞叹不置。

丙子夏，椒畦招余同郎澹翁集学圃，为余作扇头淡墨山水。余观其皴擦烘染，由浅入深，弥深弥远，所谓墨具五色，椒畦深得不传之秘矣。❼

良以墨具五色，麓台画派之止境，所谓"气韵生动，端在是也"。今试观其论成盥苏曰：

成盥苏，俊，通州人。山水以烘染见长，惟少枯笔皴擦。然其佳处，颇近文待诏、董宗伯……❽

❶ 盛大士《溪山卧游录》（《美术丛书》本）三集一辑一册 1/8b。

❷ 同注❶ 1/6a。

❸ 同注❶ 2/1b。

❹ 同注❶ 3/14a。

❺ 同注❶ 2/9a。

❻ 同注❶ 3/1a。

❼ 同注❶ 3/2b。

❽ 同注❶ 3/13a。

文待诏、董宗伯,自非麓台所能企及。设果能近之,亦可贵矣,何必定求其有枯笔皴擦哉?子履未免以门户之别,而有一偏之见也。

(五)秦祖永

秦祖永,字逸芬,梁溪人。道光时生人,有《桐阴论画》《桐阴画诀》行世。

逸芬之画,毫无可观,笔墨枯涩而稚冗,丘壑平淡而寡趣。麓台一派,末流中之尤弱者。恃有论画之作,名噪有清末叶。《桐阴画诀》中多论画法,陈言为多。兹引数则于后,可知其不仅以麓台传人自诩,竟拟上跻倪黄而与并辔,实无自知之明者也。

作画最忌湿笔,锋芒全为墨华淹渍,便不能着力矣。去湿之法,莫如用干。取其易于着力,可以运用从心。大痴老人,松字诀,惟能用干笔,庶可参究也。❾

麓台云:"峰锋须若触透纸背"者,则骨干坚凝,皴擦处须多用干笔,然后以墨水晕之,则厚而有神。初学用笔,能时时体此意,自然笔墨融化,渐臻妙境,真后学换骨金丹也。❿

用笔当如春蚕吐丝,全凭笔锋皴擦而成。初见甚平易,谛观六法兼备,此所谓成如容易却艰辛也。元人妙处,纯乎如此。所由化宋人刻画之迹,而卓绝千古也。⓫

皴法要柔软而有融和恬静之致,如运笔太松,未能沉厚,以淡笔细细擦之。收拾时,再以淡墨汁重叠渲之,则不患不厚矣。⓬

前人有言:"大胆落笔,细心收拾",深得画家妙用。落笔时专论笔,收拾时兼论墨。凡皴之不足者渲之,石之未醒

者提之,山坳树隙之未融者,重叠而幹晕之。然后笔墨浑化,无美不臻。此真良工苦心,非苟焉已也。画能如是,安得不取重于鉴赏家哉?⓭

上引五则,可以四字蔽之曰:"干笔多擦"而已。吾人试取麓台之作与逸芬较,二家用笔皆干,皴擦皆多,而神趣有霄壤之别。盖逸芬自以为然之干笔多擦,已非麓台之干笔多擦。若使麓台见,必不许之为弟子也。

逸芬论画,亦往往有门户之见,将于品评章中详之,兹不更赘。

第四节 麓台画派之弊病

麓台之画,自成一家。雄健沉着,是其特长。画名之煊赫,声势之浩大,当非尽属得之于侥幸。惟沈归愚论黄尊古有言及之曰:

当代以画名者五人。武进得恽寿平格,太仓得吴渔山历,王麓台原祁,常熟得王石谷翚,最后得吾友黄尊古鼎。五人中麓台第进士,官侍郎,显名最易。四人逸老布衣,而名与之齐,觉四人较难……⓮

李葆恂《三邕翠墨簃》中亦曰:

尊古为画苑老辈,好远游,不逐声誉,故名在四王、吴、恽下,自号独往客,有以也。画法苍郁深厚,不减麓台,而谨严过之。此自有公论,必巨眼精鉴,不过人言下转者,始能激赏吾言。非以司农位高,故为矫说也。⓯

诚以麓台位显而尊,且承睿赏,得名较易。其为奉常翁之孙,家学渊源,深入世人心目,尤为助其成名之主要动力。有清论者之于麓台,拜服赞叹,心无闲言,固大有人在。推其所以然,或为回获南宗之正传,或为受时见所樊囿,

❾ 秦祖永《桐阴画诀》(同治三年刊《桐阴论画》附刻本)上 /1a。

❿ 同注❾上 /2a。

⓫ 同注❾上 /2b。

⓬ 同注❾上 /7b。

⓭ 同注❾上 /17b。

⓮ 据冯金伯《国朝画识》引(墨香居刊本)8/14b。

⓯ 李葆恂《三邕翠墨簃》(《义州李氏丛刊》本)3/14a。

果中心悦之，能于画中得真趣者，盖少。至于不甚以麓台为然者，则指不胜屈。此则大都确有所见，故能放言无忌。兹略举数端，以见一斑。

钱松壶虽谓玄宰麓台，师法大痴，有沉郁苍润之致，仍有言曰："余每谓董文敏画笔少含蓄，王司农有笔墨而无丘壑。"[1]黄祖香则直谓不解其妙处。跋燕文贵万壑松涛图曰：

又南宋马夏与浙派蓝田叔王麓台，此四家余未解其妙处，亦不收置，附记于此。且卓识巨眼，当与余有同嗜也。落水兰亭主人黄祖香，书于墨云阁。[2]

北宗浙派非其所喜，定嗜南宗无疑。嗜南宗而屏当代所谓南宗正传之麓台于不顾，是必真有所疾首不能容者矣。

吴修《论画绝句》云：

"石骨干皴到浑融，独将魄力写痴翁。怪来题语多平衍，难道千图意一同。"王司画每喜自题，语多率直，意亦雷同，而少精义。宋芝山屡为余言之。[3]

今读麓台画跋，确有同感。究其病源，非题语之雷同，实丘壑之雷同。章法既无变化，题语便不能由画景生发，只得于笔墨及子久画法上，反复敷陈。"千图意一同"，直可断言，不必更作问语也。

戴醇士题画扇曰：

石谷无聊酬应，亦千丘万壑，布置精到。麓台晚年，专取笔力，大率任意涂抹，置畦径物象于不问。石谷之偏，神不胜形。麓台之偏，形不胜神。尝为之评曰："耕烟描画，石师刷画。"[4]

又曰：

专以力透纸背求麓台，归宿处则笔不着纸之南田为外道矣。画固以气味为嫡传，不当执笔墨论也。[5]

前则颇以麓台之不顾丘壑为憾，后则又力辩专事笔墨厚重、力透纸背之非。二跋皆题自作，实于麓台有所不满，而思以己画矫正之也。

麓台画法之失，已略言之矣。兹再就张浦山之议论，以期得更清晰之认识。

张浦山，亦麓台之传人也。读其《浦山论画》，不难窥得其法度，悉以麓台为圭臬。前所引闻人克大纪麓台作画经过一节，即自《画徵录》中录出者。该节之前且有言曰：

庚生也晚，尝恨未获从公游，聆公讲论，观公用笔。每见公手迹，辄爱玩不释，至忘寝食思之。其笔精墨妙，自谓得其概矣。后于弋阳道中遘逅山阴闻人克大，出公秋山晴爽图卷，仿大痴法者，于是叹观止焉。[6]

后复曰：

庚得睹此卷，详闻克大所述，不啻亲见公之磅礴矣，所得不既多乎？因详记之，以备私淑之助，且俾后之有志斯道者，知公作画之匠心，有如是云。[7]

浦山对于麓台之心折，可谓蔑以加矣。当是时，其画法必遵麓台无疑。但迫至《续录》张守苍张述渠传中则云：

向见麓台秋山晴爽图卷，其自述作法有"笔端金刚杵"之语，恍然有会，因叹公之秘妙，不惜道出示人，自是颇有进境。后见大痴秋林书屋图，其勾勒石骨，运笔极细而软，皴擦轻淡而简，若毫不致力者，而设以浅绛，烘以墨青水，其气晕浓深沉厚，远观弥湛，觉岚光林霭，苍然欲滴，乃知金刚杵之言，不尽然矣。其云金刚杵者，盖言笔力坚重，若鲁公书入木三分也。学者犹有致力之处。秋林书屋，则一片神行，无从措手。昔人题画诗有云："吾闻老子能

❶ 钱杜《松壶画赘》（光绪十四年《榆园丛刻》本）下/16b。

❷ 方浚颐《梦园书画录》（光绪二年锦城柏署刊本）2/13b。

❸ 吴修《青霞馆论画绝句》（光绪二年葛氏啸园刊本）39a。

❹ 戴熙《习苦斋画絮》（光绪十九年惠氏刊本）8/2a。

❺ 同注❹ 10/7b。

❻ 张庚《国朝画徵录》（通行本）下/2b。

❼ 同注❻下/3b。

婴儿，乃是至入神化时"，此之谓矣。为拈出质诸精于六法者。❽

又曰：

古人画山水多湿笔，故云"水晕墨章，兴乎唐代"，迄宋犹然。迨元季四家，始用干笔，然吴仲圭犹重墨法，余亦浅绛烘染，有骨有肉。至明董宗伯，合倪黄两家法，则纯以枯笔干墨，此亦晚年偶尔率应，非其所专。士夫便之，遂以为艺林绝品，而争趋焉。虽若骨干老逸，而气韵生动之法，失之远矣。盖湿笔难工，干笔易好。湿笔易流于薄，干笔易于见厚。湿笔渲染费功，干笔点曳便捷，此所以争趋之也。由是作者观者，一于耳食相与侈大矜张，遂盛行于时，反以湿笔为俗工而弃之，过矣。余尝见明止仲题画诗："北苑貌山水，见墨不见笔。继者惟巨然，笔从墨间出。"始悟古人授受得力之微。盖北苑骨藏于肉，巨然于肉透骨。后之学者，以骨易见笔，肉难征墨，由是肉渐消而骨加出，迄于今有过于尚骨者，几成髑髅矣，尚得谓之画哉？余初亦尚干笔，及知干湿互用之方，而年迈气衰，不能复力，深为怅恨〔《瓜田秋林叠嶂图》用笔颇湿。是帧作于乾隆庚午，先生年六十六岁。见《东洋美术大观》册十三〕。麓台晚年深好梅道人墨法，盖亦有会于董源矣。后之学者，有志复古，当不河汉余言。❾

按《画微录》作于康熙后壬寅至雍正乙卯之间。《续录》何时脱稿，书中不详，《张宗苍传》，言其告老归里事，是必成于乾隆二十年乙亥之后，相距已念载。吾人试将前引各节参阅，对于其前后主张之改变，可以一目了然，所持议论竟判若两人也。盖浦山学识阅历，与年俱增。彼时以干笔为绝诣，今则顿悟当干湿互用。彼时以金刚杵为用笔之秘诀，今则又知其不尽然。尤以论湿笔一节，将干湿难易得失之差，阐说尽致〔陈烺曰："浦山初亦尚干笔，及晚年始明干湿互用之法，造诣故臻，绝妙也。"《读画辑略》商务排印本 81〕。观其自谓，"年迈气衰，不能复力"之言，实深以一生为干笔所误为恨。复有鉴于流弊所至，使学者不能自拔，是以诋诃以往，炯戒来者，往复陈说，不遗余力。浦山诚有心人也。

不独浦山如是，即麓台亦未尝不自知其以往之画法，有过偏之失（据浦山"麓台晚年深好梅道人墨法"一语可知）。杨翰《归石轩画谈》尝谓其暮年作品，有用湿笔者。

余在京，得麓台中幅……此幅乃晚年之笔，宣德纸，细韧。皴法树法，仍是大痴。用墨郁润，有似梅花道人。苔点浓厚，湿墨如滴，想见吐纳云腴，苍茫浑化之妙，领略晓色情景，知大家一笔不苟，是真得造化之灵气也。❿

吾独怪麓台既悟一味干燥之失，而领略湿润之趣，何不重作画论，托诸文辞，彰彰告世之学者〔麓台仿高尚书《云山图》，全用湿笔，颇得淹阔沉重之致。跋中有"余苦心三十年"一语，知系晚年所作。跋曰："画道笔法机趣，至元人发露已极。高彦敬、赵松雪暨黄王吴倪四家，共为元季六大家，比皆得董巨精髓，传其衣钵者也。余苦心三十年，终未梦见，就臆见仿各大家意以自验所得，未知□证何如？"有正《中国名画》四集第六页〕。设然，其画派之流弊，或不致如后日之甚也。岂欲自护其短，未敢与向所言者自相抵触，是以默然缄口耶？

上文所论，皆偏重麓台一己之得失。在本章结束之前，似当将学麓台者之弊病，略加叙说。俞蛟《读画闲评》纪汤谦松曰：

❽ 同注❻续录下 /4b。

❾ 同注❻续录下 /5a。

❿ 杨翰《归石轩画谈》〔同治十年刊《息柯居士全集》本〕5/39b。

❶ 俞蛟《读画闻评》（吴辟疆辑《画苑秘笈》二编画山楼排印本）册下 5a。

❷ 同注❶ 6a。

❸ 盛大士《溪山卧游录》（《美术丛书》本）三集一辑一册 1/5b。

❹ 陶元藻《越画见闻》（《美术丛书》本）三集五辑二册下 /11a。

汤谦，字松阿，金陵人也。童时出家为道士，故时人又以汤道士呼之。画宗黄子久，而误于麓台山水欲毛之说。因取败毫如帚者，醮以枯墨，皴擦而成。重傅青赭色，亦觉纵横苍翠，惜于山水中法脉，漫焉弗讲。每作小屋于数十仞山冈之上，四面空无依倚，瀑布不寻源，喷涌峰顶，昔人谓"架上悬巾"者是也。又于崇峦复嶂之外，不作远山，有时仅以浓墨抹如锥，或如茧栗，意以远山为可有可无之物，殊不知穷岩绝壑，绵延数百里，少亦数十里，倘不分布远山，使掩映于崖坳林陬，则虽峦容巉峭，而山外无山，安见其脉之长而气之厚乎？即远山之或瘦削，或圆混，尚须就近山形势所宜，非可漫为之也。至于气韵生动，全在烘染得之，枯墨干笔，失之远矣！❶

于《朱中峰传》中又云：

朱嵩，字中峰，山阴人。山水师北苑，而参以叔明，合两家神韵，萃于一手。与王石谷同时，石谷长于傅色，而中峰善于用墨。石谷干湿互用，而中峰纯用湿笔。尝见其一二大幅，林峦崇茂，气势绵亘，点染勾擦，由浅而深，由疏而密，望之淋漓瀚郁，焚香静对，觉岚光云气，蒙蒙然欲沾人衣袂也。至其魄力之宏厚，

结构之严密，非解个中三昧者，所（疑"不"之误）能领会。而时下以干笔凑撮敷衍，自称学倪黄者流，非特不足与谈，并不必与观也。顾世之纯用干笔者，不知作俑何人。或曰始于元季四家，然试观梅道人墨气，干乎湿乎？其余亦浅绛烘晕，或施青绿，从无枯槁尪羸，奄奄若病夫者。即匠氏叠石为山，经四时雨露之润，苔藓葱郁，饶有生趣。何以明窗净几之下，挥洒而出者，反如灰堆土壤乎？❷

盛子履亦曰：

司农画法，吾乡后进，皆步武前型。然不善领会则重滞窒塞，亦所不免。盖无炼金成液之功，则必有剑拔弩张之象。无包举浑沦之气，则必有繁复琐碎之形。司农出入百家，成此绝诣。今人专学司农，不复沿讨其源流，是以形体具而神气耗也。❸

夫子履为对于同派画家，格外偏祖者。既如是而仍谓其多流弊，其弊深矣。至若陶元藻谓钮元凤"师法麓台，用秃笔干墨，虽新颖亦必剪去其锋，层层皴擦，不惜竟日之功"❹，斯诚下技，入于魔道，为识者所耻。呜呼，在当日麓台以画法授人，又安知其流弊至于斯极哉？

王原祁之山水画派

第三十八章　张庚《图画精意识》

明代画论，曾为詹东图《玄览编》辟一专章，以其虽为著录之书，而于画法方面之贡献，有不可磨灭之功也。

清代论画之著，足与《玄览编》比拟者，惟张浦山《图画精意识》一书，此吾本章之所以作。越园先生《解题》曰：

此书就其所见之画，记录成编，其中颇多剧迹，每画必记其丘壑布置及用墨用笔之法，以明其妙处，兼及作者经营之苦心，故曰《精意识》。实与画学大有裨益。昔人著录名画，无此体例，后人亦无仿之者，盖非浦山之学识，不能作也。❶

《玄览编》流传极罕，越园先生列入未见门，是以谓浦山之前，无此体例。究其实，则二家描写前人遗迹之方法，极相似。惟《玄览编》每则无标题，且有一则论及数画者，此其微异耳。

《图画精意识》一卷，共八十五则。初刻于乾隆二十七年壬午。各丛书本，前有闵莘祥光绪十四年戊子序。据称为朱记荣得张氏原稿，因以付刊者。复有李堂肯庵题辞，中有句曰："好学已深思，心务知其意。"❷又曰："遂以读史法，阐幽于绘事。"又曰："吾友怀若谷，以虚发神智，吾友心如发，以细穷深粹。"❸浦山对于名画，潜心探讨，故能妙抉元微。肯庵所云，洵不虚也。

本章对于《图画精意识》中材料之披拣，与《玄览编》同，不过择其叙说详尽，最能阐发绘画精义者，酌量录引。所论各画，大都不能见，是以吾得附意于每节之后者寡。幸而原书既佳，更毋庸后人饶舌，非吾故敢怠懈，冀图草率塞责也。

今取自《图画精意识》者，凡八则，分三类论之。（一）叙画中章法较详者。（二）不专指一图而言，可视为绘画之常法者。（三）画中有微妙之趣，常人所易忽略，而浦山特为拈出者。至其足助学者对于画法之领悟则一。

（一）叙画中章法较详者

王右丞《江干雪霁图》

摩诘《江干雪霁图》，长四尺，宽尺有五寸，起手写山家叠石围墙，环以古木，前临田陇，后倚丛山，山外作江汉村落，村外则江景矣。凡三层，每层以高峰峻岭，插于两旁，与江上远山相带映，故景虽碎，而气脉一贯。最妙在

❶ 余绍宋《书画书录解题》（北平图书馆排印本）6/27a。

❷ 张庚《图画精意识》（《美术丛书》本）三集二辑二册题辞/1a。

❸ 同注❷。

张庚《图画精意识》

第二层光汊村落，得脱卸之法，与行文同一机缄也。山家左侧少后，松间山路，点缀小车肩舆及担夫等。古木下，居人引童子闲望，盖写霁后居者行者之情景。据此宜题雪霁行旅，而曰江干雪霁者，以通幅之妙，全在上半江山烟雾，得霁景之神耳。亦犹文章之虚写实写也，至其处处节奏之微，难以名言。❶

摩诘《江干雪霁图》，杨恩寿《眼福编》❷、李葆恂《无益有益斋读画诗》❸，并见著录，俱是横幅，而此则直幅也，必非一本。图经浦山由下而上，分作三层。（一）山家树石，（二）江汉村落，（三）江景远山。浦山以为全幅之妙，在第二层之脱卸法及霁景之点题。脱卸法，浦山自谓于行文之法悟得，后于营邱《山阴泛雪图》一则中亦道及其义。盖谓某一段落，忽有荡笔一顿，气舒而缓，似与前文脱卸，而实脉络串贯者。用之以启后势，愈觉其跌宕多姿。中层之江汉村落，必出没于漠漠寒烟中。下层为丛山，上层为远山，当以中层最为平衍。是以谓之曰脱卸。但能与上下相顾盼映发者，亦端赖此。无此一层，则全幅之情趣敛迹矣。就画中之景物而言，人物点缀，似较江山烟雾为重要。古人取画中最神妙之处以命名，亦可知其精思矣。

李营邱《山阴泛雪图》

李营邱《山阴泛雪图》，绢本，娄东王奉常以五百金购得之。余在清晖阁获睹，急临一稿本归。曾为友人周司马象益，胡观察韭溪及门当湖何学源，各写一本。是图只两截，以平淡为雄奇，以浅近为深奥，诸法具备，真画苑名程，为详述其法，好古者览之，或可意拟。下方左角大石三块并置，略作参差。石

上用焦墨作枯木一林，一株横卧于中，得纵横法。枝皆鹰爪，石罅以夹叶小树朱点生色。极边叠大石，一笔与三石相应，极有势。石侧林腰，露一殿角，傍衬疏竹，又以疏树枝虚笔领起，此为第一截结构之密。隔溪沙岸，小枯木五六株，不多着笔，岸沙半隐林内，不设色，不点苔，岸上云气烘断，云内一山，当中而起，只作两层。上层分三叠，下层则否。向右侧落一小峰，与大山相承，下接岸上小枯木，得脱卸法，而于峰顶作两松凌空，最得起伏法。山之左腋，瀑布一道，下面不出水口，以林屋蔽之也。上幅只一笔，作高耸山，包裹顶势，与主山相通。全幅得气得势，在此一笔，最得结束法。尤妙在亦不设色不点苔，最得轻重照应法。此第二截结构也。溪中一舟漾于林下，一人幅巾朱衣，坐舱中。傍人蓑笠而摇橹，此点题也。其设色法以赭为地，上留雪痕，再用淡墨入苦绿染，然后罩染石绿，复以墨绿染之。其凹侧处略染石青，其雪痕处以粉点雪。树枝及苔，俱以粉勾粉点。总言之，不过一丘一壑，而势已重深。勾勒不多，而形极层叠。皴擦甚少，而骨干自坚。设色至薄，而气韵沉郁。然此犹可以名言，至其一片清寂严冷之况，令观者肌欲生栗，神矣化矣。余之得窥营邱之门者，由此图也。且悟右丞之法，盖李出自王也。❹

图凡两截。下截山石、林木、殿宇、景物充塞，故云"此为第一截结构之密"。第二截沙岸枯林，山头出云气之上，右侧小峰作降势，上承大山，下接枯木，在此截所处之地位，有如摩诘《江干雪霁图》中之江汉村落，前后呼应，如行文之有脱卸法也。峰顶两松凌空，

❶ 张庚《图画精意识》（《美术丛书》本）三集二辑二册题辞/1a。

❷ 杨恩寿《眼福编》初编（《坦园丛稿》本）7/17a。

❸ 李葆恂《无益有益斋读画诗》（《义州李氏丛刻》本）上/2a。

❹ 同注❶2a。

天矫高耸，山势所不及，于此见起伏法。山顶圆脊，无限气势，仗此一笔勒住，实有千钧之力，于此见结束法。浦山论画，无不以文法喻之也。山不设色，不点苔，谓于此可见轻重照应。轻重者何，第一截与第二截间之比较也。第一截充塞，此截遂以空灵应之。吾以为"此第二截结构也"一语，浦山若易之作"此为第二截结构之疏"，似意尤显豁，且可与上文对照。此后记叙人物点缀勾皴设色，亦颇详尽，冥心思之，恍若现出于目前矣。

范中立《秋山行旅图》（缩本）

《秋山行旅图》，范华原巨障缩本也。一大山宽居幅五之四，高居幅之半，不衬远山，盖无隙可容矣。亦山高极，不能再见他山也。伟然屹然，岚气丰茸沉厚，山颠树木茂密，望之令人气壮，大观也。其下大石二并置，俱作两层。石后大路横亘，不作曲折，路上蹇驴络绎，大树行列。树顶山寺涌出，路旁小石台，台上丛木与大山承接。山右披瀑水幽深而出，直泻而下，作万丈之势，而以山寺殿脊隐住。左披小山两层，承大山，略烘断，下有曲涧危桥，密林乱石，若有径在石台后通山寺者。构局如此，空前绝后矣。设色以赭，用淡墨入苦绿染之，树多夹叶。❺

中立此图，本文屡经论及，取而与上文对照，以觇前人叙说画迹之方法，实为最有兴趣之事。浦山谓此系华原巨障缩本，玄宰❻临古小中见大册中有此帧。浦山所据，或该册欤？惟董本大山，不及全幅之半。右披瀑布，因亦迫促。非原本，山无伟屹之势，水无万丈之高也。岂浦山观此缩本之时，心中尚有原

本在耶？今复取董本作为插图，以其质地新洁，景物明显。尤以涧上以叉木支撑，类似栈道之长桥，与浦山所谓石台后通山寺之径衔接，可览之无遗。不假临本，不足以知原本构局之妙，亦不足知浦山观察之详也。

《九峰雪霁图》

大痴《九峰雪霁图》，分五层写。起处平坡林屋，树间略以淡墨作介字点，极稀疏有致，此为第一层。其上以一笔略穹起，横亘如大阜，竖点小杉二十余笔，为第二层。又上作两小峰相并，左峰平分三笔，上点小杉五六，右峰只一笔，此为第三层。又上作大小两峰相并，小峰亦平分三笔，无杉，大峰亦只一笔，上点小杉一二，为第四层。峰皆陡耸，其收顶又用一笔穹起亘于上，以应第二层之大阜，而穹处较甚，以其为峰也，偏于左，以冒第四层之小峰，而带于大峰之旁，亦无杉。自第二层大阜迄此，皆虚住，其林屋之前右下，以战笔作渚沙二三十条，小石三四，短枯枝数笔。是图大痴极经营之作，无平日本色一笔，洵属神化，直夺右丞、营邱之席。以其纯用空勾，不加点缀，非具绝大神通不能也。❼

此图亦经《大观录》著录，曰："山峰纯是空勾，以墨青染天，衬起远近诸峰，俨若寒崖冻壑。林树用破笔作枯株，而坡石点苔，更不着一完笔，创前人所未造，示后人以难摹。尤妙在生面独开，仍不露自家墨法。一片精彩，神来气来作也。"❽吴升在清代著录家中，对画中景物之叙述，已为较详者，然视浦山，相去不可以道里计。吾人只须比较二家所予人九峰图景象之浅深，便能立判矣。

❺ 同注❶ 3a。

❻ 按此册传为董玄宰所作，实出王烟容之手。王麓台仿设色大痴巨幅李匡吉求赠一跋称："余先奉常赠公汇宋元诸家，定其体裁，摹其骨髓，成二十余幅，名曰缩本，行间墨里，精神出焉，此大父一生得力处也。华亭宗伯题册首云'小中见大'，又每幅重题赏鉴跋语，以见渊源接受之意。"《王司农题画录》（《甲戌丛编》本）上 /7a。邓叔存先生有文及之。

❼ 同注❶ 24a。

❽ 吴升《大观录》（武进李氏圣译楼排印本）17/7b。

以上所论四图，大都皆经浦山分成段落。非画之能腰斩、能割裂也，取便于叙说，易使读者得较切实之观念而已。且画如文章，其间气脉之缓急，结构之虚实，往往可求得其自然之起讫，不必强为之也。溯此法之源，当自顾恺之《画云台山记》始。吾人他日得有著录名画之机缘，借镜于此多矣。

（二）不专指一图而言，可视为绘画之常法者

《宫娥避暑图》

凡画人物，惟屋宇最难，为其板也。宋人《宫娥避暑图》，作桐树两株，以密叶隐蔽其檐梠，而于桐荫疏处，露一铁马下垂，此暗写法也。若上无屋檐，则下之阶阤无着。有之，则又落板俗，惟此最为得法。凡作画与作诗文，同一经营布置，大有手法。第恐作聪明者，又流入小家堕恶道耳。此处正是索解人不得。❶

此则虽指画人物而言，然屋宇亦山水中所习用，且理复相通，是以置此言之。唐志契曰："古人画楼阁，未有不写花木相间，与夫树石相掩映者"，正虑楼阁毕现，难免板刻也。浦山著录宋人此帧，乃借题发挥其关于楼阁画法之主见，与前引各则，论画之分三层二截，仅限于某画者异。更如黄鹤山人《松鹤鸣泉图》："王叔明《松鹤鸣泉图》，松石山涧，用笔本色，忽以高彦敬法作一小峰衬于中，通幅更觉灵动。今之仿黄鹤者不知也，故为枯出。大痴《富春山卷》有类咸熙、江参、叔明、元镇者，正古人之善变也。特虑不解事者，反以为杂，又甚虑不善学者，真成杂也。"❷ 必如是始得谓食古能化，不为成法束缚。又是浦山对于摹

拟之通论，非专指叔明而言也。著录前人名迹，鲜用此法，既可裨益后学，且可逸趣横生，使读者无枯燥之感。

（三）画中有微妙之趣，常人所易忽略，而浦山特为拈出者

《夏山欲雨图》

巨然《夏山欲雨》长卷，其妙处已备于瞿昆湖跋。然其布局之层次，点题之入化，犹未及也。余特详著之，以为学者进一解。起手浦溆水村，以渐入山，犹为晴景，间有云气，亦是晴霭。至中段山深处，写一村落，极稠密。对面一山，只一笔勾出山顶。其坡路沙脚间，点以密林，余皆空白，烘染作云气，望之俨然溪云一缕，从密林中透起，弥漫霶霈，蒙盖一山，而村落居人，犹往来不断，确是长夏暴雨将兴之概。此等点题，从来名家未有也。于极寻常境中，现出奇观如此。自是而后，纯写雨景矣。其次第之精密超绝为何如，此岂苟且落笔，吾不知其若何经营惨淡也。至笔力险劲圆厚，直是书家所谓画沙印泥，入木三分，岂浅学所能窥见？大抵奇幻若兹卷，在巨师生平，亦不多得。昆湖以为从禅定中现出阿僧祇法界，良不诬耳。❸

瞿师道《文懿公集》，未得见，他家著录，亦不载其跋，不得取与浦山之记对校，甚以为憾。其描写画中情景，自浦山语气测之，当不及上文详尽。此卷虽未经浦山分成段落，亦有不同之次第三。晴景、欲雨景、雨景是也。巨然既以欲雨命名，自以中段为全图之主。浦山谓昆湖未及点题之入化，必以其跋中未注意及欲雨之景，据此亦可知画中微妙之处，易为人疏忽也。古人论画，最重画题。王维之《山水论》、郭熙之《林

---

❶ 张庚《图画精意识》（《美术丛书》本）三集二辑二册题辞 /6b。

❷ 同注❶ 11b。

❸ 同注❶ 7b。

泉高致》，每语四字，累幅盈篇，皆是也。盖古人作画，每先拟定题目，而画之意境，即从此生发。宋画院取士，尤为显著。此风至元而顿杀，以高人逸士，不愿受任何拘束。证之以《图书精意识》中高彦敬溪山欲雨图，当知吾言之非谬。"高房山《溪山欲雨图》，中堂幅，云头层层烘染，观此是归云，非欲雨之出云也。董文敏有仿房山小幅，云气蒸蒸兴起，方是欲雨，而题诗云：'白云无四时，散漫此空谷，幸乏霖雨姿，何妨媚幽独。'两公之题，皆与画反，此不经意处，亦是图成而题，非先立题而图之也。然笔墨自佳。是图设色极浓重，曾为坦斋摹之。"❹浦山论唐宋画，每熟虑其画题，再进而求其画之着力处，精警处，是以往往能获他人所忽也。

《换鹅图》

《换鹅图》小单条，纸本。约长三尺余，宽尺余。粗笔水墨，不署名，亦无图章，不知何人所作。右方画一石壁，壁下小桥流水，右军昂首垂袖，童子抱鹅随之，度桥而去。左方中幅于石壁旁画桐树一株，桐下一道士欣笑，双手于石桌上收卷书纸，两人绝不照应，各写其满愿态。情景逼真，神品也。画家须具此等思致，方许画古人事迹。然此图是从李青莲诗"书罢笼鹅去，何曾辞主人"两句悟出，故善画者必善读书也。李公麟为黄涪翁作李广夺胡儿马，挟儿南驰，取胡儿弓引满以拟追骑，观箭锋所直发之人马，皆应弦也。伯时笑曰："使俗子为之，当作中箭追骑矣"，与是图同一妙会。不然，则有如东坡题右军斫鲙图云："余观榻上偃蹇者，定不能书《兰亭序》也。"右军在会稽时，桓温求侧理纸，库中有五十万，尽付之，计此风神，必有岩壑之姿耳。作画者请于此参悟。❺

设吾人得《换鹅图》而默对之，画中之情趣，画家之巧思，未必能遽为吾得。一经浦山道破，不禁哑然欲笑矣。此正如詹东图就李伯时莲社及西园雅集二图中丛草画法之异，以揣测画家用意之所在。凡此种种，皆不在画之表面上显露，而须于纤微曲折处求之。岂心浮气躁者，所能理会哉？

❹ 同注❶18a。

❺ 同注❶5b。

参别

张庚《图画精意识》

第三十九章　清代山水图谱

　　山水图谱，今日之得见者，当以半千诸种为最早，前已言及。不独是也，其内容至为切实，对于清代山水图谱之影响，亦至巨。何以言之？以王安节之《芥子园画传》取法于半千之《画法册》颇多，而此后之作者，又多取法于安节也。

　　张浦山《画徵录·半千传》曰："龚贤，字半千，号柴文人，家昆山，流寓金陵。"[1]《王安节传》曰："王概，字安节，初名丐，本秀水人，家于金陵，工山水，学龚半千笔法。"[2]是则安节于清凉山下半亩园中，不特得半千笔意，兼传其授徒之法也。

　　清代山水图谱，《芥子园》外，尚得三种。曰：《费氏山水画式》、《梦幻居画学简明》、顾沄《南画样式》，本章分节论之。

第一节　王概《芥子园画传》

　　《芥子园画传》，共五卷。卷一春在堂《画学浅说》，卷二为树木各法，卷三为山石云水各法，卷四为点缀各法，卷五为模仿诸家册扇横长各式。卷一大半录引前人成说，与图式无涉。山水画

法论述章中，间或论及。卷五仅有图式，而无文字解说，今皆置勿论。原书刊于康熙十八年己未，乾隆嘉庆等朝皆有重刻本。

　　《画传》前有李笠翁序，言其编纂之经过颇详：

　　余生平爱山水，但能观人画，而不能自为画。间尝舟车所至，不乏摩诘长康之流，降心问道，多謾额曰："此道可以意会，难以形传。"予甚为不解。今一病经年，不能出游，坐卧斗室，屏绝人事，犹幸湖山在我几席，寝食披对，颇得卧游之乐。因署一联云："尽收城郭归檐下，全贮湖山在目中。"独恨不能为之写照，以当枚生《七发》。因语家倩因伯曰："绘图一事，相传久矣，奈何人物翎毛花卉诸品，皆有写生佳谱，至山水一途，独泯泯无传，岂画山水之法，洵可意会，不可形传耶？抑画家自秘其传，不以公世耶？"因伯遂出一册，谓予曰："是先世所遗，相传已久。"予见而奇之，细为玩赏，委曲详尽，无体不备，如出数十人之手。其行间标释书法，多似吾家长蘅手笔，及览末幅，得李氏家藏及流芳印记，益信为长蘅旧物

[1] 张庚《国朝画徵录》（通行本）上/11a。

[2] 同注[1]中/13b。

云。但此系家藏秘本，随意点染，未有伦次，难以启示后学耳。因伯又出一帙，笑谓予曰："向居金陵芥子园时，已嘱王子安节，增辑编次久矣，迨今三易寒暑，始获竣事。"予急把玩，不禁击节，有观止之叹。计此图原帙，凡四十三页，若为分枝，若为点叶，若为峦头，若为水口，与夫坡石桥道，宫室舟车，琐细要法，无不毕具。安节于读书之暇，分类仿摹，补其不逮，广为百三十三页。更为工写历代，近辑名流，汇诸家所长，得全图四十页，为初学宗式。其间用墨先后、渲染浓淡、配合远近诸法，莫不较若列眉。依其法以成画，则向之全贮目中者，今可出之腕下矣。❶

盖安节增辑编次是书，历时三载，备费精力、时间，始克有成也。

以若此精心之构，在山水画谱中，纵不得称为创举，亦属最完备之书。名重艺林，当是意料中事。不期清代论者，对于《画传》，竟多微词。兹举数家之评论于后，以见一斑。李乾斋《小蓬莱阁画鉴》中云：

笪侍御江上《画筌》一书，取忘筌之义，刻入《知不足斋丛书》，其后汤都督雨生，逐段分析，单行复刻，名曰《画筌析览》，欲学者范山模水，了如指掌。盖侍御当时，与虞山王子石谷，毗陵恽子南田，称莫逆交，参赞而成此书，不惜齿芬，曲尽精微，引人入胜。余谓画，不过写胸中逸气耳。若胸有成竹，反多疑忌。所谓尽信书不如无书也。虽然，较王安节将峰峦树木，向枣梨间求生活，又奚啻霄壤！❷

是乾斋直视《画传》为灾梨祸枣，赘疣而已。钱松壶则以为山水根本非木刻所能传：

前人画谱无佳者，盖山水一道，变态万千，寻常画史，尚不能传其情状，况付之市井梓工乎？尝与朱山人野云言，画之中可付梨枣者，惟人物、鸟兽、屋宇、舟车以及几榻器皿等。❸

张式谓若画小景，可向《画传》乞灵，过此即非所敢望：

善学书者，要临古帖见古迹，学画亦然。士子若游艺扇头小景，即看时行《画传》，演习连络，再得墨韵瀚淡之情，便可寄兴。如欲入门成品，须多临古人真迹，多参古人画说。古人画说，各有精义。古人真迹，其法俱在。善学者体味而寻索之，自能升堂入室。❹

各家所云，皆不为无见，第未知作者之本意，原为初学而设，借作堂奥之阶耳。前人深以《芥子园》为然者，据今涉猎所得，仅松年一家。其言曰：

近所传之《芥子园画谱》，议论确当无疵。初学尽可矜式。先将根脚打好，起盖楼台，自然坚实。根脚不固，虽雕梁画栋，亦是虚架强撑，终防倾倒。❺

吾以为评论最公允，而能道出一般人菲薄《画传》之心理者，当推余越园先生。

此书由浅入深，实为学画山水者入门捷径。故通行最广，裨益初学，良非浅鲜。乃历来论画之书，多不称述，著录家亦无及之者。即《画微录》、《画史汇传》诸书，俱不言概曾辑此谱。此因我国学人，往往喜骛高深玄妙之理论，不屑为浅近明显之书，已成痼习，不仅画学一端为然。故如此佳书，人咸淡焉视之，甚且鄙夷，以为不足道。实则其初习时，未尝不乞灵于此编。得鱼忘筌，岂通人所宜出此。余故为表而出之。❻

❶ 王概《芥子园画传》（康熙十八年原刊本）序/2a—序/6a。

❷ 李修易《小蓬莱阁画鉴》（民国二十三年商务印书馆排印本）20a。

❸ 钱杜《松壶画忆》（光绪十四年《榆园丛刻》本）上/2b。

❹ 张式《画谭》（于海晏辑《画论丛刊》本）册三1b。

❺ 松年《颐园论画》（《画论丛刊》本）册四9a。

❻ 余绍宋《书画书录解题》（北平图书馆排印本）2/12a。

本节研究《画传》之法，今试略言之。或曰：最适当似莫过于扼其要点，提纲挈领，使读者知其何以为画谱中之巨制。但其失在《画传》内容之何若，不能详述，且欲证实吾人对于此书优弱各点之批评，恐亦未必能容一一征引。或曰：择谱中图式及文字之足供吾人发挥者录之，余则见于附录可也。此亦节省篇幅之一法，惟全书之体例及组织，与各式之次序有关。若采是法，势必本章正文，与附录随时参阅，倏前倏后，读者亦将不胜其烦。且剪裁时，何去何留，亦难得一定之标准。兹用最拙，而亦最详之方法，即逐页逐式论之。其中无可发挥者，自不在少数，故大半直等抄录而已。读者见此节，幸勿以删图式本《芥子园》讥之也。吾之所以终采此法者，亦有意在。以《画传》为吾国最完备之山水画谱，详之于此，则其他各谱，不妨从略。且其文字，亦颇多有价值者，往往经人引用，反复讨论。设不于此录之，便无从与他家对照也。

卷二共分九类，曰：树法，叶法，夹叶及着色勾藤法，诸家枯树法，诸家叶树法，诸家杂树法，诸家松柏法，诸家柳树法，蕉桐花竹兼葭法。逐类论之于后。为便利起见，数以页计，不以叶计。

（一）树法十九式（页一至页十二）

1. 起手四歧（页一）。下画树干五本，上有解说曰：

画树起手四歧法。画山水必先画树，树必先干，干立加点，则成茂林，增枝则为枯树。下手数笔最难。务审阴阳向背，左右顾盼，当争当让，或繁处增繁，或简而益简。故古人作画，千岩万壑，

不难一挥而就，独于看家本树，大费经营。若作文者，先立间架，间架既立，润色何难。当熟四歧，后观诸法。四歧者，即画家所谓"石分三面，树分四枝"也。然不曰面，而曰歧者，以见此法参伍变幻，直若路之分歧。熟之则四歧之中，面面有眼，四歧之外，头头是道。千头万绪，皆由此出。

安节自称，四歧即画家所谓"树分四枝"，是本《绘宗十二忌》之说也。细察之，竟有出入处。饶自然以树少四枝为忌之名，原偏重在树枝，今安节所云四歧之法，殆专为画树身树干而设，此其异也。一起二语，见半千《画法册》，可窥安节渊源所自。

2. 二株分形（页二右半）。画树二株不交搭。

3. 二株交形（页二右半）。画树二株相交错。

4. 大小二株（页三右半）。画大树一株，小树在大树后。附说不在此页，却在第二页之上端："二株有两法，一大加小，是为负老，一小加大，是为携幼。老树须婆娑多情，幼树须窈窕有致。如人之聚立，互相顾盼。"扶老携幼，式名不同，其实则一。皆是大小二树，吾不解其别究安在。自加字语气测之，岂大树小树，先画后画之分耶？至于婆娑窈窕之情，又是从老幼二字中会得者。

5. 三株穿插（页三右半）。画树三株，左最大，右最小，中间一株，在左树之后，右树之前。附说曰："虽属雁行，最忌根顶俱齐，状如束薪，必须左右互让，穿插自然。"此节得自半千之"三树不宜结，亦不宜散，散则无情，结是病"数语。

6. 三株对立（页四右半）。小树在直

立者之前，向左敧斜者，又在直立者之后。

7.三株高低（页四左半）。三株雁行，而颇有参差之致。

8.五株法（页五）。主树一株，略作蟹爪、枝，右一株最小，左一株直而高，后复两株，皆向左敧。附说曰："不画四株，竟作五株者，以五株既熟，则千株万株，可以类推，交搭巧妙，在此转关。故古人多作五株，而云林更有五株烟树图。若四株则分三株而加一，加两株而叠画即是，故不必更立。"方兰坻论画，不甚以图谱为然。曾有以画树谱卷示之。兰坻曰："卷中树法虽善，如其势一图再图可乎？"❶读上文，可知安节授人之法，本寓变化于图谱之中，非仅授人"一图再图"也。

9.鹿角法（页六）。树三株，右者大，左者次之，居中最小，各不交错，枝皆一律向上。附说曰："此法最有致，宜写秋林，不杂他干，或以浓墨加于众树之顶，有如鸡群之鹤也。○如作初春，上可加嫩绿小点。作霜林，则以朱暨赭杂点红叶。"鹿角枝，詹东图《玄览编》中言及之❷，似丁香而尖，丫杈四出，像鹿角而得名。《芥子园》之前，无图之于谱者。

10.蟹爪法（页七）。树二株，枝皆下垂，如园林中之龙爪槐。附说曰："必须锋芒毕露，如书家所谓悬针者是。可配荷叶皴，以笔法皆主犀利也。○蘸墨画之，再以淡墨罩染，便成烟林。写向寒山，四围墨晕，遂为珠树。"蟹爪枝，亦以形得名。古人画之，确笔笔见锋。清代南宗画家，有囿于藏锋之说者，以秃钝出之，神采失矣。安节谓可以与荷叶皴合用，吾以为不仅犀利相同，即结构亦多似处。蟹爪点叶者极少，非寒林即枯树也。

11.露根法（页八）。树一株，露根蟠屈地上。此外尚有树根三式。附说曰："树生于山腴土厚，则多藏根，若嵌石漱泉，于悬崖千仞，铁壁万层之地，则峍岈古树，每多露根，直若遗世仙人，清癯苍老，筋骨毕露，更足见奇耳。○若作杂树一丛，中间偶露一二，以破板直，亦可。然必审其树之悬瘿累节者，方姿。若尽为之，则又似锯齿钉钯，未为雅观。"前半本王维"生土上者根长而茎直，生石上者拳曲而伶仃"二语。后半即半千"三株俱有根，俱无根不得"之意。锯齿钉钯，指树之瘿节言，非谓树根也。

12.含苞法（页十一右半）。（目录之次序，与图式之次序不同，未知何故，或刊板时误置。）画树一株，枝似鹿角，而枝不甚锐。附说曰："初春树皆枝节萌生，及秋尽叶脱，有如骨节，直露井臼，皆用此法。"此树细枝，起笔略按，盖介于丁香鹿角之间者。据安节云，顿按所以状初生之萌及叶脱之节。是则或春或冬，无树无之，而此仅为树法之一种，何也？以萌之着枝，有大小之别，而叶之脱落，其节亦有隆坦之分，此所以其仅为树中之一体耳。井臼不知何解，岂状叶落之凹处耶？

13.迎风取势（页十一左半上）。横出一枝，似生于崖壁者。附说曰："李唐每用此于孤石危峰。"画狂风吹掣树木之状易，画迎风之态难。反之，画得毫无风意之树，名之曰"迎风"，何尝不可。凡画谱如此命名者，每虑其名实不甚切合。以此式言，设不标出"迎风"二字，吾人但知其为山崖之悬枝而已。

14.垂枝法（页十一左半下）。树两株，作垂枝，较蟹爪式瘦直而枝长，信为倪迂所常用者。附说曰："云林多画之。"

15.根下衬贴小树（页十二右半）。

❶ 方薰《山静居画论》（《画论丛刊》本）册三上 /4b。

❷ 詹景凤记夏珪对客论文图曰："高林枯树，发枝乃用鹿角丁香。"《玄览编》（据故宫图书馆藏抄本抄）58b。

小树两丛，类似荆棘，山水中大树间恒以之补空者。

16. 树中衬贴疏柳法（页十二左半）。画树两株，大者似柳，小者直似第十一页之云林垂枝树。

17. 梅花鼠足点树（页九）。点叶树二株。附说曰："梅道人喜用之。"此即半千所谱之梅花点，未知何以又增鼠足二字。夫点之组织，三五相聚，笔锋逗踢，始谓鼠足，而梅花点，半千力主当圆点中锋。此式标名，似不甚妥。

18. 菊花点树（页十右半）。五六笔相聚，似北派之攒钱松针而略疏。

19. 胡椒点树（页十左半）。树一株，点似梅花鼠足而较疏。

上画树法十九式，为初学者说法，已不愧为完善之图谱，尤以三株五株，穿插交丫各式，层次井然，结构妥适，且能见用笔之起讫，手此一编，颇可搦管练习。第尚有不无可议之处，四歧一法，画树之起手也，似不及半千《画法册》，授人一二三四各笔先后之步骤，尤为简便易晓。梅花鼠足，菊花，胡椒等点叶树，在目录本列最后，在图谱之次序，又列在含苞式之前。吾以为直不妨删之，或并入后文。此处开章明义，原系最基本之画树方法，故宜仅有枯树，而点叶树留置他类。后文既有诸家叶树法专节，似不必置此而自乱其体例也。

（二）叶法三十五式（页十三至页十八）

叶法六页，每页六式，计其数共得三十六。第十八页之垂叶点，未经目录收入，故内容与目录不符。计页十三为介字点、个字点、胡椒点、梅花点、小

混点、鼠足点。页十四为菊花点、松叶点、垂藤点、柏叶点、水藻点、椿叶点。页十五为大混点、攒三点、藻丝点、尖头点、平头点、桐叶点。页十六为垂头点、仰头点、攒三聚五点、扁笔点、一字点、偏笔点。页十七为小攒聚点、杉叶点、聚散椿叶点、细叶点、刺松点、夹叶点。页十八为个字间双勾点、细垂藤点、仰叶点、雨雪点、垂叶点、破笔点。页十三上有总论曰：

点叶法　点叶勾叶，不复分别某家用某点，某树用某圈者，以前后各树中，俱载有古人点法。点法虽不同，然随笔所至，于无意中相似者，亦复不少。当神而明之，不可死守成法。

树叶点法，当以此谱为最备，不仅半千《画法册》中，仅寥寥数式，即在《芥子园》后之《费氏山水画式》、《梦幻居画学简明》、《顾若波南画样式》等，亦未能如此之详。安节之从事搜集，不惮辛劳，可想而知。上文谓点叶勾叶，不复标明某家，以其已详前后各树法中。实则各树法中，何尝有数十种不同之点叶勾叶。吾以为何不直告学者，见前人一种点叶，便不妨用一种，何必必问其为何家何派？且董玄宰谓，画树各家相通，吾正恐各家原无一定之法度，欲一一标明，限定为何家，殆为不可能之事。安节知难而退，故作遁辞耳。

半千点叶，每种皆自一笔起，积至数笔成式止。安节未采其法，学者或不免有不知从何下手之若，此是《画传》逊色处。

（三）夹叶及着色勾藤法三十二式（页十九至页二十六）

1. 夹叶十式（页十九、二十）。每页

五种，无解说，亦不标名色。半千曾曰："有一种墨叶，即有一种双勾。"十式之中，有为菊花点之双勾，有为椿叶点之双勾，有为介字点之双勾，然仍有三角锯齿等形，为点叶中所无者。安节未为命名，想以杜撰不雅，而前人又无已成立之名色也。

2. 夹叶着色二十式（页二十一至页二十五）。每页四种，旁标明所用之颜色颇详。有先着草绿，后填石绿者。有先着花青，后填石青者。有填石青石绿俱可者。有着胭脂者，实无一定之规矩。除页二十四之桐叶外，余皆无名色。前之夹叶十式，泰半于此再见，盖双勾叶画成后，留空填色，原两可也。

3. 缠树藤法（页二十六左半）。古藤笔笔双勾，颇得蜿蜒之状。画藤而不画所附之树，惟曲折环转处，似可见中有巨树枝干贯穿者。

4. 悬崖藤法（页二十六右半）。藤之种类，与上式同，似缘崖石而生者，所附之物异也。

（四）诸家枯树法九式（页二十七至页三十四）

1. 范宽树（页二十七）。树一株，虽题华原之名，实未见有凝重之势。

2. 郭熙树（页二十八）。树二株，在丁香鹿角之间，虽于淳夫画中可见，终不如蟹爪枝为其本色，未知何以取之？

3. 王维树（页二十九）。古木蟠屈，老藤虬缠至顶。附说曰："王维树法，多用双勾，即藤梢树杪，亦丝毫不苟，后信世昌亦为之。"作图而曰王维，不无有好高骛远之病。玄宰当日所断定摩诘诸作，已未敢信其必真，安节此帧，未知有确据否？

4. 马远树（页三十）。枝多下垂，类蟹爪，与遥父画松之姿态，颇有似处。

5. 萧昭树（页三十一）。题曰"萧昭枯树法"。大小三株，干多直上，惟小枝多两向。

6. 燕仲穆树（页三十二）。题曰"燕仲穆风树法"。五株枝皆一向，风势极显，不待见标题而知之。

7. 柯九思树（页三十三右半）。树两株，云林亦常用之，小枝按笔向内踢挑，在似接非接之间。

8. 曹云西树（页三十三左半）。树三株，极似鹿角而略长，若经春已发嫩条者。

9. 李唐树（页三十四左半）。枝皆一向，似天赋伶仃之态者。

择前代名家，仿其笔意，作为树法图式，其意至善。惟吾尚有对安节疑虑之事二：（一）范宽王维树法等式，安节有无确实根据，吾人未敢深信。设欲取信于人，亦非难事，于式下注明，从范宽王维何幅中临得。即或不然，亦当言明，曾见范宽或王维某图，有此种画法，自较毫无出处为愈也。（二）各家树法，面目不同，其画法亦定有区别，似应注明，何者为某家之特色，于何等画境中用之，其渊源若何，与他家之分别若何，画时用何方法，从何起手，始能肖似。——详加解说，学者当更易领会也。

（五）诸家叶树法五式（页三十四至页三十八）

1. 倪云林树（页三十四右半）。树二株，疏疏着叶，用笔上阔下锐，似皴中之小斧劈。

2. 吴仲圭树（页三十五）。大小二株，

缘树身大点，附说曰："沈石田尝摹之。"颇疑此非自仲圭之画临得，而取自石田摹仲圭之本。

3. 黄子久树（页三十六）。共树八株，居中二小株，似扁点。最大一株为杉，傍右三株，叶似杉而上翘，要之其木非一种。附说曰："云林亦为之。"

4. 又黄子久树（页三十七）。树亦有七八株之多，叶作介字扁点等不一，附说引玄宰"树固要转而枝不可繁"一节，不录。

5. 梅道人树（页三十八）。树两株，一介叶，一圆点，附说曰："要郁森，其妙处在树头参差，一出一入，一肥一瘦。以木炭画圈，随圈点之。"按此亦玄宰语。

诸家叶树法图式，又有可议之处：（一）既系另起一法，与前项枯树便当分列。倪云林树法，宜另起一页，不与李唐树法同处。（二）子久之面目甚多，树法一页不能尽，则用两页，甚妥。惟所画之树叶，既非一种，复与杂树何殊，宜并入杂树法一项。（三）梅道人树，圆点一株，与树法中之梅花鼠足点，全无分别，似嫌重复。此吾前所以有删去该式之议也。

（六）诸家杂树法二十三式（页三十九至页五十四）

1. 范宽杂树（页三十九）。树八株，点不一色，附说曰："范宽春山杂树，多以青绿为之。"上有论杂树总法云：

既将诸家之树，各立标准，以见体裁矣，然体裁既知，用即宜讲。体与用，虽未可分，而为入门者设，不得不姑为区别，如五味俱在，任人调和，善庖者咸淡得中，尽成异味。又如卒伍四调，

静听旗鼓，善将者指挥如意，多多益善。有配合，有趋避，有逆插取势，有顺顾生姿，荆关董巨诸人，既已各具炉冶，熔化古人之笔。今之学者，又当以我之炉冶，熔化荆关董巨之笔，方见运用之妙。

上文并未授人画树之方法，不过说明谱中备有杂树图式之用意耳。有配合，有趋避，熔化各家笔法等语，咸望学者熟习之后，加以变化，不为成式所拘也。

2. 盛子昭杂树（页四十）。鹿角树五株，中夹圆圈矮树一株。

3. 刘松年杂树（页四十一）。杂树十余株，松二株，高出众树之上，其中作鹿角枝者，与盛子昭一式，毫无分别。

4. 倪迂秋林杂树（页四十二）。高柯二株，类诸家枯树法中之柯九思一式。中夹小杉四五本。极左一树，作蟹爪，附说曰："世之仿云林者，多作顶门棍，系马桩，辄诩诩自负。不知云林于此道，深入堂奥，下笔有一往深邃之气。试观云林所作狮子林图，树法大备，便知非仅以一树一石，遂足睥睨千古者。故此幅更取其工树立准，以见世所仿摹，不过云林之一枝半节，非全体也。"顶门棍，系马桩，状林木之简而秃者。历来论学云林不可专师其疏林远山者，颇不乏人。张青父有言曰："元镇……画品，原初详整，渐趋简淡，世人但尚老笔纷披，而不知其早岁之精细，陋矣哉！"❶ 可见明人已有此论。安节取云林之工细为图式，自俱卓见。

5. 郭熙杂树（页四十三）。上下二丛，丛各三株，无蟹爪枝者。

6. 李唐悬崖树（页四十四）。树四株，托根于右，向左探攫。

7. 荆浩关仝杂树（页四十五）。树两株，皆桩叶式，分别在一点叶一双勾

❶ 张丑《清河书画舫》（有竹人家藏版本）戌/41a。

8. 夏珪李成杂树（页四十六）。邻右二树，直立，一无叶，一疏疏着介字点。稍右一大树，攲斜取势，鹿角枝，极繁密，下有葭苇点缀。附说曰："夏珪杂树法，李成亦为之。"吾以为李成在夏珪前，不应反置在后，一若营邱曾效禹玉所作者。何不直称"李成杂树法，夏珪亦为之。"且树极工整，似非禹玉本色。

9. 大小米杂树四式（页四十七）。大点树为大米，小点树为小米，疏柳为大小米所共有。附说曰："既为米画，寻得祖祢矣，故即次米于北苑之后，以见两公首尾相连，难分是一是二。然此法最要淋漓有致，浓淡得宜。近程青溪先生，力为米家洗冤，谓吴松滥恶，一味模糊，如老年眼雾中花者，带累南宫罪过不小。故此法不惜层层烘染，以度金针，所谓有墨有笔是也。有笔无墨，则干焦。有墨无笔，则涽俗。"米画当有笔有墨，可祛一片模糊之病，其论良是。前章画法著述各节中，屡经言及，即安节论画米山，亦有同论，可取参读。所不解者为文中"即次米于北苑之后，以见两公首尾相连"二语。此式前页为夏珪杂树，而北苑树法，反在此式之后。岂原稿位置与今本不同，而镂版次序误置耶？

页四十八，亦为杂树。上下两丛，下丛有云烟隔断，上有附说曰："此关仝法也，小米用于云烟出没之内，殊觉青出于蓝。沈石田亦时为之。"据吾管见所及，米树四式，咸为远景，宜如安节所云，次于北苑之后。若然，则显然自四十九页云林树法以前，为各家杂树近景，而自五十页云林小树法以后，为各家杂树远景。条理更为清楚，体例愈

❶ 张丑《清河书画舫》（有竹人家藏版本）己/40b。

加严谨。持此似可为前所揣测镂版次序误置之佐证也。

10. 倪迂树二式（页四十九）。为云林树式。杂树四株，后衬疏篁，上有附说曰："云林多用侧笔，有轻有重，不得用圆笔，其佳处在笔法秀峭耳。宋人院体，皆用圆皴，北苑独稍纵，故为一小变。云林子久叔明皆祖北苑起，故皆有侧笔。"云林用侧笔其说良确，惟谓"宋人院体皆用圆皴"以下二语，一若谓北苑之法乃自宋院体化出者，似不可信。张青父曰："董源绘事，冠绝南唐。"❶是其作风，在宋前已大成就，乌得谓受宋代之影响哉？

11. 页五十为云林小树法。两丛，右丛一色无杂树，左丛扁点圆圈疏柳各一株。

此式为云林树法远景，不妨与近树分别安置，但页四十九之杂树，何以不移与页二十二之倪迂秋林杂树相邻比。有如诸家叶树法中，有子久画树两式同处，正有例可援也。

12. 董源杂树七式（页五十一三式，页五十二四式）。其中有四丛皆一色，与杂树之名不符。页五十一上有论说，即玄宰之"北苑画小树，不先作树"及"董北苑画树，都有不作小树者"二则。文不录。

13. 扁点圆点二式（页五十三）。扁点树四丛。页五十四为圆点两丛。附说曰："圆点极远小树，用法如前，若以淡墨反染，便堪为雪景中远树。"以墨染点为正染，以墨染点外四匝为反染。此二式为最远树之画法，其中为杉为松，或诸树杂处，纵未能辨，但点法既同，亦不得称之为杂树。

诸家杂树法二十三式之中，可议之处，每于各式之后言之，约可综之为两

大端:(一)次序略嫌凌乱。宋元各家,忽前忽后,漫无定则。编次方法,当按时代排列,最为妥善。各家承受之渊源,画风之转变,可不待言而自见。(二)名实不符。其中林木,往往有纯系一色树者,大可移至诸家枯树叶树二项中,而将叶树项中之子久二式,移至此项,则体例严整矣。

(七)诸家松柏法十式(页五十五至页六十四)

1.马远硬瘦松(页五十五)。松一株,叶用叠钱式,附说曰:"马远松多作瘦硬,如屈铁状。"复有解说曰:"松如端人正士,虽有潜虬之姿,以媚幽谷,然具一种耸峭之气,凛凛难犯,凡画松者,宜存此意于胸中,则笔下自有奇致。"按此安节画松之通论也,非专指马远一式而言。

2.李营邱盘结松(页五十六)。附说曰:"李营邱松多作盘结,如龙蟠凤翥。"今日所见各寒林图,传为营邱所作者,未见有盘结之松。以乔松平远图言,其松尤有耸直之势,不知安节从何本得此盘结之态。

3.王叔明直干松(页五十七)。长松两株,一小者在左松之后,附说曰:"王叔明大松,多直干,其叶较诸家者稍长,虽杂乱中,极有纹理。"叔明画松,枝向右伸者,则松针自右画入,自左画入者,不过寥寥数笔。枝向左伸者,则反是。如此式虽可于叔明画中寻得,究非其本色。

4.马远破笔松(页五十八)。写意松两株,右者有枯藤缠节。附说曰:"马远间作破笔,最有丰致,古气蔚然,画此最难,切不可似近日伪吴小仙恶笔,漫无法则也。"

5.赵大年肥泽松(页五十九)。长松三株,居中者左右顾盼,取势,附说曰:"赵大年松多于肥泽中见其奇古。"

6.王叔明写远松(页六十)。松两丛,上者四株,下者二株。附说曰:"王叔明松多不经意。"此式诚松之较远者,但何不称之曰"远松"。"写远松"三字连缀,殊不经见。若谓与后式之名复,可更加极字以分别之。此处"写"字,疑是"意"字之误。

7.王叔明远松(页六十一)。松两丛,极远景,确为叔明所习用者。附说曰:"王叔明山头远松,每喜为之。千株万株,丛杂无际,且半当点苔,能助山之姿态。"此法之中,叔明画松凡三见,既不按远近景分,似以三式同处为宜。中忽夹马远、赵大年,不审其意安在。

8.郭咸熙远松(页六十二)。松极瘦长,以点作针叶。附说曰:"郭咸熙每作群松,大小相联,转岭下涧,一望不断。"《林泉高致》郭思记河阳所作寿图曰:"尝见先子作连山一望松,带一望不断之意。"❷安节此式,恐即据此则而意拟之,未必真见画迹。他式如此者,恐正不少。

9.刘松年雪松(页六十三)。松一株,干上及针聚处,皆留白。附说曰:"刘松年多作雪松,四围晕墨。松针先以墨笔疏疏画出,再以草绿间点,其干则用淡赭着半边。留上半者,雪也。"此式对于墨骨及设色之法,略有述及。若能式式如此,当更切实。

10.巨然古柏(页六十四)。点叶柏一株。附说曰:"古柏僧巨然及梅道人多画之。"

此法之中,最显著之失,为材料太

❷ 郭熙《林泉高致》(詹景凤《画苑补益》秦东图书局印本)1/27a。

457

不匀称。松有九式之多，柏仅一式。标题则曰"诸家松柏法"，一若二者并重者。古人画中，松多于柏，固是事实，惟如文徵明等大家，画柏极佳，何不多摹数式以实之。

（八）诸家柳树法五式（页六十五至页六十九）

1.宋人高垂柳（页六十五）。柳二株，向左攲斜，一若俯水弄影者。上有论说曰：

画柳有四法。一勾勒填绿。一旦以汁绿渍出，新梢则嫩黄，脚叶则老绿，以分明晦。一再加深绿于绿点上，轻点数小墨点，上罩石绿留边。一竟以墨丝，而点以浓绿染之。大抵唐人多勾勒，宋人多点叶，元人多渍染，其分枝得势，取迎风摇飏之致，一也。又春二月，柳未垂条，秋九月，柳已衰飒，未可相混。□树中之柳，如人中之西子毛嫱，仙中之宓妃列子，其凌波御风之态，掩映于水边林下，最不可少。故赵千里及赵松雪多画之，而松雪于水村图，浓淡但以墨抹，幽意无穷，又一法也。

上为画柳诸式之总论，共四法。一为勾勒，二为渍染，三四皆点叶。第三法语意不甚畅达，其法盖先用绿点，次用深绿点，复随意稍加墨点，最后以石绿重点于墨点之上，墨点大，石绿点小，故四围露出墨圈也。历来论画柳，未有一一罗列古法如此者。上节虽本自玄宰"宋人多写垂柳"一则，然详尽多矣。

2.唐人点叶柳（页六十六）。附说曰："唐人多画之。"总论中曰"宋人多点叶"，与此矛盾，"唐"疑"宋"字之误。

3.赵吴兴秋柳（页六十七）。疏疏着墨不多，极得潇洒之致，若老干已颓，复从根滋生新枝者。附说曰："赵吴兴水村图，前谓又一法者即此。"前于枯树一项中，曾议及每帧图式，从何摹得，当注出处。此与稍后之勾勒梧桐，为本卷中图式之取材较有根据者。

4.髡柳（页六十八）。四五株作一丛，条皆直立。附说曰："秋尽春初，当画髡柳于竹篱茅宇间，有如靓女额发初齐，丰姿绝世。画春初者，可间桃花，法当以淡墨大笔画桩，再以墨分浅深。画柔条渍绿。若在绢上，则用石绿衬背。冬景及秋尽，则仅以赭石间绿被之而已。"此式为总论中所未及者，论画法甚详，颇可取法。

5.勾叶柳（页六十九）。两株叶作人字形。附说曰："王维诸唐人及陈居中多画之。余嫌其太板，故次于后，以备一体。"

上画柳五式，历来授人画柳之法，未有出此右者。惟山水中最习见之写意墨笔勾条柳，即半千所一再致意者，未经安节列入。页十二有树中衬贴疏柳法，岂以已见于彼，而遂不复另为列式邪？然前式不过树隙岩间作衬贴之用，非柳自为主树者。以山水中所最常用，而反不著之于谱，实有遗漏之憾。

（九）蕉桐花竹兼葭法十七式（页七十至页八十）

1.郭忠恕棕榈（页七十）。三株，左密右疏，颇有意致。附说曰："棕榈树，唐人画于园林山水中，后郭忠恕每为之。"

2.王维勾勒梧桐（页七十一）。二株，叶与夹叶着色二十式中之桐叶同。附说曰："勾勒梧桐，见王维辋川图。"

3.唐人细勾蕉叶（页七十二）。左

清代山水图谱

458

右两丛，舒卷自如，当自佳本摹得者。

4. 元人写意梧桐（页七十三）。二株，大绿点叶。附说曰："元人写意梧桐，或墨点，或罥以绿点。"

5. 写意芭蕉（页七十四）。以墨笔画身及叶筋，绿笔缘墨笔刷之。附说曰："若以淡墨留叶上一线"盖谓若纯用墨画，便不画筋，以留空白道作筋也。

6. 点花树干。按此非图式之名，而乃桃杏梅三种点花树画干法总论之标题。今竟列入目录，宛若桃杏梅三者之外，另有一式者。疏忽之咎，安节不能辞也。其论曰：

甚有分别，桃不可同于梅杏，梅杏亦不可同于别树。大都梅条多直而横劲，杏则古人有仅画树桩点者。桃则宜繁枝耳。

前二语造句尚须斟酌，设无后文及图式以明之，读者必以为桃不可同于梅杏，而梅杏则不妨相似矣。

7. 点桃树干（页七十五）。上下两丛，上丛两株，下丛三株。

8. 点梅树干（页七十六）。下条长而劲，点花极疏。

9. 点杏树干（页七十六）。上有干无枝，点极密。

10. 平点，个字，双勾，小竹三式（页七十七、七十八）。平点在页七十七右半。个字式在页七十八之右半。勾勒式在左半。上有附说曰："唐人画树既双勾，则点缀之稚竹，亦多飞白，颇觉有致。近日仇十洲亦喜为之。"

页七十七上有总论曰：

云林于石根树底，辄作幽篁柔条。夕阳晚，于茅屋花箔间，直籁籁有声，望而知为幽人行径，要具梳风扫月，清逸之致，不可庞杂，阻塞清气。○画有

三种，宜视树石之体，而粗细配用之。

切实之画法，当属最后数语。前人称树木之浓淡视山石之浓淡而为之。点缀小竹，自当视树石之体而落纸。

11. 新篁法（页七十七左半）。式中无此标题，曾见竹谱中，凡画嫩竹，叶皆上仰，故知此式，即目录中所谓之新篁法。可异者为在目录中之次序，既列小竹三式之后，而书中竟夹于三式之间，且不于图式标明。编次时稍加留意，必不致此。

12. 葭菼四式（页七十九至页八十）。各两式，总论曰：

宋时名手，如巨然、李、范诸家，皆有渔乐图。此起于烟波钓徒张志和，盖颜鲁公赠志和诗，而志和自为画。此唐胜事，后人蒙之，多寓意于渔隐，而元季尤多。盖四大家皆在江南葭菼间习知渔趣故也。凡他图则必有主树，至渔乐则烟波森渺，树不能为之主，而主葭菼矣。故作此以殿草树之后。

此论画中葭菼之由来，及其在渔乐图之地位而已，实无一语涉及画法者。四式未标名目，亦不告人何家于何处用之。

卷三共分七类，曰：石法、皴法、山法、诸家峦头法、披径矶田石壁法、流泉瀑布石梁法、水云法。

（一）石法　十一式（页一至页十）

1. 起手当分三面（页一）。上半石两块，下半石五块成一丛。论说曰：

观人者必曰气骨。石乃天地之骨也，而气亦寓焉。故谓之曰云根，以见无气之石，则为顽石，犹之无气之骨，则为朽骨，岂有朽骨而可施于骚人韵士笔下乎？是画无气之石固不可，而画有气之石，即觅气于无可捉摸之中，尤难乎其

难。非胸中炼有娲皇，指上立有颠米，未可从事，而吾今以为无难也，盖石有三面。三面者，即石之凹深凸浅，参合阴阳，步伍高下，称量厚薄，以及矾头菱面，负土胎泉，此虽石之势也，熟此而气亦随势以生矣。秘法无多，请以一字金针相告曰："活"。

石分三面，指石体片面而言，观饶自然"须要有顶有脚，分棱面为佳"二语可知。安节曰："三面者"云云，显是要解释三面为何，不意此下一连四五语，模糊影响，似是而非，无一语道其究竟，说到题目，此为论画者最易犯之弊病。图式并未告人画石轮廓各笔先后及起迄，亦不及半千《画法册》之简易。

2. 下笔层次取势（页二）。自一石起，至聚五止，论说曰：

余所谓一字金针曰活者，尤须于三面未分，一笔初下，具有磊落雄壮气概。一笔须有数顿，使之矫若游龙。先用淡墨勾框，再以醺墨破之。石廓如左既勾浓，则右宜稍淡，以分阴阳向背。千石万石，不外参伍其法。参伍中又有小间大，大间小之别。画成依廓加皴，渐有游刃。虽诸家皴法不一，石体因地而施，即于一家之中，尺幅之内，或弁于山，或带于水，甚夥其形，总不外此一二法则。他无论，即米山乃全是墨点晕成不须勾廓者，然于不勾之中，亦未尝不具此法。于层层烘染处，逼出甚森严也。

上节前半，授人用笔轻重，用墨阴阳之法，后半论聚散参伍之法。较前页之论说，切实多矣。

3. 大间小（页三上半）。

4. 小间大（页三下半）。前式画大石夹小石，后式反之。二者实不必更加分别，若必谓大石在小石之间，及小石

在大石之间，而始曰大间小，小间大，别失诸凿矣。上有论说曰：

树有穿插，石亦有穿插。树之穿插在枝柯，石之穿插，更在血脉。大小相间，有如置棋，穿插是也。近水则稚子干拳而抱母，环山则老臂独出而领孙，是有血脉存焉。

血脉二字，首见于郭熙《林泉高致》。后人或称之曰气脉，麓台《雨窗漫笔》曾详言之，要在有呼应联络，呈一统之表现也。上则仅引原文之前半，后附有"王思善曰……"一节，系黄子久《画山水诀》中语，因伪书《六如居士画谱》之误而误者，不录。

5. 石间坡（页四）。平坡在石间，坡前石多于坡后，以不整齐取势。附说曰："子久云林，画石多间土坡，望而可施坐卧，水边竹下，正宜留此以待幽人，非一味蛮山蛮石，使人畏心生也。"郭河阳曰"山水中有可游者，有可居者" [1]安节之言，殆自此悟出。画石一味叠去，便易呆板，间以平坡，亦变化之道也。

6. 北苑巨然法（页五）。石三丛，并未注明何为北苑，何为巨然，以二家之画法，甚相似也。附说曰："此披麻皴也，北苑、巨然及松雪、大痴、仲圭，皆画之。中有正开石面如鼻隼然，号曰石隼，子久尤喜于此。"所谓石隼，即石正面见笔如丫字者。式中邻左二石皆见，但均不甚明显。

7. 云林法（页六）。石二丛，俱作叠糕坡。附说曰："云林石仿关全，然全用正锋，倪多侧笔，乃更秀润，所谓师法舍短也。"此式于玄宰画法章中，曾论及之。

8. 吴仲圭法（页七）。石三丛，与式6极相似。附说曰："仲圭披麻皴最

❶ 郭熙《林泉高致》（詹景凤《画苑补益》秦东图书局印本）1/13a。

清代山水图谱

为纯熟，且于熟处用生，为他家所不及。"说中最主要之点，在告人仲圭能熟处用生，是则此式必须能此点表现，始不为空设。惟生熟于画中尚难辨，况于此数片石乎！

9. 王叔明法（页八）。石二丛，上丛耸立，故用笔多直，下丛卧势，故用笔多横，附说曰："此披麻带解索皴也，独黄鹤山樵之。山樵为松雪甥，画乃追踪松雪而石有出蓝之誉。"披麻解索，本属同一皴系，弯直略有不同，而实难得一定之区别界限。譬如此式，断不能分别何笔为披麻，何笔为解索也。图式旁之文字宜简练，不关画法者，概可不书。于此叙叔明之身世，殊觉无谓。

10. 黄子久法（页九）。右多横皴，子久披麻法外之又一体也。附说曰："子久常熟人，有谓其画多作虞山石，层层驳荡者。如王宰蜀产，多画蜀中山水，玲珑窈窕，巉嵯巧峭，各因所见，其语良是。考子久实本师法于荆关，而自为减塑，笔如画沙，益见高简。"本卷页十四有荆关皴法一式。与此式较，颇有繁简之不同。

11. 二米法（页十）。皴极简，缘轮廓有密横点，附说曰："此米点而微间芝麻皴也。元晖父子，于高山茂林中，时一置之，层层点染，以烟润为主，虽不露石法棱角，然视其眶廓下手处，实披麻也。"按芝麻皴即雨点皴，汪砢玉谓范宽所用。今见其溪山行旅图，皴皆用笔直点，故于皴法表中（附表），雨点芝麻，皆列入纵皴系。今安节此式作横点，且为米家石，芝麻二字，似当改为豆瓣或刺梨头也。

十一式中，前五式为最简易之起手法，不分宗派。后六式取自宋元大家，略

可见其用笔之不同，盖以数式作入后皴法之先导，亦颇可见其由浅入深之步骤也。

（二）皴法十四式（页十一至页二十四）

1. 王叔明皴（页十一）。石大小两块，处处皆圆，皴似牛毛，上有皴法总论曰：

四大家石及各种皴，余既约略言之矣，然法有专兼皴分工拙，既引升堂，更当入室。若王右丞之石如飞白，郭河阳之石似云头，董北苑之石形娟秀，意在江南。李思训之石涌波涛，神飞海外。有诸家共习此一皴者，有一家能擅此众长者，有一家本不习此皴法，而于机法纯熟中流出，无心逼肖者，难为刻舟之见。今将诸家细皴石法，一二晰举，以待神而明之，存乎其人。如此一则中，皴法犹有未尽，常于后则画山头中补见之。

于"有诸家共习此一皴"数语中，可知山水之皴，按各家各法而谱之于图式，确非易事。设欲谱数家共习之一皴，然则数家岂竟完全相同乎？既不完全相同，则此式究属何家乎？或欲谱一家兼习之数皴，则将一一罗列其所兼习者乎？设从后者，又究以何者为其最擅长，最足为代表乎？且定名尤非易易，往往人言各殊，譬如鬼脸，有曰鬼皮，有曰鬼面，将何适从乎？其尤困难者为数皴之名，属于同系，不但属于同系，甚或无从分别。譬如披麻、解索、乱麻、破网、烂草等名，究其原来，或由人信口称道，未暇究其前人已否为之定名，而擅自名之，更无所谓标准之名称，今若强欲为之区别以图式解之，岂能得切实之根据乎？为有种种之困难，是以本卷所列各式，吾人只可视之为安节心目中各家之皴法而已。

2. 黄子久皴（页十二）。棱角多方，

与前式（页九）略相似。

3.范宽夏珪皴(页十三)。皴多纵点，与所见华原之溪山行旅图多合，若谓夏珪亦如是，未敢深信。

4.荆浩关仝皴法（页十四）。勾锁多方形，与此后关仝峦头一式不相似，而与李成一式近。

5.马远皴（页十五）。似斧劈，甚繁琐，与画迹中所见者不相似。

6.刘松年皴（页十六）。与前式（页十五）颇相似。

7.徐熙皴（页十七）。皴似大斧劈，徐熙以花卉著，恐郭熙之误。

8.解索皴（页十八）。与披麻极似。附说曰："范宽常为之。"

9.大斧劈皴（页十九）。附说曰："马远夏珪多画之"，与前马远一式较，粗细判然。一家之皴，差别如斯之巨，似当有所说明，方可免人猜疑。

10.乱柴皴（页二十）。石大小两丛，附说曰："乱柴乱麻二石法，元人多用之。"按皴有乱麻之名，始见于此。所云殊欠清晰，若谓一系乱麻，一系乱柴，则自当分别标明。若谓此二石所用之皴法，同为乱柴兼乱麻，则不应曰"乱柴乱麻二石法"致启人疑端，而目录又仅曰乱柴皴，真令人无从猜测也。

11.小斧劈法（页二十一）。附说曰："本自刘松年李唐，唐寅学之，深得其奥，周东邨沈石田皆用之。"与页十六一式较，细皴之外，更加阔笔，是其不同处。

12.披麻间斧劈（页二十二）。附说曰："王维每用之。"长皴之外，加短笔凿痕耳。此法半千前曾言之，至谓王维用此法，恐出臆测。小斧劈，唐人所习用者，安节以玄宰称摩诘为南宗之祖，故意其皴法必能二者相兼。此式或出于想象，无确实之根据。

13.荷叶皴（页二十三）。附说曰："王右丞变体，全以骨法为主，色以青绿。"元赵松雪极擅此法，必曰王维，恐溯之太远。

14.折带皴（页二十四）。即董玄宰所谓叠糕也。按折带皴之名，见于画谱，以此为最早。

此类各式，与前类较，已略繁复。自学画之阶段上言，又迈进一步矣。

（三）山法十二式（页二十五至页三十七）

1.起手嶂盖（页二十五）。山头有轮廓而无皴。有附说曰："是之谓嶂盖，务期脉络连接，左右顾盼。即加至千重万重，不外此法。"另有论说二则，皆玄宰之说，前者为"山之轮廓先定"，后者为"古人云'有笔有墨'"，不录。

2.峰势峻拔（页二十六右半）。画山势甚瘦削。附说曰："形势峻拔者谓之峰"，自王维《山水诀》中"主峰最宜高耸"一语化出。

3.峦势圆转（页二十六左半）。高不及前式之半，附说曰："形势圆转者谓之峦"，自王维《山水论》"形圆者峦"一语化出。

4.开嶂勾锁（页二十七）。画山脉宛转而上，于最下一勾标明"正面"二字，页中山旁注曰脉络，上有论说曰：

凡人百骸未具，鼻隼先生，初下一笔，所谓正面山之鼻隼是也。遍体揣视，更重颅骨结顶一笔。所谓嶂盖，山之颅骨是也。此处起伏，为一山之主，而气脉联络，并为通幅之一树一石，皆奉为主，又有君相存焉。故郭熙谓"主山欲耸拔，欲蟠蜿，欲轩豁，欲浑厚，欲雄豪而精神，欲顾盼而严重，上有盖，下有承，前有据，后有倚"，其法尽之矣。

安节授人画山勾轮廓法，自最低一笔始，由下而上，以结顶一笔为收，所谓颅骨是也。此说与汤雨生所言略异，可与前章《画筌》一节参阅。

5. 画石间坡，谱中无此式。第一类第五式为石间坡，或因此而误入此类之目录中也。

6. 宾主朝揖（页二十八页二十九）。主峰在中，客峰有高出主峰者。上有论说二节，前者引摩诘"画山先审气象"数语，后节引郭熙"山有高下"一则，不录。页三十九复书"又宾主朝揖法"，目录不载。自页三十一之解说观之，此六字衍，当从"主山自为环抱法"也。

7. 主山环抱（页三十页三十一）。主峰居二页之中，四匝有小峰围绕，解说曰："前图犹借客峰以成气象，兹则特举主山自为环抱一法，以其昂首舒臂，众象包罗，无暇外景，画之更为深郁，所谓直赋本事，无假衬贴者。是与前作较，前则大君临明堂，群侯朝拱，此则恭默思道，深宫独处之时焉。王右丞尝用此画主山。"前式客峰尚有高出主山之上者，此式则巍然居中有睥睨一切之势。故式上标题曰："主山自为环抱法。"

8. 峦头环抱（页三十二页三十三）。此式有标题，亦与目录异，曰："又主山自为环抱法。"此名本无不妥，第是式山顶皆圆，当从目录之称为切合也。

9. 高远（页三十四）。画山头虚下脚，泉瀑曲折而下。上有论说，半在此页，半在页三十三。

山有三远，自下而仰其巅曰高远，自前而窥其后曰深远，自近而望及远曰平远。高远之势突兀，深远之意重叠，平远之致冲融，此处皆为通幅大结。若

深而不远则浅，平而不远则近，高而不远则下。凡山水中患此，犹之对浅人近习，舆台皂隶，凡下之骨，山中人惟有弃庐抛卷，掩鼻而急走矣。然远欲其高，当以泉高之。雁荡千寻，匡庐三叠，非高远而何？远欲其深，当以云深之，玉女青迷，明星翠锁，非深远而何？远欲其平，当以烟平之，冈明华子，谷冷愚公，非平远而何？

此则为三远之总论，举泉云烟三者，为致画高深平三者之诀，大可取法。后人汤贻汾、华琳，皆议及此，已详前章，可与此参阅。

10. 深远（页三十五）。左有石壁，右有峦头，白云出没其间。

11. 平远（页三十六）。沙岸叠叠，上有扁点林木，中架小桥，后有远峰。

12. 平远峦头（页三十七）。山用披麻皴加扁点，似米家山，势极缓衍。

三远之说，古人画论中屡见不鲜。至于图式，半千有平远及云山各一式。三者咸备，自安节始。

此类之图式，与第一类石法前五式之性质同，均为入门之基本方法，尚未论及属何家派是何皴法也。

（四）诸家峦头法二十七式（页三十八至页六十四）

1. 董源法（页三十八）。皴笔多直，与前之披麻不甚相似。上有论说曰：

主山之脉络既知，轮廓素习，则诸家皴法，宜于谁先？曰：董北苑为集大成。其皴法苍老，当从此炼笔，笔既老，诸体无难。且学画先恐学坏手，惟此皴法不坏手，岂余左其袒耶！

卷二画树各式，安节将范宽树法，置于枯树杂树之首，倪云林树法，置于

叶树之首。何以如此，并未说明。今论皴则曰：当以北苑为先，以学者宜自此入手也。既能道出理由，自较漫无主见者为善。所持之论，恐不免受南宗传统思想之影响。半千且有披麻为正之说，安节而后，更莫不主张自此学起矣。

页左上角更有附说曰："北苑峰峦清深，意趣高古，论者谓其水墨似王维，着色如思训，多用披麻，皴文甚少，用色浓古。宋四大家如子久云林多师则之。子久晚年虽变其法，自成一家，却终不能出其藩篱。"泛论北苑之作风，与画法殊少关系。

2. 巨然法（页三十九）。披麻皴，上加横点。附说曰："得北苑正传，笔墨秀润，善为烟峦。少年多矾头，中年则峻拔，晚岁则平浅趣高，又其峰峦顶窦之外，及林麓间，辄作乳石，不可不知。"所论最能揭出巨然之特色者为谓其有卵石耳，但何不即在式中画出，俾学者得知其状奚若。如此式徒令人觉其不知假文字及图解，互为发明也。

3. 荆浩法（页四十）。皴法却与披麻无甚区别，附说曰："洪谷子善为云中山顶，四面峻厚，尝嗤吴道子有笔而无墨，项容有墨而无笔。今观其皴，真笔笔是笔，却笔笔是墨，故关全北面事之。""今观其皴"，不知何指。指真迹乎？恐清初已无存者。指此式乎？复与他式何殊？此等模糊影响之解说，不免受人指摘。

4. 关仝法（页四十一）。峦头虚其下脚，以林压住。附说曰："仝师浩，晚年有出蓝之誉，脱略毫楮，笔简而愈壮，景少而愈长，轮廓辙多玉印叠素，雅秀无比也。李成师事之，郭忠恕亦宗法仝。"峦头轮廓多方形，玉印叠素，

或指此也，解说尚不甚肯切。

5. 李成法（页四十二）。皴法仍似披麻。附说曰："画师关仝，烟云变幻，水石幽间，险易各尽其妙。议者谓得山之体貌，为古今第一。"此论亦不肯切，与以前诸式有同病。

6. 范宽法（页四十三）。皴法仍是披麻，与页十三一式全异，而近于页十八之解索。附说曰："始师李成，又师荆浩，山顶多用密林，水际好作突兀大石，常叹曰'师其人，不若师造化'。乃卜居终南太华，遍观奇胜，落笔雄老，真得山之骨者，名与关仝李成并驰。但晚年用墨太多，土石不分耳。"说中所云山顶密林，水际大石，式中皆不见。惟皴颇密而黑，岂欲示其用墨太多之病乎？

7. 王维法（页四十四）。皴似披麻，而笔甚短。附说引玄宰论南北宗语，不录。

8. 李思训法（页四十五）。附说曰："小斧劈皴也，笔格遒劲，是为北宋，号大李将军，善用金碧为一家法，却肉中有骨，丰满中气势峻嶒。后人着色工画，往往宗之，总不能梦见。其子昭道，稍变其势，智思笔力，视父为未及，却亦足传号小李将军。宋赵干、赵伯驹、伯骕、马远、夏珪、李唐、刘松年，皆宗思训。元之丁野夫、钱舜举及仇十洲俱仿之，得其工，未得其雅。以至戴文进、吴小仙、张平山，日就狐禅，北宗之衣钵尘土矣。"前半为大小李将军之小传，与画法无关。后半录沈灏《画麈》中语。

9. 李唐法（页四十六）。山头高耸，下有白云弥漫，附说曰："唐扩思训之皴，而尽笔力以骋之，又变小斧劈而为大斧劈矣。宋徽宗云：'近日李唐，可比思训。'

时号二李。刘松年原师张敦礼，神气精妙，名过于师。后又将二李之大小斧劈而熔为一家。"皴法诚是斧劈，但非大斧劈，且视页二十一之小斧劈尤小。山石与峦头，纵因有远近之分，不得相提并论，但究未免自相抵触。编次之前，若有一定之计划，或不致有此失。

10. 刘松年法（页四十七）。皴法全不是斧劈，却似马牙勾。附说曰："松年思（当是师字之误）张训礼，旧名敦礼，避光宗讳，故改今名。张学李唐，今人只知松年之画，上追思训，而不知河源之溯实赖乎张。如欧阳修之文，无不以为直接昌黎矣，而不知昌黎之未泯者，赖有宋初之柳开先永叔，而学昌黎以开荒也。"所论只及渊源，无一字及画法者。如此式与页二十一之刘松年，页四十五页四十六之李思训、李唐各式，全不相似，皆出人意料所及者。若有确据，正当于解说详之，以明究竟也。

11. 郭熙法（页四十八）。皴笔皆圆，上簇密点。附说曰："山水寒林宗李成，得烟云隐见之态。布置笔法，独步一时，早年巧赡工致，晚年落笔亦壮。山辄作云头，颇觉雄丽。古人云：'夏云多奇峰'，天开图画，则熙实师造物矣。元人惟宗董巨，曹云西、唐子华、姚彦卿、朱泽民则宗郭熙。""夏云多奇峰"，顾恺之句也。河阳山头多圆，峦多于峰，与原句之神趣不合。此处引用古人成语，殊欠恰当。

12. 李公麟法（页四十九）。满纸节节如死蚓，几疑山水中无此画法，岂木刻未能传其真耶？附说曰："集顾陆张吴及诸名家以为己有，作画多不着色。论者谓其山水似李思训，潇洒如王右丞，当为宋画第一。"上文论伯时，诚无虚誉，

惟终不见与图式有何干系。此等言论，尽可留供编辑画家小传者言之，不必于此占去篇幅也。

13. 萧照法（页五十）。山石皆作圆形。附说曰："照画得北苑法，而皴以遒劲过之，犹喜为奇峰怪石，望之有波涛汹涌，云屯风卷之势。"此式不似北苑，而极似郭熙。文字与图式全不符合，未见其可也。

14. 李成法（页五十一）。用笔多方，上有苔点。附说曰："此咸熙、匡庐、东浙笔意也。书法所谓瘦硬通神，熙得之矣。"此图与页四十二李成一式大异。吾人所以知其为画法中之另一体，其附说中申明之功也。安节未能每式如此，吾深为之惜。

15. 江贯道法（页五十二）。披麻皴上有直点苔。附说曰："师巨然，其皴法稍变，俗呼为泥里拔钉。以苔辄作长点如锥，亦有一种苍奥处。"此式则文字与图式全合，是安节确有所见而谱之于书者。

16. 米芾法（页五十三）。寥寥数笔，皴上加大点，以浓淡墨为之，意安节所作，墨色深浅，当不止此二色，碍于套板之难，未能尽展耳。附说曰："襄阳用王洽之泼墨，参以破墨、积墨、焦墨，故醇厚有味。人谓米氏善于用墨，而余独谓其善于用笔。米笔施之书中，时有奴张见于画内，惟觉圆厚。圆犹可熟习而成，厚则直从天分中出。天分薄者学此，犹商君之欲曷于叔度颜回，终未可也。大芾虽学王洽，实发源于北苑。近人学米太模糊，与太明露，乃交失之。米明露处，如微云河汉，明星灿然。今人则成铁线穿豆豉矣。米模糊处，如神龙矫矫，隐见不测。今人则粪草堆壤，

芜秽不治矣。然则何以学米？曰：'用笔如锥，用墨如飞。'又曰：'惜墨如金，弄笔如丸。'笔墨之迹交融，乃是真米。"论中议学米者之失，极中肯綮。清代画家如钱松壶等，持论多相似，而安节其较早者也。

17. 米友仁法（页五十四）。傍左有一山头全见，右畔仅画一山头之半。附说曰："二米岂大理石屏风哉？何今人之不善学米也！友仁盖变其父之家法，而于烟云奇幻，缥缥缈缈，若有楼阁，层层藏形其内，一洗宋人窠臼，犹眉山之于老泉，不得不变。然却有不变者在。"今取与前式较，殊无分别，不过墨点瘦小而繁密耳。

18. 倪瓒高远法（页五十五）。画远近峦头二，皴笔甚简，上有论说，半在此页，半在后页。倪黄吴王，号四大家，子久叔明，皆从北苑起祖，画多侧笔，而云林尤甚。云林之皴，水尽潭空，简而益简，在他家用笔烦溷，犹可藏得一二败笔，云林则于无笔处尚有画在，败笔总不能藏。且其石廓多作方解，体势依然关全也。但全用正锋，倪运以侧纵。所谓侧纵，又非将笔一味横卧纸上，又非只用颖尖按之无力，乃用笔活甚，故旁见侧出，无非锋芒。用笔捷甚，故毫尖锥末，煞有气力，此法最难，非从北苑诸家入手到神化时，将诸家皴法千陶百炼，未可到云林无笔处有画也。今人凡遇浅近丘壑，辄曰云林，是云林为人所略，而余独郑重以详言之。分其体势，一为高远，一为平远。以见高远中尚是关全，平远中未离北苑也。诸家峦头画法中，当以此说为最详。论用笔之轻捷活动，可供学者参悟，且作两式，以示其高远平远之不同。学云林不当专

以疏木平沙貌之，可以知矣。亦犹画树中以工树为云林立准之意也。

19. 倪瓒平远法（页五十六）。论说详前。此式石廓方解，不甚显著，安节谓未离北苑，殆指此也。

20. 黄公望戴石插坡法（页五十七）。山作披麻，有矾头。附说曰："子久山似董源，能变其法，自成大家。顶多岩石，却有一种风度。凡作画俱要有凹凸，山之外轮，极力奇峭，笔于直中有屈，一笔数顿，中则直皴矗耸有势，此子久家法也。今亦举其峦头二则，一为戴石插坡，土石各半，一为纯石山，当审其地而用之也。"式中高低两峦头之间，果有平坡数叠。此则视巨然范宽二式，谓卵石密林为二家所习用，而不见于式中者为愈矣。

21. 黄公望纯石山法（页五十八）。解说见前页。此式皴与前式大异，多横笔，却与页九子久石法一式多似处。

22. 吴镇（页五十九）。轮廓极重，皴亦长而阔。附说曰："仲圭山范巨然，率略中极其高妙。山多负石，点则攒点。"右半上端，见山头之半。上有巨石数枚，与解说合。苔不甚攒聚，或以与轮廓用墨同色，故相碍而混乱耳。

23. 王蒙法（页六十）。峦头极为深厚，与页十一一式多似处。附说曰："叔明辄用古篆隶法杂入皴中，如金蚕镂石，鹤嘴划沙，虽师赵吴兴，实自出炉冶。尖而不稚，劲而不板，圆而不成毛围，方而不露圭角。其摹唐宋诸家，无不一一逼肖，元季推为第一。大凡学一人，不可死在一人范围，如叔明者其于诸家，真毫发无遗憾矣。"尖劲圆方四语，为全说最重要部分，余皆与画法无涉。

24. 解索皴法（页六十一）。峦头矾

头，与平坡三者间杂。附说曰："此解索皴也，惟王叔明画之，神采绝伦。叔明于此皴，却杂入披麻及矾头，下此者习之，未解此法，便如刻板矣，举之以备一体。"披麻解索，本是一家眷属，安节谓杂入披麻，一若二者断然可分者，其间实无如此清晰之界限。矾头亦为董源所习用，是则叔明果有此种面目，吾人直可呼之为学北苑耳。且子久亦必有与此画法相同者，非仅叔明独擅也。

25.乱麻皴法（页六十二）。与页二十之图式极似。附说曰："小姑抖乱麻团，一时张皇失措，无处下手，寻出头绪。亦得谓为皴法乎？曰：否否，若网在纲，有条而不紊。学古人皴，全要凑得起，抖得碎，抖得碎又于碎乱中见有整严也。""凑得起，抖得碎"数语，中有至理，不问何皴，皆当心存此念，非仅限乱麻一式也。

26.荷叶皴法（页六十三）。与页二十一之石式无殊。笔有巨细，以山远而石近耳。附说曰："以其筋筋相属，如荷叶状，即六书中所谓象形是也，北苑每用之。近日蓝田叔亦喜作此。"本卷页二十一曰"荷叶乃王维之变体"，今则曰北苑蓝瑛，不及摩诘一字，前后绝无照应，似欠周密。

27.乱柴皴（页六十四）。似荷叶而皴长。附说曰："前此一一书名于某人下系某皴，此则直书某皴，不系某人，于书名方位中，俨然如一人者，亦余书法之变。以乱柴乱麻，在皴法中为变调，不得不以变例系之。且诸家皆偶一为之，难专属之一人也。"关于上文，又有可议之处二：（一）此犹安节《画传》凡例中之一款，似专为乱麻乱柴二皴而发，以其为皴中变体，故置于后，而书

之方位中不著人名。然则此文当书于页六十二乱麻皴一式之上，不当于尾末始言之。（二）自页六十一解索皴一式起，共四式，皆有皴名，而无人名。是则是否解索及荷叶二者，亦在此例。若在，便当于文中一并书明，若不在，便当标明画家之名，并与乱麻乱柴二式分置，以免乱人耳目。

诸家峦头二十七式，每患其文字图解，未能互相表里，或过空泛，无关画法，于各则解说之后，已约略言之。至于排比之次序，除董源居首，可悉安节之主旨外，余又漫无次序。有一家二式而分置者，有时代相去遥远而邻比者。若谓此中别有位置次序之方法，吾不能见，亦不能信也。其尤难令人惬意者为：大都各式，未必有确实之依据，不免附会传闻，中参己意，凭想象所得，作为图式也。

（五）坡径矶田石壁法十一式（页六十五至页七十四）

1.高坡法（页六十五上半）。

2.平坡法（页六十五下半）。是页上有论说曰：

坡有石坡，有土坡，有土石相杂坡。安置坡处，有上平下广、稳覆如盂者，有上开下合、亭立如菌者，有直插云表、形如象鼻者。形势不一，而坡面宜如削平，坡侧皴宜钩搭填密，像土石之久经风雪折剥，文理天生，即披麻中，亦宜稍杂入斧劈取峭。坡面如用石绿淡标及草绿，则坡侧当用赭石。坡面用赭石，中稍加藤黄，号赭黄者，则坡侧宜用赭石，或用赭墨，但于边上用淡赭以分层廓。

上则首言坡之形，次言坡之皴，不

467

以斧劈为讳，直言即披麻法亦当杂入以取峭，于画法极合，嘉惠学者不浅。末言设色，亦甚简当，画谱中应有之文也。

3. 石面坡法（页六十六）。皴法似页九、页五十八二式。附说曰："黄子久最喜画坡，每于山头，层层相加，笔笔取其生辣。"此式画法可与页五十七黄公望戴石插坡式参阅。

4. 山坡径路法（页六十七）。页之右半，坡石三叠，自右而下，缘石有路径，随之三折。论说曰：

> 花忘晋魏，尚尔通人。室满蓬蒿，犹当开径。丘壑既已纷纶，径路还宜商酌。大抵宜委委曲曲，或隐或见，不得一味直如死蛇，折同锯齿。近手尽有佳画，只因开径欠妥，白璧微瑕，遂为通幅之累不少。故昔人有"有好山无好路"之语，盖路即山之点题处也。幽人韵士，于此栖隐，径路实其眉目，使人望而知为有道在焉。

王维《山水论》曰："次作路途，莫作连绵之道"，忌路径之接连不断。不解曲折隐现以取势也。饶自然以路无出入为十二忌之一，谓山水之气脉不通，病在路少穿插。安节之意，与二家相若。

5. 又山坡法（页六十四）。图式标题与前式同，目录夺径路二字。此式与上者之不同为山坡自左而下，山脚土坡斜拖入水，不若前式坡侧，直落入水。

6. 山田法（页六十九）。如人立山巅下望，山脚为磐石疏林，此外田塍斜贯，空阔处更有远山横天际。附说曰："凿井耕田，山居本分，十字溪头，数重花外，最不可少。秧针麦浪，以备粢盛。盛子昭幽风图，平畴千里，纯以大绿傅绢上，以草绿染出方界，再以草绿细点，层层分布中，想见两歧连颖，山中人无愁枵腹。"前半仅谓画中田景之不可少，至

设色数语，始是画法。

7. 平田法（页七十）。画水一湾，田在右下角，丛树生于陇畔及路旁。附说曰："柴门临水稻花香。水田漠漠，平远中用此法最宜。如画春田，则用石绿或草绿矣。画秋田，黄云甫割，稻孙满潞，则用赭黄染方界内，田埂及土坡侧处，则用纯赭以别之。"春秋田畦，用色为其主要分别，陇塍原不因时而改观也。安节特于解说详用色之法，盖以此也。

8. 石矶法（页七十一）。磐石临水，上有枯树，一舟张帆，半为葭苇所隐。

9. 坡陀法（页七十二）。似堤而多石，柳两株，似安节谓赵吴兴水村图所用者。

10. 石壁露顶法（页七十三）。峦头虚其下脚，巅有皴文开面，似可扪其顶者。

11. 石壁露根法（页七十四）。皴法似页四十七刘松年一式，峭壁至底，有坡岸承之，此外即为水矣。

此类诸式，诚山水所常用者，分别为之列式，可免学者画思枯窘。

（六）流泉瀑布石梁法十二式（页七十五至页八十六）

1. 子久泉法（页七十五）。两山中分，有泉流下，不其曲折。皴用披麻，瀑边有矶头，此其为子久乎？右下角有画泉各法总论曰：

> 石为山之骨，而泉又为石之骨。或曰，水性至柔，焉得称骨。余曰，排山穿石，力撼巨灵，莫刚于水，故焦赣称有水生骨之语。且细而流飞沫溅，巨而河润海涵，涓与滴何莫非天地之血与髓。血所以胚胎骨者，髓又所以滋养骨者，骨无髓则为枯骨，骨而枯，与土壤等，

即不得谓之骨。是山之为骨，水实成之。故古人画泉，甚为审顾郑重，致有"五日一水"之语。今以泉法分图各见，而先之以子久全体俱露之泉。一条贯破清山陡峭处，又安得不谓之骨？

越园先生《画法要录》谓安节此论，当自郭熙水为天地之血推演而成❶，信然。水至难画，惟以其性柔而刚，软不得，硬不得，此所以画者每视为畏途也。吾以为瀑流一贯直下，毫不假山石林木遮障者为尤难。先示学者全体固宜以此为冠，若为由易而难计，恐当以此为殿也。

2. 乱石叠泉法（页七十六）。皴法亦是子久，泉四级，斜流而下。附说曰："乱石叠泉，欲使其魂魂有声，须将泉力向石之虚处致，乱处积。"最后六字，极能道出画泉三昧。慧心者可于此悟得画法。

3. 垂石隐泉法（页七十七）。泉瀑下注，中腰为横石所遮，而观者自觉泉在石后，畅流无阻。附说曰："摩诘谓'画泉欲其断而不断'。所谓断而不断者，必须笔断气不断，形断意不断，若神龙云隐，首尾相连。"凡瀑泉为物隔断时，当思如何能令人感觉物后自有泉在，则泉之气与意，皆不断矣。

4. 云流泉断法（页七十八）。山谷中两旁用浓墨挤出一道白，是为泉。云自山谷冉冉出，泉中断处也。附说曰："画泉古人多用云锁，然画云时不可露出笔墨痕迹，但以颜色轻轻渍出，方为妙手。"安节虽曰渍墨为云，仍用勾勒为之，恐木板套色不易为由浅入深之墨彩也。

5. 山口分泉法（页七十九）。泉流一道，萦回自远而近，至下坠处分开二。

6. 悬崖挂泉法（页八十）。泉亦至山口而分，中半以下，山壁悬瀑皆虚，有不知其下落几千万丈之概。

7. 两叠泉法（页八十一）。泉自远山流出，近处后见，中虚白不着点墨，意其中必有平衍处，是以目不能见也。

8. 泉三叠法（页八十二）。上叠与中叠之间为山坡所隔，中叠与下叠之间，以虚白隔。凡泉隐处必以苔点压住，泉现处又以苔点引起，必参得点苔之妙，画叠泉始能从容自然。

9. 画细泉法（页八十三）。水口积碎石甚多，泉水分流四布。

10. 平泉法（页八十四）。流长而下折，几与上折平行，势自平缓。

11. 瀑布法（页八十五）。水阔而高，有汹涌之势。

12. 石梁瀑布法（页八十六）。云气围绕处，石梁横跨两山，泉在石梁后。

卷二各类中，吾以为以泉流各式图谱最为成功。式样既备，且不专心在摹某家，而自具各家画中之景物。且其位置布局，靡不妥适，此固非安节之工山水不能办也。

（七）水云法四式（页八十七至页九十）

1. 江海波涛法（页八十七）。浪头惊骇，水花横溅，蓬莱仙境等画中所见者。附说曰："山有奇峰，水亦有奇峰。石尤怒卷，巨浪排山，海月初溶，潮如白马，是时满目皆多崇冈峻嶷。吴道玄画水，终夜有声，不惟画水，且善画风。曹仁希万流曲折，一丝不乱，不惟画风，而且能画不假于风之层波叠浪，画水之能事毕矣。"董逌论画水以为不当求假于物以发其湍瀑，方为不失水之本性，安节之意，或得于此。

2. 溪涧涟漪法（页八十八）。细纹如縠，有随流荡漾，轻风拂拂之致。附

❶ 余绍宋《画法要录》初编（民国二十五年中华书局四版本）12/4b。

说曰："山有平远，水亦有平远。风恬浪静，云去月来，烟光森渺，目不可极。大而江海，小而溪沼，一时寒肃无声，水之本体见矣。"此意仍自董逌所谓真水得来。

3. 细勾云法（页八十九）。用笔甚绵密，除唐宋而后，山水中绝少见此。有之，多施之于仙佛足下。此式之病在过求与大勾云分别，故于细字着意太甚。页上有画云总论曰：

云乃天地之大文章，山川被锦绣，疾若奔马，撞石有声。云之气势如是。大凡古人画云，秘法有二。一以山水之千岩万壑相凑太忙处，乃以云间之。苍翠插天，倏而白练横拖。层层锁断，上头云开，髻青再露，如文家所谓忙里偷闲，及使阅者目迷五色。一以山水之一丘一壑，着意太闲处，乃以云忙之。水尽山穷，肤寸斯起，陡如大海，幻作层峦，如文家所谓用诗请客，以增文势。余画山水诸法，而殿之以云者，亦以古人谓云乃山川之总，亦以见虚无浩渺中，藏有无限山皴水法。故山曰云山，水曰云水。

云之为用，或于山水忙处，或于山水闲处，安节真能发前人未发之秘。云无常形，最可随人之意为之。简可简至不着一笔，繁可繁至千笔万笔，断非树石所得如此者。惟其能如此，故其当闲当忙，可随人意，用无不适耳。

4. 大勾云法（页九十）。此式较为自然，不甚刻画，有论说曰：

画云纯用色渍，望若堆起，实无墨痕者为上。若画青绿山水，及工细皴法，欲其相称，当以淡墨勾出，淡青染之。又唐人画云有二种。一为吹云法，乃将薄粉轻染绢上，势若层云，随风流动，轻倩可人，最为雅调。一为勾粉法，于金碧山水中，将粉照墨痕细勾，小李将军多用此法，气势雄壮，亦助辉煌。

此论画各法，非专为大勾云而发。吹云一种，本张爱宾说，未必曾目击此法也。其他各法，亦多经前人论及。

卷四共分十二类，曰：点景人物，中号点景人物，极小号点景人物，极写意人物，点景鸟兽，墙屋法，门径法，城郭桥梁法，寺院楼塔法，界画台阁法，舟楫法，器具法。

（一）点景人物六十二式（页一至页二十四）。各式往往以诗句作标题，除页一有总论外，无解说，自不必更一一描写人物之情态。目录与书中内容不相合，无从对照，兹另为立目于后。凡题诗二句者，仅录其一，以节省篇幅。1. 闲赏步易远。2. 秋山负手行。3. 炉薰袖手不知寒（页一）。4. 独立苍茫自咏诗。5. 明月荷锄归。6. 采菊东篱下（页二）。7. 看山诗就旋题壁。8. 偶然值邻叟（页三）。9. 抚孤松而盘桓。10. 倚仗听鸣泉（页四）。11. 携钱过野桥。12. 指点寒鸦上翠微（页五）。13. 藜杖全吾道。14. 闲看入竹路（页六）。15. 高云共片心。16. 卧观山海经（页七）。17. 展席俯长流。18. 云卧衣裳冷（页八）。19. 行到水穷处。20. 拂石待煎茶（页九）。21. 二人对坐酌山酒。22. 时还读我书（页十）。23. 今日天气佳。24. 奇文共欣赏（页十一）。25. 棋声消永昼。26. 晴窗检点白云篇（页十二）。27. 山涧清且浅。28. 寂坐正吟诗。29. 坐闲桑落酒（页十三）。30. 一卷冰雪文。31. 胜事日相对（页十四）。32. 担柴。33. 归渔。34. 钓鱼。35. 春耕（页十五）。36. 荡桨。37. 摇橹。38. 持篙。39. 撑篙（页十六）。

40. 濯足万里流。41. 江湖满地一渔翁（页十七）。42. 湖光上绿蓑。43. 有蛟寒可罾（页十八）。44. 诗思在坝桥驴子背上。45. 征马望春草（页十九）。46. 春郊见骆驼。47. 花间吹笛牧童过（页二十）。48. 提壶。49. 抱瓶。50. 捧书。51. 捧茶（页二十一）。52. 捧砚。53. 抱琴。54. 扫地。55. 折花（页二十二）。56. 洗盏。57. 抱膝。58. 煎茶。59. 洗药（页二十三）。60. 担行囊。61. 牵马。62. 负书（页二十四）。总论曰：

山水中点景人物诸式，不可太工，亦不可太无势，全要与山水有顾盼。人似看山，山亦似俯而看人。琴须听月，月亦似静而听琴，方使观者有恨不跃入其内，与画中人争座位。不尔，则山自山人自人，翻不如倪幻霞空山无人之为妙矣。画山水中人物，须清如鹤，望如仙，不可带半点市井气，致为烟霞之玷。今将行、立、坐、卧、观、听、侍、从诸式，略举一二，并各标唐宋诗句于上，以见山水中之画人物，犹作文之点题。一幅之题，全从人身上起。古人之画，类有题咏，然所标之诗句，亦不可泥某式定写某句，不过偶一举之，以待学者触类旁通耳。

上则所论，最重要之点，可一言以蔽之曰：人物有情而已。顾恺之有言曰："凡生人亡有手揖眼视而前亡所对者，以形写神而空其实对，荃生之用乖，传神之趣失矣。"殊不知不仅人与人有情，人与物亦莫不有情。山水钟天地之灵气，幽人高士，对之尤有深情。此点景人物与山水之关系也。学者能于此运思，与安节之意合矣。

（二）中号点景人物三十式（页二十五至页二十八）。此类目录，与图谱中之标题，出入不巨，兹从目录。1. 独坐。2. 对坐。3. 看云。4. 促膝。5. 聚饮。6. 观书。7. 垂竿。8. 趺跏（页二十五）。9. 拨阮。10. 吹笛。11. 聚弹。12. 烧丹。13. 钓鱼。14. 渔饮。15. 看花（页二十六）。16. 同行。17. 聚立。18. 携手。19. 曳仗。20. 负手。21. 对谈。22. 扶童。23. 回头（页二十七）。24. 肩挑。25. 御车。26. 策蹇。27. 携童。28. 遮伞。29. 担囊。30. 担柴。31. 折花。32. 提壶（页二十八）。

（三）极小号点景人物十九式（页二十九、三十）。此类目录，与图式标题，又相差甚远，别为订定如下。1. 对坐三式。2. 两人行立四式。3. 独坐。4. 三人对坐。5. 一人行立二式（页二十九）。6. 骑驴。7. 推车。8. 背面。9. 正面。10. 骑牛。11. 携孙。12. 肩舆。13. 骑马。14. 耕地（页三十）。共计得二十式，与目录之总数亦不符。

人物为山水作点缀者，著诸图谱，据今所得见者，当以周履靖为最早。周谱仅四帧，十余式，且大小繁简相等，不若此书分作三类，俾学者可审山水之远近，体人物之巨细，察其宜而用之。必如此谱学者乃可左右逢源，绰有余裕。且三类相加已逾百式，不曰应有尽有，亦可谓蔚然大观矣。

（四）极写意人物七式（页三十一至页三十六）

1. 对立（页三十一）。2. 折花（页三十二）。3. 聚坐（页三十三）。4. 对语（页三十四）。5. 醉扶。6. 把书（页三十五）。7. 倚石（页三十六）。页三十一有总论曰：

数式尤写意中之写意也。下笔最要飞舞活泼，如书家之张颠狂草。然以草书较真书为难，故古人曰匆匆不暇草书，以草画较楷画为尤难，故曰写，而必系曰意。以见无意，便不可落笔。必须无目而若视，无耳而若听，旁见侧出，于一笔两笔之间，删繁就简，而就至简，天趣宛然，实有数十百笔所不能写出者，而此一两笔忽然而得，方为入微。

山水有远近之不同，故安节前特备人物大小三类，以供采摭。山水更有工写繁简之殊观，此所以写意人物之后，又置有极写意之图式也。学者于"删繁就简"四字，当潜心研究。譬如寻常之人物既成，取其一袖一裾之衣纹而按笔删减之，有可减而无碍者，有断不可去，去则不复成袖成裾者。此等笔画，纵写意亦须画入。正以有此一笔，可代替多笔也。

（五）点景鸟兽二十六式（页三十七至页四十四）。1.滚马。2.双马。3.负驴（页三十七）。4.牧牛。5.卧牛。6.牧羊。7.卧羊（页三十八）。8.双鹿。9.鸣鹿。10.卧犬。11.吠犬（页三十九）。12.飞鹤。13.鸣鹤。14.双鹤（页四十）。15.双燕。16.栖鸟（页四十一）。17.飞鸦。18.雪鸦（谱中作云鸦）。19.栖鸦（页四十二）。20.鸱鸲。21.鸡稚（页四十三）（谱中此页尚有鸣鸡一式）。22.飞雁。23.宿雁。24.鹭浴。25.栏鸭。26.鹅泛（页四十四）。式前有总论曰：

山水中鸟兽各式，此种虽属细事，然所关者甚大。如要画春，春画不出，第画一鸣鸠乳燕，非春而何？如要画秋，秋画不出，第画一飞鸿宿雁，非秋而何？然此，犹于山树可以分别者也。至要画晓，晓画不出，第画栖鸟出林，吠庞守户，非晓而何？要画暮，暮画不出，第画鸡栖于埘，禽藏于树，非暮而何？将雨则鹈鸣，将雪则鸦阵，以及牛马，知上下风之类，画中生动，全然在此。

安节此说，吾有未敢尽然者。禽兽为山水点缀，信不可少，若如上云，一切时景，惟仗禽兽点题，则晴姿雨态，夏荫春英，皆可置于不顾，山水复成何物？复有何趣？其弊必至有画秋山着双燕而呼之曰春，画晴景着鸣鸠而呼之曰雨。虽然，乖戾至是，尚不失为画，必更有画成春不春，秋不秋，朝不朝，暮不暮，全凭画中纤细点缀，以定名目者，千篇一律，生气竟无，斯乃不可救药。何况时景有非假禽兽所能刻画者。如文中云："吠庞守户，非晓而何？"则暮间犬岂不守户耶？总之，点缀在画，只可居辅助地位，终当以山水为主也。凡作画谱，为初学说法，虽宜授以简便法门，以鼓励其学画兴趣，不致望而生畏，亦当熟思此法有无流弊。若有之，受之者，或终身莫能拔。则万万不可以之入画谱。

（六）墙屋法二十八式（页四十五至页五十四）。首二页上端有总论曰：

凡山水中之有堂户，犹人之有眉目也。人无眉目，则为盲癫。然眉目虽佳，亦在安放得宜。眉目不可少，正不可多者。假若有人通身是眼，则成一怪物矣。画屋不知审其地势与穿插向背，徒事层层相叠，何以异是。吾故谓凡房屋画法，必须端详山水之面目所在，天然自有结穴，大而数丈之画，小而盈寸之纸，其安置人居，只得一处两处。山水有人居则生情，庞杂人居则纯市井气。近日画中安顿庐舍妥帖者，仅有数人耳。此数人外，山水虽工，而其所画人居非螺蛳精则小儿垒土为戏者，全无结构。往姚简叔作画，即黍粒大屋一二间，亦必前

清代山水图谱

后相通，曲折尽致。有山顾屋、屋顾山之妙，可谓善于学古者矣。

本卷页一点缀人物总论，安节主要之意在人物当与山水有情，今则推而言物与物之情。坡前林脚，安置人家，一画展开，必先入目，有如见人先见五官，此安节所以有眉目之喻也。至于何处妥适，何处合理，何处使读者欲身临其境而居之，是在经营位置矣。

1. 墙屋正面式。2. 山斋层耸式。二式有附说曰："所谓眉目者，门户则眉，堂奥其目也。眉宜修故墙宜委曲环抱，目不宜过露，故内屋宜敛气含虚。其式有二。上式宜于平地，下式则因山垒茸矣，余仿此。"二式确有分别，上式平坦，是筑于地上者，下式向左斜上，是筑于山坡者。"余仿此"三字，未知何指，岂后复有他式，亦有平地山上之不同耶（页四十五）。

3. 抱山面水式。4. 水槛式。5. 湖心亭桥式（页四十六）。

6. 一间书屋式。附说曰："或竹中，或桐下，书屋独耸，四围开窗，面面有景画法。"7. 高轩三面式（页四十七）。

8. 层轩面水式。附说曰："此处或瀹以丛树，或枕以石壁皆可。"游廊之后，及楼之下层，皆空白，所以留点树木也。9. 山凹远屋式。附说曰："山凹桃柳，中置此以收远景。"此式不见下层之屋檐，以林端所露仅此也（页四十八）。

10. 楼殿正面式。11. 楼殿侧面式。12. 楼阁高耸式（页四十九）。

13. 屋中远楼式（此式谱中无标题）。14. 屋中虚亭式。附说曰："平屋虚亭，画于水边林下，楚楚有致。"15. 观获危楼式。附说曰："乡间村落，多以平屋丛脊中，耸危楼峻阁，可以观获，

可以扪云。"（页五十）

16. 远望钟楼式。17. 读书池馆式。18. 石墙园亭式。附说曰："园居石墙极朴，而其间亭阁极华式。"（页五十一）

19. 泛江斥埭式。附说曰："江景中最宜。"20. 俯江栈阁式。附说曰："栈阁宜画于蜀道及俯江绝壁之下。"21. 村庄茅屋式。附说曰："夏景村庄茅屋，式中于近窗设有遮阴在也。"遮阴设在式中极右屋之窗前。22. 河房式（页五十二）。

23. 远露殿脊式。24. 三间交架式。25. 两间交架式（页五十三）。

26. 一间茅屋式。27. 两间斜置式。28. 两间平置式（页五十四）。

（七）门径十六式（页五十五至页六十二）

1. 柴门式。2. 石叠墙式。3. 砖墙门式（页五十五）。上有总论曰：

山水中人不必历其堂奥，始见幽闲也。须于门径间早望而知为有道之庐，使人起三顾想，如此方为能手。
吾以为欲令人生此感想，实不尽在门径，而在全幅之境界。

4. 老树土墙式。5. 修竹柴门式（页五十六）。

6. 藤罩柴扉式。附说曰："柴扉藤罩，石磴草埋，瓦比断鳞，壁如龟拆，于极荒莽中有极生动之气，惟王叔明擅场。"（页五十七）

7. 破笔柴篱门（页五十八）。附说曰："以破笔画屋极古雅，然惟于苍茫写意山水中，始宜位置之。"此亦犹人物点景之有极写意也。

8. 两正一斜式。9. 丁字屋堂式（页五十九）。

10. 返露门径式。附说曰："自门内

反画出门径法，然必须四围有树，层层遮掩。11. 山家后门式。附说曰："石侧树底露出山家后门法。"（页六十）

12. 斥堠式。13. 豆棚式（页六十一）。上有总论村野小景法：

琼楼玉宇，固所以居神仙，而豆棚瓜架，清绝之地，亦复不让神仙，故于楼台后即次之以村野小景，以见作画犹宜于淡处多着眼，勿袭勿拘。凡天地间所有之物，皆可为我剪裁入画。

上节显有破绽。谓村野小景，置楼台之后，今本则小景之前，皆门径各式也。疑原定之次序，并非若是，或安节改编后，而此语忘删之也。

14. 花架式。15. 水关式（页六十二）。此二式亦当属村野小景之内。

（八）城郭桥梁三十一式（页六十三至页七十二）

1. 正面城门式。2. 侧面城门式。3. 转折城角法。附说曰："或环江或抱山因势筑城画法。"（页六十三）

4. 城门庐舍式。5. 工细台阁式。6. 八面台阁式（页六十二）。

7. 城邑门屋式。8. 寺观结构式。9. 山门殿宇式。附说曰："寺观由山门至大殿，后阁层层全露式。"（页六十五）此页上有总论曰：

此三式系极小而极精工者，细画中择用之。

10. 池馆廊庑式。11. 平居四列式。12. 远望城楼式。13. 远村落式。14. 远屋脊式（页六十六）。上有总论曰：

此六式极小而有结构者，或隔山，或对江，远景中择用之。

15. 吴越桥式。16. 矶头小桥式。17. 林下小桥式（页六十七）。附说曰："此二桥势宜置矶头林下。"按上语指二桥而言，并不谓一可置矶头，一可置林下。是以二桥实是一式。今目录分之为二，若然，便当更问孰为林下，孰为矶头矣。颇疑目录非出安节之手，而为人增补者。页前有总论曰：

绝涧陡崖，以桥接气，最不可少。凡有桥处，即有人迹，非荒山比。然位置各有宜忌。石薄而脊凸隆如阜者，吴浙之桥也。桥上架屋，压以重石柱而防奔湍相啮者，闽粤之桥也。更有危梁陡插者，宜于险壑。薄石横担者，宜于平沙。他可类推。

上节如摩诘论画桥法，合于理耳。吴越之桥高耸，讵非以甚多舟楫往来耶？他如重石压，薄石担，咸以类推，皆循理而已。

18. 瓯闽架屋桥式。19. 江南桥式。20. 园榭桥式（页六十八）。

21. 平远桥式。22. 羊板桥式。此名不知作何解，羊当是平字之误。23. 蜂腰板桥式。24. 驼峰桥式。附说曰："驼峰板桥宜于近江支港，水虽小而实可行舟者。"（页六十九）上论说曰：

桑间篱落，浅嵊平田，居人随意横勺，便于妇子，非上可以过车马，而下可以行舟楫者。板桥之势，略计有五。此页板桥仅有四式，尚缺一式。合后页计，得六式，又多一式。非页左上角之平远桥与平板桥本系一式，即五为六字之误也。

25. 曲折桥式。附说曰："曲板桥宜于回波曲水，因势倚石。"26. 齿缺桥式。附说曰："齿缺板桥宜于古镇荒塘，寒村积雪。"（页七十）

27. 水磨式。28. 跨泉架屋式。29. 亭覆水车式（页七十一）。旁有水磨画法曰："惊湍急如奔马，中设此便觉

飞流溅沫，皆可借住。山人驱使，机心正不必尽忘。凡画想景，全要生动，惟动则生矣。"（页七十二）

30.井亭式。附说曰："宜画于道旁树下，以待游人憩息。"引桔槔法。附说曰："秧针绿满，杏酪红深，携老挈幼，联袂而攀龙骨车，歌声辍而复起，东作佳境，实无逾此。"（页七十二）

（九）寺院楼塔法十九式（页七十三至页七十四）

1.辟支塔式。2.古塔式。3.琉璃塔式。4.无顶塔式（页七十三）。上有总论曰：

欲收远景，须筑层楼，欲收层崖叠嶂，千丘万壑，非复寻常之远景，必须高塔，使人望之而有手扪星辰，气吞河岳之概。所谓山势不全，将以人力补之是也。刘松年辄喜为之。

画者据楼塔之巅而俯瞰，所画者必远景，而置身之楼塔，不能见也。若画中见楼塔，则画者必身在他处，不在所画楼塔之中也。是以画有楼塔，不过令人生此中有佳境，登高可尽览之情而已。若谓无此不能画远景，则误矣。

5.远塔式。6.写意塔式。7.钟楼式。8.寺门式。9.寺门石坊式（页七十四）。上有总论曰：

塔铃语月，寺钟吼霜，于万籁俱寂中，有此清冷声响，空林古径，点缀其间，使人生世外想。

此节于《醉苏斋画诀》中曾言之。

（十）界画台阁法十二式（页七十五至页八十二）

1.平台崇楼式（页七十五）。上有总论曰：

画中之有楼阁，犹字中之有九成宫、麻姑坛之精楷也。笔偏意纵者，未尝不栩栩为以，第不屑屑事此，果事此，则必度越古人，及其操笔，而十指先已蚓结，终日不能落点墨。故古人中即放诞如郭恕先，以盈丈之卷，仅博其一洒墨，乱作屋木数角，可谓漫无法则矣。一旦而操矩尺，累黍粒而成台阁，则亲桷榱栌，以讫枓栱，无不霞舒风动，毫发可数，层层折折，可以身入其工也，绝非今人可及之功，乃知古人必由小心而放胆，未有放胆而不小心者，岂可以界画竟曰匠气，置而不讲哉？夫界画犹禅门之戒律也，学佛者必由戒律进步，则终身不走滚。否则，涉野狐界画，洵画家之玉律，学者之入门。

全篇主旨在明界画之重要，与汤垕唐志契等之意同。

2.八面台阁式。3.远殿式（页七十六）。

4.重轩列陛式（页七十七）。

5.回廊曲槛式（页七十八）。

6.平台式。7.远亭式（页七十九）。

8.八面亭台式（页八十）。

9.雕栏玉榭式。10.官阙门第式（页八十一）。

11.亭榭石桥式。12.阶陛式（页八十二）。

（十一）舟楫法二十一式（页八十三至页八十六）

1.泊船式。2.渡船式。3.开船式（页八十三）。

4.双帆式。5.两艇式。6.载酒式（页八十四）。

7.江船式。附说曰："此上彼下，扬帆撑篙，各用气力，以见长江有上下风也。"据云，则此式当有两船，一扬舻而下，一撑篙而上也。但式中二船皆张帆，是图式与文字不符矣。8.抵岸式。式中无此标题，或即指撑篙而以木支石壁者。9. 叉鱼式。式中亦无此标题。疑即页中右畔小舟一人持竿者。10. 捕鱼式。附说曰："捕鱼罾宜画于平沙丛苇，与落雁宿鸥，争汀烟江月。"右畔尚有一舟，二人捕鱼者。未知是否亦在此式之内（页八十五）。

11. 峡船式。12. 大罾式。附说曰："宜画于川景三峡，以百尺倒挽奔湍，断不可画于吴越平波间。"（页八十六）

13. 湖船式。附说曰："宜于波光如练，湖漪未起时，载酒寻诗。"此式有湖艇四艘。14. 橹船。附说曰："宜于月下及葭葭中，使人见之，如闻欸乃。"（页八十七）

15. 巨舰式。附说曰："宜于江海波涛中，扬帆破浪，有顷刻千里之势。"（页八十八）

16. 大小风帆式。17. 撒网式。18. 渡客式（页八十九）。

19. 持竿式。20. 击楫式。21. 垂钓式（页九十）。有论说曰：

> 持竿击楫，不必尽露全身。于芦中柳下，一为点缀，自有神龙见首不见尾之妙。然亦须看所画之地方。地方若促，全然横亘一舟，上下塞满，有何妙处。故只宜露首露尾，有余不尽之为妙也。

此理与楼阁便遮以花木相同。

（十二）器具法二十六式（页九十一至页九十四）

1. 正屏风式。2. 正长几式。3. 藤床式。4. 板床式。5. 圆杌式。6. 竹椅式。7. 折椅式。8. 盆兰式（页九十一）。是页有总论曰：

> 既画亭榭，安得使之空洞无物，必须几席可凭可藉。画此等物固不可太工，工则俗，亦不可太无法，无法则率。尽

有山水绝佳，居停颇雅，而其一二服御，殊不相称，未免白璧微瑕。

大凡屋左折则几榻亦宜左折，屋右折几榻亦宜右折。以侧面合侧面，大而盈尺，小而分许，其法皆然。

吾国画法中，极少有涉及透视学者。左折右折数语，即画中各线聚于一点之刍论也。若谓国画毫无透视学者，吾当举此以告。〔国画容有透视之意念念，如据此便谓透视学，似尚可以商量也。觉明先生批。〕

9. 侧面屏风式。10. 书架式。11. 书案式。12. 侧长几式。13. 圈椅式。14. 藤床反面式。15. 方杌式（页九十二）。

16. 琴几式。17. 长石书几式。18. 方石棋几式。19. 架瓶式。20. 瓷墩式。21. 香几式。22. 长桌式（页九十三）。

23. 脚榻式。24. 石凳式。25. 靠椅式。26. 饭桌式（页九十四）。

《画传》之内容及吾对于各式之意见，于上详之矣。今更为总论于后，试分四项言之。

（一）图式　《芥子园画传》之能成为吾国之最完备山水画谱者，图式使然也。其质与量，咸非其他画谱所能企及。

墨迹画谱，如龚半千之《画法册》，顾若波之《南画样式》，设无今日影印之法，其传不广，可置勿论。托之于梨枣者，如《费氏山水画式》，郑绩《画学简明》，皆逊《画传》远甚。康熙十八年之原刊本，初印者极为精美，用笔之起讫顿按，着力处，运行处，颇能存原画之神采。至于位置之妥适，变化之繁多，更无论矣。盖非安节之精擅绘事，不能为也。

以量言，半千《画法册》仅十数帧，《树木山石画法册》亦不及四十帧（疑原为卷式，后改装为册者），即安节以后各山水

谱，咸不及《画传》之半。专就点叶及点景人物两类比较，龚册不过七八式，而《画传》几四倍之。周履靖写意人物约二十式，而《画传》有百数十式之多。况有其他门类，如界画、禽兽、器具等等。吾深信安节每见一古人名迹，每自经营一稿，必思及其中景物有无为《画传》所未备者，以便随手增补。积久而成，故能完备若是也。

《画传》图式，质量均佳，然可议之处，正复不少。其最显著者，当数画稿取材，缺少确实证据。引用文字，不注出处，为吾国前代作者之通病。今论图谱，自亦不能过于苛求。惟后人对于文字来源，尚易查考。画本则流传极少，无出处终难置信耳。若仅师古人之意，非自画体直接摹得，亦当注明曾见何本大约若是。譬如卷二松柏法中郭咸熙一式，吾直敢断言，必全凭臆测而得。是非不欲注出处，根本无出处可注也。依此类推，他式如是者，正恐不少也。或问曰：图式既无确实根据，乌得称为有价值之画谱。吾曰，不然，当视其用途而别。后人若取《画传》作画学上考证之用，必舛误百出。至于学者之临摹，与此断然为二事。何则，安节所列各式，纵与古人不似，颇能自具面目。学者得佳稿便可仿效，奚必问其为唐为宋，究属某家哉？

临摹各家山水，有如为人传真。传真之道，面部有特色者易肖，无特色者难工。是故画者无不于此着目。《画传》图式，其广不盈尺，求似各家，信非易事。设不将各家山水特色采入，必致幅幅雷同。如卷二巨然峦头一式，解说谓："山之顶窦及林麓间，当作卵石。"范宽一式云："山顶当多密林，水际有突兀大

石。"此二家之特色也，正可于图式中画出。既可备画法，复可逼肖各家，诚一举两得之事。不期文字与图式，竟不符合。所云之卵石密林，俱不得见。若此之图式，吾以为直等虚设耳。卷二峦头诸式，颇有相似难分者，正以此也。

卷二有诸家松柏法一类，共十式，计松九式，柏仅一式耳。此材料分配不匀称之病也。

画柳法中共有五式，而山水画中最习用者之勾条柳，不与焉。此遗漏之病也。

树法十九式中，有迎风一式。石法十一式中，有吴仲圭一式，谓其善于熟中用生。迎风之势与生熟之趣，皆断非一枝一石所能表现。墨迹尚不能，况木刻乎？此等图式，何啻自出难题，自限险韵，既无法画出以惬人意，自不能得阅者之称许也。

（二）文字　即使安节无《画传》之作，将其解说汇集成一论述之作，亦不愧为清代画法之佳构，可与他家一较短长。各法之前，时有总论，每式之端，复多附说。其图式既有为前人所未有，其文字亦往往发前人所未发。余越园先生《画法要录》征引《画传》之文甚多，即是明证。兹不论其优点，专举弊失数端，论之于后。

为初学说法，自宜浅易入手。惟是说有无流弊，必熟虑之后，方能定稿。如卷三点景鸟兽，谓四时山水，悉凭动物点缀为转移一节，显有语病。学者尽信之，必至贻害。

各式之解说，仍不免有欠周详之憾。如图式所示为每家画法、文字解说，非仅将画家人名标明而已。当道出何以此为某家，与他家之不同何在，欲作此式，

当从何入手，用何笔法，用何墨彩，其干湿浓淡之际，为木刻所难传者，尤宜言之不厌其详。安节之解说，能如此者，盖不多也。

论画文字，模糊影响，似是而非，实是大忌。如卷二论石分三面一节，意欲解释三面为何，而无一语搔着痒处。他如各家峦头画式上，往往只泛论画家之擅长与他家优劣之比较。凡此皆与图式无涉。画人传中，穷篇累幅，触目皆是，自有专书论之，奚必将可贵而有限之空隙，为此无聊文字所占有。

图谱文字，理当与画式针锋相对，学者始觉妙趣环生，事半功倍。巨然范宽二式图式，未能与文字符合，前言之矣。然此为图式之失，非文字之失。设如卷一点花树干一页之解说谓："桃不可同梅杏，梅杏不可同于别树。"一若梅杏二者不妨相同。实则梅杏图式，所示迥有殊别，此则咎在文字。

一家之画法，面目不同，或一法而为各家所共习。图式当在一帧以上，此则尤宜详加说明各式之关系，以免启人疑窦。例如李成喜用长皴，至其画浙东山水，改用横笔，幸安节有解说，故学者得知之。他若马远斧劈有二式，用笔粗细甚殊。荷叶皴法有二式，前者谓为王维所作，后者谓为北苑蓝瑛，其间关系竟无一字及之，令人有编辑毫无系统、前后缺少联络照应之感也。

安节引用前人文字，亦有失察处。石法中大间小一式中引黄公望《画山水诀》而曰王思善语。是乃因《六如画谱》之误而误。该书为明人伪托，安节未察耳。

（三）体例 龚半千之《树木山石画法册》前半为树木，后半为山石。《画法册》首为树木，次为山石，再次为房屋点缀，而以章法完备者为殿，已具《芥子园画传》之雏形。安节此谱之体例以及材料之分配，得诸半千之法居多也。论画之著述，前人约分十类。如汤雨生之《画筌析览》是。至于图谱，又当别论。树木山石点缀之类，已可尽括。简洁而明显，可称山水画谱最妥适之体例。

卷二自树之枝干入手，点叶及夹叶次之，枯树法、叶树法及杂树法更次之，以松柏柳等，画中常用，而前所未能包括者附后。卷三山石，其起手石法，犹树之枝干也。皴石法，犹点叶夹叶也。山法有轮廓而无皴，犹木中之枯树而无叶也。峦头各式，犹诸家之叶树及杂树也。坡径瀑布等法，犹树木中之松柏柳也。两卷之体例次序大致颇能一一吻合。卷三始以人物，次以动物，终以屋舍舟楫器具之属，亦井井有条，不紊不苟，凡此皆见匠心。

《画传》体例，主要纲领，如上所述。至于小节，则不无淆混不清，有失谨严处。树法各式，全是枯树，忽杂有梅花、菊花、胡椒等点叶树三式。诸家叶树法，本期其数树一色，忽有黄子久杂树二式。反此，诸家杂树法中，又杂有云林北苑等一林数树，纯属一色者。一家之树式峦头，或不止一帧，竟不连缀，中以他家间隔之。乱柴乱麻二皴，安节自谓其相同之点为"诸家偶一为之，皆皴法中之变体"，理当同处于说明之后，孰知亦分置两处。此皆令人百思而不解者也。

一言以蔽之，安节于每类每法之中，编次之方法，未见有一贯之体例。为安节计，全依临摹之难易为标准，方法由浅入深，一法也。按画家时代前后而编次之，年代由远而近，又一法也。此二法皆未经安节采用。吾以为尤以后者为妥适，树法皴法，发展之经过，渊源之传授，作风之嬗变，不待言而自明。若恐画式难易错杂，不便初学，不妨更列一表，告人先学何式，次习某帧，别成系统，正可与时代之次序，并行而不悖也。

（四）目录 《画传》目录，与内容不合者甚多，且有强为列名，一若作者之原意未能了解者。颇疑安节著书时，原无目录，而倩他人为之编制。树法十九式中，梅花鼠足点等三式，于目录列最后，与书中之位置不同。点叶书中共得三十六式，而目录遗其一。卷二山法十二式，目录中有"画石间坡"，而书中无此式。点景人物之六十二式，及极小点景人物十九式，目录与内容，不合之处更多。尤以蕉桐花竹法中，将点花树干论说之标题，作为图式之标题。城郭桥梁法中，"矶头林下"为二桥共有之标题，而目录中分列为二式，皆与作者之原意完全乖背。若目录果出于安节之手，何以竟不能明了一己作图式时之用意，此吾所以有目录另出他手之揣测也。

总之，《芥子园画传》，纵不能称曰尽美尽善，终不失为吾国山水画谱之最佳者。凡上所论各点，咸不免"春秋之法，责备于贤者"。及观他家画谱，皆不及安节远甚，转自觉吾前之过于苛求矣。

第二节 《费氏山水画式》

《费氏山水画式》，原题费汉源撰，三卷，前有费晴湖及日人木雍文熙、泽元恺等序，末有杜昂雄飞跋。

汉源始末未详，晴湖称为其族从祖，知为苕溪人。泽元恺称："舶贾能画，沈南屏花卉翎毛最著。相继而来伊孚九、费汉源名于山水。"❶木雍亦称："费以元文年来于长崎，颇有画名，其迹亦多存焉。"❷元文为日本年号，乾隆元年至六年（1736—1741 年），盖吾国画家曾游日本鬻画者。

木雍复称："此书绝非成于费，盖师家成法，摹誊以传已。已无序引，亦失体裁。是自汉源，故曰《费氏画式》尔……原本条理有差误，余就旭山泽先生而质焉，遂相与校订，摹誊。虽非无可疑者，不妄加私意以存其疑尔。"❸越园先生称其推测"不为无见"❹，但余未见其有确实之证据。无论如何，书经木雍等校订，并曾摹誊翻刻，已易旧观，固敢断言也。

上卷一二两页为王维《山水论》，不录。

页三至页八上半页，为画树法，前有论说曰：

出枝当要树树弓梢，枝枝鹿角，切不可头粗脚小，务宜从根渐尖，至梢用笔须要断续，再用墨从间断处加之，而不见断续为妙。

画枝干上锐下粗，论画者以其过于浅显，不屑言之，是以书中极少见。笔要断续再用墨重，他家未见有坚持必须如此画者。

此数页中，共有二十一式，曰：左出、右出、中出、二株、三株、一株、二株、三株、四株、五株、六株、仰螳螂、鹰爪法、俯螳螂、鹿角法、丁香枝、倒拖枝、蓬头枝、垂丝枝、枯蘖枝、荆棘枝。二株三株各有两式，其别似在一以小遮大，一以大遮小。更有二株无标名者，在页六后半，与仰螳螂及鹿角相似。或编次时误置于此。诸式不出《芥子园画传》

❶ 费汉源《费氏山水画式》（天明己酉日本江户书肆重刻本）上 / 2a。

❷ 同注❶上 /2b。

❸ 同注❶上 /2b。

❹ 余绍宋《书画书录解题》（北平图书馆排印本）2/16a。

之范围，无足论者。

页八后半至页十四前半为墨叶。解说在最后，用龚半千淡墨积浓法，不录。图式为个字、胡椒、梅花、大混、柏叶、椿叶、菊花、藻草、平头、垂头、垂藤等点法。原失名二式，垂头（此树标明垂头叶法，实是平头）、平头、垂藤各树式。此后更有画树十一式，仅混点、小混点二式有标题。共二十七式（页十二前半有二株相同并作一式）。此中惟页十一之四式有讨论之价值。前半页为杂树两丛，后半页为圆点扁点两树两丛。其特色为何，盖在树根下注明某株当淡，某株当浓也。近者浓，远者淡，虽甚简明，尚不失为切实之方法。

页十四前半页起至页十九前半页为夹叶树，共树二十五株，有不同之勾树法十七种。除梧桐外，皆不标名。末有论夹叶设色法曰：

以上夹叶各种，各用浓笔勾边。如画春夏之景，宜用青绿，于叶之中嵌之。若秋叶则用朱砂或藤黄，加粉少许，或用赭石少许，与黄和勾嵌之。若用胭脂则从边间染，再用草绿照叶，高低设之。

除用胭脂法自叶边染起，前人未及此法外，余皆陈言也。

页十九后半页至页二十三前半页为画松法。首为起手法，仅有树身，注明每笔次序，采半千之法。次为松一株，无标名（似稍后之乱撒针。论说中有"已上松针有此八家"语，可知无标名之式，原不在数内）。此后为宝塔针、虎须针、乱撒针、鼠尾针、车轮针、叠钱针、马鬃针、锯齿针八式。末有论说曰：

已上松针有此八家，凡画时须酌而写之。如画董北苑家法，不可画乱撒针、

车轮针。如画郭河阳，不可画宝塔鼠尾。其势要挺然出枝，如龙蛇掀舞之状。凡生于土者，其干宜直。生于石者，其干要曲。松身要干大者，用双笔画出龙鳞，或大或小，随意画之，不可执著。如执著则不生动。其妙在意到笔不到，便有生气。其身小者用草笔画之，或用笔点之（此处疑夺一"亦"字）可，若锯齿宜画在远山或林莽之中，其身不必点矣。

论说极中肯綮。画董郭等家松针，不可随意乱用，与玄宰谓画树木可相通之言略有出入。盖画南宗用北派之圆针，及画北派用南宗之仰针，皆不甚融和，非虚语也。图式中有为《芥子园》所未收者，锯齿一式是也。纯用笔纵点排成，于半千画中常见之。

卷中页一至页三前半页为小竹藤萝及树忌各法，实当附卷一之尾，不知何以误置本卷山石各式之前。目次为小竹三式，即《芥子园》之平点、个字、新篁三种。藤萝二式，附解说曰："凡画松及古木，必须画藤萝盘绕于上，方见有致。如用草笔画藤萝，其叶则以墨点作个字叶，或胡椒鼠足亦可。如用双笔画藤萝，必用夹笔画叶，当变通融会，又不可拘也。"论画藤而言及各种点叶法，为《芥子园》所不载。

画枝干病为梢小根大、梢大干小、干身中小、头平无势、梢枝对节、枝头丫杈、笔尖枝嫩、笔粗草率等八式，皆前人画谱所无者。

页三后半页至页十前半页为画山法，共十五式。首三式勾山起手，注明各笔先后。第四式有解说曰："凡画边墨，笔锋宜侧，要流动活泼，不可一笔直边，直则过板。边墨切不可浓，浓则俗恶，学者先将形势习熟，然后学皴。若

形势不妙，皴虽熟，亦难到化境。"边墨，轮廓也。图式欲示学者当先习山之形势，然后加皴，故于轮廓中略有皴笔，皆因墨边之势而成者。式五为大山中分左右向背之势，式六示人轮廓左向右向，用笔有从左起右起之不同。式七山勾矾头各笔之先后。式八山头起伏势。式九画峰法，有峰头三。以上除勾轮廓标用笔次第外，皆不能脱《芥子园》之范围。

式十至式十五为画山病，曰：顶齐、势回、过圆、歪斜、方薄、折搭，末有总论曰：

> 凡作大山，只庄重秀润为主，脉络联接为妙。正背对面，不可模糊，远近峰峦，须分明白，一起一伏，要形势映带，若凹若凸，在折搭奇巧，重峦叠出，体势各异。两峰对起，顶莫相齐，不宜孤峰独耸，须要众山环抱。所嫌者方薄斜歪，所贵者圆高峻拔。前有据，后有依，自见精彩。上无盖，下无乘，便之（"之"字当是"乏"字之误）气脉。若山头雾笼处落笔当淡，若山腰云锁处演淡贵浓。皴擦不可上顶，点缀最忌满腔。浓墨边，宿墨染，枯墨皴，焦墨点，此皆浊俗之病。其经营位置，浓淡虚实之法，不可不知，而峰峦岩壑嶂岫之形，不可不识。惟多见谱格粉本，取气势于真山者，乃能过人。

上文殊少新意，惟以其言及画山忌病，颇可与山法及稍后之皴法图式对照，故余之。

页十后半至页十八为皴法。式一麻皮皴（山与石各一），式二式三宜随边式，式四直擦皴，式五米山（分勾边与不勾边两种），式六麻皮带干擦，式七宋人丁头皴，式八郭河阳云头皴，式九骷髅皴，式十荷叶皴，式十一横皴擦，式

十二麻皮带解索皴，式十三麻皮皴，式十四交带皴，式十五小劈斧，式十六大劈斧。其间式六与式十四重复，式十四之交带，即云林之折带，与麻皮带干擦竟无分别。各式悉本《芥子园》，无足述者。

皴病共有八式，曰：不随边式、边浓皴淡、皴浓边淡、过于细、皴擦满顶、糊涂、枯燥、纯浓，与前十六式合计共得二十四式。后有论说曰：

> 皴有长麻皮、短麻皮，有麻皮带干擦，有解索带麻皮者，又有豆瓣、直擦、横擦、交带，体虽不一，其派出自王维，传至董元，称为南宗。其笔法全在苍老严密，其妙必要错综，参差嘈杂，要知运用笔墨为切紧功夫。笔有时而仰，有时而侧，有时而中锋，墨有时宜淡，有时宜浓，有时宜枯，勿执著一途。初下笔之际，笔要干，墨要淡，随山石边之形势而皴擦，不可过于细，不可失于肥，不可逐用枯焦墨皴之。小大浓淡，与边墨般同。若上淡，如浓墨不宜至顶，渐渐缩下一分。若下淡，如浓墨不宜到底，渐渐缩上一分。皴又不宜加多，又不可少，须要适中。必待干而后加，若随皴随加，生纸上则毛溇，矾纸绢则糊涂，万不可性躁心忙，欲速成也。

皴法自干淡入手，屡经人道。其中"若上淡，如浓墨不宜至顶"数语，不甚显豁。味其意，似为重皴时，如上宜淡，则不妨比第一次干淡皴缩进一层，如下宜淡，亦如之。此法罕有人言及。

页十九至页二十二为点苔法。式一北苑中锋紧（按此"紧"字当是"竖"字之误）点。式二北苑巨然中锋秃笔点，松雪用石绿碌嵌。式三米氏父子高彦敬侧笔点。式四吴仲圭中锋紧笔。式五黄大痴侧锋

点。式六吴仲圭中锋介字点。式七王叔明中锋散笔。式八倪元镇侧笔疏点。式九王叔明中锋疏点。专就各家点苔法立式，为前人所未有。米山一式，前人俱视之为皴法，即汉源前亦收入皴法中，今又重为立式，究为皴法乎，抑为点苔乎？似不宜互见也。后有总论曰：

山石既成，点苔最难。如撒豆在地上，大小聚散，不均，点于边凸处。董北苑有竖笔点者，米南宫有横笔大点，在山内，俗云"米家山"。有铁线穿豆豉，其点盖圆混紧密，着于边道之上，不可缩进伸屈，以均齐为主。又同字学点如瓜子之说，前不可尖细，后不可破碎，要点点如瓜子形，乃妙。

若石山点宜少，于边线之上，高凸之间点之，以别阴阳识聚散之法者佳。若土山，点宜多，于分界凹处重点之，重至数次，自然温润，不可逐用浓墨点成一片，要点点分明，须先从淡墨起，候干而复重。若上淡，重时缩下几点，下亦如之。若外淡，重时缩进一分，内亦如是。点完干定，再加浓墨数点于边道，如人点眼，点出便见精神。黄大痴、倪元镇有侧笔横点，吴仲圭有秃笔紧点，王叔明有散笔点者，有尖笔细点者，各各自有一种妙境，非熟习专精，必不浑化。

王安节论米山，以铁线穿豆豉为大忌，上则却拈出之，似供人仿效者。不解画者观米氏真迹与劣手摹本，形貌或无异，要之铁线穿豆豉外，必更有使其成为画者，始足称为米家山也。第二则论点苔缩出缩入之法，与皴法同。

页二十三至页二十九前半页为路径矶头泉流各法，共十四式。论说及图式皆不及《芥子园》远甚，兹不备述。

页二十九后半页至页三十一为三远四式。平远有二式，未有论说，与安节不同。

山有三远，曰高远，曰平远，曰深远。高远者，即本山绝顶处染出不皴者是也。平远者，于空阔处、木末处、隔水处染出，皆是。深远者，于山后凹处染出峰峦重叠数层者是也。三远惟深远为难，要使人望之莫穷其际，不知其为几千万重，非有奇思者不能作。其形势即如近山，无有二理，亦无有他法，以浑化为主。若用死墨宿墨，则落恶道矣。

汉源以为峰峦既在远处，便不能实，仅可有染，不得有皴，此似失诸太凿。古人画中，颇有作远景而见皴见笔者。各图式于山后树后，作空勾远峰，余悉有皴，是则其所谓三远者，远山耳。古人三远，指全幅山水之取势及气概而言，汉源实误解之也。

卷下页一至页五为亭榭寺观法，共二十六式，标名或有或无，图式极粗陋可笑，有如故都匠人以砖制成之屋舍，作假山点缀者。论说曰：

凡画屋舍，楼阁，要看地之广狭，高低小大得宜为主，而向背当随山之向背，一横一直，不可使其错杂歪斜，必须庄重方正。

若寺观宜壮丽，若村舍又宜古朴，而亭馆全在幽野，其间架不贵高大，长而扁者为美。如飞重阁楼，烟村野寺，多用古木以掩其半，不则不见幽深。又有用笔用墨之法，笔宜中锋，要如篆籀文，墨宜淡浅，恐似印者刻者，后有加法，阅谱便知。

上文并无独抒己见之语，"后有加法，阅谱便知"，殊令人莫明其究竟。

细视后部，并无加法之说。或经木雍等校订时删去耶？即有，恐仍不外乎安节以淡墨润之法也。

页六至页八为画桥梁法，共十七式。页九至页十二前半页为画舟楫法，共二十五式。两法之末，皆有解说，文字与图式，俱无足述者。

页十二后半页至页十七，为画人物法，共约八十式。其中值得讨论者有二点:(一)人物起手，先点发髻，次画面，次袖上笔，次画袖下笔，次画背，次画腰带，次画裾左笔，次画垂带，次画裾右笔，次勾襟底一笔，共十笔而成全式。授人画点缀人物用笔次序之先后，费氏谱外，未见有如此者。(二)人物同一动作，每画十余式之多。如曳杖，有正面者，背面者，仰望者，欠身者，姿态各不相似，可令人悟一事而有多种之变化，意亦至善。末有论说曰:

> 凡山水间人物点撰者，多真静野朴之风，冠裳简古，气象生动，吾侪罕见真迹，想象而得其意也。法以庄重端俨为贵，不可臃肿垒堆，形如木偶傀儡，又不可犯背驼腰曲、头大身小长短诸病。而行立坐卧，顾盼言语之势，妙在俨然相似，安置之处，必要境缘。若于云泉，要有引领眺望之状，若于山内，要有俯首感慨之容。临流似赋诗之态，入林如觅句之形，倚楼有安闲放逸之仪，把钓有志不在鱼之表，架舟有飘然四海之怀，登山有遨游五岳之思，或策杖溪桥，或倚童采药，或偃卧松间，或煮茗石畔，或访逸寻幽，或抚琴弈棋，或读易山窗，或谈玄水阁。此高人隐者之事，若画心想而出如斯者，其人品格可知矣。

全篇论何种人当具何种气概，皆前人之滥套。论点缀人物诸忌，前人画法

中，除饶自然外，尚不多见，故录引之。

最后有论设色制花青矾纸等篇，皆与图式无涉。前者一篇，已入清代画法片段言论一章，后二篇，不在本文范围之内，不述。

《费氏画式》，依树木、山石、点缀，分为三卷，编制之法，大体已显自《芥子园》得来。细节之中，更几无不以《画传》为本。而图式之精美，既相去天壤，篇什之繁富，又远不逮，况其文字，多袭陈言，足为学者取法之处实罕。在任何方面，咸不得与《芥子园画传》比拟。其自有之特色，仅为起手各式，标明每笔次序，及各法之后，时以忌病附之，似尚可为未来画谱之先例也。

第三节　郑绩《梦幻居画学简明》中之山水图谱

郑绩关于山水画法之论述，已详前章，本节所及，仅《画学简明》中山石、树二谱及与是相连缀者之文字耳。

（甲）山石谱

属于此谱之范围者为论皴篇❶，文字十七条，图谱三十六式。此外论形篇中尚有三条，论笔篇中一条，可作为皴法之总论，特置于此论之。

山石之形，或先定轮廓后加皴，或连廓带皴一气浑成，或先皴而后包廓，思某皴某廓，用某家笔法墨法，胸有成见，然后落笔。夫轮廓与皴，原非两端。轮廓者，皴中之大凹凸，皴者，轮廓中之小凹凸。虽大小不同，而为山石之凹凸则一也。故皴要与轮廓浑融相接，像天生自然纹理，方入化机。若轮廓自轮廓，皴自皴，一味呆叠呆擦，便是匠手。❷

纪常此书为初学说法，故曰《画学

❶ 郑绩《梦幻居画学简明》（同治间郑氏家刊写刻本）1/26a—1/34b。

❷ 同注❶1/5b。

483

简明》，凡例并云："必详立规矩，使学者有阶可升。至神明变化，出乎规矩之外，而仍不离乎规矩之中。"❶ 故上论主张学某家某皴，胸中当先有成见。若以道济玄妙论律之，自格格不能相合。至于轮廓与皴，贵相浑融，又为人人公认之事实矣。

"山石交搭"一则，言皴法之贵有变化也。

山石交搭，不可层层顺叠。皴法不可笔笔顺落，轮廓起伏，要无定形，皴擦向背，当与体变。❷

十六家皴法一则，言天地间有此石此山，因而后有此皴以状之，却与道济之"峰名各异，体奇面生，具状不等，故皴法自别"诸语有相通处。

十六家皴法，即十六样山石之名也。天生如是之山石，然后古人创出如是之皴法。如披麻即有披麻之山石，如斧劈即有斧劈之山石，譬诸花卉中之芍药、牡丹、梅法兰、竹、菊，翎羽中之鸾、凤、孔雀、燕、鹤、鸠、鹂，天生成模样，因物呼名，并非古人率意杜撰，游戏笔墨也。学写山石，必多游大山，搜寻生石，按形求法，触目会心，庶识古人立法不苟，更毋拘法失形，画虎类犬，甚至犬亦不成，不知何物，斯不足与语矣。故曰，神而明之，存乎其人，学贵心得。❸

末诲人以多行路，多师自然，殆即出乎规矩之外，神明变化之意也。

论皴篇，首为纪皴名目一条，此后每皴有专条论之，共十七条。图式每皴石及山，各有一式。披麻与斧劈均有大小之别，各得四式，共三十六式。图式先后，与论皴篇之次序不符，今依皴法之排比改订之。

纪皴名目曰：

古人写山水，皴分十六家。曰披麻，曰云头，曰芝麻，曰乱麻，曰折带，曰马牙，曰斧劈，曰雨点，曰弹涡，曰骷髅，曰矾头，曰荷叶，曰牛毛，曰解索，曰鬼皮，曰乱柴，此十六家皴法，即十六样山石名目，兹非杜撰。至每家皴法中，又有湿笔焦笔，或繁或简，或擦或不擦之分。不可固执成法，必定如是也。神而明之，存乎其人。

由皴系之表格（附表），吾人可见纪常所列之十六皴法，悉本《芥子园》。安节《画学浅说》之计皴，亦为十六，其中之大斧劈及小斧劈，纪常合之为一，而增入折带一法。折带虽不在安节计皴之内，《画传》皴法式中有之，是仍悉以《芥子园》为依据也。首起一语，谓"古人写山水，皴分十六家"，一若古人惟此十六种面目，不容增减者，其说似不甚圆通。

论笔篇最后一则谓皴法可分为勾勒与皴擦两大类：

山水笔法其变体不一，而约言之只有二：曰勾勒，曰皴擦。勾勒用笔腕提起，笔笔见骨，其性主刚，故笔多折断，归北派。皴擦用笔腕力沉坠，笔笔有筋，其性主柔，故笔多长韧，归南派。论骨其力大，论筋其气长。十六家之中有筋有骨，而十六家中于每一家中亦有筋有骨也。如披麻云头多主筋，马牙乱柴多主骨，而披麻云头亦有主骨者，马牙乱柴亦有主筋者，余可类推，皆不能固执一定，总由用笔刚柔随意生变，欲筋则筋，爱骨则骨乎。❹

（一）披麻皴

披麻皴如披麻散也，有大披麻小披麻。大披麻笔大而长，写法连廓兼皴，

清代山水图谱

浓淡墨一气浑成,淋漓活泼,无一笔滞气,此法始自董北苑,用笔稍纵,笔从左起,转过右收。起笔重,着行笔稍轻,悠扬辗转,收笔复重,笔笔圆运,无扁无方,石形多如象鼻,后清湘八大山人徐文长喜为之。至巨然、米元章、吴仲圭、王石谷、董玄宰辈,俱是小披麻耳。小披麻笔小而短,写法先起轮廓,然后加皴,由淡至浓,层层皴出,阴阳向背,或焦或湿,随意加擦,较大披麻为稍易,北苑亦多作此。后辈皆宗之,近世更喜学之。

图式页二下为大披麻石,页三上为大披麻山。附说曰:"长笔圆运,湿墨淋漓,创自北苑。后人间偶作之,至清湘八大山人,多写此,但笔过放,少谨严,只可遣兴,未可为法。"六下为小披麻石,七上为小披麻山,附说曰:"先起廓,后加皴,与大披麻连廓带皴写法不同。小披麻原用细笔湿墨,此谱乃是大笔焦墨,似乎相反,不知凡画笔之粗幼是论笔,墨之焦湿是论墨。披麻皴分大小,以起廓不起廓论,非论笔大小也。"

按前人论披麻,必分之以大小者,尚未之见。纪常以为大披麻之皴,石左石右,由一笔带过,亦未敢信。若然,设石形左薄右厚,必一边皴笔紧排,而一边疏落矣,古人必不拘泥如是。更曰:大小之别,在有轮廓与无轮廓,与皴笔之长短,毫无干系,尤为闻所未闻。究其实,大披麻之绝不起廓,与小披麻之必须起廓,同一可笑。古人作画,任笔游行,或先勾后皴,或先皴后勾,至得心应手处,无可无不可。虽为初学说法,亦断不可妄立此有违事实之规矩。所列各式,呆板已极,尤以大披麻二式,直似大蚌壳竖立,皴笔匀排,宛似壳上之条文,山水之中,安得有此。

(二)云头

云头皴,如云旋头鬓也。用笔宜干,运腕宜圆,力贯笔尖,松秀长韧,笔笔有筋,细而有力,如鹤嘴画沙,团旋中又须背面分明。写云头皴,每多开面,而少转背,若不转背,则此山此石,与香塔蜡饼无异矣。转背之法,如运线球,由后搭前,从左搭右,能会转背之意,方是云头正法。

云头石式在页十四下,山式在页十五上。有附说曰:"用笔圆转,如浮云舒卷,变态靡常。必须从内写出外,破廓转背,由背搭面,随笔悠扬,不可为轮廓所囿,此秘诀也。皴后加皴浓墨焦擦,以取松秀。"

"云旋头鬓"四字,颇易引起人之误会。云头为一物,头鬓为另一物,前人以皴法之像云头而命名,未尝以妇人头鬓拟之者。图式所云"浮云舒卷",乃无语病。其揭出转背破廓一点,极有见地。破轮廓,非用皴笔突破之也,石有向背凹凸,远近斜正,种种不同之片面,各面有其自具之轮廓。皴笔能将各片面画出,向背凹凸,远近斜正,处处俱到,石乃有立体之呈现。吾人但觉面面俱在,而不见轮廓之交搭,是即所谓破廓转背也。纪常虽能言之成理,图式仍不见佳。

(三)芝麻皴

芝麻皴,如芝麻小粒,聚点成皴也。其用意与雨点,大同小异。先起轮廓,从轮廓中阴处,细细点出阴阳向背,正是天地间沙泥,结成大石,光中有粒,凹中有凸之状。故用湿笔干笔,俱宜染淡墨,青绿亦可。惟点须参差变动,最忌呆点。呆点则笔滞,笔滞则板,板则匠而不化矣。

芝麻石式在页十二下，山式在页十三上。附说曰："芝麻点与小米雨点同写法，但雨点大小兼用，芝麻则小点多，大点少，乃不失其名为芝麻也。此谱点散而疏者，取易雕耳，不可执泥此为一定之法。"

《芥子园画传》卷中石法中有二米一式，有解说曰："此米点而微间芝麻皴也。"雨点芝麻皴，前人皆指纵点而言，米家横点不当滥用此称，前节已论其失。今纪常乃因误而误，以米点之极小者，名之曰芝麻。雨点大于芝麻，复以米家擅长雨景，再误而称米点曰雨点，遂将前人纵点之皴，一易而为横点。不考名称之由来，不察古人之遗迹，率以意拟，乃有是失。

纪常虽将雨点误解，观其图式，前人却有此画法。轮廓勾成，不加皴，以细点分出阴阳向背，再以墨水渲染，实以密苔代皴耳。若取与披麻云头各式较，竟善多多。

（四）乱麻皴

乱麻皴，如小姑滚乱麻篮，麻乱成团也。麻丝既乱，何以成为画法耶？不知山石形象，无所不有，天生纹理，逼肖自然，盖乱麻石法，是石中裂纹，古人因其裂纹幼细如麻丝，其丝纹紊乱，无头绪可寻，故名曰乱麻也。作此法不能依样胡芦，拘泥成法，必须多游名山，留心生石，胸中先有会趣，庶免临池窒笔。

乱麻石式在页九下，山式在页十上。附说曰："用笔灵活，不泥成法，其阴阳向背，纹理井然，乱而不乱，虽不泥成法，究竟弗离乎法，是为得法。"

此法论说，全袭《芥子园》，图式

亦相似，不更细述。

（五）折带皴

折带皴，如腰带折转也。用笔要侧，结形要方，层层连叠，左闪右按，用笔起伏，或重或轻，与大披麻同。但披麻石形尖耸，折带石形方平，即写崇山峻岭，其结顶处亦方平，折转直落山脚，故转折处多起圭棱，乃合斯法，倪云林最爱画之，此由北苑大披麻之变法也。

折带石式在页十一下，山式在页十二上。附说曰："用笔与披麻同，但披麻石形多圆而尖，折带石形每方而平，如衣带横束，折褶之状也。"

董玄宰曰："关仝乃倪迂之宗"，《芥子园》云林石法式亦言之。但各家论皴，谓折带自披麻化出者，亦复不少。吾以为二说均有所据，盖云林取关仝石形之方解，而以北苑之笔意出之也。纪常山石二式，均自《芥子园》临得，而生动处不逮也。

（六）马牙皴

马牙皴，如拔马之牙，筋脚俱露也。马牙之皴，侧笔重按，横踢而成，落笔按驻，秃平处像牙头，行笔踢破，崩断处如牙脚，轮廓与皴，交搭浑化，随廓随皴，方得其妙。若先廓后皴，必成死板矣。此法马远、黄子久多作之。

马牙石式在页七下，山式在页八上。附说曰："用笔与斧劈，大同小异，但斧劈皴稍长，马牙皴略短。斧劈石中有土，形多变态，马牙石坚无土，形多方角。"又曰："以马牙皴写山，宜土夹石，故悬崖峭壁，乃见笔意。兹写峰峦起伏，则类斧劈，无所分别矣。"

马牙皴，吾人知其以象形得名。至

谓皴之某部为牙之某部,前此尚无言之者,未知纪常系全凭想象,抑有所据。汪砢玉曰:"如李将军、赵千里,先勾勒成山,却以大青绿着色……"是此法古人固先勾而后皴,与前节之言全异。勾皴非死法,究当奚从,未敢妄置一辞,惟纪常未尝稽诸前籍,以供作解说之参考,似可断言。不然,即使不为汪说所屈,亦当有反驳之辞也。

(七)斧劈皴

斧劈皴,如铁斧劈木,劈出斧痕也。斧劈亦是侧笔,亦有大小之分。大斧劈类似马牙,侧按跳踢,头重尾轻,轮廓随皴交搭,一气呵成,此与马牙同。惟马牙笔短,一起即收,斧劈笔长,踢拖直消,此与马牙异耳。山脊无皴,以光顶之字,连接气脉,俗人呼为烂头山者,即所谓斧劈山矣。罗浮有之,澳门、香港、咸海、砂龙,更多此体。小斧劈皴用笔尖刃跳,可以先起轮廓,而后加皴,与小披麻仿佛同意。李成、范宽、郭忠恕多画之,至小李将军则变小斧劈而为大斧劈也。大斧劈用笔身力,小斧劈用笔嘴力,当分别之。

大斧劈石式在页五下,山式在页六上。附说曰:"始于李昭道,与小斧劈皆用侧笔。小斧劈用笔嘴力,尖细而工致,大斧劈用笔身力,劲遒而雄壮,所以小李将军视父为未及,故变此也。"小斧劈石式在页一下,山式在页二上。附说曰:"侧笔用笔尖力,与鬼皮芝麻,形象略同,而变皴法也。唐宋诸家,多作此体,李思训喜写之,每以青绿金碧,更觉秀丽。"

大小斧劈,前人一再言及,传说颇一律,上文并无与古人不符处。二者之

别在笔身与笔嘴用力,且一须随勾随皴,一可廓而后皴,皆为经历之谈。复谓大斧劈山脊有之字接连,盖即皴笔起处,与轮廓稍间离,留出白道,曲折如之字之形也。古人画人物,或梅竹,以磐石点缀,不过一两块,便有用是法者,此亦首经纪常拈出。尤喜其举澳门、砂龙等处,亲曾涉足者,取自然之景,与画法对照,大可作为古人皴法非由杜撰之证。

图式不佳,山式较石式尤呆板。

(八)雨点皴

雨点皴,全用点法,宜于雨景也。雨景之法始于米元章,故人皆称为米点。元章天性活泼,不入纤小,随意点缀,便成树林山石,或浓或淡,乍密乍疏,模糊处笔墨之迹交融,明净处点渲之形俱化。一幅淋漓,不必楼台殿阁,若有若无,自有雨中千树万人家景象也。米法发源北苑,写山亦有轮廓,写树亦有夹叶,盖变北苑之披麻,专取北苑之雨点,自成一家。今人不味米中奥旨,辄曰米画易学,殊为可惜。友仁画仍用雨点,但用笔稍细致,变大米而成小米,所谓雨点法,即米家父子法也。高房山善学之。

雨点石式在页十七上,山式在页十六下。附说曰:"此与芝麻点法同意,惟芝麻点细,雨点点大,为分别耳。米家父子专写之,后世传为米点,故又以米元章为大米,友仁为小米。大小米法相同,一放而意,一谨而稍工,然小米亦不致小如芝麻也。又山式附说曰:"顶浓墨,脚淡墨,以分高低,复用水墨,通幅渲染,庶无散漫不收。"

读此法之解说,愈可为纪常因米家画雨景,而误将米点称为雨点之证。论

说及图式，悉本《芥子园画传》中有大小米二式，纪常未为友仁另立一图，是以于石法式上解说中申说其异也。

（九）弹涡皴

弹涡皴，如流涡弹滚也。长江水底巨石，阻流撞激，水势从下，滚上水面，回澜旋转中，如浪如泡，或高或低，其山石之形状似之，故名弹涡石，即今咸海之滨所结水泡石是也。用笔微侧，旋转运动，不泥皴廓，多作石眼，如水泡然。石眼之旁，随气接衬几笔，笔宜简，不宜繁，一气写成，然后用墨染出背面，兼衬贴余气，斯为得法。

弹涡石式在页十七上，山式在页十八下。附说曰："用侧笔旋转取势，如水之旋流，回澜滚泡，即海滨咸结之水泡石也。胸中先知此意，然后随笔所至，自有变化莫测之妙矣。"

纪常顾名思义，遂以运笔旋转，中有水泡者为弹涡皴。意是法之由来，当自卷云化出，前人每喜巧立名目，而以弹涡名之。山为固体，水为流质，物体既殊，乌能相似。前人之以弹涡名之者，本未尝计其是否确似，纪常不考古人遗迹，而专就弹涡想象，依其形状而作山石，迨其画成，既不似水之弹涡，更不能似前人名曰弹涡皴之山石。今观其图式，犹榆柳之瘿结耳，岂复有画哉？

（十）骷髅皴

骷髅皴，如头颅尸骨也。人头枯骨，画法何必以此立名，不知山石形象，多似佛头，若名佛头，只见光秃，未得眶齿玲珑、枯瘦嶙峋之状，古人盖有深意其间。李思训每画之，纯用勾勒，精细谨严，丝毫不苟，幼中有力，密处有疏，或像龙头，或如佛首，正侧左右，眼鼻毕呈，长短参差，形影俱在，宜作小幅，当用白描，更须以细树夹叶，曲槛回廊衬之。

骷髅石式在页八下，山式在页九上。附说曰："此谱板写，笔笔玲珑，以见笔气，从何起，从何收，旋转接续，丝毛不紊，学者乃得法简而明，画时则宜层层染阴托阳，以显出凹凸背面。"

骷髅皴，明人已言及之，而最早之图式，见于《费氏山水画式》。山巅圆石垒垒，中多丫字，像颅骨之顶盖也。设取与纪常之图相较，迥不相同，盖二家皆凭想象而为式，无确实之根据，故相去竟能若是之远。于此可证明二家之图式，皆不可信。至于最早命是名者所认为之骷髅皴，究竟奚若，实难推测。此所以吾只得于皴系表中（附表），列之未详一系也。纪常谓思训每画之，纯用勾皴，一若曾屡见唐人手迹者，实未敢置信。

（十一）矾头皴

矾头皴，如矾石之头也。矾头石多棱角，形多结方，每开一面，周围逼凸，直廓横皴，每起工字。细纹高峭，倒插如叠矾堆。用笔中锋，用墨可焦可湿。焦则加擦，湿则加染。刘松年多作此。

矾头石式在页十五下，山式在页十六上。附说曰："其形多结方，意在棱角奇别，如矾石崩破，裂纹毕露。用笔中锋，用墨渲染。着色宜大青绿，金碧更觉秀丽。"

观纪常之所云及其图式，是直不知矾头为何物。郭若虚曰："画山石者，多作矾头。"黄公望曰："董源小山石曰矾头。"是矾头仅山头之一部，非指全山之状似矾头也。《芥子园画传》诸家峦头，有解索一式。附说曰："叔明于此皴，却杂入披麻及矾头。"图中山上负碎石，极为明显，愈可知此为历代相传，人所共识者。今纪常误以为全山之皴法，求其肖似矾之结晶，谓结形当方，更曰"刘松年多作此"。夫矾头，范宽、子久、叔明所擅长，与宋院画之甚工细者，风马牛不相及。此又不读古人之书，不察古人之迹，凭空臆测，致有此误也。

（十二）荷叶皴

荷叶皴，如摘荷覆叶，叶筋下垂也。用笔悠扬，长秀筋韧，山顶尖处，如叶茎蒂筋，由此起，自上而下，从重而轻，笔笔分歧，四面撒放，至山脚开处，如叶边唇，轻淡接气，以取微茫，此荷叶之法尽矣。当用蟹爪枯树配之，秋柳亦可。

荷叶石式在页十八下，山式在页十九上。附说曰："用笔从上而下，如荷叶覆背，蒂筋下垂之意。写法与乱柴同，但乱柴笔多交错而劲直，荷叶笔笔清楚而悠扬。乱柴有垂下，亦有向上，荷叶只见下垂而已，以此辨之。"

纪常描写荷叶皴之形态及用笔方法，极为肯切。附说中辨明与乱柴之别，亦颇简要。以蟹爪枝配之，本王安节之说也。

（十三）牛毛皴

牛毛皴，如牛之毛也。牛毛法与小披麻无异，惟小披麻用笔稍纵，牛毛必用正锋。小披麻粗幼兼用，牛毛有幼无粗，如发如毛。故写牛毛法，墨不宜浓，笔不宜湿，笔湿墨浓，则融成一片，毛不成毛矣。必要渴笔淡墨，细细密皴，再加焦墨，疏疏醒之，浓里有淡，淡上见浓，毫丝显然，层次不混，乃是牛毛嫡派。

牛毛石式在页十一上，山式在页十下。附说曰："写牛毛皴，最忌稚弱，更忌实板，必须先用淡墨皴起，次加浓焦墨参之，后以湿笔于阴凹处层层润之，疏而不弱，密而不板，庶为合法。王叔明、曹云西多写之。"

牛毛皴，自披麻演变而来，人所共晓，但不可谓其法与披麻无异。实则牛毛与卷云之关系，较披麻尤为密切。盖不仅用笔相似，且二者共有转旋之势，为披麻所无也。王叔明以用卷云皴著，兹更谓其用牛毛，吾以为二者之分别实微。牛毛不过指卷云之用笔较细者别为命名耳。纪常此式之误，在未谙牛毛皴有旋转之势，而专于微细上用工夫，故有"法与小披麻无异"之说。

（十四）解索皴

解索皴，如解散绳索也。解索与长披麻之法同类，然麻经结为绳索，复将绳索解拆散开，则麻虽非绳索比，而绳索拏缀之性犹存也。故长披麻不过悠悠扬扬而已，解索竟自拏拏曲曲矣。王叔明喜画之。

解索石式在页四上，山式在页三下。附说重复上文，不录。

纪常欲在披麻解索之间立显著之区别，故拏缀其笔。尤虑名实不符，竟至笔笔如此。窃意叔明之本来面目，未必若是，此过于牵就皴名，反失其真，所谓过犹不及也。

（十五）鬼皮皴

鬼皮皴，如鬼之皮也。鬼皮之纹皴，

山石之纹亦皴，故立此名。用笔写法，略勾轮廓，皴要颤笔，笔笔叠连留眼，每皴一笔，如两点相连，连叠相交，最忌相撞，相撞则叠乱，叠乱则无眼，无眼则成板实，光平不见其为皴矣。鬼皮法颇与短披麻同，但披麻直皴，意在光滑，鬼皮颤皴，意在皴涩，此中用意，不可不剖析分辨也。

鬼皮皴石式在页十三下，山式在页十四上。附说不录。

此皴屡经前人称及，但未有下一肯定语以解释之者，更未形之于图式，有之，自此谱始。据其所云，当隶于披麻系。惟鬼皮何人得见，纪常又每喜凭其想象，以为图式。因于鬼皮，有一种皴涩之观念，乃思以颤笔为之，而吾则深恐其无确据而不可信也。此所以皴系表中（附表），仍列未详一格。

（十六）乱柴皴

乱柴皴，如柴枝乱叠也。乱柴法与乱麻荷叶同为一类，但乱麻笔幼而软，有长丝团卷之意。乱柴笔壮而劲，有枯枝折断之意。荷叶笔气悠扬，如荷翻夜雨。乱柴笔势率直，如柴经秋霜。石之阴处，皴密而粗，仿佛重堆柴头。石之阳处，皴疏而细，俨然斜插柴枝。直笔中参以折笔，笔笔用力，即笔笔是骨，骨法用笔，此之谓也。乱柴石，即今之寿山石，石多裂纹，有志画学者，当会此意，勿因名离实也。树宜秋林，用鹿角枝配之。

乱柴石式在页四下，山式在页五上。附说曰："横竖倒插，皆不离柴枝，乱堆乱叠之意，皴论中已详言矣。宜焦墨健笔写之，再加松擦，后以赭墨染背，淡赭着面，为秋石如露白，外以墨水渍

空，作雪山，若用湿笔写绢上，浓墨衬，阴染青绿，绘春夏景亦可。"

乱柴与荷叶，颇多似处，已于明代画法中论及。纪常此皴之图式，在谱中当属佳者，不若其他之呆板或刻画过度。石法一式，取法《芥子园》诸家峦头中之乱柴皴，切取左半，略加更易而成者也。

关于纪常皴法之论说及图式，已分别言之于上，兹更总论其得失。山石谱之末，有自识一篇，大意谓：此谱为初学说法，不得不用板法以明之。且挥洒褚缣，与剖劂梨枣，大有悬绝。学者毋执此谱呆学之，论者莫指此谱诽论之，斯深慰矣，一若自为其解嘲者。夫木刻不能传墨迹之神采，自不待言，是以吾人不得对于图式苛求生动。惟诸皴之中，如矾头、大披麻、雨点、芝麻等等见解多误。骷髅、鬼皮、诸皴，更全凭臆测而得，皆显而易见。今日纪常若在，亦不能强辩此其失也。虽然，此谱亦有不可厚非之处，即以鬼皮一皴而论，不但前人未有图式，且无解说可凭。纪常据其所见而绘之，其自信之坚，毅力之强，有足多者。且各皴之解说与图式，皆能一一吻合，处处合拍。吾以为为皴作图式，是否有据为一事，能言行一致，为另一事。纵与古人面目乖舛，亦较模糊影响、似是而非、文字与图式绝无关系者为善也。且其每皴分为山石两式，不简不繁，恰到好处。较《芥子园》一皴而数式或有皴而无图式，整齐多多。

（乙）树谱

论树篇文字十条，凡与图谱无涉者，已于前章论及，可与互相发明者，仅三条耳。图谱有二十八式，后附点叶十六

式，夹叶十一式。

（一）写树起笔法。画树本三株。

（二）鹿角枝法。附说曰："为画家秋冬景通用之法也。"论树篇中有一条曰：

> 写枯树最难鹿角枝，其难处在于多而不乱，乱中有条，千枝万枝，笔不相撞。其法在于枝交女字，密处留眼。梅谱云："先把梅干分女字"，兰谱所谓"交凤眼"，即不相撞之秘诀耳。写山水枯树亦然，学者宜深思之。❶

式中自下向上数之第二干，斜左与主干交搭，其他小枝交搭者亦有数处，当即所以示女字之法也。

（三）平垂枝法。附说曰："宜作秋林萧疏空淡远景。"即云林画中所常见者。

（四）见尾不见头法。画枯树一丛，仅见树梢。前人画中，幅之下边，有画此者。收空中景，不自地面起之画法也。附说曰："崇山峻岭，益见其高也。"所足异者为纪常往往谓树根曰树头，而以树尾为树梢。譬如论树篇中有一条，引董玄宰"树头要放，株头要敛"二语，释曰"树头者，树根下头，故宜放开"，竟将古人之意完全误解。是以此式标题称曰见尾不见头，实不知所见者正树头也。疑新会方言，称树梢曰树头，而纪常不知他处实不通行也。

（五）见脚不见顶树法。树五株，俱在上半幅。附说曰："古洞深岩，有望不尽之意。"

（六）夹叶树法。附说曰："加红点作荔林，甚得雅趣。"《芥子园》点叶法有夹叶一式，与此极相似。

（七）杨柳树法。画杨柳二株，条皆削肩下垂，未见临风潇洒之致。

（八）露顶半截杂树法。实与式四之意同，不过一枯枝，一着叶耳。附说曰："此宜于山麓，亦宜于水滨。"

（九）悬崖杂树法。树三株，一向上生，二向下垂，俱着叶。附说曰："根立乎上，枝叶垂下，则神意聚于下矣。画中眉目，当从下作景。"

（十）悬崖枯树法。树一株，上有藤缠绕。附说曰："既少枝叶，又无旁树交搭，宜加茑萝以足其势。"

（十一）红棉。大者三株，附说曰："红棉离明之象，故北地所无，惟有于南方。其枝干虽柔，而形势古劲，不甘为林下木，必高出凡树之上也。画加朱点作花。"小者一株，附说曰："写红棉肖其枝干固少，写嫩木棉更少，此当独开生面。"木棉惟南中有之，画谱为立图式，此为创见。

（十二）画竹浓淡二丛。附说曰："竹林茂密，要浓淡分明，写出层次，乃见深远。如一律墨色平匀，不分远近，则虽千竿万叠，亦同竹笪而已，殊无神趣也。"又曰："写竹须写其情，不徒板写个字而已。左顾右盼，得其神气，乃得灵动。"所画竹叶，并非个字。四笔或五笔排匀，中间聚头，向外踢尖。大涤子画中，间或可见。不得其法，易流入恶俗，非点缀山水正常之画法也。

（十三）半山排松法。松远近数丛，附说曰："当断当连，随峰峦起伏，以取气势。"又曰："写松林最忌株株排匀，如竖木栅一般。其株参差疏密，其枝俯仰交搭。"图式与《芥子园》叔明山头远松颇相似。

（十四）钉头松叶法。松二株，松针用笔，如画树之丁香枝。附说曰："落笔重，聚笔轻，宜配斧劈马牙山石，

❶ 郑绩《梦幻居画学简明》（同治间郑氏家刊写刻本）1/38b。

因立一格。若写此配披麻山石，则大相左矣。"

（十五）半边松针法。附说曰："此是写晴，如写风，当斜侧。如写雨，宜下垂。如写雪，则中留空白，外以水墨渍之。"

（十六）菊花松针法。松三株，针向四面出，无附说。

（十七）嫩松法。附说曰："古人罕写之，予游山每触意于此，因物写形，未尝不可为法，不必执泥古人所无，遂不敢作，故常以韶秀笔力写嫩松，配牛毛云头山石皴法，甚相宜。后诸君子，当不斥为生造也。"凡三株，似髫龄稚子，楚楚有致。古人间亦有作之者，特不多耳。至载画谱，信是首见。

论树篇中有论松一条，可与上列诸松式同读。其言曰：

写某皴山，要配某树，此以笔法言，非以树名论也。如写松，其松针落笔处尾尖，而结蒂心处大者，此宜用于披麻云头牛毛等山。若落笔处尾重大，而聚蒂处反尖小，此宜配斧劈马牙等石。其余竹、柳、梧、槐，与夫无名杂树，即此类推。❶

纪常之言，未能尽信。如钉头松，石田画中时用之，其皴固有类乎披麻者；而北派山水中所用之叠钱等松针，往往有起笔落笔不分粗细者。吾以为松针与皴法之关系，不在起笔落笔之粗细，而在其形之圆不圆。费汉源所主张，即此说也。曾谓画董北苑不可用乱撒针车轮针，谱中有图式在，二者皆圆形。至于画郭河阳所不可用之宝塔鼠尾，又为半圆形也。纪常最后谓竹、柳、梧、槐等可以类推，更使人无从捉摸。盖松针尚有起笔落笔轻重之二法，如竹柳等树叶

之笔法组织，与松针全异，根本不可并论，更何从类推耶？

（十八）写意芭蕉。附说曰："用破笔写芭蕉，配马牙斧劈石，不见粗鲁，尤为合法。"图式与《芥子园》相似，惟以墨色代绿色耳。

（十九）工笔芭蕉。附说曰："配工笔人物为相宜。如配山水，则所衬杂树、岩石、桥梁、亭宇，俱工笔勾勒，庶无出法。"图式亦本《芥子园》。

（二十）细致夹叶法。幅中树一株，叶似《芥子园》所谓椿叶点，右下角一枝，始是椿树夹叶。附说曰："亦宜工致山石配之。"此图取法于《芥子园》荆浩关仝杂树画法一式。

（二十一）蟹爪树法。附说曰："配荷叶皴山石最为相宜。写冬则渍白，写秋则点红，写春则加嫩绿，与墨笔相兼点之。夏木叶茂，不宜见杖。"蟹爪枝枯树为多，纪常详其各季点叶之法，前人无及之者。

（二十二）双勾棱树法。与《芥子园》一式略似，附说曰："宜工笔山石配之。"

（二十三）葵树。附说曰："葵树别处所无，惟粤东冈州有之。其叶身可为扇，叶尾可为蓑，为毡，为垫，为帚。随割随长，年长年高，虽千百载亦不凋枯，当与松柏同寿也。俗人常结屋葵林下，借葵树干作柱，织葵叶梗作墙，编葵叶之老者作瓦，甚有逸趣。予冈州人也，每作是图，变俗为雅，惜别省州县人罕见之，恐难免怪而异之耳。"葵树冈州独产，故纪常详述之。将家乡风土，采入画图，若能化俗为雅，自同点铁成金，不妨自我立法也。此式为他谱所无，不待言矣。

（二十四）意笔梧桐。附说曰："可

❶ 郑绩《梦幻居画学简明》（同治间郑氏家刊写刻本）1/37a。

作山水，亦宜配写意人物。"

（二十五）双勾梧桐法。无附说，此二式本《芥子园》。

（二十六）远树法。一丛十余株，扁点与介字及夹叶相间。附说曰："远树不见横枝，但写其形影而已。宜写远景，不宜参入近树。"纪常虽如上云，但吾以夹叶终属树之近者。古人夹叶与扁点同处，实不多见。

（二十七）远树两丛，上丛一色圆点，下丛中杂圆圈、夹叶及松杉。附说曰："前幅扁点，此是圆点。其山石须点圆苔，方合体法，则前扁点远树当用扁点苔，可想而知矣。"实则古人树篇点而苔圆点，或与此相反者，皆有之，无执一之法也。此二式亦取法《芥子园》。

（二十八）芦荻法。附说曰："须用浓淡墨分远近景。"与《芥子园》四式中之第一式相似，而较粗率。

点叶十六式，计为：小混、侧笔、胡椒、大混、垂叶、攒聚、一字、梅花、介字、椿叶、夹叶、菊花、风叶、介字间个字、个字、梧桐各式点。附说曰："树点与山石笔法相宜，随点用之，不必泥为何树也。"双勾夹叶法十二式，无名称。论树篇中有一条曰：

山水中树体不一，如松、杉、竹、柏、梅、柳、梧、槐之外，各体杂树，均无定名，但以点法分类。如尖头点、平头点、菊花点、介字点、个字点、胡椒点、攒聚点。夹叶双勾如三角、圆圈、垂尖，俱因笔象形，因以为名，非树果有此名也。若泥其点画而求树之名，则凿矣。❷

纪常各式点叶夹叶，悉本《芥子园》。至于上说，又本龚半千之"如墨叶扁点、圆圈之类，正不必分所谓桑柘槐榆也"一语。

树谱之图式，似较皴法为佳，尚无呆板不堪入目者。惟其临仿《芥子园》者数实非少。论其特色，自当推红棉、葵树二式，纯粹自写实得来，不事抄袭也。倘各地画家，皆能就其乡土所习见者写之入画，谱之图式，则画之题材不将日增，范围不将日广耶？

第四节　顾沄《南画样式》

顾沄字若波，吴县人。《海上墨林》称其"工山水，泽古功深，汇四王、吴、恽诸家之长，清丽疏古，气韵秀出。沈秉成任苏松太道时，礼聘入署，每日临池，以相欣赏。"❸卒于光绪二十二年丙申（1896年），生年待考。

若波曾游日本，此谱即为日人常山所作者。后有跋曰：

予游名古屋，因圆山大迁，得识常山先生，有倾盖之欢。圆山因事先归，予移榻于百籁书屋，朝夕促膝，商榷书画，纵论古名家遗法。因不揣陋劣，聊仿诸家流派，剪灯涂抹，遂竟一册。常山兄精于绘理，谅有教我谬误，勿以腹非而含哂也。❹

是此册原不过若波之一时酬应之作，日人取而影印之，为题今名（大正六年西东书房出版），故极饶日本气味，若命名出于若波之手，绝不以"南画"等字样冠之也。

是谱分装两帙。上帙为树木竹苇各式，下帙为山石舟楫各式，皆甚简略，除标名外，几无解说。竟有数页不着一字者。

上帙十页。

页一，点叶八式，大横、小横、一

❷ 同注 ❶ 1/35a。

❸ 杨逸《海上墨林》（刊本）3/17a。

❹ 顾沄《南画样式》（大正七年日本西东书房三版本）册下页十二。

❶ 余绍宋《书画书录解题》（北平图书馆排印本）2/17b。

字、垂条、攒三聚五，又曰鼠足点、介字、藻丝、杉叶。大横小横，即《芥子园》、《画学简明》所谓之大混小混，或以横混字音相近之故也。

页二，杨、疏松、柳、柏、桐叶五式。

页三，右半，双勾叶三式，题曰："此总谓之夹叶。"左半双勾叶五式，题曰："此亦为夹叶点，工细笔用之。此皆双勾之类，工笔佳填色。"

页四，枯树六式。题曰："沈石田柯树"，"寒林密枝本始于李营邱，后宗之者文唐最相近"，"此寒林近北宗，六如居士擅长其法"，"大痴、云林疏枝"，"两种均嫩柯，宜杨条枫叶之类"。

页五，枯树五式。题曰："此种宜梅林"，"文征仲画法"，"王石谷、郭河阳法"，"此鹿角枝，北宗画多见之"。其郭河阳一式，用蟹爪法，确是咸熙本色，与《芥子园》所谱者不同。鹿角枝亦异他谱，此式双勾达梢，与《芥子园》等谱南宗画派所习用者，颇有出入。

页六，松四式。题曰："此石田、文、董诸家多有之"，"此黄鹤山樵松法"，"此鼠尾松法，赵松雪工笔有之"，"山上远林画松法"。

页七，松二式。题曰："此北宗马和之、刘松年有此法"，"此李唐画法，后唐伯虎常师之"。

页八，柳与杨各一式，无题语。杨二株，背以浅墨烘出淡月。

页九，竹大小各二丛。大者一个字，

一仰叶，小者一横点，一个字，无题语。

页十，葭菼三式，一题曰"蒹葭"，一题曰"笔"，一题曰"芦"。

下帙十一页。

页一，两重山，中隔云气，近山扁点树，无题语。

页二，米点二峰出云中，题曰"大米云山"。

页三，折带皴山，题曰"云林侧皴法"。

页四，近处丛石间坡，远有山头，略具荷叶皴意。题曰"大痴乱麻皴"。

页五，峦头一式，题曰"黄鹤山樵"。

页六，平沙远山，题曰"平远沙"。

页七，瀑布出山，下有水口，题曰"瀑泉"。

页八，山石对峙，题曰"石壁"。

页九，平坡间石，题曰"重坡"。

页十，一石翼然，题曰"北宗石法斧劈"。

页十一，舟楫四式，无题语。

《南画样式》除松柳有一二式外，无脱出《芥子园》之范围者，以系玻璃版本，颇能存真。表现用墨浓淡，用笔轻重起落处，非木刻所能及，是以初学大可为法。至于简略之处，自不能免。越园先生曰："此盖若波偶应日人之请，略为作数种样式而已，初非有意述作，未能责其不完备也"❶，自是平允之论。

第四十章
清代关于人物画法之论述及图谱

吾国画论，关于人物画之著作，寥寥可数。元代以前，仅有片段之言论存在，明代周履靖之《天形道貌》，撷拾前人成说，附以图式，不过差可成书而已。人物画，盛于上古，自宋以还，日趋衰落。古代画家或不乏专著，为时辽远，中多散佚。后代论者，又专致力于山水，以为山水一门，包含至广，精于此道，不难旁通他类。于绘事真有造诣者，或不屑为人物著书。无造诣者，又可假此而有所借口。范玑《过云庐画论》曰："画人物难于花卉，而论人物与花卉之书，较山水均少。盖山水之论，大含细入，已为诸法指归，宜其略于人物花卉矣。而学为人物花卉者，却倍多于山水。意谓习见则易状，局形则易明，然杰出常少，人物尤甚，岂非其书不足故耶？"❶亦可知人物画论之少矣。

清代之人物画论，篇幅较富者，亦仅沈宗骞之《芥舟学画编》及郑绩之《画学简明》，本章分节论之。更将各家之有片段言论者，总为一节，附之于后。

第一节　沈宗骞《芥舟学画编》

《芥舟学画编》卷四，纯为论人物画法者。原为人物琐论、笔墨绢素琐论、设色琐论等三篇。兹分作总论、布置、辅佐、草、设色、工具等六项论之。

（一）总论　总论者皆关于学人物之基本方法，不限于画中之某景某物，其中不免有涉理论之处，为顾全此编之完整，不更分置以前理论各章。

芥舟开章明义，寥寥数百言，实可总括全书。

六书之象形，已肇画端。山龙作绘，图像旁求，由来尚矣。于是踵事增华，凡作人物，必有所以位置者，则树石屋宇舟车一切器用之属，无不毕采以供绘事。然必欲其神合，而不徒以形取也。学者当先求之笔墨之道，而渲染点缀之事后焉。其最初而最要者，在乎以笔勾取其形，能使笔下曲折周到，轻重合宜，无纤毫之失，则形得而神亦在个中矣。又笔不可庸腐纤巧。不庸腐，可几于古。不纤巧，可近于雅。不失古雅，其于画也思过半矣。间有出入，亦其人之资力厚薄浅深所致，而要各有所取也。今者去古云遥，虎头、探微之迹，不可得见矣。所偶见者，宋元以来遗迹，的有一脉相传道理。学者当于非道者，虽精巧

❶ 范玑《过云庐画论》
（于海晏辑《画论丛刊》本）册四7b。

495

炫目，悉宜屏绝。是道者，虽草率见意，亦细推求。久之而有得焉，斯绝业于焉克绍矣。何必亲登顾、陆之堂，面领曹、吴之训，而后可以名世也哉？**❶**

举凡芥舟对于人物画法之主旨，于上则一一披揭。首重笔墨以写神形，认清宗派，免沾习气，致力古雅，品格斯贵，此总论也。再进而求其次焉者，布置点缀各法是也。凡在此节仅以数语略过者，后皆一一有详细之述说。今试将芥舟之言论，分作六项讨论者，亦根据其本意也。

画人物既以笔墨为首，则势必问笔墨在画中所可表现者为何？曰：骨干是也。骨干者，非仅指人物之骨骼，实吾国画中之要素，用以代表一切物体之线条也。

学作人物，最忌早欲调脂抹粉。盖画以骨干为主，骨干只须以笔墨写出。笔墨有神，则未设色之前，天然有一种应得之色，隐现于衣裳环佩之间，因而附之，自然深浅得宜，神采焕发。若入手便讲设色，势必分心于涂抹，以务炫耀。不识画理者见其五彩鲜丽，便已侈口交称，任意索取，遂令酬应驰骋之心，不可自止，于是驱遣神思，无非务外，而鞭迫向里之功，日已疏矣，久之而自顾无奇，渐成退悔，亦已晚矣，岂不可惜？盖初学时天资纵好，而识见未能卓定，且速成之心，人所不免，因此隳废者，什恒有九，故先论及，以为首惩。**❷**

沈灏论画山水曰："操笔时不可作水墨设色想，直至了局，墨韵既足，则刷色不妨。"既欲作设色画，而不可作设色想，岂非奇绝。盖惟恐学者作画，恃颜色之遮掩，而于笔墨之基本功夫，反竟松弛也。芥舟论人物，与此意何殊？

人物设色，或轻或重，轻者衣纹既描毕，色笔淡淡笼过，衣褶虽不能为之尽掩，而接搭交代不清处，已得仗其纹饰。重设色则第一遍之衣纹，几等虚设，颜色上往往用重色重描一遍，此法尤可藏拙。况世间真识者少，极有功夫之白描，或被轻视，设色而实甚稚弱者，或竟推崇备至，此学者之所以易于隳废也。

人之身体，露于衣服之外者，头面手足而已。但肢体各处，咸能因衣褶之起伏，而历历见其部位。盖衣褶由笔墨而表现，而肢体又非衣褶不足以形容。是则肢体之表现，亦纯仗笔墨也。于此更可知笔墨之重要矣。芥舟曰：

初学作人物，若全倚影摹旧本，习以为常，将终身不得其道。法当先将古人善本，细细玩味。如头面部位，须分三停五眼，周身骨骼，要从衣外看出。何处是肩，何处是肘，何处是腰，是膝。正立见腹，侧立见背，及臀，衣有宽紧长短之别，势有文武动静之异，而骨骼部位，总无二致。作衣纹时，须知此一笔是写其肩，则一身之正侧俯仰，及两手之或上或下，皆于此定。肩既定矣，次及于手，后及袖口，袖口之上，要知下此一笔，是写其臂弯，又一笔是写其肋，则自肩及手之筋络，亦于此定。次及其腹，则体之肥瘦，势之偏正定焉。后及其两足，或屈或伸，或开或并，先从腰下落一笔，再接下一笔，是写其膝。其坐者，其立而俯者，膝当隆起。若仰而立者，不必见膝也。凡此皆骨骼之隐于衣中，而于作衣纹时随笔写出者。此但言其一定之理，至于衣纹笔法，须从旧本求之，能因吾说而寻绎焉，则头头是道矣。又一说凡初学者，先将裸体骨骼约定，后施衣服，亦是

❶ 沈宗骞《芥舟学画编》（乾隆四十六年冰壶阁写刻原刊本）4/1a。

❷ 同注**❶** 4/2a。

清代关于人物画法之论述及图谱

起手一法。但几处最要勾勒之笔，仍不外上所言耳。❸

顾恺之论画，全文不过数百言，中竟用八骨字，皆指人物及兽畜之骨骼而言。谢赫之骨法用笔，纵未能确断其与长康之意相若，自论画之系统言，不能谓绝无关系。骨骼之为古人所重视如此。更观泰西之授人图画，无不自解剖学及裸体素描入手，此无他，欲令人熟悉人体各部比例之大小，生长之部位，一一默契于心，而后能舛误不生，处处妥适。松年《颐园论画》亦有言曰："古人初学画人物，先从髑髅画起，骨骼既定，再生血肉，然后穿衣，高矮肥瘦，正背旁侧，皆有尺寸规矩准绳，不容少错。画秘戏亦系学画身体之法，非图娱目赏心之用。凡匠画无不工于秘戏，文人墨士，不屑为此，所以称为高品。"❹其言或即自芥舟得来。要之，人物能自此入手，自是极正当之途径。民国十八年，由上海碧悟山庄出版，王云轩所著之《鹤巢人物三千法》，其中图式，有恶劣不堪入目者，而一起诸式自骨骼肢体入手，是犹有可供人取法者。复见日人河锅洞郁之《晓斋画谈》（明治二十年出版），其中亦于衣褶之内，隐描人之肢体，可知彼亦采用此法也，惜吾国前代无作此类图谱以传者，岂恐受人指摘，谓裸体为不经乎？芥舟叙说衣褶各笔之起讫，悉以人之肢体为根据。切实简明，惠人不浅，非于此道有深湛之研究者，不能言也。

芥舟有论远近人物树石画法一则，亦与笔墨有关。

一幅中人物树石，近者宜大，远者宜小，画理固然。今人往往于近处形体大而笔痕粗重，于远处形体小而笔痕亦随而轻细。近处远处，竟似大小两副笔墨，岂理也哉？夫画以笔墨为重，起手数笔，意思已定，通幅不得少杂。近处人物树石，理当大，而笔痕不应故粗，而意则同于远处，远处理宜小，但当少其笔数，亦同于近处，是画理之大要。于此未深者，但解求诸形似，何暇究心画理，以致功日多而理日昧，劳精弊神，无非悖乎画理，吾甚惜之。因愿有志者，能于笔墨间求道理，不甚远矣。❺

远者物小，近者物大，大小不同，笔画之粗细，自不能全无分别，芥舟所云，指学者于远近之间，专以线条之粗细分别，所谓似两副笔墨者是也。佳手作画，景物远近，层次井然，观者但觉其有远近之分，而一体浑成，不觉其有笔墨之异。有如吾人观自然之景，远者之面积，诚小于近者，但何尝意中真以为远者小于近者，更何尝觉远者物体之轮廓，较近者为轻细。盖吾人在观察之习惯上，已造成一种观念，物之距我若干远者，即之当有若干大。既成习惯，物体一入吾目，不待思索，即以其应有之大小为大小。画之佳者，正如吾人观察自然，不假思索，而有远近大小之观念。画能如此，由于多方面之组合。如浓淡，其一也，笔痕粗细相等，一浓一淡，可以使人生远近之观念。繁简，亦其一也，笔痕粗细相等，一笔数多，一笔数少，可以使人生远近之观念。学者若专于笔墨粗细上分远近，恐鲜有不坐两副笔墨之病也。

《学画编》中论笔墨与意思之关系者，凡二则。一谓某种画题当具某种情景，与郭若虚《制作楷模篇》中论人物诸语极相似，不录。另一则申说意在笔先之理：

❸ 同注❶ 4/2b。

❹ 松年《颐园论画》（于海晏辑《画论丛刊》本）册四 6a。

❺ 同注❶ 4/15a。

人物家固要物物求肖，但当直取其意，一笔便了。古人有九朽一罢之论：九朽者，不厌多改，一罢者，一笔便了。作画无异于作书，知作书之不得添凑而成者，便可知所以作画矣。且九朽一罢之旨，即是意在笔先之道。张素于壁，凝情定志，人物顾盼，丘壑高下，皆要有联络意思。若交接之处，少不分晓，再细推敲，能使人一望而知者乃定。意思既定，然后洒然落墨，兔起鹘落，气运笔随。机趣所行，触物赋象。即有些小偶误，不足为病。若意思未得，但逐处填凑，纵极工稳，不是作家。每见古人所作，细按其尺寸交搭处，不无小误，而一毫无损于大体。可知意思笔墨已得，余便易易矣。亦有院体稿本，竟能无纤毫小病，而鉴赏家反不甚重，更知论画者，首须大体。❶

上则即张爱宾论吴道玄，所谓"守其神，专其一，合造化之功，假吴生之笔，向所谓意存笔先，画尽意在也"之意。道玄天纵神异，故能信手挥洒，有如宿构，固不得与九朽一罢同日而语，但岂得谓其落笔之先，意无所见。九朽者意匠经营，迭加推敲，始能定稿，而道玄于刹那间成之耳。至于运思蓄意，原无二致。夫意者，画家心中所见，不可示之于人者也。笔墨者，即所以传画家之意，而人人得共赏之也。无笔墨则画家之意无由传，此笔墨与意思之关系，亦芥舟所以重笔墨之理也。

凡上所引四节，皆属论笔墨者，芥舟认为画人物者所当先求。兹进而论画人物画之宗派，所谓"有一脉相传道理"，学者必须认清正派也。

既知安顿部位骨骼，务须留心落墨用笔之道。夫行住坐立，向背顾盼，皆

有自然之态，当以笔直取，若绝不费力，而能无不中繁者，乃为得之矣。今者正法无传，邪说杂起，或故作曲屈，或妄加顿挫，或忽然粗细，或猛如跳跃，是皆庸俗之手，无以见长，但借此数端，以骇俗目。昧者从而和之，至等于沿门揭黑而不自知。故留心斯道者，当初学时，先须摒弃数种恶习，遍觅前古正法。远则道子、龙眠，近则六如、十洲。类而推之，有不大远此数家者。不论已经临摹之本，及石墨刻，皆可取以为楷式。揣摩久之，笔下自然古雅典则，而有恬淡冲和之气。以之图写圣贤仙佛，及高隐通达之流，庶几仿佛其什一。若笔墨恶俗，不但不能得其万一，且污蔑实甚，何可列于尊彝典册之间耶？自仇、唐以来，正法绝响，而杨芝、吕学、顾源、董旭及闽中黄慎辈，先后搅扰，百年间，人心目若与俱化。同此者取，异此者弃，间有资性敏而功力深者，以识之未定，遂至沉溺其间。赵松雪谓甜邪俗癞为四恶。苟其无害于人，君子恶之，必不若是其甚也，今则又非松雪之时矣。百年不为不久，天下不为不广，顾瞻其间，谁为绍仇、唐之后者？吾故不得不归咎于稂莠之太多，以致嘉禾之难植也。❷

吾国人物画，自宋以降，元初子昂舜举，远接龙眠，此后日渐沉寂，至明季始有复兴之势。文进、小仙，最为豪放，十洲秀雅，以精细擅场，介乎其间者，六如居士也。芥舟不言吴、戴而举唐、仇，或不免有浙派之成见，先入为主。清代人物画，至杨芝、黄慎，不可谓其非别开生面，异军突起，而其流弊，确有如芥舟所云之"故作屈曲，妄加顿挫，忽然粗细，猛如跳跃"诸失。其作风不难于史传中窥得一二：杨芝在《国

❶ 沈宗骞《芥舟学画编》（乾隆四十六年冰壶阁写刻原刊本）4/15b。

❷ 同注❶ 4/4a。

朝画徵录》，与徐人龙、顾升、董旭等合传（顾源疑即顾升之误），浦山谓其"善人物仙佛鬼判，笔力雄健纵恣，不假思虑，援笔立成，特长于寻丈大体，愈大愈妙……芝尝自言曰：'安得三十丈大壁，磨墨一缸，以田家除场大扫蘸之，乘快马以扫数笔，庶几手臂方舒，而心胸以畅也。'……其后有顾升、董旭者，并以善画大人物名。"❸ 吕学，浦山谓其"至其画校猎图之罄控纵送，鹰击犬纵，曲尽神致矣。第用笔急于见法，未免赤筋露骨，正如米芾书法，强弩射三十里也"❹。窦镇《国朝书画家笔录》称其"笔意纵横，排奡，气象雄伟，为时推重"❺。杨芝之作未见，吕学以山水为多，瘿瓢人物，流传颇广，吾人不难见其特出之作风❻。盖此数人，皆天赋极厚，不肯为法所羁，故不免有纵横不可一世之概。学者无其才气，效之未有不入恶道者。芥舟于此反复致意，良以此也。

芥舟以六如十洲为人物画之正派，则其好尚可知，绝不以豪放诡谲等品格为贵。

作画气体，浑璞为贵，明秀次之，更能不失卷轴风流，乃成士夫家笔墨。夫浑璞明秀，于山水则在笔墨之外，于人物则在笔墨之中，盖山水是笼罩出来者，人物是发挥出来者，故人物之难，当倍于山水也。尝见骚人逸士，未曾究心六法，偶见人作山水，便效为之，或竟有可观者，从未有不学而能作人物者也。学作人物者，用数载功力，已能创立稿本矣，必博求古人所作，如不得原迹，即木刻石刻，规模亦在，取以参看，而得其先后之所以同揆，遇有合辙者，虽素未著名，亦当取以佽助。如其非道，纵借甚声称，名高一世，亦所屏绝。如

是以进，则志趣日益高，笔意日益古，先于明秀，后期浑璞，功夫极处，则明秀处不失浑璞，而浑璞之中，其明秀又所不必言矣。❼

芥舟所取之品格，曰浑璞，曰明秀。二者初视似相背，而实当相兼。所谓"明秀处不失浑璞，而浑璞之中，其明秀又所不必言矣"。吾尝以为明秀之外溢者，每不耐观，其患在薄，注视久之，只见其薄而不见其明秀矣。于浑璞中见明秀，其味隽永，如含谏果，赏读愈久，而愈觉其明秀。瘿瓢等之画，芥舟或厌其发泄太过，更无含蓄。此节所云："如其非道，纵借甚声称，名高一世，亦所屏绝"，亦为彼而发，复可与前论宗派一节，打通一气也。

芥舟论学画者有二通病，皆与资质有关，若有自知之明，力疾矫正，未始非可造之才。总论之中兹以此则为殿。

古所传名迹人物，其妙者，多出于潇洒流利，而不在于精整密致。盖精整密致者，人为之规矩，潇洒流利者，天然之变化也。但初学者，起手便欲潇洒，势必致散漫而无拘束，于是进取难几，终归无得。学者先当取极工整者，以为揣摩之本，一勾一拂，务穷其故。深识当时运思落笔之意，久久为之，必自有生发意思。再以较量折算之法，时时照顾，如古所谓"丈山尺树，寸马豆人"，一一无差，是则所谓能尽乎规矩者也。日渐纯熟，能至不深求而自合，不刻意而无违，规矩在手，法度因心，任我意以为之，无不合古人气局，乃潇洒流利之致，溢于楮素之间矣。今之学者，概有二病，皆关资禀。天资驽下者，狃于规矩，死守成法，起手功夫非不好，而拘挛拙钝之弊已成。虽好学不倦，难几

❸ 张庚《国朝画徵录》（通行本）上 /13a。

❹ 同注❸中 /20a。

❺ 窦镇《国朝书画家笔录》（宣统三年聚珍本）1/46b。

❻ 谢诚钧《瞍瞍斋书画录》曰："本朝工人物者，莫如七闽，世称'福褶'，以福建衣褶为天下所宗法也。乾隆初，瘿瓢子黄慎，工人物，以'七闽老画师'呼之。"可知当时其画派之普遍。（据刊本抄）2/7a。

❼ 同注❶ 4/16b。

古人地位。天资高朗者，心期纵逸，忽易卑近，涉心便解，不耐深求，而脱略率滑之弊，遂至害事。且前此筑基之功未足，以致心高手涩，反因凑拍不来，渐渐退落，何暇问与古人合不合哉？然愚则以为二者，未始不皆可成就也。驽下者稍识规矩，日加开拓，一见妙迹，刻意以求其合，更得明师益友，日为补助，读书明理，以通天地气机之化，自得渐渐灵动，日复有悟，而求进不已，不难心神朗彻，所谓以鲁而得之者也。高朗者耐心烦琐，俯就规矩，莫忽近以图远，毋遗小以务大，敛之束之，以防其气之矜，沉之凝之，以固其心之轶，时时望古人之难到，时时觉己习之难除，功夫日进，而无敢少自满足，自然内力日深，而菁华卒不可遏，其潇洒流利之致，更非驽下所成者可及矣。呜呼，中行之质，有几人哉？有志者，诚能先识资禀之何如，而进退出入之各得其宜焉，其所成就，总有可观，信今传后，何至独让古人。❶

二种资质，实处于相反之地位，中行之质难求，芥舟所论，信可为一般人下一针砭。卷一山水神韵篇中有一节，论学画老嫩各分三等，与上文有相通之处，可取参读。此种议论，不仅为绘画之通论，即移而言一切学问，均无不可，更不专限山水抑人物也。

（二）布置　属于此项者，有三则：

凡图中安顿布置，一切之物，固是人物家所不可少，须要识笔笔相生，物物相需道理。何为笔笔相生，如画人，因眉目之定所向，而五官之部位生之，因头面之定所向，而肢体之坐立生之，作衣纹，亦须因紧要处先落一笔，而联络衬贴之笔生之。及其布景，如作树，须因干而生枝，因枝而生叶。作石，须因匡廓而生间破之笔，因间破而生皴擦之笔，以及竹木掩映，苔草点缀，无不有一气相生之势。为之既熟，则流利活泼之机，自能随笔而出矣。何为物物相需，如作密树，需云气以形其蓊郁，作闲云，须杂木以形其婀娜，是云与树之相需也。屋宇多横笔，掩之者须透直之长林，树枝多直笔，间之者须横斜之坡石，是横与直之相需也。至于烘托之妙，则有处与无处相需，而烟霭之致以明。交接之间，此物与彼物相需，而穿插之处乃显。繁乱者，浓淡相需，而条理得以井然。萧疏者，远近相需，而境界得以旷阔。其或命题之不可缺者，虽不常作之物，当一一还他，但要位置得宜，而不伤大雅，或露其要处而隐其全，或借以点明而藏其迹。如写帘于林端，则知其有酒家，作僧于路口，则识其有禅舍。要令一幅之中，无非是相生相需之道，加以剪裁合度，添补得宜，令玩者远看近看，皆无不称，乃得之矣。❷

关于布置之法，芥舟拈出八字曰："笔笔相生，物物相需。"吾以为在原则上约可分为两端：（一）于理必须如此者；（二）以画者之才巧，配合而成者。譬如人之眉目为正面，则鼻准一笔，必在正中，人之形态或俯或仰，则衣服必随之而附其身，树之枝梢斜出，则叶之生，必着枝梗，不得离枝而他向，此所谓揆诸物理，必须如此也。至于密树需云气以形其蓊郁，树无云气，亦得为树，但生动不逮矣。树枝之后，需横石以间其直，树外岂不得作峭壁，但不及横石之得势耳。此乃画家据其审美之所得，运用其巧思，配合景物，使其相映成趣也。泰西之画，最重物理，专事写真，故比

❶ 沈宗骞《芥舟学画编》（乾隆四十六年冰壶阁写刻原刊本）4/5b。

❷ 同注❶ 4/7b。

例大小，角度斜正，不爽毫发。吾国画家，偏重意境，幻构为多，故简至疏林片石，繁至重峦叠嶂，每多奇趣，二者各有得失。泰西似不及吾国之作有超然出世之姿，吾国不及泰西，时不免有与物理乖背之失。芥舟二者并重，其意似以为不仅笔笔相生，当得其真，即物物相需，虽可尽人安顿位置，但亦不可昧于自然之理，诚中庸之言也。

芥舟论人物多寡与景物疏密之关系曰：

凡人物家，布置景色，但当作一开一合，盖所谓小景，原不过于山水大局中剪其一段，而自为局法。若以一二工致小人物，而置之群山万壑之中，稍大人物补之重岗复岭之下，则皆不合法。此二者，论之于理，未尝有乖，绳之以法，则大有碍，作者但就法一边论可也。总之，人物多则景物可多，人物少则景物断不可拍塞。盖局法第一当论疏密，人物小而多者，则可配以密林深树，高山大岭。若大而少者，则老树一干，危石一区，已足当其空矣。以此推之，则疏密之道，自了了矣。❸

上论似为初学而设，乃画人物之常格，非绝对之事实也。作画要在配称，人物多则景物多，人物少则景物少，求其配称也。变格非不可为，难于布置，尤不宜于初学。芥舟所举二例，确不合法，岂徒不合法，吾直谓之不合理。绢素之大不逾丈，此间竟能收群山万壑，其为远景可知。既是远景，安得有工致人物。此所以山水中人物多不开眉目，以写意为之。重岗复岭，其大于人，何止千百倍，此中著稍大人物，亦不相宜。此二病与人物少而景物多，景物少而人物多，为断然二事。

至于人物少而景物多，古人有如此者，如人物多而景物少，古人亦有如此者，如刘贯道之三教图是也。于此亦可知芥舟所云，非绝对事实也。

更有一节，论布置中疏密层次浓淡诸法。

作人物布景成局，全借有疏有密。疏者要安顿有致，虽略施树石，有清虚潇洒之意，而不嫌空松，少缀花草，有雅静幽闲之趣，而不为岑寂。一丘一壑，一几一榻，全是性灵所寄，令见者动高怀，兴远想，是谓少许胜人多许。如倪迂老远岫疏林，无多笔墨，而满纸逸气者，乃可论布局之疏。密者，须要层层掩映，纵极重荫叠翠，略无空处，而清趣自存，极往来曲折，不可臆计，而条理愈显。若杂乱满纸，何异乱草堆柴哉？凡画当作三层，如外一层是横，中一层必当多竖，内一层又当用横。外一层用树林，中一层则用栏楯房屋之属，内一层又当略作远景树石，以分别之。或以花竹间树石，或以夹叶间点叶，总要分别显然。夫画虽有数层，而纸素受笔之地，只是一层，是在细心体会。其外层受笔之外，便是中层地面。中层受笔之外，又是内层地面。惟能调剂得宜，不模糊，不堆垛，不失章法，便可使玩者，几欲跃入其中矣。一局之间，又当作股数，多不过三四，一股浓重，余股当量其远近而少疏淡，若通体拍塞者，能以一二处小空，或云或水，俱是画家通灵气之处也。有全露之丛林，无全露之屋宇，有成片之水面，无成片之平地。路必求通，泉必求源。画近处要浓重，远处要轻淡，固是成说，然又不当故以轻重为远近。要识远近之法，在位置不在浓淡，攒而能离，合而能别，葱翠盈前，

❸ 同注❶ 4/9a。

无非气韵。菁华满目，尽是文章。乍见足骇人目，细玩更怡人情。密而至此，吾何间然？❶

上则吾人当视之为绘画中之通论，非限于人物一门。疏密之说，芥舟即引倪迂为疏者之标准，倪迂固以山水中不著人物著者。三层之横竖，山水何尝不然。外一层距人最近之处也，若画林树，是为竖者。中层栏楯，房屋之横度，必长于高度，是为横者。内一层树石，又为竖者。三层未言及人物一字，而山水章法如此者正多。画中远近，不尽仗浓淡分别，李乾斋曾用是说，专论山水愈足为芥舟，此论不限于人物之证。盖谈到人物之布局，画中除人物外，全属山水，是以画人物未有不善山水而能工者。芥舟此节，论人物之位置，毋宁谓其告画人物者，当致力于山水也。

（三）辅佐　辅佐者，人物画中之点缀也，用此名者，本芥舟之原文耳。芥舟谓人物之辅佐，约分三类，曰：树石，界画，古玩花草之属。论树石曰：

画人物辅佐，首须树石，而次则界画，花草之属，又其次也。但同在一图，必当相称，若辅佐不佳，亦足为人物之累。见有人物亦工整，设色亦有法，即界画折算，亦能无差，而一涉树石，便现出几许扭捏而不可耐，盖凭稿本而为之者也。夫至树石，虽有稿本，而无平日功夫者，一笔难措，即勉强为之，不足当识者之一笑。故知作画者，诸可强，而树石实不可强也。且树石全在笔法，有笔法，则信手写去，皆成气象。如笔法未合，纵有曹、吴善本、李、赵妙迹，何可供我摹拓耶？即如树法，种类不一，须曲直偃仰之合宜，位置多方，要掩映穿插之有致。横枝秀出，直干凌霄，则

❶ 沈宗骞《芥舟学画编》（乾隆四十六年冰壶阁写刻原刊本）4/9b。

❷ 同注❶ 4/11b。

其笔宜挺而爽。老影婆娑，虬枝屈曲，则其笔宜折而苍。细柳新蒲，不失飘扬之度，苍松翠柏，具有斑驳之观。春树拂和风，老干与新枝相映。秋林披玉露，丹枫与翠竹交辉。蔽日沉沉，一片绿云葱郁。凝空飒飒，几枝瘦影萧疏。老树压低檐，论其年几忘甲子。苍崖横落涧，拟其状不啻龙蛇。高呈骨相之奇，叶以风霜而尽脱。远作迷离之态，色以烟雨而如昏。梅须瘦而清，相对者诗人词客。竹欲疏而韵，宜称者逸士佳人。凡此形容，皆笔墨所出，而各得其神，则作树之道，其庶几矣。至于石法既无一定之形，复非一家之笔。或宜峭而险，有森然欲搏之奇，或当秀而灵，著莫测神工之巧。可凭似案，供坐卧于园林。彼列如屏，待留题于骚雅。映琅玕之夏玉，间直者，皴必多平。伴挛攫之撑空，配奇者，笔尤须横。远而望之，既层叠而又峻嶒，近而察之，已皴瘦还兼漏透。苍苔碧藓，疑蹲狮卧虎之惊人。竹映花遮，俨攲袖飘裙之可意。临水滨而特立，如招问字之船。当细径以横施，故曲登山之屐。至若湖山佳丽，涧磴奇观，衬飞瀑于悬崖，巉崚峻削，映清流于浅濑，高下参差。石之灵者，出自天成，惟笔墨乃可夺之。可知笔墨之巧，亦有出而不穷之妙。在作者胸中之所蕴，而作者之所蕴，又在于平日见闻之广，学力之深。临时挥洒，随触随发，一图屡作，各不相袭，则能事毕矣。故欲作人物者，以当先究心树石，而渐及其他也。❷

山水之中，以树石为首。人物辅佐，树石自当居三者之先。文中树石分作二大段，大都言其各种姿态及其变化无可解释，亦更无可借此阐发者。试观其所论皆近景，可知为人物之点缀，非山水

远景中所习用也。

论界画曰：

今之论界画者，但用尺引笔，而于折算斛整会意处，能一一无差，便称能手，不知此特匠心所运，施之极工细者乃称。若大幅人物，不得用尺，用尺即是死笔也。凡作屋宇器具，笔须平直，当先以朽笔用尺约定，以豪笔饱墨，运肘而画之。如今之书铁线篆者，便合古人作法，则虽是极板之物，仍不失用笔之道，是以可贵。若以尺引笔，岂复是画哉？郭恕先仙山楼阁图，称古今界画之极，若是用尺，则与印本中所作台榭何异哉？又凡应用界画之物，必须款式古雅，断不可照今时所尚，刻意求精巧。且林木纵横，山石磊落之间，忽作一段整齐之笔，亦是散整相间之道也。要知处处从笔端写出者，即处处从心坎流出。如作人物，必于衣纹见笔法。作树石，必于勾皴见笔法。独于横直之纹，乃可不用笔法而为之耶？闻年双峰有客，无他能，但能以素纸上运肘画棋局，不爽铢黍。双峰固赏鉴家，以其能得画中界画道理耳。凡子弟于十余岁时，日令其作径尺圆圈及横竖长画，后来作书画，得许多便宜。❸

张彦远论吴道玄作画曰："夫用界笔直尺，是死画也。守其神，专其一，是真画也。死画满壁，曷如污漫。真画一划，见其生气。"又曰："不滞于手，不凝于心，不知然而然，虽弯弧挺刃，植柱构梁，则界笔直尺，岂得入于其间矣。"郭若虚亦曰："如隋唐五代以前，洎国初郭忠恕、王士元之流，画楼阁多见四角，其斗拱逐铺作为之，向背分明，不失绳墨，今之画者，多用直尺为之。"可知古人之善作界画者，俱不用尺引笔。

惟以其难工，避难就易，自宋已然。芥舟此节，最主要之意在此。故取前人之论，以示其所由来也。

论古玩花草之属曰：

布景大局已定，而中间随宜点缀古玩及花草之属，亦人物家之不可少者。须位置得所，方称。古玩或瓷或铜，款式宜古雅，而不宜多，多则类于古董肆，而反伤雅道。平日所见佳制古器，图其数种，酌而用之可也。至于闲花小草，补缀于树根石隙，以助清幽闲适之趣，宜以笔蘸色，随手点染，虽工致人物，亦不宜用勾勒，盖以单笔点出，具有生动之致。若勾勒所成，便伤于刻，且失之板实，反害大体矣。但岩壑之姿，玉堂之彦，闺房之玩，篱落之风，其所点缀，则又自有分别存乎其间矣。❹

人物画中，古玩点缀不宜多，多则俗，真是经历之谈。古之佳手，未见有盈架满几，专事陈列者。至谓花草不宜用勾勒，吾未能尽信。人物之画派不同，点染勾勒，往往因其宗派而异。且勾勒花草，若能笔笔劲峭，其生动处何逊？

吾以为芥舟此种思想，未免为清代之花卉作风所囿。自南田用没骨以来，悦之者众，勾勒之道几不传。殊不知勾勒之趣，有没骨所不能及者。且人物画，其源最早，古以勾勒花草为点缀者，正不知几凡。谓之为刻画板实，盖未能领略古法之趣耳。

（四）草

点勒苔草，最关全局气韵，非可漫为增损。所谓苔者，施于石之岩嵌巅顶及树之老干与纠结之处，借以明显界限，而苍然之致以出，故一处不过数点，宜用焦墨，若重设色，以青绿嵌之，其依理而密点者，乃草耳，不得与苔相混。

❸ 同注❶ 4/13b。

❹ 同注❶ 4/18a。

若地坡细草，则或点或勒，借以破地坡之平衍，而映出人物衣纹，更使明白，且气韵凄迷，尤可助通幅之神。但疏密浓淡多寡之数，须临时斟酌，非落墨布局时所能预定也。夫苔能明显界限，固已，而草之为用，又能联络气脉。盖布景用笔，不过横竖，其境界地面，不过平直。凡竖而直者，易于图写，至平而横者，难以妥帖，而安顿诸色物件，又多在平处，而平处又不可多见。若通幅数见平地，最取人厌，故当随处有平地，但隐而不见，又曲折可通，足令观者色舞。且林木纵横，峰峦层叠之余，忽留一片平阳，芊绵草色，骚人逸士，借以为茵，移时晤对，亦愉快之绝境也。点苔是通局之眉目，写草是通局之须发，须发眉目之间，已自炯炯，则不待遍见其五官百骸，而识其非凡品矣。❶

山水画法章中，点苔列作专项之一，此节芥舟论草，多于论苔，并特说明苔与草断然为二事，未容淆混。盖点苔施诸树石以醒豁其神，草则施诸平坡，在画中有穿插联络之功。是以山水中苔之用，较草为多，而人物画中，则草之地位，又重于苔也。今专辟一项曰草，而不曰苔者，以此。吾尝以为画中之接气处，以物体之具浓淡各色者为宜。如一林点叶树，二株浓叶树相距，其间必有渐渐淡下去，又渐渐浓上来之点叶，居间融洽之。云气之遮山，亦然，中间淡，上下浓，与山色浑然相接。草之妙处，亦在能随意浓淡。不仅平坡之横度，可恃其不同色泽，贯通气脉，即上坡与下坡竖直之间，亦得联络，其松紧浓淡相映发，正全幅气脉所游行处。芥舟谓其最关气韵，盖以此也。山水多远景，坡上细草，或以数点苔草以取其意，或用

❶ 沈宗骞《芥舟学画编》（乾隆四十六年冰壶阁写刻原刊本）4/19a。

色笔一拖以存其痕，不容细细点勒。人物多近景，无草不足以现葱蔚之气，人物画中，草重于苔，亦以远近取景之法不同使然耳。

（五）设色　芥舟设色琐论，共十则，其中论四时设色之法，与布啸山所言，微有出入，置于附录中，以供参考。记颜色制造法者诸则，不录。其首则，为设色之总论。

五色源于五行，谓之正色，而五行相错杂以成者，谓之间色，皆天地自然之文章。于时也，四序之各异，于物也，赋性之各殊，于人也，荣枯老少休咎清浊之各各不齐。天地之所生，皆由气化，而非有意于其间，然作者当以意体之，令无不宛合，一若由气化所成者，是能以人巧合天工者也。今特条分缕析，详论其性情制合之法。夫古人作画，必表里俱到，笔画已刻入缣素，其所设色，又历久如新，终古不脱，且其古浑之气，若自中出。想其作时，必非若后人摽掠外貌，但求一时美观已也。凡画由尺幅以至寻丈巨幛，皆有分量。尺幅气色，其分量抵丈许者三之一，三四尺者半之。大幅气色过淡，则远望无势，而弊于琐碎。小幅气色过重，则晦滞有余，而清晰不足。又当分作十分看，用重清绿者，三四分是墨，六七分是色，淡青绿者，六七分墨，二三分是色。若浅绛山水，则全以墨为主，而其色则无轻重之足关矣。但用青绿者，虽极重，能勿没其墨骨为得。设色时，须时时远望，层层加上，务使重处不嫌浓黑，淡处须要微茫。草木丛杂之致，与烟云缥缈之观，相与映发，能令观者色舞矣。且当知四时朝暮明晦之各不同，须以意体会，务极其致。又画上之色，原无定相，于分别处，则

在前者宜重，而在后者轻以让之，斯远近以明。于圆圆处，则在顶者宜重，而在下者轻以杀之，斯高下以显。山石峻嶒，苍翠中自存脉络，树林蒙密，蓊郁处不令模糊。两相接处，故作分明，独欲显时，须教迥别。设色竟，悬于高处望之，其轻重明暗间，无一毫遗憾，乃称合作矣。❷

文中主要之意有二：（一）设色之轻重，视画幅之大小而定。（二）墨与色，因设色之法异，而有多寡不同之比例。此二点前人极少言之者，洵于学者有助。且亦系绘画之通论，非限于人物一门。

芥舟由泼墨法中悟出泼色。其言曰：

墨曰泼墨，山色曰泼翠，草色曰泼绿，泼之为用，最足发画中气韵。今以一树一石作人物小景，甚觉平平。能以一二处泼色，酌而用之，便顿有气象。赵承旨《鹊华秋色》真迹，正泼色法也。❸

《鹊华秋色》图卷，延光室有影印本，惜无从窥得其颜色何若，亦未详芥舟所云泼色究指何处。张浦山记是图云："写华不注用荷叶皴，而设以石绿，山顶微染石青。鹊山纯用侧笔，带皴连染，而设以墨青，严重沉厚，盖写两山真面目也。"❹亦不及泼色之法。细观其树叶有用饱笔点簇而成者，湿润有余，芥舟或指此欤？

论板色活色曰：

作画所用之色，皆取经久不退者，而不退之色，惟金石为尤，故古人不单用草木之色也。但金石是板色，草木是活色，用金石者，必以草木点活之，则草木得以附金石而久，金石得以借草木而活，而制合之道，又在细心体会，须物物识其性情而调用之。❺

色之板活，其质使然。金石质重，虽研制极细，一笔拖过，色即堕落绢上。

草木之色，质轻，能随笔拖之，水势流动，是以易生深浅掺合，一笔而具数色之变化。譬如石之顶为石青，中为石绿，下为赭石，三者混合之间，便须仗草木之色以点活之也。

论石绿用法曰：

石绿以沙少而色深翠者为佳，系是青绿山水要色。研漂之法，与石青同，而加细焉。其底之最粗者，以嵌夹叶与墨疏苔，及著人物衣服。凡山石青多者，用石绿嵌苔，绿多者，用石青入石绿嵌苔。若笔意疏宕，则设色亦宜轻，合用青绿以笼山石。纯用淡石绿以铺草地坡面，而苔可不必嵌。❻

关于石绿一色之用法，言之甚详，故特录之。所可异者，芥舟此卷，专论人物，而对于衣冠之设色，仅上节中有一语及之。岂视衣饰设色为末事，故不述说耶？然老少男妇，文武仕农之间，理当有别。为芥舟计，一二两卷既论山水，则不妨将设色之法，置之于前，此卷说明人物设色，与山水相通，前之某节某节，可供参考，而此处另辟一节，专论衣饰等设色方法，惟与人物有关者。如此则体例既佳，法亦完备矣。

（六）用具　笔墨绢素等工具，本不在本文范围之内，惟用笔一则，与画法极有关系，特破格录之。

今之作人物者，大都皆用狼毫蟹爪，虽巨帧长幅，亦以此为之。不知笔身细，必多贮水，则不能紧敛，而腕力何由得着，遂无爽飒意思矣。如作二三寸人物而极细致者，则用蟹爪笔落墨，稍大者，则笔亦如之。纯羊毫兔毫两种不可用，他毫兼成者皆可。但量其大小，酌其刚柔，用之既服，不必更易他种矣。❼

芥舟上节，谓笔身细，含水多，乃

❷ 同注❶ 4/25a。

❸ 同注❶ 4/28a。

❹ 张庚《图画精意识》（《美术丛书》本）三集二辑二册 14a。

❺ 同注❶ 4/28b。

❻ 同注❶ 4/32a。

❼ 同注❶ 4/21a。

不能紧敛，诚浅而易见，是戒作画者，惟小幅乃可用狼毫蟹爪也。"稍大者，则笔亦如之"一语，殊欠显豁。若误而作稍大之画，用笔亦如小幅所用之笔解，则谬矣。芥舟之意，盖谓作稍大之画，则笔亦如之加大也。

第二节 郑绩《梦幻居画学简明》

《画学简明》卷二，专论人物，共八篇。曰：人物总论，人物述古，论工笔，论意笔，论逸笔，论尺度，论点睛，论肖品。

总论述叙各篇内容，述古录《宣和画谱》人物叙论，并节录《图画见闻志·论衣冠异制篇》。工笔、意笔、逸笔三篇，皆与后之图谱连缀。是以文字部分，仅有尺度、点睛、肖品三篇。本节将文字图谱，分别论之。

（甲）文字

（一）论尺度 是篇❶凡三条，首论不可泥古法。

写人物之大小，因头面大小，从发际至地阁，量取为尺，以定人身之长短高矮。古有定论："立七坐五蹲三"。然有不尽然者。执泥此论，多有未合，要随面貌肥瘦长短如何。应长则长，应短则短，定论之中，亦要变通，不可拘为一定不易。

坐五立七之说，见唐六如《画谱》荆浩《画说》一篇中。《画谱》为后人伪托，此语亦不过历代画师相传之口诀耳。盖谓人身与面之比例，立者有其面七倍之长，坐者五倍，蹲者三倍。纪常曰："此论多有未合，要随面貌肥瘦长短如何，应长则长，应短则短。"其意本欲驳古人之说，孰知所言仅谓面长人

亦长，面短人亦短，是不啻谓人面与人身有一定之比例，反为古人之说，加一佐证。此殆因纪常信手写出，未察所言是否能说服古人。面与人身之比例，确有不按定法者，古诀举其大概耳。

论界尺与尺度之别曰：

山水中论界尺，与人物中论尺度，同是取法。但山水之界尺，以天地万物而言，所有山石树木之前后，屋宇亭桥之高低，人马舟车之大小，几席器皿之方圆，俱包含论之。此云人物尺度，只在人身而言。其中头面耳目之阔窄，口鼻须眉之高下，手足背胸之长短，与乎行立坐卧之屈伸，皆为分辨。故界尺与尺度，法同而论异也。

人身固以人头为尺，而配山石树木，楼阁亭台，又要以人为尺推之。器用鸟兽，凡物大小，皆当以人较量，以为尺度，自是秘诀。

吾以为山水之界尺，与人物之尺度，同是比例，原无分别，纪常不过强欲为区分耳，实未见其有此之必要。前则谓人之尺度，只限于人身之各部，宛若与身外之各物体，毫无干系者。第二则又自人身推到各物体，二则不无矛盾处。要之，画人物无配景则已，有则便须有比例。人与人之比例，即人与物之比例，一幅画中，断无分作两种比例之理。是界尺尺度之分，不但于画法无益，徒足乱人意耳。

（二）论点睛❷

生人之有神无神，在于目，画人之有神无神，亦在于目，所谓传神阿堵中也。故点睛得法，则周身灵动，不得其法，则通幅死呆。法当随其所写何如，因其行卧坐立，俯仰顾盼，或正观，或邪视，精神所注何处，审定，然后点之。

宋赵希鹄《洞天新录》曰："人物鬼神，生动之物，全在点睛。睛活则有生意。"❸纪常上节即本此。顾恺之论画人物，极重点睛，所谓"今既定远近以嘱对，则不可改易阔促，错置高下也"。人物之动作，悉凭其睛以传神，体人之动作，以点其睛，则靡有不合者。

面向左则睛点左，面向右则睛点右，随向取神，人皆知之。有时独行寻句，孤坐怀思，身在图中，神游象外，则向左者正要点右，向右者偏宜点左，方得神凝，更见灵活。

纪常此论，极有价值，必细心体会，始能有获。前谓体人之动作以点其睛，则靡有不合者，亦可以证之。譬如人坐石上，石左有花，若欲作赏花人，则点睛当向左，若欲得出神冥想之神，正宜点睛向右，不然便与赏花无别。惟以赏花冥想，其为动作非一，故宜有所分别也。

（三）论肖品　此篇❹共五条，第一条为总论，谓画人物不徒写其貌，要肖其品，肖品者，绘出古人平素性情品质也。此后论寿仙美人仙佛神鬼各一条，悉本总论之意，大都自郭若虚《制作楷模篇》中论人物一节化出。论美女复与张庚《画徵录》中之语❺相近，皆不录引。

（乙）图谱

图谱共二十七页，解释图谱之文字为论工笔、意笔、逸笔三篇。

（一）工笔　论工笔篇❻共六条，第一条为总论：

工笔如楷书，但求端正不难，难于笔活，故须发丝毫不紊，衣裳锦绣偋然，固为精巧，尤贵笔笔有力，笔笔流行，庶脱匠派。欲脱匠派，先辨家法笔法，为下手功夫，故衣纹用笔，有流云，有折钗，有旋韭，有淡描，有钉头鼠尾，各体不同，必须考究，然后胸有成法。

上计描法五种，与周履靖汪砢玉所列，不仅多寡悬殊（附表），名称亦不符合。此后五条，各论描法一种。

图谱页一至页三，为流云法。计"奇文共欣赏"，"掷枝化龙"，"濯足扶桑"三式。除标题外，无解说。描法于书口注明。论工笔篇第二条曰：

流云法如云在空中，旋转流行也。用笔长韧，行笔宜圆，人身屈伸，衣纹飘曳，如浮云舒卷，故取法之。其法与山石云头皴同意。写炎暑秋凉，单纱薄罗，则衣纹随身紧贴。若冬雪严寒，重裘厚袄，则衣纹离体，阔折，宜活写之。

吾以为此即行云流水描之简称也。春夏与严冬，衣纹有松紧之不同，不问何种描法，皆当有此分别（曹衣紧窄，为其特色，不在此例），不仅行云流水然也。

页四页五为折钗法。"农人告予以春及，将有事于西畴"，"一奴长须不裹头，一婢赤脚老无齿"两式。论工笔篇第三条曰：

折钗法，如金钗折断也。用笔刚劲，力趋勾踢，一起一止，急行急收，如山石中乱柴乱麻荷叶诸皴，大同小异。像人身新衣胶浆，折生棱角也。

前人十八描法中，与此名称相近者，惟折芦。折芦大笔，其貌必异。自纪常折生棱角一语观之，或与日人台岭所谓之马蝗描相似也。

页六页七为旋韭法。"身似菩提树，心如明镜台"，"不食五谷啖百华"两式。论工笔篇第四条曰：

旋韭法如韭菜之叶，旋转成团也。

❸ 赵希鹄《洞天新录》（据余绍宋《画法要录》二编引）2/18a。

❹ 同注❶ 2/10a—2/13a。

❺ 张庚曰："古人画士女立体，或坐，或行，或立，或卧，皆质朴而神韵自然妩媚。今之画者，务求新艳，妄极弯环馨折之态，何异梨园子弟，登场演剧，与倡女媚人也。直令人见之欲呕。……"张庚《国朝画徵录》（通行本）下/14a。

❻ 同注❶ 2/4a—2/6a。

韭菜叶长，细而软，旋回转折，取以为法，与流云同类。但流云用笔，如鹤嘴画沙，圆转流行而已。旋韭用笔，轻重跌宕，于大圆转中，多小弯曲，如韭菜扁叶，悠扬辗转之状，类山石皴法之云头兼解索也。然解索之弯曲，笔笔层叠交搭，旋韭之弯曲，笔笔分开，玲珑。解索笔多干瘦，旋韭笔宜肥润，尤当细辨。李公麟吴道子，每画之。

十八描法中有柳叶竹叶，而无韭叶。柳叶汪砢玉谓吴道子所用，方薰《山静居画论》有言曰："衣折纹如吴生之兰叶纹。"❶张式《画谭》曰："道子用笔如莼菜条，变化纵横……李伯时祖道子兰叶纹也。"❷今纪常谓李公麟吴道子每用韭菜，可知韭菜即兰叶也。惟纪常认为韭菜当有回转之势，古人画中，殊不多见。式中衣纹冗弱，笔笔密排，作有纪律之弯旋，实甚恶劣，不足为学者法。恐纪常对于回转，着意太过，故生此弊耳。

页八页九为淡描法。"明月归路影婆娑"，"浴乎沂风乎舞雩"两式。论工笔篇第五条曰：

淡描法，轻淡描摹也。用笔宜轻，用墨宜淡，两头尖而中间大，中间重而两头轻。细软幼致，一片恬静袅娜意态。故写仕女衣纹，此法为至当。

淡描法，古人无此名称。观其图式，即兰叶兼铁线之画法也。笔甚细，而起讫与中间，又略有轻重之分，为一般人物家所习用者。至谓用墨必须淡，吾未见其所持之理由。

页十页十一，为钉头鼠尾法。"黄庭换白鹅"，"英雄独立"两式。论工笔篇第六条曰：

钉头鼠尾法，落笔处如铁钉之头，

似有小钩。行笔收笔，如耗鼠子尾，一气拖长，所谓头秃尾尖，头重尾轻是也。工笔人物，衣纹以此法为通用，细幼中易见骨力。故古今名家，俱多用之，学者亦宜从此入手。

图式所示，确是画中所常见之描法。起笔小勾，因落笔一顿。笔锋最先着纸处，所留之痕迹也。

纪常所论五种描法，仅最后一种，与前人之说同。其余不知以何为根据。必将此五种定为工笔，亦似不甚妥。描法大都因笔迹之象形而得名，至于繁简工写，原无一定之标准。譬如行云流水，可以极工细之法写之，而写意画之寥寥数笔，只要笔法不差，仍不失为行云流水也。图谱人物多俗态，尤以"掷杖化龙"、"英雄独立"等式之取材，与明洪应明之《仙佛奇踪》及坊间木刻小说之插图相伯仲。描法解说，每用皴法比拟。方薰曰："衣褶纹当以画石勾勒笔意参之，多笔不觉其繁，少笔不觉其简，皴石贵乎似乱非乱，衣纹亦以此意为妙。"❸虽亦皴描并论，但不过言二者之神理有相通处耳。至于必谓某皴似某描，则断无相侔之理。无端为之牵涉一起，甚无味也。

（二）意笔　意笔图谱自页十二至页十九，于首页题曰："白云山市图。"所写有肩檐者，荷物者，挑柴草者，僧人行脚者，市鸡者，牵犬者，卖药者，卜者，制履者，妇女负儿者，共十余式，颇有情趣。似连似不连，仿手卷分段写之意，式上无解说。论意笔篇❹有文字四条，首论用笔当静定。

意笔如草书，其流走雄壮，不难于有力，而难于静定。定则不漂，静则不躁，躁则浮，漂则滑，滑浮之病，笔不入纸

丰合

清代关于人物画法之论述及图谱

❶ 方薰《山静居画论》（于海晏辑《画论丛刊》本）册三上 /7a。

❷ 张式《画谭》（于海晏辑《画论丛刊》本）册三 4a。

❸ 同注❶上 /7a。

❹ 郑绩《梦幻居画学简明》（同治间郑氏家刊写刻本）2/6a—2/7a。

似有力而实无力也。用浮滑之笔，写意作大人物，固无气势，即小幅亦少沉着。

静定功夫，最难得到。浮滑之病，最易沾染。况其患在非识者不能辨。往往画者颇有可观，人亦交口誉之，实则不过浮滑耳。纵乎熟而终身无进益也。

第二条论中锋：

作大人物衣纹，笔要雄，墨要厚，用笔正锋，随势起跌，或浓或淡，顺笔挥成，毋复改削，庶雄厚中不失文雅。若侧笔横扫，则似老苍，实为粗俗，殊不足尚，宜鉴戒之。

画人物衣褶，自当以中锋为主。芥舟深诋黄慎等家，有入魔道，盖其末流，不免有侧笔横扫。所谓妄加顿挫、忽然粗细诸弊，若用中锋，必不致如此之甚。

人物写意，其须发宜用破笔写起，再用墨水渲染，趁湿少加浓焦墨几笔以醒之，虽三五笔势，望之有千丝万缕之状，意乃超脱。不可逐笔逐条，分丝排絮，意变为工。

人体之最纤细者，当属须发。意笔者，写意也，摄其神而遗其细节，故须发在人物各体中，尤当以意取之。纪常虑学者之过于刻划，特详论之。

写意衣纹，笔宜简，气足神闲，一笔转处，具有数笔之意。即面目手足，须同此大笔写成。毋写肉写衣，用笔各异。写一人分用两笔，则一幅夹杂两法矣，鉴赏家弗录。〔李荐《画品》紫微朝会图一则中称"朱梁将军张图所作……图作衣纹不临吴带当风曹衣出水之例，用浓墨粗笔如草书，颤制飞动势极豪放，亦如作画，手及诸服饰仪物，则用细笔轻色平缓端慎，无一款尺，亦一家之妙用。"2/44a〕

《芥子园画传》点景人物中，有极写意人物诸式，有论曰："……于一笔

两笔之间，删繁就简，而就至简。天趣宛然，实有数十百笔所不能写出者，而此一两笔忽然而得，方为入微。"纪常上条之意，本此。至谓不可一人分用两种笔法，殊不尽然。正与人物总论一篇中，谓"以工笔写人物，而用意笔写树石，一幅两家，殊不合法"，同失于凿。古人有详于人物而略树石⑤者，亦有详于写貌而略于衣褶⑥者，但未必为后人所习用耳。

（三）逸笔 图谱自页二十至页二十七，计"诗婢"、"酒仙"等十二式。或标名，或题诗句，今不更一一备录。论逸笔篇⑦，共三条。第一条第三皆解释何谓逸笔。

所谓逸者，工意两可也。盖写意应简略，而此笔颇繁。写工应幼致，而此笔颇粗。盖意不太意，工不太工，合成一法，妙在半工半意之间，故名为逸。

或问前论一幅不宜用两笔，此论半工半意，岂非用笔夹杂，前后矛盾耶？予曰：否，前论工笔写人物、写须眉、写手足者，用细笔也。意笔写树石写衣纹者，用大笔也。先用细笔，而后用大笔，是大小两笔混用，故为夹杂。而逸笔所谓半工半意者，始末同执一笔，但取法在工意之间，由胸中腕中浑化而成，非写一半用细笔，一半用大笔云。

纪常之意，极为明显，介乎工意之间曰逸。惟此逸字，恐无来历，未见前人逸字作此意者。若必半工半写而始曰逸，岂工笔及写意，皆无逸趣耶？不如直用半工半意名之，虽略冗长，实较妥当也。

第二条论用笔粗细曰：

写大人物有用工笔者，其衣纹写流云旋韭等法，甚为的当。必须笔力古劲，

⑤ 李日华《紫桃轩又缀》曰："每见梁楷诸人写佛道诸像，细入毫发，而树石点缀，则极洒落，若略不住思者。正以像既恭谨，不容不借此以助雄逸之气耳。至吴道子以描笔画首面肘腕，而衣纹战掣奇纵，亦此意也。"（崇祯甲戌刊本）1/35a。

⑥ 都穆《寓意编》曰："石恪画戏笔人物，惟面部手足用画法，衣纹粗笔成之。"（据余绍宋《画法要录二编》引，按《美术丛书》本《寓意编》无此则）2/19b。

⑦ 郑绩《梦幻居画学简明》（同治间郑氏家刊写刻本）2/7b—2/8b。

筋骨兼全，乃无稚气。此亦工中寓意，仍是逸笔。若一味细幼，不见气魄，即如市肆画神像者，徒得模样，何足贵耶？

此论既曰逸笔，便须与工笔有殊，当参意笔之意，略为放大也。

逸笔诸式，描法极似工笔中之钉头鼠尾描。纪常谓："古今名家俱多用之"，或以此也。若然，不当将各种描专置论工笔篇中之。逸笔诸式，人物较工笔者为生动，想不受描法之拘束，故笔法能放得开也。

汪兆镛称纪常善人物，兼画山水，似以人物当行。今取其山水人物二卷权衡之，则人物颇有逊色。惜未得见纪常之作而比较之，以详其究竟也。

第三节　各家之片段言论

清代画论家，对于人物画有片段之言论者为张庚、连朗、方薰、张式、范玑、松年等人。其言论有可与芥舟、纪常之言互相发明者，已于前二节附及，不于本节重见。

浦山论明代人物三大家曰：

唐吴生设色极淡，而神气自然，精湛发越，其妙全在墨骨数笔，所以横绝千古。在宋惟公麟得之，后人无此笔力。凭借传染为工，浓厚则失之俗，轻淡则失之薄。有明若仇唐，善之善者也。陈章侯才力雄大，设色多吴装，与仇唐各擅其长。此三子者，诚为近代画人物之冠冕。学者能于三子者之妙迹，专心致志而反复寻究焉，再须读书考古以副之，不难驾宋而窥唐，又何患二者之失也。❶

唐之道子，宋之伯时，明之六如、十洲、老莲，为历朝画人物之杰出者。浦山愿学者于三子之迹，专心致志，不啻谓人物之正传，正在此也。《芥舟学

画编》亦有类此之言论。可见清代论者，所见大致相去不远。惟明三家中，芥舟取唐仇而遗章侯，章侯发力雄厚，画风奇古，往往非法度所能范。学者专师其诡谲，或入恶道。芥舟诲人，极为拘谨，此所以与浦山之论，略有出入也。

连朗《绘事雕虫》白描篇第十九，论十八描法曰：

白描之法，古今多品，总其大要，约十有八。曹衣描者，不兴人物衣纹皱皱，所谓"曹衣出水"是也。游丝描者，笔尖遒劲，宛若曹衣，最高古也。琴弦描者，行笔如筑，直而朗润，周举所造也。铁线描者，如作古篆，始于叔厚也。行云流水描者，活泼飞动，伯特之妙也。兰叶描者，撇有顿折，马顾专长，亦谓之马蝗描也。钉头鼠尾描者，前肥后锐，洞清所受也。混描者，随笔勾摹，人多用之也。橛头描者，秃笔苍老，马远、夏珪也。折芦描者，尖笔细长，长于撇捺，梁楷、虎溪三笑是也。橄榄描者，头尾皆尖，中如蛇腹，颜晖所习也。枣核描者，行笔尖大也。柳叶描者，风姿飘逸，道子观音也。竹叶描者，撇捺微短，似个介也。减笔，草草写就，马梁并擅也。战笔水纹描者，减而粗大也。柴笔描者，散乱如柴，亦减笔也。蚯蚓描者，执多屈伸曲而有结也。❷

所载描法，大致本汪砢玉，而略有增益，特列入描法表中（附表），以供参校。周履靖之第七描法为人多混描，汪砢玉于混描之下复注曰"人多描"，不详人多二字之义，更疑混描另有名曰人多。万川注"人多用之"，似较近理也。

万川《绘事琐言》中，亦有人物画法一则：

❶ 张庚《国朝画徵录》（通行本）中 /19a。

❷ 连朗《绘事雕虫》（《金石书画》，《东南日报》特刊合订本第二册）第三十七期第四版。

人物面目手臂，俱用淡水墨勾。一者上粉之后，便于再加脂赭勾边。二者，稍有错笔，易于改正，浓则不能改也。衣褶亦用淡墨，亦须上粉加勾各色也。惟头发须用浓墨丝就，后以稍淡墨染两三次，以黑为度。若老人发，只以淡墨疏疏数笔，或加粉丝，或不加粉丝，俱可。其头上巾及带，俱浓墨勾，其应用黑色衣者，先用浓墨勾出衣褶，次用中墨水染，后用淡墨水通涂。❸

人物面目手臂，必淡于衣褶，浓则易板刻。此为定法，非为求便于加脂赭改错笔始然也。衣褶则有浓有淡，未可执一。谢兰生《常惺惺斋题跋》曰："世所传龙眠人物，大约轻描淡写，靡弱无古意，心窃疑之。盖唐宋名手，墨无有不浓，笔无有不劲，况龙眠师法吴道子及韩太冲二公，笔最劲，墨最浓，即小变其法，断无纯用轻淡之理。"❹可见谓古人纯轻淡纯浓重，皆失诸偏也。画发头巾诸法，尚颇扼要。

方薰论人物，多引古说。如谓画人物必先习古冠服制❺，古画图意在劝诫❻等节，皆毋庸更述。兹录其论眉目鼻孔一则。

眉目鼻孔，用笔虚实取法，实如锥划刃勒，虚如云影水痕。❼
虽寥寥二十余言，大可供学者玩味。兰坨此意，实自禅月应真像得来。《山静居画论》，记是画曰："徐丈蛰夫家，有墨画应真像一卷，云是禅月手迹，时无第二，不轻示人。乙亥人日，过吹绿舫，焚香顶礼，始一展对。画法以渴笔皴擦鼻孔眉目，或隆准大鼻，或长颈大髻，

或癯瘠若骷髅，或臃肿若瘿瘰，或狰狞若猛兽，或丑陋若老鬼，或形同木石，或心似死灰，或衣木叶，或衲水田，或蹲岩踞树，或吐火吞针，种种尽态极致，要非人意所到。相传休公见之梦寐者，自应别开生面。"❽锥划刃勒，或可以润笔勾取，至于云影水痕，非干笔不为工。于此亦可悟得人物画中，有干湿互用之法也。

张式《画谭》论及人物描法❾，谓数有十八，而仅举十二法之名，已入描法表（附表）中，不更赘及。其论手足及傅采二则，尚有录引之价值。

人之难画者手足，手之执持，足之行立，一乖于法，体且僵矣。手大可掩半面，足履长过手半，肩无三面阔，身体纵三横五，屈伸结构，能于手足安顿，脉络自然通畅。❿

"画树莫画柳，画人莫画手"，画家之谚也。诚以手足有一定法度，手掩半面，以及足长过手半，尚不过比例上之尺寸。至于向背折伸，步履行止，毫丝不容杜撰。且有少差，人皆立见，此其所以难也。

人物傅采，轻色与用墨水同。或染着，或借衬，或实填，重色亦须薄着，然后逐遍勾加。惟粉色不宜叠着。着色时亦有次第，重者为后。生纸色上罩矾水再着不沁。验矾入水，得味足矣。凡色切忌涂，薄施为妙。⓫

古人设色浓重，皆非一遍便了者。色轻在前，色重在后，亦有至理。重色可以压轻色，若先重后轻，万一有溢界处，轻色便无从遮盖之矣。

❸ 连朗《绘事琐言》（嘉庆间原刊本）5/30a。

❹ 谢兰生《常惺惺斋题跋》（据刊本抄）9b。

❺ 方薰《山静居画论》（于海晏辑《画论丛刊》本）册三上 /6b。

❻ 同注❺上 /6b。

❼ 同注❺上 /6b。

❽ 同注❺下 /8b。

❾ 张式《画谭》（于海晏辑《画论丛刊》本）册三 4a。

❿ 同注❾ 4a。

⓫ 同注❾ 4b。

第四十一章
清代关于传真画法之论述及图谱

传真之学，元王绎之后，代有名手。自明末叶，莆田曾波臣出，冶中西之法于一炉，艺臻绝诣，习之者尤众。然二百年间，求一论传真之书，竟不可得。

清代关于传真画法，有专著者，亦不过蒋骥、丁思铭父子、沈宗骞等数家。若论图谱，惟鹤洲《写真秘诀》各篇之后，每附图式。《芥子园画传》二集，沈心友例言云《画传》四集四帙，即将刊行，最后为《写真秘传》❶。《墨林今话》称丁皋之子以诚著有《续传真心领》❷四卷。《读画辑略》谓周道有《传真歌诀》❸行世，今皆未见。其他各家，纵有零星之言论，一鳞半爪，罕足述者。

第一节　蒋骥《传神秘要》

蒋骥，字赤霄，号勉斋，金坛人，书家蒋拙存衡之子〔赤霄与丁思铭父子究竟孰前孰后尚宜考订。总表丁氏父子在前〕。著有《传神秘要》一卷。赤霄生卒年代未详，书前有程嗣立序，略曰：蒋子三岁失怙，幼年思母，求画工为太夫人作遗像，呈于太翁拙存先生曰，弗肖也，思念之心愈切。及长，潜心传真，遂工斯技。程与赤霄为世好，过其斋而获见此书，爰

纪其孝思于简端。程序于乾隆七年壬戌（1742年），以此推赤霄之生，当在康熙中也。

《传神秘要》有子目二十七，曰：传神以远取神法，点睛取神法，眼珠上下分寸，笑容部位不同，取笑法，神情，闪光，气色，用全面颜色法，笔墨，用笔总论，用笔四要，砌染虚实不同，起手诀，用笔层次，鼻准与鼻相参核法，起稿算全面分寸法，全局，生纸画法，矾纸画法，设色层次，用粉，补缀，火气，气韵，白描，临摹。越园先生谓其"编次先后，略嫌凌杂"。今将各条略按性质类分，归入总论、神情、笔法、起稿烘染、设色、纸等六项中，分别论之于后。

（一）总论　归入此项者有气韵、火气、临摹三条。赤霄论气韵谓关系人之学问品诣，与前代之论者无异，不录。论火气曰：

　　颜色不纯熟及用粉太重，便多火气，故用矾纸画略好，用生纸画为难也。前论用淡墨先笼，若面眶小者，此法亦不可用。

　　欲除火气，须多临古人笔墨。❹

　自第一则观之，火气似专指用色调

❶ 王概等编《芥子园画传二集》（乾隆重刻本）卷首例言/6b。

❷ 蒋宝龄《墨林今话》（通行本）1/12a。

❸ 佚名《读画辑略》（洪业辑《清画传辑佚三种》本）8b。

❹ 蒋骥《传神秘要》（蒋和辑《蒋氏游艺秘录》潘氏写刻原刊本）上/15b。

粉及纸之生熟，不宜置于总论中。但第二则又谓去火气须多亲古人名迹，可知其有关学者之功夫气候，非仅谓颜色之喧炽也。论临摹曰：

学者从师求其规矩，既得规矩，须自临摹。多临古人好画，则设色精妙，脱去火气，如仅以庸师所作学之，则笔不流于污俗，必习于浇薄矣。盖前人之画，色泽纯和，笔法沉秀，学者临至百余遍，自然与众手不同。❶

此言熟能生巧也，古人妙处，往往知其然而不知其所以然，不但熟读所不能领会，即熟临之亦未必遽能获得，必潜心耐性，不厌其烦，一而再，再而三，不至逼肖不止。向所不知其所以然者，竟可于不知不觉中，现于笔端也。

（二）神情　传真写照，首重神情，无神无情，是状死物。《传神秘要》首六条（自传神以远取神法至神情），皆论神情者也。赤霄对于神情二字之定义曰：

神在两目，情在笑容，故写照兼此两字为妙，能得其一已高庸手一筹，若泥塑木偶，风斯下矣。❷

神情二字，原不可分，情以神在而得察，神以情易而改观。且人之性情，喜怒哀乐，其变莫穷，岂可以一笑字尽之？其间必有说。盖求画者既倩人为传真，必无请其写惊怒悲戚诸容之理。即正襟危坐，凛然不可犯，亦嫌过于严肃，有失冲怡容雍之致。是以传真一道，以笑容为主也。

赤霄论传神以远取神法曰：

传神最大者，令彼隔几而坐，可远三四尺许，若小照，可远五六尺许，愈小宜愈远。画部位或可近，画眼珠必宜远。凡人相对而坐，近在一二尺，则相视不用目力，无力则无神，若远至丈许，

或至数丈，人愈远，相视愈有力，有力则有神。且无力之视，眼皮垂下，有力之视，眼皮撑起。画者须于未画部位之先，即留意其人行止坐卧，歌呼谈笑，见其天真发现，神情外露，此处细察，然后落笔，自有生趣。

凡传神须得居高临下之意。❸

为人画小照，愈小当愈远，中有至理。照之大者，像人之近者也，允宜于近处画之。反是，照之小者，岂不当于远处画之耶？是犹写生者之绘花朵，欲画正面者，不可侧置之，欲画侧面者，不可正置之，其理相同也。且吾以为人之神气，虽聚于目，而不尽在目。善哉刘安之言曰："寻丈之外，画者谨毛而失貌。"为人画小照远影，中有适当之距离，则人面之细节，画者不能见，故其所绘者大体，所摄者神情也；若竟就近绘之，则面之细节，未免现诸纸上，而反遗其大体矣。此岂非"谨毛而失貌"乎？求其神似，殆不可能。

点睛取神法曰：

点睛取神，尤宜高远。凡人眼向我视，其神拘，眼向前视，其神广。所谓拘者，拘于尺寸之地，只有一面。广则上下四方，皆其所目睹耳。

画眼皮用笔得其轻重，亦取神之要处。

凡人有意欲画照，其神已拘泥，我须当未画之时，从旁窥探其意思。彼以无意露之，我以有意窥之，意思得，即记在心上。所谓意思，青年者在烘染，高年者在皴纹。烘染得其浅深高下，皴纹得其长短轻重也。若令人端坐，复欲求其神，已是画工俗笔。宋陈造曰，"着眼于颠沛造次，应对进退，颦笑适悦，舒急倨敬之顷，熟视而默识，一得佳思，

❶ 蒋骥《传神秘要》（蒋和辑《蒋氏游艺秘录》潘氏写刻原刊本）上/16b。

❷ 同注❶上/4a。

❸ 同注❶上/1a。

亟运笔墨"，此论最佳。❹

东坡陈造为上说之原，王思善亦有"真性情发见，我则静而求之"之论，悉见元代画法一章，兹不更赘。苏陈二家，语多玄妙，一谓"当得其人之天"，一谓"一得佳思，亟运笔墨"。究竟何谓"天"，何谓"佳思"，诚难言也。思善虽论画法，较为具体，亦无直接之答复。赤霄归诸意思二字，虽亦本东坡，而其"青年者在烘染，高年者在皱纹"二语，实较前代诸家，均为切实。赤霄此条，凡三则，仅第一则为点睛，可知取神不专在点睛。此吾所以有神气虽聚于目而不尽在目之论也。

点睛取神宜高广之说，亦本苏陈所创之理。相对而坐，注目画者，视线拘，其神气未有不拘者。视广神怡，始能得自然之趣。眼珠上下分寸一则中，复谓画像之瞳神，以平视带上最为相宜。平视带上，亦非目拘于近者也。

画眼皮为传神中之极重要部分，观眼珠上下分寸一则可知。用笔方法，当一笔中分轻重。眼角起笔重，至眼梢渐轻，固是常法。间有因目之形态不同而笔法异者，此恐非传真专家不能为之铨解，一一举例详论也。

眼珠上下分寸曰：

人之瞳神，有上视、平视、下视、怒视之别。视下则无神，视上失之太高，大概下视则眼珠下半藏在下眼皮内，上视反此，怒视则眼珠上下全露，若平视则眼珠亦平，高远则下半眼珠略带上，其眼珠下半亦带圆意，或上半眼珠竟小半在上眼皮内，而下半眼珠竟极圆，又有下半眼珠之下，下眼皮之上，中间微露一丝空地，其神愈出者，不可不知。合揣上视下视怒视之别，始知平视带上，

为执中之道。要之，上视下视，其神拘于上下，平视其神近，平视带上，其神开阔耳。故诀不在眼珠中黑点，在上下眼皮，在两眼梢，又在两眼珠之两圈上下。再眼角里尝有眼肉及眼梢头黑影，必须画出。而下半眼珠，必当圆于上半眼珠。至眼亦有大小，不可任意为之。当以鼻之大小比数。大抵写照难在两目，但须得其人之自然，不可少有假借勉强。有一种人眼睛全无神气，或是近视，必执此为板法，反致拘率矣。❺

此则专论人之瞳神应如何位置最为适当，古人尚未言之如此详尽简显，令学者理法兼明者。吾人细心观察，古人之传真画中，确以画平视带上之目为最多。赤霄复由瞳神论及眼皮、眼梢、眼圈、眼角、眼肉各处，盖瞳神之左右上下不得其法，瞳神便无法安置。其大小尤当与鼻为比例，换言之，人目与面部其他器官，有密切之关系，若以为传真之要在目，而目之要只在瞳神，则传真之道，不亦太容易乎。

以上四则论神，此后二则论笑。论笑容部位不同曰：

笑格每不同，大笑失部位，喜笑或眼合。取笑之法，当窥其人心中得意而口尚未言，神有所注，而外貌微露。若徒有笑容，不能得两目之神，亦所不取。

神情不能分，前已言及，赤霄此论，正欲告人画像贵神情相兼❻。笑格不同，五官亦因动作之轻剧、肌肉之紧弛而面貌改观。然不问其何若，总求人之神情，得于像上表现也。其取笑法一则，较此说为具体。

面上取笑处，眉宜低，又宜弯，眼宜挑，并鱼尾寿带须根口角等处（口角略放起），察其出进高下，因部位略有

❹ 同注❶上 /1b。

❺ 同注❶上 /2b。

❻ 同注❶上 /3b。

515

更变，与常格不同也。如遇铁面翁，强画作弥勒相，必至部位俱失之矣。

宜先以格局画定，再以笑容更易之，自然精细。❶

王思善有言曰："如要带笑容，口角两笔略放起。"又曰："眼梢微起有折便笑。"至于画眉之宜低宜弯，并未言及。鱼尾眼梢之皱纹，寿带自鼻孔两旁弯下之纹，此二名辞，俱见《神相全编》，第未经王思善《写像秘诀》采用耳。

赤霄谓格局先定后，易为笑容，不知何时何地，始用此法。若被传写者，本作笑容，更何必多此一番周折。岂为面无笑容者作像，不得已而如此耶？抑原有正容之像，欲改作笑像，乃用此耶？总之，习之既熟，何等眉目口鼻，在正容时奚若，至笑时又奚若，经历既多，心手皆熟，按法推之，其失必不致太远也。

（三）笔法　用笔总论一则曰：

用笔以洁净为主。古人画睁格，皆有笔法，又能洁净。见有皱纹睁格，用笔极粗，而眉目栩栩欲动，此兼能以笔力胜者。其次用笔短，落笔轻，干淡渐加，细洁圆润。

落笔要，从空中下来，起头则轻灵，至运行不可一直，直则板（此论画须眉）。❷

前一则不啻谓传真中有不同之派别，皱纹睁格，用笔极粗，而眉目栩栩欲动者，纯以笔勾勒取胜。近于张浦山论人物所谓"其妙全在墨骨数笔，所以横绝千古，在宋惟李公麟得之"，为吾国传真最早之方法。至于落笔轻干，恐是曾波臣墨骨而兼傅彩之法也。论其力量充沛，趣味高古，自以前者为佳。即赤霄在语气中，亦加轩轾也。

落笔自空中下来，言其直下直落也，

非中锋曷克如此。发眉贵在轻灵，不然无清秀之气，至于不可一直，尤为浅显。发眉固无直排者，直排成鬃刷矣。

用笔四要曰：

一曰准，准者何，有规矩而目力有准，然后下笔有准也。如临摹睁格，以鼻为规矩，用目力算之，其大小相似，即谓之准。由是得其规矩，收小放大，可以变化板法矣。

二曰烘，烘者何，即染之谓也。人之面格高下，须用颜色烘托。烘法惟润湿全面，以颜色画上，笔以湿为主，则有气韵，烘染要洁净。

三曰砌，凡面有斑点，或染有不到，俱以砌补之。或面上气色深者，竟不用烘，以颜色砌之，砌后仍可用染也。又有不用染、纯用砌者，即俗所谓干皴是也。笔法枯润适中，约似小麻皮皴，米粒皴，皴疏砌密，小有异耳。砌在微茫之间，其笔意可见，然终以痕迹浑融为妙。砌染烘染，可兼用，可先后用，或只烘不用砌，亦可，或纯用砌俱可。

四曰提，设色将足，看面上凹凸处，用檀子等色提醒，然后格局分明，高下显露。❸

上则所论准烘砌提，用笔四要，直是写真自始至终之四重步骤。第一之准，与后三者不同。烘砌提三者，可作名词，可作动词，而准则为描写勾笔之形容词。谓不论为临摹，为传真，落笔当具有比例上及位置上之准确性。王绎曰："淡墨霸定"，亦即谓写照时之第一步工作，以墨笔勾取主要之部位也。

烘与染为一事，五官已具轮廓，便可进而分其阴阳凹凸，所谓面格之高下也。白描则纯用墨，或略加赭石，设色则用色，至于有深浅之不同，则一。润

❶ 蒋骥《传神秘要》（蒋和辑《蒋氏游艺秘录》潘氏写刻原刊本）上/3b。

❷ 同注❶上/5a。

❸ 同注❶上/5b。

湿全面，为画生纸所不可不晓，取其易于融浑无迹。绢与熟纸，吸水缓，可容人有拖染工夫，不若生纸，笔一着纸，色已吸入，痕迹斑然，再难浑化。若先润湿，颜色可随已有之水分散出，则此弊可免。

砌法一起曰，"面有斑点，或染不到，则以砌补"，可知烘而后砌，常法也。纯烘不砌，或纯砌不烘，以及先砌后烘，皆不及先烘后砌之用为广。砌为极细极干之皴笔，远望之如浑然染成，即观之，未尝不可察其迹，此与印刷中之网目版，理有相通处。以放大镜观之，盖以细点积而成画。惟画像或仅砌阴处，而虚其阳处，疏密可随人意，与网目版有不同耳。赤霄前有言曰："青年在烘染，高年在皴纹。"画青年像之烘，必多于砌。反之，画高年像，砌多于烘。至于人之肌肤，有光洁抑粗糙之不同，亦足影响笔法之异用。故其二者之先后轻重，宜以活法参之也。

提为全面凹凸已显，以较深之色醒之，是犹山水中之点苔及焦墨醒笔，临了始用之也。

画者知此四要之用法，则自起稿以至末后收拾，应有尽有，传真之事，可谓思过半矣。

（四）起稿　此项所论，皆用笔四要中之第一法，以笔勾取格局，所谓准是也。起手诀一条曰：

传神起手，先打眶格。初学用笔，须极轻淡。次学用目力，以极准为度。学用目力，即画鼻与鼻准，及定两眼角等处也。两点不可高低，两空地须极匀。逐一画上，由鼻准画至两鬓发际，全在目力有准。学者起手寻旧画摹鼻准与鼻，次定两眼角，再将全面眶格，逐一摹其

长短大小，断不可以纸加在画上临摹，即俗语所谓印在下面画也。如印画则不用目力，目力无准，虽知算法，动亦多谬，此有诀无益也。摹法以原本置案上，于旁设素纸，用目力算其分寸而作之，其大小与原本相同，再将全面大收小，小放大，画十数次，愈学习则愈准，学到部位毫发不走，然后谓之准。此须细心体味，能收大放小，即是变化板法。学者眶格极准，功已过半矣。❹

打眶格，即以墨笔勾取各部之轮廓，定人面之格局也。两点指眼之起处，除人面偏斜外，自宜点在一条平线上。两空地指左右眼角至中线之距离，观用笔层次一条下，有先将纸折中缝一语可知也。临摹之说，与顾恺之《魏晋胜流画赞》所授人者异。所持理由，极为充足。响拓若成积习，便放不开画稿。良以蒙纸印画，不须目力，亦不必用心为之，纵日日勤学，终无进益也。放大收小，可练习比例法。照定一稿临摹，则各部分之大小比例，尽在画端，是直誉写而已，非活法也。必放大而处处皆放大，收小而处处皆收小，丝毫不爽，始可为人写照。传真画如人面原大者，千百不得一，且人面又安得如画稿，可置在案头手侧，一一誊录哉。

人面可横分为三部，全局一条，言人面大体上之比例。

面上全局，可以上庭比中庭，中庭比下庭，长短阔狭，两两相比，则大局可得。（或云落笔先左后右，大像先用淡墨定局，次加檀子砌染，此法亦颇近理，并附及之。）❺

丁皋《写真秘诀》天三地四分法一图❻中，注明三停之部位。自发际至印堂为上停，自印堂至鼻准为中停，自鼻准至地角为下停。相比者无他，画上长

❹ 同注❶上/7a。

❺ 同注❶上/13a。

❻ 丁皋《写真秘诀》（《芥子园四集》金陵抱青阁刻本）3a。

517

短阔狭之比例，当与真人面上各部之比例相等而已。附注中，先左后右之说，极为合理。吾人皆以右手执笔，是以左畔一笔画毕之后，腕向右移，让出右方一笔地位，画者正可参酌左笔以落右笔。反之，先右后左，待右笔已毕，腕向左移，适将右畔掩住，而左笔之高低粗细，将毫无准则可循矣。

传真落笔自鼻始，因置之于首。鼻准与鼻相参核法曰：

鼻准与鼻，得分寸则全面有把握，故先论之。以鼻准作十分算，定鼻之大小，则鼻有半鼻准者，有半鼻准又零几分者，有鼻小不及半鼻准者。再以鼻作十分算，定鼻准之宽狭，则鼻准有一鼻几分者，有两鼻几分者，总以鼻横数去定之，必相核无讹为要。

笑容则鼻准与鼻不同。常格大抵笑容则鼻起而略大，中庭部位少霭。❶

鼻准与鼻，全面比例之规尺也，故先宜算得准确，不然必一误百误。所谓鼻准者何，即一鼻正中下垂处，鼻者何，即左之兰台或右之廷尉也。欲明了赤霄所云各种定分数算法，当注意"相参核法"之"相"字。其意乃是先以鼻准比鼻，后复以鼻比鼻准，此"相"字之所由来。不明此意，将不知其所云矣。试作图解及公式以详之（表十二）。

表十二　蒋骥鼻准与鼻相参核法代拟公式表

a= 鼻准，b= 鼻

以鼻准作十分算定鼻之大小 $a=10$　$b<10$
鼻有半鼻准者 $\dfrac{b}{a}=\dfrac{5}{10}=\dfrac{1}{2}$
有半鼻准又零几分者 $\dfrac{b}{a}=\dfrac{5+}{10}=\dfrac{1}{2}+$
有鼻小不及半鼻准者 $\dfrac{b}{a}=\dfrac{5-}{10}=\dfrac{1}{2}-$

以鼻作十分算定鼻准之宽狭 $a>10$　$b=10$
鼻准有一鼻几分者 $\dfrac{a}{b}=\dfrac{10+}{10}=1+$
鼻准有两鼻几分者 $\dfrac{a}{b}=\dfrac{20+}{10}=2+$

❶ 蒋骥《传神秘要》（蒋和辑《蒋氏游艺秘录》潘氏写刻原刊本）上／8b。

鼻准之下一笔为 a，兰台廷尉之下一笔，二笔相等，俱为 b。赤霄曰："以鼻准作十分算，定鼻之大小"是 a 为 10，而 b 必少于 10。"鼻有半鼻准者"其公式为 $\dfrac{b}{a}=\dfrac{5}{10}=\dfrac{1}{2}$。"有半鼻准又零几分者"其公式为 $\dfrac{b}{a}=\dfrac{5+}{10}=\dfrac{1}{2}+$。有"鼻小不及半鼻准者"其公式为 $\dfrac{b}{a}=\dfrac{5-}{10}=\dfrac{1}{2}-$。"再以鼻作十分算，定鼻准之宽狭"，即以 a 为分子，而以 b 为分母。b 等于 10，而 a 必多于 10。"鼻准有一鼻几分者"其公式为 $\dfrac{a}{b}=\dfrac{10+}{10}=1+$。有"两鼻几分者"其公式为 $\dfrac{a}{b}=\dfrac{20+}{10}=2+$。

常时与笑时，鼻准与鼻之比例不相同。缘笑时口开，嘴角略高，脸部肌肉向上吊，中庭下庭各部，横度加大，纵度缩短，两鼻为肌肉牵动，亦向两旁开展。至于鼻准之下，有软骨支撑，变动甚微，是以 $\dfrac{b}{a}$ 之分数，必较常时为大也。

用笔层次一条，不更录引，以其除附注中言及各部先后略有变通之方法外，皆见起稿算全面分寸法。该条❷颇长，逐段论之于后。

　　一画两鼻孔。

　　二画鼻准下一笔。

　　三画鼻准两笔。

　　四画鼻。　鼻与鼻准，两相参核，画得极准，然后可以鼻与鼻准为主。鼻准作大尺，横作十分算，鼻作小尺，竖作十分算，以一鼻再横作十分算，凡面之高下长短阔狭处，皆用比之。以直之分数算过，再以横之分数算之，自无错误。

　　此则所论，又较鼻准与鼻相参核法，

推进一层。以鼻之高低作十分算，是横之准尺外，更添出直之准尺也。面部各处，横以横尺算，直以直尺算，一一吻合，当无差池矣。

　　五画两眼角。　即以鼻逆数上比之，有二子几分、三子几分以及四子者，定上下所在。出进用直线法，或对鼻笔痕，或于鼻之中，或于鼻之外，或于鼻之几分，以定出进所在，再用王思善法，于三笔中取一笔画下，看山根之间能容眼之阔狭有几许，细细看准面之部位，此处为最要。❸

　　鼻逆数上，是以鼻之竖尺为准则也。二子几分者，鼻与眼角间之距离，为鼻之高度二倍强，三子几分，四子等，以此类推。纬线定矣，再言经线。从眼角向下，心中存有一垂直线，视其落在鼻之何处。两眼中之距离阔，则线落在鼻外。狭则落在鼻中。眼角一点，即点向经纬二线之相交处。山根者，鼻梁之宽度也，更以眼之阔狭为准尺定之。狭而高者，与印堂连成一笔。阔而低者，与眼堂连成一笔。阔狭高低适中者，则在印堂下眼堂上着笔。此即王思善所谓之三笔也。可与元代画法章参阅。

　　六画左右两眼梢。　如已画山根，即以山根阔狭作比，或以鼻准作比，俱可，或半鼻准，或几鼻几分。

　　用笔层次一条中"五画两眼角"下注云："或定山根亦可"，可知画完眼角之后，山根或画或不画均可。山根之宽窄，原以眼之宽窄比得，今画眼梢，复以山根为准尺比之，是眼与山根相参核也。如未画山根，则仍以鼻或鼻准为准尺，定眼梢之位置。

　　七画左右眼上一笔。

❷ 同注❶上 /9a—上 /12b。

❸ 此后有引王思善语，未录。

八画左右眼下一笔。　此一笔须极轻淡，不可着痕迹，于设色时更宜留心。

九画眼珠。

十画鼻梁。

此即山根也。若眼角画后，而山根未画即画眼梢者，于此时画之。

十一画上下眼皮。

十二画上眼眶两笔。　从眼上一笔算起，或一鼻几分，或二鼻几分。再用眼比，或一眼几分，二眼几分。

上眼眶有两笔，上一笔大都即在生眉处，或微有出入。下一笔在眉与眼皮间之最凹处，勾一笔，以显其低也。此二笔与眼之距离，可以鼻之竖尺，及眼之高度比得之。

十三画下眼眶两笔。　此法同上。眼眶如有睹肉者，则如定眼角法，亦以鼻数上比之。

画下眼眶，其起笔往往自眼角始。眼眶睹肉，疑不自眼角始，而起笔在眼角下。是以定其纬度，又可以鼻之竖尺比之。

十四画两眉。　有不离眼眶者，有离几分者，再看印堂之方正扁长，此则中庭定矣。

画眉大抵以上眼眶之上一笔为依据，适已言之。印堂，眉心也。方正则两眉相距适中，扁则相距远，长则相距近也。

十五定地角。　约以中庭比定。

地角，下颏也，为面部最下一笔。自鼻准以下至此，为下庭，当以中庭之尺寸为比例。

十六定下口唇。

十七画口中一笔。　两角须逐渐长出，亦宜用直线法，察口角止处出鼻几分，对眼睛何处。

口中一笔，两唇相交处，若是笑容口开，便有两笔。口角开至何处止，用定眼角经度法，自口角向上，心中存一垂直线，视其落在何处，画中便可照此比定。

十八画上口唇。

十九画下口唇。　其厚薄亦以鼻比数。

二十画须鬓，无须画寿带。

二十一定全地角。　此则下庭定矣。

二十二画左右两太阳。　以眼作十分算，有容一眼几分，或不及一眼者。或以鼻比数亦可。此部位之紧要，切不可忽。

人面正视则太阳狭，斜视则太阳阔。画此部当参以透视法，始能显出人面为主体，故尤宜注意。

二十三画两颧。　颧有上下，须察其最出所在，出对何处，进对何处，最出处亦用直线，或出太阳几分，或进几分。有颧小而高处在面心上者，须用颜色染出。

此亦言正面传真之画法，如颧在面侧，则左右画颧两笔，即面圈左右之边缘，可以出进代表颧之起伏。如颧在面心，则须仗颜色染出，以状其高隆。侧面画法，正与此反。颧在面心可以一笔勾出，颧在面侧，非烘染不为功也。

二十四画两颐。　颐边一笔，须分两断。齐鼻下平去，作上一断，口唇横看，作下一断。上断以鼻准或鼻比数，下断以口唇阔狭比数。口唇亦可作十分算也。诀总在用横线法，即接着齐鼻本去一笔约数，或一鼻准有余，或两鼻准。肥者再加，再以鼻比数。或四鼻，或五六鼻，皆可比定。大约宜瘦不宜肥，宜进不宜出。可稍加修改，无致笔滓墨涴。

颐部非平面，其凹处恒在鼻下与口上之纬度间，一笔两断，即在此分也。此言其高下。至于阔狭，则上断近鼻，故以鼻或鼻准为准尺，下断近口，以唇为准尺。准尺不必执一，以鼻比过后，不妨更以鼻准比之。多比一番，愈可知其有无错误也。

二十五画两耳。　耳之上下无定，大约不离眼眶上下。

二十六画两鬓。　如露顶即画发际，若戴冠者画帽檐，此则上庭定矣。

白描为传真之一种，打稿勾笔虽简，较设色者尤为重要，其论曰：

白描打眶格，尤宜淡。东坡云：吾尝于灯下顾见颊影，使人就壁画之，不作眉目，见者皆知其为我。夫须眉不作，岂复设色乎。设色尚有部位见长，白描则专在两目得神。其烘染用淡墨，或少以赭石和墨亦可。笔法须洁净轻细，得其轻重为要。面上惟鼻及眼皮眉目口唇，有笔墨痕迹。若鼻准眉骨两颧两颐，山根一笔，中侧边一笔，眼眶上下两笔，发际打圈，须用淡墨烘出，故画眶格宜淡。❶

惟以其简，故约取之，更宜准确，以少许胜多许也。上节主要之处，在告人何处当见笔，何处可用淡墨烘染。惟画时亦不可死守成法，须解变通之道。如人之颧间，或山根，或颐间，有深刻之纹，自不妨以笔勾出。非如此不足以表现其特色也。

（五）烘染设色　前项所论，泰半属于"淡墨霸定"，此项将论"逐渐积起"。砌染虚实不同一条，言大小幅染法之异也。

画大者须染得到，各色和润为主。中者如之。若小者，则染皴处有当简省，愈小愈可省，全在两眼得神耳。面上竟有有痕迹处，亦可酌量省去。善会心者，自得之。❷

画山水染天地，小幅者易润，大幅者难工。传神烘染，亦是一理。小者当简之说，可与传神以远取神法参阅。面上痕迹竟可省去者，正以摄其全神，而遗其细节也。

烘染设色之层次，寻常以淡墨为先。笼墨曰：

画定眶格，以淡墨笼之，闪光处又用淡墨烘染，再加粉和颜色画，此亦另有阴秀古雅之趣。（今人有以颜色画好，用淡墨笼在颜色上，如画山水法者。此法但须先矾，否则墨色入粉，便成黑气。）❸

最初之笼墨，墨甚淡。名之曰笼者，以全面除极高极阳之处外，几无不以之罩过。至画闪光时，色乃略深，而阴阳乃愈显。有将笼墨留置最后者，即赤霄所称须先罩矾水之法。其用不及先笼墨之法为广，故仅于附注中及之也。

笼墨既毕，当画闪光，其法为：

面上凹凸处，以颜色深浅分之，惟两颐及深眼眶，或半侧面，皆有闪光，略用檀子染之（檀子以墨和胭脂赭石），烘出高处。但此色不可多用，缘檀子颜色重浊，易致汗秽（檀子近看即是黑气，不可多用）。❹

吾国画家，向不论光，闪光之说，或因受西洋画之影响而起。惟吾独讶赤霄以深处色重处为闪光。气色一条，有"闪光是凹处"之言，可为明证，适与西人之说相反，亦可异矣。

以檀子画闪光后，再用其他颜色。论气色曰：

❶ 蒋骥《传神秘要》（蒋和辑《蒋氏游艺秘录》潘氏写刻原刊本）上/16a。

❷ 同注❶上/6b。

❸ 同注❶上/5a。

❹ 同注❶上/4a。

气色在微茫之间，青黄赤白，种种不同，浅深又不同。气色在平处，闪光是凹处。凡画气色，当用晕法（晕者四面无痕迹）。察其深浅，亦层层积出为妙。❶

王绎曰："四时气色亦异"，似指人面因气候凉燠之变，而有不同之颜色。赤霄用全面颜色法条中之第一则，为气色所下之定义，与思善异。

颜色非气色之谓。或面白，其两颧有红气色，或面黄，其额上有青气色。故气色主一处，颜色主全面。画者各种颜色层层烘染，画完后，颜色自然和润。❷

谓气色主一处之颜色耳。所谓晕法，正是和润。人面各部颜色，或有不同，但绝无觉其不晕不和之理。赤霄之画法无他，即按人面各部之颜色，一一实写，而注意其交搭处，不使其生出痕迹而已。果能如此，则传真与真人等，不必虑其不和润也。

全面以不同之颜色合成为一法，以同一之颜色分深浅画之，为又一法。用全面颜色法第二则曰：

又一种画法，眶格既定，即以各样颜料看面色配好，以供全面之用。不以胭脂藤黄，另起炉灶，此法古人有之。❸（此法以一样颜色，浅处浅用，深处深用，凡闪光气色，俱如之，不于面上另加颜色，而颜色亦俱和润也。）

吾以为此法与白描无别。白描一切阴阳凹凸，俱用墨，而此不过以他色代墨耳。二法之用，亦当视人面颜色之奚若。人面各部，色不相同者固多，浑然一色者，亦大有人在。是又在画家之斟酌矣。

赤霄论设色层次曰：

设色无一定层次，约略言之，脱稿后第一层用檀子醒深处，第二层檀子染，

第三层三朱胭脂染，上口唇用胭脂加淡墨画，下口唇加三朱画，用色亦有浅深，非一抹即已也。口唇亦有不用墨，上口唇红、下口唇淡者，俱在临时配合。第四层用粉和入三朱藤黄（面赤者和赭石），空瞳神眼白不用着粉，余俱着匀。第五层用矾，第六层用颜色，润全面，再加染（染无层次，以染足为度）。

瞳神凡染一次，点一次，渐渐积深，加烟煤点睛，及画上眼皮。须眉最黑处，轻轻略醒，惟下眼皮一笔，用胭脂画，痕迹不宜重。❹

赤霄设色法，亦与思善有别。思善先以三朱等色打底，然后以檀子墨水幹染。赤霄至第四层始用粉，而思善竟以粉衬底。惟赤霄上节一起便曰"设色无一定层次"，其间当有变通之法。设色层次，本不得一律也。瞳神用烟子点，与思善同，而眼白思善以粉染，又与赤霄有出入。

赤霄用粉，后于用色，故用粉法置于设色之后言之。

用粉以无粉气为度，此事常有过不及之弊。太过者，虽无粉气，未免笔墨重浊。不及者，神气不完，即无生趣。故画法从淡而起，加一遍自然深一遍，不妨多画几层。淡则可加，浓则难退，须细心参之，以恰好为主。用粉不一法，有用腻粉者，取其不变颜色；有用铅粉者，须制得好；然用蛤粉最妙，不变色，兼有光彩（蛤粉制法，先将壳上一层黑皮去净，研极细用之）。❺

又有上面不用粉，惟背后托粉者，其法亦是。（不论生纸樊纸俱可。）

寻常论用色太过，必指用得太多。不及，必指用得太少。赤霄以无粉气为标准，故其意适反。太过者谓粉太薄，

❶ 蒋骥《传神秘要》（蒋和辑《蒋氏游艺秘录》潘氏写刻原刊本）上 /4b。

❷ 同注❶。

❸ 同注❶上 /5a。

❹ 同注❶上 /14a。

❺ 同注❶上 /14b。

笔墨毫无遮掩，无蕴藉之致。不及者，谓敷粉太厚，神气极滞，失生动之趣。必适其中，方为得法。背后衬粉，思善谓绢用此法。至赤霄而谓生熟俱可用，是亦与古人异也。

烘染设色诸事，以补缀为殿。

设颜色有不和处，仍将薄粉笔之，再加烘染，此亦补缀之道。笔粉后俟干，亦须摩去粗粉，再染。❻

此为最后收拾之法，先用粉罩一层，再加烘染。若取笔墨一条之附注测之，赤霄此处，似尚有未尽。在粉与染之间，或须加矾一道，不然墨色入粉，恐不明洁也。

（六）纸　生纸熟纸，画法不同，赤霄之论曰：

生纸画极难以落笔，略重无从改易。其法脱稿纸上，即着粉极匀，两圈边上，不可有颜色渗出，即带湿烘染，深浅如法，俟干以手摩去粗粉及纸上粗屑，又配颜色润全面，其烘染如前。颜色由淡而深，画两三次，或再加矾染，用檀子提醒深处。❼

用矾纸脱稿，将手摩去纸上粗屑，又加矾一遍（恐矾纸不透），用颜色烘染气色。其低处即用檀子三朱等色画到，亦看面上全部气色，和粉上之。极轻薄而匀，俟干亦摩去浮粉，配颜色润全面，再加烘染，以无粉气为度。（凡画背后，须再托粉，粉中少用颜色和之。）❽

二者除生纸着色必须趁湿为之，为显著之不同外，其层次先后，亦皆不同。吾人若取设色层次一条，与上二则较，其步骤与矾纸画法等。于此可窥得传真一道，以熟纸为宜。味赤霄生纸画极难一语，更可知生纸画法不易讨好。愚意古人传真，无不以熟纸为之，清代山水

画家以不能画生纸为耻，而传真亦受其影响矣〔赤霄《读画纪闻》最后有写照布景一则，吾人当录出置于此编之后以供参考："画山水，山远而树近，千岩万壑，浑然天成，用笔苍劲，品格最高。写照景宜山近而树远，作园林布置，人工修筑，巧妙为宗。盖行立坐卧之地，须宽绰有余，从远处作景，可以腾挪，布置随人之所好，略为点缀名目，取其娱耳目悦心意耳。惟画屋宇最难，大抵上下不宜齐整，凡近在身之左右作树石，俱推此意，思过半矣。今人画树枝干，与人之臂指仿佛，此不知远近之法也。或画茅亭小艇，而身不能容，此不揣理也。前人论画云，木不百数十如人之大，则木不大。方此大小，始中程度。"❾授人近景布置之法，盖专为传真一道而发也〕。

第二节　丁思铭《写照提纲》

丁思铭，字新如，丹阳人，世习传真之艺。祖雨辰，父依侯，皆善之。子皋，字鹤洲，孙以诚，并得其传，盖五世以是为业者。鹤洲著有《传真秘诀》，新如此篇❿，即附刻于卷首。鹤洲《写真秘诀》序称：为当时其父与子弟讲究时所汇辑者。

《写照提纲》，余越园先生谓其"惜为骈俪之文，辞难达意"⓫。今细读之，确有反复揣测而仍莫明其究竟者。兹姑就其可解者解之，其文分段录之于后：

规模有准，工夫深始获成名。骨格无奇，界画明才能得法。鼻乃中峰，拱丘壑而突兀，面为总宇，审虚实于周围。山根眼位奸门，名曰五部。鼻柱天庭地阁，即是三停。

各部位名称，未经前人论及者，仅奸门耳。其地位在太阳下颧上，耳与眼梢之间。

目准颧颐，最是摹神秘妙，须眉口

❻ 同注❶上/15a。

❼ 同注❶上/13a。

❽ 同注❶上/13b。

❾ 蒋骥《读画纪闻》（《蒋氏游艺秘录》本）上/6a。

❿ 丁皋《写真秘诀》（《芥子园四集》金陵抱青阁刻本）提纲1a—2b。

⓫ 余绍宋《书画书录解题》（北平图书馆排印本）2/31b。

耳，俱为照式模型。鼻耀丰隆，年寿两旁加染，唇横棱角，人中地阁均分。法令泪堂，气贯一颧三照应（言染虚气上接鱼尾，下通嘴角，中贯鼻根），天庭地阁，神铺平面九连回（虚染上中下三停，俱有三照应之处）。二目深藏，鱼尾皱皱，成瘦朽之容。两颧丰满，燕颔重，染就魁梧之状。发际黑深，浑觉天庭之耸，承浆染隙，俨成地阁之超。卧蚕兜目，上由辅骨以重胞，法令围唇，下有承浆而起托。眉拂天仓，轻重必充其貌。腮余地库，方圆定准其仪。二目乃日月之精，最要传其生动。一唇是涂朱之艳，全凭写出妍华。耳平眉准，边城外起长轮，须覆唇边，疏密分茎细索。

鹤洲《写真秘诀》有面部总图一帧，标明各部名称颇详，可借与上文参读。年寿为鼻之中部，山根之下，准星之上，两旁夹染，所以逼出鼻梁之高。人中地阁中分，当以横量为度。口在正中，向左右两旁计算，尺寸相等。若谓是直量，在文义上未尝不可，惟地阁人中，无一定尺寸，且地阁恒长于人中，似从横量之说为妥。

法令缘唇，在寿带之内。泪堂在眼角下，当以泪由此坠而得名。附注中曰："上接鱼尾，下通嘴角，中贯鼻根。"嘴角即法令，鼻根即泪堂，与眼梢鱼尾，成三角形。三处虚染，中留高凸之处，颧也，故有一颧三照应之说。九连回，不详其确指何处，疑谓三停之中，各有三凸出处，又各由三照应以成之，合其数得九也。

二目一联，意甚显，不更缕述。发际之黑，与承浆之染，皆所以逼出天庭地阁两高处。承浆在下口唇下，即唇与颏间之凹处。

卧蚕为下眼皮之隆起处。辅骨，鹤洲染法分门一篇中曰："其眉骨之高，又用凸染，托出眉轮辅骨"，可见即眼皮上生眉之高凸处，赤霄称之曰眼眶或眉骨是也。卧蚕辅骨，上下呼应，亦犹法令承浆，围绕两唇，联成一气，皆画眼口两部所当注意者。天仓地库，并可于图中寻得，近面部上下之边缘，故与面之格局有关。二目分名之曰日月，全循相书之说。边城者面框之周围，写正面像，耳自在边城外。平眉准者，谓耳上齐眉，下齐鼻准耳。

神分笔溥机圆，研微阿睹，气也影连脉络，一贯周明。阳迎正照，自由满现光生，阴影边旁，必有暗藏染法。不以一痕之深际，定为两路之提肥，不以一突之丰腴，定作三行之起落。既尔形规笔络，格局团栾。对真细细更穷研，犹恐丝毫不备，照样微微润神色，要知精奥无穷。于是一斛酷肖，再复俨然，觉来一面规模，神情爽丽。然而骤冗之劳不易，方向之别尤难，目应性情之变动，形随喜怒之更移。任尔心聪，不写风流蕴藉，虽能眼急，怎传举止行藏。

此段多泛论，无可诠解者。"不以一痕之深际"一联，似确有所指，惟意欠显达，未敢妄论。

最难者无中生有，规模不静，何能见来清去白，最厌者短处求长，格式不安，岂得知顾后瞻前。最喜者九宜六易之从容（九宜者，一相契，二安静，三座有趣友，四僧道房，五明窗净几，六天气清和，七用物洁净，八用人合手，九好纸细绢。六易者，一奇怪，二苍古，三多痕皱，四露筋骨，五重须眉，六带残疾），最忌者十病五嫌之率略（一腌腊，二不新鲜，三部位不准，四交代不清，五阴阳不审，六虚实明，七联络不周，八笔色不良，九太过不及，十愁苦不舒。五嫌者，一室无正光，二有狼藉秽气，三不重斯文，四语乱心曲，五座不宁静）。最莫能避者拘搁之三难（一临危，二揭帛，三追容）。最不可却者当场之二急（一好动不好静，二随机而改容）。

上列九宜、六易、十病、五嫌、三难、二急诸说。王蒋二家，以及后之芥舟，皆无只字及之。此有如董羽《画龙辑议》之三停九似，其来当甚古，传授于画家师徒之口，而不甚为士大夫所重视。拘搁三难，乃为病笃及死者写照，作之于衾椁之际，非以是为业者，断不肯为。最后以过目而得，结束全篇。

只可以一睹形规，成见执定，得心应手之灵，明间暗接。量式传真之巧，实布虚连。如此则匡廓既成，容光必备。规模大概，以陈奥妙，精微即寓。真诀只须一理，变通何止千言。

一见而得形貌，与陈造之理合，亦殆即朱竹垞所谓"若飞鸟之过目"也。❶

第三节　丁皋《写真秘诀》

丁皋，字鹤洲，思铭子，承家学，善写真。《墨林今话》称其撰《传真心领》二卷，卢雅雨为之序，单行本未见。今所据者为坊间伪托李氏《芥子园画传四集》本❷，题今名，不分卷，卢序亦不存。鹤洲生卒年代未详，以卢序推之，当是康熙时人也。

《写真秘诀》，前有鹤洲自序，中谓"人之眉宇，千形万态，迥不相侔，只堪意会，难以言传，从来无谱，由是故也"❸，颇以创举自许。越园先生解题略谓：先乎此者，有王蒋两家，据其所云，可知其未见王蒋两家之书，今以此编与王蒋两家较，固不若其雅驯，而详瞻则

过之，诚允论也。❹

《写真秘诀》，除小引外，共二十五篇，目录曰：部位论，起稿论，心法歌，阴阳虚实论，天庭论，鼻准论，两颧论，地阁论，眼光论，海口论，耳论，眉论，须论，染法分门，面色论，气血论，提神论〔后文标题作提神要法〕，择室论，旁背俯仰，誉像法，纸画法，绢画法，衣冠，补景论，笔墨论，量写身法。书前有丁思铭《写照提纲》，已详前节后附退学轩问答八则，鹤洲与其子以诚问答之辞也。

鹤洲编纂是谱，颇见剪裁，然仍未免有凌杂处。尤以鼻准地阁等篇，用隙染凸染等专门名辞，其解释反在后半染法分门篇中。兹将全谱分为三大类，曰：总论，分论，余论。既便于诠释，而于体例方面，似亦不无改善也。

甲　总论

总论除小引外，凡八篇，曰：部位论，起稿论，心法歌，阴阳虚实论，染法分门，面色论，气色论，提神论。

《写真秘诀》小引❺：

写真一事，须知意在笔先，气在笔后。分阴阳，定虚实，经营惨淡，成见在胸，而后下笔，谓之意在笔先。立浑元一圈，然后分上下以定两仪，按五行而奠五岳，设施既定，浩乎沛然，充实辉光，轩昂纸上，谓之气在笔后。此固写真之大较矣。然其意为气，皆发于心，领于目，应于手，则神贯于人，人在于我，我禀于法，则自然笔笔皆肖矣。皋以从来无谱，立为是书，要在量部位而知长短，论虚实而辨阴阳，省开染而见高低，润神气而见活泼，可以意会，不可以言传，可使审察于平时，不能必

❶ 朱彝尊《曝书亭集》（原刊本）41/5b。

❷ 《芥子园四集》坊间刻本甚多，以抱青阁藏版本错字较少。

❸ 丁皋《写真秘诀》（《芥子园四集》金陵抱青阁刻本）序/1b。

❹ 余绍宋《书画书录解题》（北平图书馆排印本）2/32a。

❺ 同注❸1a。

525

其变通于当局。所谓神而明之，存乎其人者然耶？惟在学者心领而自得之，故弁是篇于其首。

上文偏重理论，俱见前人论著，与人物山水各种门类，理皆相通，非仅限于传真。列举量部位、论虚实、省开染、润神气四事已将传真之重要方法，尽行包括。此犹赤霄准、烘、砌、提，用笔四要也。全谱各篇，大都不能出此四事之范围。

（一）部位论❶

初学写真，胸无定见，必先多画。多则熟，熟则专，专则精，精则悟。其大要则不出于部位之三停五部，而面之长短广狭，因之而定。上停发际至印堂，中停印堂至鼻准，下停鼻准至地阁，此三停竖看法也。察其五部，始知面之阔狭。山根至两眼头止为中部，左右二眼头至眼梢，为二部。两边鱼尾至边，左右亦各一部，此五部横看法也。但五部只见于中停，而上停以天庭为中，左太阳，右太阴，谓之天三。下停以人中划限法令，法令至腮颐，左右合为四部，为之地四。此亦部位之法不可不知者也。要立五岳，额为南岳，鼻为中岳，两颧为东西岳，地阁为北岳。将画眉目准唇，先要均匀五岳，始不出乎其位。至两耳安法，上齐眉，下平准，因形之长短高低通变之耳。凡此皆传真入手机关，丝毫不可易也。果能专心致志，而不使有毫厘之差，则始以诚而明，终由熟而巧，千变万化，何难之与有？

落笔丝毫不得移，对真曲直总相宜，细开细省官星位，五部三停要预知。

三停五部，均已详前人论著中，鹤洲更有上下二停，横分天三地四之说。

上停太阳太阴部位相等，不过左右之称有别耳。下停法令略凹，在面部似有天然疆界，故于此分。五岳王思善曾言及，安耳部位，从乃父《写照提纲》中法，凡此皆传真入手，最主要方法，习此艺者所当共晓。相传已久，鹤洲汇为此篇，亦无所谓因陈抄袭也。

部位论之后，有三停五部位图、面部总图两帧。

（二）起稿论（附起稿先图说）❷

起稿之法，正无定格，或大于人，或小于豆，要不外乎一理，只在临时立意。上从巅顶，下至地边，左右耳门，照样一圈，从中分半，上为天，下为地，中立日月之基，再造土星，以中宫生生之象，配合兰台廷尉，鼻成，则主星定矣。下接人中阔窄加海口之厚薄相宜，以应承浆地阁之方位，再生法令，托出两颐，完地库之轻肥，然后勾右目上眼皮一笔，再对左目上眼皮一笔，以定五部之数，而后添卧蚕，安日月，上盖眉山，排眼堂，定阴阳格局，下衬泪堂存阳光，扶阴鹭之基，其颧如岳透及鱼尾，以贯山林，分太阳位，拱出天庭，托凌云而对彩霞，拱印堂为中正，边城上接发际，贯巅顶，下通地边托北岳，推颈项而止于领口，然后安两耳于外宫，应眉准之间，皆不容有毫厘差也。

画像先作一圈，即太极无极之始，消息甚大，如混沌未开，乾坤未奠，而此中天高地下，万物散殊，活泼泼地，气象从此氤氲出来。则当未圈之先，必先以己之灵光与人之眉宇互相凝结，然后因物赋物，各肖其神。若但置一空圈于此，而后思若何安排，若何点缀，则所谓差之毫厘失之千里，欲得其真，不

❶ 丁皋《写真秘诀》（《芥子园四集》金陵抱青阁刻本）2a。

❷ 同注❶4a—6b。

亦难乎？

起稿论言画法先后之层次，兹试以数字定之，以便与各家之说比较。一打圈，二定目位，三鼻准，四兰台廷尉，五人中，六口，七法令，八右上眼皮，九左上眼皮，十卧蚕，十一眉山，十二眼堂，十三泪堂，十四染天庭，十五染印堂，十六巅顶，十七地阁，十八颈项，十九耳。

附说要旨在起手一圈，不可妄作，画者之精神，须与对象凝结，确有所会，而后落笔。太极无极，语近附会，吾人置之不顾可也。

起稿次序之先后，与各家最显著之不同为：先打面圈。前之王蒋，后之芥舟，皆置之于最后，恰恰相反。以愚意测之，似以后圈为是。何则？先自五官一部画起，或自鼻始，或自目先，一处尺寸既定再定一处，从此推算，渐而全面之部位尺寸定矣。若先打圈，则各部咸当依此圈之准尺，是不啻一落笔而各部之尺寸部位，悉已定准。一起手而须处处顾到，诚非易事。鹤洲先右后左，亦与赤霄之说异，然细按之，非法之异，定左右之法异耳。赤霄定左右，将小照置于面前，在右曰右，在左曰左。鹤洲将小照反转向外，贴在己身而左右之，故左右适与赤霄相反。部位论中，有"左太阳右太阴"一语可证，若依赤霄法，当曰：左太阴，右太阳。是故鹤洲画右眼皮先于左眼皮，仍是赤霄之先左后右法也。

起稿论后有图式五帧：

1. 浑元一圈图。作一圈如人面形，旁无他物，附说曰：

此圈，非寻常圈也。其圈可大可小，可长可短，可宽可窄，可方可圆，可肥可瘦，变幻莫测之妙。以此准彼，神而

明之，实为写生之始。

浑元二字，此后屡见不鲜，当先论之。阴阳虚实论篇尾曰："譬一圆珠悬于室内粉壁之间，珠壁皆白，外看其光之阴阳，染珠乎，染壁乎，会得此意，可与言浑元笔法之虚实矣。"❸珠悬壁间，二者俱白，若论染当在珠边，四周色深，愈近中愈淡以珠上绝无平处，非如是不足以现其圆形。浑元之意，简单言之，即用烘染之法，以分面部之阴阳虚实，使人有高低凹凸之感觉耳。

2. 两仪四象图。圆圈中标明上下二仪，左右两像，二横线在中，定目之位，附说曰：

定准浑分部位，以此派方寸。

3. 三光定准图。圆圈中在两目及鼻准之位，作三小圈，附说曰：

二目为日月，准顶为土星，故为三光，要派均部位易准。

4. 五岳虚染图。将人面部最凸出之五处圈出，为授人何处当烘染而设。附说曰：

五岳人人皆有，惟其老少不同。苍者显而易见，嫩者淡以为工。

图下复注"是分位浑元"五字，乃与全面浑元相对而言，可参阅染法分门一篇。

5. 十五骨节虚染图。此图之性质，与前帧同而较详。附说曰：

皮肉明备，骨节暗全。

五图之中，前四帧皆甚简略，要皆与部位论、起稿论略有关系，故鹤洲置之于二篇之后。惟吾以为人面之形，大致奚若，目、鼻、两颧、额、颏等处，位置何在，稚子咸知之，诸图既不能于此外别有发明，则直等虚设耳。惟第五图其端注有饭超、山林等之专门名辞，

❸ 同注❶8a。

527

且可窥得面部凹凸大致之情形，尚有存在之价值也。

（三）心法歌[1]

此篇不过将小引及一二两篇（部位论起稿论）所云，编为韵语，未见其别有新意，不录。

（四）阴阳虚实论[2]

凡天下之事事物物，总不外乎阴阳。以光而论，明曰阳，暗曰阴。以宇舍论，外曰阳，内曰阴。以物而论，高曰阳，低曰阴。以培塿论，凸曰阳，凹曰阴。岂人之面独无然乎？惟其有阴有阳，故笔有虚有实，惟其有阴中之阳，阳中之阴，故笔有实中之虚，虚中之实。虚者从有至无，渲染是也。实者着迹见痕，实染是也。虚乃阳之表，实即阴之里也。故高低凸凹，全凭虚实阴阳，从虚而至实，因高而至低也。夫平是纯阳，无染法也，有高而有染，有低才有画也。盖平处虽低，而迎阳亦白也，凸处虽高，必有染衬，方见高也。譬如一圆珠悬于室内，粉壁之间，珠壁皆白，外看其光之阴阳，染珠乎，染壁乎。会得此意，可与言浑元笔法之虚实矣。

辨别阴阳虚实，笔端万象传真。穷理毫无秘诀，一点灵机自神。

凡曰阴阳虚实，比较之言也。天下无绝对之阴阳，亦无绝对之虚实。譬如一面之中，颐高于腮，色白于腮，颐与腮较，颐为阳而腮为阴。设颐与颧较，颧又高于颐，色白于颐，颧又为阳，而颐为阴。以此细推，面上各部，虚实阴阳，完全相等之处殆少。良以人面绝少径寸之平处，正以其处处不平，故须种种之虚实阴阳以状之。若死执阴阳，而

不知活法，则面上只有黑白二色，世间焉有此等之人，况论其肖似乎？此所以鹤洲有"阴中之阳，阳中之阴，实中之虚，虚中之实"之论，亦是全篇之最紧要处也。

（五）染法分门[3]

染有浑元清硬二法，而浑元之法，又自有别。其一曰：有全体浑元，从耳门起染，上接太阳，贯巅顶，而覆染，下通地边而兜染，推边城，愈边愈重，而托出面如满月者是也。其一曰分位浑元，盖五岳各有峰峦，对明大小，空出白光，作峰顶阳明之位，用浑元追三阴起根发脉之处，从浓至淡，周染而突出高峰者是也。大概浑元本于阴阳二气，二气既明，其像自然丰满，浑厚而得神矣。至于黑白之分，要辨明白，如黑苍脸，只将朱磦和墨，对定阴阳虚实之笔，应人浓淡，从轻至重，染成部位。其尤重处，加重开足，而后上血提神，此谓丰满苍老说法。至白嫩脸，只可用淡墨水轻染成格，从轻至重，切不可过，要开得极细，以洁净清秀为佳，而后上色提神，自尔风神潇洒，此固染法之大较矣。清硬者何，若峻嶒瘦削之像，用笔则宜清硬，其法有陷染，有凸染。从实笔两边染为陷染，从实笔一边染为凸染，务尽得其浮筋露骨之神而后止。至于鼻瘦，要两边夹凸染，从鼻根齐齐直上，拱起瘦骨，鼻染兰台廷尉削而尖小，自然现出高鼻之瘦骨矣。如两太阳用陷染，推重自然，其凹如塘，其眉骨之高又用凸染，托出眉轮辅骨，再加额上浑元一染，自然高耸矣。如两颧骨要高，必先陷染泪堂如塘，再凸染拱起颧骨，然后陷染两腮，贯嘴而通地阁，自然腮瘪而颧高

[1] 丁皋《写真秘诀》（《芥子园四集》金陵抱青阁刻本）7a。

[2] 同注[1]7b。

[3] 同注[1]20a。

清代关于传真画法之论述及图谱

矣。再染下牙骨之形，随弯转角而衬于后，自然瘦像神全矣。

染法原为阴衬阳，高低肥瘦各分光，其间大有元机贯，仔细推敲仔细详。

浑元清硬，为烘染二大法门，浑元之中，又分全体及分位。鹤洲略于前者而详于后者，意必全体浑元，只宜为面貌丰隆者写照，不及分位浑元用途之广，是以有轻重之轩轾。清硬染法，宜施之于瘦削者。又有隙染凸染之说，隙染者，以笔痕为当中最深处，向两旁淡去，两旁皆凸，而此处独凹如隙地。凸染者，只靠近笔痕一边染，此边为凹，彼边为凸，此名称之由来也。后半论各部之染法，有用隙染者，有用凸染者，更有用浑元一染者，可知浑元清硬，虽分门类，实均为传真所不可少，用之之处异耳。若以为同帧之中，二者不得相兼，则误矣。

（六）面色论❹

古人用色，必有粉底，然粉虽善制，久而能变。今以芦干石代之。其用有生熟之别，生用虽白，而凝笔难匀，煅用其色缁而欠白。大都面色，欲其肥厚，特借以充实之耳。若用纸画，必先于骨骼上细细染足开明，然后用芦干石少许，和朱砂标满上皮肤，烘干再上清水，润色提神，方能满足。若夫绢画，虽有胶矾，终不免于透漏，必先淡标墨匡染其骨骼，正面只宜轻用芦干和色一层，反背多用衬笔，直待绢不透光，再用清矾水正面罩之，然后对人细细开染分寸部位，如法画足。要知皮色不离朱磦藤黄，最后在于合色，有白如玉者，只用生芦干，不配朱磦上作底色，而后润色提神。有紫黑苍者，多用朱磦，且更兼墨色，

盖用色对真皮肤深浅对色，而兼对胶，一一确当，自不费力矣。

芦干石，不知何物。迮万川《绘事琐言》曰："古人作画，多用蛤粉，亦用白垩，今人概用铅粉矣。近有以白炉甘石代粉者。"❺是芦干，当炉甘之误也。《本草纲目》云："炉火所重，其味甘，故名。李时珍谓即金银之苗，产于金坑者其色微黄，产于银矿者其色或带青，或带绿，或粉红。"❻是炉甘石本矿质，画家择其白者以代粉也。纸绢之设色法不同，方法与王思善悉符。

（七）气血论❼

气者表也，血者里也，阴阳既济，气血生华，妍艳之色，自拂拂然透出容颜之外。其法当先上血，用胭脂与朱砂磦合染之，然后用朱磦和藤黄细细匀皱之，以提其气。夫气与血，虽分而实合，其现于皮肤者，气以显血之用，而蕴于肌理者，血又助气之神也。染血之法，故从鼻准起，至兰台廷尉，却要分明止处，再加两颧之峰润，至腮颐当分浓淡，眼胞上下，轻重须知位置。天额高低，红黄虚气分明，地阁染如秋水，耳边色若春花，染来纯润无迹。血气既定，然后提神，而气与神，又一色两法。总用朱磦和藤黄，破水染其虚气，皱笔衬其神情，细开止处以分界限。界限既清，阴阳自判，自能高现，峰峦低如缺陷，对人神色，毫末不差，再斟再酌，必至十分为足，其为传真不虚矣。

沈芥舟论传真傅色曰"人得天地之中气以生，故其皮肉之色正黄，惟内映之以血，则黄也而间之以赤"❽，与鹤洲"气者表也，血者里也"之说合。血既内含，则先上血色，后笼皮色，自是

❹ 同注❶21a。

❺ 迮朗《绘事琐言》（嘉庆间原刊本）3/4a。

❻ 李时珍《本草纲目》。

❼ 同注❶22a。

❽ 沈宗骞《芥舟学画编》（乾隆四十六年冰壶阁写刻原刊本）3/11b。

529

合理之方法。后半"血气既定,然后提神,而气与神,又一色两法"诸语,不甚显豁。后附退学轩八则之二,曰:"染其血而后染其气,提其精而复提其神,虽一色而两法具焉。务使气血精神,交贯于皮肤之间,自能生动而不过于黄矣。"❶盖谓法虽两端,而染提之后,贵在能浑然一化也。

(八) 提神要法 (目录作提神论) ❷

高有突光染法,低有隙光染法,皆要细细详察,若论面上突光处原多,何能尽说,则指一二而言之,其余可类推矣。即如鼻梁之中,眉轮之上,嘴匡之边,皆有突光,盖因起突处,定从根盘上周围夹染,愈高愈淡,至白光而止。但有各样形,像或如珠,或如线,或如半月,或如弯弓,一如其光之所隆隆然托出,自然高矣。若论隙光染法,亦难尽述。凡眼胞之上,泪堂之下,牙骨之旁,每有隙光,皆因低处迎阳之谓也。须先空出地位,或两边分染,或一边起染,向高渐淡,至极高处而止。高处既出,白处自然隙矣。

提神有突光染法,隙光染法,突与凸通,是仍不离染法分门篇中所论定虚实分高低之法。赤霄用笔四要,最后曰提,盖"设色将足,看面上凹凸处,用檀子等色提醒"也。鹤洲提染用色,或与赤霄不同,至于方法,当无出入。简赅言之,突光高处之闪白者,隙光低处之迎阳者是也。

乙 分论

分论者,取面上之每部,设专章以论之也,凡九篇,曰:天庭论,鼻准论,两颧论,地阁论,眼光论,海口论,耳论,眉论,须论。

(一) 天庭论 ❸

额圆而上覆,故曰天庭。上有巅顶,极高处也。有灵山,属发际之上,以发作云,又曰云鬓。两额角为日月角,似眉为凌云彩霞,以目为日月,居中天,所以上部为天,职是故也,必染之,使圆隆然下覆,衬起五岳,托出眉轮,然后分太阳,立山林,配华盖,加染边城,重重推出,派定三分。居中日明堂,明堂下接印堂,印堂下接山根,山根一路用浑元染法,虚虚托一圆白光以作明堂之神光,太阳外渐加重,染及边城,以黑堆上发际,盖至鬓下,将及耳门,如覆盆,额上有纹,皆为华盖。但有覆载之辨,有疏密之分,有托出日月角如墩者,有衬出山林骨如埂者,有环抱天仓而圆覆者,有曲勾太阳而穴隙者,种种不同,当因人而施。

面部总图中,未注出灵山,自语气测之,当在巅顶发际之间。鹤洲解释各名称及画法,往往言其然,而不能言其所以然,如"两额角为日月角,似眉为凌云彩霞","以目为日月,居中天,所以上部为天,职是故也,必染之"。吾既不能见日月角与眉之似,亦不知何以有必须染天之故。此等似是而非、模糊影响之说,即其不雅驯处也。

"衬起五岳",指天庭与全面之照应,关系尚颇间接,托出眉轮,乃向下烘染,逼出邻近之凸处,关系较为直接。太阳山林,俱在两旁,与正中之天庭成三分,部位论中所谓"天三"也。印堂以下,当属中庭地域,想不过附带论及耳。太阳外加染,即染珠边之意。

额纹曰华盖,有两端向上翘、向下

❶ 丁皋《写真秘诀》(《芥子园四集》金陵抱青阁刻本)37b。

❷ 同注❶22b。

❸ 同注❶8a。

卷三

清代关于传真画法之论述及图谱

弯之别。托出日月角者向上翘，衬出山林骨者其端平直，抱天仓勾太阳者，皆向下弯也。

（二）鼻准论（附八图）❹

人于赋形之始，鼻先受形，是为中岳，实五官之主，故画家亦从此起笔。其印堂发迹处曰山根，尽处曰准头，左右二珠曰兰台廷尉，大都要染得极高，堆得极厚。其用笔之法惟井灶暨兰台廷尉，宜用实染，其余则从鼻根虚虚染起，渐至鼻尖中空一珠白光，直透准顶，以畅阳神。夫鼻之论，格式甚多，大略有高塌肥瘦结钩仰断数种。高者准头从实染起，虚虚上入印堂，两气夹住，鼻梁犹如悬胆，外从眼堂虚接山根，染送下至兰台廷尉，以起鼻根，窣然拱出，如岭上高峰是也。塌者，准小而平，兰台廷尉反大而抱，微有山根，虚染分开，两颧准上虚虚圈染，接兰台廷尉，微露井灶是也。肥者，非谓其大也，为其有肉也，染用浑元丰满之法，见肉而不见骨是也。瘦者，非谓其小也，为其露骨也，染用清硬陇凸之法，见骨而不见肉是也。结者，鼻梁之中，另拱一骨，只用烘染之时，从阴衬出阳处，使其形若葫芦是也。钩者，鼻尖拖下如鹰嘴，兰台廷尉，嗅似无门，只用兜染笔法，以人中半藏于鼻尖之下，其形如钩是也。仰者，井灶仰而外向，兰台廷尉圆薄，形似连环，抱两鼻孔，抬一准头，染用品字三圈，显然有两黑孔，形自仰矣。断者，断其山根，当在印堂之下，兜染虚接眉轮以托上，盖从年寿另起，圈染衬出准头平眼，不画山根，所谓上染上高，下衬下凸，其中低处迎阳空白，形自断矣。此八法能细心体会，变而通之，自百无一

失。至于鼻有歪邪偏侧，亦当临时斟酌分数多寡，以配其形。

印谱无非印式型，不能渲染构其真，人如贯彻阴阳理，虚实分明处处神。

鼻部名称，惟井灶不见图式〔须询肆中，相者据称井灶者，鼻孔也〕，自文中各句揣之，当是准头下端，与人中垂直处。鼻之种类，鹤洲列举高、塌、肥、瘦、结、钩、仰、断等八种，所附八图，即各种之图式，每式有歌诀系之，似通非通，亦类画师以之授徒者。图式仅能示其大意，不甚精确。至于画法，则篇中论之颇详明，无更加诠释之必要。

（三）两颧论（附腮颐论）❺

两颧乃面之辅弼，为东西二岳，上应天庭，下通地角，中拱鼻准，其形最多，不离高低广狭四法。高者非阔大之谓，是有峰峦横于眼堂之下，须用浑元圈染出阳光，再从边城鱼尾，染及泪堂，以贯山根，从法令兜染周围，阴追阳显，界出两颧，形自高矣。低者，从耳门染起，虚入泪堂，令泪堂高于两颧，再从腮下，虚染入鼻，以颧与颊，相连两嗅，形自低矣。广者两颧阔出，半遮耳鬓，重染颊腮，窄而且陷，虚入法令，微微兜上泪堂，颧上勾入太阳，重染天仓，使太阳瘦进，其形自广矣。狭者，从眼稍虚下，两颧尖尖在颊，其外面眶宽，两颧逼窄，正面对看，旁及耳门，其形自狭。如此等脸，最难得神，是在学者，沉思会出，乃见专心。

腮颐者，附颧之佐使，其状不一。或方，或圆，或肥，或瘦，总宜气象活动。随嘴峭染而舒，随颧斜染而隙，随笑勾染而提，随思直染而挂，兼之胡须，助之法令，兜之承浆，接以耳门，老者

❹ 同注❶9a。
❺ 同注❶12a。

531

之腮轻，多皱纹，少者之颐丰，如满月，在清处傅之，愈增秀雅，在豪处写之，愈加潇洒。最宜喜气洋洋，勿令愁容戚戚。有接颧而重染地阁者，有连地阁而轻分腮颐者，是贵毫端稳称，尤宜虚虚精详（"虚虚"二字疑"处处"之误）。

高低广狭，言颧形之大要，欲显其高，必染其四周以高之。自边城经鱼尾，至泪堂以贯山根，所染之处，皆在眼下，乃围绕颧部之上半圆，自法令兜染周围，乃围绕颧部之下半圆，二者合成一圆，而颧骨高耸在中矣。

低者之法无他，将两颧烘染在内，不似前者之躲开中央，在四遭作功夫。耳居眉准之间，正与颧部平行，自耳门一直染至泪堂，又从腮下一直染至鼻间，岂非将颧部烘染在内。各部打成一片，高低之分，自不显著。

广者两颧突出边城，故侵耳鬓之位，赤霄所谓"出太阳几分者"是。颊腮在颧下，太阳在颧上，上下皆重染瘦削，中部之颧，自突出而觉其广矣。

狭者即赤霄所谓"颧小而高处在面心者"，与边城之距离颇远，故觉其宽绰也。

腮颐附论随嘴哨染诸语，不甚切实，且前半随嘴等四句中之随思，宜作随腮，始有意义。

（四）地阁论❶

下停一部，名曰地阁，于行属水，其峰为北岳，两旁法令接鼻，曰寿带，再旁曰颐，样式虽多，不离肥瘦老幼。肥者从两旁耳下起笔，用浑元染法，满满兜至颔下，圆拱两边，以作重颐地位，内另起地阁，随方逐圆染，内颐兜上，衬出饱腮，承浆覆染，地阁超染，合托

出北岳，耳门虚染，外接边城，颔下重染，推进颈项，含现出重重丰满，乃腮。瘦者，狭而骨露筋浮，隙染两腮，重染承浆，托出拱嘴，嘴角起隙染，嗅及耳门，衬出颧骨，推下牙骨，形像屈陷，腮颐无肉，明明见骨，乃瘦。老者，地阁超出，嘴唇瘪嗅而多折，对真实笔开明，染法分明易见。少年地阁，不肥不瘦居多，务在因形而成其格。有从两颧虚染，勾向嘴角者，有从承浆兜染向颧骨者，皆塌地阁之法。有从边城浑元染结地阁，而饱满腮颐者，谓之俊品。有从地阁隙染而接耳门者，谓之尖削。

鹤洲将地阁分作肥瘦老幼四大类，肥者双颐，随方逐圆染，方指颐骨，圆指地阁，承浆覆染，谓烘围绕下颏之上半圈，地阁超染，谓烘围绕上颏之下半圈，即前篇染高颧之法也。"含现出重重丰满乃腮"之"腮"字，各本皆同，但疑是肥字之误。瘦者，不得专在颏部刻划，当在中庭以下，便蓄意收缩，虚虚染起，方与地阁相接，而显其尖瘦。老者牙脱唇空，所以地阁愈觉超凸也。

（五）眼光论（附六图）❷

眼为一身之日月，五内之精华，非徒袭其迹，务在得其神，神得则呼之欲下，神失则不知何人，所谓传神在阿堵间也。左为阳，右为阴，形有长短方圆，光有露藏远近，情有喜怒忧惧，视有高下平斜。接连上胞下堂，皆是活动部位，尤宜对真落笔、曲体虚情，染出一团生气。如眼上一笔似弯弓向下，以定长短宜重。眼下一笔又似弯弓兜上，以定阔窄宜轻。中点眸子，当存神看上中下旁斗五光，取其多而采之，以作精华之气。其外实痕虚染，总在对准阴阳，务求活

❶ 丁皋《写真秘诀》（《芥子园四集》金陵抱青阁刻本）13a。

❷ 同注❶14a。

动，染出虚实浓淡，衬出高低凸凹，匡廓气足，内法有灵，自然得神矣。

数十年来取目神，对开实处染虚轮，盈盈润色匡廓外，毛秀光长若照人。

鹤洲论目，与赤霄之意相若，俱以为全面之神，全仗阿堵传之。实则其他部位，亦有其重要性。全篇所及各点，大致不出《传神秘要》之范围，惟五光之说，前人所无，必指目光注视，有上、下、左、右、正中等方向，画者当顺其视线，以点瞳神也。

篇后列举老笑暴近四目，各附歌诀，不录。

所附六图，即四目之外，复增侵英二目，亦各有歌诀。图谱每式仅画两且，别无他物，尤以英俊二式，不见其英在何处，俊在哪许。就英俊二字之本身言，根本不易分辨，况图式望去，有如两鱼对头，几不能令人觉其为五官之一部，更从何处论其神气。面部神情，虽聚在目而不尽在目，亦可知矣。

（六）海口论 （附六图）❸

海口曰水星，接连北岳，亦是活动部位，满面之喜怒应之，不可不细心斟酌。大小厚薄，名式不计其数，无非要染法得宜，机中生巧。故唇上唇下，空出一边白路，以作嘴轮，边外虚虚染，上接井灶，其中另托出人中，唇下重染承浆，以推地阁。兜染嘴角，虚接法令，四方气贯活泼。再看唇上染处，有重染两角，拱出上唇若弓有弦，下唇如二弹子并出者；有上盖下、下盖上者；有高出者；有瘪进者；有峭两角者；有垂两角者；有卷翻上遮人中、下掩承浆者；有一线横而不见上下唇者。临时对准，落笔变而通之可也。

方寸不移部位准，生动得机春风哂，阴阳染法皆有凭，笑欲开唇取含吻。

上篇一起，述说口唇四周之染法。入后论各种口唇，约有八九种，惟"下唇如二弹子并出者"一语费解。图谱为峭角口、厚唇、喜意、掼角口、瘪嘴、露齿等六式。仅画口部，无歌诀。

（七）耳论 （原作"轮今"依目录改正）（附二图）❹

耳曰金木二星，虽在边城之外，实系中停之辅弼也，亦当对准落笔。其式有宽窄长短，大小厚薄，方圆轮廓，总要细心交代明白，开染工致，令其圆拱托出。肥人之耳，多贴，垂珠大而且长。瘦人之耳多招，轮廓薄而反阔。

人面各部，轮廓最清晰者，莫过于耳，以其肉少骨多，而张出在外也。惟以其如此，故画耳无不以勾笔为主。鹤洲曰："轮廓总要细心交代明白"，良以此也。肥人耳贴，非耳贴，实以面丰，故对面观之，露得极少。瘦人耳张，亦不尽在耳张，面瘦颊收，耳前毫无遮障耳。

附图为肥人耳瘦人耳二式，两耳加于围圈之上，无歌诀。

（八）眉论 （附六图）❺

眉曰紫气，左为凌云，右为彩霞❻，其形有长短纯乱之分，则用笔有浓淡清浊之别。高低派准，宽窄详明，眉头毛向上，齐中扭转，梢复重而向外，茎茎透出，自肖其形。

眉兼疏密须先识，轻重短长皆有式，对准挥毫展转开，断连多寡生荆棘。

上篇最有价值之言论为"眉头毛向上"以下数语。吾人不妨揽镜自照，在印堂眉毛起处，茎茎向上斜出，梢过则

❸ 同注❶16b。

❹ 同注❶17b。

❺ 同注❶18a。

❻ 《神相全编》流年运气之图，彩霞凌云之部位，与鹤洲之说不同。凌云在天庭之左及右，彩霞在眉下，非谓左眉与右眉也。

有向上向下两层合抱，宛有中线可寻者，所谓扭转者是，至眉梢复俱向外。眉毛日日习见，且自身亦有之，但不留意，往往不知其结构何若也。

附图为剑眉、平眉、蛾眉、蚕眉、浓眉、寿眉等六式，无歌诀。

（九）须论（附二图，附发法）❶

画须有法，宜先以淡墨勾其形式，再以水墨浓淡分染其底色，侯色干透，以浓墨开其须痕。其须有直有弯、有勾有曲，上须嘴唇之上，笔笔弯弓而直划，下髯地阁之下，茎茎直挂而回旋。连鬓勾而飞舞，微髭直且垂帘，须长要索索分明，须扭宜条条生动。起笔要尖，住笔要尖，不宜板重，尤忌支离。为花为白，莫不皆然，五绺三须，终无二法。

密密丝丝纯细，梳梳缕缕通梢，挽髻务须顺转，垂鬓切莫飘摇。

文虽不长，颇多切实之法。淡墨勾，墨水染，浓墨开，画法之层次也。上须直划，下髯回旋，各种之形态也。起落皆轻，用笔之法也。前人论须，未有详于此者。

画发有生拗之病，每以发茎不能随髻圆转而起，拈出此点，极有见地。

附图为五绺须、连鬓须二式，无歌诀。

丙　余论

余论共八篇，曰：择室论，旁背俯仰，誊像法，纸画法，绢画法，衣冠补景论，笔墨论，量写身法，大都传真之题左题右事。

（一）择室论❷

六时之内，候别阴晴，一室之中，境分显晦。朝曦乍朗，辰巳刻未便东

朝，夕照将沉，未申时不宜西向。最忌斜光倒射，尤防隙影旁通，昼景方中，颜色自然各别，日轮微转，神情便不相同。取象模糊，端为参差日映，吮毫闪烁，定因先后光喧。粉壁周遭，偏多虚白，高楼对起，易掠浮光。园亭四面全空，无从着笔，船舫三边俱敞，何处追神。屋上阴篷，特地轩窗尽黑，阶前树荫，令人眉宇皆青。既避忌之多端，必如何而后可，方隅有定，却宜向北之房，消息最真，只在微阴之候。

丁思铭《写照提纲》，明窗净几，天气清和，居九宜之二。五嫌之中，复有室无正光之说。传真逼肖真容，大半仗阴阳虚实之力。室中光线，诚不可忽。太晦既不相宜，太明亮，光自四面射来，亦令人无从落笔。向北之房，最为合适，以日光之移，影响室内之光线不巨也。

（二）旁背俯仰（附十一图）❸

传真之法，固己历历言之，然皆属正面一格。至于行乐图，家庆图，或昆弟朋友，徜徉于诗酒琴棋，男妇儿女，追赏于亭前花下者，在在皆有，其脸合各种情事，全在般弄功夫，可以左，可以右，可以仰，可以俯，种种不同。以反背部位论起分数，从巅顶至领长若干，两耳塘阔若干，对准浑元一匡。如其人之脑后格式，加两耳，长矩阔窄定准，至于肥颈染横纹而突出余肉，瘦颈分竖染而骨露筋浮。发根有浓淡之别，皮肤有黑白之分，能开染其中神气，加分则不艰难。只用偏一分，使一分面出，添右减左，添左减右，皆要却好。至二三分，一边面渐多，一边耳渐少，头脑自然不同。见形不准配合方寸要紧，至四分相，则凡额角、华盖、辅骨、眉轮、眼胞、

❶ 丁皋《写真秘诀》（《芥子园四集》金陵抱青阁刻本）19a。

❷ 同注❶23a。

❸ 同注❶23b。

鱼尾、颧骨、法令、嘴角、地阁、颔下、咽喉，一一现出，务要各处细细审定阴阳，染明虚实，方能神似。至于五分相，是各得其半，吾见向有写半面而只眼画全者，此法差矣。当取五官之半染托出来，而后面始得圆，若用全眼，成扁片矣。夫眼之半瞳之半神之半，合其人之情事，自然神足矣。至于六分旁相，是六分眉目，准唇更要细加详察，七八九分渐近正面，其中有情事神气之上下，若操琴弈棋，即用意以贯之，亦为得其致。至于俯仰之势，亦有分法，俯则以头顶作主，五官作宾，仰则以颈颔作主，面部作宾，分寸入彀，虚实染足，入神奇妙，皆自一圈生出。

万物一太极，伏羲始画八卦，定阴阳，判五行，是万物之祖也。今特弁此图于其首，亦以见传真而寓生生不息之机，学者因心作矩，其神明于变化中者，正无穷尽耳。

此篇专论偏侧俯仰各种面貌，可知前所论者，皆属正面，更可知吾国传真，以正面像为多。各分面所露多寡不同，画法亦异，取与所列图式参读，于学者大有裨益，即学画人物者亦可参考（见明图谱天形道貌一节），至于分数之说，明代画论家已有言及者，但详尽若是者未之有也。

（三）誊像法（附四股尺图）❹

此篇授人用准尺誊写法。聚遗像多帧于一幅，以便祭祀悬挂之需，此为士大夫所不屑学，而业是者所不可不知，兹不录引。

（四）纸画法❺

用生纸写生，必将纸贴于板上，竖

在顺手，令其对光上坐，自己凝心静气，以朽炭于竹纸上，任其大小，从浑元起法，对准鼻口目眉耳，分明部位，方寸四全，朽定草稿，印于大纸之上，细品印证无差，然后用朱碟和墨，深淡得宜，以狼毫笔调之。左手取纸一方，先试其浓淡确当，始从鼻尖起笔，轻轻仰勾一笔，再加两鼻孔，略重勾下定其土星，两边对正，虚虚直上接山根，以立中停部位法前各论，合成格式，取干净笔扫去朽炭，当深实处复加勾重，用水笔满上清水，将原用朱墨笔，从浑元边城染起，深淡之间，依次交代明白，先染天庭，发明阳处，从虚起微微淡染一圈，渐旁渐重，至两太阳眉轮而止。后太阳发明阴处，从实笔浓浓染开，二路愈高愈轻，衬出眉轮凌彩，推开发际山林突兀处，须追根起染，缺陷处当见底开明，面上一切部位，皆如前法画足，而后看其形容笑貌，以朱碟和芦干敷其面色，合胭脂染其血色，单用胭脂染出朱唇，两眼头边，又用朱碟和藤黄提出神色，悉如前法，复还定性，用毫笔浓墨，开睛点珠，细加睫毛，扬眉，缀须发，秋毫不可忽过，清浊对定，浓淡莫失，则神完气足矣。

赤霄曰"生纸画极难，以落笔略重，无从改易"，是以鹤洲在另纸以朽子打稿而印于生纸之上，较少差池。赤霄先着粉，鹤洲先上水再染，染后始罩炉甘。换言之，鹤洲在敷粉之前多一层烘染也。此后设色各法，大致相同。

（五）绢画法（附矾胶绢法）❻

用绢写照，比生纸略异。先以淡墨勾清草稿，衬在绢后，对真细细开染匡成，就正面先罩芦干石一层，待干后去稿，反背重衬芦干石一层，至干，正面

❹ 同注❶31a。

❺ 同注❶33a。

❻ 同注❶34a。

再上矾水一次，以至绢不透光，便于渲染。渲染之法，亦与纸上水染不同，一手要握两笔转动，一开一染，以大指内上靠虎口中指勾，名指托一狼毫笔调色匡勾，又用一水笔以食指勾，中指托大指顶，两笔轮流转动，以色勾其实，以水染其虚，从虚至实，染尽阴而托全阳，此所谓推低而衬高也。虚实得宜，高低必现，阴阳气顺，神情妍艳，比纸又觉厚润一层。

画绢法已于面色论一篇中言及，前所未详者为握笔开染之法，虽甚浅近，颇为详审。此篇后附胶矾绢法，不录。

（六）衣冠补景论❶

此篇前半，论衣冠及人之姿态，惟拈出两手最难稳当，故宜操作，始易安排一点，尚有价值。后半论各种人事，罗列凭石、抚松等数十式，可启画思，而无关实法，不录。

（七）笔墨论❷

此取古人成说，敷衍成篇。论画理似是而非，不见精意，故听其原来位置，附在谱尾。若鹤洲于笔墨之理，深有契悟，而能妙抉精微，则早当提出而列入总论中矣。不录。

（八）量写身法❸

写身之法，亦有定规，总从脸之大小应量。从发际至地边长短量定，下加七数为立，五数为坐，三数为蹲。盘膝与蹲同。要知出手与立同长，直数三折，乳至股，股至膝，膝至足，三折量定，加肩至顶，亦出三折之一。横数六湾，二肩，二肱，二肘，共六个四分脸长。再加两手，每手皆有面长之八分，所以

横竖，皆以面八数为法。但有不应面之长短者，当因人而变之。

立七坐五蹲三之说，画人物者每每论及。鹤洲更进而详计之。乳至股，股至膝，膝至足，为三折。每折得二脸，共六脸之长。自乳至肩，自肩至顶，又得二脸，共八脸之长。换言之，人脸在人全身之长度中，为八分之一，横量亦然。自身躯中间划一平分线，从此处至腕，得脸之长度，三又十分之二。两边相加，为六又十分之四。手之长为脸长十分之八，二手相加，得脸之长度一又十分之六。此数与前者六又十分之四相加，适得八整。故曰出手，与立同长。

丁　附录

退学轩问答八则❹

第一则论染色当血气并重，不可染黄而遗红，见前气血论，不录。

第二则论气血精神，当交贯于皮肤之间，亦详气血篇中，不录。

第三则

又问曰："当染之时，往往清浑莫别，来去难分者，何也？"曰："诚如是，其弊有二。一则火候未足，但知清者为清，浑者为浑，而未之（当知字之误）清之中有浑，而浑之中又有清也。一则择室之法未详，光背则笔画反，光正则虚实明，此之谓也。"

清浑与阴阳通，详阴阳虚实论。择室前亦有专篇论之。

第四则

又问曰："譬如人之染法皆清，明知来去，而又有太过不及者何也？"曰："法未尽得也。盖纸与绢，性实不同。纸宜上水潮染，须稍留余地，以待其晕，若当其位则过矣。绢则宜着色渲染，以

❶ 丁皋《写真秘诀》（《芥子园四集》金陵抱青阁刻本）35a。

❷ 同注❶36a。

❸ 同注❶37a。

❹ 同注❶37b—38b。

水笔洗其虚处，色如不到，则不及矣。"曰："亦有不得尽到者何也？"曰："此疑其无也。盖因低处迎阳，不同峰顶阳光，显而易见，惟在似有似无之间，浑融渲染，先于骨骼之上，微微推之，更于染气之时，稍稍提之，其神自得。若与诸阳处染成一色，反觉不到。不到则不能充满矣。"

前半论纸绢画法之不同，已详纸画法绢画法各篇。后半专论绢之渲染，引申其阴阳虚实论中"盖平处虽低，而迎阳亦白也，凸处虽高，必有染衬，方见高也"数语。

第五则

又尝谓诚曰："提神之要，以己之神，取人之神也。夫作画时类偏屋之右首而坐，定是左阳多而右阴胜也。若如其色以取神，则如阴阳界中人矣。是必减右阴而加左阳，神乃得耳。"

鹤洲前于择室论中曰："方隅有定，却宜向北之房。"但不问其房之何向，情人写照者，坐于屋之右首，面向外，是其右边距墙近，而光线以自左边来者为多。故曰左阳多，右阴胜。味其授人之画法，乃在阴阳多少之间，斟酌增减为之。右已太阴，故宜减。惟"加左阳"三字，不可解耳，岂"加"字为"减"字之误耶？

第六则论写照者当于平时察人之举止，因苏陈二家之说，不录。

第七则论西洋光线之学，已见前第三十四章第二节，不录。

第八则

又问曰："凡人写照，仅能得其形似，而不能得其神似。即或得其神似，而多酒肉气者，何也？"曰："气韵不足故也。"曰："气韵可得闻与？"曰："灵明之神也，生动之致也，运用之机也，虚无之象也。欲得气韵，是在平时守定性情，充实精髓，不为外扰，而自得之也。"曰："请言外扰之状。"曰："其绪无端，其事不一，如方寸莹然，灵光内照，间有一物焉，以乱其神，则神不足矣。有一事焉，以夺其气，则气不足矣。吾年近六旬，雅无嗜好，此心莹然，不为外物所扰也久矣。往往用吾之气韵取人之气韵，恒百不失一焉，汝辈勉之哉。诚能从事于斯，虽入前人之室，而无难矣。"诚曰："谨受命，退而书之，以志不忘。"

此则专论写照者平素之修养，各科绘事，理皆相通，亦即郭熙"注精以一之"之说。今鹤洲置此于篇末，有收结全书之意。

第四节　沈宗骞《芥舟学画编》

沈熙远《芥舟学画编》卷三，专论传真。凡十篇❺，曰：传神总论，取神，约形，用笔，用墨，傅色，断决，分别，相势，活法。兹分别论之于后：

一　传神总论

画法门类至多，而传神写照，由来最古，盖以能传古圣先贤之神，垂诸后世也。不曰形、曰貌而曰神者，以天下之人，形同者有之，貌类者有之，至于神，则有不能相同者矣。作者若但求之形似，则方圆肥瘦，即数十人之中，且有相似者矣，乌得谓之传神？今有一人焉，前肥而后瘦，前白而后苍，前无须髭而后多髯，乍见之，或不能相识，即而视之，必恍然曰，此即某某也。盖形虽变，而神不变也。故形或小失，犹之可也，若神有少乖，则竟非其人矣。然所以为神之故，则又不离乎形。耳目口鼻，固是

❺ 各篇悉在卷三，且本节依次讨论，故不更注明其页数。

537

形之大要，至于骨骼起伏高下，皱纹多寡隐现，一一不谬，则形得而神自来矣。其亦有骨骼皱纹，一一不谬，而神竟不来者，必其用笔有未尽处。用笔之法，须相其面上皮色，或宽或紧，或粗或细，或略带微笑，若与人相接意态，然后商量当以何等笔意取之，则断无不得其神者。夫神之所以相异，实有各各不同之处，故用笔亦有各各不同之法。或宜渲晕，或宜勾勒，或宜点剔，或宜皱擦，用之不违其法，自能百无一失。夫用笔之法，原不是故为造出，乃其面上所各自具者，我不过因而貌之，直是当面放一幅天然名作之像，我则从而缩临之也。有笔处，的是少不得之笔，有墨处，的是不可免之墨，有色处，的是应得有之色，层层传上，以待如其分而止。做到工夫纯熟，自然心手妙合，形神逼肖矣。初学须多看古人名作，识其用笔之法，实从天然自具而来，细心体认，尽意揣摩，能识面上有天然笔法，自笔下有天然神理。若不向此加工，徒规规于方圆肥瘦、长短老幼之间，纵或形获少似，而神难尽得，传神云乎哉！

为人写照，名曰传神，所贵者摄得其神也。熙远将传神之主诣说明后，即进而论神之所由来。夫形者，神所寄，形之不存，神将安附，故熙远有神不离乎形，似而至其极，形得而神自来之说。李乾斋《小蓬莱阁画鉴》论恽寿平花卉，与此意正合。"陈道复写生，以不似为是，恽正叔写生，以极似为是。祝京兆云：'不解笔墨，徒求形似，正如拈丝作绣，五彩烂然，终是儿女裙裤间物'，则正叔未免坐此。不知正叔天分既高，心思又隽，求形似即所以师造化也，岂得与持稿本谨步趋者同日而语哉？"[1]惟希

哲谓不可徒求形似，不解笔墨，亦有至理。是以熙远又以形得而神不来，归诸用笔之失。"用笔之法，原不是故为造出，乃其面上所各自具者"诸语，复与大涤子论皱法有相似处。《画语录》曰："笔之于皱也，开生面也。山之为形万状，则其开面非一端。"又曰："峰与皱合，皱自峰生。"皆认为一点一拂，非由人造，不过视万物自具之象，而以笔墨写之耳。具体言之，芥舟所谓之神无他，形似与笔墨之相加耳。此卷首篇，所论如是，则今后各篇，其所阐发之问题为何，亦不待推测而可知矣。

二　取神

天有四时之气，神亦如之。得春之气者，为和而多含蓄，得夏之气者，为旺而多畅遂，得秋之气者，为清而多闲逸，得冬之气者，为凝而多敛抑。若狂笑盛怒，哀伤憔悴之意，乃是天之酷暑严寒，疾风苦雨之际，在天非其气之正，在人亦非其神之正矣。故传神者，当传写其神之正也。神出于形，形不开则神不现，故作者必俟其喜意流溢之时取之。目于喜时，则稍纹挑起。口于喜时，则两角向上。鼻于喜时，则其孔起而欲藏。口鼻两傍于喜时，则寿带纹中间勾起向颊。盖两颧之间，笑则起，愁则下，不起不下，在人不过无喜无愁，照此传写，犹恐其板滞而无流动之致，故必略带微笑乃佳尔。又人之神，有专属一处者，或在眉目，或在兰台，或在口角，或在颧颊。有统属一面者，或在皮色，如宽紧麻皱之类是也，或在颜色，如黄白红紫之类是也。既能一一无差，复能笔墨清润，无使重滞，而有轻和圆转之趣，乃是妙手。其有一种面皮紧薄，肉

[1] 李修易《小蓬莱阁画鉴》（商务印书馆排印本）13b。

色青黄，目定无神，口纹覆下，神气短薄，意思惨淡者，纵有绝世名手，必不能呼之欲出也。竹垞老人谓沈尔调曰："观人之神，如飞鸟之过目，其去愈速，其神愈全"，故当瞥见之时，神乃全而真，作者能以数笔勾出，脱手而神活现，是笔机与神理凑合，自有一段天然之妙也。若工夫未至纯熟，须待添凑而成，纵得部位颜色，一一不甚相远，而有几分相肖，只是天趣未臻，尚不得为传神之妙也。

王绎《写像秘诀》已有四时气色之说，惟所言为一人于四季中，得因气候之转变，而有不同之气色，非谓人有性情之变，犹天之有四时也。熙远以天之四时喻人之性情，吾知其必不能自圆其说矣。盖四时与人之性情，其间无连属之关系，故稍后只得谓"若狂笑盛怒哀伤憔悴之意，乃是天之酷暑严寒，疾风苦雨之际"，以含混之语了之，未能切实指明，究竟人之何种性情，相当于天之何等气候。吾国各科学说，往往涉及阴阳五行，玄妙入神，令人茫然，皆因附会而起，此亦一例也。

传真多画笑容，前节已言之。熙远上篇前半，亦不过告人写照当以笑容为正格耳。其法与蒋骥取笑法一条，大致相同。

后半谓人之神有专属，统属之别，若以"神不离形"解之，即各人面部所具之特点。画者必须攫得之，而后可以与真人肖似也。人之特点，或在一处，或在全面，或在颜色，故有专属统属之说。朱彝尊赠顾铭序曰："方其未得，若有所胶于中而不释，及其既得于心，若飞鸟之过目，其形之去我愈疾，而神愈全矣。"❷盖谓善于此道者，能将人之

特点，一瞥而得，随手勾出，笔尽意在。若待刻划而成，已落下乘矣。所谓"目定无神，神气短薄"者，或以无特点之可攫，故难逼肖也。

三　约形

以盈尺之面，而缩于方寸之中，其眉目鼻口方位，若失之毫厘，何啻千里，故曰："约。"约者，束而取之之谓。以大缩小，常患其宽而不紧，故落笔时当刻刻以宽泛为防。先以极淡墨取目及眉，次鼻，次口，次打围，俱粗粗为之，再约量其眉目相去几何，口鼻与眉目相去又几何，自顶及颔，其宽窄修广，一一斟酌而安排之。安排既定，复逐一细细对过，勿使有纤毫处不合，即无纤毫处宽泛。虽数笔粗稿，其神理当已无不得矣。夫面上丘壑，高高下下，无些子平地，乃以贴平之纸素状之，而能亦无些子平地，非用笔有法，如何可得。如不得法，则无笔墨处皆必平，平斯宽矣。今请抉其不使宽而致平之故，俾学者得所依据焉。眼包睛而高，如有细皱纹者，则写其皱纹以高之，如无皱纹者，则于傍睛处，略深其色以高之。若眼眶深者，须显其勾笔。若不深，则不必故为添设，能四际安排得法，亦必自然高起。山根本高，即有塌者，亦必略略高起，故写山根者，须近眉处下笔，斜透至近颊处。鼻尖两笔有接着山根者，直鼻也，有不接山根者，鼻梁中间开大也。又山根有止一层者，带塌者也。有两层者，其中层或上透眉心，或下连鼻尖，须略见笔法，约定骨干，不得专以模糊之笔，多次虚笼，致成颟顸模样。两颧骨亦皆隆起，其高处带苍色者，先擦以淡墨，后用色笔以高之。或显从眼梢下起一笔者，

❷ 朱彝尊《曝书亭集》
（原刊本）41/5b。

539

或隐傍眼梢外，上接眉棱，下连颐辅者，亦当以淡墨勾取后，以色笔之，自觉隆隆隐起矣。眉棱骨无不起者，但隐显之不同耳。隐者略施微晕，显者须见笔痕。眉棱发际之间，谓之天庭，天庭有重起而高者，则环勾两淡笔于发际之内，隐若圆起。有自下削上者，则傍眉棱以色晕入发际。有凸起而堆前者，则当以色从耳根发际两边晕拢。总要使高下之形，显然可见，而仍不着形迹为得。口角寿带，皆宜略为仰上，令得欣喜之意。至于打围，是写其边道侧叠地面，故轻重出入浓淡之间，尤须用意斟酌。盖一面之间，无一丝空处，即是无一丝平处，能使不空处皆不平，是谓紧合。不特癯而清者必当如是，即腴而伟者，亦必如是。细细校对，无一处不合，则不期神而神自来矣。故作他画，或有宜于放笔而为之者，独于传神，虽刻刻收敛，尚虑有溢于本位者，若研习既久，经阅亦多，而绝无合作，大都不免因平而宽之弊。有因是说而能致力于此，则他山之助，不无小补云。

赤霄论画颐曰，"宜瘦不宜肥，宜进不宜出"，至熙远则尤视之为要诀，处处以宽泛为防，以为学者所不可须臾去心。起稿次序，与赤霄先后不同，不从鼻始，而从目始。自熙远"俱粗粗为之"一语观之，似眉目口鼻约定后，尚留有收拾地步。赤霄则绢素不著一笔之先，鼻部已按比例参核准确，然后各部逐步比得，较熙远之法为周密。

"今请抉其不使宽而致平之故"以下，皆论何以可使观者见画像，如见人面，而有阴阳凹凸之感觉。赤霄谓凹处曰闪光，尝讶其异，熙远谓"眼包睛而高，如有细皱纹者，则写其皱纹以高之，如无皱纹者，则于傍睛处，略深其色以高之"。实则高处受光，其色白，不宜多着笔迹。所着皱纹处，睛旁略染处，皆非高处也，不过高处之上下左右耳。所以施以笔墨者，为与受光高处之白光相陪衬，而显彼之高也。若断章取义而读之，以皱染各处为高处，便与事实乖谬矣。

"鼻尖两笔"数语，已于元代画法章中论及。山根一层两层等说，殊费寻思。据臆测所得，一层者，山根与眼角凹处相较，只高出一级，故曰带塌。两层者，高鼻也，较塌鼻一层之山根，更高出一层，以其居面之正中，故曰中层。芥舟无图式以解说之，未免有令人猜疑处。

此后论两颧眉棱天庭各处之落笔及烘染法，皆颇详审，尤以打围之当斟酌轻重浓淡，为前人所未道。

四　用笔

两间之物，无不可以状之者，惟笔而已。夫以笔取物而欲肖之，非用笔得法者不能，况人之面貌，尤为灵气发现之处，若徒借凹凸苍黄白暂红润之色，不过得之形似而已，其灵秀韶韵之致，万万不能得也。欲得灵秀韶韵之致，而不讲求于笔法之所在，亦万万无由得也。试观古人所作人物，但落落数笔勾勒，绝不施渲染，不但丘壑自显，而且或以古雅，或以风韵，或以雄杰，或以隽永，神情意态之间，断非寻常世人所易得。苟以庸俗之笔，仿而为之，则依然庸俗之状而已矣。则甚矣用笔之足尚也。今之传神家，全赖以脂赭之色，添而成之，纵得几分相肖，必至俗气熏人，难以向迩，即解以淡墨取凹凸为丘壑，亦虑神气不清，惟无笔也。若能先相其人之面，摘其应用笔处，以笔直取之，轻重恰合浓淡得宜，既不令其模糊，复不使其着迹。盖不模糊，则浑融之中，不没清朗神气。不着迹，则显豁之中，不失圆润意思。于是清神奕奕，秀骨珊珊，虽寻常形状，一经其笔，无不风趣可喜，而仍能宛以肖之。东坡所谓"贩夫贩妇皆冰玉"者也，实由作者有不犹人之笔致，因而所作者，亦各有不犹人之意致，岂非用笔之妙哉？又面上皮缕及皱纹，皆应显其笔迹。凡下笔必依其横竖，如额之缕横，故纹之粗细隐显不齐，而总皆横覆，至眉心则缕又竖，才过眉心，至山根，则其缕又横，鼻山之旁，其缕又斜，自印堂插近鼻管、两颧之缕，从眼梢鱼尾纹分下，带笑则长而深，否则略见而已。鱼尾纹挑上，则环到眉棱，接着额之覆纹，两颐之纹，皆依寿带分垂，环向颏下，颔下之纹，又横项之两旁，则又竖。写纹当以勾笔取之，写缕当以皱笔取之，故知写照惟用笔。用笔之道，譬如盖造房屋。勾取大概，则如梁柱墙垣，写及皱纹，则如窗棂阶砌。虽未经丹雘之施，已具连云之观。功夫大要，全在用笔，须将前代妙手，如曾氏一派，细玩其下笔之道，再于临时，能从面部，相取下笔的确道理，勾勒皱擦，用惟其宜，浓淡轻重，施得其当，无模糊着迹之弊，有圆和流润之神，则不仅独步一时，且将卓绝古今矣。

　　此篇前半，引申传神总论用笔之说，以不模糊不着迹为尚，阐发画理，透彻圆明，面面俱到。至于切实方法，悉见后半。面上见笔处，细者为皮缕，显者为皱纹，用笔即依其横直、长短、深浅、轻重以取之。某处当横，某处当直，某处当斜，纵世人面貌各异，至于肌肉皮肤之结构，则靡不相同。故是说对于初学，极有裨益。且熙远之前，尚未见论传真用笔，以面上纹理为根据者。

五　用墨

　　传神家不识用墨之道，往往即以赭色布置部位，不知面部虽有高下丘壑，而其色实则一统。或有几处深色，亦无关于凹凸者，乃竟全以色添凑而成，必至薰俗板滞，纵得相似，殊乏意致。故必识用墨之道，乃可以得传神三昧。即如作少年人，及芳年女照，其丘壑自有凹凸之处。若以赭取则太黄，以脂取之则太赤，苟非以墨取之，何从凭借？即如面色苍老，两颧及鼻尖眼眶，俱粗皱而有深黝之色者，皆当以淡墨擦过，复以色和墨笼之，层层而上，必如其色乃止。第不可使墨浮于色，致有黑气耳。其法当以淡墨渍过，然后再以淡墨笼之，务要墨随笔痕，色依墨态。成后观之，非色非墨，恰是面上神彩，欲寻墨之所在而不可得，不知皆墨之所成也。又今人于阴阳明晦之间，太为着相，于是就日光所映，有光处为白，背光处为黑，遂有西洋法一派。此则泥于用墨，而非吾所以为用墨之道也。夫传神秘妙，非有神奇，不过能使墨耳。用墨秘妙，非有神奇，不过能以墨随笔，且以助笔意之所不能到耳。盖笔者，墨之帅也。墨者，笔之充也。且笔非墨，无以和。墨非笔，无以附。墨以随笔之一言，可谓尽泄用墨之秘矣。诚攻于此而有得焉，未有不以绝艺名于一世者〔鹤洲曰："至白嫩脸只可用淡墨水轻染成格。"盖亦未尝不用墨也。见染法分门〕。

　　作画先求墨色足，而后设色，为画山水之常法，传真何独不然？赤霄用全面颜色法第二则曰，"又一种画法，匡格既定，即以各样颜料配好，以供全面之用"，似犯熙远所云"乃竟全以色添凑而成"之病。实则赤霄此法，恐亦未必不先以淡墨打底，而后设色也。学者之患，不在不能辨色，而患在不知如何配色。隔几静观，面上之丘壑凹凸颜色深浅，了然在目，至于颜料如何调配，始能使纸上之色一如面上之色，则茫然矣。即临摹，亦有此恨。名迹在前，供人细读，至临本之色，如何能使似原本，又每不知从何着手也。传真用色，往往非墨不为功。惟画时用墨，待画竣，竟不见墨，此所以学者每不知当先用墨，而颜色亦终不能配成也。

六　傅色

作照而能有笔有墨，则其人之精神意气，已跃然于纸素之上，虽未设色，已自可观。但既有其色，亦不可尽废，故傅色之道，又当深究其理，以备其法，特不宜全恃丹铅，以眩俗观耳。盖人得天地之中气以生，故其皮肉之色正黄，惟内映之以血，则黄也而间之以赤。于是在非黄非赤之间，人皆以淡赭为之，其色未免不鲜。不如以朱砂之极细而浮于面者代之为得。人之颜色，由少及老，随时而易，婴孩之时，肌嫩理细，色泽晶莹，当略现粉光，少施墨晕，要如花朵初放之色。盛年之际，气足血旺，骨骼隆起，当墨主内拓，色主外提，要有光华发越之象。若中年以后，气就衰而欲敛，色虽润而带苍，棱角折痕，俱属全显，当墨以植骨，色以融神，要使肥泽者浑厚而不磨棱，瘦削者清峻而不巉刻。若在老年，则皮皱血衰，折痕深嵌，气日衰而渐近苍茫，色纵腴而少为憔悴，甚或垢若冻梨，或皱如枯木，当全向墨求以合其形，屡用色渍以呈其色。要极

其斑驳，而不类于尘滓。极其巉岩，而自得其融和。凡此尚特言其大概耳，至于灵变之处，非可概视。如人皆以凸处色宜淡，而不知头面之上，其突出处，动冲风日，则色必深，其洼处，风日少到，则色必浅。如概用其凹处宜深之法，则诸突出处，必皆白矣，何以求肖耶？又人皆以妇人及少年之色，宜嫩白嫩红，而不知少年及妇人，亦有极苍色者。中年以往，及老年之人，亦有极嫩色者。然少而色苍，究是少年之神色，而不与老年类。老而色嫩，究是老年之气色，而不与少年同。若概以色之苍嫩，配人之老少，又何能便相肖耶？又用色有死活之分。夫色之美者，莫如牡丹，又莫如彩缯，然缯死而花活。试剪彩缯为牡丹，见者莫不赏其逼肖，若置于真牡丹之侧，则必以彼为人为之伪，而觉此则自有天然之妙。如经徐黄妙腕，以笔蘸色点拂而成者，其偏反华润之致，更足怡情。夫彩色非不艳，剪手非不工，而卒莫能及点拂以成者之能得其全神。盖点拂而成者，虽无炫耀之彩，却有情态之流，此即所谓活色也。且花，植物耳，其意致神情尚如此，况人为动物之最灵者，欲形其形而并色其色，苟非参以活法，安能得其全神耶？故傅色之道，必外而研习于手法，内而领会于心神，一经其笔，便觉其人之精神丰采，若与人相接者，方是活色。夫活色者，神之得也。神得而形，又何虑乎？

熙远于用墨一篇已言墨色之重要矣，今虽论长幼设色之不同，而处处注重用墨之多寡。婴孩则少施墨晕，盛年则墨主内拓，中年则墨以植骨，老人则全向墨求。至于墨染之后，上加何色，并未详及，可见此篇仍以墨为主也。

稍后论设色之不可执定固法，有凹宜浅而凸宜深者，有少年妇女宜苍色，而老年宜嫩色者。盖传神一道，在吾国自明清以来，成为专门技术，师徒相授，有一定之规矱。如凸浅凹深等，皆是也。往往学者熟记在心，写照之时，不按目视所得，而悉凭传授之口诀。熙远之抉传真中之变格，当有鉴于此也。

最后以彩缯及牡丹喻颜色有死活之别。真花绢花与画花三者，物质根本不同，自不能相等，亦不必作无谓之比较。至于死活之最大差别，似在绢花颜色呆板一律，不能似真花之生动。分别篇中有言曰："且人之面色，本如浅色花瓣，无有一处匀者。画者借此以着笔墨，即借此以成气韵。"又曰："今人不解其理，不论老少，早上一层厚粉，一片平白，虽有好笔，已经抹煞，于是粉上加色，无非痕迹，且是死色。"正以敷粉之后，腻白可厌，更无丝毫灵趣。绘画设色之所以能胜彩缯者，正以深浅之能如人意耳。读此亦可知花卉设色，宜假水之渗晕，以呈活跃之色彩。而传真更贵面上各部，色泽不板，与真人符合也。

七　断决

面部之位，其起伏连断处，固无不圆浑，而用笔之道，又必于圆中存梗骨为得。凡诸起伏连断之处，皆欲以笔为主，以墨为辅。如落笔时，不能决定其处，以下断笔，势必至狐疑无主，旋改旋易，迄无下笔之的处，即欲不磨棱，而棱早已磨去矣。故于约定匡廓之后，将应落笔处，分作三等。第一等是极高起陷下之处，如鼻准、寿带、轮廓及眼眶颧骨之深者，以笔落定，以淡墨层层辅之。

第二等是略见凹凸之处，如眉棱、两颐、山根及眼眶颧骨之浅而可见者，以淡墨落定，以极淡墨略晕之。第三等是本无凹凸，而微见高低之处，如额上圆痕，眉间竖笔，两腮有若隐若现之纹，双颊露似有似无之迹，则亦以极淡之笔，落定其处而略晕之。凡诸落定之处，务要斟酌得当，勿使出入。其或宜侧或宜正、或宜轻或宜重者，则皆归力于墨。而墨又不得因有笔可倚而故多填凑，以致烟熏满面。所谓笔者，犹行文家立定主见，如铁案之不可移易。所谓墨者，犹行文家辅以辞藻，但当畅遂其意，不应故饰浮华，以防大体。今因论断决之笔，而复及辅佐之墨，盖以用墨之道，其多寡出入，亦有分量，不得以为辅佐而可不论也。

断决者，赤霄用笔四要中之准也。勾取面部各处，全仗用笔。必须心中有准，目光有准，而后下笔乃能有准。下笔有准，而后能一笔直下，起讫轻重，胸有成竹，毫无疑虑。是以断决与"意在笔先"为一事。所以表现画家之意者，笔，所以定笔将何落者，意也。顾恺之《魏晋胜流画赞》曰："用笔或好腕，则于折楞不隽。"又曰："写自颈以上，宁迟而不隽，不使远而有失。"折楞者何，正熙远所谓之棱也。画者执笔熟视，见其所欲画者，振笔直追，兔起鹘落，笔姿劲挺，转折隽美，若少延迟，棱必磨去。棱之存不存，端视断之决不决，故与长康迟则不隽之理合也。

落笔分三等，以轻重浓淡为区别之标准。凹凸最明显处，落笔最重，烘染亦然。二等三等，向下递减，但不问其轻重奚若，无不须断决而后行。此所以亦置于此篇中申说之也。

八 分别

熙远论传神十篇之中，以分别一篇为最长。一起数行，总论也。

天下至不相同者，莫如人之面。不特老少苍嫩，各人人殊，即一人之面，一时之间，且有喜怒动静之异。况人各一神，乌可概以一法。今请申诸所以分别之故。有部位之不同者，长短阔狭是也。有丘壑之不同者，高下浅深是也。有颜色之不同者，苍黄红白是也。有肌皮之不同者，宽紧粗细是也。

熙远将部位等分成四条，各有四子目，今亦据其段落，分别论之：

（甲）部位

人之面貌，其丰歉盈缩，长短阔狭之数，若有一定。故丰于面者，必歉于侧。盈于侧者，必缩其面。长者必狭其侧，短者常阔其面。推而准之，男女皆然。至于三停五眼之数，亦无或异。三停者，自顶至眉为一停，自眉至鼻为一停，自鼻至颏为一停。若就其俯者而观，则上故丰而下故歉。就其仰者而观，则上故缩而下故盈。五眼者，人两耳中间有五眼地位。惟阔面侧处少，故常若有余。狭面侧处多，故常若不足。作者于耳根及颧骨交接处留心，便得之矣。将为人作照，先观其面盘，当以何字例之。顶锐而下宽者，由字形也。顶宽而下窄者，甲字形也。方而上下相同者，田字形也。中间宽而上下皆窄者，申字形也。上平而下宽者，用字形也。下方而上锐者，白字形也。上下皆方而狭长者，目字形也。上下皆方而圆阔者，四字形也。其上下平准，不在八字之例者，须看得确有定见，然后下淡笔约之。复再三斟酌，以审定其长短阔狭，使无纤毫出入，斯无不肖矣。

芥舟用部位二字，似不甚妥。全段专言格局，未有一语涉及五官部位。长短阔狭，皆有定数，亦不过大概如此，未足以律例外者。俯者上丰下歉，仰者上缩下盈，其中有远近透视之关系。以俯则头顶在前，仰则下颏在前。一面长短不过盈尺，其间远近之分别纵微，亦不能越远小近大之定律。五眼地位，"阔面侧处少，故常若有余"数语，尚不甚明显。意谓面部阔狭有定数，侧面少则正面必丰，而其阔度长于五眼长度之相加。反是，侧面阔则正面必狭，而其阔度短于五眼长度之相加。由、甲、田、申等字之格局，有如相者以天、同、贯、日等字为人全身体格之名。实则为人写照，自鼻准或眉目起算，一一核对准确，至打圈之时，自然适合。若从丁皋之法，传真自打圈下手，则面盘之格局，允宜首先注意。熙远之法，自目落笔，不知何以对于面形，竟若是之重视也。

（乙）丘壑

面上丘壑，难以言拟，今略举其大概，以俟学者例求。其五岳高起者，固当寻其用笔之处，其显然应用勾笔者，断须见笔。若平塌者，虽不必显然见笔，亦宜隐约其间。至于落墨，当以墨之浓淡，分作十分量用。如眼覆笔，及圈瞳点睛，是十分墨，则眼上下重纹，及老年眼眶寿带口痕鼻孔，是七八分。中年以后，寿带及眼眶深者，应七八分，浅者或五六分，最浅者或三四分。山根及两颐，应四五分，或二三分，颧骨及眉棱，应二三分，或一二分，渐渐添起，时时省察，莫令过分，务使凹凸隐显无毫厘之失，此高下浅深之不同也〔鹤洲曰："如眼上一笔似弯弓，向下以定长短，宜重"，与芥舟之说同。见眼光论〕。

断决篇，熙远将落笔分作三等，正与此段用墨浓淡分作十分用之意同。写照以上眼皮最下一笔及瞳睛所用之墨为最深。次深者七八分墨，即用在第一等，所谓极高起陷下各处。其后五六分，三四分墨，亦与断决篇二三各等，大致吻合。赤霄画瞳神，有"凡染一次，点一次，渐渐积深"之说，熙远亦用此法。一处染墨，则各处皆染一遍，是以淡者深，而深者愈深，各自递加，终不失适当之比例也。

（丙）颜色

人之颜色，自婴孩以至垂老，其随时而变者，固不可以悉数，即人各自具者，亦不可以数计，今试论其大概。所谓苍者，乃是气色最老之意，不论红白皆有之，此色非脂赭所能拟，要于未上粉色时，先将淡墨掉其重处。若皮有细皴，则当以淡笔依其肉缕，细细皴好，大约一面之最苍处，在天庭鼻准两颧，盖风日所触，必先到数处，故苍色独甚耳。既上粉色后，或应黄，或应赤，再以色笔之。如墨不足，亦可补上也。所谓黄者，即苍色之末甚者，故其所着之处，皆与苍同。若历年数久，便是苍色也。在用墨时，不必预为计虑。上粉色后，以淡赭水，渐渐渍上，不可一次便足，致不润泽。且人之面色，本如浅色花瓣，无有一处匀者。画者借此以着笔墨，即借此以成气韵。粗心看去，不过统是一色，细意求之，则此重而彼轻，此浅而彼深，能一一无差，自然神情逼肖矣。所谓红者，乃是人之血色也，而血有衰旺之分，于是面色有荣瘁之别。当于黄色既成之后，观其几处是血色发

现，以胭脂破极淡水，渐次渍之，便觉气色融洽。又有一种通面红润之色，当于上粉色后，先通以淡红水数之，复于赭色内，添少脂水，加其应重处，亦分作数层上之，乃得。白者，人之肉色也。肉色本白如玉，血红而皮黄，三者和而成是色。若是静藏之人，不经风日，自能白皙光莹，更须有一段光润之色，方为有生气。上色时，须粉薄而胶清。粉薄则色不滞，胶轻能令粉色有玉地。今人不解其理，不论老少，早上一层厚粉，一片平白，虽有好笔，已经抹煞，于是粉上加色，无非痕迹，且是死色。夫色既死矣，安望神之活动哉？此则苍黄红白之不同者也。

苍色必须用墨，天庭等处，设色每深等说，已于用墨及傅色二篇言及。人面之色，黄用墨打底罩粉后，上加淡赭水，红用淡胭脂水加于黄色之上，或以淡红水罩粉上，更以胭脂入赭重，以状红润者。白以粉为主。此熙远配色之大略也。王思善论面色分为白、红、紫堂、黄、青、黑六种，芥舟或即本之。紫堂青黑，当与苍色相去不远也。

（丁）肌皮

面上肌理，自少及老，既随时而易，而生而自具者，又各各不同。肌肤宽者，若皮余于肉，骨骼亦犹夫人，而处处宽泛，遇有折纹，必深而长，作者当于落墨时，笔笔见法，不可磨棱，盖肤理宽者，非必肥胖，或前肥而后瘦者，若一磨棱，便不是宽之神理矣，有肌理紧者，若皮不能包裹骨肉，而处处有牵强之意，虽无深纹长折，亦大有起落高下，且此种相，必带青黄之色，而常若病容者，神情短薄，最难摹写。作法当以极淡墨，

不论遍数，层层润起，令极牵强中，少得自在意思。极涩滞中，略有流动之趣，始称斡旋造化之手也。有肌理粗者，或岩嵌如柑皮，或粗粝如树缕，且皴且麻，点子与皴纹相杂，非黄非黑，斑痕与赤色相兼，既杂乱而无章，复斑斓而无定。然属文雅之流，就中却饶风趣，苟不细心体会，必至涂抹而成，不但失其神，且失其形矣。作者须于应皴处、应勾处、应点应晕处及应浓应淡、应黄应赤之处，一一还清，则粗浊者其形耳，而清雅流利之神，自流于笔墨之间矣。有肌理细腻者，或光润如玉，或鲜艳如花，而丘壑高下，亦复朗然如列，作者几叹无从下笔，不知面之极细嫩者，全赖用墨得法。诚能以淡淡笔墨，寻其下笔之处，若隐若现，渐次写起，丘壑凹凸，已无丝毫之失，乃傅以轻胶薄粉，觉墨痕在隐约间，然后于粉上用脂赭层层轻笼，令部位高高下下，非墨非色，而晶莹润泽，弥觉可爱，形无纤微之失，则神当自来矣。此宽紧粗细之不同者也。

熙远形容肌皮宽泛者，以"前肥而后瘦"一语为最妙。往往病后消瘦，肉减皮松，皴纹满面，世间竟有生而如此者。紧则处处绷起，贴骨，面少皴痕，勾皴无处下笔，自难描写。粗者，熙远主张一一细节，皆求符合，正是以极似为神似之意。细则烘染设色功夫，重于勾勒。四种不同之肌皮，皆有一二肯切语，道及其画法，洵属可贵。

最后数行为全篇之结论。

以上四条，分十六目，其用笔墨及脂赭之法，已具于此，而所以不同之故，仍俟学者能尽力以完成规，虚心以参活法，求作者临前，自有种种法度。熟极巧生，不过无方之应，文成法立，乃为

有本之源。到此时候，下笔如印如镜，一涉其手，觉世无难写之面矣。

四条之中，计部位为起稿，丘壑为起稿及烘染，颜色为烘染及设色，肌理为起稿烘染，更略兼设色。王思善及蒋赤霄之作，皆将其起稿与烘染划分，而熙远之作，每混在同篇同段之中。在内容之分配上，颇有不同也。其中尤以肌皮一条，前人罕有论及，可谓熙远独抒心得之文也。

九 相势

传写之道，原不必拘于一格，不解道理者，但知当面描摹，岂知画虽一面，而两旁侧叠之处，实有地面，何可略去，则是动笔便有三面，方得神理具足。若五岳皆高起者，但竭力以图正面，不过略得其意，而高起之处，断断难取，须带几分侧相，乃能醒露。盖写人正面，最难下笔，若带侧相则山根一笔已易着手，而上下诸相照应处，俱有一气联络之势。用笔既得联络，而墨以辅之，安虑神情之不活现哉？欲作侧相，须用心细相部位。全见之半面，觉宽而空，却要处处紧凑使空处都有着落。偏见之半面，觉紧而窄，却要处处安舒，使窄处俱有地面。初下笔时，要定作几分侧意，直到匡廓完全，不得少有犹豫。匡廓已定，渐渐添起，总要依傍初定数笔墨痕，无使差失，便称得诀。写侧面者，以鼻梁一笔为主，此笔能写鼻之高下，及侧之分数，最为要紧。次则就侧面写颧骨一笔，此笔若在正面，即百什笔所不能取者，乃可以一笔取之。次则天庭一笔，取额之圆正凸削。又次则地阁，一笔取额之方圆出入，又将耳根一笔，细细对定，落准其颐颔相接之处，此皆写正面者，不知其几费经营而得者，此则俱可成于一笔也。

清代关于传真画法之论述及图谱

部位匡廓已定，余不过折纹深浅，颜色苍嫩，无难事矣。又有凸额凹面，及鼻梁分外高起，下分外超出者，若不带侧，必难相肖。或数人合置一图，当必各相照应，尤须以侧为势，先相其数人中，若者宜正，若者宜侧，既易于取神，复各有顾盼，是借其势，以贯串通幅神气，何便如之。故欲能相势，必先工于侧面，而后随其势而用之，亦安往而不得哉？

凡小像出于画匠之手，必为正面，容貌板刻，生气敛迹，识者所不取。熙远达士，自不拘定正面，故此篇名曰相势，实专授人侧面写照之法，及披揭其优点有正面所不能及者。

五岳高起者，不宜正取，其理至为浅显。像若正写，面之四围为轮廓，而高处须渐渐积染以出之。侧写则高处皆是轮廓，可以一笔约得，此所谓"即百什笔所不能取者，乃可以一笔取之。"

约形篇曰："鼻尖两笔，指正面像也。"实则何止两笔，两笔之外，更须许多烘染，始能将鼻准正中逼出，高于他部。若侧写鼻准正中，只须一笔，此一笔，轮廓也。面由横视，轮廓分明，自觉其高出各部矣。

侧有多种，丁皋将面向之角度，以分数计算。十分为正，五分为向左或向右，恰露半面。自十分至五分之间，则两半面所见有多寡之不同，即熙远所谓全见及偏见之两半面，有宽紧之异也。宽而不觉其空，紧而不觉其塞，画中其他门类，何尝不然？善画山水者，其紧凑处，若绰裕自如，空灵处，亦绝不枯寂，可见画理之相通也。一图中若有数人，更无人人皆正面之理，不谙侧势，将无从措手矣。一般传神家多工正面，此熙远之所以有论侧式之专篇欤？

十 活法

传神固在求肖，然但能相肖，而笔墨钝涩，作法胶固，乌得即为妙手耶？且同是耳目口鼻，碌碌之夫，未尝无好相，而与之相习，渐觉寻常。雄才伟器，虽生无异质，而一段英杰不凡之概，时流溢于眉睫之间。观杜少陵赠曹将军诗可见矣。今人但知死法，不求变化之妙，依样写去，枢是平庸气息耳。夫以平庸之笔，写平庸之人，犹之可也。若以平庸之笔，写非常之人，如何可耐。方将以不平庸之笔，写平庸之人，俾少减其平庸之气，奈何以平庸之笔，写不平庸之人哉？且天地之间，惟人也得其秀而最灵，而造化之妙，又惟笔能参之。今以笔写人，是以灵致灵，而徒凭死法，既负人，且负笔矣。愈知写照者，不可但求之形似也。然所谓活法者，又未尝不求甚肖，惟参以灵变之机，则形固肖，而神更既肖且灵之为贵也。今有非常之人，侪于庸众，识者必能物色，以其气象之不可掩也。而正此不可掩之气象，惟笔可传耳。其传之也，或一时而得，或经久而得，或得其态于无人之际，或得其神于酬酢之交，或因平直而得之，或藉巧变而得之，笔到机随，心闲手畅，脱颖而出，恰如乍见之神，迎刃以披，适值无心之合，熟极之候。动不逾矩，会意所成，多不如少，出之也易。既无张皇补缀之痕，得之也全，有活脱圆融之妙。此所谓一时之得，盖出于偶然者也。揣摩有日，贯想多方，刻励以求，既彻终而彻始，钻研而得，亦见浅而见深，往复寻求，功深效见。爬罗抉剔，苦尽甘来，人十己千，鲁者独能传道，先难后获，成时方信功夫。此所谓经久之得，盖出于功力，而非质之所能限也。心与天游，尚未形其喜怒哀乐，神归自在，更不关乎动作语言，若动若静之间，非肆非庄之际，澄泓无滓，如秋水之在寒潭，磊落多姿，若奇峰之凌霄汉。和而泰，觉道气之冲然，安以舒，乃天机之适尔。此所谓能得其无人之态者也。非笔格绝高，曷以臻此？眼梢旖旎，喜意流溢于双眉。口辅圆融，乐事显呈于两颊。疑真而并忘疑假，接之如生，载笑而惝听载言，呼之欲应。想窹歌之神味，俨对客之形容，顾盼有情，素识者固如逢其故，欢欣无限，素昧者亦恍睹其人。此所谓能得酬酢之神者也。笔墨之轻圆灵活，盖独绝矣。眉清目秀，鼻直口方，条理井然，无事深求巧法。神情朗畅，但须不失常规。看骨相之清奇，法以显而愈妙，睹仪容之周正，形随笔以成图。援笔立成，更见丰神大雅，披图宛在，翻疑斆画徒劳。此则以平直之法而得之者也。是在轻重隐现之间，但

以勾勒取之足矣。或貌寝而格奇，或神清而骨浊，求其貌而失其格，纵相似而实非，写其骨而违其神，虽已近而终远。是非巧思，难致神全，一成之法，无所施，百变之机庶可济。法外求法，乃为用法之神，变中更变，方是求变之道。此则所谓藉巧变以得之者也。今之写照者，令人正襟危坐，刻意摹拟，或竟日不成，或屡易不就，不但作者神消气沮，即坐者亦鲜不情急意阑。纵得几分相似，不失之板滞，即流于堆垛，骚人雅士，见之定当攒眉，亦何取于笔墨哉？吾所谓活法者，正以天下之人，无一定之神情，是以吾取之道，亦无一定之法则。学者参此而有得焉，方知向之著相以求者，皆非有用功夫矣。然人亦安能起手便知活法哉？但于既熟规矩之后，时须参此，以希灵变，而后可几于阿堵传神之妙。

此篇实引申东坡陈造之说，而略广其意。王思善蒋赤霄，并有言及，但不及其词藻之华丽耳。

第四十二章　清代梅谱及关于画梅之言论

清代一朝，关于画梅，不乏专著。图谱有王概等合编之《青在堂梅谱》，王寅之《冶梅梅谱》。题识则查礼有《画梅题跋》，朱方霭有《画梅题记》，金恭有《玉尺楼画说》，张文淜《定川草堂集小品》中有《墨梅题识》二卷。画家史传有童翼驹之《墨梅人名录》，徐荣之《怀古田舍梅统》等书。据陶元藻《越画见闻》称陶篆有梅花卷，绘花四种，枝干三十六种，盖亦梅谱也，惜无好事者为之梓行传世耳。

第一节　王概等合编《青在堂梅谱》

《青在堂梅谱》为《芥子园画传二集》❶中四谱之一。《二集》首册有沈心友例言十则，叙此书编纂原委颇详。其第二则曰：

王蕴庵诸曦庵，武林名宿也。闻《画传二集》之谱，两先生白发萧萧，欣然任事，三年乃成。兰竹二种，俱曦庵所作，蕴庵佐之。蕴庵尤工花卉，名冠两浙，故花卉一册，独出蕴庵之手。昔先大人云将公，喜植梅，至今抱青阁小园，尚存百余树。先叔颖良公喜栽菊，每至花放，观者如堵。蕴庵兼好之，值二花

开时，凌霜踏雪，黎明而至，夜分始归，自谓花之精神，莫妙于晓风承露，淡月笼烟，故蕴庵于梅菊二种，得心应手，各为一册。今两贤之返道山，十余年矣。友征辑书画，亦历十有八年，宇内望有成书，久而愈切，因欲刻期付样。先是《画传初集》，乃老友王子安节定正摹古，是集仍托安节昆仲为之。笃念世好，亦欣然首肯。时值其仲弟宓草楚归，共襄是事。计兰竹梅菊二百二十余叶。宓草删其可删者半，增其不可不增者亦半。至草木花卉中，附飞鸟昆虫二百三十余叶，宓草仿摹增入者十之七。每册未成，勾勒影摹各色。上之枣梨，则其季弟司直综理之。每册将成，折中于安节，品骘编定。是集也，友不惮寒暑，凡一花一草一字一句，虽汗挥如雨，指冻如锤，必就宓草摹今证古，斟酌尽善，始付剞劂。昔顾虎头于义熙中，世称三绝，是书行世，金谓王氏三绝云。❷

可知梅谱原出于王蕴奄之手，而经安节昆仲，删订成书者。

梅谱两册，上册为画法歌诀及起手各式。下册仿摹古八全幅。

上册文字有总标题曰：《画梅浅说》。

❶ 越园先生《书画书录解题》称："案是编与下列三集，依卷首沈心友例言，原为一编，与今石印通行本不同。例言第四（当是五字之误）则略曰：'自《画传初集》行世，寰区以内，画知图写山水，人人可学而至。是集所载曰兰，曰竹，曰梅，曰菊，曰草本花卉，曰木本花卉，曰昆虫，曰飞鸟，凡八种，分为前后二编，册分上下。上册首详细画法源流，使人知所始，次详画法歌诀，使人知所宗，次详起手各式，使人知握管从事。下册编仿古今名画全幅，使人知所师承'云云。是此卷帙较多，今通行本分为二集、三集，殆为后来坊贾借以分订，多售价金，故变其编次而将沈心友例言十条全部删去，以灭其迹。兹因其通行甚广，若依原编说明，不便检阅，故仍依通行本题二集、三集，而附加说明如此。"2/12b。

❷ 王概等合编《芥子园画传二集》（乾隆间重刻本）例言2b。

计画法源流，杨补之画梅法总论，汤叔雅画梅法，华光长老画梅指迷，画梅体格法，画梅取象说，一丁至十种十则，画梅全诀，画梅枝干诀，画梅四贵诀，画梅宜忌诀，画梅三十六病诀等篇。除画法源流外，悉自前人著述中录出，见附表。

画法源流曰：

唐人以写花卉名者多矣，尚未有专以写梅称者。于锡有《雪梅野雉图》，乃用于翎毛上，梁广作《四季花图》，而梅又杂于海棠荷菊间。李约始称善画梅，其名亦不大著。至五代滕昌佑徐熙画梅，皆勾勒着色。徐崇嗣独出己意，不用描写，以丹粉点染，为没骨画。陈常变其法，以飞白写梗，用色点花。崔白专用水墨，李正臣不作桃李浮艳，壹意写梅，深得水边林下之致，故独擅专长。释仲仁以墨渍作梅，释惠洪又用皂子胶写于生绡扇工，照之俨然梅影。后人因之，盛作墨梅。米元章、晁补之、汤叔雅、萧鹏抟、张德琪俱专工写墨，独杨补之不用墨渍，创以圈法。铁梢丁概，清淡胜于傅粉，嗣之者徐禹功、赵子固、王元章、吴仲圭、汤仲正释仁济。仁济自谓用心四十年，作花圈始圆耳。外此则茅汝元、丁野堂、周密、沈雪坡、赵天泽、谢佑之，为宋元间之写梅著名者。汝元世称专家，佑之但傅色浓厚，学赵昌而不臻其妙也。明代诸公，尤多善此，未分厥派，各擅一长，不暇标举。唐宋以来，画梅之派有四，惟勾勒着色者最先。其法创于于锡，至滕昌佑而推广之，徐熙始极其妙也。用色点染者为没骨画，创于徐崇嗣，继之者代不乏人。至陈常又变其法，点墨者创于崔白，演其法于释仲仁、米、晁诸君，相效成风，

❶ 王概等合编《芥子园画传二集》（乾隆间重刻本）《梅谱》上册《画梅浅说》1a。

❷ 图式中有又垂枝一式。若谓又为下字之误，则下垂嫩梗生枝不符二法之数。若谓此即二法之一，则缺下垂枝一式。

极一时之盛。圈白花头，不用着色，创于杨补之，吴仲圭、王元章推其法，真横绝一世。考画梅之法，其源流亦不外乎是矣。❶

授人画法，先叙其流派，亦为应有之文。前代如宋濂、李日华等，虽各有言及，咸不逮此篇之详。

图式共分十二项，注明叶数，仍用前章画传之法，以页计，不以叶计。

（一）画梅起手画梗式七则（页二、页三）1.二笔上发嫩梗；2.二笔下垂嫩梗；3.三笔下垂嫩梗；4.三笔上发嫩梗；5.四笔右横梗；6.四笔左横梗；7.五笔上发梗。前人梅谱，多自花朵起手，此编自嫩枝始，以更简明易学。

（二）画梗生枝式六则（页四至页七）1.上发嫩梗生枝二法；2.下垂嫩梗生枝二法；3.下垂枝（图式中无此式）❷；4.折枝生梗；5.右横嫩梗生枝；6.左梗嫩梗生枝。枝梗较前项诸式为繁，有以双勾笔为之者，盖已非尽嫩枝矣。

（三）枝梗留花式二则（页八页九）1.右发枝梗交互留花；2.左发枝梗交互留花。与周履靖大小枝梗留空写花一式相似。

（四）老干生枝留花式二则（页十页十一上半）1.枯干发条；2.老干发条。枯老二字，图式未能表现，故二式实无分别。

（五）画根式一则 古梅老根（页十一下角）。梅谱中画梅根者，前所未有。

（六）画花式七则（页十二页十三）1.正面全放偃仰平侧；2.背面全放偃仰平侧；3.初放偃仰平侧；4.将放偃仰反正；5.含蕊偃仰反正；6.开残；7.落瓣。绝不巧立名目，为此谱之优点。取偃仰平侧等为一组，而以全放初放将放等分

别之，亦见条理。盖以花开之过程为经，而以花之姿态为纬。惟花朵杂处一页，各组每易混乱，倘其间略有界分，似更醒目。

（七）画千叶花式四则（页十四页十五上角）1.全放偃仰反正；2.初放偃仰反正；3.攒萼；4.点墨花。千叶花与点墨，皆为前代诸谱所无。若就四君子画言，点墨不失为墨梅之一种，至千叶则纯属工笔花卉矣。二者同置一项，未见其有相似处。

（八）花须蕊蒂式六则（页十五）1.画心；2.钩须；3.点正面蕊；4.点侧面蕊；5.勾蒂反正侧；6.点蒂反正侧。专为勾须点蒂立式，亦与他谱不同。其点蒂者为墨梅而设，勾蒂者则为千叶花也。

（九）画花生枝点芽式九则（页十六页十七）1.二花反正平生；2.二花反正上生；3.二花偃仰横生；4.三花初放；5.三花全放；6.四花下垂；7.四花上仰；8.一花先放；9.两三花才放。各式与《罗浮幻质》得五簇六诸式极似。

（十）花萼生枝点芽式三则（页十八）1.正梢攒萼；2.仰枝攒萼；3.垂枝攒萼。此项重在花萼画法，花开则萼为花瓣所掩，故诸式花朵，皆为含蕊未舒者。

（十一）全干生枝添花式二则（页十九）1.生枝交互顺逆；2.添花偃仰反正。此项仅梅花一本，标题虽分二则，一为生枝，一为添花，实在一树上见之。强称之曰二则，似不甚妥。

（十二）全树式（页二十页二十一）式中注曰："老梅发干，皴皮生枝留花根梢具树之全体可展为大幅用

之。"上册图式止于此，虬枝屈曲，较以前诸式为繁，允宜殿后。惟枝干仅留空白，并未着花。此后若更有带花全树一式，似更完备。

下册为摹名家成幅二十式，各缀以诗句。标题曰：老干抽条，垂枝含蕊，偃仰分形，交加取势，绝壁干云，繁香倚石，凌霜照水，带雨争妍，高拂烟梢，早传春信，嫩蕊临风，南枝向日，寒侵翠竹，色映丹霞，疏影横溪，暗香笼月，铁骨生春，寒柯卧雪，金英破腊，墨影含芬。其中有千叶梅，蜡梅，红梅，不仅墨梅一种也。

第二节　王寅《冶梅梅谱》

王寅，字冶梅，金陵人。梅谱第二册之末，有王昌钺所作小传[3]，谓其丁洪杨之乱，流离至上海鬻画为业，旋日人聘至其国，前后著兰竹石人物等谱，而梅谱乃归国后所作。梅谱有题词八首，作于光绪十七年辛卯。首章有句曰："六十光阴梦里过"[4]，推其生，当在道光十年左右。

梅谱四册，第一册有文字十二则。第一则写梅浅论，取自华光梅谱，第二则梅花枝干诀，即周履靖《罗浮幻质》之写梅枝干诀。第三则中锋偏锋画枝干论，授人枝向右者自下起笔、枝向左者自上起笔诸法，采半千画树之说。第四则笔墨总论，即大涤子《画语录》笔墨一章。第十二则超脱，谓古人笔法无定，袭方兰坻论用笔语。他如第六则立品，第八则梅花设色论，并罕新意，皆从略。经本节录引者为第五、七、九、十、十一等五则。

第五则画梅画墨论曰：

老干笔锋宜偏，用墨宜淡，然不可

❸ 王寅《冶梅梅谱》（上海朝记书庄石印本）册亨18a。

❹ 同注❸册元13b。

全用淡墨，须半淡半浓。其浓乃淡中略浓，正所谓阴中之阳也。又须半干半湿，然不可全用湿，又不可全用干枯，正所谓湿中求干，枯中求腴也。老干如一笔不足，再加一笔，须与前一笔墨色吻合，若出一辙为妙。凡画大幅，其树身老干，须分左右两笔，其法详录于后，兹不再赘。凡画枝中锋取势，切不可学俗手，以偏锋画枝条。春墨宜用浓，须用六七分浓墨，断不可用十分焦浓墨。如画前后两干，枝条及花朵须较前枝条略淡，望之则前后分明。画花固宜淡墨，须淡而有神。点丁笔法须如书家之点趯法，其墨须浓，浓而不浊为妙。总之，意到笔随，墨随笔下，惟善学者会之。❶

冶梅之所谓中锋，极为简单。向右枝自下起笔，向左枝自上起笔而已。与以上动作相反者，即不谓之为中锋。册一第十五叶有偏锋画老干法一式，授人执笔之法。附说曰："手心向上，手背向下，卧笔偏锋以取其势。其笔锋向上，全力用于第四指送上，笔锋向下，全力用于第二三指，以第四指抵住。"冶梅以为老干用笔须粗阔，故当卧笔横惹以取之。且起笔左右上下，亦不拘定向也。

关于画干用墨之法，本查礼"画梅家有用浓墨者，有用淡墨者，有用燥笔者，有用淡笔者。一幅之中，浓淡相间，一卷之内，燥湿并行，均无不可。然必求其脱而后为上乘"❷一跋。

第七则画花绪言：

古人云：笔分三趯攒成瓣，或二笔，或一笔。又墨渍法，用偏锋上下各一笔，及侧瓣小苞一笔成形。惟墨渍法最古，始终五代徐崇嗣。三趯成圈，创于宋杨补之，至于元明诸公，仍继此法。及至近时，一笔者多，两笔者甚少。惟彭雪

琴宫保，尚师古法，或三笔，或两笔成圈，只有侧瓣及小苞作一笔而成，正所谓师古而不泥于古也。元僧仁济云："自用心四十年，作花圈始圆耳"，乃极言其画圈难于得圆也，非言个个花瓣要圆圈。试看梅枝四面生花，只有对面正放之花，望之瓣瓣皆圆，其余三面，皆是侧面，无瓣瓣画圆圈之理。然后人误会此言，满纸皆画圆圈，成何画理。譬如执圆镜直立于正面，圆如满月，即如花之正面对我，瓣瓣皆圆。将圆镜略侧，以画理对写则扁。将镜放平于案上，以画理对写，则更扁矣。又如将花瓷碗放于案上，俯画圆口，则谬矣，须画扁口，方成画法。然虽扁亦圆也。须细心悟此二物之理，则知画俯仰反侧之圆花，虽扁圈亦圆花也。不独梅花，凡世间圆瓣之花皆然。此语未经前人道过，余特拈出以释满纸画圆圈者之惑也，未知识者以为然乎，不然乎？❸

真花瓣瓣皆圆，而画中不得瓣瓣皆圆，盖非如此，不足以表现真花之圆。解释物理，极为详明，前人（方薰）虽曾言及，但不及其详耳。

第九则设色梅花直指：

点簇设色，即古之没骨法也。○朱梅用朱漂，笔尖略蘸洋红。○鲜红梅用薄粉和淡洋红漂，再以笔尖蘸深洋红。○绿萼梅用薄粉和草绿，再以笔法略蘸草绿，和石三绿漂。○白梅用极匀薄粉，笔尖蘸些，须极淡草绿。四色皆用扁锋点簇成瓣，其四色之须蒂，朱用赭墨，红用赭脂，绿用赭黄，白用深草绿。曾见元明名家真迹，不论何色，俱用墨笔须蒂，颇有落落大家气韵。其墨圈画瓣设色者，或用朱漂洋红胭脂草绿，白色者专用极轻薄粉略加草绿，皆宜轻清，

而忌重浊。其须蒂皆宜墨笔。凡设色梅花之树身枝干，宜染草绿或三绿或墨青。然古之名家，虽设色梅花，亦用墨笔枝干。予鉴赏多幅，设色者寥寥。❹

论各种梅花设色法，亦尚完备。点簇花，笔尖之色恒深于笔根，取一点中色有变化。且笔尖先落纸，故瓣之上半深于下端之着蒂处，真花固无不如此。

第十则四影：

四影者，日月灯镜影也。学画者欲明画理，必先用心于四影，则画理自明矣。不然，则下笔多误。然亦有画家盛名赫赫，到老而不知画理者，恒多也，终不免为识者齿冷。然犹曰，我辈游戏笔墨，又何必拘拘于画理者哉？但彼不知画理亦易明耳。每于秋冬木叶尽脱时，或游园林，或登名山，见日月光照竹木之影，或见于地，或见于墙，留心观其影，与真枝干两相比较，则画理了然明矣。李竹嫩题画竹云："青鸾有尾不可割，飞过犹余五尺强。却教天边夜来月，倒描一影上东墙。"苏东坡出游，见古木奇石，抽毫图之，藏于奚囊，足见古人处处留心，安得不名垂千古哉？灯影者，以白纸粘于壁上，移灯对纸，或折枝花，或盆花，执于灯前，其影照于壁之纸上，以手移花，四面看之，取其一面，章法疏密得宜，堪以入画者，以墨笔勾勒于纸上后，细心静观真花枝干，花叶反正向背，与纸上两相比较，则画理自然明矣。镜影者，以折枝花对镜看影，先以正面渐转渐背，及至全背，其花叶之向背反侧，一目了然矣，即造化之真画也。奈其影不能常留于镜中，故西人习光学化学者，以药炼成水，能留影于镜中，又能以药水过于纸上，其花鸟山水人物，毫芒毕现，气韵如生，不啻夺天地之造化，即今之照相法是也。试看西洋画之精细入理，俱从镜理得之，惟愿有志于斯者，精研四影，久则旁通曲证，窥抉精微。不独明花木之理，即山水人物之画理，岂有不融化而贯通者哉？❺

取影而不取形，求其不刻画，尤贵其多变化。假灯影镜影以发画思，虽得之于人力，实不谬于天然。究其源，自《林泉高致》"学画花者，以一株花置深坑中，临其上而瞰之"数语悟出。

第十一则四枝：

树生四枝，左右前后也。夫树身四老枝，又各生四小枝，各小枝又生四小枝，以此类推，生生不已矣。惟左右两老枝俱要横出，或左长右短，或左枯右荣，或左仰右垂，俱要参差有势。其前后两老枝，前枝搭在左右枝之前，后枝搭在左右枝之后，俱要抱树身直斜而上。其各老枝之小枝，俱随老枝之势，左右皆横，前后直斜。其真树之四枝，俱横斜而出，然而入画前后俱要直斜，此画理也。试看日月中树影，此理则了然矣。凡四枝须要有巧处，有拙处，若一味曲屈蟠旋取势，便入俗格。当思巧以取奇，拙以入古，乃臻神妙。❻

左右前后为四枝，画左右枝易，前后枝难。全则主要在直斜二字，盖直斜者，即真树之前枝后枝所予人之感觉。是以欲于画中作前枝后枝，亦惟直斜以形之耳。

册一图式为"中锋画向左枝条法"，"枝条向右中锋画法"，"偏锋画老干法"，"大幅树身老干法"，"写花头三十二法"及伏羲太极两仪四象等图。

花头自一丁始至落瓣止，其中之正放，以十分、九分等名称，定一花之正侧，实取法于传真一门人面之分数。二仪四象等式，附会殊甚，可置勿论。

❹ 同注❶册元10a。

❺ 同注❶册元10b。

❻ 同注❶册元12a。

553

册二为立轴二十二式，册三为斗方三十四式，册四为屏条二十五式，横幅十五式。皆甚粗俗，不足供学者临摹。冶梅画格本不甚高，而石印恶劣，更未克存真也。

第三节　各家之片段言论

清代画家对于画梅有片段之言论者为张庚、查礼、范玑、松年等家。

浦山《画征录》曰：

墨梅、宋杨无咎、徐禹功皆工。无咎盛称于后世，然真迹流传绝少，惟转相摹仿者。千花万蕊，即云其法也。元吴仲圭、倪元镇亦善之，倪则独以瘦枝疏花见意，深得梅之神韵，而仿之者反无人。明沈石田常为之。近日工是艺者甚夥，无论其法杨法吴，皆以古干屈盘为主。枝则过于横斜交加，花必繁缛以为能，不知剑拔弩张之概，大失清寒瘦逸之致矣。我故有取于倪沈也。❶

尝见石田四式梅花卷，疏花瘦梗，有玉洁冰清之妙。浦山所赞赏者，即此派也。

查礼，字恂叔，号铁桥，宛平人，官至湖南巡抚，康熙五十五年生，乾隆四十八年卒（1716—1783年）。

《画梅题跋》中有一则曰：

本欲道而空则古，干欲硬而折则健，枝欲瘦而斜则峭，花欲密而淡则疏，蕊欲饱而乱则老。❷

上则不妨作歌诀读，字句虽简，含义实多，非于此道深有究心者，不能言。又有一则，论画梅不可刻画：

画家写意，必须有意到笔不到处，方称逸品。画梅者若枝枝相接，朵朵相连，墨迹沾纸，笔笔送到，则刻实板滞，无足取矣。前人所谓宣和绍兴明昌之睿赏，弗及宝晋鸥波清秘之品题，亦此意也。❸

墨梅与兰竹为一家眷属，故须以草草逸笔出之。《画梅题跋》中另有一则，正可为上文作诠解。

画梅要不像，像则失之刻。要不到，到则失之描。不像之像有神，不到之到有意。染翰家能传其神意，斯得之矣。❹

恂叔亦尝论梅病：

画梅有三病。一病在墨过重，根本枝干，并如墨炭，致伤闲雅矣。一病在笔过工，勾花点蕊，极是整齐，韵夫萧疏矣。一病在致太怪，于横折斜曲中，过求新奇，不知梅致固异他树，断无杂出诡生之理。坡公云："玉颊何势獭髓医"，犯此病者，无药可疗。❺论忌病必须如上则始能达意。持与华光梅谱三十六病较，知孰者为善矣。

范玑《过云庐画论》，花卉论中有一则，言及画梅。

梅法甚多，学宋元人渴墨高逸固少，明之包山、服卿、麋公一派，亦不经见。其古拙之妙，老干屈铁，疏花数点，视之如古仙人，来自世外，烟雾之气扑人。近日好手喝仿之，何必孜孜于元章、补之哉？❻

眉公画梅不多见；周之冕之作，瘦劲如屈铁；包山曾游文征明之门，墨梅之较工者，与石田相近，引泉对于梅花派别之见解，与浦山如出一辙。

松小梦论画梅曰：

梅花重在枝梢峭拔，长短合度，穿插自如，疏密有趣。老干最忌木炭一段，要有显露，有掩映，分枝之前后。老干毋皆在枝前安放。每画必须先从嫩枝画，由细而粗，由嫩而老，层层生发，千变万化，不可重复。枝上空处，即是画花

❶ 张庚《国朝画征录》（通行本）续录下 /7a。

❷ 查礼《画梅题跋》（《美术丛书》本）二集五辑三册 2a。

❸ 同注❷ 5a。

❹ 同注❷ 2b。

❺ 同注❷ 5a。

❻ 范玑《过云庐画论》（于海晏辑《画论丛刊》本）册四 7b。

清代梅谱及关于画梅之言论

之处。留空之诀，全在预先筹画完善，否则安花皆不自然。分正面，背面，侧面，俯面，多多少少，参差疏密，不可偏枯。圈瓣虽讲笔力，亦不可过于求圆，亦不可不圆，一笔圈成，气足神完，锋兼正侧，乃得情趣。否则板板圆圈，实为可丑。古人立论，不必太泥，总之各有天真，在乎通权达变，巧妙出我灵台，善学古人之长，毋袭古人之病，毋尚怪炫奇，毋恃霸矜悍，要由骨格苍老，而透出一番秀雅，如淡妆美人态度，为画梅之上上品。❼

所论虽尽见前人著述中，但画梅主要之方法及宜忌，亦大都俱于是矣。

❼ 松年《颐园论画》（于海晏辑《画论丛刊》本）册四 7b。

第四十三章 清代竹谱及关于画竹之言论

墨竹一道，元明最盛，至清而画风一变，古法渐泯，虽名家如郑板桥、诸日如，终未能上承湖洲蓟丘竹派，师守不坠。即谓墨竹之法，至清而亡，亦不为过。然画竹法之专著，清代独多。

清代画竹法之专著，比较重要者为王概等合编之《青在堂竹谱》、汪之元之《天下有山堂画艺》、蒋和之《写竹简明法》（附写竹杂记廿一则）等三种，尤以汪、蒋二家之作，自出手眼，不袭陈说，较为可贵。他若《赏奇轩四种》中之竹谱❶、李景黄之《似山墨竹谱》❷、

杨士安之《瓶花书屋竹谱》❸、王寅之《冶梅竹谱》❹、竹禅之《画家三昧》❺，或悉本旧谱，或无文字解说，或图式简陋，皆无可称述。至于前贤之著，未闻世有传本，如涂炳之《竹谱二十四品》❻者，恐尚不在少数也。

第一节 王概等合编《青在堂竹谱》

《青在堂竹谱》，即《芥子园画传二集》四谱中之第二种，上下二册。上册文字为《画竹浅说》，共十三则，目次为画法源流、画墨竹法、位置法、画竿法、

---

❶ 越园《书画书录解题》著录浙江图书馆藏不著撰人名氏竹谱一册（北平图书馆排印本 2/23a）实即通行《赏奇轩四种》之一。其他三种为《无双谱》《弈谱》及顾子方、邹公履两家帖。除《无双谱》知为金古良所作外，皆与编撰人姓氏。玩其刻工，当是乾隆间所刊。

❷ 李景黄《竹谱》，图式臃肿殊甚，亦少文字说明。详见越园先生《解题》2/22b。

❸ 杨士安，字静亭，潞河人。《竹谱》前有《写竹要言》十三则，后为图式二十项，三十

余式。全自蒋和《写竹简明法》抄袭而得。

❹ 冶梅《竹谱》，文字五篇，皆录自前人之作。图式除运笔及顿挫诸法外，亦取自息斋竹谱为多。

❺ 竹禅《画家三昧》，光绪十年安禅堂刊本。竹禅，梁山人，俗姓王，光绪间反蜀示寂。各卷目录（卷中次序与此多不合）为：卷一竹竿，竹枝，竹叶，竹叶练团，结顶，竹箨，竹笋。卷二晴竹，雨竹，露竹，风竹，月竹，竿左生枝，竿右生枝，有箨有顶全竹，歪箨竹式。卷三竹

石兼画各样章法。卷四各种竹式，各家画竹笔法，交泰开合竹叶，画大竹用笔手势。卷五戳笔手势图，玩石大小体格，画石下笔法，用笔变态各式。卷六各形大小石头。卷七用飞舞笔势画兰法。卷八纵竹兰石簧扇竹兰石。图式恶劣不堪，论说主张用笔成团，尤为荒谬。其文曰："古人云，三年学兰，半世画竹，因此二语，故学竹者难以得名也。实以无门可入，又因写竹为雅，画竹为俗，推寻这传言，皆因无实法。画竹既无法门，纵一生画竹，而胸无成竹也。我主新法，以练团为初，但得一团得法，

管许胸有成竹，已费半世工夫。现年花甲已过，恐失此法，特立捷诀，惟于练团为要紧。起初一团，先从中心起一叶，次用加倍法，加至十二为一律。结顶或一二笔为润叶……"(1/14a) 历代画竹，从未见有纠结成团者。所谓捷诀者，直旁门恶道耳。

❻ 蒋宝龄《墨林今话》称："尝仿司空表圣《诗品》著《竹谱二十四品》述古作法，约为韵语，傅作也。"（通行本）13/12a。

画节法、画枝法、画叶法、勾勒法、画墨竹总歌诀（目录作诀歌）、画竿诀、点节诀（目录作画节）、安枝诀（目录作画枝）、画叶诀。其中惟画墨竹法、点节诀、画叶诀三则，未获其抄袭之据，余则悉见前代竹谱中。

画墨竹法曰：

画竹必先立竿，立竿留节，梢头须短，至中渐长，至根又渐短。忌臃肿近枯近浓，均长均短。竿要两边如界，节要上下相承，势如半环，又如心字无点。去地五节，则生枝叶。画叶须墨饱，一笔便过，不宜凝滞。其叶自然尖利，不桃不柳，轻重手相应，个字必破，人字笔必分，结顶叶要枝攒凤尾，左右顾盼，齐对均平，枝枝着节，叶叶着枝，风晴雨露，各有态度，翻正掩仰，各有形势，转侧低昂，各有意理。当尽心求之，自得其法。若一枝不妥，一叶不合，则为全壁之玷矣。❶

上则亦自前人论说，节录而成。惟"去地五节，则生枝叶"一语，不知所本。若据息斋"凡竹从根倒数上单节生枝者，谓之雄竹，双节生枝者，谓之雌竹"，则其言又不尽然也。

点节诀曰：

竿成先点节，浓墨要分明。偃仰须圆活，枝从节上生。❷
所云即不习画者亦知节须圆活，枝生节上，此诀直等虚设也。

画叶诀曰：

画竹之诀，惟叶最难，出于笔底，发之指端，老嫩须别，阴阳宜参。枝先承叶，叶必掩竿。叶叶相加，势须飞舞。孤一逗二，攒三聚五。春则嫩篁而上承，夏则浓阴以下俯。秋冬须具霜雪之姿，始堪与松梅而为伍。天带晴分偃叶而偃

枝，云带雨分坠枝而坠叶。顺风不一字之排，带雨无人字之列。所宜掩映以交加，最忌比联而重叠。欲分前后之枝，宜施浓淡其墨。叶有四忌，兼忌排偶，尖不似芦，细不似柳，三不似川，五不似手。叶由一笔，以至二三，重分叠个，还须细安，间以侧叶，细笔相攒。使比者破，而断者连。竹先立竿，生枝点节，考之前人，俱传口诀。竹之法度，全在乎叶。因增旧诀为长歌，用广前人之法则。❸
与画墨竹法一则等，撷拾陈说成篇。观其最后二语，盖亦未尝以之为讳也。

十三则中，未见有有价值之文字。图式共十二项。

（一）画竹起手发竿点节式九则（页二页三）1.初起手一笔，画竿一节。2.起手二笔三笔。3.直竿，图中与式2为一式。4.点节一字上抱(式中一作乙)。5.点节八字下抱。式4式5，起笔同，收笔有上勾下勾之别，其形乃如一字八字。6.细竿。7.断竿。8.解籀。按，解籀者，半籀也，谓已半成竹。此式仅画一籀，与前人之图式不符。9.直竿带曲。此即前人图式弯节不弯竿之意。

（二）丛竿式五则（页四页五）1.垂梢。仅一竿斜下，并无枝梢。2.横竿。3.露根。4.根下竹胎。画籀两茎，称籀为胎，亦前所未有。5.根下籀鞭。

（三）生枝式六则（页六页七）1.起手鹿角枝。此名始见于詹东图竹谱❹，未知图式亦本詹氏否。2.鱼骨枝。此名始见于程竹斋论画竹，当因像鱼腹胁骨而得名。3.鹊爪枝。4.顶梢生枝。5.左右生旁枝。6.根下生枝。专为画根下骈枝而设，虽细而短，实甚苍劲，与新竹异态。以之入谱，此为首见。

（四）发竿生枝式四则（页八页

❶ 王概等《芥子园画传二集·青在堂竹谱》（乾隆重刻本）《画竹浅说》上册2a。

❷ 同注❶ 6b。

❸ 同注❶ 6b。

❹ 见附录三十五。

清代竹谱及关于画竹之言论

九）1.老竿生枝。2.嫩竿生枝。3.双竿生枝。4.细筱生枝。

（五）布仰叶式八则（页十页十一）1.一笔横舟。2.一笔偃月。3.二笔鱼尾。4.三笔飞雁。5.三笔金鱼尾。6.四笔交鱼尾。7.五笔交鱼雁尾。8.六笔双雁。叶颇得势，但名不雅驯，亦不见前人谱中，未详所据。

（六）布偃叶式六（六为七字之误）则（页十二页十三）1.一笔片羽。2.二笔燕尾。3.三笔个字。4.四笔惊鸦。5.四笔落雁。6.五笔飞燕。7.七笔破双个字。此项之叶式及名目，与《淇园肖影》多相似。

（七）布叶式三则（页十四页十五）1.五笔破分字。2.六笔破个字。3.叠分字。

（八）结顶式三则（页十六页十七）1.布叶生枝结顶。2.老叶出梢结顶。3.嫩叶出梢结顶。取意虽与遁山结顶诸式相同，但多用点踢衬贴，视之有逊色矣。

（九）垂梢式一则（页十八页十九）注曰："过墙大小二梢。"其中以重人竹叶为多。

（十）横梢式一则（页二十页二十一）注曰："新篁斜坠嫩枝。"

（十一）出梢式二则（页二十二页二十三）1.新篁解箨右梢。2.新篁解箨左梢。此式已全成竹，愈觉前式中名笋曰解箨之不当，未宜自相抵触如此。

（十二）安根式三则（页二十四页二十五）1.下截见根。2.根下苔草。3.根下泉石。此帧上见竹根，下有流泉，已能自成篇幅，置于最后，有收束诸式之意。

下册为摹名家成幅二十四帧。题曰：虚心友石、直节干霄、交干拂云、新篁解箨、轻筠滴露、浓叶垂烟、双竿比玉、白笏隐雾、柔枝带雨、清影摇风、新梢出墙、龙孙脱颖、云根玉立、潇洒临风、湘江遗怨、迎风取势、飞白传神、露凝寒叶、云压银梢、凤枝吟月、夭矫超霞、清节凌秋、修筠抱节、高竿垂绿。虽各有意致，但叶之结构，未能条理分明，用笔亦少劲挺铦利之致。清代之竹谱六七种，无不披卷而知其为明以后之作品，盖因画风之转变，已与柯丹邱夏仲昭一派殊观，此亦时会使然，非尽关功力天分也。

第二节 汪之元《天下有山堂画艺·墨竹谱》

《天下有山堂画艺》，汪之元撰。之元字体斋，自署白岳人。书前有图理琛雍正二年（1724年）〔理琛序中有言曰："将欲谋付剞劂公之同好……不负三十年之潜心，允君一言为序。"推其生当在康熙以前〕序，称其工翰墨，善诗歌，博闻卓识，名重远迩。图即康熙间名使臣，曾出使土尔扈特，著《异域录》者也。

《画艺》凡两册，上册为《墨竹谱》，下册为《墨兰谱》。《墨竹谱》前有《墨竹》指三十二则，议论精到，不袭陈说，与高遁山、周履靖、王安节等家之著，皆自李息斋《竹谱详录》脱胎不同。惟次序略嫌芜杂，今试重为排比，分项论之。

（一）通论 体斋为画竹拟定六法六病曰：

书家有八体，山水家有六法，习墨竹者岂无其体法耶？然古人实未之有也，俾学者何所持循。余因拟之，其法亦有六。一曰胸中成竹，二曰骨力行笔，三曰立品医俗，四曰气韵圆浑，五曰心意拨刺，六曰疏爽淋漓。❺

❺ 汪之元《天下有山堂画艺》（樵石山房刻本）《墨竹指》第三十一则。

又有六病：一曰笔力柔媚，二曰神情散漫，三曰源流不清，四曰体格粗俗，五曰未成自炫，六曰心手相庾。❶

其间骨力气韵二者，仍取自谢赫。实则此六法，虽专为画竹而发，其他绘画门类，何尝不当如此。心意拨刺一法，略费解。李谪仙诗曰："双鳃呀呷鳍鬣振，拨刺银盘欲飞去。"❷是当谓心意活泼，矫然有惊人之笔也。

六病之中，有为六法之反面。如笔力柔媚，未能骨力行笔也。体格粗俗，未能立品医俗也。六病去则六法自具，究其源仍是一事也。

胸有成竹，体斋既列之于六法之首，宜先论之。全编中与此法有连属者，计有四则：

文湖州云："今画竹者，乃节节而为之，叶叶而累之，岂复有竹乎？故写竹必先成竹于胸中，执笔熟视，振笔直遂，以追所见，如兔起鹘落之势。"山谷老人亦云："有先竹于胸中，则本末畅茂；有成竹于胸中，则笔墨与物俱化。"故知墨竹之法，原与山水不可同日而语。诚如李息斋论画竹，直是篱堵间物，如书家谓学古人不能变，便是书家奴。❸

古人谓胸中成竹，乃是千古不传语。盖胸中有全竹，然后落笔如风舒云卷，顷刻而成，则气概闲畅，大非山水家"五日一石，十日一水"，沾沾自以为得意也。❹

徐青藤云"化工无笔墨，个字写青天"，予谓此诗墨竹诀也。无笔墨即庖丁目无全牛之理，后人不知，但笔笔而为之，叶叶而累之，岂复成竹？❺

运笔行笔之法，虽云俱备，然每于大帧巨幅，长条横披，有高下横竖之不同，伸缩于几，且缓执笔，必先澄怀凝想，得其形势安顿之法，胸中成竹，然后振笔挥毫，则婆娑偃仰，无不合度。如羲之《笔阵图》所谓本领者将军也，心意者副将也。凝神静思，意在笔前。以此，知书法画法，原无二理，学者宜尽心焉。❻

各条皆本坡公《篔筜谷偃竹记》之说，最后论必先澄怀凝思，然后振笔挥毫，亦悉与坡公纪孙知微画水之情境合，此固已为人所共许之事实，毋庸更论。惟体斋谓墨竹之法，与山水之"十日一石，五日一水"不可同日而语，似有未当。盖胸有成竹，即是意在笔先。一水一石之工细者，作之需时耳，然意匠经营，实与一挥而就之墨竹等，讵可谓之为胸无成竹。况山水亦有写意之作，可成之于顷刻者哉？

体斋论画竹之规矩及奔放曰：

墨竹之妙，全在游泳于矩度之中，奔放于形迹之外，加之沉郁顿挫，则不至于敧侧怒张，婉转低佪，自不落锋芒圭角。❼

李息斋尝曰："苟能就规矩绳墨，则自无瑕累，何患乎不至哉。纵失于拘，久之犹可达于规矩绳墨之外。若遽放佚，则恐不复可入于规矩绳墨，而无所成矣。"体斋上则，当自此化出。

此外尚有谓画中惟墨兰竹为写影一则，画竹与书法相通一则，皆可归入本项，但与前人议论全同，不录。

（二）品格　立品医俗，为体斋六法之一。体格粗俗，为六病之一。故今于品格一项中，先录其论雅俗二则。

墨竹之法，只有两途，不入雅，便入俗。雅者有书卷气，纵不得法，不失于雅，所谓文人之笔也。俗者有市井气，如山人墨客、僧道行家之习气耳。即使百法俱备，终令俗病莫瘳。古人云"惟

❶ 汪之元《天下有山堂画艺》(樵石山房刻本)《墨竹指》第三十二则。

❷ 李白《分类补注李太白诗》(嘉靖吴会郭云鹏校刊本)。

❸ 同注❶第十四则。

❹ 同注❶第十五则。

❺ 同注❶第二十五则。

❻ 同注❶第三十则。

❼ 同注❶第八则。

俗不可医"，信矣！❽

山水家有南北二宗，墨竹家惟有雅俗两派。学者宜慎其所从耳。❾

雅与俗，有如冰炭之不相容，不仅墨竹如此，不仅画中其他门类如此，世间固无事不如此也。

墨竹中有苍老一格，险绝一格，体斋即以此二者诲人。

墨竹最宜苍老，苍老非怒笔生硬之谓，不苍老便是握笔不坚固，无臂腕力，故有桃叶、柳叶、蜂腰、鹤膝、鼠矢，百病俱见。徐文长诗云："一团苍老暮烟中。"不独墨竹为然，凡于书画，皆宜如此。❿

董宗伯云："书家以险绝为奇，此窍惟鲁公、杨少师得之，赵吴兴弗解也。"予谓墨竹亦然。风枝雨叶亦，以险绝为奇，此窍惟梅花道人得之，李仲宾弗解也。⓫

苍老非不佳，然刻意苍老，恐与便娟幽独之态远矣。险绝非不足动人，然一味险绝，恐怪谲而不得其正矣。苍老险绝，往往于名家作品中见之，惟以之诲初学，似非所宜。

体斋论梅道人论墨竹曰：

余尝见吴仲圭《墨竹谱》矣，专言已成之学，所论刚柔动静，是墨竹中三昧语，求之古人，尚有未尽然者，何有于初学入门之要法？所谓自好章甫，强越人以文冕也。⓬

刚者柔之反，动者静之反，而难在柔中寓刚，刚中寓柔，姿态飞动，神趣自静穆，此其所以为墨竹之三昧欤？

论画竹有逸品而无神品一则曰：

山水家以神品置逸品之下，以其费尽工夫，失于自然，而后神也。余谓墨竹有逸品而无神品，一落神品，便不成竹。正如千仞高峰，一超便上，勿使从阶梯夤缘，令人短气。⓭

体斋所本，盖张爱宾"夫失于自然而后神"一语。实则后代鉴赏家，视神品位置甚高。费尽工夫、失于自然之作，必非神品中所有。若谓画竹宜发胸中逸气，弹指即现，自甚允当，但必抑黜神品以提高墨竹之地位，似又失于偏矣。

（三）模拟 《墨竹指》中可归入此项者凡三则。

学墨竹初宗与可、吴仲圭，然后李息斋、赵子昂、苏长公、夏昶诸家，俱宜仿效，集其大成，自出机轴，而后能□（此字模糊）。⓮

墨竹之妙，必须模仿前人墨迹，风格潇洒，豪迈绝伦，方可得其精微，独是神理流动，险绝欲飞，乃从天骨中流出，正如气韵必在生知，禅家谓无师智，不可强也。⓯

写竹初以古人为师，后以造物为师。渭川千亩，皆吾粉本也。⓰

第一则列举画竹所当师法之各家。第二则谓初学虽须临摹，最后成就，仍关天分。第三则告人当先师古人，后师造化，盖与前人论学山水临摹之道，并无二致。

（四）用笔　画竹用笔，体斋力主中锋。

写竹之法，先习用笔，如书法之用中锋。中锋既熟，复以全体之力行笔，虽千枝万叶，偃仰攲斜，无不中（去声）理。若使一笔不中，则桃叶柳叶，百病俱集。学者欲驱此病，必须握笔时心心在中锋，行笔时念念着全力，久习而后能佳。⓱

写竹竿自上而下，悬腕中锋，如书法作直竖，必使骨干筋力，直逼下来，则脉络贯通，方有生气。若自下而上，即是偏锋，乃竹片耳，何可为法。⓲

前者言画叶，后者言画竿，息斋之竹叶八忌，似桃似柳，为笔致上之恶劣，

❽ 同注❶第十二则。

❾ 同注❶第二十九则。

❿ 同注❶第十七则。

⓫ 同注❶第二十二则。

⓬ 同注❶第二十八则。

⓭ 同注❶第二十一则。

⓮ 同注❶第十一则。

⓯ 同注❶第二十则。

⓰ 同注❶第二十七则。

⓱ 同注❶第一则。

⓲ 同注❶第三则。

余则皆为组织位置上之谬误。今体斋特举此二病，尤足示其由于用笔之不得法。竹竿自上而下，固是常法，竿向左斜，及直上直下者，无不宜以此出之。惟竿之右斜者，亦有自下画上者，体斋所云，恐亦未能执为一定之法也。

体斋又论用笔之悬腕，提腕，提笔。三者，实是一事。

凡笔未着纸之先，必须悬起臂（自肩至肘曰臑，自肘至腕曰臂）腕（腕，掌后节中也），紧握笔管，端然尽力而为之，正如勾镶格抵，非一身之全力，不可。更须笔尖与腕力俱到，其梢叶足长五寸，秀健活泼，生气尽浮纸上，迎风听之，若有声然。今人写竹，其病全是臂腕无力，只将（平声）将（去声）指（中指也，足以大指为将，手以中指为将皆用力多于众指者），推引笔管，轻轻撇捺开去，但不知撇捺开去之叶，长不过寸许，甚至桃叶柳叶，形像毕露矣。不独写竹为然，则学书亦有此病，良可叹也。梅道人以书法作竹，东坡以竹法作书，其所以然，前人未尝道破，遂误后人，东涂西抹，沾沾自以为能事也。钱塘诸曦庵墨竹，梢叶长五寸，生气浮动，皆以此法运用。惜乎曦庵亦未拈出以教后人何也。❶

叶之长者，不过五寸，然全身之力，何至限于此。但笔行到叶尖处，自然而然，手腕暗中上提，或笔尖带出回锋，此用力之效也。否则尖锋透露，不能饱满，是叶之病也。❷

书家谓提得笔起，乃是千古不传语，墨竹亦然。提笔不起，安能作竹。书家谓无垂不缩，无往不收，墨竹使笔，亦当如是。细心体会，久而自见。❸

所持之理，与吾前于山水画法章中解释郑纪常用笔之说正合。画竹之叶长五寸，至画竿，更有长逾尺者，绝非手腕靠定纸上、活动范围限于径寸之间者所能作。故必须悬起手腕，提笔纸上也。

（五）枝叶　元代以后诸竹谱，论画枝叶，无不因袭息斋之说，独体斋不然。

写竹先要安竿，不犯鼓架编篱之病，不犯疏密失宜之病，虽百十竿森森林立，布置帖妥，勿使一竿有不适然者，然后生枝。枝好，则叶有情。叶之多寡，皆由枝定。枝繁而叶少，其势秃。枝疏而叶稠，则零乱无着。且枝粗细，亦当均匀。过细如以线穿叶，绝无生气。过粗即枝与叶了不相干，均为病也。❹

竹叶起自四笔耳，虽千万叶之多，亦只如此。然此四笔，乃文章家之起承转合也。四叶必须相向有情，不可使一叶相背。而且一竿之势，一枝之态，一叶之雅，倩其高下向背浓淡疏密，俱要得宜，则风流潇洒，翩然凌云，得竹之三昧者。❺

浓为嫩叶，淡为老叶，大竹则淡叶居多，小条以浓叶为主。若错乱互异，非其法也。❻

松竹梅，岁寒三友也。三者俱宜疏，不宜密，而竹疏更难，密复不易。要使疏而不秃，密而不乱，方为老手。❼

首论枝之繁疏粗细与叶之关系，此点向未经人逗露。画叶注重起手四笔，盖四笔者，竹中最简单之组织。设真能得四笔之法，繁枝密叶，当无所不能。其理虽与画树之点叶、画松之划针有相通处，但变化之多，又远非点叶松针所能比拟，必穷极其偃侧俯仰之势，阴晴风雨之候，长幼荣瘁之态，即画四笔，意已寓焉，始得谓真得其法，顾不难哉？论老嫩墨色之不同、疏密皆不易诸说，亦皆自甘苦中得来。

❶ 汪之元《天下有山堂画艺》（樵石山房刻本）《墨竹指》第二则。

❷ 同注❶第七则。

❸ 同注❶第十六则。

❹ 同注❶第四则。

❺ 同注❶第五则。

❻ 同注❶第六则。

❼ 同注❶第九则。

（六）论前代画竹家

文与可为墨竹鼻祖，学者宗之，若山水家之仰辋川也。至元梅华道人，独能超出范围，自成一家，如书家直要脱去右军老子习气，所以为难耳。学古不变，是书奴也。❽

余尝见吴仲圭墨竹，每于杂乱中有严密，疾忙中见飘扬。鲜于学士诗云："凉阴生研池，叶叶秋可数。"观诗可以悟墨竹之法矣。❾

墨竹自文湖州而后，传习者甚夥，惟梅华道人，独开生面，如晋之书法，至宋米元章始畅也。❿

写墨竹与山水，难以兼长，惟梅花道人能之。⓫

余于绘事，自卯角时便喜究思，至于墨兰竹，益加苦心研求，必欲尽得古人遗意而后已。世之传习者固不少，大都天姿有余，功力不足，便自矜为能事，所以得超上乘，实为寥寥。文湖州为墨竹派衍不祧之祖，至元吴仲圭，远接衣钵，可谓前无古人。明则赵备、王雅宜诸君，各成一家，可称继述。至我朝乃有钱塘、诸异字日如，号曦庵，粹精于此，复变仲圭一枝半干，宏为大帧巨轴，而千竿万挺，加以丘壑峦嶂，烟云变灭，山瀑淙淙有声，观者如置身潇、湘、渭水上，峰峦之间，多余向矣。盖曦庵早年工山水，与蓝蝶叟名瑛者颉颃不远，蝶叟以山水擅名，故曦庵遂弃山水，作墨竹，亦享盛名，乃以墨竹兼丘壑，又自曦庵始也。曦庵之学，难为继者。余尝见曦庵为曲阿陈咸若作墨竹长卷，始而晴明，渐见阴晦，阴后风生，风后雨作，雨后继之以雪，蹊径连络，渚碛流通，一卷之内，阴阳气候之不同，而使笔墨尽夺化工，虽古人亦未尝梦及之也。唐张询在蜀为僧，梦休画早午晚三景于壁间，谓之三时山。僖宗幸蜀见之，叹赏弥日，而曦庵此卷，将来未知堕落谁手，岂不惜哉？⓬

体斋虽尊文湖州为始祖，其画法实宗梅道人者为多。即于其画竹图式中，亦显然可见。故其论前人画竹，处处不离仲圭。数则中，尤以"杂乱中有严密，疾忙中见飘扬"二语，最有意致。极似坡公之论书"端庄杂流丽，刚健含婀娜"之一联，而为画竹之要旨也。

清代画竹家，体斋对于诸日如，最为心折。严格而论，臃肿之态，日如亦未能尽免。更谓墨竹兼丘壑，自曦庵始，尤非允论。若然，将置松雪、仲昭等家于何地耶？

墨竹谱图式共十八帧，间附解说。兹取其他谱所不见者录之。

1. 写竿法，一竿二竿三竿各一式。2.写竿法，五竿一式。3.老嫩竿竹胎法。帧中画老者两竿，墨色淡。嫩者两竿，墨色深。笫二茎，亦一浓一淡。既同是竹胎，当无分别，岂亦有老嫩之分，而老者当淡，嫩者当浓耶，不可解矣。4.点节法。附说曰："大竹节宜平正，小竹点节，俗谓之螳螂眼，可想而知。"⓭5.写枝法。仅向左向右两笔。附说曰："写枝健如鱼骨，柔中之刚，是竹之性也。"⓮6.风晴雨枝。一帧而三式咸备，枝皆向外画出，无作垛叠枝者。7.仰俯枝。8.写叶起手法。一簇五六叶，注明每笔先后。观其次序，乃先作中间四叶，后再添两旁之邻外者。9.重叶法。即分字之相加也。附说曰："品字重叶，虽多不乱。"⓯品字由三口组成，今即以口喻竹叶之组织。谓三分字如品字三口相累叠也。10.布叶法。11.叶下生枝。

❽ 同注❶第十九则。

❾ 同注❶第二十三则。

❿ 同注❶第二十四则。

⓫ 同注❶第二十六则。

⓬ 同注❶第十三则。

⓭ 同注❶图式第四帧。

⓮ 同注❶图式第五帧。

⓯ 同注❶图式第九帧。

附说曰："大幅枝叶宜深厚，叶下更宜出枝，不犯臃肿糊涂之病。"❶ 12. 双单结顶。此式颇似遁山竹谱中之尖尖平尖。双顶者平尖，单顶者尖尖。13. 双单出梢。14. 晴竹写叶法。附说曰："晴竹姿（此字模糊）妍，亦宜作气为之，才见妍而不媚。"❷ 15. 风竹式。16. 晴竹式。附说曰："晴竹叶皆向上，艰于使笔。第一忌如叉者，不可不知。"❸ 17. 雨竹式。18. 雪竹式。叶皆画全，以淡墨留出雪意，与遁山半叶之法不同。

第三节　蒋和《写竹简明法》

蒋醉峰和略传已见前山水画法章中。醉峰不仅擅山水，兼以墨竹名，著《写竹简明法》两卷，蒋宝龄《墨林今话》称：

善山水人物，写照，尤长墨竹，曾寓吾郡，乞其画者甚多，辄自题云："兴之所至，以草隶奇字之法为之"，或画竹既就，以指补石，尤有别趣。刻有竹谱一册，曰《写竹简明法》，考前人竹谱，自攒三聚五，至丛九叠十以下，即无分笔之先后，学者因无从着笔。醉峰特明布叶变法，及叠缀结顶垂梢各法为图十有七章，并集前人名论，及自著《写竹杂记》数十则，附于后。开卷了然，洵可称艺苑金针矣。❹

醉峰之作，于清代竹谱中，当首屈一指。画派虽不高古，画律亦不甚精严，但其由简而繁，传授之方法，有足多者。蒋宝龄之言，信非虚誉。

《写竹简明法》两卷，共十七章，后附前人名论十二则，及自著《写竹杂记》二十一则。

卷上自发竿至梅道人五叶排梢，共九章。

（一）发竿四式　后有文字三则（页四至页六）

1. 正干（目录作竿，下同）（页四）。画竹两竿用笔自上而下，每节至底，一顿之后，笔向左踢，落笔一按，再起下节，往往二节相连属。附说曰："蓄墨挥毫，虽节有起止，竿有数节，皆一气贯注，如作书，一字有十余画者，一气写成。"章后有文字一则，亦为解此式而设者。"发干一起一止，逐节相生。凡起止处不必正对，自然生动。起处如作书之顿起，止处亦如作书之顿止。有起有止，止而复起，笔锋带处或断或连，如书家之有牵丝。至点节后，则笔锋为浓墨掩盖矣。"古人虽有此法，但多以之写细竹及根下骈枝。主干以连属之笔作之，易流入草率，恐非入门者所宜学。

2. 弯干（页四）。附说曰："竿虽有节，用意当作一笔，则气乃贯是。"此图与前人弯节不弯竿式无殊。

3. 断干（页五）。画一竿，最上一节秃梢。旁有文字曰："旧谱云：写干似蚕头，似马蹄，如折木，如断芦。写节似钓钩，似心字。写枝似雀爪，似秧针，内出如进跳，外入如垛叠。叶似金错刀，似剑锋，有喻如击鹘逸兔者，有喻如斩钉截铁者，叶叶而累，节节而为，言其似也。听之疑有声，直至形声俱忘，自然超妙入神矣。"此节不详其所本，必有旧谱今日所未能见者。

4. 斜干（页五）。画竹两竿，自其笔势观之，傍右者用笔自上而下，傍左自下而上。此章后有说曰："发干用笔，或上行或下行，前人之论不一。按旧谱云：'干如篆。'余以写篆法参之，以一顺一逆行笔。如画两竿，则一竿引而上行，至第二竿乃引而下行。三竿五竿，用笔皆如此。既得势，亦无对节之病。"

❶ 汪之元《天下有山堂画艺》（樵石山房刻本）《墨竹指》图式第十一帧。

❷ 同注❶图式第十三帧。

❸ 同注❶图式第十六帧。

❹ 蒋宝龄《墨林今话》（通行本）7/8b。

清代竹谱及关于画竹之言论

读此可悟何以图式中二干，用笔上下不同。自下而上，汪之元称之为偏锋，戒人不得用之。今醉峰则主张二者兼用，可见两家意见之不同。吾则仍以为当视竿之方向而定之。

章后另有文字一则，论画竿之前后浓淡，已见前人之说，不录。

（二）点节竹枝　目录不分式，附竹胎解箨（页七至页九）

页七竹节，有仅画两点者，注曰"旧谱谓青蜓眼"；如乙字者，注曰："旧谱谓之银钩"；一点一钩者，注曰："加（式中作如字，误）点如心字"；有落笔钝而收笔尖者；有起讫皆尖者；有一横之下，加一直者；有作草书八字形者。共八式。名称大半取自《十竹斋》。页右有字二行曰："淡墨写竿，画节用墨稍浓。"为画节之常法，非专限于某式者。

页七页左画竿一茎，竹节皆横，下加一直。附说曰："点节之后，下作一直，亦浓墨，夏仲昭有此式。今人虽不用，而旧法当知。然按其理，则似补竹沟之阙，非妄作也。"能因前人之法，而究其所以然，颇见精思。

页八有鱼骨、鹊爪、安枝分左右、逆笔各一式。逆笔之形，如以字之第一笔乚，注云："左起笔，下行即逆上，作一笔。"与半千画向左树起手之第二笔同。

页九画竹一梢，细枝甚繁密。注云："此竹秋时换新叶，其生枝类此。"此外竹鞭、竹胎解箨各一式。

（三）布叶五十一式（页十至页十九）

1. 一叶。附说曰："一叶连小枝，枝先倒插作一笔画。其法乃先作一逆笔（见页八），而添叶即生在枝之左又。2. 点叶跳。画一点一叶，附说曰：

"先点后作叶，此一点，乃迎面叶也，即两叶意。"解说已详高松竹谱高飞孤飞一式中。3. 卷叶。画一叶，尖头又带出一折笔，夏仲昭画中常见此。4. 两叶即前式，一叶又添一左叶耳。附说曰："两叶小枝，先倒插取势同上一叶画法"。5.［两叶］与前式4同，但竹枝无倒插一笔。以上五式在页十。

6. 两叶交。7.［两叶垂叶］，二叶大小不同。8. 两叶飞。叶作八字倒置形，飞字之称，不见前代竹谱。自醉峰全谱观之，凡竹叶与画之底线平行及向上者，皆曰飞。9. 飞势。两叶向右斜起。10. 两叶斜向左。11. 两叶斜向右。12. 人字。13. 入字。以上八式在页十一。

14.［两叶加点］，即三叶之意。15. 个字。16. 三叶交。附说曰："两叶垂分大小，两叶即有宾主。主笔微重。三叶即有疏密交搭。"此为两叶三叶画法之通论，非专指式16而言。17. 个字斜势。18.［三叶旁梢式］，与第八章旁梢中一式极相似。19. 缩脚个字。谓两旁叶长而中间一叶缩进也。20. 疏散三叶。个字形，而三笔各不连接。21.［四叶］，个字加点。以上八式，在页十二。式14至式17，皆以数字标明各笔先后。

22. 四叶。23. 四叶。前者注明为平直斜飞四笔，后者注明为垂斜交飞四笔，各有数字告人每笔先后。附说曰："平直斜飞四笔起用意如此，垂斜交飞四笔叠法用意如此。"可知二式本宜于交叠，特分画之以求简明也。24. 向左。25. 向右。二式皆四叶。以上四式在页十三。

26.［遒劲］，附说曰："不作叠法者，用笔当遒劲。"醉峰必以为画叶不作叠法者，孤另在外，毫无遮掩，故尤宜笔笔见力。27.四叶变式。即本章式12之人字，又加两笔也。28.〔四叶加点〕，附说曰："即五叶意。"29.重人。画两人字，在右之左笔，与在左之右笔相交。此式采用周履靖《淇园肖影》重人晴枝一式之法，与高松《竹谱》之重人不同。高谱二人字上下相重，中以细枝贯串，叶无交笔。以上四式，在页十四。

30，31，32，平排三式。每式四叶。式30第一叶着纸重，31第二叶重，32第三叶重。注曰："重者为主。"授人四叶中轻重宾主之变化。下有附说曰："分笔凡四排五排俱顺行。"谓各式用笔皆自左而右，顺次排去也。33.〔四叶平排两竹〕，此式列在前三式之后，更自平排二字测之，似寓有各笔着纸轻重相等，不分宾主之意，于图式亦可见此意。34.五叶。个在左，画法先个字后人字，个字最右笔与人字左笔相交。35.五叶。个在右，与前式相反。以上六式在页十五。

36.〔引笔重人〕，附说曰："起作引笔，下重人，与个字在左者稍异，亦叠法中用之。"个字在左者，指式34，其主要之不同，当在引笔。所谓引笔者，乃左首第一笔短而轻细，似以之领起作势者，故以引名之。37.平排五叶末笔提飞。38.遇结顶即提飞。往往见前人画竹中，最高出头处，有二笔跳起状飞势者，即与此式之意相若。39.五叶变法。三笔似个字，斜向左，人字两笔开张，左笔与个字右笔交搭。以上四式在页十六。皆五叶。式36右有附说曰："古今画家多作四叶排，至五叶排，惟梅道人好用之。"似为此叶诸式之总论，非限于式36者。

40，41，42，三式皆六叶平排。式40重在第二笔，41重在第三笔，式42重在第四笔，与前式30，31，32四叶诸式之意同。43.飞跳结顶。个字三笔在左，加四五提飞两笔，成五叶平排，再加提飞一笔，与第四笔交搭。附说曰："面面是个字，用笔之先后亦无一定，姑分之以便初习。"可知虽标明各笔先后，未尝无变通之法也。以上四式在页十七。

44.叠个外出。两个字相叠，上者偏右，居中向下一笔，与在下之个字右笔交搭。45.叠个内入。二个字上下压叠，故在上者居中向下一笔，与在下者相交，正在三笔之聚首处。两式皆标明各笔先后。前者先下个而后上个，后者先上个而后下个。所谓外出内入，非指上个与下个横度之出入，定指向上添个字，及向下添个字而言。46.〔六笔叠法〕，先画四笔，后作人字。人字左笔，与四笔之最右笔交搭。四笔不平排，自向左数第二笔画起，若平排便与后之式47无甚分别矣。47.逢五叶交。四笔平排，人字左笔与平排之第四笔交搭。与式34个在右之意相等，但此为四叶耳。以上四式在页十八。

48.〔七叶分个叠法〕，分字在上，个字在下。附说曰："先四叶，加三叶，即旧谱云'分字起，个字破'也。"49.七叶一气。个字在中，左右两人字。50.先三后四。个字在上，四笔在下。四笔不作个字，而似由两人字组成。51.先四后三。四笔平排，向右斜下，虚势以承有上之个字。附说曰："六叶七叶，已成小段。八叶九叶，详下小段章。"以上四式在页十九。

（四）大段连分解凡二十五式（页

二十至页二十九）

1. 平排人字叠缀（页二十）。此式共由二十一笔组成。附说曰："叠缀之法，小段接成大段，此定式也。兹人字个字叠式用平四叶接，以下再排，便成大段。接叶用笔极疏散，如文家之有关纽，有接脉，有过渡，着笔轻迅，极疏淡处，极要紧处。接叶或用平四叶，或用个，俱可。"

醉峰虑前式大段，学者尚不易明了，特再分式图解之，乃有以下人字叠缀分解四式。2. 四叶起，重人接，共八笔。3. 在上式重人交搭处引一笔，再用重人接，连前式共为十三笔。4. 式 3 之下，再加平四叶，共十七笔。5. 式 4 之下，再添重人，共二十一笔，成全式。以上四式，在页二十一。

6. 平排个字叠缀（页二十二）。共二十四笔。附说曰："平四叶起，即是个字一叶飞也。接叶四笔，亦是个字，一叶破之，如重人也。如此活看，头头是道。"

式 7 至式 9 为个字叠缀分解。7. 四叶起，重人接，下再以两个字排，共十四笔。8. 依前式下加平排四叶，共十八笔。9. 依前式下加两个字，共二十四笔，成全式。以上三式在页二十三。

10. 平排四叶叠缀（页二十四）。此式竹叶共五组，每组四叶，盖经五叠而成大段者。附说有四则："布叶随即布枝，兹不用细枝，恐观者目眩也。""先枝后叶，或先叶补枝。枝分浓淡，与叶配合。如以浓枝补淡叶，则谬。""如枝左垂，则左出梢。枝右垂，则右出梢。五叶排法亦同。""排叠之法，为初习者无由安置。既明叠法，于三叠四叠时，或偏左或偏右，即垂梢，便成段落。"以最后一则，授人活法，最为重要。

式 10 至式 14 为四叶叠缀分解（页二十六）。自两叠起，至五叠止。此页亦有附说曰："旧谱谓之垛叠，亦谓之外入。外入者，从外叠成段落也。"垛叠二字，醉峰实误解。前人自李息斋始，无不以垛叠名细枝之自外画入者，与画竹叶无涉。

15. 平排五叶叠缀（页二十六）。每组五叶，五叠成大段。附说曰："五排叠法，每排俱用破，详下破个章。"此式每组五叶，极规则，便于初学也。若熟后，当有变化，而五叶之变化，破个章中，图解甚备，故特揭出之供人参阅也。

式 16 至式 19（页二十七）为前式分解，自两叠起至五叠止。

20. 反张四叶排叠缀（页二十八）。附说曰："夏仲昭有此式。"又曰："反张如鸟翅之反张，皆大段用之。如张于左不用右，或张于右不用左，即是旁梢势。"又曰："反张平四叶起，四叶接，左右各四叶，排意相背。味其反张平四叶一语，当指四叶一组而言，非谓全段状如鸟翅。然图式中之竹叶，与他式无少异，未详其究竟。

21. 反张五叶排叠缀（页二十九）。与前式全同，但每组为五叶耳。

式 22 至式 25 为叠缀起首接叶诸式。22. 四叶起，重人接。23. 四叶起，三叶接。24. 五叶起，四叶接。25. 四叶起，个字兼人字接。四式在页三十。

（五）小段十式（页三十一至页三十三）

1.［四叶重人重个］，附说曰："四叶起，重人重个成小段，再以个字单接

567

作人字排，便成大段。"此式与大段项中式7全同。式7本为大段中之一部，宜乎醉峰谓再添个字人字，便为大段矣。

2.四重人梢凡八叶。此式之名，殊不切合，实仅四叶平排，下加重人耳。

3.四三人垂梢凡九叶。此式由四笔平排，下接个字人字而成。与式名亦不切合。以上三式在页三十一。

4.两个字加人字。附说曰："叠个人梢凡八叶，要与大段连络，则个字之左右俱可作飞笔。"稍后一式中有语曰："小段飞笔，可以承上，大段垂梢，可以接下。"亦可取以为此式作注解。5.五排用破法。6.四后三叠人。7.三四成小段。以上四式在页三十二。

8.［四叶加人字］，附说曰："上两叶，一叶飞。小段须与大段连络。小段飞笔，可以承上，大段垂梢，可以接下。其余各式，不作飞笔者，易于明白也。"又曰："凡大段小段，有正有斜有偏。偏分左右斜出上下。谱中叠缀，俱系正式，偏势斜势，可以一隅而反。"9.四叶分左右。由三组四叶叠成。附说曰："章法分大段小段，月竹水竹悬崖，可以多排，其余大段，多至五叠。"醉峰以前叠缀诸式，未有过五叠以上者，可见大段宜至五叠而止。至何以月竹水竹悬崖不妨多排，并未说明。岂以月竹多影，而水竹悬崖，当多排以见垂势耶。10.五叶分左右，与式9之意同，但每组为五叶耳。以上三式在页三十三。

（六）结顶十式（页三十四至页三十六）

1.单飞内出尖结顶。四叶平排，上加两跳笔。2.双飞。四笔起手，与式1同，后加三跳笔。以上二式，在页三十四。

页左有大字两行曰："分平尖大小四式，凡提飞处，即旧所谓内出也。"此语殊费解。何谓平尖，何谓大小，所谓四式者为何，醉峰皆未说明。页中又有附说两节，页右一则曰："结顶分大小，大抵小结顶多跳笔，其余章法之变换，详杂式备用章。"当即告人此二式皆有跳笔，故为小结顶之意。页左一则曰："个字人字，皆约言笔画之意，如直作人字个字，又何与于竹耶？惟左右平斜用之，无不合宜，便成章法。至旧谱平尖之说，今分为两式"。所云平尖两式何在，又不得知。遁山《竹谱》以竹叶之端，有嫩尖上露者为尖尖，无之者曰平尖。设醉峰所据之旧谱与此相去不远，则所谓大小四式者，岂平排之四叶为大式，为平尖，而跳出之提飞为小式耶？盖除非将两式又各分为二，不足四式之数也。

3.重四。上四笔与下四笔重叠也。4.五叶排破成个。先作五叶一顺，后加逆笔，乃成个字。5.左右反张四叶用破法成结顶。左右各四叶，用以破之者，提飞二笔也。6.左右反张五叶用破法成结顶。与式5之意同，但用以破之者，非提飞，而在下添缀数叶。以上四式在页三十五。

7.飞在左。五叶左上有个字，个字两笔提飞。8.飞在右。与式7同，个字移至右上而已。9.平四叶结顶。10.平个字结顶。与寻常之四叶及个字无殊。以上四式在页三十六。

（七）垂梢二十式（页三十七至页三十九）

1.八字。2.人字。3.义字。4.六叶、梢。即布叶章中式29之重人，下又加一人字。5.重个。6.个字。7.介字。8.必字。四叶，两旁者小，中二大叶交叉。以上八式在页三十七。

9. 人字。附说曰："人梢两笔相接处，如写人字，略有参差。"谓第二笔稍稍让出第一笔之笔头也。10. 重人。11. 分字。如介字，但笔笔不聚头。12. 分字，如行书"分"字之形。13. 交脚。与必字相近，但两旁两叶较重。14. 文字近"攵"字之形。15. 五笔。如式12又加一笔于右。16. 五笔。三笔之右，再以人字交搭。以上八式在页三十八。

17. 散四叶梢。即平排四叶，皆不交搭。18. 散三叶。19. 重八。20. 缩脚个字梢。与布叶章式19同。以上四式在页三十九。

最后有大字两行曰："垂梢无定法，看段落之大小施用。至用笔之轻重，又在一时之天机运转。"于上文可知若欲巧立名目，虽百数十式，亦不难罗致也。

写竹杂记中更有论垂梢一则曰："垂梢要舒展，先取势，次结构。山谷云：'生枝不着节，乱叶无所归'，乃初学要言。若几于成功，以章法为第一。"既曰垂梢，必指每一段落中叶之最下者。叶稀而无累叠，自宜舒展，以间他处之密。证之以此章各式，无不皆然。

（八）旁梢二十式（谱中仅十六式，疑目录误）（页四十至页四十三）

十六式自三叶起至八九叶止，向左向右者参半，皆不标名目。页四十一有附说曰："垂梢旁梢有同一式而用笔轻重不同，即在一幅中，不为重复。"醉峰所言，确可于古人画中见之。

（九）梅道人五叶排梢十一式（谱中仅八式，疑目录误）（页四十四至页四十八）

式1在页四十四，向右垂一枝，叶两排，各以二三笔破之。式2在页四十五，仍是两排，但每笔相隔颇疏落，故破笔更得多添，于是上排共有九叶，下排共有十叶之多。附说曰："五叶排叠，而垂梢亦作五叶，想前人亦有此法。今但见梅道人墨迹，而用笔直锐，与众家稍别，因另立一格。"式3在而四十六，作上下两截，上截两排，各五叶，顺排；下截两排，各五叶，压叠。旁有附说曰："垂梢如作字之结束。字之结束，在末笔。写竹结束，在垂梢。明于排叠，则布叶妥帖。精于结束，则气足神完。与作书并无二理。"

式4式5各五笔起，后加破笔。式6以引笔起，后平排五叶，共六叶。式7五笔后加三笔破。以上四式在页四十七。

式8在页四十八。画竹一枝，叶殊繁密。细察之，多以五叶排成者。此式在上卷之尾，有成幅之意。

下卷自晴竹至勾勒凡八章：

（一）晴竹三十式（页一至页九）

页一有大字一行曰："大抵多向上，人字，个字，或作叠个。"此为全章之总说。晴叶多挺劲，自竹有谱以来，无不作向上之叶以状其晴态也。页一六式皆三叶。页二六式皆四叶。页三五式皆由人字叠成。页四三式皆竹梢也。页五二式，竹叶渐多，已由简而趋繁。有附说曰："写叶全在用墨。取墨之华为之，自然活泼。一枝浓，即以一个枝淡衬贴，如文家段落，必两三层，始得成章。"汪之元之《天下有山堂画艺》即以浓淡套印而成者，惜醉峰未采用之。

页六一式有附说曰："浓淡相依，枝叶间错。转折向背，敧侧低昂，各有态度，由尽生意。"此式布叶虽不恶，但未足副附说中所云之各种意致。

页七一式,有附说曰:"昔李昭有言:'人以萧疏为能,我以重密为巧。'宋徽宗写竹,墨色淋漓,惟露白痕一线,谓多之为难。"画竹留白痕,姚际恒亦曾言之。《好古堂家藏书画记》曰:"宋人墨竹,当是湖州玉局笔。竹叶相亚处,留空白一道,乃古画竹法,后人则重叠交加,失古法矣。"❶尝见日本影印徽宗花鸟卷,工谨有余,定是赝本,叶间果留白道。醉峰此式,既不如此,似无议及之必要也。

页八,人字叠缀,及人字兼个字叠缀,各一式。页九四叶五叶叠缀各一式。以上四式,十数叶至二十余叶不等。

页十为晴竹结顶二式。竹叶四面皆有,亦有向下者,不似以前诸式,悉是仰叶也。

(二)破个十五式(页十一至页十三)

诸式之前有总说曰:"写竹须写个,破去个字,即成分字个字。凡四叶排,五叶排,破去排板,又成个字。因为是章。"按此十五式,皆由个字变化而出,大半皆与卷一诸式重复。就学者之阶段言,亦当在编首。今此卷中又见,未详其意。书尾《写竹杂记》有一则曰:"写竹人人知写个字,但不知叠法之穿插。人人知个字要破,但不知个字一破,即是重人。以个字人字,能一而二二而一之,不杂不乱,便是能手。"❷岂以破个非易事,特于此更辟一章,以示其重要耶?

(三)杂体十二式(页十四至页十六)

诸工前有总说曰:"写竹者能极人字个字之变化而用之,其〔其字疑衍〕法已思过半矣。至四叶排五叶排,而叠法

又得矣。是谱专用法,而正法之外,又有变法,遂作杂体章。"可知杂体者,变法也。

各式用笔金草率,交搭结构,亦不甚清楚,故亦无从逐式详论之。

(四)草体十九式(页十七页十八)

总说曰:"书法有真楷,稍减为行书,再减为草书。画竹用笔飞动,有如草书者,因名曰草体。"

诸式零乱尤甚。原谱既不佳,学之者必坠恶道。

(五)风雨二十式(谱中共二十二式,疑目录误)(页十九至页二十三)

其间前十八式为风竹,后四式为雨竹。风竹之前有总说曰:"风势或偏左,或偏右,其法仍用四叶五叶人字个字。因取势多带笔,次于草体下。"观最后一语,已知其画风竹必不能佳。大家如柯丹丘、夏仲昭等,即风叶亦笔笔有交代,起讫分明,何尝多带笔,何尝似草体耶。雨竹皆作分字,与遁山《竹谱》中诸式无殊。

(六)旧谱十八式(页二十二至页二十六)

总说曰:"醉峰曰:'旧谱好为美名,如娥眉鹊爪、攒三聚五之类,因有是式,亦存其名。'"

各式图式,与卷末《集前人名论》用意同。择旧谱之可取法者,供学者参考也。其来源当不止一书,或取自《十竹斋》,或取自《淇园肖影》,或自他谱,今日竟难获见者。统称之曰旧谱耳。

(七)梅道人杂法二十六式(页二十七至页三十二)

总说曰:"梅道人流传墨迹,专意洒落,不由规矩,惟用笔铦利,非工于书者不能。兹择其式之尤异者,立是章。"

❶ 姚际恒《好古堂家藏书画记》(《美术丛书》本)三集八辑二册下/6a。

❷ 蒋和《写竹简明法》(原刊本)下/24a。

是章诸式，盖自吴仲圭墨迹中摘取者。尝取故宫所藏仲圭《墨竹谱》与此较，用笔间有似处，而结构之芜杂，带笔之草率，亦皆缘学梅道人，无心之中沾染而不能去。见此乃悟杂体草体风雨诸章，所坐正此病。醉峰《写竹杂记》有一则曰："洒落取致，但有笔力，多无矩矱，故后人宗梅道人者易堕恶道。有心斯事，当从规矩入，再从规矩出。参透此关，无法非实，无法非空。"❸盖自知之，而不意终自犯之，甚矣梅道人之不易学也。

（八）勾勒一式（页三十三页三十四）

页三十三画勾勒竹一枝，解说在页三十四，悉是息斋《竹谱》之文，不录。

《集前人名论》十二则，所录者为李息斋、管夫人（后人伪托）、周履靖、程雪斋、张浦山诸家〔杨士安《瓶花书屋竹谱》自序称："予尝见学者往往寄情笔墨，便翻阅唐六如、程雪斋、十竹斋，《芥子园画谱》，欣然从事，然始而情殷，继而索然，何也？"是程雪斋原有竹谱，且观其排列在胡正言前，似是明时人。或与程正路同名而非一人也。书此以待再考。惟杨氏竹谱多袭醉峰之处，或据《写竹简明法》而漫之于编，未见原书，亦未可知〕。其中惟程雪斋之名不经见，亦未闻其有论画竹之专著。按雪斋名义，字正路，一字耻夫，歙县人，曾作《栋亭图》赠曹荔轩，见《吴越所见书画录》❹。推其时，当是康熙间人。惟醉峰所录者为四言歌诀，极似明人图谱中之文为可异耳。

醉峰所著之《写竹杂记》二十一则之中，有为前人一再论及者，有为叙述笔法章法之名，已见图式中者，今皆不赘及。

醉峰论繁简曰：

士大夫偶尔涉笔，能简而不能繁。其为简也，非能简也，不敢多着笔也。其不能繁也，不敢繁也，未尝用力于叠法也。❺

数语极能中以草草逸笔为遣兴者之病，揭其隐而言彼所讳言者。盖墨竹非士大夫不能工，而士大夫若不对于墨竹法律有深刻之研究，仍不能工也。设欲能简而兼能繁，必须知排叠。排叠之法，醉峰论之颇详。

写竹非排叠不成大段。排笔沉着，如诗文之有排偶也。先成小段，即用接叶。接叶之后，又加以排叠垂梢，乃成大段。凡接叶用个字分字，或四平叶。用笔当轻疏散逸，意在承上启下，如诗文之有连络也。排偶是实，疏散是虚，虚实相间，宾主相映，上下相生，乃成章法。排是平看，叠是直看，梢是旁看。枝先叶后，写叶补枝，枝干参差，亦章法要事。❻

谱中有言曰："六叶七叶，已成小段。"谓此六七叶团结，成一小组织也，亦正叶之密处、实处。此下再起小段，其间必有贯串连结之笔，使二者浑然成一体，此即接叶、正叶之疏处、虚处。无此接叶，则二小段各不相涉，有之始能合而成为大段。于前谱中叠缀分解诸式，最能体会其法。

关于用墨，醉峰有淡撮、浓撮之说。

画法撮墨，大抵用淡撮浓。若雨中垂梢，当以浓撮淡，更觉阴润。❼

丹邱生《竹谱》，日本影印本，浓叶在中，淡叶在外，是以淡撮浓也。以浓撮淡，正与上反，先淡叶而后浓叶耳。竹有垂梢，用墨当重。一则示其在下而背光，一则以其孤另在外，每是一幅中之精彩取胜处，宜浓重以引人注目。然不问淡撮浓撮，取其水墨渗晕而生变化

❸ 同注❷。

❹ 陆时化《吴越所见书画录》（怀烟阁写刻原刊本）b/106a。

❺ 同注❷下/23a。

❻ 同注❺。

❼ 同注❷下/22b。

则一也。

风竹之叶，有上风垂风斜风之不同，前人无言之者。

写折枝多取斜侧之势，不必有风也。若风竹有上风垂风斜风之别，施之巨幅乃显。❶

上风者风掠尖梢而使其叶翻，垂风者风仰垂梢而使其下俯，斜风多作分字，遁山《竹谱》所谓"风竹顶风枝借雨"是也。上风醉峰下卷页十九有一式，垂风斜风可参阅遁山《竹谱》傲风及团风二式。

醉峰有论点剔及衬贴二则，乃专为浦山论画竹而发者。浦山曰：

余见梅道人墨竹，竹叶四五相聚，层叠疏密，自为间破，惟出梢及起枝处，或以一两笔取势，从无点剔衬笔。又见夏仲昭墨迹，极疏散潇洒，亦无点剔衬笔，因思今之细笔虚攒者，但欲避匀，而不知失之碎也。墨竹出于双勾，皆长叶叠缀，不用细碎补茸，所以虚笔点剔，为墨竹之大弊。❷

醉峰则谓：

按部就班，有法度，有照应，则无摧败零落之笔。如以细碎点剔取致，皆疏于法者。至篇幅以大小段落见章法，有欠缺则用补笔，段落不连络，亦用补笔，或以枝补，或以叶补，或枝叶并补，临时省察。❸

又曰：

点剔初笔，与衬贴迥别。凡衬剔以细碎之笔，似作书之挑趯，衬在叶中也。若衬贴，乃断不可少。以浓衬淡，以淡衬浓，竿衬竿，枝衬枝，叶衬叶，两层映带，方见浑厚。若但用焦墨，只可偶为之。❹

前节浦山之言，乃据醉峰《集前人

名论》所引，与《画徵录》原文略异。浦山原文作"或以一两笔取势，从无虚笔点剔衬贴"。醉峰易"贴"为"笔"。实则，即使不易醉峰之意，亦未尝与浦山不合。以浦山之衬贴，谓虚笔点趯，醉峰之衬贴，谓浓淡相间。所衬贴者，原非一事也。

综观全谱，上卷按部就班，层层分解，不愧简明二字。下卷多草体及梅道人法。惟仲圭画竹，神化无端，殊不容后人加以分析，遂不如上卷之有法度可寻。后学得之，恐亦难于仿效，即仿效亦必坠恶道。本节详于上卷，而略于下卷，正以此也。

第四节　各家之片段言论

关于画竹之片段言论，郑燮《板桥题画》中有一则曰：

徐文长先生画雪竹，纯以瘦笔破笔燥笔断笔为之，绝不类竹，然后以淡墨水勾染而出。枝间叶上，罔非雪积，竹之全体，在隐跃间矣。今人画浓枝大叶，略无破阙处，再加渲染，则雪与竹，两不相入，成何画法……❺

遁山画雪竹之法为笔笔自油纸上拖过，虚其上半叶，为雪留出地步。青藤以瘦笔破笔为之，不假物助，于漫无法则中，当愈能饶自然之趣。遁山之法易画，而不免于匠。青藤之法难画，而易几于雅。雪竹当仍以此为正宗也。

李佐贤《书画鉴影》著录板桥画竹一轴，自跋曰：

始人画竹能少而不能多，既而能多矣，又不能少，此层功力，最为难也。近六十外始知减枝减叶之法。苏季子曰："简练以为揣摩"，文章绘事，岂有二道。此幅似得简字诀。❻

❶ 蒋和《写竹简明法》（原刊本）下/23b。

❷ 同注❶下/20b。

❸ 同注❶下/23b。

❹ 同注❶下/24b。

❺ 郑燮《板桥题画》（《美术丛书》本）四集二辑二册2a。

❻ 李佐贤《书画鉴影》（同治辛未刊本）24/21a。

能少而不能多，即醉峰所谓士大夫能简而不能繁也。既能繁矣，又当潜心玩味，如何能一笔而备该数笔，一枝而备该数枝。安节论点缀人物，芥舟论山水，并主是说。画竹与山水人物之理，何尝有二？玄宰谓生而后熟，熟而后生，与此同为进益之阶段也。

方兰坻《山静居画论》言画竹之法曰：

> 画竹无论工拙，先须一扫钉头鼠尾，佻佻琐屑之病，务使节节叶叶，交加爽朗，肥瘠所不计也。❼

所见与浦山颇相近。又论画须发竿得势曰：

> 世谓画竹，不难于发竿，而难于叠叶，虽有是理，然全幅位置，妙在发竿，竿发得势，叠叶亦有生法。❽

画竹者一味在叠叶上用功夫，殊不知其叠叶终不能佳者，未解发竿之法耳。兰坻所言之病，竟有毕生而不能自悟者。

❼ 方薰《山静居画论》（于海晏辑《画论丛刊》本）册三下/3a。

❽ 同注❼。

第四十四章 清代兰谱及关于画兰之言论

近人杨复明《画兰琐言》中有二则，论清代画兰之著述，适可取置吾章之首。

白岳汪体斋之元《天下有山堂画兰指》，湖郡王宓草著《青在堂画兰浅说》，皆画兰金针焉。近俱有石印本行世。有山堂为兰竹石三谱，清雍正二年刻于粤东，墨法有浅深，盖套板也。板已久毁，早年此谱颇不易得。青在堂刻于乾隆年间，即《芥子园画谱》续刻。王安节叙之详矣。宓草与安节为弟昆，皆以善画名。安节名概，画兰师葬斋。《画兰指》与《画兰浅说》，息深达矗，浅云乎哉，指诸掌矣。青在堂起手法所注短说，尤佳。❶

吾乡王冶梅❷、蒲圻周斗山，俱刻有兰谱。但冶梅四言画兰诀，则录自青在堂。斗山四言诀云："一笔而起，七笔而止。三叶一添，可加满纸。如竹写

个，破个为美。万叶丛生，不外乎此。"此语甚简当。至叙中有用笔与八法相参、四体俱备等语，实能阐明画理。又玉山、周云峰有画兰曲❸，见后《咏兰琐言》。但此数公者，笔力稍弱，然生于道咸前后，彼时虽非鼎盛，而文物犹存，则又不禁神游于其际矣。若陈东桥❹、吴兰石❺两画谱，殊不足观，惟遍征题咏，以为光宠，未免陋矣。❻

三百年来，画兰之著，约尽于是。其中除周斗山之谱未获见外，自以安节、体斋二家之作，最为重要。本章辟二节论之，而以各家之有片段言论者为殿。

第一节 王概等合编《青在堂兰谱》

《青在堂兰谱》，上下两册，为《芥子园画传二集》四谱中之第一种。

---

❶ 杨鹿鸣《兰言四种》（排印本）1/3b。

❷ 王冶梅《兰谱》，光绪壬午刻于日本。文字仅《写兰浅说》一篇，即杨氏所谓录自青在堂者也。图式为撇叶、执笔、花头起手成式等十余式，极简略。

❸ 周云峰画兰曲中有句云："写神不必求工，空谷幽姿自不同，从来作画如作字，要必先纯而后肆。浅深翠带喜交加，吹落湘云帝子车。"同注❶2/13b。

❹ 陈遽《墨兰谱》嘉庆戊午读画斋刻本。越园先生《解题》曰："是编首为起手式

两种，次为长短叶下垂式，又次为繁简两式，又次为枯笔，又次为花式，分俯、仰、含蕊、半放、开放、并头及风雨诸式，又次为折叶式，又次为迎风垂露式、悬崖式、花初放式、雨叶风花式。尚为简要，惜少说明。末为全体十六式，前后题词甚多，不免标榜，则画谱通

习也。"（北平图书馆排印本）2/23b。

❺ 吴兰石，名焕采，安徽人，兰谱刻于光绪二十年甲午，无文字说明。

❻ 同注❶1/5a。

上册文字为画法源流、画叶层次法、画叶左右法、画叶稀密法、画花法、点心法、用笔墨法、双钩法、四言画兰诀、五言画兰诀等十篇。❶

（一）画法源流

画墨兰，自郑所南、赵彝斋、管仲姬后，相继而起者，代不乏人，然分为二派。文人寄典，则放逸之气，见于笔端。闺秀传神，则幽闲之姿，浮于纸上，各臻其妙。赵春谷及仲穆，以家法相传，杨补之与汤叔雅，则甥舅媲美。杨维干，与彝斋同时，皆号子固，且俱善画兰，不相上下。以及明季张静之、项子京、吴秋林、周公瑕、蔡景明、陈古白、杜子经、蒋冷生、陆包山、何仲雅辈出，真墨吐众香，砚滋九畹，极一时之盛。管仲姬之后，女流争为效颦。至明季马湘兰、薛素素、徐翩翩、杨宛若，皆以烟花丽质，绘及幽芳，虽令湘畹蒙羞，然亦超脱不凡，不与众草为伍者矣。

画兰源流，前人罕有论及。就文人闺秀，分为二派，亦可想见明季女史画兰之盛。何悔余曾有言曰："近人画兰，画破古法，管仲姬、顾横波，均于阴阳向背争工，叶叶到梢，不使一折笔，不参以断笔，故近梢无尖叉，近根无篱眼，此古人写兰正派也。"❷杨复明不以其言为然，驳之曰："今人画兰，非尽破古法，乃学所南彝斋，而有进也。闺秀画兰，腕力不足，故不能使折笔。无折笔，焉有断笔。古画兰法，本有螳肚蜂腰之说，彝斋画诀亦有折腰断臂之喻。折笔断笔，皆画法所应有者也。"❸今安节分文人闺秀为二派，岂以闺秀无折笔断笔，故画法与文人有殊也。然吾固尝见马湘兰画兰，显有折笔。当仍以放逸幽闲之气味

不同，为文人闺秀主要之分别也。

（二）画叶层次法

画兰全在于叶，故以叶为先。叶必由起手一笔，有钉头鼠尾螳肚之法。二笔交凤眼，三笔破象眼，四笔五笔宜间折叶，下包根箨，式若鱼头。成丛多叶，宜俯仰而能生动，交加而不重叠，须知兰叶与蕙异者，细柔与粗劲也。入手之法，略具于此。

凤眼象眼等，见《十竹斋书画谱》。钉头，后之图式中有解说曰："根边小叶，一名钉头。"然颇疑长叶之起处，亦以此名之，不然何以谓"叶必由起手一笔，有钉头鼠尾螳肚之法"。❹盖此三者，为一叶中三段落之名称。鼠尾言其收处之尖，螳肚言其一提笔后，再落笔之重也。兰蕙之叶，有细柔与粗劲之分，前人谱虽未言及，惟周履靖《九畹遗容》中有建兰一帧，一箭多花，叶阔而直，已见其与兰叶之不同矣。

（三）画叶左右法

画叶有左右式。不曰画叶，而曰撇叶者，亦如写字之用撇法。手由左至右为顺，由右至左为逆。初学须先顺手，便于运笔，亦宜渐习逆手，以至左右兼长，方为精妙。若拘于顺手，只能一边偏向，则非全法。

画树枝向左者，可自上而下，画兰以其叶尖，非提笔一收不能出之，故不问向左向右，无不自根画起。向左逆笔，除画兰外罕用之，故宜多练习也。

（四）画叶稀密法

叶虽数笔，其风韵飘然，如霞裙雾佩，翩翩自由，无一点尘俗气。丛兰叶

❶ 王概等编《芥子园画传二集》〔乾隆间重刻本〕《兰谱》上册《青在堂画兰浅说》1b—4b。

❷ 杨鹿鸣《兰言四种》（排印本）1/11a。

❸ 同注❷1/11b。

❹ 杨鹿鸣亦有句云："钉头鼠尾螳螂肚，一叶须分三截看。"同注❷1/12b。

须掩花，花后更须插叶，虽似从根而发，然不可丛杂。能意到笔不到，方为老手。须细法古人，自三五叶至数十叶，少不寒悴，多不纠纷，自能繁简，各得其宜。

其中之要诀为叶须掩花，花后插叶，及虽似从根而发，然不可丛杂数语。花后插叶，能增加一丛之深度，不似在平面之纸上。不丛杂，其秘在参差不齐，不笔笔到底，即意到笔不到之意。盖前叶掩后叶，后叶虽不到底，而观者自觉其到底，若笔笔到底，则丛杂矣，如束薪矣。

（五）画花法

花须得偃仰正反含放诸法。茎插叶中，花出叶外，其有向背高下，方不重累联比。花后再衬以叶，则花藏叶中间，亦有花出叶外者，又不可拘执也。蕙花虽同于兰，而风韵不及，挺然一干，花分四面，开有后先，茎直如立，花重若垂，各得其态。兰蕙之花，忌五出如掌指，须掩折有屈伸势。瓣宜轻盈回互，自相照映，习久法熟，得心应手。初由法中，渐超法外，则为尽美矣。

上文兰蕙之花并论，以其病相若，而偃仰正反之姿态，亦复相似，皆详后之图式中。蕙花开有后先一语，尚不甚详尽。一箭数花，在下者先发，在上者尚含苞。及在上者大开，在下者已垂垂将谢，后先者，谓此也。

（六）点心法

兰之点心，如美人之有目也。湘浦秋波，能使全体生动，则传神以点心为阿睹，花之精微，全在乎此，岂可轻忽哉？

一幅中用墨最浓处，恒为画中神之所聚处。兰之点心，用浓墨，故其他位颇似山水中之点苔。然其重要有甚于点苔者，以花之偃仰反正，往往俟点心而后分明。传神阿睹，颊上三毛，庶几似之。

（七）用笔墨法

元僧觉隐曰："尝以喜气写兰，怒气写竹。"以兰叶势飞举，花蕊舒吐，得喜之神。凡初学必先练笔，笔宜悬肘，则自然轻便得宜，道劲而圆活。用墨须浓淡合柏（疑"拍"字之误），叶宜浓，花宜淡，点心宜浓，茎苞宜淡，此定法也。若绘色写生，更须知正叶宜浓，背叶宜淡，前叶宜浓，后叶宜淡，当进而求之。

上则所述，皆最基本之方法，无足论者。

（八）双勾法

勾勒兰蕙，古人已为之，但属双勾白描，是亦画兰之一法。若取肖形色，加之青绿，则反失天真，而无丰韵。然于众体中，亦不可少此，因附其法于后。

文人写双勾兰，确以白描者为多。双勾着色，似属于工细花卉一派，与四君子画殊科。第二册成式中，有王蕴庵画着色建兰一帧，即用此法，当是聊备一格之意。

（九）四言画兰诀

即周履靖《九畹遗容》中之写兰诀。不录。

（十）五言画兰诀

画兰先撇叶，运腕笔宜轻。两笔分长短，丛生要纵横。折垂当取势，偃仰自生情。欲别形前后，须分墨浅深。添花仍补叶，攒箨更包根。淡墨花先出，柔枝茎再承。瓣宜分向背，势更取轻盈。茎裹纤包叶，花分浓墨心。全开方上仰，初放必斜倾。喜霁皆争向，临风似笑迎。垂枝如带露，抱蕊似含馨。五瓣休如掌，须同指曲伸。蕙茎宜挺立，蕙叶要强生，四面宜攒放，梢头渐缀英。幽姿生腕下，笔墨为传神。

此诀各法咸备，可谓之为画兰之总论。以前诸分编，又似自此篇化出。疑安节亦自前人谱中录得，但未详其所自耳。

图式上册共七项。

（一）画兰起手撇叶式十六则（页二至页十三）

1. 起手第一笔。2. 第二笔。3. 起手二笔交凤眼。4. 三笔破凤眼。画叶层次法曰："三笔破象眼。"今作凤眼，未知孰是。按二笔既成凤眼，三笔破之，自当曰破凤眼。但象眼亦非无据者，《十竹斋》画叶起手法一式，即有象眼之名称也。5. 二笔攒根鲫鱼头。6. 三笔攒根鲫鱼头。谓两叶在根下相合，如鱼首也。7. 鼠尾。8. 螳螂肚。9. 意到笔不到。鼠尾指叶杪，螳螂肚指叶中间肥处，意到笔不到指叶中间之提笔离纸处，三者不过指明三笔破凤眼一式中，叶之各段落，实未宜另分之为三式也。10. 左折叶。11. 右折叶。12. 断叶。此亦与左折叶在同式中，断者即折叶之"意到笔不到"也。13. 三笔交凤眼。自第一式至此，皆为向右左发叶，所谓顺手是也。14. 右发五笔交互。15. 两丛交互。附说曰："凡画两丛，须知有宾有主，有照有应，于半空处着花。根边小叶，一名钉头，不可太多，熟极自能生巧。"两丛左丛繁于右丛，当即于此见宾主也。16. 钉头。

（二）双勾叶式三则（页十四至页十七）

1. 正发密叶。2. 偏发稀叶。附说曰："凡画兰不出稀密二则。密之所忌者结，稀之所忌者拙。"3. 折叶。附说曰："折叶以劲折取势，须刚中带柔，折中带婉。"

（三）撇叶倒垂式（页十八页十九）

附说曰："郑所南画兰，多作悬岩下垂，此蕙叶也。几画兰须分草兰、蕙兰、闽兰三种。蕙叶多长，草兰叶长短不等，闽兰叶阔而劲。草蕙春芳，闽兰夏秀，缘春兰叶多妩媚之致，故文人多画之。"此式自左向右下垂，用笔为顺手。倘自右向左垂，又成逆手矣。

（四）写花式七则（页二十至页二十二）

1. 二花反正相背。2. 二花反正相向。3. 二花偃仰相向。4. 正面全放。5. 正面初放。6. 含苞将放。7. 并头。附说曰："写花必须五瓣为则，瓣之阔者正向，瓣之狭者侧向，点心以浓墨正中是正面，两胁露出中瓣是背面，点侧处是侧面。"瓣之阔狭，不违透视之理。正者全见，故阔；侧者，瓣之阔度缩成一线，故狭。点心对于花之正反有关，即吾前于点心法一则中所论及之说也。

（五）点心式（页二十三）

目录此项虽不分式，图式中却分作三点正格、三点兼四点格及四点变格三类。附说曰："兰心三点如心字，或正或反，或仰或侧，惟相兰瓣所宜用之，此定格也。至三点有带为四点者，遇隔瓣及众花中，恐蹈雷同，不妨破格。蕙花点心，同此。"将点心提出，独为图式，此是创举。惟其失在不知何等花，始用此等点。学者但须体味花朵式中之点心便知，未见更有设此式之必要。

（六）双勾花式十一则（页二十四至页二十六）

1. 全放反正。2. 仰花反正。3. 偃花反正。4. 二花右垂。5. 二花左垂。6. 二花并发。7. 二花分向。8. 折瓣。9. 含苞初放。10. 含苞将放。11. 含苞。附说曰："写兰蕊有二笔三笔四笔之不同，其茎发自苞中，与花一理。"双勾花无点心，而此乃授人勾心之笔法也。

（七）写蕙花式二则（页二十七页二十八）

1. 墨花发茎。2. 勾勒花发茎。

综观此谱各式，悉依周履靖《九畹遗容》，及胡正言《十竹斋兰谱》为蓝本。发叶花头各式，皆未能脱离周胡二谱之范围。若比较兰之形态，此谱之叶较肥，花瓣尖而直，不若明人所作花瓣，有圆转抱心之意。此又画派之改变使然也。

下册为成幅十六帧。标题曰："迎风墨兰，数笔小兰，双勾细蕙，露根墨兰，着色建兰，带露墨蕙，折叶墨兰，双勾垂兰，竹畔墨兰，无骨色兰，舞风墨蕙，竹下墨兰，倚石墨兰，石边墨蕙，正面墨兰，临流墨兰。"其中墨兰有十二帧之多，白描双勾二帧，双勾设色，没骨设色，仅各一帧耳，盖意以墨兰为主也。

第二节　汪之元《天下有山堂画艺·墨兰谱》

体斋《天下有山堂画艺》下册，为墨兰谱。谱前有墨兰指二十八则❶。按其内容，可分为兰蕙画法及点缀画法两部。惟其第十五则论"画兰当有点缀"，应与第十六则论"画兰宜有庄严体格"次序对换，如是则前半尽论兰蕙，后半尽论点缀，其间之范围，判然分明矣。

（一）兰蕙画法

第一则论花后插叶及密疏得势，袭《芥子园》画叶稀密法一节。

第二则曰：

写兰用笔与写竹法同，前已言之详矣。惟叶起自四笔写到数丛，皆不纷乱者，以有此规矩在于胸中耳。规矩者何，即谱中起手层次交互之法也。

上则提醒人当注意谱中起手之第二式。其法亦不外乎两笔交，三笔破，四五六数笔作陪衬，前人谱中所尽有者也。

第三则论蕙叶刚，兰叶柔，见《芥子园》画叶层次法。

第四则论画叶左右顺逆，自《芥子园》画叶左右法一则录出。

第五则

护根乃兰叶之甲坼也，更宜俯仰得势，高下有情，简不疏脱，繁不重叠，然必以少为贵。

甲坼，根旁嫩叶。护根称见《十竹斋画谱》，《芥子园》则称之曰钉头。

第六则

折叶使笔，起手时笔尖微向叶边行，到转折处，笔尖居中，向后须以劲取势。软而无力，便是草茅，不足观也。

折叶之用笔法，前人无言之者。笔尖微向叶边行，叶有两边，未审何指？谱中图式第一帧画一叶，注曰："叶之凹凸处皆宜向下。"自此语测之，笔尖所近，疑指向下之叶边也。

第七则

叶之刚柔，要在落笔时存心为之。刚非生硬，柔避软弱。在人能体会其意。

此亦谓意在笔先也。刚柔即半千之遒劲。所谓"遒者柔而不弱，劲者刚而不脆"。

❶ 汪之元《天下有山堂画艺》（雍正二年樵石山房刻本）下册页一至页六。（原书蝴蝶装，不标明页数。）

第八则论两丛当分宾主，见《芥子园》图式中附说。

第九则

写兰难在叶，写蕙叶与花俱难。且安顿要妥，若一箭有不适然，便无生意。且叶有好处，不可以花遮掩，有不好处，即以花丛胜于其间，便成全美矣。

兰与蕙，其叶虽有柔劲之殊，但用笔用墨，交搭位置等等，无不相同，故二者之难等。至画花则蕙蕊一茎数葩，须花分四面，面面自然，其难非画兰所能及。

第十则

用笔虽同写竹，必先在于得势。长短高下，安顿得宜，落笔未发，须避前面交叉，落笔既发，须让后来余地。花后添插数叶，则丛丛深厚，不堕浅薄之病矣。

撇叶不顾目前形势，则一笔下去，便铸成错。若顾前不顾后，则将来之花，皆无从生发矣。

第十一则

蕙之一干数花，或七或五，审叶多寡，以配其花，要有态度。偃仰向背，触目移情，惟花干为最难。但习之既久，纵笔生新，然后得心应手，愈老愈奇。初由法中，渐超法外，此化工笔也。

前言蕙花难于兰花，此则专言画蕙花之法。

第十二则

花瓣自外入，勿使内出。若从内出，其瓣太尖，再加姁媚，便成柔媚丑态。王者之香，安得有此？

画兰之叶曰撇，画兰之花曰点。撇者自内向外，点者自外向内。法虽浅显，前人无言之者。

第十三则点心如人物点睛，说与《芥子园》同。

第十四则点心可分花之正反，见《芥子园》图式附说。

第十六则

写兰之法，多与写竹同，而握笔行笔取势偃仰，皆无二理。然竹之态度，自有风流潇洒，如高人才子，体质不凡，而一段清高雅致，尚可摹拟。惟兰蕙之性，天然高洁，如大家主妇，名门烈女，令人有不可犯之状。若使俗笔为此，便落妾媵下辈，不足观也。学者思欲以庄严体格为之，庶几不失其性情矣。

论兰竹之性格，画法中之通论也。

（二）兰蕙点缀

第十五则

郑所翁写兰，不着地坡，何况于石。如云林山水不写人，此高人意见，偶有所感，发，非理之必然也，后人不当借意避之。余每作墨兰，多俪以怪石，否则或竹或芝草之类，略加点缀，不独韵致生动，且令兰德不孤。安用矫情泥古，好奇以绝俗也。

此言画兰蕙必须有点缀，其位置在点缀诸则之前，有总论之意。

第十七则至第二十三则，皆论画石。

石分三面，古人写石之法也。徒知其法，而无一毫生气流动，不可谓之石。然必欲生气流动，其理实难。惟其人胸中无尘滓，下笔如有神，其生动之致，不求而自得矣。

写石用笔，如行云流水，不可凝滞。宁顽莫秀，宁拙莫巧，宁粗老莫软弱，此写石之大旨也。

兰竹中石，只宜用大斧劈皴，乃大方家数。其余皴法虽多，俱不宜用。不但不配，仰且纷乱。试取古人笔墨观之，足见余言之不谬也。

先看兰竹所向，然后加石，必顺承

清代兰谱及关于画兰之言论

其势，有情有致，不可失其宾主顾盼之意。

写石宜瘦不宜肥，宜丑不宜妍，宜险崎不宜平稳，石之能事毕矣。

石必先写轮廓，如游龙天矫，其石自然生动。轮廓迟钝，纵有好体势，亦无所用矣。

石固顽然一物耳，写来体致，又须流动。其所以然者，可以意会，不可以言传也。古人谓石曰"云根"，又曰"石无十步真"，顾名思义，亦可知矣。其精神全在流动，落笔时宜体此意。

其说与山水中论画石诸法无殊，与画兰有关系者，惟"必承顺其势"一语。此语宜活解，若执定必须石顺兰势，则误。往往石有故作逆势而得致者。顺承其势，作石佐兰而生色解，则头头是道矣。

第二十四则至第二十八则论点苔及芝草之属。

苔则点石之病，笔处，既无病处，苔可不点。后人不知其义，每于石之佳处，亦必多多点之不已，可谓佛头着秽。

苔有各种，家数不同。如横点、竖点、斜点、梅花道人点、松毛点，因石而后加之，不可误用。一幅之间，不得作两种苔。

苔宜攒三聚五，不即不离，过多则石不显，必须恰好，不多不少之间。

修竹茂林，安得生于不毛之地。但于竹根石隙，皆宜点缀疏草，兰蕙之侧，亦宜用之，蒙茸可喜。无君子莫治野人，无野人莫养君子，二者岂可偏废。若郑所翁诗云："纯是君子，绝无小人。"此则为郑子之兰，吾不敢效也。

芝亦草也，其体格绝无一毫流动之处。在文人笔底即雅，在俗人笔底即恶，在蓝田叔、诸曦庵二人笔底，直成千古

矣。其所以然之妙处，不能以言语形容，且无笔法规矩之可寻，学者当求之于体格之外、神情之内可也。

所论亦罕新意。谱后所列点苔芝草图式，皆无解说，此所以体斋特于此论之欤？

兰谱图式共二十六帧。式一至式十为兰式。式十一至式十八为蕙式。式十九以下为点缀。

1. 兰叶起手法。仅画一叶，告人叶之凸凹，皆宜向下。此说信确，古人之画无不然，但体斋之前，未有揭其秘者。2. 四叶交互法。3. 两丛叶。一疏一密，取《芥子园》当分宾主一式之意。4. 三丛叶。附说曰："三丛叶法要高下前后俱有照应，再添插一二笔，更觉深厚可观。"插叶为叶之去人远者，故自半空插入，不贴丛底落笔。即《芥子园》所谓"意到笔不到"。5. 枝头花法。6. 枝头花法。俯仰正侧各式咸备。7. 两丛式。8. 风兰式。兰一丛，佐以风竹一梢。9. 悬崖式。10. 折叶式。11. 蕙叶法。12. 花箭法。13. 三箭交搭花蕊法。14. 添插叶法。其意与式4一式同。15. 两丛式。16. 兼竹式。17. 露根式。18. 折叶式。19. 写石轮廓起手法。20. 写石法。21. 写石透漏法。22. 仿古石式。23. 山瀑水口式。兰蕙每生于泉石之间，长带拂水，俯影清流，尤有幽致，故水口为画兰点缀所不可少。24. 点苔法。25. 灵芝式。26. 写草法。点缀诸式《芥子园》不备，体斋盖取法于周履靖之《九畹遗容》及胡正言《十竹斋画谱》者。

第三节　各家之片段言论

清代各家，论画兰法皆极简略，往往仅一二语及之。如张浦山以为兰

581

叶不可柔弱光滑❶，陶笃椒以为花叶纷披，乃尽其妙，减笔者不免有蚁伤根之讥❷。范引泉论师法，主张以明文门为正宗，可以追溯鸥波而上，此外高则难跻攀，下则流入时派❸。李修易论兰石不可多皴，致碍天趣，宜嵌空玲珑，愈巧愈拙❹。松小梦谓撇兰叶切不可用羊毫❺软笔，皆是。篇幅可成段落者，寻缪公恩、杨翰等二家。

缪公恩，字兰皋，沈阳人，有《题兰稿》一卷。其写兰自识一诗曰：

写兰非画花，用笔即作字。正如锥画沙，笔至手亦至。攲侧及偃仰，长短任笔势。深浅与浓淡，润枯分墨气。简不嫌寂寞，繁尤明次第。纵教花叶纷，终使根株异。迟速无定则，中路勿停滞。别有精神在，生动妙姿致。飒飒如有声，刚健去妩媚。元关不可说，要在似不似。❻

畣友人问写兰曰：

写兰无他奇，佳处在笔致，如生沾滞心，便使精神累。笔致夫何如，胸中具灵气。笔急如风行，笔缓如丝系。刚则插刀剑，柔则效妩媚。芭叶相逢迎，花干瓣同异。萧萧无俗情，勃勃有生意。心手互呼应，与趣相连缔。染翰二十年，未能臻善地。壮夫愧雕虫，况兹尤末技。何劳致缣素，津津许能事。❼

其中言及切实之画法虽少，然颇能道出画兰之理趣。

杨息柯《归石轩画谈》记项墨林、谢彬台、陈古白等画兰曰：

收藏家薰习既久，偶尔着笔，即与寻常画师不同。项子京藏法书名画，埒于清閟，闲作山水，亦醉心于云林。每自题韵语，甚超妙。兰竹松石，皆入逸品。余在长沙，得墨林芝兰小品，上题似隶似篆，"竹石存高节，芝兰长秀英"。

项子京兰叶只四五笔，花二二茎，竹十余叶，石一卷，略写大意，一芝生焉。不但惜墨，而且惜笔。不但惜手，而且惜心。看似极细弱，而气味极渊永。作画家用生平气力，不能到也。翁苏斋题"项墨林芝兰竹石"七隶书，"乾隆戊戌，重阳前三日，北平翁方纲题签"十六小楷，精绝，令观者目力俱穷，其珍重之意，可见其颠倒之致矣。近今画兰者多矣，求之古法，皆不如是。余在京得谢彬台道龄墨兰一幅，衬以丛竹瘦石，上题"湘帘卷春雨，深谷递幽香，明月满南浦，相思流水长。道龄"。墨浓淡点拂如生，书画俱似白阳山人，而神韵过之。又在津门，将登海舶矣，忽有持陈古白画求者，作兰数笔，刘原起补石，石上披竹数叶，坡草生动，上荆棘一枝，极老辣。款署"辛亥春仲，锡山舟中，对雨作"。其简淡似子京，其娟秀似彬台，上有韩亨、俞琬纶、葛应典、文谦光题句，皆清丽可诵。余见元明人画兰多矣，或满丛墨叶中挺秀茎，花尔繁茂，从不似今人作攲斜势。花俯仰有致，却不以侧笔取媚。叶甚齐，不见有折叶，亦不似今人甫作长叶一二笔，即思作短叶作花以衬托之也。或有寥寥数笔见意者，则叶至梢忽折，今人病之。根下亦无多短叶，乃无可藏拙处，花有墨浓于叶者，点花心甚随意，不定作心字三点形。其气味望而知非近今之能品也。余谓作兰以此二种为高逸之笔，惜无人理会及之耳。❽

画兰者至清而滥，任情涂抹，去古法日远。息柯深疾清代画格之卑，乃就其所见前人之作而详论之。于是今日读其论，不仅得悉元明人之所长，兼可知清人弊病之所在矣。

津津
清代兰谱及关于画兰之言论

❶ 张庚《国朝画徵录》(通行本)续录 上/6b。

❷ 陈文述《画林新咏》(西泠印社聚珍本)补/16a。

❸ 范玑《过云庐画论》(于海晏辑《画论丛刊》本)册四 7b。

❹ 李修易《小蓬莱阁画鉴》(商务印书馆排印本)30a。

❺ 松年《颐园论画》(于海晏辑《画论丛刊》本)册四 7b。

❻ 缪公恩《题兰稿》(光绪丙戌含光阁写刻本)5b。

❼ 同注❻ 6a。

❽ 杨翰《归石轩画谈》(《息柯居士全集》本)3/22b。

第四十五章
《芥子园画传二集·青在堂菊谱》

专为画菊法立谱，前代所无，清代亦惟青在堂一种。邹小山虽有《洋菊谱》，然仅有文字，图式则无从得见。其文字只叙述各种菊花之形色，学画者未见真花，空读其文字，于画法仍茫然，不知从何下手。且当时小山乃奉旨所作，为极工细之院体，与此谱之偏重水墨写意之四君子画性质不同，故不及之。

《青在堂菊谱》上册卷首为《画菊浅说》，共十二则❶。

（一）画法源流

菊之设色多端，赋形不一，非勾勒渲染交善不能写肖也。考《宣和画谱》，宋之黄筌、赵昌、徐熙、滕昌佑、丘庆余、黄居宝诸名手，皆有寒菊图，迨南宋元明，始有文人逸士，慕其幽芳，寄兴笔墨，不因脂粉，愈见清高，故赵彝斋、李昭、柯丹丘、王若水、盛雪篷、朱樗仙，俱善写墨菊，更觉傲霜凌秋之气含之胸中，出之腕下，不在色相求之矣。予为芥子园所编定四谱，湘畹幽芳，继以淇园清节，则楚骚卫风，并称君子，南枝寒蕊，伴以东篱，晚香则孤山粟里，同爱高人，真花木中之超群绝俗者。为类已借四时

之气，作谱当凌众卉之先，不亦宜乎？

上文所论，殊简略，且后半言何以以梅菊二谱俪兰竹，与菊之源流亦无涉。今试录引恽寿平、松小梦之言补充之。寿平曰：

画菊最易近俗。元人王若水，便有作家气味。至明代文氏父子，白阳山人，皆未能洗脱畦径，可以知墨菊之难。❷

又曰：

画菊难，墨菊尤难。元人王澹轩之工秀，周草窗之清妍，不如唐解元之高逸。❸

若水澹轩，原是一人，不知何以寿平竟前后自相抵触。此姑置勿论，要其所称许者，固属明人高逸一派也。

松小梦将画菊分成三派，其言曰：

菊花有三等，文人戏墨，偶一点笔，笔墨得神，不必沾沾酷肖，此一等也。又虽属文人，而学力精到，较作家少荒率，较大写意又工整，此又一等也。又画花卉家，凡一花一叶，无不求真，渲染着墨赋色，无不入法，此又一等也。❹

文人画家，如文衡山、陈白阳、唐六如，皆属前二等。其高雅之致，恒为人视作画中独立之一科。至第三等以调

❶ 王概等合编《芥子园画传二集》（乾隆间重刻本）《菊谱》上册《青在堂画菊浅说》1a—4b。

❷ 恽寿平《瓯香馆画跋》（《瓯香馆集》附刻本）12/26a。

❸ 同注❷补 /2a。

❹ 松年《颐园论画》（于海晏辑《画论丛刊》本）册四 8a。

粉施朱为能事，文人不屑为之，亦往往不能为之。论其在画中之地位，则当附庸于花卉之一门矣。

（二）画菊全法

菊之为花也，其性傲，其色佳，其香晚，画之者当胸具全体，方能写其幽致。全体之致，花须低昂而不繁，叶须掩映而不乱，枝须穿插而不杂，根须交加而不比，此其大略也。若进而求之，即一枝一叶，一花一蕊，亦须各得其致。菊虽草本，有傲霜之姿，而与松并称，则枝宜孤劲，异于春花之和柔，叶宜肥润，异于残卉之枯槁，花与蕊，宜含放相兼，枝头得偃仰之理。以全放枝重宜偃，花蕊枝轻宜仰，仰者不可过直，偃者不可过垂，此言全体之法。至其花萼枝叶根株，另具画法于后。

全篇切实之论甚少，仅花须低昂而不繁等数语，及后半论花枝偃仰之理。画菊当胸具全体之说，又自东坡胸有成竹悟出也。

（三）画花法

花头不同，以瓣有尖团长短稀密阔窄巨细之异，更有两叉、三岐、巨齿、缺瓣、刺瓣、卷瓣、折瓣，变幻不一。大凡长瓣稀瓣，花平如镜者，则有心。其心或堆金粟，或簇蜂窠。若细瓣短瓣，四面高圆，攒起如球者，则无心。虽花瓣各殊，众瓣皆由蒂出。稀者须排列，根下与蒂相连；多者须瓣根皆由蒂发，其形自圆整可观也。其色不过黄、紫、红、白、淡绿诸种。中浓外淡，加以深浅间杂，则设色无穷。若用粉染，瓣箸仍宜粉勾，在学者自能意会得之矣。

花之种类，与时代有关，与画之等派亦有关。前代所植，以平顶长瓣者为多，后世异种繁滋，而花之形态，遂难备举。试观历朝之菊谱名色，由简而繁，可知其蕃殖之经过。至言等派，文人遣兴之作，无不以平顶点心者为主。花卉家则以形态新奇者取胜。近代画家如缪莘孙之《由里山人菊谱》，百数十种，无重复者。是又岂两叉、三岐、巨齿、缺瓣、刺瓣、卷瓣、折瓣等类别，黄、紫、红、白、淡绿等颜色所能限哉？

（四）画蕾蒂法

画花头如画蕾，花蕾或半放、初放、将放、未放，致各不同。半放侧形见蒂，嫩蕊攒心，须具全花未舒之势。初放则翠苞始破，小瓣乍舒，如雀舌吐香，握拳伸指。将放则萼尚含香，瓣先露色。未放则蕊珠团碧，众星缀枝，当各得其致为妙。画蕾须知生蒂，花头虽别，其蒂皆同。得叠翠多层，与众卉异。浑圆未放，虽系各色之花，宜苞蕾尽绿。若将放，方可少露本色也。夫菊之逞姿发艳，在于花，而花之蓄气含香，又在乎蕾。蕾之生枝吐瓣，更在乎蒂，此理不可不知。故画花法更加以蕾蒂也。

园中艺菊，芟其旁蕾，正中之花始肥。画中之菊，不假人力，以饶野逸之趣为尚，故宜有蓓蕾从旁衬托。而蕾蒂画法，遂为学者所必学。未放，将放，初放，半放，为花蕾至全放间之各种过程。后之图谱，即按此不同之时期分别列式，而此文遂亦不为虚设矣。

（五）画叶法

菊叶亦有尖圆长短阔窄肥瘦之不同，然五岐而四缺，最难描写。恐叶叶相同，似乎印板，须用反正卷折法。叶面为正，背为反，正面之下见反叶为折，反面之上露正叶为卷。画叶得此四法，加以掩映勾筋，自不雷同而多致。更须知花头下所衬之叶，宜肥大而色深润，以力尽具于此，枝上新叶，宜柔嫩带轻清之色。根下坠叶，宜苍老带枯焦之色。正叶色宜深，反叶色宜淡，则菊叶之全法具矣。

吾人若至菊圃而细察之，有一种花，即有一种叶。艺菊者于花未开时，能道菊之名，以此。是以画不同种之菊，往往配以不同形之叶。叶有反正之不同，人尽知之，至卷折之间，有何分别，恒为人所忽略。经上文道出，一指正面见反面，一指反面见正面，乃悟前人命名之不苟且矣。花下衬叶，邵梅臣亦曾论之，其言曰："菊叶必离花四五寸始生，画菊则不然。花可近叶，叶可拥花。"❶其理正缘圃中之菊，悉经艺者芟去旁蕾，故花下无叶，有亦极细弱。至篱边之未经人工剪剔者，蓓蕾带叶，自拥到花下。故花下衬叶，非画者所妄增，正存其真也。

（六）画根枝法

花须掩叶，叶宜掩枝。菊之根枝，先于未画花叶时朽定，俟花叶完后，始为画出。根枝已具，再添花叶，方是花叶四面，根枝中藏也。若不先为朽定，则生叶生枝，全无定向，若不画成添补，则偏花偏叶，俱在前边。本枝宜劲，傍枝宜嫩，根下宜老，更要柔不似藤，劲不类刺，偃而不垂，有迎风向日之姿。仰而不直，有带露避霜之势。花蕾枝叶根株交善，则得全菊之致矣。纵兹小技，岂易言哉？

上则论画根枝法，最为简明。花叶根枝，须分几步写出。最先着纸之花叶，压在朽定之根枝上，盖花叶之在根枝前者也。根枝画毕，再补添之花叶，盖花叶之在根枝后者也。如此画去，画中深度，乃有根枝，及根枝之前与后三次第，而无平浅之恨矣。

画根枝法后为画菊、画花、画枝、画叶、画根、画菊诸忌等六诀。皆四言，不过摭拾前录诸则，编为韵语耳，皆不录。

菊谱上册，图式共十项。

（一）画菊起手平顶长瓣花（页二）二花偃仰、二花掩映、侧面、背面、含蕊等五式。此为画墨菊所最习用之花头，允宜置之于首。惟其中侧面、背面二式，皆细瓣，非平顶，与标题不符。

（二）高顶攒瓣花（页三）全放正面、全放侧面、初放正面、初放侧面、将放、含蕊等六式。此帧中初放正面一式，忽作团瓣，与其他各式不同。

（三）攒顶尖瓣花（页四）全放下偃、全放上仰、全放侧面、初放、将放等五式。

（四）抱心尖瓣花（页五）全放正面、全放侧面、初放正面、初放侧面、将放、含蕊等六式。目录失记含蕊一式。

（五）层顶亚瓣花（页六）全放正面、全放侧面、初放正面、初放侧面等四式。此帧之初放正面一式，忽作尖瓣，与其他各式不同。倘与高顶攒瓣花一帧之初放正面一式对调，则两合。必镌版时误置也。

（六）攒心细瓣花（页七）全放正面、初放侧面、平顶正面、平顶正侧、细蕊五式。此帧既为攒心细瓣花立图式，不当有平顶花夹杂于内。是此帧中之平顶二式，正宜与前平顶长瓣一项中之侧面背面二式对换位置，以期齐整。

❶ 邵梅臣《画耕偶录》（刊本）1/19a。

（七）点墨叶式（页八页九） 计下垂正叶、上仰正叶、正面卷叶、背面卷叶、正面折叶、背面折叶、正面仰叶、背面仰叶、二叶俯仰、三叶交互、根下四叶穿插、顶上五叶反正等十二式。以浓淡墨分别正反，颇能画正反卷折之致。

（八）勾勒叶式（页十页十一） 计上仰正叶、下垂正叶、平掩正叶、背面卷叶、正面卷叶、上仰折叶、下垂折叶、背面嫩叶、顶上生蒂嫩叶、正面侧叶、背面侧叶、二叶分向、三叶交互、四叶映掩等十四式。

（九）花头生枝点叶勾筋式（页十二至页十六） 二枝全放、三枝花蕊反正、小花细蕊、单花折枝、双头折枝、花头短枝等六式。目录作四式，将单花折枝、双头折枝误入勾勒花式中。

（十）勾勒花头枝叶式（页十七至页二十一） 大朵单花、细瓣攒心、碎瓣团球、密瓣平顶、尖瓣抱蕊、尖瓣花头、长瓣花头、短瓣花头、窄瓣花头等九式。目录将前项点叶之单花折枝、双头折枝二式，并入此项之首，共作十一式，误。第九项花头以平顶者为多，此项则花头多变化，亦于此可见勾勒菊花，近于工笔花卉，偏重形态，不似墨菊，纯以逸气见长也。

下册为成式二十帧，题名曰：香飘风外、色染新霜、素心竹石、秋耀金华、玉盘蜡蕊、鹤氅清妆、东篱佳色、垂英初折、三色凌秋、沉醉西风、小苞纤蕊、香垂潭影、晚香寒翠、黄花朱实、老圃秋容、名分太液、坤裳正色、黄蕊星舞、永寿墨菊、哀容增艳。其水墨与设色者参半，勾哀容增艳。其水墨与设色者参半，勾勒叶者竟无一帧。盖安节等既将菊花与梅兰竹同列，自着重在文人水墨一派。更观其《青在堂花卉草虫》谱中，有红黄秋菊一帧，乃细笔勾勒，愈可知其然矣。

卅五

《芥子园画传二集·青在堂菊谱》

第四十六章
清代关于花鸟杂画之论述及图谱

清代论者关于花鸟画法，不乏专著。图谱则有《芥子园》之草本木本花卉谱，张熊之《课徒画稿》❶、郑绩之《梦幻居画学简明》❷；论著则有邹一桂之《小山画谱》、洪朴之《燕脂录》。不专论花鸟而著述中偶有涉及者，更有恽寿平、张庚、迮朗、方薰、邵梅臣、范玑、李修易、松年等家。然有系专著而本章竟行从略者，张郑二家之作是也。有非专著，而独占一节者，方薰之论是也，要亦视其可发挥之多寡而定取舍耳。至于余省之鸟谱❸，李跃门之《百蝶图》❹，或有文字仅记形态种类，或广征题咏，以之为钓名之具，皆不足论。

指画原不限于花鸟，以此章门类既杂，似不妨附之于后。

第一节　王概等合编《青在堂草本花卉》及《木本花卉谱》

青在堂花鸟草虫等谱，即今所习见之芥子园三集。据越园先生之《解题》，其原编旧次，已难深究。

此集与前集同，俱变原次。分草本花卉及木本花卉。草本花卉，后附草虫。木本花卉，后附翎毛，各有浅说。诸花及草虫翎毛，俱有式样。虽非原编旧次，而说明及式样，尚未更易。原刻本既难得，得此亦聊胜于无。其前王著、王泽弘序，皆分谱小序，与兰竹梅菊诸谱前小序同，非全书之序，坊贾特取以冠编而已。❺

惟草本花卉谱前王著序，言及各谱

---

❶《张子祥课徒画稿》，中华书局石印本，四册，前有丁宝书序，盖子祥原稿，而丁氏所摹者。图式一百零七页，《着色要旨》一百零九条。自注云："设色本无一定，兹编所录，皆鸳湖一家之设色法，以便初学，俟学成后参酌古今名家变化之可也。"是以越园先生疑其非张氏自书，并出宝书之手。《要旨》

专论设色，不及他法，图式亦不甚佳，无可论者。故仅于注中及之。

❷《梦幻居画学简明》，卷三为花卉总论、花卉述古、论树本、论草本、论藤本等五篇，图式十七帧。卷四为翎毛总论、翎毛述古、论山禽、论水禽等四篇，图式十二帧。卷五为兽畜总论、论兽畜、

论鳞虫等三篇，图式十九帧。各篇专叙述动植物之种类及形状，与画法无补。

❸ 胡敬《国朝院画录》载："鸟谱十二册，每册三十幅，每册末幅款'臣余省恭画'。每幅左王图炳楷书谱文，每册末幅款'臣王图炳奉敕敬书'。"（《胡氏三种》本）上/12a。

❹ 李国龙《百蝶图》道光间刊本，图式二十余帧，仅一帧有解说，乃袭《芥子园》之文。图殊粗劣，各家题咏，篇幅逾图式数倍。

❺ 余绍宋《书画书录解题》（北平图书馆排印本）2/13b。

之次序，可补沈心友例言所未及。若此序并非出诸坊贾之伪托，则原编旧次，与今坊间通行本之次序，似无甚出入。其序曰：

前人画花卉，未分草与木，即谱众花，亦惟编月令，未尝区别及此。考之芍药荷花，名已见于郑风，牡丹后出，而曰木芍药，荷花注为芙蕖，后世称为芙蓉，转以拒霜花为木芙蓉，则二花之草本居先，而后之牡丹芙蓉，始加木字以别之。芥子园谱画，以草花先乎木花者，良有以也。草花宜缀草虫，须得其飞翻鸣跃之状，非惟画也，即诗人之比兴，亦留意焉。试观三百篇所载草木鸟兽各得其情，如昆虫之细微，斯螽莎鸡阜螽草虫蝇蜩之类，曰动股，曰振羽，曰趯趯，曰喓喓，并营营喈喈，各得其飞翻鸣跃之状，画缀于花草中，使其枝坠欲摇，翅扬欲动，如喬可采，若股有声，岂可忽乎哉？兹谱立意，由小而大，由简而繁，故于兰竹梅菊之后，而谱众花，众花光单本而后木本，光草虫而后翎毛，益欲学者如学诗之琢字炼句，由近体以及古风，直可上求三百篇之道意矣。❶

先草本而后木本，先草虫而后翎毛，固与通行本之次序符合也。

本节即依通行本之次序，分草本花卉，草虫；木本花卉，翎毛；设色诸法。三部论之于后。

一　《草本花卉草虫谱》

《花卉草虫谱》，上下二册。上册花卉浅说，草虫浅说，花卉局部各式，草虫各式。下册摹各家成幅。其间次序，似不妨略有更动。今拟将花卉局部各式，置于花卉浅说之后。俾文字与图式，各相邻比，其关系乃愈形密切矣。

❶ 王概等合编《芥子园三集》（乾隆重刻本）《草虫花卉谱》序 /1a。

❷ 同注❶《青在堂花卉草虫浅说》1a—7b。

（甲）画花卉浅说十篇❷

（一）画法源流　此篇并未论及源流，仅举各朝花卉画家之名而已，不录。按此书共有画法源流四篇，为草本花卉、木本花卉、草虫、翎毛四种而设。惟古代作家，原不为草本木本等所限，故此四篇，实宜并作一篇。今安节于虽按其作谱之体例而分论之，各篇自不免一再重复，终至无一篇精到者。证其篇中"考诸绘事，代有传人，但唐宋以来，善写花之名手，未有草木区别，且既工花卉，自善翎毛，谱其源流，何能分晰"。亦未尝不自知之也。

（二）黄徐体异论　悉从郭若虚《图画见闻志》之说，不录。

（三）画花卉四种法

画花卉之法，为类有四，一则勾勒着色法，其法工于徐熙。画花者多以色晕而成，熙独落墨写其枝叶蕊萼，然后傅色，骨格风神并胜者是也。一则不勾外框，只用颜色点染法，其法始于滕昌佑，随意傅色，颇有生意，共为蝉蝶，谓之点画者是也。其后则有徐崇嗣，不用描写，只以丹粉点染而成，号没骨画。刘常染色，不以丹粉衬傅，调习颜色，深浅一染而就。一则不用颜色，只以墨笔点染法。其法始于殷仲容，花卉极得其真，或用墨点，如兼五色者是也。后之钟隐，独以墨分向背，丘庆余写草虫，独以墨之深浅映发，亦极形似之妙矣。一则不用墨着，只以白描法。其法始于陈常，以飞白笔作花本，僧布白、赵益坚，始用双勾白描者是也。

花卉四类为勾勒着色、颜色点染、墨笔点染、双勾白描。吾国花卉画派，确未有更能出此范围之外者。张浦山《国朝画徵录》有与此相近之记述，但其派别为勾染，没骨，写意。勾染即勾勒着色，没骨即颜色点染，写意应相当于墨笔点染，而白描不与焉。是其论已不免疏漏，且谓没骨法始于徐熙亦乖史实（详前郭若虚画派章）。视上文有逊色矣。

（四）花卉布置点缀得势总说

画花卉全以得势为主。枝得势，虽萦纡高下，气脉仍是贯串。花得势，虽参差向背不同，而各自条畅，不去常理。叶得势，虽疏密交错，而不繁乱。何则，以其理然也。而着色像其形采，渲染得其神气，又在乎理势之中。至于点缀蜂蝶草虫，寻花采香，缘枝坠叶，全在想其形势之可安。或宜隐藏，或宜显露，则在乎各得其宜，不似赘瘤，则全势得矣。至于叶分浓淡，要与花相掩映，花分向背，要与枝相连络。枝分偃仰，要与根相应接。若全图章法，不用意构思，一味填塞，是老僧补衲手段，焉能得其神妙哉？故所贵者取势，合而观之，则一气呵成，深加细玩，又复神理凑合，乃为高手。然取势之法，又甚活泼，未可拘执。必须上求古法；古法未尽，则求之花木真形。其真形更宜于临风承露、带雨迎曦时观之，更姿态横生，愈于常格矣。

画山水最讲得势，各科画理相通，花卉布置，岂有二法。试取前章论山水取势之言，与此节印证，当无不暗合。

（五）画枝法

凡画花卉，不论工致写意，落笔时如布棋法，俱以得势为先。有一种生动气象，方不死板，而取势必先得之枝梗，有木本草本之殊。木本宜苍老，草本宜纤秀，然于草木之纤秀中，其势不过上插、下垂、横倚三者。然三势中，又有分岐、交插、回折三法。分岐须有高低

向背势，则不致叉字分头。交插须有前后粗细势，则不致十字交加。回折须有偃仰纵横势，则不致之字盘曲。又有入手宜忌三法，上插宜有情而忌直擢，下垂宜生动而忌拖愆，横倚宜交搭而忌平支。画枝之法若此，枝之于花，亦如人四肢之于面目也。若面目虽佳，而四体不备，岂得为全人乎？

上则之中，切实之画法最多，且多为前人所未道者。枝之三势为上插、下垂、横倚，三势又各有分岐、交插、回折，是变化之数，已得九。其中又各有高低向背、前后粗细、偃仰纵横之不同，则变化岂复有穷尽乎？蒋醉峰论画竹曾曰："垂梢旁梢，有同一式而用笔轻重不同，即在一幅中，不为重复"，读之可悟一切之花卉画法。

画枝之交加下垂等，谱中各有图式，宜取共读。

（六）画花法

各种花头，不论大小，宜分已开未开，高低向背，即丛集亦不雷同。不可直仰无娇柔之态，不可低垂无翩翻之姿，不可比偶无参差之致，不可联接无猗扬之势，须偃仰得宜，而顾盼生情，又须反正互见，而映带得趣。不独一丛中色宜深浅；即一朵一瓣，必须内重外轻，方为合法。同一花也，未放内瓣色深，已放外瓣色淡。同一本也，已残者色褪，正放者色鲜，未放者色浓。凡一切色，不可皆浓，必须间以淡色。间以淡色，愈显浓处光艳夺目。花之黄色，更宜轻浅，白色用粉傅者，以淡绿分染，不用粉则以淡绿外染，则花之白色逼出矣。着色花头，在绢上勾框，有傅粉、染粉、勾粉、衬粉诸法。若纸上，别有蘸色点粉法及用色点染法，皆须深浅得宜，自

觉娇艳过于勾勒，名为无骨画。更有全用水墨，色具浅深，不施脂粉，颇饶风韵。前代文人寄兴，往往善此，则又全在用笔之神矣。

前半专言花头贵有变化，入后论花瓣之设色，终谓点染没骨，娇艳胜于勾勒。清初花卉，南田一派最盛，远非勾勒派所能敌。张浦山所谓"及武进恽寿平出，凡写生家俱却步矣。近日无论江南江北，莫不家南田而户正叔"❶是也。于此论说中，亦可见当时之画风。

用粉诸法，见最后论设色一卷中。

（七）画叶法

枝干与花，已知取势，而花枝之承接，全在乎叶，叶之势，岂可忽哉？然花与枝之势，宜使之欲动，花枝欲动，其势在叶。娇红掩映，重绿交加，如婢拥夫人，夫人所之，婢必先起。夫纸上之花，何能使之摇动，惟以叶助其带露迎风之势，则花如飞燕，自飘飘欲飞矣。然叶之风露，无从绘出，须出以反叶折叶掩叶中。反叶者，众叶皆正，此叶独反。折叶者，众叶皆直，此叶独折。掩叶者，众叶皆全，此叶独掩。花之为叶不一，有大小长短岐亚之分，大约叶细多者，宜间以反，一切藤花草卉叶是也。叶长者，宜间以折叶，兰萱是也。叶岐亚者，宜间以掩叶，芍药与菊是也。若以墨点，则正叶宜深，反叶宜淡。若用色染，则正叶宜青，反叶宜绿。荷叶反背，则宜绿中带粉，惟秋海棠反叶宜红，所言叶以风露取势者，凡草本春荣秋萎之花皆然也。

花之动在叶，以其取势较花尤易。叶有大小长短岐亚之分，后之图谱即依此类分立式。叶细宜反，长宜折，岐亚

❶ 张庚《国朝画徵录》（通行本）下 /5b。

宜掩。所谓宜也者，非由于人力之经营，不过写其真形耳。其真形之所以多反多折多掩者，乃由于叶之构造，物理使然也。物理既明，乃可以举一反三，获画法之根源矣。

（八）画蒂法

木本之枝，草本之茎，俱由蒂而生萼，萼包萼，萼吐瓣。蒂虽各有不同，然外包众萼，内承众瓣，则一也。若大花如芍药秋葵，蒂内有苞。秋葵内苞绿，外苞苍。芍药内苞绿，外苞红。凡花，正面则露心不露蒂，背面则隔枝露全蒂而不露心，侧面则露半蒂半心。秋海棠总苞，分茎而无蒂。夜合萱花，以瓣根即蒂。瓣多者蒂多，瓣五者蒂亦五。有有苞而无蒂者，有有蒂而无苞者，有苞蒂俱全者，此蒂之形色，联举大略。众种俱杂见分图，更当于真花着眼，自得其天然色相矣。

上文不过列举各种不同苞蒂耳，虽穷篇累幅，形容备至，而在学者，尚不及对真花之一瞥，可获实益，此正如《小山画谱》叙述各花之形色，于画法实无甚贡献也。

（九）画心法

草花之心，俱由蒂生，与木花不同。芍药芙蓉，心杂于瓣根。莲花心淡而蕊黄。夜合、山丹、萱花、玉簪，花六瓣，须亦六茎。有蕊，根中别挺生一根，则无蕊。菊多种类，有有心，无心，其形色浅深多寡之不同。秋海棠止一大圆心，兰苞浅红，蕙苞淡绿，兰蕙心俱红白相间，花心俱宜细辨，亦由乎人心之不同，如其面耳。

上则性质，与画蒂法一则同。

（十）画花卉总诀 所论各点，悉见前引诸则，兹不再录。

（乙）草本花卉图谱共十三项（页一至页三十二）

（一）草本四瓣五瓣花头起手式五则（页一页二） 1.虞美人花。2.秋海棠。以上为四瓣者。3.金凤。4.秋葵。5.水仙。以上为五瓣者。

（二）五瓣六瓣长蒂花头式五则（页三页四） 1.百合。2.山丹。3.萱花。4.玉簪。5.剪罗。式2、式5为五瓣，余为六瓣。其中除剪罗外悉作喇叭形。剪罗花瓣碎边平张，夹杂其间，殊不相称。

（三）缺亚多瓣大花头式四则（页五页六） 1.芍药。2.蜀葵。3.罂粟。4.芙蓉。罂粟与虞美人极相似，各有单瓣千叶。其花头当入何类，视其单瓣复瓣而别，并不限于虞美人及罂粟也。

（四）尖圆大瓣莲花式四则（页七页八） 1.正面莲。2.侧面莲。3.菡萏。4.将放菡萏。菡萏莲花，原是一花，故四则皆为莲花作图式。此谱前后各项，皆一则一花，莲花未宜破例。若非一式所能尽宜于目录注明，此则包含数式，不然恐与全谱之体例不合也。

（五）各种异形花头式八则（页九页十） 1.僧鞋菊。2.蝴蝶花。3.牵牛花。4.石竹花。5.鱼花牡丹。6.金盏花。7.西番花。8.翠娥眉。

（六）尖叶起手式四则（页十一页十二） 1.山丹。2.百合。3.鸡冠。4.金凤。每则各画八九叶，叶柄中聚，盖即按一折枝之叶画法。花叶向四面生发，中虚其梗耳。今用此法，则中直之正背卷折，应有尽有，既可使学者悟一叶之变化，复可理会一枝多叶之交搭结构，意至善也。

（七）团叶式三则（页十三页十四） 1.蜀葵。2.秋海棠。3.玉簪。

（八）岐叶式三则（页十五页十六） 1.秋葵。2.芙蓉。3.僧鞋菊。

（九）长叶式三则（页十七页十八） 1.萱草。2.蝴蝶花。3.水仙。

（十）亚叶式三则（页十九页二十） 1.芍药。2.罂粟。3.虞美人。

（十一）圆叶式四则（页二十一页二十二） 1.反面正掩荷叶。2.正面卷荷。3.将放荷叶。4.未放荷叶。此四则亦皆为荷花立式，与前尖圆大瓣莲花式一项同。

（十二）草本各花梗起手式九则（页二十三至页二十八） 1.二枝交加。2.三枝倒垂。3.三枝穿插。4.下垂枝。5.上仰枝。6.三枝穿插。7.三枝交加。8.芍药根枝。9.红蓼枝节。此项当与花卉浅说画枝法一则参读，最后蓼枝一式，粗细两枝，细者向左折复向右拗回，与粗枝成双胜眼格，画花枝法中所谓回折法，当即此也。

（十三）根下点缀苔草式十三则（页二十九至页三十二） 1.初生嫩草。2.爬根。3.遮根藏草。4.霜后衰草。5.枯草根。6.上仰细草。7.下垂细草。8.承露苔草。9.野茅。10.蒲公英。11.攒三聚五苔。12.尖点苔草。13.圆点苔草。

（丙）画草虫浅说七篇❷

（一）画法源流 与草本花卉画法源流一篇同，仅举画家人名，不录。

（二）画草虫法

画草虫，须要得其飞翻鸣跃之状。飞者翅展，翻者翅折，鸣者如振羽切股，有喓喓之声，跃者如挺身翘足，有趯趯之状。蜂蝶必大小四翅，草虫多长短六足，蝶翅形色不一，以粉墨黄三色为正。形色变化多端，未可言尽。黑蝶则翅大

❷ 王概等合编《芥子园三集》（乾隆重刻本）《青在堂花卉草虫浅说》8a—10b。

591

而后拖长尾，安于春花者宜翅柔肚大，后翅尾肥，以初变故也。安于秋花者，宜翅劲肚瘦而翅尾长，以其将老故也。有目有嘴，有双须。共嘴飞则奉而成圈，止者即伸长入花吸心。草虫之形，虽大小长细不同，然其色亦因时变。草木茂盛则色全绿，草木黄落色亦渐苍。虽属点缀，亦在乎审察其时，安顿之也。

此则标题虽曰画草虫法，以论画蝶为多。花卉中昆虫点缀，原以蛱蝶为主也。

此后五篇为画草虫诀，画蛱蝶诀，画螳螂诀，画百虫诀（即梅圣俞观居宁画草虫诗），画鱼诀，语皆空泛，兹不录。

（丁）点缀草虫图谱四项（页三十三至页四十）

（一）蛱蝶六则（页三十三页三十四）1.侧面平飞。2.折翅下飞。3.正面。4.反面。5.侧面。6.歇花。

（二）蜂蛾蝉八则（页三十五页三十六）1.采花蜂。2.青蜂。3.细腰蜂。4.铁蜂。5.飞蛾。6.双蛾。7.正面坠枝蝉。8.反面抱枝蝉。

（三）蜻蜓、豆娘、螽斯、蚱蜢、蟋蟀、飞蜓八则（页三十七页三十八）1.正飞蜻蜓。2.侧飞蜻蜓。3.豆娘。4.螽斯。5.下飞蚱蜢。6.草上蚱蜢。7.蟋蟀。8.飞蜓。

（四）蟆蚱络纬螳螂牵牛七则（页三十九页四十）1.蟆蚱。2.叫蟆蚱。3.络纬。4.螳螂。5.攫虫螳螂。6.牵牛。7.下行牵牛。

青在堂此谱，较周履靖之《嘤翔啄止》为佳，编次之条理清楚，不仅圈式逼真也。

花卉草虫谱下册为成式四十帧。目次为：芍药，夜合，罂粟，僧鞋菊，金

丝荷叶，秋葵，菱花，凤仙，密萱，鸡冠，蒲公英，锦苋雁来红，苹花，红蓼，腊菊，淡竹叶花，西番莲，莲花，风兰，蜀葵，紫云英，虞美人，水仙，灵芝，凤头萱，燕麦，鱼儿牡丹，春兰，紫蝴蝶，藤菊，锦葵，美人蕉，春罗夜合，秋海棠，水仙茶梅，玉簪，剪秋罗，红黄秋菊，芙蓉，雪里红。其中各种花卉草虫，大都已见分式各项，此是作者之用心处。学者先练习一花一叶，一蝶一虫，再合而摹全式，可知根枝花叶之生发以及与其他景物之呼应联络、穿插取势，自能事半功倍也。

二 《木本花卉翎毛谱》

花卉翎毛谱上下二册。上册花卉浅说，翎毛浅说，花卉局部各式，翎毛各式。下册摹各家成幅。今仍将花卉翎毛之图式，各附于浅说之后。

（甲）画花卉浅说十一篇❶

（一）**画法源流** 此篇虽长逾千言，仍不外列举画人姓名，且多与草本花卉谱中诸篇重复，不录。

（二）**画枝法**

花卉木本之枝梗，与草本有异。草花宜柔媚，木花宜苍老，非特此也，更有四时之别。即春花中，不独梅杏桃李花异，枝亦各有不同。梅之老干宜古，嫩枝宜瘦，始有铁骨峻峥之势。桃条须直上而粗肥，杏枝宜圆润而回折，举此三者，余可概见。至于松柏则根节须盘错，桐竹则枝干须清高，作折枝从空安放，或正，或倒，或横置，须各审势得宜。枝下笔锋，带攀折之状，不可平截。若作果实，更宜取势下坠，万得其致也。

所谓木本花卉之枝梗与草本有异

者，言枝之质耳。至其交搭回折种种取势之法，何尝与草本有少异。试观后之图谱，仍不外横斜垂卧交加等式，可以知也。

（三）画花法

木花五瓣者居多，梅杏桃李梨茶是也。梅杏桃李，不独色异，其瓣形亦各宜区别。若牡丹为花王，自不与众花同类，其瓣更多不同。红者瓣多而长，中心起项。紫者瓣少而圆，中心平顶。石榴山茶梅桃，俱有千叶。玉兰放如莲苞，绣球攒若梅朵。藤本之蔷薇、玫瑰、粉团、月季、荼蘼、木香，其苞蒂蕊萼虽同，然开时颜色各异。檐葡瓣同茉莉，大小形殊。丹桂花若山矾，春秋时别。海棠中西府之与垂丝，萼蒂须分，梅花中绿萼之与蜡梅，心瓣自异。此花皆四时所有，众目同观，细心自能得其形色。至于殊方异种，及木果药苗之花，间有写入丹青，则不暇细举其名状。

上节专言各种花之形态，实非文字所能形容。虽是谱中应有文，于画法却少裨益。

（四）画叶法

草花叶柔嫩，木花叶深厚，此定说也。然于木花中，其叶当春，与花并放如桃李棠杏，虽属木花，叶亦宜柔嫩。秋冬之叶，自宜更加深厚矣。草花叶柔嫩，故叶间以反叶，至于桂橘山茶之类，则历霜雪而未凋，经风露而不动，其色虽宜深厚，而叶之有阴阳向背，理所固然，亦不可不用反叶。但此种正叶用绿宜深，反叶用绿宜浅，凡叶渲染后，必勾筋。筋之粗细，须与花形称；筋之浓淡，须与叶色称。人第知叶之用绿，分有深浅，而不知叶之用红，亦分嫩衰。凡春叶初生，嫩尖多红，秋木将落，老叶先赤。

但嫩叶未舒，其色宜脂，败叶欲落，其色宜赭。每见旧人花果，浓绿叶中，亦略露枯焦虫食之处，转以之取胜，又不可不知也。

春日与花同发之叶柔，秋冬果实之叶深厚，因时序之异，而以不同之笔法色泽以分别之，亦求无违于物理而已。不问叶之柔嫩或深厚，皆宜有反叶，但其间笔法，亦有不同。柔嫩之反叶用笔婉，深厚之反叶用笔动。能画春叶虽不反而自觉其柔嫩，画秋叶虽反而仍有深厚之致，乃是斫轮老手。

（五）画蒂法

梅杏桃李海棠之类，其花五瓣，蒂亦相同，即其蒂形亦同于花瓣。花瓣尖者蒂尖，团者蒂团，铁梗蒂连于梗，垂丝蒂垂红丝，山茶层蒂鳞起，石榴长蒂多岐，梅蒂色随花之红绿，桃蒂兼红绿，杏蒂红黑，海棠蒂殷红，各有反正见须见蒂之分。玉兰木笔，蒂苞苍赭，蔷薇蒂绿而长，其尖则红，此乃花蒂中之所当分别者。

此亦不过谓各因其自然之形而写之耳，仍宜详察真花，始无舛误。

（六）画心蕊法

凡木花之心，由蒂而生，如梅杏之类，正面虽不见蒂，而心中一点，与蒂相表里，为结实之根，亦攒五小点而生须，须尖生黄蕊，梅杏海棠须蕊，亦各有分别。梅宜清瘦，桃杏宜丰满，时不同也。且白梅与红梅，又各不同。白梅更宜清瘦，红梅略加丰满。然亦勿类红杏，花之不同，亦先见于心矣。

篇中最重要者为"花之不同，亦先见于心矣"一语。以花心至纤微，每为人所忽略，殊不知于此数茎中，大有道理在。能于此等细节唤醒读者注意，使其每见一花，即谛观其心蕊，存于心而形之于缣素，岂不较穷篇累幅，告人何等花为何种心，虽言之綦详，而不能予人切实观念者为愈乎？

（七）画根皮法

木花与草花不同，更有根与皮之别。桃桐之皮，皴宜横，松栝之皮，皴宜鳞，柏之皮宜纽，梅皮宜苍润，杏皮宜红，紫薇之皮宜光滑，榴皮宜枯瘦，山茶之皮宜清润，腊梅之皮宜苍润。写其根干，得其皮皴，则木花之全体得矣。

世人画花卉，多善作折枝，而视大帧下连泉石坡陀者为畏途。虽以画泉石须兼长山水，而花木之根干之难，亦是主要原因。学者熟习根皮之法，当能将此窒关打破。

八至十一四篇为画枝诀，画花诀，画叶诀，画蕊蒂诀，不过即将前引诸篇加以剪裁，编成韵语而已，兹不录。

（乙）木本花卉图谱共十项（页一至页二十四）

（一）木本五瓣花头起手式四则（页一页二） 1. 桃花。2. 杏花。3. 梨花。4. 金丝桃。

（二）六（图谱作"大"，误）瓣八九瓣花头式四则（页三页四） 1. 玉兰。2. 山茶。3. 茉莉。4. 栀子。其间惟茉莉一式有叶，未详其意。岂以后无茉莉叶式，故附置于此耶？然于体例又不合矣。

（三）多瓣花头式四则（页五页六） 1. 海棠。2. 碧桃。3. 千叶绛桃。4. 千叶石榴。海棠有多种，此式短蒂复叶，当为贴梗。目录及图式中皆仅标海棠二字，似宜有所说明。

（四）刺花藤花式四则（页七页八） 1. 月季。2. 蔷薇。3. 野蔷薇。4. 凌霄。

（五）牡丹大花头式三则（页九页十） 1. 全开正面。2. 初开侧面。3. 含苞将放。

（六）木本各花尖叶长叶起手式五则（页十至页十二） 1. 桃叶。2. 石榴。3. 海棠。4. 梅叶。5. 杏叶。页十一有附说曰："梅开花时无叶，杏开花时叶只嫩芽，备此以为缀实之用。"愚以为此处不妨再添杏花嫩芽一式。

（七）耐寒厚叶式四则（页十三页十四） 1. 栀子。2. 山茶。3. 桂叶。4. 橙橘。

（八）刺花毛叶式三则（页十五页十六） 1. 蔷薇。2. 月季。3. 玫瑰。

（九）牡丹岐叶式四则（页十七页十八） 1. 花底。2. 枝梢。3. 嫩叶。4. 根下。

以上诸花式叶式中，有有花式而无叶式者，如玉兰、凌霄是也。有有叶式而无花式者，桂及橙橘是也。橙橘之花，虽可从略，但玉兰、凌霄之叶，似不宜均付阙如也。

（十）木本各花梗起手式九则 1. 柔枝交加。附注曰："此枝宜于榴花紫薇诸细枝。"2. 老枝交加。附注曰："此枝展长可作桃橘枝干。"3. 刺枝。附注曰："此枝宜于蔷薇、月季根下。"以上三式在页十九页二十。4. 卧干横枝。附注曰："此枝宜于老干诸花。"5. 下垂折枝。附注曰："此枝宜于桃梨海棠山茶诸老干。"6. 牡丹根枝。以上三式在页二十一页二十二。7. 横枝下垂。附注曰："此枝宜于桃梨。"8. 横枝上仰。9. 藤枝。附注曰："此枝宜于藤本各花。"以上三式在页二十三页二十四。

（丙）画翎毛浅说六篇[1]

（一）画法源流　专录各家以翎毛中之一体擅长者数十人，悉见画家史传

① 王概等合编《芥子园三集》（乾隆重刻本）《花卉翎毛谱》8a—11b。

中，不录。

（二）画翎毛用笔次第法

画鸟先从嘴之上腭一长笔起，次补完上腭，再画下腭一长笔，又次补完下腭。点睛须对嘴之呀口处为准，其次画头与脑，又次画背上披蓑毛及翅膊，再则画胸并肚子至尾，末后补腿桩及爪。总之，鸟形不离卵相，其法具见后诀。

周履靖《春谷嘤翔》中有画鸟起手至全形各式，取上文与之较，先后次序，颇相符合。

（三）画翎毛诀　亦言用笔次第，不录。

（四）画鸟全诀（首尾翅足点睛及飞鸣饮啄各势）

须识鸟全身，由来本卵生。卵形添首尾，翅足渐相增。飞扬势在翅，舒翮捷且轻。昂首须开口，似闻枝上声。歇枝在安足，稳踏静不惊。欲飞先动尾，尾动便高升。得其开展势，跳枝如不停。此为全身诀，能兼众鸟形。更有点睛法，尤能传其神。饮者如欲下，食者如欲争。怒者如欲斗，喜者如欲鸣。双栖与上下，须得顾盼情。亦如人写肖，全在点双睛。点睛贵ող法，形来即如真。微妙各有理，方足传古今。

上诀亦不过告人画鸟有各种姿态耳，终非切实之画法。

（五）画宿鸟诀

凡鸟之各状，飞鸣与饮啄。此则人所知，但未知其宿。枝头安宿鸟，必须暝其目。其目下掩上，禽之异乎畜。嘴插入翼中，毛腹藏双足。因稽宿鸟情，证之古谚语。鸡宿必上距，鸭宿必下嘴，下嘴昧插翼，上距缩一腿。虽言鸡鸭性，亦具众禽理。作画所当知，一切类推此。

"嘴插入翼中"一语，殊欠详尽。

鸟之宿，嘴插入两翼间背上正中之羽毛中。故都豢鹰者，称此处曰"蝍（读如既）鸟毛"，谓其状如蝉衣，盖术语也。若谓插入翼中，则敢问究竟插入翼之何部？此则由于辞意为歌诀所限，未能畅达也。

（六）画鸟须分二种嘴尾长短诀

画鸟分二种，山禽与水禽。山禽尾必长，高飞羽翮轻。水禽尾自短，入水堪浮沉。须各得其性，方可图其形。尾长必短嘴，善鸣易高举。尾短嘴必长，鱼虾搜水底。鹤鹭则腿长，鸥凫亦短腿。虽俱属水禽，亦须分别此。山禽处林木，毛羽具五色。鸑凤与锦鸡，辉灿铺丹碧。水禽浴澄波，其体多清洁。凫雁色同苍，鸥鹭色共白，惟有双鸳鸯，形须分雌雄。雌者具五色，雄与野鹜同。翠鸟多光彩，羽毛皆青葱。翠色带青紫，嘴爪丹砂红。美此二禽色，独冠水鸟中。

此为禽鸟分类也，但不见真鸟，或不见前人画迹稿本，学者虽读此诀，亦无从下笔。

（丁）翎毛图式八项（页二十五至页四十）

（一）点缀翎毛起手式十二则（页二十五页二十六）1.嘴。2.眼。3.头。4.背。5.肩。6.翅。7.肚。8.尾。9.足。10.踏枝。11.展立足。12.拳缩足。自式1至式10，为画鸟用笔层次，悉取周履靖谱中图式之意，但较之多插入添尾安足二式耳。

（二）踏枝式五则（页二十七页二十八）1.正面下视不露足。2.昂首上视露足。3.平立回头。4.侧面下向。5.侧面上向。数式颇得势，但限于木刻，未能工细耳。

（三）飞立式五则（页二十九页三十）1.上飞。2.下飞。3.敛翅将歇。4.举翅搜翎。5.俯首搜足。

（四）并聚式四则（页三十一页三十二）1.白头偕老。2.燕尔同栖。3.和鸣。4.聚宿。

（五）水禽式四则（页三十三页三十四）1.海鹤。2.溪鹭。3.汀雁。4.沙凫。

（六）细勾翎毛式七则（页三十五页三十六）1.画嘴添眼。2.画头。3.画肩脊半翅。4.画全翅。5.画肚添足。6.全身踏枝。7.踏枝展拳各足。诸式与第一项之起手之意同，惟画毛较密耳。

（七）翻身飞斗二式二则（页三十七页三十八）1.翻身倒垂。附注曰："画鸟之踏枝，异于笼中者，宜生动有欲起之势。其转侧偃仰，故无定形，而多正立向上。此则翻身倒垂，有欲下之势，更觉生动。"2.二雀飞斗。附注曰："画两鸟飞斗得法是难，具有奋不顾身之势，其争飞迅速，翻身钩颈，须得其神情，未可以形与理求之也。"最后一语，大奇。飞禽虽迅速而不容细察，但绝不可舍理而求之也。

（八）浴波式二则（页三十九页四十）1.浮羽拂波。附注曰："斗鸟与浴鸟，较画踏枝者，其情势更要生动。斗鸟翻身钩颈，须奋不顾身。浴鸟则浮羽拂波，须悠然自得，又各有不同处。"2.垂翅待浴。

花卉翎毛谱下册为成式四十帧。目次为："玉楼春，栀子，西府海棠，黄莺春柳，木芙蓉，腊梅，虎刺秋菊，荔枝，茶叶花，玫瑰，桐实，黄蔷薇，葡萄，樱桃，白牡丹，榴花，梨花白燕，佛手柑，牵牛花，山茶，绣球，紫薇，黄木

香，红白桃花，绿牡丹，杏子，秋池翠鸟，金丝桃，红叶，垂丝海棠，杏燕，凌霄花，石榴，玉兰，蔷薇，雪梅，茶梅，芦雁，丹桂，魏紫姚黄。

三 《设色诸法》

画传三集卷末为设色诸法，共石青、石绿、朱砂、银朱、泥金、雄黄、傅粉、调脂、烟煤、靛花、藤黄、赭石、配合众色、和墨、矾绢、矾色等十六则。其中除傅粉后附着粉法外，悉言研制各色之法，不在本文范围之内，不论。

着粉法。正面着粉，宜轻宜淡，要与墨框相合，不可出入。如一层未匀，再加一层，故宜轻，便于再加。若先已重傅，再加则掩去墨框，无从分染。且不可太重，太重则有日久铅性变黑者矣。

染粉法。牡丹荷花，虽经傅粉，必再以粉染其瓣尖，方有浅深层次。诸花之瓣，如求娇艳，亦必先于粉上加染。

丝粉法。如芙蓉秋葵，瓣上有筋须勾粉色染，菊花每瓣亦有长箸，以粉丝出，并勾墨框，再加色染。众花心须从中先圈一圆圈，由圈四围，丝出粉须，须上点黄。

点粉法。写生花不用勾框，只以粉蘸色浓淡点之，宜意在笔先，与勾勒花不同。其枝叶俱宜用色笔画成，名为无骨画是也。若点花蕊之粉，须合藤黄，不可过深。入胶宜轻，点出黄蕊，方外高内凹，不晦暗也。

衬粉法。绢上各粉色花，后必衬浓粉，方显若正面。乃各种淡色，背后只衬白粉，若系浓色，尚觉未显，则仍以色粉衬之。若背叶、正面色用浅绿，背面只可粉绿衬，不可用石绿。❶

用粉五法曰看，曰染，曰丝，曰点，

❶ 王概等合编《芥子园三集》（乾隆重刻本）《设色诸法》4a。

津击
清代关于花鸟杂画之论述及图谱

● 596

曰衬，为作画者所不可不知。吾独怪此卷中列举颜色十数种之多，何以用粉之法备详，而略于他色。且各则皆以研淘制色之法为主，如此用粉五节，不过夹行之附注耳。若论与作画者关系之密切，又岂制色法所能及。愚意每则皆当以用法为正文，而后始附以研制之法，其有功于学者，必较今本为巨也。

第二节　邹一桂《小山画谱》

邹一桂，字小山，号让卿，无锡人，雍正丁未进士。善花卉，《四库全书》总目谓其为恽氏之婿，故花卉得恽寿平之传。著《小山画谱》二卷。

《小山画谱》上卷，首列八法四知，皆画花卉之总论。次为各花分别，凡一百十五种。次取颜色十一条。下卷画说四十三条，皆摘录古人之言，间或参以己意，附以矾绢画具诸事，而以洋菊谱三十六种为殿。兹依次分别论之于后。

甲　八法四知

八法四知之前，尚有类似小引之文字，益即小山之自序也。

昔人论画，详山水而略花卉，非轩彼而轻此也。花卉盛于北宋，而徐黄未能立说，故其法不传。要之画以象形，取之造物，不假师传。自临摹家专事粉本，而生气索然矣。今以万物为师，以生机为运，见一花一萼，谛视而熟察之，以得其所以然，则韵致丰来，自然生动，而造物在我矣。譬如画人耳目口鼻须眉，一一俱肖，则神气自出，未有形缺而神全者也。今之画花卉者，苞蒂不全，奇偶不分，萌蘖不备，是何异山无来龙，水无脉络，转折向背、远近高下之不分，而曰笔法高古，岂理也哉？是编以生理

为尚，而运笔次之。调脂匀粉诸法附于后，以补前人所未及，而为后学之津梁。览者识其意而善用之，则艺也进于道矣。[2]

主要在说明其平夙作画之宗旨，以万物为师，生理为上，而全谱授人之画法，当皆自自然得来。恽南田题画曾曰："沃丹虞美人二种，昔人为之多不能似，似亦不能佳。余略仿赵松雪，然赵亦以不似为似，予则以极似师其不似耳。"[3]又曰："曾见白阳、包山写生，皆以不似为妙，予则不然。惟能极似，乃称与花传神。"[4]小山于下卷杂说中亦有论形似一则："东坡诗：'论画以形似，见与儿童邻。作诗必此诗，定知非诗人。'此论诗则可，论画则不可。未有形不似而反得其神者。此老不能工画，故以此自文。犹云'胜固欣然，败亦可喜。空钩意钓，岂在鲂鲤'。亦以不能弈，故作此禅语耳。又谓写真在'目与颧肖，则余无不肖'，亦非之论。唐白居易谓：'画无常工，以似为工。学无常师，以真为师。'宋郭熙亦曰：'诗是无形画，画是有形诗。'而东坡乃以形似为非，直谓之门外人可也。"[5]与恽氏之说，无不符合。不愧为寿平之传人矣。

八法[6]之中，章法居首。

一曰章法。章法者，以一幅之大势而言。幅无大小，必分宾主。一实一虚，一疏一密，一参一差，即阴阳昼夜，消息之理也。布置之法，势如勾股。上宜空天，下宜留地。或左一右二，或上奇下偶，约以三出为形。忌漫团、散碎、两岂、平头、枣核、虾须。布置得法，多不厌满，少不嫌稀，大势既定，一花一叶，亦有章法。圆朵非无缺处，密叶必间疏枝。无风翻叶不须多，向日背花宜在后。相向不宜面凑，转枝切忌蛇形。

[2] 邹一桂《小山画谱》(张祥河辑《四铜鼓斋论画集刻》本)册三上/1a。

[3] 恽寿平《瓯香馆画跋》(《瓯香馆集》附刻本)11/21a。

[4] 同注[3] 12/10b。

[5] 同注[2]下/5a。

[6] 同注[2]上/2a—上/5a。

石畔栽花，宜空一面。花间集鸟，必在空枝。纵有化裁，不离规矩。

章法者，位置之道也。泛论之，花卉与山水，理本相通。虚实宾主，疏密参差，何尝少异。所举位置诸忌，前人尚无之者，惜小山亦未曾加以解释。漫团，散碎，两亘，平头，皆易明晓，毋庸更论。枣核疑是上下或左右，两端锐削，而中部景物繁杂。虾须疑花木枝条向两旁生发，如虾须之伸张也。要皆相对，过于规律之病。

下卷小山有论六法先后一则，以为就作家法言，当以经营为第一。以气韵为第一者，乃赏鉴家言。今此谱为授人作画之书而章法居八法之首，知其所以然矣。

二曰笔法。意在笔先，胸有成竹，而后下笔，则疾而有势。增不得一笔，亦少不得一笔。笔笔是笔，无一率笔。笔笔非笔，俱极自然。树石必须蟹爪，短梗则用狼毫（蟹爪、狼毫，笔名）。勾叶勾花，皆须顿折，分筋勒干，迭用刚柔。花心健若虎须，苔点布如蚁阵。用笔则悬针垂露，铁镰浮鹅。蚕头鼠尾诸法，隐隐有合。盖绘事起于象形，又书画一源之理也。

所论用笔之法，与画山水全同者，自不必更及。惟谓画树石用蟹爪笔，山水家不过偶用之耳。蟹爪笔颖尖而短，含水不能多，小幅山水及扇头小景或用之。至山水中需中锋饱墨处，便不能胜任。用蟹爪作树石，笔常横卧，惹惹而取之，每有飞白灵活之致。置于花卉之中，自甚配合也。

三曰墨法。用顶烟新墨，研至八分，浓淡枯湿，随意运之。杜陵云："白摧朽骨龙虎死，墨入太阴雷雨垂"，尽之矣。忌陈墨，积墨，剩墨，生纸，急起急落。花朵略入清胶，点苔踢刺，不妨带湿。

浓心淡瓣，深蒂浅苞，一定之法也。

花卉中焦墨、极浓之墨甚少见，不若山水点苔皴擦，以及近树点叶，恒用之，故研至八分而已。掺胶入墨，清代论者皆不以为然，文人画家攻击尤力，不意小山竟不讳言也。

四曰设色法。设色宜轻而不宜重，重则沁滞而不灵，胶粘而不泽。深色须加多遍，详于染法。五彩彰施，必有主色，以一色为主，而他色附之。青紫不宜并列，黄白未可肩随。大红大青，偶然一二，深绿浅绿，正反异形。花可复加，叶无重笔。焦叶用赭，嫩叶加脂。花色重则叶不宜轻，落墨深则着色尚淡。

所谓设色宜轻不宜重者，谓深色不宜一次傅就，当以轻色多遍累积也。色中无不有胶，一次便成，色重胶必亦重，滞涩而无活态矣。青紫不宜并列，虑其重浊相犯。黄白肩随，虑其混杂不清。吾国画论中言及色彩学者，尚不多觏。

五曰点杂法。点用单笔，染须双管。点花以粉笔蘸深色于毫端而徐运之，自然深浅合度。染花则先铺粉地，加以矾水，俟其干后，以一笔蘸色染着心处，一笔以水运之。初极淡，渐次而深。染非一次，外瓣约三遍，中心必五六，则凹凸显然，自然圆浑。用脂略入清胶则不沁积，而完后发亮。叶大亦用染法，叶小则用点法。至下笔轻重疾徐，则巧存乎人，非笔墨所能传也。

清代画花卉诸法中，以点染法最为重要，盖此即恽氏所出色当行者。小山论之，尚不甚详尽。方兰坻、洪心园，各有数则，可补上文所未及，悉见后节。

六曰烘晕法。白花白地，则色不显。法在以微青烘其外，而以水笔晕之，自有以至于无，其用笔甚微，着迹不得，即画家所谓渲也。或欲画白花，先烘其外，亦得。总欲观者但赏玉质而不知其烘，则妙矣。又树石禽鱼，水纹波级，雪月霞天，亦用烘法。烘亦用水，非用火也。

烘晕法，花卉中最常用。写意水墨，花多留白。四周亦用淡墨水托，不仅限于工细一派。"但赏玉质，而不知其烘"一语，最能道其三昧。言其易于为力者，烘晕当淡而匀，愈远愈淡，不着痕迹。言其止境，画家能于花叶间摄得精神，而此精神又能摄得读画者之精神。凝注其间，不暇旁顾。即令四周烘晕不匀，仍只觉花朵挺然秀洁，离纸欲出也。

七曰树石法。树石必有皴法，用枯湿笔随意扫去。树干欲其圆浑，逢节处空白一围，转弯必有节，节之圆长大小不一。状松龙鳞，柏缠身，须参活法。桐横抹，柳斜擦，各树不同。柔条细梗，不用双勾，错节盘根，不妨臃肿。至于花间置石，必整块玲珑，忌零碎叠砌。一卷如涵万壑，盈尺势若千寻。纵有顽矿，亦须三面，如出湖山，穴窍必多。隙际方生苔藓，洼处或产石芝。面背宜清，边腹要到。黑白尽阴阳之理，虚实显凹凸之形。能树石，则山水之法，思过半矣。

一言以蔽之，画花卉当无通山水耳。小山谓"能树石则山水之法思过半矣"，毋宁谓能山水，则花卉何患其不精到。试举南田之言以证之，画跋有一则曰："石谷不喜予写生，当对孙承公云：'正叔研精卉草，日求其趣，其于烟云山水之机疏矣。'予初不以为然，已而思写生与画山水，用笔则一，蹊径不同。久于花叶，手腕必弱。一花一叶，岂能通千岩万壑之趣乎？石谷终岁未尝于写生着意，然间一为之，必有过人处，益其得力于山水者深，笔精墨灵，而其余不

可胜用也。石谷进我，殆几于水仙之移人情哉。"❶李乾斋亦曰："恽正叔云：'深于山水者，能通写生之意。'余谓工于写生者，亦未有不通山水之理。"❷至范引泉尤能将其所以然道出："花卉与山水同论，古人尚全形，不能不工坡石。今人但擅折枝，而竟废山水。未习山水，出枝怯弱，境界狭窄。"❸设画者仅能刻画花木之一枝，至老干盘根，流泉山石，便茫然不知如何措手，则与其去闺中引针穿线者几希矣。

八曰苔衬法。树石佳则不必苔，点苔不得法，则反伤树石。法须错综而有队伍，多不得，少不得，相其体式而布列之。或圆或尖，或斜或踢，或乱或整，能使树加圆浑，石益峻嶒，则神妙矣。地坡着草，各称其花。早春仅可枯苔，春夏不妨丛绿苔。花下宜净，蒙茸则非。春花春草，秋花秋草，各不相浑。如戟如芽，有意无意，画家神明，全在乎此。勿以为余技而忽之。

点苔之宜忌，又与山水同。惟山水以点为主，花卉则近景多于远景，坡脚杂草，如蒲公英及其他歧叶野菜，皆可助蓬勃之神，增幽逸之趣，其功与苔等。花卉画家，又当于此致力也。

四知之说❹，小山自以为发前人所未发。

一曰知天。万物生于天。天有四时，夏秋之花，皆有叶。春则梅杏桃李，各不同。梅开最早，天气尚寒，故无叶而必有微芽。杏次之，则芽长而带绿矣。桃李又次之，则叶已舒而尚卷曲。至海棠、梨花、牡丹、芍药之类，已春深而叶肥。水仙本三月花，而以法植之，则正月开，故叶短。迎春与梅花同，兰蕙宿叶不凋，其新叶亦花后方长。至禽鱼

❶ 恽寿平《瓯香馆画跋》（《瓯香馆集》附刻本）12/4a。

❷ 李修易《小蓬莱阁画鉴》（商务印书馆排印本）38b。

❸ 范玑《过云庐画论》（于海晏辑《画论丛刊》本）册四7a。

❹ 邹一桂《小山画谱》（张祥河辑《四铜鼓斋论画集刻》本）册三上/5b—上/7b。

蜂蝶，各按四时。梅时无燕，菊候少蜂。冬花不宜绿地，春景勿缀秋虫。随时观察，按节求称，各当其可，则造物在我。

二曰知地。天生虽一，而地各不同。庾岭梅花，北开南谢，其显著矣。北地风寒，百花俱晚，滇南气暖，冬月春花。如朱藤江南叶后方花，冀北则先花后叶。小桃，丁香，探春，翠雀，鸾枝，北方多而南方绝少。梅花，桂花，茉莉，珍珠兰，紫薇，则盛于南而靳于北。芍药以京师为最，菊花则吴下为佳。湖南多木本之芙蓉，塞北无倒垂之杨柳。物以地殊，质随气化。生花在手，不可不知。

三曰知人。天地化育，人能赞之。凡花之入画者，皆剪裁培植而成者也。菊非删植，则繁衍而潦倒。兰非服盆，则叶蔓而纵横。嘉木奇树，皆由裁剪，否则权芽不成景矣。或依栏傍砌，或绕架穿篱。对节者破之，狂直者曲之，至染药以变其色，接根以过其枝。播种早晚，则花发异形。攀折损伤，则花无神采。欲使精神满足，当知培养功深。

四曰知物。物感阴阳之气而生，各有所偏。毗阳者花五出，枝叶必破节而奇。毗阴者花四出六出，枝叶必对节而偶。此乾道坤道之分也。（草本亦有花五出而枝叶对节者，又阴阳交错之理，木本则无。）春花多粉色，阳之初也。夏花始有蓝翠，阴之象也。花之苞蒂须心，各各不同。有有苞无蒂者，有有苞有蒂者，有有蒂无苞者，有无苞无蒂者，有有心无须者，有有心有须者，花叶不同，干亦各异。梅不同于杏，杏不同于桃。推之物物皆然。一树之花，千朵千样，一花之瓣，瓣瓣不同。千叶不过数群，纵阔宜加横小（谓大瓣直者宜以小瓣嵌插之）。刺不加于

花项，禽岂集于棘丛。草花有方干之不同，折枝无蜂蝶之来采。牡丹开时，不宜多生萌蘖。蜡梅放候，偶然干叶离披。新枝方可着花，老干从无附萼。欲穷神而达化，必格物以致知。

四者之中，除知人外，天、地、物三者实是一事，审景物之真而入画耳。严格言之，即知人亦未尝脱离写生之范围，不过告人自然之景，有不宜入画者，未若佐以人力经栽培芟剔之花卉，富于画意而已。小山以此炫为独得之秘，吾则仅谓之为普通之博物常识。

乙　各花分别

各花分别，百十五种。其花卉之名目为：梅，杏，桃，千叶桃，小桃，山桃，樱桃，李，海棠，梨，玉兰，辛夷，木笔，丁香，瑞香，贴梗海棠，垂丝海棠，紫荆，郁李，冰梅，绶带，迎春，探春，鸾枝，水仙，兰蕙，月月红，紫蝴蝶，花蝴蝶，黄蝴蝶，蔷薇，金盏木香，绣球，牡丹，芍药，杜鹃，罂粟，虞美人，玫瑰，刺梅，翠雀，金银花，三月菊，诸葛菜，草丁香，地丁香，黄馨，蒲公英，雪梅堆，黄棣棠，金雀，荷包牡丹，缠枝牡丹，朱藤，翦春罗，翦秋纱，石榴，栀子，金钱，铁线莲，金丝桃，翠梅，夹竹桃，凌霄，鹿葱，木槿，蜀葵，锦葵，百合，山丹，茉莉，珍珠兰，龙爪，虎耳，岸莲，柳穿鱼，都梁香，蒲兰，慈菰，金钟，石竹，石菊，萱，荷，紫薇，秋葵，夜来香，晚香玉，凤仙，秋海棠，玉簪，桂，鸡冠，菊，蓝菊，僧鞋菊，万寿菊，波斯菊，老少年，秋牡丹，水木樨，马兰，美人蕉，牵牛，淡竹，决明，扁豆，蚕豆，蓼，芙蓉，山茶，蜡梅，南天竹。

各则或数十字、百余字不等，叙花

之须、萼、瓣蒂、枝、叶等之形色。至笔法设色，究竟宜如何运用，皆不详。故与《花镜》、《群芳谱》等论植物书籍中之文字并无分别。吾尝以为此等画论最难收效。曾见真花者不待告之而自知，未见真花者，即笔秃舌焦，亦终无补于实际。试举其秋海棠画法一则曰：

　　草本，叶尖圆，锯齿，大者如盘，红筋密布，反面微绿而筋全红，逐节而上，花开四出，圆瓣，两大两小，黄心如小球，有微柄擎出花心。花枝对生，红柄如丝，蕊圆扁，有蒂如三角铃者。有有苞无蒂者，子如豆，生于叶间，落地即萌，明秋开花。其旧根经冬复发花，叶更肥。又有白花者，柄亦微红。秋英娟媚，无如此花。❶

秋海棠，皆吾人所习见，换言之，吾人头脑中早有此花在，故读其文，觉其无不一一切合。但设有从来未见过秋海棠者，凭小山文字所授予之观念而画之，真不知其画成将作何等形状。是故授人作花卉，必令学者看真花，或作图式以供人仿效，盖其成效必远非此叙述文字所能比拟。若不以斯言为谬，则吾之视小山之百余则，全属虚设之文，当不以苛刻见责也。今不妨更观《南田画跋》中关于秋海棠一则：

　　画秋海棠，不难于绰约妖冶可怜之态，而难于矫拔有挺立意。惟能挺立而绰约妖冶以为容，斯可以况美人之贞而极丽者。于是制图窃比宋玉之赋东家子，司马相如之赋美人也。❷

其中不及花之形色一字，而告人当写其矫拔挺立之意。语虽抽象，但未必为看真花或读画稿所能立即领略者。是其画跋对于学者有其特殊之意义，便与小山之诸则不同矣。

丙　取用颜色

取用颜色为粉、胭脂、花青、藤黄、赭石、朱砂、石青、石绿、雄黄、雌黄、泥金、百草霜等十二则。皆论研制颜料之法，与芥子园之《设色诸法》一卷大致相同，不录。

丁　画说摘录

下卷画说为书画一源、诗画相表里、画派、六法前后、画忌六气、两字诀、士大夫画、入细通灵、形似、文人画、雅俗、写生、生机天趣、结构、定稿、临摹、绘实绘虚、法古、画所、画品、画鉴、赏识、唐宋名家、徐黄书体、没骨法、铺殿折枝、明人画、翎毛、草虫、画石、点苔、画竹、画松、画柏、画柳、梧桐、泼墨、指画、西洋画、落款、裱画、藏画四十三条。后附矾绢、用胶矾、矾纸、捶绢、画碟、画笔、用水等论画具者七则。前有小引曰：

　　前卷既定，又摘录古人画说，参以己意，而画家源流宗派亦略可考。要之众妙传心，非可言喻，岂能笔罄。览斯集者知搦管时不容轻落，而耳食者未许漫评。金针欲度，难与人巧。游艺之中有依据，明者自领之而已。外附用绢纸画具及装潢藏弃之法，牛毛茧丝，亦全力搏兔之意云尔。❸

虽云参以己意，究以摘录古人陈说为多，真能有所发明者不过数则耳，且皆已于前后各章中论及，故今不复赘述。

戊　洋菊谱

洋菊谱为银佛座、金佛座、宫花锦、锦贝红、雪罗襦、珊瑚枝、紫霞绡、七宝盘、桂丛紫、千金笑、蜜荷花、紫丝连、檀心晕、雪莲台、雨鹃红、绒绵心、

❶ 邹一桂《小山画谱》（张祥河辑《四铜鼓斋论画集刻》本）册三上 /32a。

❷ 恽寿平《瓯香馆画跋》（《瓯香馆集》附刻本）11/24a。

❸ 同注❶下 /1a。

佛手黄、涌金轮、粉翎儿、锦标红、月华秋、红玉环、昭容紫、银丝针、秋月日、海红连、万点红、青玉心、锦麟祥、金赤蒂、鹭鸶管、朝阳素、金缕衣、紫金鱼、坠红丝、金凤羽等三十六种。小山于乾隆丙子秋诏入内廷，对花写真，后蒙御题，嘉赏备至，因记其形状，以志荣遇。惜今原本未能见，读其所记，不过略可想象而已，与画法无补，故不更录，引姑记其名色于上。

第三节　方薰《山静居画论》论花卉画法

方兰坻，精于论画，关于山水之画法，已尽量采录，纳入前章，其《山静居画论》中论花卉画法者，亦有二三十则之多，兹置本节论之。

将兰坻之言论，略加分析，亦可得下列数类。

（一）通论

画花卉翎毛，不问工笔点簇，兰坻皆主张得其生意。论及此者凡三则。

世以画蔬果花草随手点簇者谓之写意，细笔勾染者谓之写生，以为意乃随意为之，生乃像生肖物。不知古人写生，即写物之生意，初非两称之也。工细点簇，画法虽殊，物理一也。曹不兴点墨类蝇，孙仲谋以为真蝇，岂翅足不爽者乎，亦意而已矣。❶

写花卉翎毛草虫，古人工细妙，不工细亦妙。今人工细，便尔俗气。盖笔墨外，意犹未尽焉。不思而学，于画亦无谓耳。❷

点笔花以气机为主，或墨或色，随机着笔，意足而已，乃得生动。不可胶于形迹。"意足不求颜色似，前生相马

"九方皋"，又不独画梅也。❸

首则谓世人以随意为之为写意，次则谓今人工细便尔俗气，是有慨于当世画家，工写两未能佳也。盖写意者正因随意而失生意，工细者以昧于古人笔法，一味刻画而失生意。吾人恰可引用南田跋画之语"所谓不知如何用心，方到古人不用心处。不知如何用意，乃为写意"。而画工笔者，又当用心细玩古人用笔之道，思如何得寓生趣于繁缛之笔画中，更不可备其形而略其意也。

（二）画派

兰坻论工细设色与水墨写意之消长曰：

设色花卉法，须于墨花之法参之，乃入妙。唐宋多院体，皆工细设色，而少墨本。元明之间，遂多用墨之法，风致绝俗。然写意而设色者，尤难能。❹

此又与文人之好尚有密切之关系。山水至元代，一变精丽之院体，为草草之逸笔。花卉亦脱离颜色之形似，而为水晕墨章矣。此后之写意设色，又往往借用水墨之技巧，返而施之于着色。故兰坻谓"须于墨花之法参之"，亦犹沈芥舟论山水"今以一局作二帧，一帧用墨，一帧用重青绿色，其青绿重处，即是用墨浓处，是色且仿墨而为之，墨非即画之色乎"意相若也。

又论勾勒没骨二派之消长曰：

元明写生家，多宗黄要叔、赵昌之法，纯以落墨见意。勾勒顿挫，笔力圆劲，设色妍静。舜举、若水后，之冕、叔平、沱江，各极其妙。时人惟陈老莲能之。南田恽氏，画名海内，人皆宗之。然专工徐熙祖孙一派，黄赵之法，几欲亡矣。❺

赵昌与黄筌同列，徐熙与崇嗣并称，

❶ 方薰《山静居画论》（于海晏辑《画论丛刊》本）册三下/1a。

❷ 同注❶下/1a。

❸ 同注❶上/7b。

❹ 同注❶下/2a。

❺ 同注❶下/2b。

兰坻于前人勾勒没骨分派之说，未能深究，致因误而误。然其谓勾勒之法，至恽氏出而熸息，固属至确。三百年以来，未见有复兴此派者。如晚清之任氏兄弟，虽以善勾勒称，尚未能继武老莲，遑论宋元矣。

边鸾，吕纪，林良，戴进，纯以宋院本为法，精工毫素，魄力甚伟。黄赵崔徐之作，犹可想见。后人专于尺幅争能，屏幛之作几无气色，可轻视耶？⑥

边鸾邈矣，画传虽有记载，其作已难得而详。吕林戴三家，皆明代之杰出者，细按之，各家作风，亦有殊别，然入清而皆不传，则一。吕纪花鸟极繁缛秾丽，与古为近。宋法至明，略有复兴之象，吕纪与有力焉。林良魄力雄伟，水墨淋漓，秋风葭苇，流水衰荷，不必言其禽鸟，即花卉补景，已极飞动跌宕之致。浦山记其花鸟四巨帧，尤可使人神往⑦。戴文进以山水著，偶作花卉，苍老秀逸，王弇州谓其似沈启南。韩泰华藏其《东篱秋意》长卷，亦谓其然⑧。盖石田一派之花卉，至清代亦不传矣。三家皆工丈匹巨幛，清代画家之于尺幅中争能者，观之自当为之气夺也。

范引泉《过云庐画论》有一则，专为广兰坻之意而作，特录之于后：

人谓古人尚工细，今人工细便俗，其弊在少功夫耳。殊不知工细之外，尤必开展，上而黄、赵、徐、崔以至边鸾、戴进、林吕辈，何非精严毫末，而气象巍然。若不冢笔白砚，能至是乎？即不工细，亦当求之魄力。恒钉之讥，甘谨守哉！嗟乎，瓯香驱明季之陋习，虽曰本乎崇嗣，而以逸韵见胜，古法已漓。今则浸淫宇内，既乏天姿，复昧讨古，工细之法，坠绪泯绝，豪杰之士，当整精旅，拔赵帜于墨林，是所望焉。⑨

（三）论各家画法

兰坻记钱舜举《草虫卷》曰：

钱舜举《草虫卷》，三尺许。蜻蜓、蝉、蝶、蜂、蜢类皆点簇为之，物物逼肖。其头、目、翅、足，或圆，或角，或沁墨，或破笔，随手点抹，有蠕蠕欲动之神，观者无不绝倒。画者初未尝有意于破笔沁墨也。笔破墨沁皆弊也，乃反得其妙，则画法之变化，实可参乎造物矣。⑩

舜举是卷之特色，在假破笔沁墨，而尽其飞鸣跃趭之妙。昆虫翅足等处微细之芒刺，若以尖颖勾勒之，往往易堕板刻，远不如败毫破锋，竟能摄其神趣，真所谓意到笔不到也。墨沁亦然，纸贯或不甚坚韧，墨水随其自然之纹理而沁溢，或蓬蓬如纤毛，或矮矬如云翼，有迥非人意所能及者。此等境界，虽难到，然要在学者随时捻管点染，笔性纸性咸熟，知如何下笔，生何等笔趣，如何落墨，生何等墨彩，久之有所遇也。

记张守忠桃花曰：

元张守忠墨花翎毛，笔墨脱去窠臼，自出新意，真神妙俱得者。石田常仿摹之，设色绝少。仆见其桃花小帧，以粉笔蘸脂，大小点瓣，为四五花。赭墨发干，自右角斜拂而上，旁缀小枝，作一花一蕊，合绿浅深拓叶，衬花蕊之间，点心勾叶，笔劲如锥，转折快利，余梗尺许，更不作一花一叶，风致高逸入徐氏之室矣。⑪

董乐闲手抄本，与上则略有不同。

张守忠饼桃一枝，用粉笔入脂，大小点瓣，四五一簇，赭墨发枝，自右角斜拂而上，旁缀小枝，一花二蕊，合绿浅深撇叶，以衬花蕊之间。其余枝条尺许，更不作一花一叶，勾叶点心，笔极细劲，如针锋，转折快利，展对间觉风韵动人。⑫

⑥ 同注①下/2b。

⑦ 张庚《图画精意识》曰："林以善，春夏秋冬花鸟图四巨幅，每幅必以两大鸟为主，如锦鸡鸿雁之类。树梢空中，点以小禽，皆粗笔，仗大点大抹而成。如画金鸡之腹，以巨笔蘸朱砂，自膝下至尾，一直扫下，而圆厚胜细匀者万万。尤妙绝者，一幅作暮景，晚烟横树，而以淡墨写栖鸦，只一笔点成，不加嘴爪，不分羽毛，为烟中宿者，入神之笔也。此等笔墨，非学而能。"（《美术丛书》本）三集二辑二册20a。

⑧ 韩泰华《玉雨堂书画记》著录戴文进东篱秋意长卷曰："是卷草坡逶迤，石根隐见，菊花五色，间以绿竹、美柔，而杞实离离，猩红夺目，则美而艳也。尤奇在澄波一片，洗涤空明，而盘回向背之状，愈觉生气远出矣。弇州山人记文进七景图亦有东篱秋晚，以为初阅之似沈启南作，盖其苍老秀逸，同一师法也……"（《松邻丛书》本）2/2a。

⑨ 范玑《过云庐画论》（于海晏辑《画论丛刊》本）册四7a。

⑩ 同注①下/2b。

⑪ 同注①下/1b。

⑫ 方薰《山静居画论》（《美术丛书》据董乐闲手写本排印）三集三辑三册16a。

603

守忠名中字子正，松江人，花鸟为元代一巨手。第守忠所善者墨花，而兰坻独详载其设色桃花者，欲证实其"设色花卉法，须于墨花之法参之"语也。不啻曰：守忠之所以精设色，正缘其墨花之工耳。画论中又有一则曰："写点簇花卉，设色难于水墨，虽法家作手，点墨为之成雅格，设色每少合作。"❶亦可参读。

兰坻论白石青藤等家花卉有二则：

白石翁蔬果翎毛，得元人法，气韵深厚，笔力沉着。白阳笔致超逸，虽以石田为师法，而能自成其妙。青藤笔力有余，刻意入古，未免有放纵处。然而三家之外，余子落落矣。❷

点簇花果，石田每用复笔，青藤一笔出之。石田多蕴蓄之致，青藤擅跌荡之趣。❸

前则泛论三家，后则语尤扼要。一以含蓄胜，有余味。以痛快胜，能尽致。二家之特色，向未经人道破。

清代花卉，以南田之声势最为浩大。且点染用水，亦有独得之秘，故其画法，多论及之。

设色花卉，世多以薄施粉泽为贵，此妄也。古画皆重设粉，粉笔徒瓣尖染入，一次未尽，腴泽匀和再次补染足之，故花头圆绽，不扁薄。然后以脂自瓣根染出，即脂汁亦由粉厚增色。南田恽氏得此诀，人多不察也。❹

南田氏得徐家心印，写生一派，有起衰之功。其泻染点缀，有蓄笔，有逸笔，故工细亦饶机趣，点簇妙入精微矣。❺

恽氏点花，粉笔带脂，点后复以染笔足之。点染同用，前人未传此法，是其独造。如菊花、凤仙、山茶诸花，脂丹皆从瓣头染入，亦与世人画法异。其枝叶虽写意，亦多以浅色作地，深色让

主筋分染之（主筋叶中一笔也）。❻

瓣尖欲其粉厚，以见舒张之状。瓣根欲其重，以见深凹之势，亦所以像花之真也。笔初着纸必饱满，故染粉自瓣尖入，则厚在尖。染色自瓣根出，则重在根。染入染出，自有不可不如此之理也。至菊花、凤仙等花，其色浓在瓣尖，是以其染色又与其他花头不同矣。

（四）论花叶点心

泛论花卉画法，不限定某家某派法者，有七则之多。

凡写花朵，须大小为瓣。大小为瓣，则花之偏侧俯仰之态俱出。写花者往往不论梨梅桃杏，一匀五瓣，乃是一面花。欲其生动，不亦难欤？❼

点花如荷、葵、牡丹、芍药、芙蓉、菊花，花头虽极工细，不宜一匀。叠瓣须要虚实偏反叠之。如牡丹，人皆上簇细瓣起楼，下为一匀大瓣，朵朵一例，便无生动之趣。须不拘四面疏密簇叠，参差取势、各呈花样乃妙。❽

写花头须要破碎玲珑，勾叶点心须要精神圆绽，便有活致。❾

写叶之法，不在反正取巧，贵乎全圆得势。发枝立干，亦同此法。❿

勾叶点心，乃是全幅之眉目。有拓叶点花平平，而勾点有法，便为改观。有拓叶点花已妙，勾点无法而败之者，不可不知。⓫

画墨花趁湿点心勾叶最得古意。虽设色点缀，以墨点心勾叶，自俱妙理。⓬

平面圆形之物，正视则圆，侧视则扁。画中既不得作全是正面之花，自当大小为之。王冶梅论画梅，自以为发前人所未发者，却源于此。二三四各则，皆言变化之法。第五则论勾筋之重要，诚然，尝见名家作写意菊花，信手点抹，

❶ 方薰《山静居画论》(于海晏辑《画论丛刊》本)册三下/1b。

❷ 同注❶下/2a。

❸ 同注❶下/2a。

❹ 同注❶下/2a。

❺ 同注❶下/2b。

❻ 同注❶下/3a。

❼ 同注❶下/1a。

❽ 同注❶下/1a。

❾ 同注❶下/1a。

❿ 同注❶下/1a。

⓫ 同注❶下/1b。

⓬ 同注❶下/2a。

层次正反，咸不能辨，及至临了勾筋，则一一分明，尽卷折俯仰之能事。盖一切姿态，皆俟勾筋之后而后出。墨花趁湿点心勾叶，取其滋润生动，而无刻画之迹。生纸用之尤多。墨色淡淡向四外沁溢，愈觉浑成融洽也。

第四节　洪朴《燕脂录》

《燕脂录》四卷，洪朴辑。朴字心园，青浦人。书前有王初桐、李保泰、李赓芸等家序，其自序作于嘉庆十一年丙寅，中曰：

余外舅许苏坡先生，幼即工画，师瓯香馆法，作牡丹，并得粉本数幅，百遍模仿。天分既高，功效遂倍，诚可接武南田。家有园亭池馆，植名花百本，依法培接，不数季得三千余株。每当谷雨初晴，水光花影，灿如霞绮。先生游目会心，日有所得，非但一花一式，即根拨枝叶，悉为区别。每语人曰：我方对花写貌，精神专一，几不知"我之为花，花之为我也"。故请乞于门者，岁无虚日。余弱冠即受甥馆，始得从事不律。先生口讲指画，次第教之，迄今二十季，自谓无少进益。然每念先生廿载功深，谬许附骥，恐岁月既久，法仍磨灭，因志先生之所以授余者，辑而书之，名曰《燕脂录》。**⓭**

许苏坡，名柄国，字掌衡，嘉定南翔里人，曾从张芝瓢炜游。《墨林今话》、《墨香居画识》皆有传。

《燕脂录》卷一为品类，汇录其所见之花七十八种，各记其形色。卷二赋色，附颜色配合法，皆论画法之文。卷三图考，录诸画及画谱所收之历代牡丹名迹。卷四题咏，搜罗前人咏牡丹之篇什。全书之精华在卷二，皆其作画所获之心得也。

卷二凡二十七则，附配合二十四则。首有小序曰：

没骨法创自徐崇嗣，盖不用墨勾，纯以色渍而成者也。赵昌工于写生，意在逼肖。至沈启南合参古法，以浅色见长，而画之能事毕矣。夫画不患其不深，而患其不浅，惟浅故艳。深则重，重则俗矣。惟浅故厚，深则板，板则薄矣。不知用浅之法者，不可与论画。南田外史，昭代之崇嗣也，远接衣钵，变古像今，设色之妙，可谓观海。独于画牡丹之法，尤见周密，允推后学金针。予生也晚，不获亲见其吮毫命素，而先生之心法相因，至今犹能道之。予何人斯，敢云着述。聊据所见，辑以成编。纤记小谭，俟夫知者。**⓮**

可知心园此后所述诸则，悉以南田点染之法为归也。

二十七则中，有论落稿不宜太骤太迟、俟有所见而后落笔一则，结构注重透漏一则，疏密宾主一则，真花宜加修剪而后入画一则，摹古当化一则。气韵可学一则，烘染宜定花之阴阳向背一则，作画不可矜奇炫异、当以平易胜人一则，画花重在画叶、花之叶如月之云一则，写意花当于切实细丽中见疏落之妙一则，引《历代名画记》陆探微一笔画及爱宾论画、不患不了而患于了一则，引郭淳夫置花于深坑中临其上而瞰之一则。或前人论画山水已一再讨论，或为花卉画家所熟谂，已著之于画谱，似不必更逐条录引。

心园论牡丹品格曰：

画有老境，非枯寂之谓也。画有化境，非放纵之谓也。况牡丹为富贵之品，枯寂固不称，放纵亦不合式。神明于规矩

⓭ 洪朴《燕脂录》（嘉庆间刊本）自序 1b。

⓮ 同注⓭2/1a。

之中，而不为规矩所缚，一枝一叶，态度自然，不落平庸，即是老境。一花一瓣，气魄跳脱，别饶韵致，即是化境。❶

"态度自然，不落平庸"，"气魄跳脱，别饶韵致"，信是国色天香应有之品格。画家之中，孰克当之，有清一代中，非南田莫属。故心园四语，正可为南田之画写照也。

至论枯寂，自非富贵气象所宜有。但放纵，岂牡丹所绝无。尝见白阳山人之作，一花数叶，腾跃纸上，亦有奇观，第此则南田所不为耳。

论结撰花朵一则，各种牡丹花头之经营位置也。

结撰花朵，先主张大概有几处整齐，便有几处不整齐，相间而出，常使脉络过接乎其间，令人见而不觉，此定法也。便如常中寓变，正中有奇。叠瓣宜缜密，勿失之冗。敧斜其势，绠接转关。修瓣宜秀劲，勿失之硬。翻覆其体，愈形活泼。瓣大者多折，瓣小者多岐。势欲凌空，操而后纵。意存变换，合处先离，一顺一递，妙在斡旋。半寂半喧，理宜融洽。楼高知是盛开，头重目为武放。向日初开，姿润泽而圆整。因风欲落，神黯淡而离披。反侧最忌痴肥，松散尤宜襞积。正面难工，瓣捧心而即是。背面易写，叶抱蒂而势成。仰承若子孙之绕膝，朝揖有情。俯临如君父之居尊，荫护得体。密叶藏来，若隐若现。孤枝瞥处，若断若连。又宜索之于未状之前，而得之于仪则之后也。❷

整齐零乱相间，变化之法。有一朵中之不整齐，即小山所谓"圆朵非无缺处"；有多朵之不整齐，《青在堂画说》所谓"即丛集亦不雷同"。"令人见而不觉"，一语中的。言画中虽处处意匠经营，

而纯似出于自然，斯为上乘。入后专论不同花瓣之画法以及正背俯仰之姿态。非种种娴熟，未足以妙趣如环，幅幅生色也。

心园论花朵烘染皴提之法，共有七则之多。良以恽派最工烘染，而牡丹花大，尤以烘染为重要之技巧。宜乎心园论之，详于任何花卉画法之著。

凡染花朵，笔用双管。一有色之笔，一无色之笔。无色之笔，水笔也。欲得生动之法，在色笔者十之一，在水笔者十之九。用色笔人所共知，用水笔人皆用之而未尽知者也。夫色笔仅能使之有色，而不能令其得神。水笔稍懈，则颜色凝渍，有色而无色矣。水笔则任我挥霍，因其色而和之，就其势而施之，自然色泽鲜明，精神完足。如云光日影，隐约浮动，此文法所谓于不着笔处见精神也。❸

花头之生动，全在色泽之深浅，渗晕天然，变化莫测。所以致之者，水之功也。迮万川《三万六千顷湖中画船录》有记恽少府画一则云："丁巳中秋，恽南田之孙，名焯，号南林……余素爱南田笔墨，每遇其子孙，必切问其传家之诀……及见南林，又与朝夕论画，至详且悉。并述乃祖设色鲜明之故，在善于用水耳。此语大泄此中元秘，故特志之。"❹可见恽派对于用水之重视。心园言之颇详，惜未为万川见，不然将无拍案叫绝耶？

作文有段落，则文气充畅，眉目清楚，无杂乱之病。画之大染，犹文之段落也。于两层交代之处，要写得极分明，又极融洽，使后段之脉笋而不突，徐而不滞，自然气势凌空，线索齐整。此花朵之大染，有通于文法者，其大略也。

❶ 洪朴《燕脂录》（嘉庆间刊本）自序2/2b。

❷ 同注❶2/3b。

❸ 同注❶2/4a。

❹ 迮朗《三万六千顷湖中画船录》（《美术丛书》本）初集十辑三册25a。

若夫一幅之巨，一瓣之小，亦有舍此不得者。得其三昧，则对之若笑，问之解语，是又言之所不能传而书之所不能达也。深造者当自得之。❺

大染当是铺粉地后第一次之染，经过此番功夫，层次乃能井井。后半将大染，大而推至全幅，小而归之一瓣，告人宜活参之，未可泥执。一幅有一幅之层次，一瓣间亦有层次。耸而不突、徐而不滞诸语，固不仅限于花朵而已也。

文写正面，便成呆伯。旁敲侧击，逼出题神，此妙手也。烘法亦然，花之正面染则扁，烘则浑。染则凹，烘则凸。染则黯淡，烘则有光。却于大染小染之外，兼烘兼染，渐致提足。襞积之处，融洽分明，自然轻灵精湛，光彩四射矣。❻

《小山画谱》将烘汇法置于点染法后。染而后烘，自是适当之程序。染法致力于所染之处，其收效亦即在是。烘法致力于所烘之处，而收效却在其未经触着之部分。有如以黄色画月及以水墨烘月之不同。一于黄色着纸处见月，一于水墨留空处见月。花瓣有正反，有前后，有反光处，有背光处。专用染法，未能一一充分表现，故非烘法不为功。

小染者何，承法也。有起必有承，故大染之外，有小染。然不可另起波澜，须循大染之理，从中发出。虽千瓣翻折，亦不致紊乱矣。❼

邹小山曰："染非一次，外瓣约三遍，中心必五六。"中心小于外瓣，此小染名称之所由来欤？中心小瓣，与四周大瓣，同属一花，则岂有另起波澜，与大染漫无照应之理。且味其语气，小染亦不必专指中心。大瓣有未周到处，再烘染之，亦未尝不可称之曰小染。此则更

当与第一遍之大染，意趣承接也。

分瓣亦似小染，若以小染统之，卒不可。余谓分瓣如诗之流水对，明是两句，只可作一句读，读之而神韵转胜，气使之然也。气之贯者若连若断，不脱不粘，无笔墨之痕，有自然之趣。非用笔之妙者，弗克臻此。世有染色可观，而于分瓣则草率了事。亦有整齐排布，如画鱼鳞。安得以流水对百联，令渠熟读之也。❽

心园以流水对喻分瓣，盖谓明是两瓣，可作一瓣看。实其意并不止于此。明是千瓣百瓣，合观之只觉浑然一花，何尝见瓣瓣分置。不然，便是堆砌杂缀而成，岂有真花乎？

皴法，画之骨也，故山水家重之。以画石要瘦有皴，则筋骨棱棱，而嶙峋之势得矣。花朵以烘染而成，纯以肉胜，全在趁势皴擦，则瓣出有力，骨肉停匀，自无偏胜之病，即笔法亦因之而显。又须去繁就简，避重就轻，使天趣跃出，是为妙品。❾

既曰"花朵以烘染而成，纯以肉胜"，又曰"全在趁势皴擦"，殊不可解。恽派以用水为主，一笔施过，绢地全湿，绝无皴擦痕迹〔迮万川《绘事琐言》中有言曰："用绿之法宜用多水立于纸上，俟其自干，无论浓淡，其色皆肥厚而有光。切不可干擦致不匀和，且不润泽，往见其堆垛耳。"虽论画叶，亦可悟用水一派之花卉不宜有干笔皴擦也。"原刊本4/12b〕。故就山水画法中皴擦之定义而论，南田所画之花朵，当无皴法之可言。心园或仅借用皴字之称，而更易其意义，谓画瓣之法，亦当见笔有力，不可一味涂抹，致毫无挺秀之姿也。

文章有提笔，则通体不平。故画花循序傅色，将次告成，须用浓笔于大开合处，

❺ 同注❶2/4b。

❻ 同注❶2/5a。

❼ 同注❶2/5a。

❽ 同注❶2/5b。

❾ 同注❶2/5b。

深写几笔，则全神振动，眉目改观，是之谓提。古人画牡丹，鲜得此法，惟南田独开生面，创始为之。后之学南田者，虽极意揣摩，而举止羞涩，终是婢学夫人。❶

画花先铺粉地，然后染，染后为烘，烘后为小染，至提则画花之能事毕矣。卷后所附配合法中，每谓何等粉地何等色染，再用何等色提，盖此是紧要关头，画龙点睛处也。与山水之点苔及最后之焦墨飞皴数笔，不期而合。

心园论枝叶等画法共三则：❷

画花先画枝叶，而不曰画叶染叶，曰渍者，连色带水，渍积而成。法用汁绿深浅三种，根尖凹处用最深，筋之两旁及绕边用次深，以最浅者从根拖出，填补空处，然后以淡藤黄水周身和之，要在一叶之中深浅有别，则高低自判方不呆板。中间须留一线为勾筋地步，干后视有深色细线结边，而色泽莹润者为得其候。勾筋用尖笔蘸深青绿，不饱不枯，趁势勾之，要软中有力，不类描者为佳。

渍叶绿有三种色，益以淡藤黄，遂需四支笔矣。处处皆利用不分多寡以及其中所含色质之不同，使其自然渗晕，生出种种变化。恐在画家自己，亦未必定知一叶成后，其深浅不齐，究竟各在何许。叶之缘，干后深色线结边，全因叶中水分拥至边缘，较叶中之水分为多。水分既多所含之色亦必多于他处，而干后遂有深色之细线。中间留线，乃留出一叶之主筋地位。方兰坻论恽氏画法所谓"其枝叶虽写意，亦多以浅色作地，深色让主筋分染之"是也。

枝梗用嫩绿色，如法渍之，包壳（即胎花）花蒂，并托蒂细叶，皆如之。叶绿勾筋，若花色红者，用淡脂烘，染筋亦用脂勾。

嫩叶及苞蒂之筋，往往随花色而异。红色之花，不仅包壳有红筋，柄与梗之交接处，亦宜用红笔勾提。

花之点心，如画人之点睛，顾长康所谓传神写照，正在阿堵中也。用浓粉于花之分层处点之，要隐然豆起，俟干，以藤黄盖之，眉目自湛。至于背花及全侧，开而未盛者，无处点心，是在提之妙处，为不点之点。

点心之法，与青在堂所载粉和藤黄点蕊略异。心园先以粉点，后始以藤黄盖。粉掺藤黄，黄中之胶，悉在粉内，故点而无光。粉后傅黄，胶在颜色之表，干后发亮。两法前人皆用之，但以后者为广。

画花叶法之后，心园有论牡丹补景及点缀二则。❸

折枝小景，可随意为之。若欲拓为巨幅，全在布景，则树石尤为关系。孤枝特立，全依山石为屏。仄径横开，还借莓苔作衬。树之可用者绣球、海棠、梨花、碧桃、紫藤、绿竹、墨竹等，又有玉兰、海棠，俗呼为玉堂富贵，似嫌俚俗，宜避之。石则太湖石，泼墨石，大青绿石。总要树石相称，笔力古劲，俯仰照应，跌宕有势为佳。至于翎毛，亦可安插，须秀雅宜人，勿专以金碧争胜，致近作家习气。

草坡点缀，大非细事。多则杂乱，少则单薄。总要配合全幅。如蕙兰、长春菊、蓬蒿花、蒲公英、车前子、当归花、竹枝等，皆可随宜择用。点苔则攒三聚五点，鼠足点，梅花点，松叶点，俱所宜施。古人云：苔草为坡脚之羽毛，须浓淡迭交，繁简互错，势长气厚，得膏泽之容。

❶ 洪朴《燕脂录》（嘉庆间刊本）自序2/6a。

❷ 同注❶2/8b—2/9a。

❸ 同注❶2/9a—2/10a。

此二则又与青在堂及《小山画谱》所论大致相同。但此专为牡丹而设，故花卉地草，皆限于春景也。

心园赋色之二十七则，以托背为殿。

绢素托背，自古有之。红花用银红，粉白花用白粉，叶背俱用青标，古艳可爱。今人托叶，无论正反，皆用石绿，终属不妥，当依古为是。反叶枝条，用石绿标和粉托。[4]

前人托花卉之托背者极少，此则告人正反叶之背及枝条宜以不同之色衬，每为画者所忽，故特录之。

配合二十四则专论各种牡丹所用染提之色，见附录。

第五节 各家片段言论

清代画家对于花鸟画法有片段之言论者，除恽寿平、张浦山、李乾斋等家已于前节录引外，尚得迮朗、邵梅臣、松年等三人。

（一）迮朗 万川之《绘事雕虫》，专事摭拾前人成说，《绘事琐言》，又专论制色各法以及作画用具，应入本文讨论者盖寡。惟其论没骨之四病四美及以百草霜画蝶二则，前人竟无言之者。

夫天然姿态，造化可师，而众史趑趄，寡能此事。岂松烟锈管，寻迹尚易，渍粉堆朱，茫昧失传耶？为指醇疵，约略有四。一曰浓不堆垛，二曰淡不浅薄，三曰密不杂乱，四曰疏不空旷。轮廓恐泯，苍赤是恃。刻意浓堆，力求艳丽，必致渣滓凝滞，气韵汩没，则堆垛之病也。防其堆垛，挽以轻倩，粉地戒厚，染功靳深，崇尚淡雅，希冀鲜明，必致稚嫩乏力，浮弱失神，则浅薄之病也。救其浅薄，济以丛杂，花外加花，叶中添叶，林泉缪辖，眉目纷披，必致仿像其色，叆叇其形，则杂乱之病也。矫其杂乱，返以稀疏，减而又减，略求更略，简省太过，点缀阙如，必致意味萧索，精神寒瘦，则空旷之病也。祛其四病，进以四美。淡敷数次，渐进浓酽，云锦霞绮，融洽分明，艳而不失之俗也。清痕重叠，烘晕滋润，露珠江练，掩映澄鲜，淡而不失之枯也。纵横交错，层累郁盘，重山复水，以多为贵，密而不失之繁也。风筛月漏，云断泉流，一树一花，以少为贵，疏而不失之散也。盖体不树骸，有骨同于无骨。形能包气，无骨胜于有骨。故翦彩终鲜生意，□绣焉能飞动。何如五色之锦，各以本地为彩也。[5]

浓乃淡之敌，繁乃简之反，细辨之所谓四病乃过浓、过淡、过繁、过简也，画花卉不宜太浓艳，南田曾言之：“近日写生家，多宗余没骨花图，一变为浓丽俗习，以供时目。然传摹既久，将为滥觞。余故亟构宋人淡雅一种，欲使脂粉华靡之态，复还本色。”[6]不宜太淡薄，方兰坻曾言之：“设色花卉，世多以薄粉施泽为贵，此妄也。古画皆重设粉。”以此推之，必更有主张不宜过繁及不宜过简，一如万川之论者。或问曰：是则万川之意，岂以为作画当在浓与淡及繁与简之间，而花卉贵之品格，必须适乎中庸乎？曰：非也。观其所列之四美可知。盖浓自有浓之一格，淡自有淡之一格。以言繁简亦然惟画者贵能恰到好处，必当知浓到何等地步不可再浓，淡到何等地步不可再淡。再浓或再淡，便是恶道，始能心有一定宗旨，手有一定把握。若误以为必须适中，则花卉岂不只剩有一副面目哉？

《绘事琐言》卷四，论百草霜曰：

百草霜，名灶突烟，一名灶额墨，

[4] 同注[1]2/10a。

[5] 迮朗《绘事雕虫》（《东南日报》特刊《金石书画》合订本第三册第42期第4版）。

[6] 恽寿平《瓯香馆画跋》（《瓯香馆集》附刻本）11/12a。

此乃灶额及烟炉中墨烟也。其质轻细，故谓之霜。今人取以绘黑蝴蝶，谓其黑而如毛，然不用胶则易脱，胶重又起光，不如仍用佳墨勾染数次，由淡而浓，自然深厚，如有粉耳。昔人常言滕王蛱蝶图，其色甚淡，可知画蝶不必定用浓霜也。或曰：画黑黄蝴蝶，先以墨勾筋，次以泥金作地，后上墨水，墨上再加青绿。若白蝴蝶，则用泥银作地，然后加粉，自有光彩，如肉如毛。是画家用百草霜，专为蝴蝶而设。盖用古墨者，取其黑而有光，用此霜者，取其黯而仍黑。牛溲马渤，败鼓之皮，兼收并蓄者，医师之良也。作画者，又乌可以多藏佳墨，遂置百草霜而勿用哉？❶

蝶衣铺粉，其厚腻之质地，使人生呢绒之感觉，故形之于缣素，当具毵毵之意，不可使生闪闪之光。一有光，即不是蝶。"取其黯而仍黑"一语，最能将所以然道出。其他论各种蝶设色之层次，亦详于他书。此则可作画蝶诀读也。

（二）邵梅臣　画荷之法，《小山画谱》、《张子祥课徒画稿》各曾言之，邹谱仅叙形状，张谱偏重设色，皆不及香伯之画跋二则能矫学者易犯之病。

画荷花难，荷叶亦然。大则如芭蕉，小则如白菜，墨浓损趣，黑淡无神。此中妙理，惟青藤老人知之。❷

荷叶荷花，皆耦生，不耦不生，故根曰藕。今画荷花者，花叶相去尺许，大为写生病。❸

所云画荷诸忌病，虽可于真花中求解语，且一经道破，似毫无深奥可言。但未经道破，何以竟一再犯之而不自知耶？平心自问，世必有与我同感者。

（三）松年　小梦《颐园论画》中论花卉者虽有数则，所论悉与前人无殊。

惟谓学没骨派须先自勾勒建基之说，极有见地。其论为：

自徐崇嗣创为没骨法，后人遵循未改，代有名家，较之勾勒，是昔繁而今简也。繁简之间，全资人之智慧以定去留。既娴没骨之法，仍不可顿废勾勒之门。以余观之，古之繁密乃风俗纯厚，不肯苟且偷安。今之简略，人心厌烦，气力浇薄，实关乎世道之隆污，人情之盛衰，亦非偶然之事也。然而学画但求名世，何必拘定古今。须知没骨精良，尤当兼学勾勒，方能画格坚固。譬如吟诗须从汉魏六朝以暨唐宋诸大家读起，不读大家之作，纵有佳句，亦是无本之学。画学于此，可以类推，毋轻躐等也。❹

又曰：

初学先从勾勒入手，继学没骨，始有根柢。正如传真家先从画髑髅入手也。❺

清代花卉，三百年来，尽属恽氏之天下。其末流未免疲弱甜软，诚宜有提倡古法者以拯之也。

第六节　指画源流及其画法

张爱宾《名画记》称张璪作画，惟用秃毫，或以手摸绢素，后人遂以墨为指画之始。惟其年代邈远，莫究其详。法亦不传，后罕继者。至清高其佩且园出，始臻绝诣，入画史多称且园为指画之创者。惟稽诸前人之著述，恐亦未必可信。

吴振武威中，朱竹垞姊之子，善指画。竹垞曾作长诗赠之，中有句曰："指头作画旧谱希，巧者未述知者创。吾家贤甥罢官久，玉桂国中少倚仗。"❻诗作于康熙四十六年丁亥，且园是年四十三。但威中既已罢官久，亦必逾中

❶ 迮朗《绘事琐言》（嘉庆间刊本）4/23a。

❷ 邵梅臣《画耕偶录》（刊本）1/39a。

❸ 同注❷3/29b。

❹ 松年《颐园论画》（于海晏辑《画论丛刊》本）册四 6b。

❺ 同注❹7a。

❻ 朱彝尊《曝书亭集》（原刊本）22/5a。

岁，以时推计，其作指画，不在且园后也。

钱泳《履园画学》曰："国初王秋山、高其佩，皆工于指头画。自此开端，遂遍天下……"❼秋山何许人，一时恨未能考出，惟其名在且园前，若指画果为且园所创，梅谿必不如此位置。

《熙朝雅颂集》载甘运源作《先伯怀园先生指画歌》。一起数语云："古今称画手，代有人能工。从无摹物不用笔，指爪和墨成奇功。国朝画创世始见，作者高公继我公……"❽不意其自注又谓："指画起于明，至且园穷极其妙。先伯亲承指教。"❾是指画明代实未尝无之也。

李玉棻《瓯钵罗室书画过目考》谓且园"指墨遵世庙之创制，而阐发以不朽"。❿要指画之始，必在清前。或为艺术家偶尔遣兴之作，故不为人所称道。至且园潜心深究，突过前人，遂以之噪天下，而创发之名，亦不期而归之矣。

且园有从孙名秉，字青畴，号泽公，曾侍从且园有年，亲见作画，乃记其作法及轶事五十余则，曰《指头画说》，盖论指画之惟一专书也。

五十余则，各有标题：画从梦授，笔为指掩，画以万计，神品逸品，章法，指法，染法，皴法，用指，用色，用墨，点目，画不雷同，画兼众妙。画分八面，天贵学力胸襟，钟进士像，钟进士殊像，观音大士像，散仙，龙，虎，狮，兰蕙，梅，柳，丛树，苔，没骨图，仿古，白描，写照，不画耳目，寓意，笔画，印章，神采印章，落款，不书题，绢纸异同，用纸，画凡三变，鉴赏，不以赠人，字以画掩，老衲后身，指画不必学，先伯指画，李太常指画，摹本，附说。其中如谓且园指画为梦寐中神人所授，画钟进士像屡显灵异，永宁观察任中曾见

真龙，前身为延庆寺老衲等等，皆不免故神其说。平生作画不下五六万幅，又谓绝不雷同，即龙虎之面，亦百十各异（曾见册页两部，章法相同者过半），白描以焦墨为之，倘龙眠复起，见之必悔未用指，又夸饰过甚。然其中论及运指设色及画各景物之特殊方法，多可述者，盖可作为后人学作指画之南针也。至章法、染法、用脂、用色、用墨各则，其标题难似切实之画法，悉不过钦仰且园技术之神奇，空作质叹之辞，兹皆从略。

《指头画说》中之指法点目二则，可称为最基本之运指方法。

画极小人物花鸟，无名指小指互用足矣。大幅必是两指同用。世人以一指摹仿大幅，故虽铁砚磨穿，断难得其仿佛。若画勾云流水，则三指并用，故头绪似乱而清，无板滞之病，省修饰之烦。秉所藏小册风竹，则兼用大指向外撇之，神哉神哉！⓫

指甲不宜长，长则有碍于指。亦不宜秃，秃则无助于指。公每先作细画人物花鸟，利有甲也。数幅后甲渐秃，画泼墨山水及屏幛巨幅、人物龙虎，而乘指甲将秃未秃时，用点数寸许人目，则肉为目而甲为眶，或肉为目而甲为睫，二目初点，全神已备，鼻承目、口承鼻、面承目、鼻、口。如诗文字，如是起，必应如是承。句句相承，笔笔相生，虽有定法，而非死法，故千万诗文，无一首雷同，万千法书，无一字雷同。指画面目，亦如是矣。尝有印章云："传神写照，在甲肉相半间。"⓬

工欲善其事，必先利其器。画有小帧，有中幅，有巨幛。制笔者作长短巨细之颖以应之，何虑数十种。至指画，天生五指，亦犹天与五种劲毫，亦自当

❼ 钱泳《履园画学》(《美术丛书》本）初集一辑四册1b。

❽ 铁保辑《熙朝雅颂集》（嘉庆刊本）92/13a。

❾ 同注❽。

❿ 李玉棻《瓯钵罗室书画过目考》（光绪丁酉刊本）2/14b。

⓫ 高秉《指头画说》（原刊本）4a。

⓬ 同注⓫6a。

审其宜而为用。青畴谓"大幅必是两指同用",未言究竟为何指。若依上文读下,必误作无名指与小指。实此二指者,乃食指及中指也。人手以食指最为灵活,岂有舍而不用之理。更观其谓风竹兼用大指向外撇,盖欲告人手之五指无一废弃者也。

指甲在纸上摩擦,愈久愈秃,一定之理候其锐钝之度而施之于画,亦与作画之择笔无异。读此可悟其画以万计一则中谓:"积纸约五十番,先一日磨墨,自己至酉成之,约计月二次。"❶积半月乃作一次者,蓄其指甲长后始为之耳。

山石树木苔草,山水所不可少,故皴法、苔二则特先录之。

指画,生纸难于工细,故巨幅仅用披麻、荷叶、大小斧劈等皴,惟神明于其间尔,而树无夹叶,至册箑绢素,则无体不备。有工细之极,望之不似指墨者,细玩之,则色色皆非毛颖所能办也。❷

细苔用无名指小指双点,饶有生枝枯枝之趣。攒三聚五,何其拘执。大丛苔棘,则三指连并,以指背拓之。浅深浓淡,浑然天成,自有郁忽之致。树叶亦有用此二法者。❸

青畴虽言及不同之皴法,意其用指,亦必有别,惜未一一详论。大幅无夹叶树,自以点子及介字为多。当即用后则点苔之二法为之。

《指头画说》中论各种景物惟梅柳二则,涉及指法。

用无名指肚蘸墨点梅瓣,未放半放者墨稍浓,全放者稍淡,信指点去,每有中空,宛然一黑圈者,不加须蒂,而得梅之全神,神乎指矣。亦间有设胭脂而加须蒂者,亦有加须而无蒂者,同此

一法,而每幅神韵变化,各又不同。❹

巨幅枯柳,用两指急扫,或重或轻,或浓或淡,任其自然,但不得增减一丝尔。小幅枯柳新柳,则专用指甲,其急如风,其细如发,其健如钢,其锐如针,银钩铁画,远弗逮也,是岂笔之所能为者?因更难于兰蕙,故只宜画于佳册细绢,不可多得。余见近今用指者,动画垂柳,满纸长条,令人生畏。真所谓古人不及今人胆。❺

梅为五瓣花头之一种,有此一则,其他杏梨之属,即可类推。巨幅枯柳,所用两指,当仍是食指与中指。

纸绢异同一则,虽以谀词为多,但借此可知纸绢用墨之法。

用墨设色,宜轻宜淡,忌重忌浓。轻淡则清而秀,浓重则浊而俗。奈指画纸本只宜浓墨重用,一或破水,则穿透矣,故不能轻而淡也。墨气既浓且重,则设色亦如之。过于轻淡,则不相称。然虽浓且重,未见其浊而俗何也。腕底指下,有书于其间也。如米家父子,书愈重而愈觉其烟润,仿之则浊且俗矣。绢本与册箑,墨中俱可破水,故墨气极轻而淡,而设色亦如之。故纸本与绢本及册箑,如出两手,况皆亲笔渲染,故尤不同也。然虽轻且淡,未见其薄而弱何也,指下画中,具有神气元气于其间也。如倪云林画愈淡而愈觉其秀雅,仿之则薄且弱矣。摹公画可以绢摹绢,纸摹纸。以纸摹绢,不能如其轻且淡,以绢摹纸,不可如其重且浓。或曰,以纸摹绢,诚不能如其轻且淡矣,以绢摹纸,何不可如其重且浓耶?何勿稍轻而淡之乎。秉曰:绢如纸本,重且浓则俗,不可医。若易其重且浓,稍轻而淡之,则神气尽失,且致不成画矣。故摹公指画,

❶ 高秉《指头画说》（原刊本）2b。

❷ 同注❶5a。

❸ 同注❶12b。

❹ 同注❶11a。

❺ 同注❶11b。

淡者不可浓，重者不可轻，推而至于燥湿粗细，长短阔狭，一一如之，难以稍参己见，甚而至于随意信手，偶致尺寸矩度微有未合者，若稍以己见正之，合则合矣，而神气失之远矣，反逊其未合者之为美也。用数十年苦功，见清奇浓淡数十百种，临摹参悟，始知公画之所以神，否则断难梦见，可轻学耶？可轻议耶？纸本亦不无轻而淡者，惟用焦墨水墨于旧纸，则可。凡此多不设色，所谓逸品上上者是也。**❻**

用纸一则，近于记且园之轶事，然于此可知且园作画，必用生纸，与指画之用具有关。

有以宣纸求画者，公如其式，易以时纸，却其纸曰，吾画粗品也，过费时纸，心已难安，何忍涂此佳品。有以矾纸求画者，存之，亦如其式易以生纸。故平生指画，无一宣纸矾纸者。一时机到神来，欲作一二画，案头适无他纸，而兴不可遏，遂权用矾纸成之，而气韵亦宛如生纸之作，然此偶然事也。若谓矾纸可作指画，则大谬矣。至每岁重午，画朱砂钟进士像，则惟用矾纸。纸尽而有余兴，或权用生纸足之，然生纸行朱颇不易易，故亦偶然事也。**❼**

五十余则之中，与指头画法确有关系者，盖尽于斯矣。

❻ 同注❶17a。

❼ 同注❶18a。

第四十七章　秦祖永《桐阴论画》

清代论画之作，不问其为理论抑作法，以及其他史传著录等类，无不较前代为繁富。独品评一类，今日得见者，仅秦逸芬《桐阴论画》一书耳[1]。

《桐阴论画》凡三编，初编成于同治三年（1864年），二三两编成于光绪六年（1880年）。

初编三卷，首卷书画大家董其昌等十六人。上卷恽向等书画名家五十二人。下卷王撰等书画名家五十二人，附闺秀四人。二编上下二卷，上卷陈继儒等六十人，下卷黄向坚等六十人。三编上下二卷，上卷高凤翰等六十人，下卷伊秉绶等六十人。各家分逸神妙能四品，编中各品杂处，不似前代品画之作，按品排列。闺秀不具品（今依唐代品评章张彦远一节之例，按其所定之品格，将各家次第另加排比，载附录中）。

《桐阴论画》屡经前人评论，尤以余越园先生之《解题》最中肯綮：

是编三集，每集各得一百二十家，就其所见画迹，各加品评，分逸神妙能四品。各家俱附小传，顾为简要。其平允惬当与否，则见仁见智，原不一端，且不具论。所可议者，品评漫无准则耳。

夫画品自唐朱景玄以迄宋黄休复以来，俱以逸品为最上，神品次之，妙品能品又次之，而神妙能三品之中，恒区三等，方足以衡量鉴别而得其平。逸品一目，尤不轻列，一代中仅得二三人而已。是编列入逸品者，乃居其泰半。三集中，共得二百三十八人，几占全数三分之二，实可惊诧。其中如凌必正、魏之克、顾蔼吉、王云、顾文渊、唐俊、姜恭寿之流，俱加贬词，而仍列入逸品，尤为可异。其他列入神品者四十二人，列能品者八十人，列妙品者，三编中仅得焦秉贞、康涛、戴大有、余集、姜壋、周笠、翁雒、改琦、费丹旭九人，似妙品反胜于诸品，殊与古人品画之旨大相径庭。夫古人之言，原无须乎墨守，特四品之高下，千余年来，已成定论，若欲推翻，宜详陈其论据，必须有颠扑不破之理由，方足以折服古人，而自伸己说。今一无说明，而遽翻旧案，终觉未安。或者且疑其未读古书，而信口雌黄，亦无辞以对也。所采始自董其昌，以其旁及四王、吴、恽、吴伟业、邹之麟、陈洪绶、杨文聪、张学曾、方亨盛、张风、释髡残、道济十六人为大家，余俱为名家，未详

[1] 叶恒斋有《庚子书画评》，原书未见。据冯金伯《国朝画识》引："秋池老人画，当在石谷之下，顾昉之上。"（墨香居刊本 8/8b）乃品评之著也。

其说。然亦独抒己见，读者固不必以之为定论也……❶

越园先生所揭出之数点，皆逸芬之失妥处。惟余氏之著乃属解题体裁，自不容将原文一一征引，以为其说之佐证。今吾既为逸芬辟此专章，似不妨将余氏所已议及者加以引申，未及者加以补充。纵有繁琐之病，亦所不惜。试分作下列五项言之：

（一）品评漫无准则　所谓品评漫无准则者，谓逸芬论画不合古人品评之系统，而又未能自创新说以代之，往往前后抵触，使读者无从捉摸其主旨。今为证明此点，当随时注意逸芬对于各品之观念，以便与古人之系统作比较。

（甲）逸品　逸芬于各家评语中，曾言及何谓逸品。评吴伟业曰："生平不多画，然一落笔便有卷轴气。嫩处如金，秀处如铁，真逸品也。"❷评吴山涛曰："不为法缚，不为法脱，教外别传，是为逸品。"❸评戴本孝眉批曰："自元人专尚枯笔，始变宋人刻画之迹。逸品之画，多由此入。"❹评张洽眉批曰："逸品画亦有大家名家之分，力量薄弱，气局褊浅，便成小品矣。"❺四条之中，前三条大半因前人成说，惟最后谓逸品中亦有大家名家之分，是不啻谓同是逸品之画家，亦有优劣之不同。惟以逸芬具如是之观念，故其各编中属于逸品之画家，竟有二百数十人之多。越园先生谓凌必正、魏之克之流七人，俱加贬词，而仍列入逸品，实则岂仅止此。列逸品而有贬词者，有数十人之多。其设辞尤为苛刻者，如评魏考叔曰："山水境界，微嫌疏碎，无浑沦气象，故笔墨浅薄，殊少古韵。"❻评林之蕃曰："丘壑不甚谨严，故精神每多散涣。"❼评王愫曰："特

笔意薄弱，未能浑厚，故秀润中无苍古之趣。"❽评方薰曰："所嫌无沉雄苍古之趣，故终觉单薄而无精彩，虽力殚神疲，仍为蹊径所缚，未得古人掉臂游行之乐也。"❾评奚冈曰："惜松秀中不能浑古精湛，由毫尖松懈，未能领取真神也。"❿评叶有年曰："惟毫尖未能遒练，故勾勒皴染，终觉率易，而无灵警浑古神趣也。"⓫少古韵，精神散涣，无精彩，未能领取真神，而仍列之于逸品，为前代所绝无，而逸芬评逸品画家，诸如此类之言论，竟不胜枚举。其尤可异者为评陈舒曰："所嫌笔墨太光，无奇逸之趣。"⓬评吴期远曰："微嫌丘壑平实，无灵警奇逸之致。"⓭明明二家皆列在逸品，而评语又谓其无逸气，自相矛盾一至于此，真不知其是何用心。古人视逸品最为名贵，诚如越园先生云，一代中仅得一二人而已，如此书之滥收广纳，盖不知逸品为何物也。

（乙）神品　自宋黄休复以逸神妙能定品，后世咸置逸品于神品之上。但若据《桐阴论画》之内容而推测之，逸芬似以为神品较逸品尤为难能可贵。何以知其然？1.《桐阴论画》卷首为书画大家，十六人中，居神品者有十人之多。此后书画名家一百零四人，以及二编三编各画家中列神品者，为数寥寥。2. 金冬心居神品，汪士慎居逸品。汪之评语为"气清而神腴，墨淡而趣足，虽不能媲美冬心，其秀润恬静之致，已足令人争重矣。"⓮岂非逸品视神品有逊色？惟逸芬全书，自相抵触处甚多，以致吾人比较所得之结果，亦未敢确定其必然耳。

逸芬虽将神品位置甚高，但对于神品中之画家，亦有微词。如评祁豸佳曰：

秦祖永《桐阴论画》

❶ 余绍宋《书画书录解题》（北平图书馆排印本）4／8a。

❷ 秦祖永《桐阴论画》（同治三年套印本）首／4b。

❸ 同注❷上／15b。

❹ 同注❷下／5a。

❺ 同注❷下／16a。

❻ 同注❷上／12a。

❼ 同注❷上／16b。

❽ 同注❷下／10a。

❾ 同注❷下／17b。

❿ 同注❷下／18b。

⓫ 同注❷二编　上／28b。

⓬ 同注❷上／22b。

⓭ 同注❷上／23b。

⓮ 同注❷三编　上／5a。

"气势淋漓，笔力挺拔，自有一种不可羁勒之概，豁人心目，但苍润中尚少静逸之趣。"⑮ 评黄鼎曰："小幅精妙，大幅稍嫌精彩不足，殆为尺幅所拘，犹未入大家之室也。"⑯ 评董邦达曰："微嫌笔锋近秃，丘壑位置，往往松懈，未能聚精会神。"⑰ 评王学浩曰："所嫌用力太猛，未免失之霸悍。"⑱ 评张瑞图曰："此老性不耐皴，勾勒虽极有魄力，皴擦却毫无衬贴，终觉失之太简，未能元气浑沦也。"⑲ 评戴明说眉批曰："墨竹明初以九龙山人为第一，道默似近夏太常，不免纵横习气。"⑳ 评许庭坚曰："微嫌笔意稍木，无灵警之致。"㉑ 位列神品而有此等贬词，几使人难以置信。更试观书画大家中之神品十人，一一推崇备至，毫无遗恨，可知同是神品，逸芬亦有优劣之轩轾也。

（丙）妙品　越园先生以《桐阴论画》中妙品之画家最少，仅九人，故以为妙品似反胜于诸品。愚以为不然，逸芬盖别有用意在。其称改琦曰："擅长士女。"㉒ 称费丹旭曰："补景士女，香体中更饶妍雅之致。"㉓ 称康涛："余见绢本小幅，士女簪花图，气味清俊，翩若惊鸿。"㉔ 称戴大有曰："曾见士女小帧，笔情松秀，色泽妍雅。"㉕ 称余集曰："尤擅长士女。"㉖ 称姜壎曰："士女清洁妍雅。"㉗ 称周笠曰："向藏一士女卷，笔意清逸，色泽娟秀。"㉘ 称汤禄名曰："设色士女，得幽闲静逸之趣。"㉙ 是妙品九人之中，七人皆善仕女，而所余二家，焦秉贞及翁雒，㉚ 虽未必以仕女专长，皆善人物及写真。盖逸芬以为人物仕女必具有妙品之格始为可贵，于是以人物仕女等擅长之画家，遂将其列入妙品。清代仕女画家远不及山水花卉画家之盛，故似未

可因妙品人数之寡而遂以为逸芬有妙品胜于诸品之观念。

前代品评家。如刘道醇，先分画科门类，各类再分神妙能各品。是各品原不为画科所限。今逸芬按画家所擅长之门类而予以一定之品格，一若惟人物仕女始得称妙品，亦与前人之评画系统不合也。

（丁）能品　神逸二品中之画家，优劣不齐，适言之矣，能品亦然。今试将逸芬所定之能品画家，据其评论，加以类分。兹得三等，而评语性质，各不相侔。

1. 评语甚佳并无微词者　逸芬评司马钟曰："笔意豪放，气势遒逸，脱尽描头画角之习。余见花卉翎毛二帧，墨气苍浑，色浑雄厚，写草虫水族一两笔，颇极生动之致，真有笔有墨，堪与雪鸿、桂严并传矣。"㉛ 眉批并云："绣谷画朴古奇逸，尤能生动尽致，真写生高手。"㉜ 附注更云："性傲嗜酒，落拓酒酣，一夕可了数帧。寻丈巨幅，顷刻而就，墨沉淋漓，酒气勃勃，如从十指间出。"㉝ 评闵贞曰："山水魄力沉雄，颇得巨然神趣。余见大幅人物，笔墨奇纵，有兔起鹘落之势。衣纹随意转折，豪迈绝伦，工细之作，尤能幽闲静逸，无一毫纵横习气。"㉞ 眉批云："阔笔气象磊落，狭笔细腻熨帖，能品何疑。"㉟ 评许仪曰："花草虫鱼鸟兽，种种精妙，赋色独取法宋人，穷极工丽，真绝技也。范质公先生云：'子韶画花能香，画鸟能声'，盖深叹其写生精工，又能生动，不徒以敷染见长。"㊱ 眉批云："色泽妍丽，勾勒精工，仍能饶生动之韵者，惟子韶最为擅胜。"㊲

上引评语，若出前代品评家之口，则绣谷、子韶、正斋各家之位置，绝不

⑮ 同注❷上/10a。

⑯ 同注❷下/4a。

⑰ 同注❷下/14b。

⑱ 同注❷下/20a。

⑲ 同注❷二编　上/3a。

⑳ 同注❷二编　上/11b。

㉑ 同注❷三编　上/26a。

㉒ 同注❷下/22a。

㉓ 同注❷下/22b。

㉔ 同注❷三编　上/9a。

㉕ 同注❷三编　上/9b。

㉖ 同注❷三编　上/18b。

㉗ 同注❷三编　下/17a。

㉘ 同注❷三编　下/18a。

㉙ 同注❷三编　下/27a。

㉚ 逸芬于翁雒评传后小传中谓其"中年后人物写真悉弃去……"可知其并善人物写照。同注❷三编　下/19a。

㉛ 同注❷三编　下/12a。

㉜ 同注㉛。

㉝ 同注㉛。

㉞ 同注❷三编　上/3b。

㉟ 同注㉞。

㊱ 同注❷上/20a。

㊲ 同注㉞。

致屈居末等，而逸芬悉标为能品。且不仅此也，即尊为一代画圣之石谷，亦在能品之列。石谷之评语为："天分人功，俱臻绝顶，南北两宗，自古相为枘凿，格不相入，一一熔铸毫端，独开门户，真画圣也。至点缀人物、器皿及一切杂作，均绘影绘神，诸家莫及，能品何疑。"❶ 眉批曰："自唐五代南北宋至元明各家，其用笔各有门庭。耕烟翁集其大成，真不愧为画圣。"❷ 再试观其评赵澄则曰："微嫌稍板，此其所以远逊石谷也。"❸ 评李蔺曰："较耕烟翁之气息苍浑，殊觉大相悬绝矣。"❹ 明谓不及石谷，却与石谷同处能品。更有令人不可解者为顾昉、唐俊之评语。谓顾曰："笔墨极森秀，饶有雅致，较之耕烟翁，具体而微耳。"❺ 谓唐曰："师法耕烟翁，惟体微气弱，不能自抒胸臆，虽姿致韶秀，而古大家深沉浑厚之趣，无从措手也。"❻ 顾唐二人，不但不居能品，且高处逸品之中。吾人除为逸芬解释，谓能品中，亦有极不相同之高下区别（能品之高者，远胜神逸二品中之下者），则真不知彼将何以自圆其说矣。

2. 作画板刻无生气者　逸芬评徐枋曰："笔锋太秃，无秀灵劲峭之趣，丘壑亦平实板木，既无生气，又少变通。"❼ 评邹一桂曰："所绘五色菊，用重粉点瓣，后以淡色笼染。粉质凸出缣素上，虽极工丽，究嫌板刻，非雅构也。"❽ 评童钰曰："苍老朴古，墨气雄厚，惟千篇一律，苦无超逸之笔，不能变化从心，终觉失之板木，未得其趣也。"❾ 以上三家，主要之弱点在板刻。秦氏之所以列之于能品者，以此。

3. 北宗或金陵派之画家及粗犷有作家习气者　逸芬评李鳝曰："纵横驰骋，不拘绳墨，自得天趣，颇擅胜场，究嫌笔意躁动，不免霸悍之气，盖积习未除也。此等笔墨，惟冬心一人可称入古。此外纵极超妙，终不免失之犷耳。"❿ 评郑板桥曰："此老天姿豪迈，横涂竖抹，未免发越太尽，无含蓄之致，盖由其易于落笔，未能以酝酿出之，故画格虽超，而画律犹粗也。"⓫ 评高其佩曰："曾见人物山水轴，苍浑沉着，衣褶如草篆，一袖六七折，气势不断，生动尽致，深得小仙神趣。"⓬ 眉批曰："且园笔墨，颇有大家气象，惟粗豪之态，终不免失之雄犷。"⓭ 评蓝瑛："雄奇苍老，气象崚嶒，当时颇有声誉。此老功力极深，林木山石，均有犷悍习气。"⓮ 其中且园之入能品以近小仙，田叔之入能品，以系浙派。他如孙克宏以"未脱马夏习气"⓯、佟毓秀以"与蓝田叔相似……得北宋雄犷遗习"⓰、张敔杨天璧以"未脱金陵派习气"⓱ 而俱入能品。盖逸芬以为画中惟娄东为正统，其他宗派之作家，不必详究其造诣，辨别其品格，不妨一律划入能品也。

逸芬对于能品之三种观念，惟第二种作画板刻无生气，与前人能品之论调符合。他则纯出杜撰，尤以第三者可窥见其有门户之私见也。

（戊）大家名家　逸芬以逸神妙能品画外，尚有大家名家之分。大家名家，前人未定界说，仅王圆照跋画曾曰："论画者有神品妙品之别，有大家名家之殊，丝毫弗爽也。成宏间，吴中翰墨甲天下，推名家者，惟文沈仇唐诸公为掩前绝后……"⓲ 戴醇士曰："大家在气象，名家在精神。骨性天成，各行其是。"⓳ 若从圆照之说，文沈仇唐为名家，则有明一代，未见更有位置高出四家之上者。

❶ 秦祖永《桐阴论画》（同治三年套印本）首／2b。
❷ 同注❶。
❸ 同注❶上／9a。
❹ 同注❶二编 下／18b。
❺ 同注❶下／6b。
❻ 同注❶二编 下／20a。
❼ 同注❶下／2a。
❽ 同注❶下／90b。
❾ 同注❶三编 上／19a。
❿ 同注❶下／12a。
⓫ 同注❶下／13a。
⓬ 同注❶二编 下／24b。
⓭ 同注⓬。
⓮ 同注❶二编 上／16a。
⓯ 同注❶二编 上／8a。
⓰ 同注❶三编 上／6a。
⓱ 同注❶三编 上／14a。
⓲ 王鉴《染香庵跋画》（《画学心印》光绪四年套印本）3/53b。
⓳ 戴熙《习苦斋画絮》（光绪十九年惠氏刊本）1/10a。

是大家当在名家下，与逸芬之说适相反。醇士以气象精神为大家名家之分，语亦抽象。今逸芬既援用前人之说，理应有所说明。惟其例言中只称："首卷书画大家，上下二卷书画名家。余谬据己见，漫为评骘。"[20]全未论及其间之界限。书中眉批，虽有数处道及，如："气势雄远，方号大家。旷亭气韵神味，一一寻真，盖未达一间耳。"[21]"骨格全从胎性中带来，纵有元本之功，不能变易，此大家名家所由分也。"[22]"逸品画亦有大家名家之分，力量薄弱，气局褊浅，便成小品矣。"[23]"大家以魄力胜，名家以秀韵胜。"[24]"大家名家，全在气局体格分别，不论工拙。"[25]"古大家笔墨随浓随淡，一气挥洒，无不沉厚。"[26]"衡翁（指文徵明）画清劲中有苍浑之致，方为大家。如徒得其清劲，终不免失之浅薄。"[27]"文人笔墨，能清逸雅秀，便是名家。其笔力稍弱，究与大家宗匠不同也。"[28]"天分人功，俱臻绝项，方成大家。"[29]绎其大意，似谓大家乃天分人功二者均过人，气魄雄远，不仅以秀韵见长。但究竟大家名家二者有何不同，其间尚未详加申说，终觉模糊影响，不甚肯切。二编三编二百四十人中，便不再有大家名家之分。岂初编之十六人，将有清一代之大家，网罗已尽，抑十六人后，又草续编，已自觉前说不甚妥适，故遂搁置不论耶？

逸芬对于各品之观念，与前人之品评系统迥乎不同。吾以为其主要之点，尚不在越园先生所指出之逸品人数太多，妙品人数太少，而在画家同列一品，其间竟有优劣之不同。能品中之优者，可与神品抗衡。逸品中之劣者，反不及能品远甚。

古人定出逸神妙能四品，显是四等不同之阶级。其间高下有殊，不容淆混。同品之中，倘再有等差，必更以上中下分之。如刘道醇之《圣朝名画评》，人物门分神妙能三品，各品又分上中下，是与分为九等无殊。能品上视妙品下已逊一筹，与神品更无从比拟。

逸芬对于此种品评制度完全忽视，而将逸神妙能视作四种不同之画趣，并不以之为区别优劣之主要工具。是以逸品神品之画家，不妨大加贬抑，妙品不妨为仕女画家所独据，大家之中不妨有能品，而能品中如石谷，又远在逸品画家之上。观其例言所称，当愈可信吾言之非谬。

至所标品目，非可执一。有神而兼逸，有能而兼逸，有神与能兼擅，而仍无失为逸。亦有神而不能，能而不逸。神能逸各擅其长，遂各分其品。此中区别，在鉴赏家当就所见之画以定之，正无容拘泥也。[30]

盖逸芬根本未将各品间划出一定之疆界，于是四者遂成为活动而可以互相兼并之品格。《桐阴画诀》亦有一节曰：

细剔竹，画之最有逸趣。南田、石谷、渔山三家均各擅长，然各有一种潇洒之致，绝不相同。南田以逸胜，石谷以能胜，渔山以神胜，三家均可取法。[31]

眉批并云："三家画竹，允堪鼎峙。"[32]可见逸、能、神三者，在其心目中，竟无等差。逸芬关于各品之见解既如此，则莫怪其与古人之品评系统处处径庭矣。

逸芬此等观念，或受方兰坻、李乾斋、范引泉等家之影响（见第三十章第二节），以为逸品即自神妙能三品中脱胎，其间根本不须有清晰界限之划分。但逸芬当

[20] 同注[1]例言〔据宣统二年上海中国书画会石印本同治三年例言，与套印本光绪八年之例言略有不同〕1b。

[21] 同注[1]下/4a。

[22] 同注[1]下/6b。

[23] 同注[1]下/16a。

[24] 同注[1]二编 下/19b。

[25] 同注[1]二编 下/20a。

[26] 同注[1]三编 上/11a。

[27] 同注[1]三编 上/12b。

[28] 同注[1]三编 上/14b。

[29] 同注[1]三编 上/18a。

[30] 同注[20]。

[31] 秦祖永《桐阴画诀》（《桐阴论画》附刻本）上/16a。

[32] 同注[31]。

知如方李等家探讨画趣之由来为一事，位置各家高下为另一事。古人品评之作，千百年来已树立其固定之系统，若逸芬根本不以其品格为然，则不当更援用之以评画。若以为品格不妨援用，而界说宜加以改革，则当详申其说，以免后人责疑。今则逸芬所予人之感觉，不过为胸中漫无主见，强作解人而已。

（二）评画少确实根据　古人评画，必有实据，如朱景玄《唐朝名画录》最后之二十五人，不定品格。附注称："空有其名，不见踪迹，不可定其品格者二十五人。"其慎重可知。至逸芬论画，则往往有想象之辞，未暇深究，即以意为之。更不时采纳他人之说，不亲加考核，便取作定论，难免有耳食之病。如评汪之瑞曰："落笔如风雨骤至，顷刻数纸，盖有轮廓而无皴法，非纯诣也。其论画有云：'能疏能密，有奇有正，方为好手。'又云：'厚不因多，薄不因少。'画理精妙若此，想所见者非真迹耳。"❶评高岑曰："镂精刻骨，造入微妙，金陵八家之一。所见水墨花卉，清逸雅秀，有超然出尘之致。山水未见，用笔用墨，既如此灵妙，想丘壑位置，必能引人入胜，与古为徒也。"❷评朱彝尊曰："典雅渊博，素负盛名，向见扇头一页，丘壑位置，亦颇洒脱，惟笔墨间略有湿俗习气，定非真品。观先生古隶，笔意秀劲，韵致超逸，便可想见先生画境矣。"❸眉批并曰："笔墨湿俗，断非名手。先生画谅不如此也。"❹以上三家，汪乃自其画论，高乃自其水墨花卉，朱乃自其古隶，推测各家山水画之造诣，而均列入逸品。所根据之各点，纵不能与山水绝无干系，但究竟缺乏确实根据，而竹垞之扇，断为赝品，最主要之原因，不过慑于朱氏之盛名耳。更如评释宏仁曰："梅花古衲渐江山水，专摹云林，当时极有声誉，余见卷册数种，不过笔墨秀逸，并无出奇制胜之处，想是门徒赝作，非真迹也。不然，群以云林推奉之，未免唐突云林矣。"❺评李日华曰："苍郁秀润，栎翁赏其少变北苑，有出蓝之美。余物色廿余年，绝无所见。甲子春明，谊老收一卷，蹊径颇似，惜无松灵苍浑之致，且墨色呆滞，未能融化，仍为托名赝作无疑也。"❻评凌必正曰："山水设色妍雅，位置精密，接轸宋人。前人立论如此，但余所见者花卉册，含毫构思，似不免板滞之迹，未能若青藤白阳之超逸绝尘也。"❼逸芬所见以上三家之作品，咸不惬意，而疑为赝迹。严格言之，当不置一辞，虚席以待，俟有确证后再为定品。但《桐阴论画》中，日华入神品，宏仁、必正二人入逸品。是并未据所目击者加以评判，而唯前人之传说是从。耳食之诮，逸芬安得辞？

（三）妄自称许　"自加眉批，非大方家数"，越园先生已曾议及。实则眉批倘于正文有所发明，其功与附注等，尚不致令人生厌。惟逸芬所加眉批，自炫之辞，络绎不绝。不特不足取信于人，转使读者生轻蔑之心。今录其尤甚者数则，以见一斑。释髡残一则之眉批曰："读此论，道人之画，俨在几席间，亦是传神妙手。"❽卞文瑜一则之眉批曰："将二公（指长蘅、文瑜）过不及处相形论极精妙，耐人寻味。"❾项圣谟一则眉批曰："煞有见地，并非妄肆讥评。"❿傅山一则眉批曰："骨胜之论，最为确当。"⓫查士标一则眉批曰："将阔狭两种，确究其弊，真六法之微言也。"⓬施霖一则眉批曰："于微妙处分出高下来，

❶ 秦祖永《桐阴论画》（同治三年套印本）上/8b。

❷ 同注❶二编 上/22b。

❸ 同注❶二编 下/6a。

❹ 同注❸。

❺ 同注❶上/8a。

❻ 同注❶二编 上/1b。

❼ 同注❶二编 上/10b。

❽ 同注❶首/8a。

❾ 同注❶上/2a。

❿ 同注❶上/4a。

⓫ 同注❶上/6b。

⓬ 同注❶上/7a。

非识真者,其孰能与于斯?"[13]诸如此类,不一而足。文人互相标榜,已为识者所不齿,况腼颜而妄自称许耶?

(四)自相抵触　关于品格方面,逸芬先后抵触之处甚多,已详前项,此外仍不时自相矛盾。论石谷曰:"南北两宗,自古相为枘凿,格不相入,一一熔铸毫端,独开门户,真画圣也。"[14]而于黄均评语中又谓:"夫法北宗者多俗格,前代惟唐子畏一人为能制胜,当代虽耕烟翁,尚多遗憾。"[15]论胡节曰:"耕烟翁高足,当首屈一指矣。"[16]而陈元复一条眉批又曰:"如此画境,虽不能并驾耕烟翁,已高出诸弟子之上。"[17]凡此种种,虽属细节,亦可见其疏忽,意必逸芬成书太易,信手写去,未曾核对,而书成之后,又未详加复校也。

(五)论画有成见　逸芬作画,固守麓台家法,已于前王原祁画法章中言及。秦缃业序《桐阴论画》亦有言曰:"逸芬故善画,宗法娄东,不求媚俗,故其论画也尤精严。"[18]是以其品评取人,不免与盛子履有同病。1.必须师法倪黄。2.必须善用干笔,湿与光,为用笔之大忌。与此条件合者便佳,否则,纵好亦不足取。胸中一有此成见,

持论遂不能平洽。前项曾谓其将北宗及金陵派之画家悉入能品,即一例也。兹更举例以明之。

逸芬评金冬心曰:"襟怀高旷,目空古人,展其遗墨,另有一种奇古之气,出人意表。使此老取法倪黄,其品诣定不在娄东诸老之下,真大家笔墨也。前无古人,后无来者,吾于冬心先生信之矣。"虽曰"真大家笔墨"[19],但冬心并不在大家之列,吾人当注意其所著之"使"字,盖终不是大家者,以其未取法倪黄耳。

逸芬评刘度云:"余见巨册六帧,布置细密,并无灵警生动之韵。麓台云'山水用笔须毛',毛则气古而味厚。叔宪画,其病正在光耳。"[20]张复一节眉批云:"以元春功力,如能专师倪黄,湿浊习气,自扫除净尽。"[21]评袁阶云:"墨法浓厚,惟毫端湿浊,较师更甚。具此功力,如能有志倪黄,出以轻灵松秀之笔,自然脱尽旧习。"[22]皆以未师倪黄,不用干笔燥墨,为诸家惜。实则古来画派甚多,原不必为南宗所囿。况南宗中亦决不止倪黄二家。古来用笔,有干有湿,有干湿并用,亦不必一味干擦多皴。今专以此为权衡之标准,则其所定之品格,安得望其公允而不失实乎?

[13] 同注❶上/21a。

[14] 同注❶首/2b。

[15] 同注❶下/21a。

[16] 同注❶下/7a。

[17] 同注❶二编 下/23a。

[18] 同注❶序/1a。

[19] 同注❶下/11a。

[20] 同注❶上/19a。

[21] 同注❶二编 上/5a。

[22] 同注❶二编 上/13a。

第四十八章　余论

前人论画者多〔米芾《海岳名言》"开卷云'前贤论书，征引迂远，比况奇巧，遣辞求工，去法逾远'。窃谓比数言不但论书家所应知，即论画及文艺家亦应知此义也。"《解题》3/18b〕，议及画论者鲜有之，其惟方兰坻与范引泉乎？兰坻曰：

自来论画，每多修辞而少达意。盖昔人所谓至道不烦，难以言传。只须平实讲解，庶几发明，若支离屈曲，言之徒艳其辞，而讳其本意，此又不独书画，他技亦然。❶

引泉之言曰：

画家之书，诠教以外，有自跋、记载二种，虽多名俊，宜资考博君子，难为后学津梁。盖自跋属于专能，多美彼以形己，标本以饰非。记载由于精鉴，实夸储藏之富，矜欣赏之精，展卷徒增企慕，非如诠教之文也。目击名迹，始能识其门入其室。

辨味必亲尝，说合终不饱。然则恍惚臆度，岂有益哉？❷

二家异词而同旨，皆以前人之著，每文胜于质，未能予人实惠为憾。平心而论，今日读前代画论，时或有此同感。为论者计，先当知己所欲言，既言之，又当为读者设想，吾所予彼之观念，是否即一己之所有。务求字字显达，不作模棱吞吐之语，方为不虚此番唇舌。窃以为从事画学著述，欲期收效超迈前人，正宜于此着眼。

或问曰：从事画学著述，诚宜如子所云，然究竟将采用何种方法乎？吾对曰：一言以蔽之，采取科学之方法而已。

言及科学方法，有不可不事先声明者。盖注重科学方法，虽为近代学术界之新趋势，但与其谓科学方法为新方法，不如谓之为合理之方法或适当之方法。若必以新方法始为科学方法，则前人之著，岂不全不足取乎？

譬如张爱宾之《历代名画记》，自出手眼，独具卓裁，史法谨严，不枝不蔓（详见余氏《书画书录解题》❸），科学之方法也。刘道醇之《圣朝名画评》，设一家兼擅各门，不以一品律之，而随其各门造诣之深浅定其品，科学之方法也。李息斋《竹谱详录》，先详画法，后录竹品，而勾勒竹之位置，描墨，承染，设色，笼套，墨竹之竿、节、枝、叶，各分别立论，画竹之道，无秘不宣，科学之方法也。龚半千之《画法册》，画

❶ 方薰《山静居画论》（美术丛书董乐闲校抄本）三集三辑三册 1b。

❷ 范玑《过云庐画论》（于海晏辑《画论丛刊》本）册四 5a。

❸ 余绍宋《书画书录解题》（民国二十一年北平图书馆排印本）1/4a。

树自起手一笔始，画石自勾轮廓始，点叶亦自一笔起，至成简单之各单位止，科学之方法也。王概《芥子园画传》将山水画法分为树木、山石、点缀三大类。其间细节，亦经用心排比，非漫无次序者，科学之方法也。笪重光之《画筌》，章段联翩，论说互杂，汤雨生有《析览》之作，谢兰生喻之为如正幅帷裳，经雨生去其襞绩，而加杀缝，科学之方法也。高士奇之《江村销夏录》，详载质地、尺寸、题识、钤记，著录体裁，至此始称完密，虽启后世不讲考证，不重真赏，徒以钞胥为能之弊端❶，然亦不得不谓之为科学方法。叶郋园《游艺卮言》，更就高氏之体制，而有整齐、抉择、正名等之进义❷，俾鉴者可知撰人之时世，藏者易知传授之源流，仍是科学之方法也。科学方法，重条理，重准确，重简明，不问为何等撰述，若具此三者，便不致多修辞而少达意，读者便不须恍惚臆度，而自能理法兼明，了如指掌。设诚能如是而不为有价值之名著，传愈达而弥彰，吾不信也。

科学方法，既不限定为新方法，是以前人著述，可资后人借镜、可供后人取法之处，正复不少。但若欲确谓某类著述当如何如何，又殊难言。盖前人所用之体制及方法，只宜斟酌采取，方是活用，执定而论，不免拘凿，神而明之，存乎其人，未可先事树立，有若何定不可移之方式也。

或又问曰：若如所云，则不必更言改进之方法矣。不如以笼统空泛之语告人曰：欲从事著述，请于古人名著中探索适当之方法。一语已足，奚必专辟此一章哉？

彼所以质吾者，诚当。然吾今所欲

言，固有极具体、极合乎科学方法之一点，且为前代著者事实所绝不允许，而可目为今人始有之优越权利。斯为何，借近代摄影印刷诸学之昌明，以影印之法为插图，补文字之缺憾耳。据实言之，此不过为科学方法中之一法，然惟以其为前人所未逮，故兹论未来画学著述之改进，不妨仅就此一点发挥也。

以影印之法为插图，其于各类论画著述之功效，果何若乎？试分别举例以明之。

气韵之为物，难托于言辞，以其为全幅画中所流露之活跃动态，未许着相以形容也。前人论之者，多微言以达意，未尝刻画以求喻。清人有气韵发于笔墨之说，似较有迹象可寻，但究竟笔墨是否即气韵，又在可疑之例。良以气韵生动，正如羚羊挂角，辨之似在，即之已遥，千言万语，终隔一层。与其言之而非是，何若请君于画中自求之。惟佳画只可于无意中偶然拾得，安得求其永存天地间，人人得共赏，此所以古人知其不可言而终言之也。影印之画，其下真迹仅一等，纵未足以完全代表之，要可予人一亲切之印象而有余。今人设欲言气韵，即取有气韵之画迹而影印之，则其胜于全凭文字叙说为何如耶？读者易于理会，且不致有舛误之见解，又何如耶？

山水画之有逸品，始于元（与宋黄休复之逸格、专收孙位等人物画家无涉）。明清两朝，言之者众，然无不于反面腾挪，或在题左题右发挥。其欲说还休，格格不能尽意之概，不难于字里行间体会得之。实则最妥善之方法，与论气韵等，不妨多附影印之绘迹以代文字，俾可告人究竟何种笔墨，何种趣味，始足当逸之一字也。

---

❶ 余绍宋《书画书录解题》（民国二十一年北平图书馆排印本）6/34b。

❷ 叶德辉《游艺卮言》（叶氏观古堂刊本）下/8a。

司空图作《诗品》，专取各种景物及境界以象征诗中之品格。黄左田、潘曾莹仿之，而有《二十四画品》及《红雪山房画品》之作。若意在驰骋文辞，自宜搜张辞藻以炫世，至于欲求人解，则莫若简直告人，某家某章，即予所谓某品也，某家某帧，即予所谓某格也。举一诗，列一画，则吾所欲言者，此诗此画，已尽为我言之矣。诗品画品，文辞非不繁缛也，其奈多修辞而少达意何。顾示人以诗易，示人以画难，非影印之术行，纵欲以画示人，其可得乎？

取法最高，莫过于师自然，故为各代画家所乐道。其立论玄妙者，如唐敷五谓"自然山性即我性，山情即我情"，石涛谓"山川与予神遇而迹化也"，自不妨悉凭文字以诠其微。若意中确有所指，如玄宰《画旨》称"李思训写海外山，董源写江南山，米元晖写南徐山，李唐写中州山，马远、夏珪写钱塘山，赵吴兴写雪苔山，黄子久写海虞山……"则何妨取各地之真山水，与古人所画之山水，咸制成图，相并而置，学者对照而玩味之，当可知古人如何将自然之景与一己之性情融会掺和而成画。绘画与自然，其间之关系究竟何若，讵非极有兴趣之问题乎？更如华篏秋《画说》谓："天阴则烟霭重而轮廓宜轻，天晴则轮廓稍重，而盖顶一笔，必明朗有势，如突出者然。山坳则赤日中无不有烟霭，且觉天愈晴，则烟霭愈深也……"亦大可自实地摄影，置诸文右，为其说作佐证。

师法古人，论者亦恒言之，大都主张师古而不泥古，以有变化为贵。玄宰曰："巨然师学北苑，元章学北苑，黄子久学北苑，倪迂学北苑，一北苑耳，而各各不相似。他人为之，与临本同，

若之何能传世也？"其所不同者，各家有各家之特色耳，亦即石涛所谓"我有我在"。无插图为辅佐，只可泛论，以"各不相似"一语了之。一旦而有插图，则可详细指出诸家所各自具者、所各不相似者，到底在何许矣。《画眼》中又曰："此仿倪高士笔也。云林画法，大都树木似营邱，寒林山石宗关全，皴似北苑，而各有变局。学古人不能变，便是篱堵间物，去之转远，乃田绝似耳。"简单言之，云林撷各家之长，荟萃而成一家之体。吾人今日如欲作分析讨原之研究，以明其间师法之渊源，则又非广搜云林所学之各家，择其树木山石皴法，一一制为插图，不为功也。

气韵、逸气、品格、师自然、模拟诸项，在以前诸章，悉经划入理论之范围。至言纯以授人画法为宗旨之著述，插图之为用，其重要尤逾之。饶自然《山水家法》、钱遵王《读书敏求记》谓其选唐王维及元商德符等二十人，法其笔意染法以为式，似与后人之山水图谱为近，但附刻于《山水家法》之《绘宗十二忌》，未尝有一语涉及图式。故《十二忌》之仅有文字，而无插图，可断言也。设欲使学者能彻底明了作画之方法，为饶自然计，莫若论及一忌，即制二图以解之。譬如水无源流，则画一派泉，突然自山头涌出，前无去路，后无来源，以示其切不可犯。更作一幅瀑泉自远山发源，转折而下，惊湍之后，间以烟霭，故作平衍，以缓其势，再下则又穿林激石，争出水口，流归大壑。理清气舒，位置熨帖，以示其可资仿效。一忌一宜，两相对照，切实简明，无以逾此。意自然亦必曾经虑及，而彼时最大之困难，当在木板之镌刻，费力多而

收效少，此所以终付阙如也。

元代画竹家，息斋、丹邱，皆有竹谱。息斋之作，皇皇巨制，冠绝古今。丹邱则断枝片叶，略附说明，其视息斋规模之恢弘，瞠乎后矣。不意《竹谱详录》，屡经摹刻，神采尽失，而丹邱之谱，墨迹流传，尚幸无恙。设有好古之士，以珂罗版影印之（有正书局有石印本，可见其位置，而难求其墨彩。日本博文堂有珂罗版影印十八帧本，据徐石雪先生称乃系赝鼎），吾敢断言，今人不学画竹则已，学则论说或取息斋，图式必师丹邱。何则，取其存真也。以息斋焦心竭力所作之《详录》，而数百年后，竟不敌丹邱随意挥洒之画册，岂其初料所能及。甚矣，图式之以存真为先务也！而存真之法，在今日岂有更胜于摄影制版者乎？

钱松壶《松壶画忆》曰："前人画谱无佳者。盖山水一道，变态万千，寻常画史，尚不能传其情状，况付之市井梓工乎？尝与朱山人野云言，画之中可付梨枣者惟人物鸟兽、屋宇舟车以及几榻器皿等，宜各就所见唐宋元明诸家山水中所有，一一摹出之，分别门类，汇为一书，庶几留古人之规式，为后学之津梁。野云欣然，于是广搜博采，共相临摹，两年而成十二卷。即篱落一门，自唐以下，得七十余种，他可类推。欲梓行，以工巨未果，今稿本不知散失何所矣！"读上节，吾尝为松壶虑及四事。（一）前人无佳谱，即《芥子园画传》亦未能惬意，以印版之画，只可刻画物之有常形者，未能如笔墨，可尽山水之变态也。惟山水图谱，究以山水为主，点缀为副，专谱点缀，能无喧宾夺主之憾耶？（二）鸟兽点缀之属，分别门类，条理不紊，谓之为科学方法，孰曰不宜？然松壶自谓各物皆自前人名迹中摹出，果能一一准确，而无毫厘之失耶？（三）图谱中仅节取前人名迹中鸟兽点缀之属，学者恐仍难采用。盖不问画中何物，皆与全幅之景，有连涉之关系。今学者不见古人之画，但据其一物而摹之，不添凑他景，不克成章，若添凑他景，将无与全画有乖戾不合之虞耶？（四）两年之精力，竟以工巨不获梓行，终致散佚，深可惋惜。在当日，宁无轻而易举之法，以广其传耶？

今摄影制版之法行，而上列之四难，皆迎刃而解。影印与原本，不爽累黍，笔墨之所能传者，影印几无不能传之，于是山水亦可入图谱，不仅限于鸟兽点缀之属矣。前人名迹，可摄影以取之，不必分别摹出，于是无失真之恨矣。得一名迹，可先取其全形，再将其中之细节分别放大之，于是学者采之入画，不致有与全幅乖戾不合之虞矣。摄影制版，其成也速，在印刷业发达之国家，所费不昂，书甫脱稿，即可风行天下，于是不致有散失之厄矣。总之，欲编制最完善之图谱，惟今人始足以言之。非今人之才学胜古人，所用之工具精良耳。今人既有如斯之优越权利，能不以古人所殚心竭思，而终不获成者引为己任耶？然近数十年，未见有以图谱之作问世者，何也？

徐石雪先生曾著《印行法书名画刍议》一文，中有一则曰："时至今日，仅著书画录如《江村销夏记》之类，已为落伍。使宋时有影印法，淳化大观，必不刻帖。学者所得，必较临帖为有益，明矣。拓本与影印相较，任何刻手之精，岂能不爽毫发。他日求古迹者，知必重影本，而不重刻本也。彼时一刻本尚足传物传人，况今日影本，其足重又当何如耶？"❶诚可谓先获吾心者。前称江村之书，不愧为科学方法，谓其详于质地、尺寸、题识、钤记之记载而已。至于画中情景之叙述，则殊简略，颇有引泉所谓"说合终不饱"之感。叙说详尽，莫过于詹东图及张浦山。然设彼时有影印之法，二家所著录之画迹，各备一图，以供读者参阅，则其著录中记位置章法之文，可省者约半。缘有图在，得据实言之，因此而文字可任意发挥，其所增益者必更夥。如斯之制，其嘉惠后学，又当何如？邓叔存先生撰《读画记》，叙一轴一卷，恒逾数千言，恨兹变乱多故，先生未能将所撰之文与画迹同印成册。然吾国著录一类书籍之改善，已于此肇其端矣。

品评之风，沉寂已久，自宋以还，此类专著屈指可数。余越园先生于《图画见闻志》解题中，言之详矣❷。然窃以为千百年来，在吾国画论中已成一体，从事撰述，聊备此格，似亦无害，必求其能令读者得切实之优劣观念，知所比较之标准何在，斯为可贵耳。刘道醇之《圣朝名画评》，所采取之品评方法，即视他书为精密，以其分别门类而铨衡之范围狭隘，故不致有漫无较量标准之弊也。今之论者，若以为艺术根本无从比较则已。不然，则仍可假影印画迹之便利而进求更精密完善之方法。所比较之

画家，不仅如刘道醇之分别门类，且择其相似之作品为代表，专就此二帧而论其造诣（如甲善画秋景，乙亦善画秋景，则只以二家之秋景为评量之根据；甲善学石谷，乙亦善学石谷，则仅就二家学石谷之本领比较之），岂不议论易于公允，而亦不难取信于后之读者耶？

余越园先生《书画书录解题》，史传类中有通史一目。序例中谓"非旧时著述所有"❸。《解题》中又称："吾国自来无完全之画史，而叙述画史，尤以通史体例为宜。"❹是绘画史固为吾国近年始有之著述。既为现代之著述，自宜具有现代所应有之特长，而惜乎比年来所出版之绘画史，未见有能充分利用插图，使与文字互相发明者。吾前于自序中谓中国绘画通史，尚无完善之书，此即其主要理由之一也。

今人读前代画学之著，觉其当有插图处皆无之，非古人不为也，不能也。以不能而不为，岂得以此为古人咎。若能之而不为，是无识也，因陋就简也，吾未见其可也。

自摄影印之术兴，不啻为后来之治画学者，辟一新大陆。吾人参酌前人之体制，处处以科学方法之眼光定取舍。重条理，重准确，重简明，更益之以影印制图之新工具，定能于未来之艺苑中放一异彩。凡吾同道，其共起而负此重任乎！

❶ 徐宗浩《印行法书名画刍议》（打字机印）页二。

❷ 余绍宋《书画书录解题》（民国二十一年北平图书馆排印本）1/6b。

❸ 同注❷序例/2a。

❹ 同注❷ 1/34b。

附

录

中国画论研究总表说明

在着手草拟本文纲要之时，曾制一表格，将历代重要之画论，按其性质分为理论、方法、品评三大类。理论之领域为抽象之言论，或言画中之趣味，或言画家之修养，须理会而后能得者。方法限于作画之技巧，具体而有迹，得于画中某处某部，确实指出者。品评则分品列等，铨衡高下也。

制此表之目的，为求全文前后，能获得一致之体例，而纲要可有所依据。迨全文告竣，又将初稿修改增减，（共得一百六十种）置于书首，以总表名之（又名历代论画著作性质分类表）。

此表以朝代为纵，以画论家、年代、著作、性质（内分理论、方法、品评三类）等为横。各朝所占之面积，以画论著作、古鲜而今繁，未能与时代之久暂成为比例。年代一项，处于画论家及著作二者之间，如此既可注明画家之时代，亦可注明成书之年月。

各书之性质，以点线条，全黑表示分量之轻重。备注一项，则主要在揭出各书之特色也。

余越园先生《书画书录解题》，后附著者时代及著作年份表，此表每依据之，惟年代前后之排列，时有出入耳。

历代论画著作性质分类表

朝代	画论家	年代	著作	理论	方法	品评	备注
先秦	庄周	田子方篇成于战国末	庄子	▨			近于寓言非为画而发
	韩非	战国韩诸公子	韩非子	▨			近于寓言非为画而发致
秦							
汉	刘安	孝文帝时人	淮南子	■			近于比喻亦非专为画而发
三国							
晋	顾恺之	(344—406)	论画	■			论人物画
			魏晋胜流画赞		■		论人物模写法则兼及理论
			画云台山记	▨	■		叙述为人物画作背景之山水画
南北朝	宗炳	(375—443)	画山水序	■			最早之山水画论富文
	王微	宋时人与何偃同时	叙画	■			人思想山水画论与宗
	谢赫	南齐人	古画品录	■		■	炳之文相近六法论山
	梁元帝	承圣元年(552)即位	山水松石格		■		水画法后人伪托承古
	姚最	陈时人	续画品	■		■	画品录而作
隋							
唐	彦悰	隋僧入唐	后画录			■	后人伪托
	裴孝源	太宗时人	贞观公私画史			■	
			画录			■	散佚
	李嗣真	永昌中官御史中丞	续画品录			■	后人伪托
			经名画记所征引之论			■	
	张怀瓘	玄宗时人	画断			■	散佚
	王维	(701—761)	山水论		■		后人伪托
			山水诀		■		后人伪托
	窦蒙	玄宗时人	画拾遗录			■	散佚
	张彦远	文宗至僖宗时人	历代名画记	■		■	唐代最重要之论画著作
	朱景玄	唐末时人	唐朝名画录			■	以神妙能逸定品

付表

续表

朝代	画论家	年代	著作	理论	方法	品评	备注
五代	荆浩		笔法记	■	■	■	后人伪托 主张笔墨兼重
宋	黄休复	景德三年(1006)李畋序	益州名画录			■	分逸神妙能四格
	沈括	(1029—1071)	梦溪笔谈	■			注重物理
	郭若虚	仁宗至神宗时人	图画见闻志	■	■	■	宋代最重要之论画著作
	刘道醇	仁宗时人	五代名画补遗			■	最成功之品评著作
			圣朝名画评	■		■	
	郭熙	神宗时备受宠遇	林泉高致	■	■		
	苏轼	(1036—1101)	东坡集	■			提倡文人画之最有力者
	苏辙		栾城集	■			与东坡之思想极相近
	黄庭坚	(1045—1105)	山谷集	■			与东坡之思想极相近
	米芾	(1051—1107)	画史	■			
	释仲仁	与黄庭坚同时	华光梅谱		■		后人伪托
	李廌	其父与东坡同年	画品	▨			
	董逌	宣和中与黄伯思齐名	广川画跋	■	■		考订画中故实最精
	韩拙	哲宗徽宗时人	山水纯全集	▨	■		
	邓椿	高宗孝宗时人	画继	■			尊文人画
	宋伯仁	理宗时人	梅花喜神谱		■		最早之画梅图谱
金							
元	李衎	(1245—1320)	竹谱详录	■	■		最早之画竹图谱
	赵孟頫	(1254—1322)	松雪斋集	■			主张复古
	饶自然	山水家法有柯丹丘序	绘宗十二忌		■		
	黄公望	(1269—1354)	写山水诀		■		南宗画法
	汤垕	成宗以后人	画论	■			
	倪瓒	(1301—1374)	清闷阁集	■			逸气
	柯九思	至正十二三年间卒	墨竹谱		■		流传有数本内容皆不同
	王绎	至正初生人	写像秘诀并采绘法	▨	■		传真画法

朝代	画论家	年代	著作	理论		方法		品评		备注
明	高松	嘉靖同以赀入官县志谓其与文衡山齐名	竹谱			■				图式最佳之竹谱
	何良俊	嘉靖中官翰林院孔目	四友斋画论	■						将画人分行利二家为后日南北宗之先声
	王世贞	(1526—1590)	弇州题跋	■				■		
	李开先	嘉靖二十年(1541)自序 嘉靖二十四年(1545)后序	中麓画品					■		重视用笔推崇北派
	沈襄	嘉靖初生人万历三年(1575)为雪湖梅谱作序	梅谱			■				原书未见据徐荣怀古田舍梅统所引
	刘世儒	与沈襄同时	雪湖梅谱			■				钓名之作于画法无大贡献
	王稚登	(1535—1612)	国朝吴郡丹青志					■		推崇沈周
	孙鑛	万历二年(1574)进士	书画跋跋	■						跋弇州题跋
	董其昌	(1555—1636)	画旨	■		■				倡南北宗抑北崇南
			画眼	■		■				
			画禅室随笔	■		■				
	陈继儒	(1558—1639)	妮古录	■						南北宗说与玄宰持论相同
			六研斋笔记二笔三笔	■		■				
			紫桃轩杂缀又缀	■		■				
	李日华	(1565—1635)	竹懒画媵续画媵	▦						
			味水轩日记	■		■				
	詹景凤	约嘉隆时生人	玄览编	■		■				叙述丘壑布置画法画派最为详审
			画评会海			■				掇拾前人之论居多
			天形道貌			■				人物画谱
	周履靖	夷门广牍自序于万历二十五年(1597)	淇园肖影			■				竹谱多抄袭高松竹谱之处
			罗浮幻质			■				梅谱
			九畹遗容			■				兰谱
			嘤翔啄止			■				花鸟谱
	唐志契	约嘉隆时人	绘事微言	■		■				
	李流芳	(1575—1629)	檀园集	■						诗文中将文人之艺术思想泄露无遗
	张丑	(1577—1643)	清河书画舫	▦		■				
	顾凝远	万历九年(1581)生顺治九年(1652)尚健在	画引	■		■				崇祯刊诗瘦阁三卷本
	沈颢	万历十四年(1586)生	画麈	■		■				玄宰之后响应南北宗说之第一人

朝代	画论家	年代	著作	理论	方法	品评	备注
明	王时敏	（1592—1680）	王奉常书画题跋	░	░		
	释道济	与王时敏同时	画语录	█	█		立论玄妙与前人之画论全异
			大涤子题画诗跋	█	░		
	王鉴	（1598—1677）	染香庐画跋	░			
	汪砢玉	崇祯十六年（1643）自序	珊瑚网	░	█		论画法名称与周履靖画评会海多相同
			画法册		█		
	龚贤	明末清初人	树木山石画法册		█		后人误题为奚冈所作
			柴丈画说画稿		█		
			画诀		█		文字存图谱佚
	恽寿平	（1633—1690）	南田画跋	█	█		各本多寡不一律
清	孙承泽	入清时年已老	庚子销夏记		░		
	笪重光	（1623—1692）	画筌	░	█		画论中之最雅驯者
	朱彝尊	（1629—1709）	论画绝句	░			崇南宗抑北宗
	吴历	（1632—1718）	墨井题跋		█		
	王翚	（1632—1720）	清晖画跋		▨		
	王原祁	（1642—1715）	雨窗漫笔	░	▨		主张干笔多皴擦不甚重丘壑
	王概	康熙十八年（1679）李笠翁序	王司农题画录	░	█		
	王概等	康熙四十年（1701）王概序	芥子园画传		█		最完备之山水谱
			芥子园画传二集		█		兰竹梅菊谱
			芥子园画传三集		█		花鸟翎毛草虫谱
	唐岱	康熙中官参领	绘事发微	▒	█		麓台画派
	沈宗敬	（1669—1735）	双鹤老人画说	▒	█		
	王昱	作于乾隆九年（1744）	东庄论画	▒	█		麓台画派
	孔衍栻	孔尚任从子	石村画诀		█		主张渴笔渲染
	布颜图	自序于乾隆十一年（1746）时已在暮年	画学心法问答	█	█		麓台画派
	汪之元	图理琛序于雍正二年（1724）	天下有山堂画艺		▨		兰竹谱
		雍正间成书	国朝画徵录	░			各家小传后议论每多精义
	张庚	（1685—1760）	图画精意识	▒	█		记画中之丘壑布置甚详

朝代	画论家	年代	著作	理论		方法		品评	备注
清	邹一桂	(1686—1772)	浦山论画	■		▨			专论花卉
			小山画谱			■			
	丁思铭		写照提纲			■			
	丁皋	卢见曾为之序	写真秘诀			■			论面部器官之种类颇详
	郑燮	(1693—1765)	板桥题画			▨			
	蒋骥	乾隆七年(1742)程嗣立序 拙存老人之子	传神秘要			■			论写照专重尺寸比例
			读画纪闻			■			
	费汉源	乾隆初年至日本	费氏山水画式			■			
	查礼	(1716—1783)	画梅题记			■			
	高秉	乾隆三十六年(1771)自识	指头画说			■			指画之惟一专书
	沈宗骞	乾隆四十六年(1781)自序	芥舟学画编	■		■			论画论理最为透彻
	蒋和	骥之子	学画杂论			■			
			写竹简明法			■			附写竹杂记
	陈逵	刊于嘉庆三年(1798)	墨兰谱			■			题识太多
	迮朗	嘉庆二年(1797)自序	绘事琐言			■			画具专书
		嘉庆十四年(1809)懋弨序	绘事雕虫			■			多采前人成说
	方薰	(1736—1799)	山静居画论	■		■			董棨校钞本与知不足斋丛书不同
	黄钺	(1750—1841)	二十四画品	■					专论品格不及画家位置
	王学浩	(1754—1840)	山南论画			▨			
	俞蛟	嘉庆六年(1801)梦厂杂著自序	读画闲评	▨					不以麓台画派之干皴多擦为然
	谢兰生	(1760—1831)	常惺惺斋书画题跋	▨					
	洪朴	嘉庆十一年(1806)自序	燕脂录			■			专论恽派牡丹画法
	钱杜	(1763—1844)	松壶画忆	■		▨			
	阮元	(1764—1849)	石渠随笔			▨			
	吴修	(1765—1827)	青霞馆论画绝句	▨					
	董棨	方薰弟子	画学钩深	■		▨			
	胡敬	乾隆三十四年(1769)生	国朝院画录	▨					
	盛大士	乾隆三十六年(1771)生	溪山卧游录	▨		■			麓台画派

朝代	画论家	年代	著作	理论	方法	品评	备注
清	邵梅臣	乾隆四十年（1775）生	画耕偶录	■	■		
	汤贻汾	（1778—1853）	画筌析览	▨	■		
	李景黄	道光八年（1828）自序	墨竹谱		▨		图式甚臃肿
	华琳	道光二十三年（1843）自序（1791—1850）	南宗抉秘	■	■		注重笔墨
	杨士安	道光二十六年（1846）自序	瓶花书屋竹谱		▨		自醉峰写竹简明法抄袭而得
	华翼纶	道光二十三年（1843）举人	画说	▨	■		论画法多根据实地经验
	张式	孙原湘高弟	画谭	■	■		
	范玑		过云庐画论	■	■		
	戴熙	（1801—1860）	习苦斋画絮	■	■		
	李修易	与戴醇士同时	小蓬莱阁画鉴	■	■		对于南北宗持论极平允
	张熊	（1803—1886）	张子祥课徒画稿	■	■		后人摹本非张氏原稿
	潘曾莹	（1808—1878）	红雪山房画品	■			继二十四画品而作
	杨翰	（1812—1879）	归石轩画谈	■			
	郑绩	嘉庆末生人	梦幻居画学简明	■	■		门类最完备之画谱
	释竹禅	道光三年（1823）生人	画家三昧		▨		竹叶练团之说最为荒谬
	王寅	道光十年（1830）左右生人	竹谱		▨		
			兰谱		▨		
			梅谱		■		
	秦祖永	光绪六年（1880）自序	桐阴画诀	■	■		麓台画派
			桐阴论画			■	品评漫无准则
	松年	光绪二十二年（1896）自序	颐园论画	■	■		
	顾沄	光绪二十二年（1896）卒	南画样式		■		
	戴以恒	光绪六年（1880）自序	醉苏斋画诀		■		画论中之最通俗者
	李葆恂	宣统元年（1909）自序	三邕翠墨簃	▨			
			无益有益斋读画诗	▨			
		民国五年（1916）刊成	海王村所见书画录	▨			
		光绪三十三年（1907）自序	消夏百一诗	■			
	叶德辉	宣统三年（1911）自序 民国六年（1917）陆恢序	游艺卮言	■			崇北宗抑南宗力矫玄宰数百年来偏见之非
			观画百咏	■			

历代画法著作科目分类表

朝代	画论家	著作	山水	人物	传真	梅	竹	兰	菊	花鸟杂画
晋	顾恺之	魏晋胜流画赞		3/2						
		画云台山记	3/3							
南北朝	梁元帝	山水松石格	4/3							
隋										
唐	王维	山水论	8/3							
		山水诀	8/3							
五代	荆浩	笔法记	10/2							
宋	郭若虚	图画见闻志	16/1	16/1						16/1
	郭熙	林泉高致	16/2							
	释仲仁	华光梅谱				16/4				
	董逌	广川画跋		15						
	韩拙	山水纯全集	16/3							
	宋伯仁	梅花喜神谱				16/5				
元	李衎	竹谱详录					20/1			
	饶自然	绘宗十二忌	19/1							
	黄公望	写山水诀	19/2							
	柯九思	墨竹谱					20/2			
	王绎	写像秘诀并采绘法			19/3					
金										
明	高松	竹谱					28/5			
	沈襄	梅谱				28/2				
	刘世儒	雪湖梅谱				28/3				
	董其昌	画旨	25/1							
		画眼	25/1							
		画禅室随笔	25/1							

朝代	画论家	著作	山水	人物	传真	梅	竹	兰	菊	花鸟杂画
明	陈继儒	妮古录	25/5							
		六研斋笔记二笔三笔	25/5							
	李日华	紫桃轩杂缀又缀	25/5							
		味水轩日记	25/5							
	詹景凤	玄览编	26							
		画评会海	25/2							
		天形道貌		28/1						
	周履靖	淇园肖影					28/6			
		罗浮幻质				28/4				
		九畹遗容						28/7		
		嘤翔啄止								28/8
	唐志契	绘事微言	25/3							
	顾凝远	画 引	25/5							
	沈 颢	画 麈	25/4							
	释道济	画语录	25/5							
	汪砢玉	珊瑚网	25/5							
		画法册	27							
	龚 贤	树木山石画法册	27							
		柴丈画说画稿	27							
		画 诀	27							
	恽寿平	南田画跋	35/1							46/2*
清	孙承泽	庚子销夏记	36							
	笪重光	画 筌	35/2							
	吴 历	墨井画跋	36							
	王 翚	清晖画跋	36							
		雨窗漫笔	37/2							
	王原祁	王司农题画录	37/2							
	王 概	芥子园画传	39/1							

朝代	画论家	著作	山水	人物	传真	梅	竹	兰	菊	花鸟杂画
清	王概等	芥子园画传二集				42/1	43/1	44/1	45	
		芥子园画传三集								46/1
	唐岱	绘事发微	35/3 37/3							
	王昱	东庄论画	37/3							
	孔衍栻	石村画诀	36							
	布颜图	画学心法问答	35/4 37/3							
	张庚	国朝画徵录		40/3		42/3	43/3*			
		图画精意识	38							
	汪之元	天下有山堂画艺					43/2	44/2		
	邹一桂	小山画谱								46/2
	丁思铭	写照提纲			41/2					
	丁皋	写真秘诀			41/3					
	郑燮	板桥题跋					43/4			
	蒋骥	传神秘要			41/1					
		读画纪闻	36		41/1*					
	费汉源	费氏山水画式	39/2							
	查礼	画梅题记				42/3				
	高秉	指头画说								46/6
	沈宗骞	芥舟学画编	36	40/1	41/4					
	蒋和	学画杂论	36							
		写竹简明法					43/3			
	陈逵	墨兰谱						44/注		
	迮朗	绘事琐言		40/3						46/5
		绘事雕虫		40/3						46/5
	方薰	山静居画论	35/5	40/3			43/4			46/3
	谢兰生	常惺惺斋书画题跋	36							
	洪朴	燕脂录								46/4
	钱杜	松壶画忆	35/6							

朝代	画论家	著作	山水	人物	传真	梅	竹	兰	菊	花鸟杂画
清	盛大士	溪山卧游录	35/7 37/3							
	邵梅臣	画耕偶录	36						45*	46/5
	汤贻汾	画筌析览	35/2							
	李景黄	墨竹谱					43/注			
	华琳	南宗抉秘	36							
	杨士安	瓶花书屋竹谱					43/注			
	华翼纶	画说	36							
	张式	画谭	36	40/3						
	范玑	过云庐画论	36			42/3				46/2*
	戴熙	习苦斋画絮	35/8							
	李修易	小蓬莱阁画鉴	35/9							46/2*
	张熊	张子祥课徒画稿								46/注
	杨翰	归石轩画谈						44/3		
	郑绩	梦幻居画学简明	35/10 39/3	40/2						46/注
	竹禅	画家三昧					43/注	44/注		
		竹谱					43/注			
	王寅	兰谱						44/注		
		梅谱				42/2				
	秦祖永	桐阴画诀	37/3							
	松年	颐园论画	36	40/1*		42/3				46/5
	顾沄	南画样式	39/4							
	戴以恒	醉苏斋画诀	35/11							

历代品评著作内容比较表

朝代	著者	书名	品评方法			画家之时代及地域	画家人数	位置最高之画家
			品级	位置	评语			
南北朝	谢赫	古画品录	分为六品	位置有先后	有	三国至齐梁	书中共二十七人名画记引谢刘元祖为书中所无加此当得二十八人	陆探微 曹不兴 卫协 张墨 荀勖等五家
	姚最	续画品	不分品级	位置有先后	有	三国至齐梁	二十人	顾恺之 湘东殿下
唐	彦悰	后画录	不分品级	位置有先后	有	经名画记所征引者为南齐至初唐间之画家原书散佚确实时代不得知	经名画记征引者二十七人	
	裴孝源	贞观公私画史	不分品级	位置有先后	无	汉至隋	五十四人	高贵乡公 陆探微
		画录	所存太少有无品级未敢断言	所存太少位置有无先后未敢断言	有	经名画记所征引者为隋唐间之画家原书散佚确实时代不得知	经名画记征引者三人	
	李嗣真	续画品录	分上中下三品每品各分上中下湘东王居诸品之上	同品同等之位置有无先后不得而知	无	汉至唐初	一百二十四人	湘东殿下 刘褒 桓范 赵岐
		名画记所征引之言论	仅见上品有无他品不得而知	位置有先后	有	经名画记所征引者为晋唐间之画家原书散佚确实时代不得知	经名画记所征引者十九人	顾恺之 陆探微 张僧繇
	张怀瓘	画断	所存太少有无品级不敢断言	所存太少位置有无先后未敢断言	有	经名画记所征引者为晋梁间之画家原书散佚确实时代不得知	经名画记所征引者三人	
	窦蒙	画拾遗录	名画记所征引十数条中未道及分品级	名画记所征引十数条中未道及位置先后	有	经名画记所征引者为北齐至唐间之画家	经名画记征引者十五人经韵语阳秋征引者一人	
	张彦远	历代名画记	品分上上上中上下中上中中中下中品下上下下下下品	位置以时代先后为序	有	标品之画家起于魏终于唐初	画家小传共三百七十人标品者一百一十一人	王廙 顾恺之 陆探微
	朱景玄	唐朝名画评	分神妙能逸四前三品各分上中下贵贱在诸品之上	同品同等之位置有无先后不得而知	有	限于唐代	共一百二十二人中有二十五人未定品格	吴道玄
宋	黄休复	益州名画录	分逸神妙能四格妙能二格又各分上中下三品	同格同品之位置有无先后不得而知	有	唐乾元至宋乾德间之蜀中画家	五十八人	孙位
	刘道醇	五代名画补遗	人物神妙能三品山水神品走兽神妙能花竹翎毛神妙能三品屋木神能二品塑作神品雕木神品共七门	同门同品之位置有无先后不得而知	有	五代梁至周	二十四人	人物韩求等四人 山水荆浩等二人 走兽胡环等二人 花竹翎毛钟隐等二人 屋木卫贤 塑作杨惠之等三人 雕木技巧夫人严氏

朝代	著者	书名	品评方法			画家之时代及地域	画家人数	位置最高之画家
			品级	位置	评语			
宋	刘道醇	圣朝名画评	人物山水畜兽花木翎毛鬼神屋木六门各分神妙能三品有一人列入一门以上者	同门同品之位置亦有先后优劣之分	有	五代至宋初	九十一人	人物王瓘 山水李成 畜兽赵光辅 花木翎毛徐熙 鬼神李雄 屋木郭忠恕
明	李开先	中麓画品	全书五篇惟第四篇将画家分为六等	同等之位置似无优劣先后之分	有	限于明代	六十一人	戴文进 吴小仙 陶云湖 杜古狂
	王稚登	国朝吴郡丹青志	神品妙品能品逸品四志后又有遗耆栖旅闺秀三志	同品之位置似有先后优劣之分	有	明代吴郡画家	二十五人	沈周
清	秦祖永	桐阴论画	分逸神妙能四品但各品混杂不分列闺秀四人不具品	似按画家年代排列先后	有	明中叶以后及清代画家	三编编百二十人计三百六十人闺秀四人共三百六十四人	董其昌王时敏等大家十六家

山 水 皴 法 名 称 分 系 表

论者 / 皴系	披麻系	纵点系	斧劈系	横点系	未详
韩拙《山水纯全集》	披麻皴、横皴	点错皴	斫垛皴		匀而连水皴纹
黄公望《写山水诀》	麻皮皴、礬头*				
董其昌《画旨》	横皴、叠糕*、铁线*、卷云石*、解索、破网		马牙勾石*		
陈继儒《妮古录》	麻皮皴、短笔皴*、泥里拔钉皴	雨点皴	小斧劈皴、大斧劈皴	拖泥带水皴	
周履靖《绘石奥论》	麻皮皴、礬头皴、横皴、卷云皴、直擦皴、树皮皴	雨点皴、芝麻皴	马牙勾、大斧劈、砍深皴、凿痕皴、长劈皴		连水皴
唐志契《绘事微言》	披麻皴、礬头皴、卷云、乱云皴、乱柴皴		斧凿皴		骷髅皴
释道济《画语录》	披麻皴、礬头皴、卷云皴、解索皴、乱柴皴、弹窝皴	芝麻皴、玉屑皴	劈斧皴、金碧劈		骷髅皴、鬼面皴、没骨皴
汪砢玉《珊瑚网》	麻皮皴、礬头皴、卷云皴、泥里拔钉皴、短笔皴、直擦皴、乱云皴、弹涡皴	雨点皴	马牙勾、小斧劈皴、大斧劈皴、长斧劈皴	拖泥带水皴	骷髅皴、鬼面皴
龚贤《画诀》	披麻、铁线、卷云、解索、牛毛		小斧劈、大斧劈	丁字皴、刺梨头、豆瓣	鬼面、鬼脸
笪重光《画筌》	麻皮、礬头、叠糕、卷云、解索、乱柴、牛毛、烂草、荷叶	雨点、芝麻、木柿	小劈、大劈、斧劈	钉头、豆瓣、灰堆	鬼脸

论者＼皴系	披麻系													纵点系		斧劈系				横点系		未详		
王概（芥子园画传）	披麻皴	矾头皴	解索皴				乱柴皴	弹涡皴	牛毛皴	荷叶皴		云头皴	折带皴	雨点皴		马牙皴	小斧劈	大斧劈		芝麻皴			骷髅皴	鬼皮皴
唐岱（绘事发微）	披麻皴		解索皴	卷云皴						荷叶箸皴				雨雪皴			小斧斫皴							
布颜图（画学心法问答）	披麻皴												摺带皴	雨雪皴	芝麻皴				勾斫皴					
蒋骥（读画纪闻）			解索皴								乱麻皮		折带	雨点				斧劈						
费汉源（费氏山水画式）	麻皮	横擦				直擦				荷叶		云头	交带				小斧劈	大斧劈	丁头	山头瓣			骷髅	
方薰（山静居画论）	麻皮		解索	卷云	破网		乱柴			荷叶	乱麻			雨点				劈斧			米点			鬼面
钱杜（松壶画忆）	披麻		解索										折带				小斧劈	大斧劈						
李修易（小蓬莱阁画鉴）	披麻		解索	卷云			乱柴			荷叶	乱麻		折带		芝麻			斧劈						
郑绩（梦幻居画学简明）	大小披麻皴	碧头皴	解索皴				乱柴皴	弹涡皴	牛毛皴	荷叶皴		云头皴	折带皴		芝麻	马牙皴	小斧劈	大斧劈		芝麻皴		雨点皴	骷髅皴	鬼皮皴
松年（颐园论画）	披麻		解索							荷叶		云头			芝麻		小斧劈	大斧劈						鬼皮

王世襄编著书目

家具

《明式家具珍赏》（王世襄编著）中文繁体字版，三联书店（香港）有限公司 / 文物出版社（北京）联合出版，1985 年 9 月香港第一版。艺术图书公司（台湾），1987 年出版。中文简体字版，文物出版社（北京），2003 年 9 月第二版。

Classic Chinese Furniture（《明式家具珍赏》英文版）三联书店（香港）有限公司，1986 年 9 月出版。寒山堂（伦敦），1986 年出版。China Books and Periodicals（旧金山），1986 年出版。White Lotus Co.（曼谷），1986 年出版。Art Media Resources（芝加哥），1991 年出版。

Mobilier Chinois（《明式家具珍赏》法文版）Editions du Regard（巴黎），1986 年出版。

Klassiche Chinesische Möbel（《明式家具珍赏》德文版）Deutsche Verlags Anstalt（斯图加特），1989 年出版。

《明式家具研究》（王世襄著，袁荃猷制图）三联书店（香港）有限公司，1989 年 7 月第一版（全二卷）。南天书局（台湾），1989 年 7 月出版。生活·读书·新知三联书店（北京），2007 年 1 月第二版（全一卷）。

Connoisseurship of Chinese Furniture（《明式家具研究》英文版）三联书店（香港）有限公司，1990 年出版。Art Media Resources（芝加哥），1990 年出版。

Masterpieces from The Museum of Classical Chinese Furniture（美国加州中国古典家具博物馆选集，与柯惕思〔Curtis Evarts〕合编）Chinese Art Foundation（芝加哥和旧金山），1995 年出版。

《明式家具萃珍》（王世襄编著，袁荃猷绘图）中文繁体字版，中华艺文基金会（芝加哥和旧金山），1997 年 1 月出版。中文简体字版，上海人民出版社，2005 年 11 月出版。

工艺

《髹饰录解说》 1958年自刻油印初稿本。文物出版社，1983年3月增订本，1998年11月修订再版。

《髹饰录》（〔明〕黄成著，〔明〕杨明注，王世襄编） 中国人民大学出版社，2004年1月出版。

《故宫博物院藏雕漆》（选编并撰写元明各件说明） 文物出版社，1983年10月出版。

《中国古代漆器》 文物出版社，1987年12月出版。

Ancient Chinese Lacquerware（《中国古代漆器》英文版） 外文出版社，1987年12月出版。

《中国美术全集·工艺美术编·竹木牙角器卷》 文物出版社，1988年12月出版。

《中国美术全集·工艺美术编·漆器卷》 文物出版社，1989年2月出版。

《清代匠作则例汇编》（漆作、油作）1962年油印本，尚未正式出版。

《清代匠作则例汇编》（佛作、门神作） 1963年6月自刻油印本。北京古籍出版社，2002年2月出版。

《刻竹小言》（影印本，金西厓著，王世襄整理） 中国人民大学出版社，2003年11月出版。

《竹刻艺术》（书首为金西厓先生《刻竹小言》） 人民美术出版社，1980年4月出版。

《竹刻》 人民美术出版社，1992年6月出版。

Bamboo Carvings of China（中国竹刻展览英文图录，与翁万戈先生合编）华美协进社（纽约），1983年出版。

《竹刻鉴赏》 先智出版事业股份有限公司（台湾），1997年9月出版。

《清代匠作则例》（王世襄主编，全八卷，已出一、二卷） 大象出版社，2000年4月出版。

《中国鼻烟壶珍赏》 三联书店（香港）有限公司，1992年8月出版。

绘画

《中国画论研究》（影印本，全六册）1939–1943年写成。广西师范大学出版社，2002年7月出版。

《画学汇编》（王世襄校辑） 1959年5月自刻油印本。

《金章》（王世襄编次先慈画集并手录遗著《濠梁知乐集》） 翰墨轩（香港），1999年11月出版，收入《中国近代名家书画全集》，为第 31 集。

《高松竹谱》、《遁山竹谱》（手摹明刊本。同书异名，高松号遁山） 人民美术出版社，1958 年 5 月出版。香港大业公司，1988 年 5 月精印足本。

音乐

《中国古代音乐史参考图片》人民音乐出版社，1954–1957 年出版 1–5 辑。

《中国古代音乐书目》 人民音乐出版社，1961 年 7 月出版。

《广陵散》（书首说明部分） 音乐出版社，1958 年 6 月出版。

游艺

《明代鸽经　清宫鸽谱》（赵传集注释并今译《鸽经》） 河北教育出版社，2000 年 6 月出版。

《北京鸽哨》 生活·读书·新知三联书店，1989 年 9 月出版。辽宁教育出版社，2000 年 4 月中英双语版。

《说葫芦》 壹出版有限公司（香港），1993 年 8 月中英双语版。

《中国葫芦》 上海文化出版社，1998 年 11 月增订版。

《蟋蟀谱集成》（王世襄纂辑） 上海文化出版社，1993 年 8 月出版。

综合

《锦灰堆：王世襄自选集》（全三卷） 生活·读书·新知三联书店，1999 年 8 月出版。

《锦灰堆：王世襄自选集》（繁体字版，全六卷） 未来书城股份有限公司（台湾），2003 年 8 月出版。

《锦灰二堆：王世襄自选集》（全二卷） 生活·读书·新知三联书店，2003 年 8 月出版。

《锦灰三堆：王世襄自选集》 生活·读书·新知三联书店，2005 年 6 月出版。

《锦灰不成堆：王世襄自选集》 生活·读书·新知三联书店，2007 年 7 月出版。

《自珍集：俪松居长物志》 生活·读书·新知三联书店，2003 年 1 月出版，2007 年 3 月袖珍版。

扁著书目

图书在版编目（CIP）数据

　　王世襄集 / 王世襄著 . -- 北京：生活·读书·
新知三联书店，2013.7 （2024.4 重印）
　ISBN 978-7-108-04560-7

　Ⅰ . ①王… Ⅱ . ①王… Ⅲ . ①王世襄（1914 ~ 2009）
—文集 Ⅳ . ① C53

　中国版本图书馆 CIP 数据核字 (2013) 第 142067 号